新世纪高等学校教材·教育管理专业系列教材

U0646665

XINSHIJI
JIAOYUXUE

教育管理学教程

第②版

褚宏启 张新平／主编

JIAOYU
GUANLIXUE
JIAOCHENG

北京师范大学出版集团
BEIJING NORMAL UNIVERSITY PUBLISHING GROUP
北京师范大学出版社

图书在版编目(CIP)数据

　教育管理学教程/褚宏启，张新平主编. —2版. —北京：北京师范大学出版社，2024.7(2025.7重印)
　(新世纪高等学校教材·教育管理专业系列教材)
　ISBN 978-7-303-29578-4

　Ⅰ.①教… Ⅱ.①褚…②张… Ⅲ.①教育管理学－高等学校－教材 Ⅳ.①G40-058

　中国国家版本馆 CIP 数据核字(2023)第 217522 号

出版发行：北京师范大学出版社 https://www.bnupg.com
　　　　　北京市西城区新街口外大街 12-3 号
　　　　　邮政编码：100088
印　　刷：三河市兴达印务有限公司
经　　销：全国新华书店
开　　本：787 mm×1092 mm　1/16
印　　张：30.5
字　　数：610 千字
版　　次：2024 年 7 月第 2 版
印　　次：2025 年 7 月第 10 次印刷
定　　价：75.00 元

策划编辑：何　琳　　　　　　　　责任编辑：赵鑫钰
美术编辑：李向昕　　　　　　　　装帧设计：李向昕
责任校对：陈　荟　　　　　　　　责任印制：马　洁

总序　什么样的教育管理知识最有价值？

　　编写这套教育管理专业教材，是出于一个非常朴素的目的——为读者提供最有价值的教育管理知识。

　　什么样的教育管理知识最有价值？标准有二。

　　第一，对个人是否有用？能否更好地满足个人需求？

　　对读者有用、满足读者需求是本套教材的生命线。本套教材主要面向两类读者。一类读者是高校本科生和研究生，他们毕业后或者是继续深造，或者是走向职场，本套教材对他们的用处在于为他们继续深造或者走向职场奠定扎实的知识基础。教育管理现象纷繁复杂，高校学生大多涉世不深，教育管理知识是对于教育管理现象的系统认识，本套教材将给予他们观察教育管理现象的理论视角和解决教育管理问题的方法技术，将赋予他们力量、智慧和勇气，使他们面对教育管理的实践问题和理论问题时，不再手足无措，一筹莫展。为学生的未来做充分的知识准备，是这套教材的使命之一。

　　另一类读者是广大教育管理实际工作者。他们中的多数在职前基本没有受过系统的教育管理知识的科班训练，但是在实践中积累了丰富的管理经验，这个群体不缺经验，缺的是对于教育管理的系统的、有深度的理性认识。本套教材将给予这个实践群体一双理性的眼睛，使他们走出经验型管理的老路，踏上理性化管理的坦途，让他们的管理实践更具科学性。为实际工作者当下的管理实践提供有力的智力支持，是这套教材的使命之二。

　　教育管理知识对于读者的作用不止于此。本套教材提供的管理理论、方法和技术，同样有助于个人和家庭的战略管理、目标管理、财务管理、时间管理等，这些知识会让你更上一层楼，一览众山小，会让你有一个更富智慧、更有效率、更加成功的人生。让读者学会管理自我、创造更美好人生，是这套教材的使命之三。

　　第二，对社会是否有用？对教育是否有用？能否更好地满足社会需求，满足教育改革与发展的需求？

　　教育管理知识是有灵魂的，是有强烈的入世精神的。知识是手段，管理也是手段，教育管理和教育管理知识都是为教育发展、人的发展、社会发展服务的。教育管理的根本目的在于促进人的公平发展、全面发展、个性发展和自主发展，在于促进社会的全面进步。我们所需要的、这套教材所提供的，不是观念滞后、价值陈腐的教育管理知识，而是现代精神所统摄的、充满社会责任感的教育管理知识。我们要兴办的是现代教育，我们要培养的是现代人，我们要建设的是现代国家，因此，我们需要的是现代教育管理，我们要提供的是有助于兴办现代教育、培养现代人、建设现代国家的教育管理知识。

现代精神的本质是人道精神、科学精神、民主精神、法治精神。现代精神是本套教材的价值追求。

教育以育人为本。教育应该让人更幸福，让人更有尊严。教育管理不只是约束人，更要发展人、解放人。陶行知自问自答：中国要到什么时候才能翻身？要等到人命贵于财富，人命贵于机器，人命贵于安乐，人命贵于名誉，人命贵于权位，人命贵于一切。只有等到那时，中国才站得起来！诚哉斯言。我们需要能够有效促进教育公平和社会公正的教育管理（包括政策和制度）。

教育管理不能见物不见人、见"分"不见人。为考而学、而教、而管，不仅会伤学生的元气，也会伤中华民族的元气。这样的状态会使学生的身体素质变差、心理问题变多、可持续发展能力变低，会使学生千人一面、没有个性。学生的学习、成长、发展是被学习、被成长、被发展，他们没有自主的时间和自由的空间，而没有自主和自由，何谈创新？教育管理需要有更强的人道精神，为学生的一生幸福着想，为学生的可持续发展着想，促进学生的全面发展、个性发展、自主发展。

我国封建历史很长，传统管理文化中的现代精神较不丰沛，当前管理现实中的现代精神亟待充实。这制约着中国社会的发展和教育的发展。知识的力量就在于能让人冷静、敏锐、理智地看到问题的症结，从而找到解决问题的策略和方法。不要小看个人的力量，不要轻视知识的力量。当你认为知识无用时，那是因为你还没有找到真正的知识；当你认为自己无力改变现状时，那是因为你还没有掌握真正的知识。我们每一个人、每一位读者都是有力量的，我们坚信，无数次小的改变，会带来大的变革。管理的真正变革是非常艰难的，但我们所做的事情越是具有挑战性，越是艰难，就越有价值。人生的光荣与梦想、高贵与尊严，就体现在对艰难的征服中、对信念的坚守中。我们直面甚至欢迎各种问题，正是这些问题的存在让我们有了用武之地。我们不随波逐流，不怨天尤人，不悲观失望，我们尽个人之力改变现状，我们有热情和激情，但我们不莽撞、不随意、不轻狂，因为我们有必要的知识储备和理性思考，更重要的是，我们有深藏在知识之后的、知识内化后所生成的教养和信念。真正有教养的人做管理，管理必定是人道而美丽的，不会是简单粗暴的，更不会是丑陋丑恶的。

我们每一个人都有力量让我们的教育管理、我们的教育、我们的社会更富现代精神，亦即更富人道精神、科学精神、民主精神和法治精神。至少，当我们自己在实践这些精神时，世界就已经与前不同。这套教材无疑会提供给读者知识，但更重要的是，我希望每一位读者都能在此基础上，窥见知识背后的价值取向，形成现代精神，进而改变社会和人生。

因此，这套教材除为读者未来的学习或者就业做准备、为读者当下的管理实践提供智力支持、为读者学会管理自我提供帮助外，其最重要的使命是：以知识的力量改造我们的教育管理，改造我们的教育，改造我们的社会。我们的教育管理、教育、社会都需要现代精神的滋润。教育管理知识应该有责任、有担当甚至有血性！铁肩担道义，妙手著文章。我们不仅需要描述和解释这个世界，我们更需要改造这个世界。我希望这套教材有朝气、有正气、有豪气，给教育管理知识的传播带来阵阵清新之风，带来教育管理的新思想。思想如风，春风又绿江南岸，正是种种新思想给我们的教育、我们的社会带来生机和活力，改变着我们的教育和社会。

基于以上思考和设想，我们组织力量对本套教材的编写进行了总体设计。本套教材所提供的教育管理知识具有如下特色。

第一，实用性。本套教材以向读者提供最有用的教育管理知识为首要目标。面向读者的个人需求、教育管理改革的社会需求来把握教材内容的深度和方向，以满足国内高校教育管理专业（或公共事业管理专业）的本科生、教育经济与管理专业的研究生的学习需求以及教育管理培训的教学需求。教育管理领域已经积累了大量的知识，我们要求每一位作者精心筛选最有价值的基础性知识，作为教材的基本素材。同时，在编写体例上，设置更为科学、更符合教学要求的体例。比如，加入"本章学习目标""本章精要""案例分析"等，既不影响教材的严谨性，又有利于师生的教与学；既有利于提升学习者的理性思维能力，也有利于提升其应用能力与实践能力。

第二，系统性。本套教材是目前国内种类齐全、具规模、内容新的教育管理专业系列教材，基本涵盖了教育管理的主要知识领域，能为读者全面认识教育管理现象提供系统的智力支持。本套教材有多本，包括《教育管理学教程》《教育政策学》《教育行政学》《教育法学》《教育督导学》《教育评价学》《学校管理学》《教育人力资源管理》《教育政治学》《中外教育管理史》等。

第三，新颖性。教育管理知识增长迅速，各分支学科皆有不少成果问世，理论分析框架和研究方法不断创新。本套教材力求反映国内外教育管理研究的最新成果，力求反映国内外教育管理实践的最新进展，体现教育改革与发展对于教育管理知识的时代要求，让读者站在教育管理研究与实践的前沿思考教育管理问题。

第四，权威性。本套教材的编写是一项浩大的知识工程，非一人或一校所能为。本套教材由全国几十所高校的专家学者参与编写，其中多数教材每一本的编写就由十余所高校的专家学者合作完成。这种组织方式突破了一个人、一个学校、一个区域的局限，可以博采众长。这套教材编写的具体组织工作由北京师范大学教育管理学院承担。该学院是我国第一个教育管理学院，由顾明远于1985年创建并任第一任院长，2004年我有幸成为第二任院长。长期以来，学院一直致力于教育管理学术研究，有较好的学术积淀。该学院所依托的学科是教育经济与管理学科，由这个学院承担组织工作，并集结全国之力编撰这套教材，教材的品质和权威性是有保障的。

这套教材的出版是我国学界建立教育管理学科体系的进一步尝试，是促进教育管理知识体系化的又一次努力。随着教育管理实践与研究的不断发展，教育管理教材的内容应该不断更新，本套教材也需要不断修订完善。欢迎广大读者提出富有建设性的意见。

感谢每一位作者的智力贡献，感谢北京师范大学出版社的大力支持！我们来自五湖四海，之所以走到一起是为了一个共同的目标：筛选、梳理出最有价值的教育管理知识，搭建一个开放并持续改进的知识平台，引导教育管理的教学、培训与研究向纵深发展，进而改善我国教育管理的知识状况，提高我国教育管理的实践水准。

褚宏启

于北京师范大学

前　言

　　本套教材有多本，《教育管理学教程》是其中最具基础性的一本。

　　由于学者对教育管理活动有不同的理解，不同的作者在编写教育管理学教材时，框架结构也有所不同，但一般比较通用的框架是把教材的整体结构分成三个大部分：教育管理概论、教育行政和学校管理。其中，教育管理概论主要阐述教育管理学的研究对象、研究方法、学科性质，教育管理的概念、特点、原则、发展趋势，教育管理实践的历史演进，教育管理理论的发展历程等内容。

　　本套教材中，除《教育管理学教程》外，还有《教育行政学》和《学校管理学》等教材。如果按照教育管理概论、教育行政和学校管理三个板块构建《教育管理学教程》的内容框架，势必与《教育行政学》和《学校管理学》两本教材有较多重复和交叉的内容。因此，本书除保留教育管理概论的相关内容外，淡化了教育行政和学校管理的内容，而大大强化了对教育管理原理与方法的论述。本书主要借鉴管理职能学派的思想，以管理的职能及其发挥作用的过程为脉络展开论述。

　　管理过程与管理职能是分不开的，管理的过程也就是管理的诸职能发挥作用的过程。本书试图通过教育管理过程或者职能，如领导、计划、决策、组织、沟通、激励、人事、预算、控制等方面阐述教育管理的基本原理和方法，为学生学习教育行政学、学校管理学和其他教育管理知识，以及将来进行各类管理实践，奠定比较扎实的知识基础。

　　本书共分十五章。前三章分别为"教育管理与教育管理学""教育管理的历史沿革""教育管理的理论演进"，属于"教育管理概论"部分。其他十二章属于"教育管理过程或者职能"部分。其中，第四章"教育行政管理体制"和第五章"学校组织结构与管理制度"对应管理的组织职能，第六、第七、第八、第九、第十章分别对应领导、计划、决策、沟通、激励等职能，第十三章"教育人力资源管理"对应人事职能，第十四章"教育资源配置与管理"对应预算职能，第十五章"教育评价"对应控制职能；第十一章"课程与教学管理"和第十二章"学生管理"，突出反映了教育管理的教育特性和行业特征，是教育管理学知识体系的重要内容，教育管理不是目的，只是手段，是为教学(即教师的教与学生的学)服务的，是为学生的发展服务的。

　　本书并没有严格按照教育管理过程或者职能的先后顺序呈现各章内容，而是按照读者的阅读习惯做了适度调整，如把体现"组织"职能的第四章"教育行政管理体制"和第五章"学校组织结构与管理制度"放在"计划"之前讲，这样更利于阅读和学习。

　　本书不断根据外部环境变化进行动态更新，持续优化文本内容，具有较强的时代性。例如，本书根据党的二十大报告对于保障人民当家作主、推进法治中国建设的要求，强化了对教育领域中民主管理、依法管理的论述；根据中共中央办公厅印发的《关于建立中小学校党组织领导的校长负责制的意见（试行）》，修改了关于学校领导体制的相关章节；根据《教育部关于印发义务教育课程方案和课程标准（2022年版）的通知》，修改了课程与教学管理的相关内容；根据中共中央、国务院印发的《深化新时代教育评价改革总体方案》，修改了教育评价的相关内容。

　　来自全国各高校的学者参与了本书的编写，具体分工如下。第一章，南京师范大学陈学军、张新平；第二章，武汉大学李保强；第三章，沈阳师范大学卢伟、西北师范大学金东海；第四章，华东师范大学魏志春、华中科技大学张建；第五章，陕西师范大学司晓宏、北京师范大学李刚；第六章，沈阳师范大学王刚；第七章，河北师范大学江雪梅；第八章，东北师范大学曲正伟；第九章，北京师范大学褚宏启；第十章，浙江师范大学杨天平；第十一章，北京师范大学徐志勇；第十二章，哈尔滨师范大学范魁元、温恒福；第十三章，华南师范大学赵敏；第十四章，西南大学张学敏；第十五章，湖南师范大学常思亮。全书由褚宏启和张新平确定框架、组织修改并最后定稿。在本书第一版的修改和统稿过程中，江雪梅、卢伟、潘坤坤等人协助主编做了大量的事务性工作。在本书第二版的修订过程中，李刚协助主编做了大量的事务性工作。本书是集体智慧的结晶，在此对所有的作者和参与者表示衷心的感谢！

　　最后，感谢北京师范大学出版社为本书的出版所付出的努力！

褚宏启　张新平

2024年7月

目 录

第一章　教育管理与教育管理学

本章学习目标：

- 理解教育管理的含义；
- 理解教育管理的目的、原则与环境；
- 理解教育管理的主体、过程与内容；
- 知晓教育管理学的研究对象；
- 理解教育管理学的学科性质与学科使命；
- 了解教育管理学的研究方法。

教育管理是指在特定的环境中，各教育管理主体从自身职能出发，遵循相应原则，运用相关方法，围绕各项教育事务进行领导、计划、决策、组织、沟通、激励和评价等活动，以提高教育工作效率，促进学生发展的过程。教育管理学则是以教育管理现象为研究对象的一门社会科学。教育管理的发展与教育管理学的发展彼此关联、交互影响。

第一节　教育管理的目的、原则与环境

教育管理有其指向和要求，也有其条件和限制性。目的和原则体现了教育管理的指向和要求，环境则指向了教育管理的条件和限制性。本节主要介绍教育管理的目的、原则、环境三个问题。

一、教育管理的目的

教育管理的目的即教育管理的内在追求、指向或使命，它是教育管理的灵魂。无论是教育管理原则的确立、教育管理主体职能的规定，还是教育管理过程的推进及任务的安排与实施，都是围绕教育管理的目的而展开的。从应然的角度看，教育管理的目的有两个：一是达成教育目的，促进学生的成长与发展；二是提升工作效率，提高教育活动的合理性与经济性。

（一）教育管理是为了促进学生发展

"建设高质量教育体系"是新时代教育发展的新主题、新目标和新任务。坚持以学生为中心，是教育高质量发展的基本遵循。学生发展的程度，决定了教育高质量发展的广度、深度和高度。[1] 教育管理也应以"学生中心"为基本遵循，以促进学生发展为根本追求。我国近代教育管理学的重要开创者郭秉文就曾提出，学校管理法的确定需要依据三个标准：一是以学校之治安能否维持与校务之进行能否辅助为标准；二是以儿童天赋性质之能否修养为标准；三是以社会需用之人物能否培养为标准。在他看来，管理者的本体任务是运用学校机关，修养儿童天赋之性质与培养社会需用之人物。那种只求学校之治安与校务之进行，而妨害儿童身心之发育，造就社会之游民废物的态度是不可取的。也就是说，教育管理要服务于教育目的，促进人的成长与发展。[2]

---

[1]　刘宝存、张金明：《国际视野下的高质量教育体系：内涵、挑战及建设路径》，载《重庆高教研究》，2022(1)。
[2]　郭秉文：《学校管理法》，3～4页，上海，商务印书馆，1916。

具体来说，教育管理要从以下四个方面促进学生发展。

第一，教育管理要促进学生的全面发展。教育的目的在于使学生的身心健康水平、道德品质、智力水平、知识技能以及生活理解与适应能力等诸方面得到充分发展。相应地，教育管理工作也要从课程设置、教育教学活动安排、财物资源配置、教育人员配备与考核、考试内容和形式、升学条件与方式等方面入手，思考如何为学生的全面发展提供引导和支持。

第二，教育管理要促进学生的个性发展。不同个体以及同一个体自身各方面的素质和潜质是存在差异的，不可强求统一。因此，教育管理要在全面发展的基础上，促进学生个性的形成。这意味着教育管理有"三要"：一要有灵活性，能够因地、因时、因校、因人制宜，不可简单地要求统一；二要有自由度，避免管得太多、干扰太多的问题，给予地方和学校在一定范围内实施自主管理的权力；三要建立多元化的人才评价制度，并提供多样化的教育选择。

第三，教育管理要促进学生的持续发展。教育要实现的是学生的持续发展而非一时发展。首先，这要求教育管理要有"远见"，即教育管理要避免短视急治，要有预见力、耐心与宽容心，要有长远的规划，要能够识别与挖掘学生的潜力。其次，教育管理也要有"广度"。一方面，教育管理要处理好学校之间以及学生之间的关系，避免恶性竞争削弱学生的可持续发展能力；另一方面，教育管理要为学生打下扎实的基础，只有在扎实的基础之上，学生才有可能实现持续发展。最后，教育管理还要有"深度"。这是说教育管理应避免学生学习浮于表象，要通过各种办法培养学生内在的学习热情与探究兴趣。

第四，教育管理要促进学生的公平发展。教育管理要促进的是每一个学生的发展。一方面，教育管理要充分解决"有学上"的问题，确保每一个学生的入学机会，不让每一个学生因家庭困难而辍学。这要求做好补齐短板的工作，要在教育政策、教育投入等方面向西部地区、农村地区、民族地区、薄弱学校、特殊群体等倾斜。改进教育制度，切实缩小各种教育差距，使每一个学生都能获得平等的教育机会。另一方面，教育管理要着力解决"上好学"的问题，为每一个学生提供适合的教育，让每一个学生都有人生出彩的机会。这要求做好内涵提升的工作，在大班额消除、课程建设、教学改革、招考制度创新、教育生态营造等方面下功夫，发展适合的教育，积极推动"人人皆可成才"局面的形成。

（二）教育管理是为了提升工作效率

在管理与组织生活里，高于一切的元价值是效率和效用，迄今为止，大概没有人主张组织运转应当缺乏效率与效用。① 事实上，没有对效率的追求，管理就没有存在的必要。因为，没有管理，一些活动与工作也可以开展，只是这样的活动与工作会变得无序、动荡和盲目。管理的产生与发展，正是为了避免这种无序、动荡和盲目的状态，实现活动与工作的有序、稳定与理性，从而提高活动与工作的有效性。

效率尽管不是教育管理中高于一切的价值，但无疑是非常重要的价值追求。教育管理不仅使大规模的现代教育成为可能，为教育活动提供相对稳定的秩序，而且在很大程度上可以实现资源的有效利用。教育活动的开展离不开各种资源的投入与运用，而各种教育资源无论从绝对意义上看还是从相对意义上看都是有限的，不能被毫无限制地使用或浪费。资源获取与有效使用能力，影响着教育目标实现的程度。要想以有限的资源最大程度地实现教育目标，或以最少的资源实现既定的教育目标，就需要合理利用资源。教育资源的合理利用则有赖于教育管理，也是教育管理工作的核心。

教育管理之所以能够实现资源的合理利用，提高教育工作的效率，有两个相互关联的基本原因。第一，教育管理可以提升各项教育工作在整体层面的自觉意识程度。在没有管理的情况下，诚然每一个教育活动的参与者都是有意识、有目的地从事工作的，但在组织和教育事业整体层面却可能是无意识、无目的的，以致出现重复、冲突、无用的工作。管理则通过规划、组织、协调等工作，使组织和教育事业整体工作成为有意识、有目的的活动。第二，教育管理实现了教育工作的分工与协作。分工与协作是管理活动的基本原理和主要特征。分工既促进了相关工作的专门化与专业化，明确了教育活动参与者的职责和权利，提高了他们的工作能力，也减少了工作的重复性，减少了资源的浪费。协作则将相对独立的分散工作联合为一个整体，产生超过各部分工作之和的合力效果，从而发挥有限资源的最大效用。

值得注意的是，当教育管理工作普遍化并成为一个自主领域后，教育管理本身的效率又成了一个问题。例如，教育规模控制不合理引致的规模不经济问题，教育结构失衡带来的教育投入效益不高问题，应试模式下用时间换分数、以刷题求成绩的低效学习问题，学校、专业或学科重复建设导致的高等教育资源浪费问题，教育人员超编产生的教育成本增加问题，体制僵化、人浮于事、繁文缛节、形式主义造成的办事效率低下问题，以及一些教育管理者因决策失误、铺张浪费造成的资产损失问题等。凡此种种都提醒我们，要想通过教育管理提高具体教育教学工作的效率，

---

① ［加］克里斯托弗·霍金森：《领导哲学》，刘林平、万向东、张龙跃译，41页，昆明，云南人民出版社，1987。

首先需要提高教育管理自身的效率。

二、教育管理的原则

教育管理的原则是基于教育管理理念与实践经验得出的教育管理活动应遵循的原理和准则。它主要包括教育管理的教育性原则、科学化原则、民主化原则、人本化原则、效率原则、专业化原则等。

（一）教育管理的教育性原则

教育管理之所以要坚持教育性原则，是因为它说到底解决的是"教育"的管理问题。教育管理首先要考虑的是教育的合理性，而不是管理的方便性。它需要关注管理的效率和效益，但这种关注一定要置于教育效果与质量之后，所有对教育管理工作的评价都应以教育效果是否改善与质量是否提升为最根本的标准。

教育管理的教育性，一方面体现为教育管理能够为教育教学工作提供有效保障和有力支持；另一方面体现为教育管理工作特别是学校管理工作本身的教育性。所谓教育管理工作本身的教育性，即陈孝彬所说的"管理育人"。他指出：首先，管理育人要求教育管理要通过构建良好的育人环境来为教师和学生服务；其次，管理育人是指学校的一切规章制度、工作条例、各种活动都要具有教育意义，有利于学生的身心健康；最后，管理育人还意味着每个教育管理者不仅是管理人员，而且还是教育者，他们在完成具体管理工作的过程中要时时处处以自己的思想品德和模范行为去教育或影响学生。[①] 相应地，学校教职员工的举止言谈、穿着打扮要符合一定的规范，而不能随便为之；学校的绿化、建筑布局、教室装饰要符合一定的标准，而不能漫无目的、缺乏内涵等。总之，教育管理无小事，事事有教育。

（二）教育管理的科学化原则

复杂性日益增强是现代教育的一个重要特点。复杂的教育系统不能依赖人治，也不能依赖经验管理；不能单方面地采用行政方法，也不能简单地遵照市场规则；要在遵循教育规律与管理规律的基础上，运用科学的方法进行管理。从要素上看，教育管理的科学化表现为适宜的发展目标、合理的管理体制、完善的规章制度与胜任的管理人员等；从过程上看，教育管理的科学化表现为科学的决策、有效的执行、及时的反馈与灵活的调节。

教育管理的科学化，首先要求教育管理者要有实事求是的循证态度。要做到"不唯上、不唯书、不唯我、只唯实"，不要为过去的经验与做法和习惯性思维所束缚，也不要过于自信而排斥不同意见或不太自信而接受一切观点，更不要因害怕承担责

---

① 陈孝彬：《教育管理学（修订版）》，36～37 页，北京，北京师范大学出版社，1999。

任、招惹是非而违心地逃避、沉默或讨好，要坚持以客观数据和事实为决策和管理的依据。[1] 其次，教育管理的科学化要求教育管理活动的实施要有相应的标准。确立机构设置、人员考核、经费支配等工作的标准，在横向方面，可以使管理工作避免因人、因时、因地而走样，力争管理工作的规范化；在纵向方面，可以使管理工作不因领导者的去留而有变更，只有当事实上需要变更时，才会酌情变更。最后，教育管理的科学化还要求管理者对教育管理工作进行切实的研究。一方面，只有通过细致严谨的研究，教育管理者才有可能制定出合理的教育管理工作标准；另一方面，只有将"治事"与"治学"结合起来，视"治事"为"治学"，教育管理者才有可能避免例行公事的工作方式。

（三）教育管理的民主化原则

现代教育的一个重要任务是告诉人们什么是民主，并帮助人们争取到民主。要完成这一任务，教育自身的管理就必须民主化。从不同的立场出发，人们会在不同意义上使用"民主"这个词语。当前普遍强调的是"参与民主"。简言之，参与民主即"人民当家作主"，它有四个方面的要点：第一，民主意味着参与，参与体现了自决或自我控制的观念；第二，每个人具有平等而广泛的参与权；第三，参与的范围包括政治、经济、教育等多个领域；第四，参与的意义在于给予人民充分的选择权与自治权。[2]

具体到教育管理领域，教育管理的民主化有三层含义。一是在整体社会层面，教育管理的民主化意味着既要将更丰富、更优质的教育给予更多的人，更要鼓励、支持更多的人参与到教育事业的管理中来。二是在政府及其教育行政部门与学校关系层面，教育管理的民主化意味着"构建新型政校关系，推进政校分开、管办分离，政府简政放权，改变直接管理学校的单一方式，减少不必要的行政干预，切实落实学校办学自主权，使学校真正成为独立办学主体，能够自主管理、自主办学"[3]。三是在学校层面，要在内部推进分权共治，完善集体决策制度，健全师生参与学校治理的制度，建立健全家长参与学校治理的制度。

（四）教育管理的人本化原则

教育管理的人本化与教育管理的民主化紧密关联。教育管理的民主化从本质上讲或者说最终追求，是为了实现教育管理的人本化。教育管理的人本化强调教育管

---

① 李华、程晋宽：《循证学校改革：美国基础教育改革路径探索》，载《教育研究》，2019(10)。

② 孙雪连、李刚：《参与民主：学校管理方式的转变》，载《华东师范大学学报（教育科学版）》，2018(1)。

③ 褚宏启：《教育治理：以共治求善治》，载《教育研究》，2014(10)。

理的一切工作要以人为中心，要基于人的本性，通过人的力量，促进人的发展。

教育管理的人本化要求改变那种将人视为物化、被动、孤立、唯利是图的人的看法和做法。教育管理者不能将人降低到物的层次，不能将人与钱财、物质、事务等平行或将其看作别无二致的要素；不能将人看作纯粹的客体，需要被监管与操纵的对象；不能将人看作多个互不相干的独立元素；不能简单地用金钱和名誉控制人、支配人，认为只要给人以物质利诱或官位权力等符号鼓励，人就会努力工作。相反，教育管理者要意识到：人是现实的、存在关系的和具有主体性的；人是具体的、有血有肉的、有情有义的；人是彼此依赖的，生活在与他人的关系当中；人具有无限的可能性，具有意向性和反思能力；人既会影响环境，也会受到环境的影响；人既能发现事物、认识普遍关系，又能发明事物、赋予行动意义；人既能发展科学、提高效率，又能创造价值、履行社会责任；人是平等、独特的，可以在尊重与协作中共同创造美好的世界。

（五）教育管理的效率原则

从教育管理的"教育"角度考虑，教育管理应遵循教育性原则；从教育管理的"管理"角度考虑，教育管理又应遵循效率原则。所谓教育管理的效率，是指合理规划人力、财力、物力等教育管理资源的分配与使用，用尽量少的消耗，更好、更快地开展更多的工作，以促进教育目标的充分实现。教育管理的效率原则，不只是教育资源稀缺情况下的要求，也是一种基本的管理伦理。也就是说，即便教育资源相对充足，也应时时考虑教育管理的效率问题。

在学校管理活动中，管理效率的提高，要求在教职员工的人力资源方面，既要克服和消除人浮于事的现象，在定员编制范围内完成学校工作任务，使人员工作满负荷，又要考虑各人的条件，合理安排，充分发挥他们的聪明才智，激发他们的潜在能力，做更多更好的事；在物质资源方面，要合理使用，尽可能延长使用期、提高利用率，杜绝浪费和防范不应有的损坏；在财力资源方面，要精打细算，将钱用在"刀刃"上。此外，还有时间、空间等资源的合理有效利用问题。在教育行政活动中，除了要达到上述要求外，还要注意避免繁文缛节、形式主义等问题。同时，还要指出的是，不能简单地将效率原则与少投入、少花钱等同起来，凡是教育切实需要的资源，我们都应该及时地加大投入力度。

（六）教育管理的专业化原则

教育管理的专业化是与教育管理的科学化紧密关联的。正如罗廷光所言："因了教育行政之日益科学化，所需要的专门知识和技能便益多，单凭个人一点小聪明和普通常识，决不足以胜任愉快，于是教育行政领袖，督学或视导员及学校校长的职务，成了一种专业，正如医生、律师、工程师需要长期的专门训练一般。"①教育管理的专业化体现在两个方面：一是教育管理机构的专门化；二是教育管理人员的专业化。

教育管理机构的专门化是指，无论是中央还是地方，都设有主管教育行政的专门机构。教育管理机构的专门化是教育管理的专业化在形式上的体现，它昭示着教育管理是一项专门的工作，需要有专门的管理。这种"形式"本身之所以很重要，是因为它是教育管理专业化的基础。而教育管理人员的专业化，则是教育管理专业化的实质体现。教育管理人员的专业化又涉及三个方面：一是教育管理专业人员标准；二是教育管理人员专业发展体制；三是教育管理人员专业认证体制。其中，专业人员标准是指对教育管理人员在专业知识、专业能力与专业精神等方面的要求；专业发展体制是指教育管理人员职前教育机构与职后培训机构的设置及相关制度安排；专业认证体制是指对教育管理人员进行资格认证机构的设置及相关制度安排。

三、教育管理的环境

教育管理的环境是指处于各种教育管理机构外部，且对教育管理机构产生各种直接或间接影响的因素。教育管理的环境是多种多样的。从一般层面看，主要包括人口环境、经济环境、技术环境、制度环境和文化环境等。

（一）教育管理的人口环境

教育管理的人口环境是指教育管理面临的人口的数量、分布、构成及发展趋势等方面的情况。

人口环境对教育管理的影响是多方面的。第一，人口数量影响教育投入与教育管理的复杂程度。第二，人口构成影响教育管理的任务及工作重点的转变。我国是一个统一的多民族国家，如何管理好民族教育事业便是一个非常重要的问题。从人口年龄构成看，随着我国社会老龄化程度的加剧，老年教育势必成为教育管理需要关注的一个重要方面。第三，人口波动影响特定时期教育人口的规模。人口除了存在自然增减的规律外，还受社会生育偏好的影响（如奥运宝宝扎堆出生），从而出现教育人口"峰谷交替"的情况，导致某一阶段教育资源紧张或者利用不足等问题。第四，人口流动影响特定地区教育人口的规模。当前引起广泛关注的流动儿童、留守儿童以及返乡儿童的教育管理问题，便是农村人口流动性加剧造成的。第五，特定的人口政策也会对教育管理工作产生影响。比如，我国的计划生育政策、二孩政策、三孩政策等便对教育管理工作产生了多方面影响。

---

① 罗廷光：《教育行政》，27页，福州，福建教育出版社，2008。

（二）教育管理的经济环境

教育管理的经济环境是指教育事业发展与教育管理活动所处的经济背景，以及所具备的财物资源条件。

经济环境对教育管理的影响体现在以下几个方面。第一，一个国家和地区的经济发展与财政收入状况很大程度上决定着教育投入水平。党的十八大以来，我国经济发展势头强劲，在全球经济发展排位中逐渐超越世界平均水平，人均国内生产总值在 2019 年首次超过 1 万美元。与此同时，我国财政性教育经费投入也不断提高，2018—2022 年累计投入 21.4 万亿元。第二，一个国家和地区的经济发展方式会影响教育发展方式的选择。中共中央于 1992 年明确提出建立社会主义市场经济体制的改革目标后，我国的教育发展方式亦随之发生了重要变化，其显著标志是民办学校与转制学校的大量涌现。第三，一个国家和地区特定阶段的利率、通货膨胀率等经济因素，也会对教育管理工作产生影响。20 世纪 90 年代初期出现了不少收取教育储备金，然后再以息养校的民办学校。这种办学模式最初能够取得成功，主要得益于当时银行的存款利息较高。但随着 1994 年后国家数次调低银行存款利息，教育储备金模式便难以为继。

（三）教育管理的技术环境

教育管理的技术环境是指教育管理所处时代的技术进步以及技术运用状况。当前，最为突出的技术环境就是信息技术的发展与应用。

强调信息化、数字化、人工智能技术赋能高质量教育体系建构，推动教育形态深入变革，已经成为教育改革关注的核心内容。信息技术对教育管理的影响主要体现在以下几个方面。第一，信息技术改变了知识生产与知识获取和传播的途径。这使教育管理者对于教学的意义、学生的地位、教师的角色等问题形成了新的认识。第二，信息技术也改变了教育管理的方式。如今，诸如通知发布、考试报名、课程选择、工作评价、成绩管理、档案存储、对外宣传以至工资发放等工作，在很大程度上都是基于信息技术开展的。第三，信息技术提高了教育管理工作的公开性、透明性与公正性。信息技术既为教育信息公开及相关工作的透明化运作提供了平台，可以使更多人更为方便地获得相关信息，也使公众有了公开表达观点的途径，且信息传播的速度快、范围广，从而倒逼教育管理者更为透明、公正地工作。第四，信息技术也对教育管理工作提出了一系列新的挑战。首先是教育"数字鸿沟"的问题。各地区、各学校在信息化装备上存在着较大差距，这将进一步加剧教育发展失衡问题。其次是教育组织结构变革的问题。网络条件下的信息传播更为直接、多样，较大程度地消解了以信息传递为主要功能的传统层级结构的合理性，而要求建立权力分散与分享的组织结构。此外，信息技术还带来了学生网络成瘾、高科技作弊等各种新的教育管理问题。

（四）教育管理的制度环境

教育管理的制度环境是指对教育管理产生影响的体制、法律、规章、规则等外部因素。

教育管理的制度环境大体可分为三个方面。一是政治制度。政治制度很多时候直接决定着一个国家或地区的教育性质与教育方针。我国的教育必须全面贯彻党的教育方针，坚持马克思主义的指导地位，坚持中国特色社会主义教育发展道路，坚持社会主义办学方向，把服务中华民族伟大复兴作为教育的重要使命，坚持教育为人民服务、为中国共产党治国理政服务、为巩固和发展中国特色社会主义制度服务、为改革开放和社会主义现代化建设服务，培养德智体美劳全面发展的社会主义建设者和接班人。政治制度也会影响教育领导与组织体制。譬如，2022 年 1 月，为坚持为党育人、为国育才，保证党的教育方针和党中央决策部署在中小学校得到贯彻落实，中共中央办公厅要求各地建立中小学校党组织领导的校长负责制。二是教育领域之外的法律、法规。比如，《中华人民共和国宪法》（以下简称《宪法》）、《中华人民共和国刑法》、《中华人民共和国未成年人保护法》等法律，以及经济、户籍、人事等方面的相关规章，便对教育管理活动的开展有着广泛的影响。三是教育领域中的法律、法规。我国目前的教育法律法规体系分为这样几个层次：《宪法》中关于教育的条款、教育基本法律、教育单行法律、教育行政法规、地方性教育法规和教育规章。它们对于教育管理而言，具有约束力与限制性，既是一种工作的依据与方法，又是一种条件与资源。

（五）教育管理的文化环境

教育管理的文化环境是指对教育管理产生影响的一定时期社会的风俗习惯、意识形态、价值规范等因素。

在提升教育管理效能方面，文化的适应性与更新能力，比组织重构、制度变革等更为重要。原因如下。第一，文化对于教育管理的影响是全方位的。它不仅影响教育管理机构的价值取向，也影响教育管理机构的组织结构与运行方式，还影响教育人员的思想、认知与行为方式。第二，文化通常是以潜移默化的方式影响教育管理的。它是在不知不觉中形成的一些理所当然的认识，"告诉群体成员应该如何理解、思考和感受事物"[1]。比如，开学需要举行开学典礼，升国旗仪式要在周一举行

---

[1] ［美］埃德加·沙因：《组织文化与领导力（第四版）》，章凯、罗文豪、朱超威等译，26 页，北京，中国人民大学出版社，2014。

等。第三，文化对于教育管理的影响具有根本性与持久性。行为、制度都是表层的东西，只有抵达更深的文化层面，才会触及问题的本质，才是真正变革的开始。当然，由于文化具有持久性，因此，变革必将是一个相对长期的过程。

第二节 教育管理的主体、过程与内容

////////////////////

教育管理目的的实现、原则的遵循及环境的影响，都以教育管理主体开展相关管理工作的过程为基础。本节主要介绍教育管理的主体、过程、内容三个问题。

一、教育管理主体

教育管理主体是指教育管理活动的实践者与承担者。它与教育管理客体，即作为教育管理对象的各种事务一道，共同构成了教育管理活动的两个最为核心的要素。

教育管理主体具有两种形态：一是组织形态的教育管理机构；二是个体形态的教育管理者。教育管理机构包括两大类组织：一是教育行政组织；二是各级各类学校。（见图 1-1）

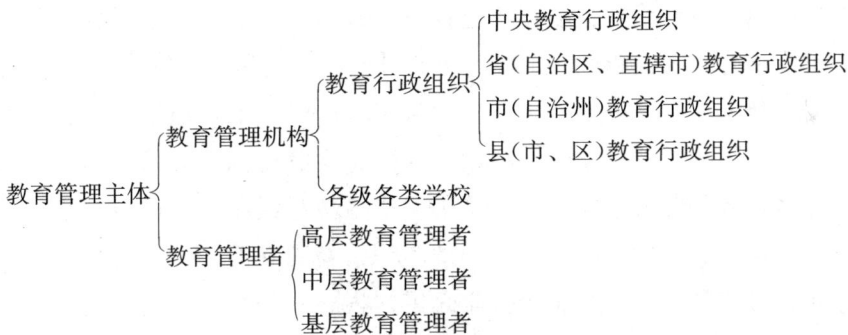

图 1-1 教育管理主体的构成

（一）教育行政组织

在我国，教育行政组织基本上是与一般行政组织对应的。中央有中央教育行政组织（教育部），地方有省（自治区、直辖市）教育行政组织（教育厅或教育委员会）、市（自治州）教育行政组织（教育局）、县（市、区）教育行政组织（教育局）和乡（镇）教育行政组织（教组）。随着 2001 年颁布的《国务院关于基础教育改革与发展的决定》规定农村义务教育实行"国务院领导下，由地方政府负责、分级管理、以县为主"的管理体制，以及 2002 年下发的《国务院办公厅关于完善农村义务教育管理体制的通知》提出"乡（镇）人民政府不设专门的教育管理机构"，很多地方取消了乡（镇）教育行政组织。

我国当前的中央教育行政组织为教育部，其主要职责包括以下方面。①拟订教育改革与发展的方针、政策和规划，起草有关法律法规草案并监督实施。②负责各级各类教育的统筹规划和协调管理，会同有关部门制订各级各类学校的设置标准，指导各级各类学校的教育教学改革，负责教育基本信息的统计、分析和发布。③负责推进义务教育均衡发展和促进教育公平，负责义务教育的宏观指导与协调，指导普通高中教育、幼儿教育和特殊教育工作。制定基础教育教学基本要求和教学基本文件，组织审定基础教育国家课程教材，全面实施素质教育。④指导全国的教育督导工作，负责组织和指导对中等及中等以下教育、扫除青壮年文盲工作的督导检查和评估验收工作，指导基础教育发展水平、质量的监测工作。⑤指导以就业为导向的职业教育的发展与改革，制订中等职业教育专业目录、教学指导文件和教学评估标准，指导中等职业教育教材建设和职业指导工作。⑥指导高等教育发展与改革，承担深化直属高校管理体制改革的责任。制定高等教育学科专业目录和教学指导文件，会同有关部门审核高等学校设置、更名、撤销与调整，统筹指导各类高等教育和继续教育，指导改进高等教育评估工作。⑦负责本部门教育经费的统筹管理，参与拟订教育经费筹措、教育拨款、教育基建投资的政策，负责统计全国教育经费投入情况。⑧统筹和指导少数民族教育工作，协调对少数民族和少数民族地区的教育援助。⑨指导各级各类学校的思想政治工作、德育工作、体育卫生与艺术教育工作及国防教育工作，指导高等学校的党建和稳定工作。⑩主管全国的教师工作，会同有关部门制订各级各类教师资格标准并指导实施，指导教育系统人才队伍建设。⑪负责各类高等学历教育招生考试和学籍学历管理工作，会同有关部门制订高等教育招生计划，参与拟订普通高等学校毕业生就业政策，指导普通高等学校开展大学生就业创业工作。⑫规划、指导高等学校的自然科学和哲学、社会科学研究，协调、指导高等学校参与国家创新体系建设和承担国家科技重大专项等各类科技计划的实施工作，指导高等学校科技创新平台的发展建设，指导教育信息化和产学研结合等工作。⑬组织指导教育方面的国际交流与合作，制定出国留学、来华留学、中外合作办学和外籍人员子女学校管理工作的政策，规划、协调、指导汉语国际推广工作，开展与港澳台的教育合作与交流。⑭拟订国家语言文字工作的方针、政策，制订语言文字工作中长期规划，制订汉语和少数民族语言文字规范和标准并组织协调监督检查，指导推广普通话工作和普通话师资培训工作。⑮负责全国学位授予工作，实施国家的学位制度，负责国际间学位对等、学位互认等工作。⑯负责协调我国有关部门开展与联合国教科文组织在教育、科技、文化等领域国际合作，负责与联合国教科文组织秘书处及相关机构、组织的联络工作。⑰承办国务院交办的其他事项。⑱指导面向中小学生（含幼儿园儿童）的校外教育培训管理工作，会同有关部门指导地方开展校外教育培训监管和综合治理。

我国的县级教育行政组织为县（市、区）教育局，其主要职能包括以下方面。①贯彻执行党和国家有关教育工作的法律法规和政策，并组织实施。②贯彻执行上级党委关于加强学校思想政治工作的方针、政策。③研究制订全县教育事业发展规划和年度计划；统筹协调各类教育，指导教育体制、办学体制改革；会同有关部门指导、实施各类学校的设置工作；负责教育基本信息的统计、分析和发布；统筹指导全县民办教育工作。④推进义务教育均衡发展，促进教育公平；综合管理全县的普通高中教育、幼儿教育、特殊教育、少数民族教育和扫除文盲等工作；指导基础教育课程改革和教学管理，推动素质教育的全面实施。⑤指导协调职业教育和成人教育的改革与发展。⑥指导、协调各乡镇（街道）、各部门有关教育的督导与评估工作，加强对各类学校及其他教育机构的检查和评估，组织开展全县基础教育发展水平监测。⑦负责提出每年县教育经费计划的建议；负责指导和执行全县教育系统经费的筹措、管理；按规定管理国内外相关教育经费。⑧主管全县教师工作，依法管理、指导全县教师资格认定、职务评聘、考核培训、表彰奖励工作；组织新教师招考工作；推进教育人事制度改革。⑨指导全县学校项目建设、办学条件、教育技术装备、信息化建设和后勤保障管理工作。⑩指导各类学校的德育、体育卫生、文化艺术、社会实践、国防教育、环保教育、精神文明、综治、维稳、普法、美化等工作。⑪管理全县教育系统对外交流和合作。⑫指导基础教育和中职学校年度招生工作；统筹管理全县各类学校考试；负责各类学校学籍学历管理；负责师范类毕业生的就业指导和服务工作。

（二）各级各类学校

除了教育行政组织外，各级各类学校既是具体的教育教学单位，也从事着教育教学管理的工作，是教育管理的主体之一。其中，由于国务院规定乡（镇）教育行政组织取消后，乡（镇）"面向小学的教学业务由乡（镇）中心小学负责管理"，乡（镇）中心小学作为教育管理主体，不仅面向本校，而且面向其他学校。

2017年12月，教育部颁布的《义务教育学校管理标准》清晰具体地规定了义务教育学校管理工作的六项主要职能。一是保障学生平等权益。具体任务包括维护学生平等入学权利、建立控辍保学工作机制、满足需要关注学生需求。二是促进学生全面发展。具体任务包括提升学生道德品质、帮助学生学会学习、增进学生身心健康、提高学生艺术素养、培养学生生活本领。三是引领教师专业进步。具体任务包括加强教师管理和职业道德建设、提高教师教育教学能力、建立教师专业发展支持体系。四是提升教育教学水平。具体任务包括建设适合学生发展的课程、实施以学生发展为本的教学、建立促进学生发展的评价体系、提供便利实用的教学资源。五是营造和谐美丽环境。具体任务包括建立切实可行的安全与健康管理制度、建设安全卫生的学校基础设施、开展以生活技能为基础的安全健康教育、营造健康向上的学校文化。六是建设现代学校制度。具体任务包括提升依法科学管理能力，建立健全民主管理制度，构建和谐的家庭、学校、社区合作关系。

（三）教育管理者

教育管理者主要是指教育管理机构中的管理人员。从组织间的关系出发，教育管理者依教育管理机构的层次可分为中央教育管理者、省（自治区、直辖市）级教育管理者、市（自治州）级教育管理者、县（市、区）级教育管理者、乡（镇）级教育管理者和学校管理者。从组织内的关系出发，在各层次教育管理机构内部，教育管理者又有机构负责人、部门负责人、办事员等角色的区分。参照罗宾斯和库尔特侧重于组织内部的分类方式，我们可以将教育管理者分为高层管理者、中层管理者和基层管理者。① 高层管理者、中层管理者和基层管理者履行不同的管理职责和职能。

高层教育管理者是处于或接近教育管理机构顶层的人，即部长、厅长、局长、校长等。他们的职能主要包括以下方面。①进行战略决策，指明与引领组织发展和变革的方向。高层管理者是教育管理机构的领导者，他们应着重关注价值、愿景与使命问题，既要维持组织的有序性与稳定性，又要促进组织变革的发生。②思考并设计组织结构，制定规范组织各项工作的规章制度。高层管理者不可能事事亲力亲为，他们要做的是设计出高效的结构与具有激励性的制度，为组织各项具体工作的开展构建一个良好的框架和机制。③协调各种关系，确保组织的有效运行。对外，高层管理者作为组织的代表人，要处理好与外部各主体的关系，为组织发展创设良好的环境；对内，任务分工所造成的部门与人员间的分隔、摩擦与冲突，也需要高层管理者通过合理的资源分配与积极的沟通加以协调。④营造氛围，创建健康融洽的组织文化。高层管理者需要思考的是组织的持续发展，且这种持续发展是组织成员充分参与、主动投入的，这便要求他们能够建立与维持一种独特的、积极的组织文化。⑤相对于更高层级的管理者，大多数高层管理者也都处于"中层"，因此，他们还承担着"执行"的职责，即需要合理有效地落实各上级教育管理机构的任务与

---

① ［美］斯蒂芬·P.罗宾斯、玛丽·库尔特：《管理学（第9版）》，孙健敏、黄卫伟、王凤彬等译，6页，北京，中国人民大学出版社，2008。

要求。

中层教育管理者是介于教育管理机构基层与高层之间的管理者，即通常所说的部门主任、处长等。如果说高层教育管理者是组织"中枢"的话，那么中层管理者则是一些关键的组织"节点"，他们是联系高层管理者与基层管理者的桥梁与纽带。中层管理者所处的"居间"位置，决定了他们具有两个方面的职能："向下"的执行职能、"向上"的咨询与建议职能。

基层教育管理者是处于教育管理机构底层的管理者，在他们上面的是中层管理者与高层管理者，在他们下面的则是一线的教育人员，包括相关教育行政和教育教学工作的辅助人员、教师、学生等。一般而言，基层教育管理者的职能包括以下方面。①执行中层管理者交代的任务与工作。②协助与指导相关辅助人员、教师和学生等，开展各种具体的教育工作。③做好与上层教育管理者和一线教育人员的沟通工作，向下做好对组织上层所做的决策、计划和所布置的任务的及时通知与解释工作，向上做好对一线教育人员工作情况的汇报，以及他们的想法、需求与意见的反映工作。

任何一个教育管理主体，不论是教育行政组织、学校还是个人，不论是高层管理者、中层管理者还是基层管理者，在面对教育管理的环境时，无论环境多么复杂，都必须追求达成教育管理的目的、遵循教育管理的原则，为所有学生的全面发展、个性发展、持续发展服务。

二、教育管理过程

教育管理过程是指教育管理主体为更有效、合理地实现管理与教育目的，而基于一定的原则与方法实施相关管理职能，更好地组织与协调教育人员和教育事务的经过与程序。

（一）教育管理过程的属性

教育管理是一个工作过程。无论是教育管理活动的整体实施，还是每一项具体任务的完成，都需要建立在一定的工作过程之上。这个工作过程通常分为四个环节：计划、执行、检查与总结。计划是对完成预定工作的内容、途径、方法、进度以及人员安排的总体规划。它的主要任务包括三个方面：一是确立工作目标，为具体行动指引方向；二是布置任务，将任务及其进度落实到具体的部门和人；三是明确协调机制，对各部门、个人之间的资源分配、任务关联等进行规定。执行是实施计划的环节。执行环节的主要任务是按照预定计划，并结合工作过程中的具体情况，调动教育人员的工作积极性，规范与提高教育人员的工作方法和能力，通过教育资源的合理利用，最大程度地实现预定目标。检查是对照预定计划和教育工作的基本要求，衡量各项工作的完成状况及相关人员的表现。它的主要任务是了解工作进度、质量，发现工作中的偏差与问题；反思预定目标的正当性、难易度以及计划制订的合理性；考察相关教育人员的工作态度、工作能力与工作效果等。总结是依据计划的最终落实情况及相关后果，对管理工作进行整体评估与全面分析。它既是当前教育管理过程的终结环节，某种程度上又是下一个教育管理过程的起始环节。

教育管理过程不仅是一个工作过程，更是一个社会过程。所谓社会过程，是指人与人交往互动的过程。从"管理"的角度看，首先，教育管理过程虽涉及人、事、物之关系的处理，但在人—人关系、人—事关系、人—物关系、事—物关系中，最为重要的无疑是人—人关系。只有把人—人的关系处理好了，才可能理顺其他关系。其次，就人—人关系而言，教育管理也不是单向的、自上而下的过程。一方面，教育管理者不能简单地依据纵向的行政权威，通过命令与控制方式推动教育管理的过程，而是要与相关教育人员进行积极的"上下"对话与互动。另一方面，教育管理过程还涉及横向的各部门、各主体之间的交往与关系。从"教育"的角度看，教育本身是关于人、通过人、为了人的活动。它主要是与人打交道，而不是与物打交道；主要是通过人对人的影响，而不是通过人对物或物对人的作用开展活动；最终目标是促进人的发展，而不是促进物的生产。所以，往根本处讲，教育就是教师与学生、学生与学生之间的交流和对话。相应地，教育管理也就呈现出社会互动性很强的特征。重视人与人之间的良性互动，既是教育管理工作的目标，也是教育管理工作的方式。

（二）教育管理过程的任务

教育管理过程从构成上讲，包括计划、执行、检查和总结四个环节；从性质上讲，是人与人之间的交往互动。要确保各环节的有序连贯与交往互动的通畅有效，教育管理者需要积极地履行相应的管理任务，即通常所说的管理职能。具体来说，教育管理者在管理过程中需要承担的主要任务有领导、决策、计划、组织、沟通、激励、评价等。

领导是引领、指导与鼓励组织成员为实现目标而努力的过程。它也被视为一种影响力，这种影响力基于职位、资历等权力因素和品格、能力、知识、情感等非权力因素而形成。借助影响力，管理者将组织成员吸引到自己身边，取得他们的信任，使他们认同与接受组织发展的方向和目标，并心甘情愿、充满热情地为实现共同的目标积极努力。

决策就是通过方案的比较与选择，对做什么事以及怎么做事做决定。它不仅在教育及学校组织发展战略的确定方面扮演着重要的角色，而且几乎渗透在每一项教育管理工作中。换句话说，事事有决策，人人是决策者。一般而言，完整的决策过程包括识别决策问题、确定决策标准、设计备择方案、比较与选择方案、实施方案、评估决策结果等步骤。

计划是与决策紧密相关的任务，通常是为了将决策所确定的方向与目标进一步细化，使之具有可操作性。与其他管理任务不同，计划工作最终都会具体化为一份或一套书面材料。这既是为了防止遗忘与疏漏，也是为了方便公告与传达；既是为了防止人去政息，也是为了日后考核与评价。计划可分为长期计划、中期计划与近期计划，高层计划、中层计划与基层计划，整体计划与局部计划，一次性计划与常规性计划等多种类型。

组织是指围绕组织目标和具体计划，对人、财、物、事及其关系加以安排与协调。它包括两个层面的工作：一是建立、健全组织基本结构，明确组织的部门设置、层级关系、职务体系、任务分工、人员责权等；二是基于组织基本结构，通过对组织成员的能力调查、意愿了解、业务指导，以及资源的合理配置等，促进各项工作的有效运转。

沟通是指清晰、准确地表达信息，及时、有效地传送信息，以就相关问题形成一致性理解。它被看作"组织的精髓"，具有控制组织成员行为、激发组织成员积极性、提供情绪表达与释放途径、提供工作所需信息等多种功能。教育管理中的沟通包括言语沟通与非言语沟通、正式沟通与非正式沟通、组织沟通与个体沟通等多种类型。

激励是指利用相关因素，通过相应方法，激发与维持组织成员的工作动机和工作积极性。组织成员的工作积极性具体表现在努力程度、持续时间和工作方向三个方面。而影响组织成员能否努力地、持久地朝向组织目标工作的因素则包括工作的性质与任务、工作的硬环境与软环境、工资报酬与福利待遇、工作成就与荣誉等。

评价是指为了对活动和现象进行审慎的分析，考察相关工作的得失及其原因，以及相关人员的表现，以明确进一步努力的方向和办法。评价要以客观事实为基础，以相关标准为依据，以科学方法为工具。它不只是为了"往回看"，为了鉴定与考核，更是为了"往前看"，为了改进与指导。

（三）教育管理过程的特点

教育管理过程的特点可以从两方面看：一是与一般管理过程相似的特点；二是与一般管理过程不同的独特性。

教育管理过程的一般特点包括以下方面。①有序性。教育管理过程是基于一定程序，按照一定步骤展开的，总是先计划，后执行，继而检查，最后总结。②周期性。从教育发展的角度看，教育管理过程是无止境、没有终点的；但从局部而言，每一个过程都有从开始到终结的完整周期。换言之，所谓教育管理过程的无止境，是教育管理过程周期的螺旋上升或逆转反复。③动态性。一方面，教育管理过程总是意味着一个环节向另一个环节、一个过程向另一个过程的转换；另一方面，教育管理过程总是会受到外部环境的影响而产生变动。④可控性。动态的教育管理过程又是可控的，教育管理者可以通过事先的预测、事中的调整、事后的补救，规划或缓冲管理过程中的变动，甚至透过变动发现一些新的机会和空间。⑤整体性。教育管理的效果取决于各个环节工作的质量。若计划出现了问题，即使执行得再好，也不可能实现目标；反之，有合理的计划，但执行得不到位，目标也无法实现。进一步说，即便计划与执行工作都做得很好，但检查不科学、总结不公正，也会影响对教育管理效果的认识与判断。

教育管理过程的独特性包括以下内容。①教育管理过程是以人为主导的互动过程。一般企业管理的终端是物，其管理过程的基本模式是"人（管理者）↔人（职工）→物"；而教育管理指向的是人，其管理过程的基本模式是"人（管理者）↔人（教职员工）↔人（学生）"。教育管理过程虽然也涉及物，但主要涉及人，是以人为主导的互动过程，而不是以物为对象的生产过程。②教育管理过程是管理过程与学生身心发展过程的统一。教育管理是为教育教学活动与学生的发展服务的，而学生的身心发展又有其自身的过程，具有顺序性、阶段性、不平衡性和差异性等特点。教育管理首先要以了解与遵循学生身心发展的过程为前提，在此基础上再思考管理工作过程的设计与实施。③教育管理过程是控制与自主相统一的过程。教育活动无论从教育目标的实现，还是从教学过程的实施上看，都具有一定的模糊性，没有明确的标准，也无法完全量化。因此，对管理过程的控制是一个挑战。当然，这并不说教育管理过程无法控制，而是意味着对教育管理过程的控制主要应是内在式控制，而非外在式控制。它需要将控制与自主统一起来，鼓励与指导教师和学生的自主控制。

三、教育管理内容

教育管理内容即所要管理的事务和事项，它主要包括四个方面：一是课程与教学管理；二是学生管理；三是教育人员管理；四是教育财物管理。

课程与教学管理是教育管理的核心事务，其他各种事务很大程度上都是为课程与教学管理服务的。课程与教学管理的主要内容包括以下方面。①教育方针确定。教育方针是人才培养的总目标，是课程设计、教材编制与教学活动开展的根本依据。②课程设计。课程设计包括课程目标设定、课程标准研制与教材编制等工作。③教学时间安排。教学时间的安排从宏观层面说，包括学年、学期、假期等内容的确定；

从微观层面说，主要指学校课程表的编排，涉及学校教学总时间的规定、各年级各学科教学时间的分配、各学科具体教学时间点的设置等。④班级编制。班级编制首先涉及教学组织形式的选择，如采用班级授课制，还是分组教学，抑或走班制。其次还涉及在具体教学组织形式之下，采用何种标准进一步编排学生。例如，是设大班(组)还是设小班(组)，是随机分班(组)还是依能力分班(组)等。⑤学籍编订。学籍既是动态记载学生在校状况的工具，也是学生毕业、升学、转学、休学、借读的依据。⑥备课与教学工作管理。主要是对教师备课工作进行布置、组织与指导，对教学进度和教学方法进行设计、检查与指导等，是对教学过程的管理。⑦考试与成绩管理。主要是为了了解并记载教师的教学效果和学生的学习状况，以发现教学、课程及相关工作有待改进之处，或决定学生是否能够升级、毕业或升学。⑧教育教学研究管理。这主要涉及教育教学研究的内容、方式、组织等问题，其目的是提高教师对于一般教育问题和具体学科教学问题的认识、理解与处理能力。

学生管理是为学生的成长与发展服务的，同时，对学生的管理也是教育管理的重要内容。学生管理主要包括以下内容。①入学管理。入学管理包括对学生的年龄、所在地等入学条件的规定，学区划定与招生学校的公布，招生政策的宣传，报名、考试和录取工作的安排，以及转学生、借读生的接收等。②学习管理。学习管理包括考勤管理(检查、登记、统计学生的出勤、迟到、早退、缺课、旷课等情况及办理请假事宜)，课堂管理(确定课堂学习方法、维持课堂学习纪律)，作业管理，课外辅导(以个别、小组或集体的方式，对学生进行针对性的辅导)和学业水平考查等。③课外活动管理。课外活动管理包括对课外学习活动(组织读书会、诗歌朗诵会、书法比赛、参观、展览等)、课外娱乐活动(组织音乐会、春游和秋游等)、课外体育活动、课外志愿服务活动等的管理。④生活管理。生活管理主要包括住校生食宿的管理、走读生在校饮食的管理以及对学生课外生活的指导等。⑤卫生与安全管理。卫生与安全管理包括健康教育与安全教育的组织实施、学生卫生环境的维护与卫生常规的引导、学校安全问题的防范，以及学校安全事故的处理等。⑥学生自我管理。学生自我管理主要包括两个方面：一是学生自己能够做的事情，应通过建立健全学生会、班委会等组织，支持与指导学生自己进行管理；二是学生自己不能够独立做的事情，要通过相应方式听取学生的意见，让学生参与到学校管理中来。

教育人员主要包括三类：一是教育行政人员；二是学校管理者；三是教师。教育人员管理的状况直接决定着教育管理与教育教学活动的效果。教育人员管理的主要工作有以下方面。①教育人员职业标准的制定。这包括对教育局局长、校长、教师等人员入职资格、基本素质、能力要求、工作职责、职业使命等内容的拟定与颁布。②教育人员的培养。这主要指对相关教育人员职前教育工作的管理，涉及教师教育的规划与组织实施、教育干部培养机构的设置与管理等。我国目前对教育人员的培养主要集中在教师方面，还没有建立针对性强、与教育人员任用机制紧密关联的教育行政人员和学校管理者培养制度。③教育人员的任用。教育人员任用的前提工作是岗位与人员编制的确定，然后是任用方式的选择与任用程序的规定。其中，任用方式主要有派任制和聘任制两种，前者是政府委任的行政方式，后者是签订契约的法律方式；任用程序主要包括发布用人需求公告、报名与资格审查、考试（笔试、口试、操作考查）、确定符合条件人员、试用、确定正式录用人员并明确其具体工作等。④教育人员的考核。这主要包括四项内容：一是制定针对不同教育人员的考核标准；二是明确考核标准制定及具体考核工作的程序；三是选择考核不同教育人员的方式方法；四是确定考核之后的奖惩及人员辅导与问题改进措施。⑤教育人员的评薪评职。一是要明确各教育人员的工资及相关福利待遇；二是要结合业务能力与工作表现，做好教育人员的技术职务评聘与行政职务晋升工作。⑥教育人员的专业发展。这主要包括专业发展管理机构与实施机构的确定，专业发展内容、类型和方式的确定，以及专业发展效果的考察与评估等工作。

教育财物是教育教学及教育管理活动开展的物质基础，缺少了财物保障，一切教育教学与管理活动都将成为无源之水、无本之木。教育财物管理的内容主要包括以下方面。①教育事业所需经费总量的确定。主要是在综合教育发展需要、社会经济条件等因素的基础上，明确特定阶段或年度各级各类教育及具体学校所需投入经费。②教育经费的筹措。教育经费的筹措工作包括对教育经费筹措渠道、筹措方式，以及与此相应的各级政府和各社会主体在教育经费责任承担上的规定。③教育经费的分配。教育经费的分配主要指总的教育经费在不同地区、各级各类教育以及不同学校之间的分配。它涉及分配的量、分配原则、拨款方式、拨付程序等问题。④教育经费的使用。教育经费的使用包括教育经费支出项目的分类，经费使用方式、程序与纪律的规定，以及教育经费使用情况的审计与使用效果的评估等问题。⑤教育设施的管理。教育设施包括教育行政设施、学校教育设施和社会教育设施三个方面。对它的管理，涉及对校舍、活动场地、绿化用地、宿舍、食堂、办公场所等建筑和环境的规划、招标、建设、使用、保养、修缮等工作。⑥教育设备的管理。教育设备管理主要包括教学设备、实验室设备、图书阅览设备、体育运动设备、办公室设备、卫生保健设备、后勤服务设备的采购、使用、保管、维护、报废等工作。⑦教育物品的管理。教育物品管理主要包括纸笔、实验材料、清洁用品等教学和办公消耗物品的购置、保管、领用等工作。

第三节　教育管理学的学科定位

////////////////////

教育管理学是运用相应的研究方法，认识和理解教育管理现象，以谋求教育管理改进之道的一门社会科学。其中，教育管理现象是教育管理学的研究对象，社会科学是教育管理学的学科性质，谋求教育管理改进之道是教育管理学的学科使命，研究方法则是认识和理解教育管理现象并谋求教育管理改进之道的手段。

一、教育管理学的研究对象

教育管理学研究对象的确定是教育管理学学科建设中的一个基本理论问题。对教育管理学研究对象的把握状况和明晰程度，已经成为判断教育管理学学科独立性和成熟程度的重要标志。

在对教育管理学研究对象的理解上，存在着"教育管理活动说""教育管理特殊矛盾性说""教育管理问题说""教育管理现象规律说"等多种不同的观点。虽然这些观点之间存在区别，甚至相互对立，但它们之间也存在"交集"，这一交集就是"教育管理现象"。"教育管理活动说"侧重的是以活动的方式呈现的现象；"教育管理特殊矛盾性说"侧重的是教育管理的特殊现象；"教育管理问题说"侧重的是已成问题的现象；而"教育管理现象规律说"虽强调规律研究，但任何规律研究又都必须从现象入手。因此，我们便可以将教育管理学的研究对象确定为教育管理现象。

教育管理现象可以进一步细分为教育管理活动、教育管理体制、教育管理机制和教育管理观念四个方面。[①]

第一，教育管理活动从不同角度可以分成不同类型。根据层次来分，教育管理活动有宏观、中观、微观三种。宏观的教育管理活动是指国家管理教育的活动；中观的教育管理活动是指国家对某一层次或某一方面教育的管理活动；微观的教育管理活动是指教育行政机关内部和学校内部的管理活动。根据过程来分，教育管理活动一般有计划、执行、检查、总结几个环节。根据要素来分，教育管理活动可分为对人、财、物、信息、时空的管理。

第二，教育管理体制是教育管理机构与教育管理规范的结合体或统一体，包括教育行政管理体制和学校管理体制。教育行政管理体制主要涉及教育行政机构的设置及职责权限的划分，主要处理中央办学与地方办学的关系、教育行政部门与政府

---

① 孙绵涛、康翠萍：《论教育管理学的研究对象》，载《华东师范大学学报(教育科学版)》，1997(3)。

的关系、各级各类教育行政部门之间的关系以及政府与学校的关系等。学校管理体制主要涉及学校内部管理机构的设置及职责权限的划分，主要处理学校内部决策、执行、咨询、反馈等各个部门和各个工作环节之间的关系。

第三，教育管理机制是协调教育各个部分相互关系的一种运作方式。从不同角度划分，教育管理机制也可分为不同类型。根据层次来分，有宏观、中观、微观三种。宏观的教育管理机制是指国家协调整个教育各部分关系的运作方式；中观的教育管理机制是指国家协调某一层次或某一方面教育的相互关系的运作方式；微观的教育管理机制是指协调学校内部各种关系的运作方式。根据机制运作的形式来分，一般有计划—行政式、指导—服务式、监督—指导式三种。根据机制的功能来分，有激励机制和制约机制。

第四，教育管理观念是人们在教育管理实践的基础上通过理性的认识而获得的。它包括对教育管理本质属性的认识而产生的教育管理本质观，对教育管理作用的认识而产生的教育管理价值观，对怎样发挥教育管理作用的认识而产生的教育管理实践观，对教育管理实践结果的认识而产生的教育管理质量观。教育管理本质观、教育管理价值观、教育管理实践观和教育管理质量观组合而成的完整体系即教育管理观念。

二、教育管理学的学科性质

所谓学科性质是指一门学科在人类整个科学体系中的门类归属和地位。明确教育管理学的学科性质，不仅有利于我们弄清它在整个科学体系中处于什么位置，也有助于我们思考教育管理学应当发挥什么作用。

在对教育管理学学科性质的理解上，也存在着"教育学科说""管理学科说""交叉学科说""人文学科说""应用学科说""综合学科说"等不同的观点。

从涵盖范围的角度看，"综合学科说"是较具包容性的界定。因为它既可以反映教育管理学事实上的综合性，也可以调和教育管理学到底是教育学科、管理学科还是交叉学科，到底是应用学科还是人文学科的争议。但这一界定也存在过于宽泛的不足，容易模糊人们对教育管理学专门性与独特性的理解，以及对教育管理学学科使命的把握。如此，本来为了弄清教育管理学学科定位所做的努力，反而会造成教育管理学学科定位的不清晰。比较而言，将教育管理学的学科性质定位为社会科学，可能更为合适。具体理由有如下三个方面。

第一，将教育管理学定位为社会科学，既可以避免过于笼统，也可以避免失之片面。首先，无论是教育学科还是管理学科，抑或是教育学与管理学的交叉学科，从大的方面说，它们都属于社会科学。其次，应用性是社会科学的基本特征，从这个意义上讲，应用学科与社会科学的定位也是重合的。最后，人文学科的定位虽体现了教育管理学某一方面的特征和使命，但从教育管理学的主要方面看，其仍应归属于社会科学。因此，将教育管理学定位为社会科学，既不至于狭隘，也不至于空泛。

第二，将教育管理学定位为社会科学，有其历史根据。历史根据表现在两个方面。一方面，将教育管理学定位为社会科学这种主张并非某个人的一时之见，曾有很多人持这种观点，时至今日，它仍是人们孜孜以求的学科建设目标。从国内来看，张济正在 20 世纪 80 年代就宣称教育管理学是一门社会科学，认为学校是社会系统的一个组成部分，学校中的教育活动和管理活动是人们在结成某种社会关系的情况下进行的活动。[①] 陈孝彬也强调教育管理学是一门社会科学，认为教育是一种社会现象，它存在于一定的社会环境之中，社会环境对教育的存在与发展有着激励或制约的双重作用。教育管理学就是研究在什么社会条件下，采用什么方法能够激活教育中的激励因素，改变制约因素。[②] 从国外来看，美国早期教育管理学的创始者佩恩(W. H. Payne)和哈里斯(W. T. Harris)就强调运用社会科学的知识和观点来研究教育管理问题。在 20 世纪 20—40 年代，莫尔曼(A. Moehlman)、莫特(P. Mort)和西尔斯(J. Sears)等重要教育管理学者亦极力倡导借鉴社会科学的成果来改进教育管理学的研究。在 20 世纪 50—70 年代兴盛于欧美等国的"教育管理理论运动"中，将教育管理学建设成为严谨的社会科学，更是大多数教育管理学者的核心主张与主要追求。另一方面，从教育管理学学科发展史的角度看，教育管理学的发展也深受其他社会科学的影响。随着不同时期人们对社会科学的理解与解释发生变化，教育管理学也被赋予了新的内涵，形成了新的特征。纵观 20 世纪 50 年代以来教育管理学的发展便可见，教育管理学的发展是与社会科学的总体发展密切关联的。①1951 年至 1975 年前后，教育管理学开始大踏步地迈向以逻辑实证论、逻辑经验论为理论基石的社会科学阶段。②1976 年至 1990 年前后，教育管理学在观点纷呈的社会科学研究背景下开始走向范式多元阶段。大批思想活跃的教育管理学者在充满断裂和非线性，凸显权力冲突、公正公平和个体主体性，高扬价值、理解和关系建构的新型社会科学的影响下，开始了对教育管理学的新一轮再造工作。③1991 年到现在，教育管理学在走向开放、温和、综合的社会科学的影响下，也开始步入一条整体、综合与调和的发展之路。

---

① 张济正：《学校管理学导论(修订本)》，27～28 页，上海，华东师范大学出版社，1990。

② 陈孝彬：《教育管理学(修订版)》，3 页，北京，北京师范大学出版社，1999。

第三，将教育管理学定位为社会科学，也有其现实需要。历史根据为教育管理学是一门社会科学的观点奠定了坚实的基础。但学科历史又不必然决定一门学科的未来发展方向。一门学科性质的明确，更要基于现实的需要。我国是一个人口大国，也是一个在地区、居民收入等方面存在差异的国家，经济、社会和教育发展中存在着诸多挑战。解决各种纷繁复杂的教育难题，迫切需要视野开阔、内容丰富的教育管理理论的指导。从现实出发，我们也需要将教育管理学纳入社会科学范畴予以建设，进而使其既能有效地提升教育管理学的理论品质和魅力，又能最大限度地发挥教育管理学服务现实、服务学校、服务教育利益相关者的功能。

三、教育管理学的学科使命

教育管理学的学科使命是指教育管理学科建设与发展应承担的社会和历史责任。具体来说，从教育管理学的学科定位出发，教育管理学的最终使命应是谋求教育管理改进之道。不过，相比于教育管理实践者，教育管理研究者谋求教育管理改进的路径又有所不同。教育管理研究者虽也应以直接参与的方式推动教育管理实践的改进，但他们主要通过学术研究、知识生产和人才培养促进教育管理实践的变革和发展。因此，"谋求教育管理改进之道"这一学科使命，展开来说，体现在两个大的方面。

（一）提升教育管理学的理论水平

教育管理学的理论水平，是其实现最终学科使命的基石。离开高质量的研究和较高的理论水平，教育管理学便难以兑现充分认识、深入理解、理性反思与合理促进教育管理实践的使命。

一直以来，我国教育管理学的理论研究普遍存在着两种"借鉴"。一是借鉴企业管理理论。这首先表现为，教育管理学大量借鉴企业管理学的知识体系与概念框架，如众多教育管理学论著和教材中存在着管理理论流派、管理职能、管理过程、管理原则、组织结构、组织决策、人力资源管理等具有企业管理学特征的内容。其次表现为，教育管理学有意或无意地接受了企业管理学的学术旨趣与理论取向，如一些教育管理学研究成果将教育管理的目的定位在提高办学与管理的效率、效益上。二是借鉴其他国家的理论。我国现代意义上的教育管理学，正是自1901年起通过翻译日本学校管理方面的著作才开始出现的。直到1909年之后，中国学者自行编写的教育管理学成果才逐渐出现。尽管如此，民国时期教育管理学的理论发展，仍以学习其他国家为主。20世纪80年代学科恢复建设时，理论构建倒是以经验总结和借鉴民国时期的知识体系为主，但此时的研究在理论上仍较薄弱，而这一状况的改变，正得益于研究者在20世纪80年代中期对国外理论的研究和吸收。理论外借使得我国教育管理学自身的理论基础非常薄弱，既缺乏相对的学科独立性，也难以对教育管理现实做出合理的解释并给予针对性的指导。造成这一状况的原因是多方面的，涉及学科建制、学会组织、研究队伍、研究方法等问题。

从强化教育管理学研究质量，提升教育管理学理论水平的角度看，当前我国的教育管理学者需要重点考虑这样几个问题。①完善学科建制。目前，教育管理学科作为二级学科，归属于公共管理学科，这种学科设置非但没有促进教育管理学科的发展，反而还造成了一些负面影响。②加强学会组织建设。一方面要健全学会组织结构和相关制度；另一方面要提高学会在凝聚力量、引导研究、促进合作等方面的实效性。③加强研究队伍建设。完善教育管理学科人才培养的机制，提高人才培养的质量与教育管理研究者的素质。④改进研究方法。近年来，我国教育管理学研究在实证化、科学化、多样化方面有了很大进步，但从总体上看，研究方法运用的规范化与有效性仍需进一步提高。⑤加强专业刊物建设。当前，教育管理方面的专业刊物较为缺乏，这很大程度上既影响了研究议题的集中讨论与有效传播，也影响了研究队伍的凝聚与交流。

（二）推动教育管理的变革和发展

教育管理学在推动教育管理的变革和发展上，需着重关注三个方面。

第一，教育管理学要发挥教育管理价值引领作用。价值问题是教育管理的核心问题，也是教育管理实践中最有争议、最容易被遮蔽或产生迷失的问题。教育管理研究者要关注教育管理中的正义、平等、道义等问题，要通过细致的研究将各种教育管理现象背后的价值问题揭示出来。同时，教育管理研究者不仅要揭示价值问题，更要努力将教育管理的价值主张转化为切实的行动力量，要为不同性别、不同民族的人平等广泛地参与教育管理，为教育事业的各利益相关者积极承担起教育发展的相应责任，为各级各类教育的公平、均衡、健康、持续发展等献计献策。

第二，教育管理学要为制度的改革提供智力支持。教育的发展与创新，关键是要通过深化改革，建立、健全与教育现代化建设要求相适应的教育制度。教育管理学则要为教育制度改革提供充足的智力支持。一是要深入研究教育管理体制，探究促进教育事业发展，在教育管理科学化、民主化及均权化的过程中实现体制创新的思路与途径。二是要深入研究人才培养体制和考试招生制度，思考在以人为本、全面发展、追求创新的新形势下，人才的评价标准、培养方式、选拔形式等问题。三是要深入研究教育公共财政制度，探索切实落实教育事业优先发展战略，保障教育经费及时、公平、充足投入以及教育经费有序管理和有效利用的原则、机制与方法。

第三，教育管理学要为教育组织变革提供学理依据。教育组织变革是应对充满变化、矛盾和挑战的教育世界的重要出路。就当前教育管理的现实而言，教育组织变革的突出任务有两个。一是要加强学校组织的文化建设，提高领导和管理学校教育工作的能力和水平。学校组织文化是一种包括知识、道德、法律、规则和习惯的复合体。它是学校实现良性发展的重要载体，也是教育管理得到有效认同的深层意识形态。二是要加强现代学校制度建设，提升教育管理的科学化和民主化程度。现代学校制度是一种建立在新型政校关系及教育发展与人的身心和谐发展的基础上，关注政府与学校、学校与家庭和社区的有机统一，渗透着教育质量与效率、公平与民主的和谐发展并具有伦理价值取向的一套制度规则体系。建立现代学校制度是我国基础教育改革的一个组成部分，也是教育管理组织变革的重要内容，对切实推进新课程改革、提升教育教学质量、提高人民素质具有重要的意义。面对上述两大任务，教育管理学需要加强教育组织变革的理论和实践研究，以便从学理上深化认识、指导行动。

第四节　教育管理学的研究方法

教育管理学的研究方法是指教育管理研究者在认识和探究教育管理理论与实践过程中，所持的方法论及所运用的方式、技术与手段的总称。它是由研究的方法论、研究的方式和研究的方法技术三个层次构成的体系。其中，方法论处于最上层，方法技术处于最下层，方式则处于两者之间。同时，这三个层次又是相互影响、紧密关联的。往下看，方法论影响着方式的选择，而方式的选择又在很大程度上限定了方法技术的运用。往上看，方法技术的发展会引发方式的变革，而方式的变革又会推动方法论的转型。（见图 1-2）

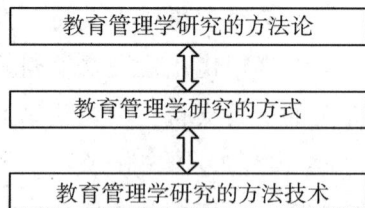

图 1-2　教育管理学研究方法的体系

一、教育管理学研究的方法论

教育管理学研究的方法论关涉教育管理研究者从事教育管理研究的立场问题，

关涉教育管理专业共同体或者教育管理学科观察现象的方式和视角问题。当代教育管理学研究的方法论主要有教育管理科学论、教育管理主观论、教育管理价值论、教育管理批判论和教育管理整合论等类型。

（一）教育管理科学论

教育管理科学论最初出现在 20 世纪 50 年代的美国，是伴随着教育管理理论运动形成的一个主导性理论流派。在思想根源上，教育管理科学论将自身建立在逻辑实证主义的基础上，它的主要观点有：①假设—演绎体系是最好的理论范式；②事实与价值可以分离，教育管理科学只应关注纯粹的教育管理事实；③科学理论的作用是超时空、普遍有效的；④教育管理理论并非来源于教育管理实际，而是来源于先行一步的社会科学；⑤理论除了有描述、解释、预测功能外，还有改造实践的功能；⑥理论应具有应用性和可操作性，能帮助人们高效地实现目标；⑦理论研究应重视量化方法，强调观察、实验的重要性。

（二）教育管理主观论

教育管理主观论出现于 20 世纪 60 年代末 70 年代初，它的主要思想基础是康德（I. Kant）和韦伯（M. Weber）的思想及新科学理论和文学艺术理论。教育管理主观论的主要观点有：①人的意图、价值、习惯和信念是构成组织管理的重要因素；②所有观察都与特定的理论联结在一起，不存在纯粹客观的观察；③理论研究的任务在于努力理解并发现为什么不同的人对同一种组织现象有不同的解释；④教育管理学不是为了更强有力地控制和操纵，而是要赋予人们一种更深刻的洞察能力；⑤就探索教育管理世界而言，文学艺术的认识方式更胜于科学的认识方式。

（三）教育管理价值论

教育管理价值论大致出现在 20 世纪 70 年代末。它的主要观点有：①管理是价值与事实相结合的世界；②价值是复杂的，存在着超理性的、基于理性的和情感性的不同的价值类型；③逻辑实证主义的失误不仅表现为将价值排斥在科学认识的对象之外，也表现为将复杂的价值类型简单归结为单一的情感性价值；④价值冲突普遍存在于组织管理生活之中，更具体地说，既存在于等级层次之间，也存在于等级层次之内，价值分析和冲突处理是决策和领导技能的内在组成部分；⑤管理者必须重视价值审查，要弄清价值来自何方，权力又居于何处。

（四）教育管理批判论

教育管理批判论大致形成于 20 世纪 70 年代末。它的主要观点有：①教育管理学应是一门关注人间正义、平等、道义和公正的道德科学；②教育管理学是由经验的、诠释的和批判的三个向度构成的一个整体；③重视将教育管理问题置于更为宽广的文化和政治背景中加以分析；④重视从隐喻的角度研究管理，并关注文学批评家等隐喻的分析；⑤重视学校组织管理活动的根本重建。

（五）教育管理整合论

教育管理整合论大致形成于 20 世纪 90 年代初。它的主要观点有：①应突破狭隘的科学观，发展一种既包含科学精神，又包含价值论题，还高度关注人的主观性和道德伦理问题的后实证教育管理科学；②一致性、简洁性、全面性、解释的统一性以及可学习性是判断理论优劣的几个标准；③应充分重视并运用自然科学的成就来理解人的主观性；④应进一步加强管理理论与教育理论、理论与实践之间的统一。

二、教育管理学研究的方式

教育管理学研究的方式，是指研究活动采取的具体形式或研究活动的类型。如果说研究方法论确定研究的立场与方向，那么研究方式则确定研究工作的主要途径和路线。受不同的方法论、研究目的与研究对象等因素的影响，研究者会采用不同的研究方式。一般而言，教育管理学研究的方式有思辨研究、实证研究、实地研究和历史研究四种。

（一）思辨研究方式

思辨研究方式是借助人的逻辑思维和智力技能操作概念和范畴，以演绎为基本过程的研究方式。它的根本特征是操作概念，而不是操作事实。因此，它往往有利于人们透过纷繁复杂、性质多样的教育管理现象，看清问题的本质；也有利于人们从关系、整体和变化的角度，思考教育管理的实践与理论问题。思辨研究方式为研究者所设置的门槛较其他研究方式要低，但真正做好思辨研究却相当困难。它常用的方法有矛盾与思维的方法、归纳与演绎的方法、分析与综合的方法、具体与抽象的方法、历史与逻辑的方法等。

（二）实证研究方式

实证研究方式是基于概念、命题和假设，围绕研究对象开展大量的调查或实验，并对收集到的资料进行量化处理，以证实或证否命题，得出一般性观点的研究方式。它最为突出的特征表现在对理论之定义和标准的理解上。第一，坚持理论既不是价值论也不是常识，而是一组相互关联的概念、假设和通则，它们对理论和实践的发展做出描述、解释和预测；第二，强调主体间的可检测性、信度或证实的充分程度、明确性与精确性、一致性或系统性的结构以及包容性或知识的范围是评判理论优劣的五个标准；第三，强调理论和知识可以为管理实践提供方向和指导。

（三）实地研究方式

实地研究方式是指研究者较长时段地"沉入"相对陌生的研究对象的生活环境中

去，采用参与观察和非结构式访谈等获取资料的方法，系统、详尽地描述、理解乃至批判反思研究对象的物理及精神特征、思想信念与行动逻辑的相对松散的研究方式体系。它既包括不受研究者自身价值观念影响，如实描述和解释研究对象的观察性实地研究；也包括将研究者自身的价值追求贯穿于研究过程，试图影响和改变研究对象的建设性实地研究；还包括研究者以揭示研究对象所受的种种欺骗、不公正对待以及质疑种种理所当然的假设为己任的批判性实地研究。

（四）历史研究方式

历史研究方式是指以收集、整理、运用历史资料为基础，描述教育管理历史现象，分析其产生和发展的原因与意义，或借此理解现实、展望未来的研究方式。与其他研究方式不同，历史研究方式与其研究"内容"或"对象"有着更为紧密的联系，它通常只研究过去的现象。历史研究方式也有着三种不同的取向。一是描述—分析研究，关注有关教育管理现象、机构与活动的事实性资料，力图回答"发生了什么"与"为什么发生"两类问题；二是意义—解释研究，强调对特定情境下教育管理主体行动的意图与意义的理解和阐释；三是批判—反思研究，总是努力通过历史资料的发现与阐释，表达认识上的反思或价值上的批判。

三、教育管理学研究的方法技术

教育管理学研究的方法技术是指研究过程中所使用的各种资料收集方法、资料分析方法以及各种特定的操作程序和技术。它处于教育管理学研究方法体系的最下层，具有具体性、专门性、技术性、可操作性等特点。结合研究的一般过程看，教育管理学研究的方法技术包括文献回顾、资料收集和资料分析等方面的方法技术。

（一）文献回顾的方法技术

文献回顾包括文献检索、文献阅读和综述撰写几项工作。

文献检索的基本方法有以下几种。①顺查法。以研究问题发生时间为检索起点，按时间顺序由远及近地查找文献。②逆查法。按时间顺序由近及远地查找文献。③引文查找法。根据已掌握文献中所列的引用文献，查找有关主题的文献。④综合查找法。综合运用前三种方法查找文献。

文献阅读要注意三个问题。①确定阅读范围。文献较少要全部阅读，文献较多要从相似性、发表时间、研究者的学术影响力等方面进行筛选阅读。②明确阅读重点。要着重关注文献的理论框架和背景、研究方法、推论思路、研究结论等内容。③记录阅读评论。对文献的观点、价值和不足等做出及时评论和记录。

综述撰写要注意的问题如下。①要选择恰当的、适宜的、具有代表性的材料，无须每一篇文献都提及。②要对文献进行概括，不能简单罗列，更不要将别人的话完全摘抄过来。③要有相应的叙述结构，如按时间、按主题或按逻辑进行综述。

（二）资料收集的方法技术

资料收集有问卷法、访谈法和观察法等基本方法。

问卷法的重点是问卷编制。问卷一般包括标题、指导语、题目和结束语四个部分。它在设计上要注意以下几点。①在提问方式上，要避免题目过长，尽量不用否定形式提问；要使用常用语，避免使用专业术语、生僻语和新概念；提问内容要单一，避免具有多重含义；要注意态度的中立及提问的策略。②在题目类型上，封闭式题目要注意是否式、排序式、选择式、量表式题目的合理选择与设计。③在题目数量上，以15分钟内能够完成答题为宜。④在题目排序上，宜先简单后复杂、先客观后主观、先封闭式后开放式。

访谈法分结构式访谈和非结构式访谈。访谈前要做好选择访谈对象、撰写访谈提纲、确定访谈时间和地点等方面的准备。访谈时要注意开场技巧，在进入正题之前要有一段融洽的沟通，开场白要简明扼要、意图明确、重点突出；要注意提问技巧，要清晰明确、边听边想、学会追问、善于引导；要注意倾听技巧，从行为、认知、情感等层面让被访者感觉被尊重、被关注、被理解；要注意记录技巧，根据需要和条件选择当场记录还是事后记录，确保记录的完整性、准确性与清晰性。

观察法主要有参与观察和非参与观察两种。它们又都有结构式观察与非结构式观察之分。非结构式观察一般只是对观察内容有一个大致的意向，没有明确的内容和项目。非结构式观察有日记描述、逸事记录和实况记录几种方式。进行结构式观察应事先设计好表格，以便对观察结果进行量化处理和统计分析。结构式观察主要进行频数记录（如记录行为发生的次数）、等级记录（如记录学生参与课堂的程度）和符号记录（用不同的符号区分不同的行为）。

（三）资料分析的方法技术

资料分析的方法技术主要有定量分析和定性分析两种。定量分析主要包括资料审核、资料编码、数据录入等工作，有单变量统计分析、双变量统计分析和多变量统计分析几种具体方法。定性分析主要是将大量的、特定的调查或观察得来的资料，通过文字阐述，组织成一幅清晰的图画、一种概括的模式或一组连接的概念。它主要涉及笔记整理、档案建立、资料编码、概念构建等工作。

本章精要

1. 教育管理是指在特定的环境中，各教育管理主体从自身职能出发，遵循相应原则，运用相关方法，围绕各项教育事务进行领导、决策、计划、组织、沟通、激励和评价等活动，以提高教育工作效率，促进学生发展的过程。它涉及教育管理目的、教育管理原则、教育管理环境、教育管理主体、教育管理过程、教育管理内容等基本要素。

2. 教育管理有两个基本目的：一是达成教育目的，促进学生的成长与发展；二是提升工作效率，提高教育活动的合理性与经济性。教育管理应遵循教育性原则、科学化原则、民主化原则、人本化原则、效率原则和专业化原则。教育管理总是在特定的环境中展开，受人口、经济、技术、制度和文化等多种环境的影响。

3. 教育管理主体包括组织形态的教育管理机构和个体形态的教育管理者。不同层次的教育管理机构和教育管理者，发挥着既有区分又相互关联的职能。教育管理既是一个工作过程，也是一个社会过程。教育管理内容主要包括课程与教学管理、学生管理、教育人员管理、教育财物管理等方面。

4. 教育管理学是运用相应的研究方法，认识和理解教育管理现象，以谋求教育管理改进之道的一门社会科学。教育管理现象是教育管理学的研究对象，社会科学是教育管理学的学科性质，谋求教育管理改进之道是教育管理学的学科使命。

5. 教育管理学的研究方法是由研究的方法论、研究的方式和研究的方法技术三个层次构成的体系。研究的方法论主要有教育管理科学论、教育管理主观论、教育管理价值论、教育管理批判论、教育管理整合论等类型；研究的方式主要有思辨研究、实证研究、实地研究和历史研究四种类型；研究的方法技术包括文献回顾、资料收集和资料分析等方面的方法技术。

思考题

1. 什么是教育管理？
2. 如何理解不同教育管理主体主要职能的关系？
3. 如何理解教育管理过程的两重属性？
4. 什么是教育管理学？
5. 如何看待"教育管理学是一门社会科学"的学科性质定位？
6. 教育管理学研究方法体系的三个层次及其关系是什么？

🌀 案例分析：流动人口增长给教育带来什么——人户分离的背后①

第七次全国人口普查数据显示，我国人户分离人口为 49276 万人，市辖区内人户分离人口为 11694 万人，流动人口为 37582 万人，其中跨省流动人口为 12484 万人。与第六次全国人口普查数据相比，人户分离人口增长 88.52%，市辖区内人户分离人口增长 192.66%，流动人口增长 69.73%。

———————

① 董鲁皖龙：《流动人口增长给教育带来什么——人户分离的背后》，载《中国教育报》，2021-05-17。引用时有改动。

学者甲指出，20 世纪 80 年代以前，从家庭结构来说，父母和孩子在一起是常态，几代同堂也较为常见。社会转型后，随着外出务工人员急剧增加，家庭结构发生了巨大变化，出现了数千万留守儿童。这导致原有的教育原则和方法在实施上失去了前提条件，对家庭教育、学校教育、社会教育都提出了很大挑战。

学者甲认为，我们有义务为留守儿童提供安全的、有保障的受教育环境。

在学者乙看来，留守儿童教育的关键问题在于因父母双亲外出而产生的亲子交往缺失和亲子关系隔离，因此应将留守儿童教育问题解决的重点聚焦到亲子关系的建立上。

留守儿童教育问题不仅是教育问题，而且是经济或社会问题。学者乙认为，解决留守儿童教育问题要分三个层面进行：首先是政府层面，应解决如何消除留守家庭的问题；其次是家长层面，应解决如何确保亲子交往并使之产生教育影响的问题；最后是学校和社区等层面，应解决如何弥补家庭教育的不足的问题。

学者乙主张，国家和地方政府在加速农村工业化、增加农民就业岗位的同时，还要制定有关政策、措施以确保农民能够就近就业，从根本上解决农村留守儿童家庭教育问题。

政府要发挥保障作用，从义务教育来讲，要保障孩子受教育的权利，尽力为外来务工人员子女提供受教育的机会。当前，随着"两为主"——以流入地政府为主、以公办学校为主，解决外来务工人员子女的义务教育问题政策的深入推进，各地政府已根据实际情况最大化地接纳外来人口子女入学，为孩子与家长在一起创造条件。此外，从学校来讲，一定要关注留守儿童心灵成长。学校也要切实担负起家庭教育指导的责任，进行家校共育，开展多样化的项目和活动，让留守儿童家长参与到教育中来，帮助留守儿童保持与父母心理上的联系，为孩子成长提供心理动力。

课堂讨论

1. 请结合案例，谈谈环境对于教育管理的影响。

2. 面对外部环境影响，你觉得教育管理者可以做什么？

第二章　教育管理的历史沿革

本章学习目标:

- 了解中国教育管理发展的基本脉络;
- 了解西方教育管理发展的历史进程;
- 了解主要发达国家教育管理的现实状况;
- 理解中西方教育管理的主要差异。

教育管理反映了不同时代教育活动运行状况的要求，是在特定历史背景下政治、经济、文化、科技、伦理等因素综合作用的结果。社会形态和历史发展阶段不同，教育管理实践也具有不同的特征。

第一节　中国教育管理发展的历史回顾

一、中国古代教育管理

教育伴随着人类社会的产生而产生，自从有了教育，就有了教育管理实践。原始社会是中国教育管理发生和发展的历史源头，其教育管理与实际生活密切相连，教育管理人员由长者、能人和部落首领兼任，教育管理表现出鲜明的无阶级性与和谐性。

进入阶级社会后，教育管理则带有浓重的体制性和突出的等级色彩。中国作为四大文明古国之一，有着丰富多彩的教育管理实践和经验。

（一）先秦及秦汉时期的教育管理

夏、商、西周时期的教育管理各有其特点，夏代重武、商代重乐、周代重礼，但其教育管理体制的共性在于"学在官府"，官府之外无书籍、无学校、无学术。夏、商两代出现了学校教育制度的萌芽，教育行政管理官员的设置开始明确化。西周是我国奴隶社会的典型时期，其教育管理特色鲜明，教育行政管理分为中央、地方两大部分，体现出政教合一、官师一体的特点。西周学校分为国学和乡学两种类型。《礼记·学记》说："古之教者，家有塾，党有庠，术有序，国有学。""塾""庠""序"便是在地方设置的乡学。学校教育教学以礼、乐、射、御、书、数六艺为内容。当时还建立了视学制度和选贤贡士制度，对教育进行宏观调控和引导，选贤贡士制度是我国最早实行的人才选拔制度。

春秋战国时期是我国私学发展的鼎盛时期之一，儒、墨、道、法、兵诸家各有其独具特色的教育管理思想，形成了不同的管理风格。战国时齐国的稷下学宫管理极具特色，其由政府出资，由私家主持，实行门户开放、学术自由原则，将讲学、著述、育才和咨政结合起来。稷下学宫给教师以很高的待遇，对学生实行制度化管理。《管子》中的《弟子职》是目前所知最早的学生守则。从《弟子职》可以看出，学宫以著名学者的讲学著述活动为中心展开管理活动，也表现了管理的目的性、计划性和组织性。稷下学宫管理松而不散，自由而有序，为后世提供了一个高等学府管理的范例。

秦汉的文教政策和管理虽然采取的手段和措施大不相同，但加强中央集权是它们的基本的也是共同的特征。秦把巩固统一、培养法治人才作为文化教育管理目标，管理手段以刑罚为主，具有很强的专制性，具体表现在"禁私学""焚书坑儒"的举措中。汉初实行较为宽松的文化政策，至西汉中叶汉武帝采纳董仲舒的"推明孔氏，抑黜百家""兴太学，置明师，以养天下之士""任贤使能"三条建议，即后人所称的"汉代三大文教政策"。从此，儒学独尊，教育得到较快的发展，形成了一个以中央太学为龙头、地方官学为主干，通过大大小小的私学辐射全国的经学教育网络。

汉代以九卿之一的太常为太学的行政长官，对太学进行管理，选任博士作为太学的教师。地方官学发轫于"文翁兴学"，汉景帝时蜀郡太守文翁为改变蜀地文化落后的状况而设学官传播儒家思想，汉武帝对此极为欣赏并诏令"天下郡国皆立学校官"。汉元帝时于各郡国"置《五经》百石卒史"，设文教官职对地方官学实施管理。汉平帝元始三年（公元3年）又建立了一套相当严整的地方官学制度。汉代形成的这种中央、地方（与行政区域对应）两级办学，并和广泛存在的私学相配合的学校教育框架，成为中国封建社会学校教育的基本模式。

（二）三国两晋时期的教育管理

三国两晋时期兵荒马乱，教育发生了中国历史上第二次大变革，从汉代正统独尊的儒家经学教育中摆脱出来，教育体制由单一性向多样性转换，多种专业性中央官学和多元性教育内容出现，教育的中心也开始由官学向私学转移。

晋武帝咸宁二年（公元276年）创办了国子学，它是中国教育史上平行于太学、专为贵族地主阶层设立的中央官学。此后，北齐设国子寺，隋将其改成作为教育管理机构的国子监，以后历代均承其制，可见国子学是西晋对中国古代高等教育管理体制的一大贡献。前秦、后秦利用教育加速民族交融，较为重视中央官学的置办。与汉代相比较，魏晋时期太学和国子学的课程已有较大不同，表现为以古文经学为主，玄学、文学也占有一定的地位。

（三）南北朝时期的教育管理

南北朝时期适应时代需要，教育继续进行变革，出现了多种专业性中央官学，除太学、国子学外，又有四门学、书学、算学和律学等多学多轨制。宋文帝元嘉十五年（公元438年），宋文帝在京师并创玄学、史学、文学、儒学四馆，各馆按专业进行招生、教学和研究，这是自汉代经学独霸官学教育以来，中国古代学制中教学内容的最大变革。这四馆也是中国古代专科学校的雏形。

与南朝相比，北朝各政权都很重视官学教育。北魏道武帝初定中原之后，模仿晋代学制，并设太学与国子学，置五经博士，学生有千余人；北魏孝文帝太和九年

（公元485年）专为皇子、皇孙设立皇宗学，迁都洛阳不久即诏立国子学、太学、四门小学，皇宗学一度荒废；宣武帝景明初年又恢复了皇宗学。经过孝文帝、宣武帝两代努力，饱经战乱的北方地区终于有了颇具规模的中央官学建制。皇宗学和四门小学均属中国教育史上首创，是北魏对中国古代教育制度的新贡献。北齐孝昭帝皇建元年（公元560年）设置国子寺，作为统辖国子学的教育、管理机构，这是北齐对中国古代教育管理制度的新尝试，对隋唐以后的教育管理产生了较大影响。

南北朝时期的中央官学非常重视考试管理。北齐国子寺的主要功能之一，是管理每年一度的国子学考试，这种把考试制度纳入中央教育管理机构的做法，对后世很有影响。

（四）隋唐五代时期的教育管理

隋唐时期尤其是唐代建立的教育行政管理体制堪称中国历史上最为完备的体制，它由中央、地方两级教育行政机构组成。就中央教育行政机构来说，礼部是国家教育的最高管理机构；国子监是专门的中央教育行政管理机构，设祭酒一人，主持各学教学、训导和考试，这是我国历史上第一次设立专门管理教育的政府机构和教育行政长官，其作为国家教育行政具体主管机构延设至清末，在中国古代教育管理史上具有重大意义。相关官署结合本部门业务办学、管学是唐代教育行政管理体制的一大特色，如东宫辖崇文馆、门下省辖弘文馆等。隋唐地方教育行政由府（州）和县两级组成，其行政长官都是"亲民"之官，负有"宣扬德化""劝课农桑"的职责，因而同时是地方教育行政长官，而具体事务则由长史主持。

唐代建立了中国古代完备的学校制度，唐代学制系统就办学性质可分为官学和私学两部分，官学又分为中央官学与地方官学两部分，两者不存在统属关系，但存在递升关系。中央官学又分为国子监（下辖国子学、太学、四门学、律学、书学、算学和广文馆）与官署附属（崇文馆、弘文馆、太史局、太医署等）两大系统，其主体是国子监属下诸学和崇文馆、弘文馆；学校教育以儒家经学教育为主。隋唐官学教师都是政府品官，有规定的待遇和职责，其选任、考核有一定制度；隋唐官学对学生出身、名额、待遇等有明确规定，体现了严格的等级性，各阶层子弟依父、祖父的身份、品级进入不同类别和等级的学校。政府教育部门还制定了一系列校纪、校规以保证学校正常的教学管理秩序，其中官学休假制度反映了划分学习阶段、适当安排学习与休息以调节师生身心状态的意图，这在中国教育管理史上是个创举。

唐代的私学大体上可分为村学（家塾）、家学、书院和学者授徒几种形式。其中，书院由私家学者开办、主持，以读书为先导，注重学问研讨，成为我国古代一种特殊的教育机构。对私学的管理遵循国家文教政策，其内部管理形式松散，招生没有身份等级限制，传授内容丰富，教学形式多样。其中，以名师大儒为核心的实施高层次教育的私学形成了自己的风格和特色。比如，王通致力于经书传解，韩愈、柳宗元倡导古文运动，孙思邈进行老庄学说和医学传授，独具特色的私学极大地促进了隋唐的学术发展。

隋唐时确立和完备起来的科举制度，是我国人才选拔制度的重大创新。科举考试以儒家经典《五经正义》为标准，以帖经、问义、对策、诗赋为考试方法，调动了世人的积极性，促进了教育的发展。

（五）宋元时期的教育管理

宋代以加强封建中央集权统治为治国总政策，因此在文教政策上重视文治，提倡科举，尊孔崇儒，兼容佛道，振兴官学，发展私学，鼓励书院的发展。

宋代前期经三次兴学运动，官学制度更加完备，国子学、太学、医学、律学、算学和书学得到了整顿和充实，又增设了武学和画学。宋代的中央教育行政机构仿唐而设，礼部主管教育，通过监督和管理确保学校办学方向的正确和学校教育工作的开展。礼部之下专设国子监作为专门的中央教育行政管理机构，它同时又是国家最高学府，负责管理所属国子学、太学、辟雍、四门学、律学、广文馆及国立小学的日常行政事务。附设于中央政府各业务部门的专门学校则归该业务部门领导，如算学由太史局管理，书学由翰林书艺局管理。宋代地方教育行政有所创新，宋徽宗崇宁二年（公元 1103 年）在诸路设立提举学事司，长官称提学官，这是我国设置专门地方教育行政机构的开始。为保证州县学办学经费，宋代创行"学田制"，学田作为官田的一种，出租获取的租金成为州县学经费的主要来源，保证了州县学的稳定发展。

宋代的教学管理在继承唐代的基础上制定了一些新的管理制度。官学实行分斋制和三舍法。分斋教学方法也被称为"苏湖教法"。胡瑗在苏州、湖州教学时，实行分斋而教的教学改革措施，成绩卓著，闻名天下，其以"明体达用"（实质就是"学以致用"）为指导思想和教育目的，以分斋教学为核心。分斋，即学校分为"经义""治事"二斋，分斋时根据生员的特点和能力，经义斋以学习儒家经典为主，治事斋以学习治兵、治民、水利等方面知识为主，生员每人择一事又兼一事。分斋教学实行分科教学和主副科制度，实际上走向人才培养的专业化，在教育史上有开创意义。熙宁兴学时，王安石对太学进一步改革，实行"三舍法"：学生初入太学为外舍生；学习一年，合格者升为内舍生；学习两年，合格者升为上舍生；学习两年，经考试合格者，任以官职。三舍是 3 个学级，由初级至中级再至高级，基本学程为 5 年。崇宁兴学时，蔡京将其扩大实施于地方官学，使三舍法成为遍及所有官学的一种制度。

宋代书院尤为兴盛，它以讲学、藏书、供祀为三项基本任务，不仅是讲学的场所，也是学者研究的学术中心。当时著名的有白鹿洞书院、岳麓书院、睢阳书院、嵩阳书院等。书院在管理体制上以山长（也称院长、洞主、主洞或堂长）为最主要的负责人，还设有副山长、助教等；各书院一般都把求道和学为圣人作为培养目标，其教学多采用自由讲学的形式；道德品质教育是书院教育的核心，为使师生有统一认识，各书院普遍定有严格的学规，其中最具代表性的是朱熹的《白鹿洞书院揭示》。它明确规定要以"明人伦"为学习的目的，指出了学生修身、待人、接物的要领并规定了学习的次序和方法，成为后世书院学规的范本。

元代中央没有专门统管中央官学的教育行政机构；在地方上，在各行省所在地全部设置儒学提举司，后又设江南各路儒学提举司，同时在行省与路之间增设诸道儒学提举司，统诸路府州县学祭祀钱粮之事。就对中央官学和地方官学的管理来看，政出多门是元代教育行政管理的主要特点，这既反映了元代对教育的重视——中央、地方、部门、军事机构、官学、私学等多方面办学造成政出多门的现实，也反映了元代教育行政与中央集权制趋势间的不和谐。

元代国子学、路府州县学和书院教学内容以理学为中心，以"四书""五经"为科举考试的标准和教材，在教学管理上发展了宋代的分斋升等和考试积分办法，迫使学生勤奋用功。元朝通过教育普及理学，使中国封建社会后期的统治者找到了一个有力的统治工具。

元代以"才""贤""德"为学术和政治标准选拔教师，在选拔途径、编制、晋升考核、物质待遇等方面都有比较完备、严格的规定，其目的是使教师更好地为其政治统治服务。元代官学经费比较有保证，中央官学生员的廪膳由国家直接供给，地方官学则大都有规模不一的学田设置和严格的收入管理。元代无论学校类型、数量还是在校生数量都有所发展，稳定、可靠的经费来源是很重要的原因。

（六）明清时期的教育管理

明代确立了尊儒重教，推崇程朱理学，实行文化专制的基本政策，与前代相比，其突出特色是中央集权，政府通过对祭酒、司业、提学官的任免，监规学规的颁布，教学内容、方法的规定等，把教育的大权集中于中央，从而适应了高度集权的统治需要。明代中央官学的主干是北京、南京国子监，旁支是宗学和武学；地方官学的主干是府州县学，旁支有医学、阴阳学、社学、地方武学、都司、行都司、卫儒学和土司儒学。私学包括书院、宗学、社学、义学以及私塾等。明代的学校设置从数量、规模上都远远超过了以往任何一个朝代。

明代掌管全国教育行政的机构仍是礼部。国子监既是全国最高学府，又是中央官学的行政管理机构，明代国子监实行的是祭酒领导下的分工负责制，内部形成了由领导层(祭酒、司业)、监督层(监丞)、服务层(典簿、典籍和掌馔)、执行层(博士、助教、学正、学录)分工负责、各司其职的宝塔形管理体制。地方官学实行提学官领导下的分工负责制。提学官是专职的地方教育管理人员,管理地方的一切教育事务,地方政府中其他行政长官无权侵占提学官的权力、干涉地方教育事务。由此可见,明代的教育管理活动与以往相比处于一种相对独立的状态。

明代国子监以培养德才兼备、以德为重、文武双全、以文为主的人才为管理目标,以经过理学家注释的儒家经典著作为主要教学内容,采取分堂集体教学的组织形式,对监生的考核实行六堂积分之法。明朝政府要求监生不但有实学,而且有实际办事能力,为此创建了"监生历事制度",即把监生分派到中央六部诸司历练政事,以培养监生的实际工作能力。就地方官学来说,朱元璋于洪武二年(1369 年)规定了府州县学以化民成俗为主、为国育才为辅的办学方针。在州府县学的教学管理上规定生员专治一经,以礼、乐、射、御、书、数设科分教,务求实才。明代私学中书院的官学化程度较高,受科举的影响较大。

明朝统治者十分重视教师在传授知识、模范后生等方面的作用,对教师道德、学问和言行的要求很高。国子监教师主要是德高望重、博古通今的硕学鸿儒,物质待遇优厚,对其考核既有和其他官吏相同的考满、考察之法,又依照洪武二十六年(公元 1393 年)颁布的"学官考课法"进行,专门以监生科举成绩的高低来决定教师的升降与否,从而影响着教师的责任心。

明代的教育管理特别注重规范性,明朝统治者注意把有关的教育行政指示、命令等加以条理化、固定化,使其成为师生必须遵守的监规、学规。洪武十五年(公元 1382 年),3 月定 9 条学规,5 月定 12 条学规;洪武十六年(公元 1383 年),再定 8 条学规;洪武三十年(公元 1397 年),增定 27 条学规。至此共 56 条。根据地方官学的特点,对提学官也做了专门的规定,天顺六年(公元 1462 年)赐谕提学官 18 条,万历三年(公元 1575 年)又赐谕提学官 18 条。这些规定内容越来越具体,涵盖面越来越广,从管理者、教师的任务、职责、考核到生员的衣食住行以及教学时间、方法等都做了具体规定,对明代尤其明初官学的发展起了重要作用。

清朝前中期推行"兴文教、崇经术,以开太平"的文教政策,尊孔读经,提倡程朱理学,广设学校,通过设科取士,笼络士人,对中国的历史进程有着深刻的影响。清代文教政策的突出特点是钳制人们的思想,以整理文化为手段,禁毁"异端"书籍,为压制思想,大兴文字狱,给文教界知识分子连续制造大灾难,迫使知识分子闭口不言政治,以致后来出现了"避席畏闻文字狱,著书都为稻粱谋"的局面。

礼部是全国最高的教育行政机构,但不久后作为全国最高学府的国子监从礼部管理下独立出来；之后，为教育皇宗、贵族而设的特殊学校也按系统由设立的部门独立管理。礼部实际上就是负责管理除了国子监、特殊学校之外全国学校事务的最高教育行政机构。

清代的书院管理，是其教育管理体制中的重要组成部分。书院管理的特点是完全官学化，主要表现在对书院人事、经费和学生出路的控制上。乾隆年间对书院的利用更为积极，进一步推动了书院的官学化，清代书院进入兴盛阶段，而书院自由设立的时代也从此告终。

二、中国近现代教育管理

（一）清末时期的教育管理

清末时期，新教育萌芽，教育管理也出现了一些新情况和新特点。这一时期的教育管理经历了洋务运动时期的教育管理、维新运动时期的教育管理和清末"新政"时期的教育管理三个阶段。

洋务运动和维新运动时期，清政府确定了"中学为体，西学为用"的文教政策。洋务派以求强、求富为目标创办学堂，并围绕学习外国军事技术而派遣赴美、留欧学生；维新派以培养维新人才为目标办万木草堂、湖南时务学堂、京师大学堂等，具有强烈的时代特点和政治色彩，尤其是京师大学堂的成立，反映了当时多派政治力量试图在中国建立近代学制的进步愿望，体现出中国近代教育发展到了一个新的阶段。

在京师大学堂成立前，清政府未设立专门管理新式学堂的教育行政机构，这些学堂的隶属关系较为复杂，其主要行政约束来自地方长官，有"点"的管理而无"线"的管理。1898年7月，光绪帝谕设京师大学堂，它不但是当时新式学堂的最高学府，而且是当时新式学堂的最高行政管理机构。但由于"百日维新"的短命及八国联军的入侵，其并未真正行使职权。清末官制改革后，学部成为全国最高教育行政管理机构。

清末"新政"时期是我国教育以及教育管理体制由近代向现代转变的关键时期。此时期在教育上多有创新。

新学制的建立。1904年1月，清政府继壬寅学制后又颁布了《奏定学堂章程》，即"癸卯学制"，这是我国教育史上第一个得到施行的近代学制。它制定了系统的学校教育制度，将学制分为直系和旁系两大部分：直系为普通教育，分3段7级；旁系为实业和师范教育。在施行过程中又对初等教育、中等教育和女子教育等方面进行了一些修改和补充，尤其是1907年《女子小学堂章程》和《女子师范学堂章程》的颁布，标志着女子教育在我国开始具有合法地位。

　　教育宗旨的制定。中国近代厘定教育宗旨，从宏观上给教育管理以指导，始于癸卯学制。当时所制定的教育宗旨可分为两个层面：第一个层面是对各级各类学堂的总要求，相当于教育目的，强调一是"忠孝为本"，二是"练其艺能"；第二个层面是在总要求之下对某级某类学堂的具体要求，相当于培养目标。这两个层面教育宗旨的颁布，使全国各级各类学堂有了明确的办学指导思想，从宏观上加强了对全国各级各类学堂的统一管理。

　　三级教育行政管理制度的建立。1905 年，在我国实行了一千多年的科举制被废除，新的近代教育行政三级管理体制开始建立。1905 年 12 月，学部奉旨设立，我国新的中央教育行政机关诞生，学部设立后，国子监并入，但礼部与之并存，实行双轨管理；省教育行政机构随之也进行了改革，各省设提学使司，原学务处改为学务公所；各县设立劝学所。新的三级教育行政管理体制取代了传统的封建教育行政管理体制，使新式学堂的发展有了一定保障。

　　近代教育督导制度初步形成。癸卯学制颁布后，全国掀起了一股兴学热潮。为加强对学校的控制与管理，及时了解和掌握各地的办学情形，国家对相应的监督机制的需求增加，于是有了视学督导体系的建立。1906 年，在确定学部官制时，拟设视学官 12 人以内，专巡京外学务（京内学务由京师督学局负责）。同年 5 月，《学部奏陈各省学务官制折》提出，提学使下设省视学 6 人，各厅、州、县劝学所设县视学 1 人。1909 年 10 月制定《视学官章程》33 条，规定了视学官的资格、权限、责任、视学区域以及视学官与地方教育行政之间的关系等，使视学活动有章可循，视学制度初具轮廓。

（二）中华民国初期的教育管理

　　辛亥革命后，教育界围绕新的社会需求，对清末形新而质旧的教育的各个方面进行改革，力求教育为新生的资产阶级共和国服务。1912 年 2 月，蔡元培提出了五育并举的教育方针。9 月，教育部公布了"注重道德教育，以实利教育、军国民教育辅之，更以美感教育完成其道德"①的教育宗旨，这一宗旨与蔡元培的构想基本上是一致的。袁世凯篡权后，为控制管理教育使之为复辟帝制服务，对民国初期教育方针进行篡改，但遭到教育界广大人士的坚决反对，并因复辟活动的迅速失败而未产生多大影响。这一时期的教育发展方向总体上是以 1912 年所订的教育方针为指导的。

　　民国初年，中央教育行政管理体制最终通过 1914 年的修订，以现代教育分类为

---

① 　朱有瓛：《中国近代学制史料》第三辑上册，90～91 页，上海，华东师范大学出版社，1990。

标准，组织划分了教育部内部各司，并辅以相应规程，使现存的各级各类教育有了对口管理，并使视学、教科书编审等也有了专司管理，整个中央教育行政管理体制初步完善。与中央教育行政制度较为稳定和完善的状况相比，地方教育行政机构因这一时期地方实行自治的特定政治格局及受财政条件限制而变动频繁，地位忽高忽低，体制尚未形成，甚至在县级教育行政机构走向稳定之后，省级教育行政机构还面临亟待改善的任务。

辛亥革命胜利后，确立资产阶级新教育首先触及的问题之一，就是学制的改革。1912年1月，教育部颁行《普通教育暂行办法通令》，公布了一些临时性的改革管理措施，为随之而来的学制改革奠定了基础。1913年，壬子癸丑学制颁布。壬子癸丑学制的整个学习年限为18年，共分3段4级；从横的方面看，整个学制又分为3个系统，除从小学到大学或专门学校的直系教育外，还有师范教育、实业教育两个系统。壬子癸丑学制在很大程度上废除了男女在受教育权上的差别，除高等师范学校外，开放了办学权。此外，还废除了清末专为贵族开办的贵胄学堂，废除了双轨制，取得了学制形式上的平等。壬子癸丑学制改革基本上针对的是已有近代学制体系中封建主义的部分，从而使其大体上反映了辛亥革命胜利后资产阶级的需求。这一学制沿用到1922年。

这一时期对初等、中等学校初步建立了分级管理体制，初等小学由城乡设立，高等小学由县设立，中学由省设立，实行逐渐接近国际近代中小学课程的教学管理，学校的行政负责人一律称校长，小学继续施行清末创建的教师检定制度。高等学校按1912年教育部公布的《大学令》的规定实行分科制，分文、理、法、商、农、工、医科，以文、理为主；大学设校长1名，各科设学长1名，学校设立评议会和教授会等组织。1913年1月公布的《大学规程》又规定：大学科下设门（相当于现在的系），门下有类（相当于现在的专业）。这一时期师范教育的承担者主要是高等师范学校和师范学校。高等师范学校以培养中学、师范学校教员为目标，为国立，由教育总长统筹，全国分区定点设立，经费取于国库；师范学校以造就小学教员为目的，为省立，也可为县立或私立。社会教育在此时颇受重视，除在教育部中设专司管理外，教育部还于1914年2月公布《半日学校规程》，规定各地方教育行政当局设立半日学校以提高社会文化程度。通俗教育研究会是推广社会教育的一个重要组织，1915年7月，《教育部公布通俗教育研究会章程》规定该会"以研究通俗教育事项、改良社会、普及教育为宗旨"[1]，并针对研究会的研究事项、会员组成、日常工作等制定了具体

---

[1] 舒新城：《中国近代教育史资料》下册，812页，北京，人民教育出版社，1981。

的管理目标，初步构筑了社会教育的管理体制。

袁世凯复辟失败后，教育方针被恢复，但教育界对其一直存在争议，因而对它的改革也一直在酝酿中。1919 年 10 月，全国教育联合会通过了《请废止教育宗旨，宣布教育本义案》，认同北京教育调查会提出的"养成健全人格，发展共和精神"为教育本义。1922 年，《学校系统改革案》公布，提出了 7 项标准：适应社会进化之需要；发挥平民教育精神；谋个性之发展；注意国民经济力；注意生活教育；使教育易于普及；多留各地方伸缩余地。① 这 7 项标准，特别是前 5 项，体现了教育本义具体化的原则，实际上也是该阶段的教育政策，这些政策明显地表露出实用教育理论的影响，体现出力图发挥更为民主、自由精神的倾向。至此，该阶段的教育方针和政策已基本形成，它规定了学制、各级各类学校管理等方面改革的方向。

民国初年建立的中央教育行政制度所形成的教育管理职能基本上能适应当时的教育实况，故一直未有大的改动。1926 年 2 月，《国民政府教育行政委员会组织法》公布，随后国民政府教育行政委员会成立，掌管中央教育机关，它以教育行政委员组成干部会，下设行政事务厅依其议决处理事务。这一变革显然采取了中央教育行政的群体负责制，民主精神有所加强，但效率不高，且对口管理的职权也不够清楚，因此仅实行一年多，另一次新的改革就开始了。地方教育行政制度在这一时期不断完善。1917 年 9 月，《教育厅暂行条例》公布，规定各省设立教育厅，直属于教育部，设省视学 4～6 人等，后又就教育厅内部组织、视学等颁布系列规程，使省级教育行政组织得到进一步完善。1923 年 3 月，《县教育局规程》公布，规定县教育局由局长1 人、视学及事务若干人组成并设立董事会审议教育事项，由教育局在全县市乡划分学区等，使县级教育行政机构也得到了改进。

针对壬子癸丑学制中的小学年限过长、中学过短、以升学为主要目标等突出问题，1922 年 9 月，教育部召开全国学制会议，11 月，颁布《学校系统改革案》，称"壬戌学制"或"六三三"学制。新学制依据以上提及的 7 项标准为改革的指导思想，把学校教育分为普通教育、师范教育和职业教育 3 类。这一学制根据儿童年龄分期来划分教育阶段；以加强中等教育为核心，在中学实行选科制和分科制，兼顾升学和就业，并注意地区差别，给地方伸缩余地，这有利于提高中等教育水平；学制还改革了师范教育制度并建立了比较完善的职业教育系统。这一学制的"六三三"分段法，一直沿用到中华人民共和国成立前，尽管它是仿行美国的，但具有结合自己的情况学习先进经验的因素，比较切合中国的实际，是我国学制发展史上的一大进步。

---

① 李桂林：《中国现代教育史教学参考资料》，284 页，北京，人民教育出版社，1987。

这一时期学校教育管理中对中学生行为的管理变得更严格，设训导处，推行"级任制"，即每学期每一年级设1名专任教师担任级任，负责训导该级学生，学校的训导管理体制初步建立。高等教育最引人注意的是大学内部管理体制的改革，即建立教授评议会、行政会议和教务长制等。这些理想在蔡元培出任北京大学校长后变成了现实，其改革明确划分了管理权限，扩大了全校师生对管理的监督权和参与权，从而充分体现了他强调的"思想自由、兼容并包"的民主原则与精神。通过各方面改革，北京大学的办学质量明显提高，成为国内最先进的大学，在学界产生了广泛影响。正因为此，1924年《国立大学校条例》规定国立大学设董事会、实行教务长制、恢复教授会等。随着这一律令的实行，大学内部的管理体制有了较大的进步，从而促进了高等学校管理的规范化。

（三）中华民国中后期的教育管理

1. 南京国民政府统治下的教育管理

1927年，国民党中央政治会议通过了蔡元培等人的建议，改教育行政委员会制为大学院制，划分大学区，蔡元培为大学院院长，大学院为全国最高学术和教育行政机构。1928年，国民党又改大学院和大学区制而建立了中央教育行政机构教育部。经10次修订，到1947年其组织规模、设置等已臻于完备。在地方教育行政组织方面，1929年，废止大学区制，恢复了省教育厅的建制，但各省教育厅的建制以及一省内各市县教育局或教育科设置也未尽统一。1930年，《市组织法》公布，规定直辖市教育主管机关地位等于省教育厅，省辖市教育主管机关地位等于县教育局（科），市教育行政组织自此定型。

南京国民政府成立后，为了全面控制学校教育，向师生灌输封建伦理道德，进行思想统制，于1929年制定《中小学训育主任办法》，建立了中小学校的训育制度。为强化学校的训育管理，自1938年起，《青年训练大纲》《中等以上学校导师制纲要》《训育纲要》陆续施行。1947年，教育部公布《专科以上学校训育委员会组织规程》，从而在各级各类学校构建了一套以学生为对象的训育制度。国民政府还在小学和初中实行童子军训练，在高中以上学校实行军事教育和军事训练，用管理军队的办法来控制学校，训练儿童、青年的绝对服从精神。在对各学校"施以严密之训导"的同时，又通过规定课程标准、进行教科书审查、实行毕业会考与总考制、实行高校统一招生和联合招生、严格高校学籍管理制度、进行教员资格审查等措施强化对各级各类学校的教学管理，对学校师生的思想、言论进行严密的监视和统制。

2. 中国共产党领导下的革命根据地的教育管理

①土地革命时期。土地革命时期的教育管理是指中国共产党在苏区创建和发展

新民主主义教育的过程中构建的各项教育管理体制和采取的实践措施。

1934 年 1 月，毛泽东在《中华苏维埃共和国中央执行委员会与人民委员会对第二次全国苏维埃代表大会的报告》中指出：苏维埃文化教育的总方针在于以共产主义的精神来教育广大的劳苦民众，在于使文化教育为革命战争与阶级斗争服务，在于使教育与劳动联系起来，在于使广大中国民众都成为享受文明幸福的人。为贯彻落实教育方针，中央苏区政府相应制定了改造和整顿旧教育、劳动大众受教育优先、争取与培养知识分子为革命教育事业服务、依靠群众办学等具体的文教政策。苏区的教育方针政策不仅是苏区教育发展的根本保证，也是教育管理的重要依据。

苏区的教育行政机构是逐步建立起来的。1928 年 5 月，井冈山革命根据地在湘赣边区工农兵苏维埃政府内正式设立教育部，这是苏区最早设立的教育行政管理机构。1931 年 11 月，中华苏维埃共和国临时中央政府在瑞金成立，设中央教育人民委员部，掌管苏区的教育行政事务，这是全国革命根据地的最高教育行政领导机构。苏区的地方教育行政管理机构出现在中央教育人民委员部成立之前。1934 年 4 月，中央教育人民委员部颁布《教育行政纲要》，规定了苏区地方教育行政组织系统，即在省、县、区设教育部（前期称"文化部"），隶属于上级教育部及中央教育人民委员部；在各级教育部及乡苏维埃政府之下均设立教育委员会。这样苏区便形成了各级教育部和教育委员会在教育管理中相互配合、相辅相成的一个独特的教育管理体系。这个管理体系在于使政府的行政管理和群众监督相结合，健全"集中民主型"的领导管理体系，以提高教育管理的质量和水平。

因环境残酷，苏区学校教育没有形成严密的、上下衔接的学制系统，而是根据当时条件，在总结各苏区学制系统经验的基础上，建立起一个独特的学制体系。整个教育体系分为儿童教育（也称普通教育）、社会教育（也称群众教育）和干部教育三大类。在儿童教育和成人教育的关系上，以成人教育为重点；在成人教育中，干部教育又优于社会教育。苏区的学制系统与一般学制体系差别较大，它是时代的产物，是马列主义教育原理与中国革命战争相结合的产物，对以后各革命根据地学制系统的发展产生了重大影响。

为领导工农群众广泛开展识字教育、扫除文盲，苏区非常重视社会教育，普遍成立了识字运动委员会和消灭文盲协会，作为管理社会教育的重要组织，其中最基本、较正规的形式是识字班、夜校和俱乐部；苏区的儿童教育主要指小学教育，小学包括高级小学和初级小学，1934 年后小学学制上实行"三二制"，学校内部领导体制上实行校长负责制；苏区的干部教育分为在职干部教育和学校干部教育两种类型，对在职干部教育管理的组织机构是马克思主义研究会，它是 1933 年根据中央政治局委员张闻天提议而成立的群众性学术团体，采取报告和讨论相结合的方法，通过下设分会或小组对苏区干部进行在职教育。苏区的干部学校种类繁多，大致可分为红军教育系统、党与群众团体系统、行政系统和教育系统，对这些干部学校分别采取由中央军委、各级政府和中央教育人民委员部归口管理的原则。

面对教员紧缺的状况，苏区各级政府和教育行政部门通过对现有教员从政治、业务上进行考核，建立教员短训班和较正规师范学校，提高教师的政治、经济地位，建立教师组织(红色教员联合会)等方式对教师进行培训和管理，有效保障了苏区教育的发展。

②抗日战争和解放战争时期。抗日战争和解放战争时期是新民主主义革命的重要时期，在民族的、科学的、大众的新民主主义教育总方针指导下，中国共产党根据当时的具体情况，制定了相应的方针政策。"教育要为抗战服务"成为抗日战争时期各抗日根据地实行抗战教育的总政策。此外，抗日根据地还实行了建立抗日文化教育统一战线、贯彻文化教育工作中的群众路线、教育与生产劳动相结合、坚持"干部教育第一"等政策。解放战争时期，解放区在继承抗日战争时期正确的方针政策的基础上，又根据新形势下教育的任务，制定出教育为解放战争服务，为劳动人民服务，实行对知识分子团结、教育、任用的政策，推动了解放区教育事业的发展。

根据地的学制系统一般包括成人业余教育、初等教育、中等教育、高等教育4个层次。因各根据地文化背景不同，加之又处于战争环境中，各根据地制定的学制亦不尽一致。为促进教育事业发展，各根据地在边区政府、行政公署、专署(边区政府的两级派出机构)、区、县、乡、村逐级建立了统一完整的教育行政管理组织。解放战争时期解放区的学制系统随着战事的发展，经历了一个内战全面爆发前规范、全面爆发后适应自卫战争需要、全国解放区域不断扩大后谋求建立"新型正规化教育制度"的发展历程。教育行政制度基本延续着抗战时的设置，各级行政组织中均设主管教育的机构和人员。

根据地的各级各类学校一般实行校务会议领导下的校长负责制，组织机构简单，以教学、思想、后勤三个关键方面的管理为重点，实行民主集中制领导和教导合一体制。根据地各级学校对教师的任聘从政治思想、文化水平和业务能力3个方面由校长或主管机关负责，并建立考评制度激励教师努力工作。在教育经费上，民办学校主要为自筹自管，其来源主要有群众或团体的捐款、学田收入、文教合作社收入等；公办学校的经费来源主要是政府拨款和学校自己筹集。解放战争时期为适应新形势需要，各级学校开始建立正规化的组织制度，突出教学工作管理，充实教学行政队伍。

抗日战争和解放战争时期老解放区的教育管理制度是在特殊环境下形成的，它在战争状态下积累的走群众路线、从实际出发、个人负责与民主管理相结合的经验，至今仍是我们实行社会主义教育管理工作必须遵循的原则。

三、中国当代教育管理

（一）中国内地（大陆）的教育管理

新中国成立后到"文化大革命"前这 17 年，是我国教育方针从萌芽到初步形成的关键时期。1949 年，《中国人民政治协商会议共同纲领》明确规定："中华人民共和国的文化教育为新民主主义的，即民族的、科学的、大众的文化教育。人民政府的文化教育工作，应以提高人民文化水平、培养国家建设人才、肃清封建的、买办的、法西斯主义的思想、发展为人民服务的思想为主要任务。"①贯彻执行此方针，有计划、有步骤地接管和改造旧教育，为新中国的教育事业奠定了基础。1956 年，我国社会主义改造基本完成，要求党的教育方针也必然要适应社会主义建设的需要。1957 年，毛泽东在《关于正确处理人民内部矛盾的问题》中指出："我们的教育方针，应该使受教育者在德育、智育、体育几方面都得到发展，成为有社会主义觉悟的有文化的劳动者。"②这是新中国成立以来第一次正式阐述的社会主义教育方针，标志着我党教育方针的初步确定。1958 年，《中共中央、国务院关于教育工作的指示》指出："党的教育工作方针，是教育为无产阶级的政治服务，教育与生产劳动结合；为了实现这个方针，教育工作必须由党来领导。"③该指示以中共中央、国务院文件的名义明确规定了我国的教育方针。至此，我国的教育方针正式形成，也为以后教育方针的演变奠定了基础。

这一时期教育行政管理体制经历了 1949—1953 年的高度集中统一，1958—1963 年的以地方分权为主，1963—1966 年的统一领导、分级管理几个阶段。在教育行政机构方面，新中国成立初成立了政务院文化教育委员会和教育部。这是中央教育行政机构的初步建立时期。从 1952 年起，中央教育行政机构不断调整、分合，到 1966 年 7 月，中共中央将高等教育部、教育部合并为教育部。新中国的地方教育行政机构自上而下一般分为四个层次，即省（自治区、直辖市）、地（市）、县（市）和乡（镇）

---

① 中共中央文献研究室：《建国以来重要文献选编》第一册，10～11 页，北京，中央文献出版社，1992。

② 中共中央文献研究室：《建国以来重要文献选编》第十册，76 页，北京，中央文献出版社，2011。

③ 中共中央文献研究室：《建国以来重要文献选编》第十一册，490 页，北京，中央文献出版社，1995。

教育行政机构。新中国成立初期尚有大行政区教育行政机构，后随着经济建设的开展和加强中央统一领导、减少组织层次的需要而于 1954 年 6 月被撤销，原有的"中央—大区—省"教育行政系统便改为"中央—省"直接联系的格局。

1951 年 10 月，政务院正式颁布《关于改革学制的决定》，这是新中国的第一个学制，标志着新中国学校教育制度的基本确立。到 1961 年，在调整和纠正 1958 年学制改革实验的基础上，两种教育制度、三类主要学校和多种形式办学的学制系统逐步形成。学校内部管理体制也历经变迁。中小学先后历经校务委员会制（新中国成立初）→中小学校长负责制（1952 年）→党支部领导下的校长负责制（1958 年）等管理体制。新中国高等教育的管理体制总体来看实行的是中央统一领导，中央和省（区、市）两级管理的体制，但在不同的时期有着集权和分权的偏重。高等学校内部领导体制经历了校务委员会制（新中国成立初）→校长负责制（1950 年）→党委领导下的校务委员会负责制（1958 年）→党委领导下的以校长为首的校务委员会负责制（1961 年），逐步强调党对学校的领导并对校长的职责进行不断定位。职业教育在新中国成立之初受到重视，1958 年后进入飞速发展时期。

"文化大革命"期间，各级教育行政管理机构受到摧残，教育行政管理体制陷入混乱。教育部处于瘫痪状态，业务工作基本陷于停滞，我国逐步建立发展起来的学校教育制度也遭到破坏。

党的十一届三中全会后，中央重申 1957 年和 1958 年提出的教育方针，以适应我国改革开放、集中力量进行社会主义现代化建设的新形势的需要。1981 年 6 月，《中国共产党中央委员会关于建国以来若干历史问题的决议》提出，"用马克思主义世界观和共产主义道德教育人民和青年，坚持德智体全面发展、又红又专、知识分子与工人农民相结合、脑力劳动与体力劳动相结合的教育方针"[1]。这个教育方针的提出为拨乱反正、正本清源，为恢复和发展教育事业发挥了导向作用。1983 年 10 月，邓小平提出："教育要面向现代化，面向世界，面向未来。"[2]这成为新时期教育改革和发展的战略指导思想。20 世纪 90 年代以后，随着我国政治、经济和社会的蓬勃发展，新时期的教育方针也随之更加完善、成熟。1995 年 3 月，第八届全国人民代表大会第三次会议通过的《中华人民共和国教育法》的第五条将"教育必须为社会主义现代化建设服务，必须与生产劳动相结合，培养德、智、体等方面全面发展的社会主义事业的建设者和接班人"的教育方针以法律的形式确定下来。至此，我国新时期的

---

[1] 中共中央文献研究室：《社会主义精神文明建设文献选编》，91 页，北京，中央文献出版社，1996。

[2] 邓小平：《邓小平文选》第三卷，35 页，北京，人民出版社，1993。

教育方针已完成法律程序，写进了教育的根本大法。党的十六大深刻地总结了我国教育改革和发展成果，进一步明确了党的教育方针："坚持教育为社会主义现代化建设服务，为人民服务，与生产劳动和社会实践相结合，培养德智体美全面发展的社会主义建设者和接班人。"对教育工作也提出了新的要求，要"坚持教育创新，深化教育改革，优化教育结构""全面推进素质教育"①。党的十六大为教育方针注入了新的内涵，标志着我国教育方针已经走向成熟。

1976—1984 年，我国教育行政管理体制基本上恢复到 20 世纪 60 年代初实行的统一领导、分级管理的基本格局。随着经济体制改革的开展，统得过死、包得过多的教育管理体制已不能适应社会发展的需要。1985 年，《中共中央关于教育体制改革的决定》提出"基础教育管理权属于地方""在国家统一的教育方针和计划的指导下，扩大高等学校的办学自主权"。1994 年，《国务院关于〈中国教育改革和发展纲要〉的实施意见》指出："基础教育实行在国家宏观指导下主要由地方负责、分级管理体制。""深化高等教育体制改革，建立政府宏观管理、学校面向社会自主办学的体制。"由此，我国的教育行政管理体制不断深化改革，逐步形成与社会主义市场经济体制及社会发展相适应的教育行政管理体制框架。在经济、科技体制改革的推动下，教育行政机构也进入改革和发展的全新时期。1985 年 6 月，教育部改建为国家教育委员会；1998 年 3 月，根据第九届全国人民代表大会第一次会议通过的《国务院机构改革方案》，将国家教育委员会又改建为教育部，并对其职责和权限做了相应的调整和变更。改革开放以来，我国的地方教育行政机构自上而下分为 4 个层次：省（自治区、直辖市）、地（市）、县（市）和乡（镇）教育行政机构。随着教育行政管理体制改革的逐步深化，省（自治区、直辖市）、地（市）、县（市）教育行政机构在教育事业管理中扮演着越来越重要的角色。

1981 年，中央恢复和重建了学制系统，新中国学校教育制度逐步定型，中学学制逐步改为 6 年，小学学制 5 年和 6 年并存。1999 年 6 月，《中共中央国务院关于深化教育改革全面推进素质教育的决定》指出："高等学校和中等职业学校要创造条件实行弹性的学习制度，放宽招生和入学的年龄限制，允许分阶段完成学业。"着眼于终身教育体制的创建，我国的学校教育制度逐步向合理、完善和科学的方向发展。在学校管理制度方面，中小学校长负责制在 1978 年后被确定下来，基础教育在教师任职资格、编制、职务聘任、进修与考核等师资管理和教育督导等方面加强管理、

---

① 江泽民：《全面建设小康社会 开创中国特色社会主义事业新局面——在中国共产党第十六次全国代表大会上的报告》，40 页，北京，人民出版社，2002。

完善制度，对促进教育教学质量的提高起了重要作用。1983年，全国高等教育工作会议强调了党在高校工作中的领导作用。1998年，中华人民共和国第九届全国人民代表大会常务委员会第四次会议通过的《中华人民共和国高等教育法》规定："国家举办的高等学校实行中国共产党高等学校基层委员会领导下的校长负责制。"至此，国办高等院校实行党委领导下的校长负责制以法律形式被确定下来。改革开放以后，职业教育得到了迅猛发展。1996年9月1日，《中华人民共和国职业教育法》正式施行，标志着我国职业教育的发展进入了一个新时代。

步入21世纪后，我国先后发布了多个推动国家教育发展的纲领性文件，如《全国教育事业第十个五年计划》《2003—2007年教育振兴行动计划》《国家教育事业发展"十一五"规划纲要》《国家中长期人才发展规划纲要（2010—2020年）》《国家中长期教育改革和发展规划纲要（2010—2020年）》《国家教育事业发展第十二个五年规划》《国家教育事业发展第十三个五年规划》等。同时，从纵横两个维度推出了多种教育管理政策举措。一方面从纵向上规范各层次办学行为，出台了夯实基础教育的政策，深化职业教育的政策，提升高等教育水平的政策，改进继续教育、民族教育和特殊教育的政策；另一方面从横向上抓好关键事项，出台了维护教育公平的政策、加强创新人才教育培养的政策、推进教育信息化与教育国际化的政策、完善教育体制的综合性政策等。① 教育管理的最大特征在于教育行政管理日趋成熟，公平、公正日益受到重视，可以说，在教育公平导向下，立体的政策体系和系统的管理格局逐步形成。

（二）港澳台地区的教育管理

1. 香港

根据《中华人民共和国香港特别行政区基本法》第一百三十六、第一百三十七条的规定，香港目前仍保留原教育管理的架构。教育机构主要包括咨询机构（教育统筹委员会），决策机构（教育统筹局、教育署）②和非法定机构（大学教育资助委员会、职业训练局等）。香港教育管理体制一个鲜明的特点就是教育行政管理与教育咨询两条线，作为行政部门的教育局与作为咨询机构的教育统筹委员会二者各司其职又相互制约。同时，又辅以大学教育资助委员会等非法定机构，主要协调香港特别行政区政府与高校的诸如拨款等方面的事务，使得香港特别行政区政府和高校的关系简

---

① 王刚、王艺璇：《"十三五"期间我国关键教育政策问题与对策建议》，载《现代教育管理》，2020（3）。

② 2003年，教育署与教育统筹局合并成一个新机构，新机构仍称教育统筹局。2007年，教育统筹局改称教育局。

单化。在教育管理架构中，香港咨询机构及非法定机构尽管是非政府组织，但能在教育管理中很好地运用机制协调运作，能灵活、科学地处理教育管理中的情况并参与重大决策，在教育管理中发挥着十分重要的作用。

1999 年，香港特别行政区政府施政报告中明确提出，把提供优质教育作为总的目标。为保证这一目标的实现，仅投入方面，1999—2000 年度教育总开支就高达552 亿港元，占公共开支总额的 19%，由此可见对教育的重视程度。与此同时，还充分发挥社会团体对教育的资助作用，使教育经费得到充分保障。

香港经济发展的每个阶段都有与之相应的教育法规政策出台。1965 年，《教育政策白皮书》发布，提出普及小学义务教育和扩大中学教育，确立学校资助。1974 年，《香港未来十年内中等教育白皮书》发布，确立义务教育时段（小学 6 年，初中 3 年）。1978 年，《高中及专上教育发展白皮书》发布。20 世纪 80 年代发布了《香港教育透视》的报告书和《小学教育及学前服务绿皮书》。到了 90 年代，香港教育行政的法规化已经基本完成，各级各类学校均有不同的法规条例予以约束，一套以幼儿教育、初等教育、中等教育、高等教育为主体，工业教育、成人教育、特殊教育为补充的完整的教育体系逐渐形成。

从香港的教育体制来看，教育部门只管理少量的官立学校，绝大多数学校通过教育部门资助，由各种形式的办学团体来管理。这种多元办学的模式也是香港教育的一大特点。办学团体一般由教育部门、工商界人士、学生家长和社会各方面人士组成，通过董事会来决定学校的办学方向、形式及人事管理等事项，从而实现对学校的领导。多年来，这种体制较好地调动了社会各方的办学积极性，对于香港教育多元发展起到了很好的促进作用。但同时，办学团体在教育教学资源配置方面缺乏灵活性，其制定的政策也过于严格，从而对学校教育的发展有很大的制约。因此，从 1991 年起，香港教育界将"校本管理"作为改革的一项新措施，在官立及资助学校分期推行。到 1999 年，在香港的约 1200 所中小学逐步推广"校本管理"。"校本管理"主要包括领导及决策、人力发展、资源运用、问责等几个方面的内容。就其实质而言，就是要进一步加大学校在决策中的主体性，增强学校自主权。就香港教育改革的基本目标和长远影响来看，"校本管理"不失为一项十分重要的改革举措。

2000 年后，香港特别行政区的教育管理聚焦于国家政治认同、参与式教育问题。2000 年香港特别行政区政府颁布《香港教育制度改革建议》，2001 年颁布《学会学习：课程发展路向》，2002 年颁布《基础教育课程指引——各尽所能·发挥所长》，2012 年推出《德育及国民教育科课程指引（小一至中六）》，2016 年，香港课程发展议会重新修订并通过新的《中学教育课程指引》，不断深化参与式教育，调整教育政策及课程体系，突出国家政治认同在香港社会稳定发展以及青少年健康成长中的基石作用。此外，对语言教育、创业教育、环境教育的管理等也有一定的关注。香港的高等院校享有较高的"自治权"，但近年来教育局统筹治理能力逐步加强。

2. 澳门

澳门的教育行政管理分为两个部分：非高等教育管理和高等教育管理。教育管理由教育及青年发展局负责，其下设教育资源厅、青年厅、行政厅、教育研究及规划厅等，主要职责是构思、统筹、协调、执行、评估教育政策。此外，澳门教育委员会的作用也不容忽视，它是集社会各界关心教育的人士于一体的机构，其成员既包括公共部门代表，又包括从事社会教育文化活动的团体和教师、学生、家庭，目的是向澳门特别行政区政府提出各种有关教育问题的意见，通过民主参与为政府做出科学决策提供依据。

20世纪90年代以后，随着经济发展和社会转变，澳门特别行政区政府开始重视教育，积极推进"依法治教""以法治校"工作，先后颁布了《澳门教育制度纲要法》《澳门高等教育制度纲要法》，确立了整个教育体制的基本原则和制度，其中前者是规范澳门教育制度的基本法律，后者着重规范了高等教育的各项活动。随后，澳门特别行政区政府又展开了一系列的教育立法工作，从1991年到1997年，制定和实施的教育法规有50多项，初步形成了一个比较完善的教育法规体系。

在办学体制上，目前澳门共有三种教育主体：官立、官制和私立。官立教育由澳门特别行政区政府出资，执行官立的教学计划；官制教育由特别的实体开办，但接受财政支持，并执行官立学校教学计划；私立教育由社会团体及私人开办，经费自筹，执行自己的教学计划。这种以私立学校为主的多元化办学格局对减轻澳门特别行政区政府的财政压力、培养各方面的人才起到了积极作用。澳门教育体制的另一大特色是多学制。其中，招收华人子弟、用中文授课的中文体系学校在数量上占绝对优势，全部为私立学校。

官立和私立学校的办学条件存在巨大差距，具体表现在教育经费、校舍与教学设备、教师待遇等方面。近年来，澳门采取了一系列措施予以纠正，如对私立学校教师实行津贴，并提供培训帮助等。随着《私立教育机构通则》等的颁布和实施，私立学校教师的待遇和地位有了较大的提高。

在基础教育管理方面，澳门特别行政区政府以将私立学校纳入公共教育网的形式推行普及免费的10年教育，以促进其发展。澳门特别行政区政府分别在1995年和1997年颁布实施普及免费教育的法令，实施从小学预备班到小学六年级（共7年）、到初中（共10年）的普及教育。根据规定，私立学校纳入公共教育网以自愿为原则，入网学校需与教育暨青年司签约，在学校履行有关义务的前提下，澳门特别行政区政府每学年给予每个学生一定的经费，同时为入网学校提供人员培训、学生保险和医疗、教育资源补充等方面的辅助。从 1995 年到 1999 年，澳门投入免费普及教育的经费达 9.65 亿澳门元，入网学校占私立学校总数的 83%，受惠学生数超过 6 万人。[1]

2000 年后的澳门，在基础教育管理上，不仅注重实施免费教育，而且加强师资建设，重视规范课程与教学管理。2006 年，《非高等教育制度纲要法》颁布，强调教育制度的正义性、对教育自由的保护、保障受教育权、教育市场的作用与学校的法律地位，注重不同利益诉求间的取舍与平衡。制度变革主要关注以下核心议题：重新界定教育的目标、设立教育发展基金、重构教育系统、调整学制、保证教育自主与教育质量、改进课程与教学、促进教师的专业发展和职业保障、减轻学生压力、加强对学生的辅导和援助等。在高等教育工作上，各高等教育机构普遍设置酒店管理等"短线"专业，表现出明显的市场导向。

3. 台湾

台湾地区的"教育部"为教育管理的最高机关，主要掌管教育行政和学术事务；各市的教育局分别掌管各地的学校教育与社会教育行政事务。管理机构内部都能做到职能部门健全、归口管理科学合理，各科室职责相对清晰，行政效率较高，确保了教育政令的忠实执行。这种行政管理机构设置，体现的是一种典型的直线式领导，其权限依次降低。这一方面有利于最高教育机构的直接领导和控制；但另一方面，地方的各级各层只能照章执行，自由空间小，而且在执行过程中受到部级严格的监督，不利于调动地方的积极性。

台湾地区在各个时期出台的有关教育的规定，为完善台湾地区的教育起到了重要作用，形成了一套以幼儿园教育、义务教育、高级中等教育、高等教育为主体，以技术培训教育、师范教育、补习教育、特殊教育为补充的教育体系。

重视师范教育是台湾地区教育管理的一大特色。台湾地区教育主管部门坚持教育工作应由受过专业训练的人来担任，因而致力于师资培育制度的改革，提高师资素质。台湾地区对教师在职进修也非常重视，各级各类的教师进修机构数量庞大，同时还进一步发展"在职进修"的功能，提倡"进德"与"修业"并重。

---

① 国务院港澳事务办公室澳门事务司编写组：《澳门问题读本》，19 页，北京，中共中央党校出版社，1999。

在数量已经达到相当规模的情况下，台湾地区力求"质"的提高，尤其对高等院校的发展极为重视，通过调整高等院校结构、建立评估机制进行综合评估等方式提高质量。台湾地区教育主管部门聘请各学科的专家多次开展对高等院校的评估，评估范围包括师资、设备、图书、研究场所、行政、课程、经费及10年来毕业生就业与深造情况。目前，每三年进行一次大规模的评估工作，形成了一种持续的压力和动力，有助于学术水平的提高。

进入21世纪后，台湾地区更加重视教育经费保障。2000年，台湾地区通过了"教育经费编列与管理"的相关规定，阐述了行政当局的教育支付责任：各级政府教育经费预算合计应不低于该年度预算筹备编制时之前三年年度决算岁入净额平均值的21.5%；2011年，这一数字调至22.5%；2015年，调至23.5%。

第二节　西方教育管理发展的历史观览

////////////////////

一、西方早期的教育管理实践

西方早期的教育管理实践主要是指西方文艺复兴时期以前的教育管理实践活动。

在文艺复兴以前，西方近现代意义上的国家还未形成，城邦制和帝国制是权力的主要分配形式，并且这些权力又往往与神性力量结合起来。这种政治和宗教构成体制对教育管理模式产生了重要影响，突出表现在教育与政府之间的关系上，这在古希腊两个著名城邦——雅典和斯巴达得到明显体现。

斯巴达实行的是奴隶制，其教育目的是通过严酷的军事体育操练把氏族贵族的子弟训练成体格强壮的武士。因此，斯巴达实行的是一种国家集权式的教育管理制度，政府完全控制教育，教育行政高度从属于普通行政，专职教师和督学是从高级行政官员中选拔的，政府安排德高望重的长者对学生进行道德教育，并实施完全免费教育政策，绝对禁止私立学校。①

雅典实行的是奴隶主民主政治，教育的目的不仅是把统治阶级的子弟训练成身强体壮的军人，而且把他们培养成具有多种才能、能言善辩、善于通商交往的政治家和商人。为此，雅典的教育管理模式相对于斯巴达而言，更具有民主、宽松、人性的色彩。雅典是世界上较早地实施了依法治教的城邦，公元前6世纪，执政者梭伦颁布教育法令，规定：双亲必须照顾孩子的学习；国家为战争遗孤支付学费；指

---

① 吴志宏、冯大鸣、周嘉方：《新编教育管理学》，45页，上海，华东师范大学出版社，2000。

定学校的视导员；确定学校的规模、教育对象、开学及放假时间；委派教员，明确责任；确定学生在校时与成人交往的方式；成人不得进入学校。同时，雅典倡导多种形式办学，尊重人们选择教育机构和教育方式的权利，学校内部管理环境比较宽松。①

古罗马是继古希腊之后的又一奴隶制国家，其发展大体经历了 3 个阶段：公元前 8 世纪到前 6 世纪是王政时期；公元前 6 世纪到前 1 世纪是共和时期；公元前 1 世纪至公元 476 年是帝国时期。共和时期，古罗马人就制定了"十二表法"，用以维护奴隶主的利益。他们在仿效希腊教育的基础上逐渐形成了较为完善的教育制度，包括初等学校、文法学校和修辞学校。其中，初等学校相当于雅典的文化学校，这类学校比较普遍，且多为私立性质，教师地位较低，体罚盛行。文法学校相当于中等教育学校，大多也是私立学校，教师开始一般由希腊人担任，后来逐渐被拉丁人替代。修辞学校相当于专门学校，以培养演说家、雄辩家为主要目的，课程主要有修辞学、哲学、法律学、希腊语、数学、天文学、音乐和罗马史等。古罗马帝国时期，为了加强对各行政区域的控制，统治者对共和时期的学校教育制度进行了较大调整，加强了国家对教育的控制，私立学校被监管的程度逐渐提高，并且较高级的私立学校逐渐被取消。例如，对初等学校进行频繁的视察和监督；较高一级的文法学校和修辞学校尽量改由帝国办理，原来办的私立学校改为由国家管理，将教师改为国家官吏，由帝国政府正式任命；教师薪金由中央和地方当局支付。②

公元 1 世纪后，基督教逐渐在欧洲占据统治地位，并逐渐成为罗马帝国的国教，教会学校逐渐增多，世俗学校逐渐不复存在。僧侣、牧师被派遣到学校任教，取代和排挤了世俗教育中的希腊教师和罗马教师。在西欧封建社会初期，教会控制下的学校主要有僧侣学校、大教堂学校和教会学校，教会学校纪律十分严酷，体罚盛行。除此之外，还有宫廷学校和骑士教育，前者主要对帝王、王族和大贵族的子弟进行教育，后者则将宗教教育与武士教育结合为一体。

在中世纪的教育管理实践活动中，大学的建立和发展成为这一时段的亮点。12 世纪初，意大利和法国诞生了世界上最早的大学，如意大利的萨莱诺大学和博洛尼亚大学，巴黎诞生了巴黎大学。中世纪大学实行自治，由学生或教师组成行会，管理学校内部事务。博洛尼亚大学是以"学生为主体"管理学校的典型，由学生仿效行会，制定制度，管理有关聘用教授、监督教授工作、确定学费金额、决定教学时间

---

① 吴志宏、冯大鸣、周嘉方：《新编教育管理学》，45 页，上海，华东师范大学出版社，2000。

② 王天一、夏之莲、朱美玉：《外国教育史 修订本》上册，63～66 页，北京，北京师范大学出版社，1993。

等事项；巴黎大学则是以"教师为主体"管理学校的典型，由教师组成学者行会，选举校长，并管理有关选择学生、确定教学工作范围、举行考试和授予学位等各项工作。中世纪大学没有入学国籍限制，游学风气盛行；入学时间和学习期限也没有严格规定。学生一般在十三四岁入学，先学习文科 5～7 年，学习内容为拉丁语和"七艺"，学生只有修完"三艺"和"四艺"，通过考试，分别获得"学士"和"硕士"学位后，才能继续选学一个专门的学科。① 从组织形式和承担的职能来看，中世纪大学的管理模式已经突破了教会对教育的垄断局面，有利于世俗教育的发展。

二、西方近代教育管理实践

西方近代的教育管理实践主要是指自文艺复兴起至 20 世纪初的教育管理实践活动。这一阶段是人文主义复兴、资本主义迅速发展的阶段，其间的教育管理实践活动表现出一些新的特点。

第一，在领导体制方面，国家对国民教育的干预逐渐增强，宗教对教育的干预力度逐渐降低。伴随着封建社会的解体和资本主义的发展，教会控制教育的现象不断遭到批判，倡导教育由国家来办的声音逐渐增多。例如，在英国，产业革命的发展促使政府开始实行国家直接管理教育的措施。1833 年，英国时任财政部部长阿尔索普提出了教育补助金法案，这是英国直接掌握教育领导权的开端。1899 年，为了彻底解决中等教育领导权问题，英国废除教育局，建立由议会直属的"教育署"，初步完成了英国教育体制的国家化。1902 年，颁布《巴尔福教育法》，指明了地方教育领导权的问题，即由郡的参议会或郡自治市的参议会组成"地方教育委员会"负责地方教育的经费与行政领导。

第二，人文主义管理日益发展起来。文艺复兴是西方人性的复兴，它促进了教育管理活动的发展。解放儿童、张扬个性，成为当时教育管理工作的一个重要原则，在这种背景之下，一大批具有实践精神的教育改革家涌现。例如，意大利教育家维多里诺坚持人道主义原则，主张为儿童的发展创设良好的物理环境和心理环境，为了突出自己的学校管理思想，他将自己创办的孟都亚宫廷学校称为"快乐之家"。在管理学校时，维多里诺采用了多种教学形式，如游戏、演说、短途旅行、体育、绘画等，主张学生自治、减少惩戒、禁止体罚。他本人的办学实践对欧洲后来的教育发展产生了极为深远的影响，他本人也被称为"第一个新式学校的教师"②。

---

① 王天一、夏之莲、朱美玉：《外国教育史 修订本》上册，91～94 页，北京，北京师范大学出版社，1993。

② 赵祥麟、任钟印、李文奎：《外国教育家评传》第一卷，199 页，上海，上海教育出版社，1992。

第三，高等教育职能发生巨大变化。伴随着工业革命的开展和资本主义生产方式的建立与发展，高等教育办学理念也发生了巨大转变，众多大学从神学中走出来，逐渐向自然科学靠近，逐渐与社会实际发展需要靠近，形成了教学、科学研究和社会服务相结合的模式，这些变化使大学的管理职能也发生了重大变化。1810 年，德国建立了以教学和研究相结合的柏林大学，设"讲座"，重视教授的作用，实行教授治学。英国开展了"新大学运动"，1826 年在伦敦建立了具有民主主义、自由精神的第一所高等学校——伦敦大学学院，进一步增强了大学的自治权。美国在 19 世纪末通过建立"赠地学院"的方式，实现了高校与社会之间的衔接，威斯康星大学率先提出了社会服务的职能，在管理体制上促使大学日益社会化。1908 年 10 月，哈佛大学商学院成立，并在当年招收了 59 名新的工商管理硕士研究生。①

第四，学制日趋完善。随着资本主义的发展，欧美各国的学制系统逐渐完善起来。例如，英国在 19 世纪就建立了包括幼儿学校、初等教育学校、中学和大学的学制，国民教育制度基本形成。1870 年，国会正式颁布的《初等教育法》规定：①国家继续拨款补助教育，并在缺乏学校的地区设置公立学校；②全国划分学区，由经过选举产生的学务委员会负责监督本学区的教育工作；③各学区有权实施 5～12 岁儿童的强迫教育；④承认以前各教派兴办或管理的学校为国家教育机构；⑤学校里的普通教学与宗教分离。② 在近代学制建设中，义务教育成为一个重点。1763 年，普鲁士颁布强迫教育法令，这是义务教育的正式开端。19 世纪后期，各主要资本主义国家相继颁布了普及义务教育的法令，在全国确立和推行义务教育制度。在实施义务教育的过程中，各国逐步达成共识，确立了义务教育的一些共同原则：强制性（义务性）、公共性、免费性、中立性、普遍性、平等性等。

三、西方现代教育管理实践

现代意义上的西方教育管理开始于 20 世纪前期，是在现代管理科学的影响之下逐渐发展起来的。在这一阶段，西方教育管理融合了古典管理理论、人际关系学说和行为科学理论，从而在管理目的、管理职能、管理体制、组织形式和管理手段等方面呈现出一些新的取向。这主要表现在以下几个方面：从重视效率逐渐转向注重人性需要；从重视管理结果逐渐转向重视管理过程；从科学标准化管理逐渐转向本土化的多元化管理。教育管理与各个国家的政治、经济和文化背景结合起来，形成

---

① S. E. Morison，*The Development of Harvard University Since the Inauguration of President Eliot，1869—1929*，Cambridge，Harvard University Press，1930，pp. 534-535.

② 王天一、夏之莲、朱美玉：《外国教育史 修订本》上册，155～156 页，北京，北京师范大学出版社，1993。

了类型各异的现代教育管理实践活动。

（一）美国现代教育管理实践

在教育现代化史上，美国是一个以自由主义的教育管理体制而著称的国家。所谓自由主义的教育管理，其本质在于美国联邦政府不干预教育，教育成为州政府或地方政府的事务，或属于民间的权力范围。但从美国教育现代化的历史进程来看，美国联邦政府参与教育的能力和权限是不断增强的。[①] 联邦政府主要通过立法或财政资助的方式来对教育实施影响和控制。

20世纪50年代以后，随着第二次世界大战后经济的复苏、科技革命的蓬勃兴起、民主化浪潮的日益高涨、国际竞争的日趋激烈，美国迫切需要教育对这些挑战进行全国性的回应。1953年，艾森豪威尔（Dwight David Eisenhower）担任总统以后，高度重视教育发展，着力提高联邦教育行政机构的地位，以加强其功能。联邦政府于1953年向国会提出设立卫生、教育与福利部的建议，并将原来的教育署隶属其中，教育署下设一室五司，但职能没有变化。

1957年，苏联发射了第一颗人造地球卫星，极大地震惊了美国朝野。1958年，联邦政府通过了《国防教育法》，拉开了教育改革的序幕。1972年，美国国会通过了《普通教育条款法》，在卫生、教育与福利部设教育司，教育司之下再分设教育署和国立教育研究所。至此，教育司成为联邦教育行政机关，其司长称为教育助理部长，由总统提名并经参议院同意后任命。1979年，联邦教育部设立，其地位与联邦政府的其他部门如财政部、国防部平行。但是，联邦教育部的权力仍然没有增加。自此以后，联邦政府又先后制定和颁布了大量有关教育的法律和法规，如1965年颁布的《初等与中等教育法》等，力图强化联邦政府对教育的影响力。进入20世纪90年代以后，伴随着一系列教育法律和政策的出台，如1991年《美国2000年教育战略》、1994年《2000年目标：美国教育法》，联邦政府日益强化其对教育质量的管理和监控能力，以弥补其地方分权的教育管理体制的不足。

与此同时，联邦政府对于教育援助的资金规模也在不断扩大。1990年，美国联邦政府财政和由联邦立法产生的各类财政预算外支出，或者非联邦财政的教育支出，总共投入628亿美元，1995年猛增到958亿美元，2002年达到了1479亿美元。[②] 联邦政府运用这些经费设立和资助了一系列教育改革计划，包括资助与这些改革直接相关的一些教育科学研究计划，并努力吸引和说服地方政府、学区、学校加入这些

---

① 吴式颖、褚宏启：《外国教育现代化进程研究》，462页，太原，山西教育出版社，2006。

② National Center for Education Statistics，Federal Support for Education：Fiscal Years 1980 to 2002，Washington D. C.，U. S. Department of Education，2002.

教育改革计划中来。仅"转行当教师计划"一项，美国联邦政府 2002 年度就拨款 3500 万美元，以资助地方招募优秀人才充实教师队伍，提高教师队伍质量。

在增加联邦政府教育拨款的同时，美国开始了公立学校系统改革运动。公立学校系统改革运动的总体特征是，实行国家宏观调控与地方自治相结合的教改方式与管理方式，即由政府制定全国性教育目标、课程、测评标准与教师资格，同时，地方一级有权引入市场竞争机制，调动社会各界力量，通力合作创办新型学校与新的教育体制。随着《从学校到工作机会法》等配套法案的颁布，以及美国"全国教育与经济中心""全国专业教学标准委员会"等机构的努力工作，美国确立起全国中小学课程标准、学习机会标准与评估标准，而引入市场机制后的各种学校，如特许学校、契约学校、磁力学校等，在 20 世纪七八十年代的基础上得到进一步发展，新式美国学校也在政府和社会各界的支持下建立起来。这些学校的共同点是，通过建立责任制和学校特色满足不同学习者的教育需要，从而提高教育质量并实现教育机会的均等。

进入 21 世纪，为应对日益激烈的国际竞争，联邦政府在教育中的影响力有增无减。2002 年，由布什签署的《不让一个孩子掉队法》发布，强调转变联邦政府在教育中的作用，注重提高教育质量，不让一个孩子掉队。《不让一个孩子掉队法》要求联邦政府注意增强对学生学业成绩的责任制，注重可行的项目，减少官僚主义以增加灵活性，加强家长的作用等。奥巴马入主白宫后，从国家战略角度高度重视教育发展，其政府着手进行了一系列教育改革，包括加大教育投入、加强儿童早期教育、提升教师质量、提高教育质量、扩大教育公平、加强高等教育等，奥巴马签署的《美国复苏与再投资法案》中专门为教育安排了 1000 多亿美元的巨额资金。[①]

2009 年，奥巴马提出了美国联邦政府历史上最具竞争性的学校改革投资计划——"角逐卓越"计划，以促进教育质量的全面提升。联邦政府拨款 43 亿美元作为扶助金以鼓励各州改变并完善各自的教育体系。为了在竞争中取胜，并且维护地方分权的教育管理传统，各州政府在积极寻求各级政府和各领域机构的参与和合作的同时，坚持独立性和灵活性原则，尊重各州在教育制度上的权力。奥巴马提出了联邦政府规划未来教育发展的方向和目标，但不干预各州具体做法的改革策略。例如，"角逐卓越"目标之一是改善低成就的学校，但如何改善则由各州自行决定。2010 年，奥巴马发表演说时称美国的前途有赖于美国教育制度的改革，宣布两年内在科学、技术、工程和数学领域招募 1 万名教师。可见联邦干预教育的范围之广、力度之强。[②]

① 肖凡：《从历史角度分析美国联邦政府在教育改革中的角色》，载《世界经济与政治论坛》，2011(6)。
② 肖凡：《从历史角度分析美国联邦政府在教育改革中的角色》，载《世界经济与政治论坛》，2011(6)。

2015 年，奥巴马签署了《每个学生都成功法案》，其中，两个重要的内容是"改进由州和地方教育部门实施的基础项目"以及"培养、培训及聘任优秀教师、校长和学校领导者"。强调学生有所进步而不是精通阅读和数学，强调对州和学校进行积极的奖励而不是严厉的惩罚，这是推动教育发展的正确方向。该法案专门关注了"英语学习者及移民学生的语言教学""无家可归子女的教育"等。可以看出，奥巴马政府教育政策的要旨仍然是提高学生成绩，但是突出了对弱势群体学生的补偿、师资的均衡和有选择的教育公平等方面。[①]

2018 年，特朗普签署了《加强 21 世纪的职业与技术教育法》，制定了联邦政府在六年内向中等和高等职业与技术教育拨款的条款，即为各州每年提供总计 10 亿美元的拨款，用于发展职业与技术教育。同时，各州不经过联邦教育行政部门审批，即可制定本州的职业与技术教育绩效目标，而不必按照现行法律与联邦教育部合作制定。在科学、技术、工程、数学（science、technology、engineering、mathematics，STEM）教育成为各国培养 21 世纪人才的重要途径的世界趋势下，配合 STEM 教育的深入推进，职业技术学院高中预备学校（Pathways in Technology Early College High School，P-TECH）项目在各州遍地开花。

应当申明的是，现行美国的教育行政分为三个层次：联邦、州和地方。联邦教育部是中央负责教育工作的最高行政机关，该部的设立旨在保障州政府、地方政府以及公私立教育机构在制定教育政策和行政管理上的权力，并增强和改进它们自身对教育工作及政策的控制。联邦教育部的设立并不增加联邦政府对教育的权力，也不减少州、地方及其他机构所保留的教育责任。另外，联邦教育部还设有若干顾问委员会，为其提供咨询建议。

与第二次世界大战后联邦政府教育管理体制的不断变化相比，州一级教育管理体制则保持了相对稳定的状态，其主要变化只在于对州教育行政机构，特别是州教育厅的内部机构的设置进行改革，以提高管理效率，降低管理成本。学区仍然是地方教育管理的最主要单元，但是，学区数量进一步减少，规模进一步扩大，类型逐渐增多。1932 年美国有学区 127531 个，1958 年锐减到 47594 个，而到 1992 年时，就只剩下 15173 个学区了。学区行使大部分地方教育管理权，拥有相对独立的财政权、人事权、课程权，负责设立和管理地方公立中小学、征收筹集地方教育经费并编定预算、制订地方教育政策及计划、甄选与任用地方教育人员及裁决地方教育上

---

① 孔令帅：《新世纪以来美国基础教育政策价值取向的演变》，载《西南大学学报（社会科学版）》，2016(5)。

的纠纷、选择中小学教材与教科书、制定地方教育人员的薪俸及福利制度并负责执行、为地方教育人员提供在职进修教育、视导地方教育、考核地方教育人员等。

美国的学校管理包括中小学和大学两个层次。

美国公立中小学的经费主要来源于州和地方政府，由学区设立并负责管理，中小学校长大多由地方学区的学监提名，经学区董事会批准后任命，在学监的领导下负责学校的管理工作。在初、中等教育的具体管理和运作过程中，地方学区起着非常重要的作用。目前，全美 50 个州中除了夏威夷州以外，各州均设有地方学区，具体负责公立中小学的设立和管理等。由学区领导成员组成的学区教育委员会根据各州的政策等，责成地方教育行政部门及其工作人员，具体管理地方公立中小学教育系统。美国各州都允许举办私立中小学教育，但必须经过州政府的批准许可，取得办学执照，并接受政府的监督。

美国高等教育的管理方式大致是，在州教育董事会以外再单独设立高校董事会负责高等学校的管理与协调。作为大学中最高权力机构，高校董事会一般拥有以下权力和责任：①挑选和任命校长；②在校长举荐的基础上任命教授和行政官员；③审批学校的长期规划；④决定学校的各项基本政策；⑤批准收支（经常费）预算和基建预算；⑥寻找履行与完成学校各项任务所必需的资金；⑦监督捐赠基金的使用；⑧选择校外审计员；⑨批准校内的各项规章；⑩对外代表学校。校长则作为董事会之下的首席执行官，具体管理学校的各项事务。董事会权限的大小往往因学校性质的不同而有所不同。公立院校的董事会在管理上必须服从州的法定管理规章和管理程序，其成员通常由州长或议会任命；相比之下，私立院校的董事会则有完全独立的办学自主权。需要一提的是，高校董事会往往吸收院外人士作为董事，以代表广大社会利益的名义对院校的发展进行指导，使学校不再是由学者们独占的孤立的"象牙塔"①，从而保证学校更好地发挥服务社会的功能。

（二）英国现代教育管理实践

"两次世界大战之间的时期，从某种意义上说是把多样化的教育体制合并成统一的全国体制作准备的时期。战争的爆发加速了重新改组教育体制的运动。原来体制的缺点或体系的缺乏已被人们认识到。当学校疏散，不同社会阶层的人发现别人是如何生活时，很多有待解决的问题就暴露出来了……在为战争工业提供有适当训练的劳动力时所碰到的困难，使技术教育的不足首先引起人们的注意……"②从这一段

---

① 李春生：《比较教育管理》，30～31 页，南京，江苏教育出版社，2008。
② ［美］艾萨克·康德尔：《教育的新时代——比较研究》，王承绪等译，116 页，北京，人民教育出版社，2001。

论述中可以看到，到第二次世界大战前，英国教育发展已经暴露出许多新的问题，如办学效率不高、教育质量参差不齐、初等教育和中等教育衔接不畅等，需要中央政府加强对教育的管理和监控。

1944年，丘吉尔联合政府通过了以当时的教育署主席巴特勒的名字命名的《巴特勒教育法》，亦称《1944年教育法》。该法是第二次世界大战后英国教育改革总的指导性文件和法律基础，其核心是调整教育领导体制和谋求初等教育与中等教育的衔接，加强国家对教育的领导和控制。《巴特勒教育法》将原来只负督导责任的教育署改称为教育部，设教育大臣，由内阁成员担任，同时，其职权也大为扩展，可以管理与指导地方教育当局来执行国家教育政策，如各地区教育计划的制订、地方教育当局首脑的任免、地方教育当局有关教育命令的发布等，均须由教育大臣批准。《巴特勒教育法》虽然在很大程度上加强了中央教育管理的权力，但是，由于英国的传统，地方教育行政机构仍然拥有相当大的自主权，地方教育当局负责承担全部教育开支的86%。[①]

20世纪60年代后期，地方教育当局进一步获得了控制高等教育的权力，在双重制发展高等教育的框架下，全面负责地方高等教育事业。

1979年，撒切尔领导的保守党上台执政，预示着教育管理中央集权时期的到来。《1980年教育法》明确了地方政府教育职责和教育开支的范围，要求给予家长更多参与学校事务的权利，所有公立学校董事会都要推选两位家长参加。1981年，教育和科学大臣约瑟夫决定把政府私有化经济政策和发展模式推进到教育领域，在教育领域引入市场机制，通过增加家长的选择权利和机会，鼓励学校竞争，从而推进教育管理体制改革。《1988年教育改革法》改变了英国教育体制的基本权力结构。根据《1988年教育改革法》的建议，政府撤销了英国最大的地方教育当局，增加了教育大臣的权力，加强了中央政府在教育中的作用，强迫地方教育当局给予学校董事会更大的自主权，在中小学实行国家统一课程等。权力结构的改变还扩展到高等教育，《1988年教育改革法》以增加高校责任并适应政府拨款机制为由，将包括大学在内的高等教育机构置于教育大臣的控制之下。《1993年教育法》则把维持地方教育系统的重要权力转移到中央政府和由政府任命特设的相关管理机构，如教育标准局等。[②]显然，保守党政府决心要改变地方分裂的教育管理格局，通过制造多样化和市场选择机制，迫使学校脱离地方当局的控制，使教育权力回归中央政府，同时，中央政

---

① ［英］奥尔德里奇：《简明英国教育史》，诸惠芳、李洪绪、尹斌茁译，52页，北京，人民教育出版社，1987。
② 王晓辉：《比较教育政策》，50～51页，南京，江苏教育出版社，2009。

府通过增加"直接拨款学校"鼓励地方学校脱离地方控制。20 世纪 90 年代以来，英国政府在推行直接拨款学校上取得了较大进展。到 1992 年，已经有 3300 所学校被批准为直接拨款学校，分布于半数以上的地方教育当局。①

1993 年，英国成立了教育标准局，作为中央层级的教育视导机构直接向国会负责。教育标准局的主要工作是通过有效率的视导与调整，为学生提供更好的教育。为达成这一目标，教育标准局建立了一套完整的视导与调整的制度，以频繁的、周期性的视导巡察工作协助教育机构为学生创造更好的教育环境。教育标准局的视导领域主要包括早期教育机构、中小学、私立学校、继续教育和教师培训机构等，几乎涵盖了教育的所有领域。教育标准局的成立进一步强化了中央政府的教育权力。至此，英国公立中小学教育逐渐由原来地方教育当局的单一管理模式向中央集权之下的中央和地方两级管理模式转变。

1997 年，布莱尔政府把改革教育作为其执政纲领，提出了"教育，教育，还是教育"的口号。政府以组织领导者和平等参与者的双重身份，与社会各界有效合作，全方位参与教育管理和改革。工党发布了《追求卓越的学校教育》白皮书，提出政府在教育上的首要任务是提高学校的教育标准，以解决部分学校的教学质量问题，并希望建立一种有助于提高教育标准的包括地方教育当局、教会和其他基金会、学校董事、家长、工商社区和独立学校等在内的新型伙伴关系。这份文件的发布意味着英国中央政府在教育领域继续扩张其管理权力和延伸管理职能。②

1997 年，英国学校课程与评估局同全国职业资格局合并，组建成资格与课程局。1998 年，资格与课程局受教育大臣的委托，对中小学国家课程改革进行研究，并于 1999 年出台了新的国家课程改革方案，结束了英国长期以来地方课程体系的多样化状况。③ 国家课程改革方案的推行标志着中央教育管理权力在教育领域的全面渗透，也意味着中央政府和地方政府教育管理权力的深度调整。

进入 21 世纪，英国政府着力推进旨在提高办学效率和公共教育质量、促进学校竞争、提供更多选择机会的各项教育改革。2001 年，《学校：获得成功》重申了英国政府推进学校组织多样化的承诺，同时特别强调私人公司或团体在提供多样化教育服务上的作用，地方教育当局的地位进一步下降。2009 年，英国儿童、学校和家庭部发布了《你的孩子，你的学校，我们的未来：建设 21 世纪学校体系》基础教育改革白皮书，目标是使英国拥有世界上最好的学校教育体系。显然，在全球经济和科技

①　易红郡：《英国中等教育的市场化改革》，载《教育与经济》，2004(1)。
②　黄学军：《试析战后英国地方教育当局的地位和作用的演变》，载《外国教育研究》，2005(7)。
③　邱美琴：《转型期英国教育改革的集权化趋向及其启示》，载《当代教育科学》，2007(5-6)。

竞争日趋激烈的情况下，英国政府对待教育的态度已经发生了实质性变化，放弃了放任宗教和私人团体以及地方办学的做法，国家或者说中央政府正在成为英国教育的设计者和领导者。对于教育管理的改进，英国政府始终强调教育的首要地位，改革和重组教育部，强化教育政策制定，教育改革方案聚焦于三个要点：第一，制定国家标准并建立机制来保证教育达到国家制定的基本标准；第二，鼓励中小学和大学有更大的自由度培养学生的创新能力，并建设各自的优才中心；第三，解决教育严重短缺问题，对教师实行奖优政策，每年为优秀教师增薪。

英国现有的教育行政主要分为中央和地方两级。中央一级设教育部，主要工作包括教师的训练与补充、确定教师资格的标准、商议教师的工资和退休制度、资助各种教育研究工作等。在地方层面，主要是地方教育当局负责对教育的管理。地方教育当局主要职责包括为本地区的学校制定目标，对学校系统进行监督、评价和指导，维持部分教育经费的分配与控制权，管理和规划本地区的继续教育。[①]

英国的教育行政管理体制既非中央集权型亦非地方分权型，中央政府与地方政府在教育行政管理上的关系是一种典型的伙伴关系。[②] 中央政府主要通过立法、拨款和督导对地方政府进行控制和指导，但不进行面面俱到的具体管理，这使地方政府在处理当地教育事务上有很大的自主权。1988年以后，中央政府与地方政府之间的伙伴关系发生了一些变化，教育的控制权逐渐向两极转移。一方面，学校教育的大权逐步从地方政府收回到中央，中小学成为直接拨款学校，新型的中等教育机构——城市技术学校——独立于地方教育当局，统一的高等教育制度等建立，大大加强了中央的教育管理权力；另一方面，公立中小学的权力进一步扩大，出现了学校管理地方化的趋势。

英国的公立中小学由地方教育当局负责管理，如果由教育部批准后申请为直接拨款学校，就可脱离地方政府的管辖，由中央直接管理。学校内部管理实行董事会下的校长个人负责制，董事会是最高权力机构。董事会的主要职责包括审议并通过学校的年度预算与开支，讨论学校中长期发展规划和学校的重大管理规章制度工作，参与学校课程的安排和各科时间的分配，参与教师、教辅人员的任命，监督以校长为首的行政人员的工作行为等。校长作为学校管理的核心人物，主要负责执行董事会的决议及管理学校的日常行政事务，具有相当大的自主权，除了财权和人事权以外，还包括确定学校办学目标、制订国家课程以外的课程计划、控制学校媒体等。

---

① 李春生：《比较教育管理》，110～116页，南京，江苏教育出版社，2008。
② 吴式颖、褚宏启：《外国教育现代化进程研究》，82页，太原，山西教育出版社，2006。

英国高等教育的管理也在不断地进行着改革。目前，英国有 100 多所大学。公立大学的办学经费主要来自中央的教育部。总体上看，大学要受到教育部的约束，但在人员任用、招生、课程与考试安排、经费使用以及与其他单位（包括国外）合作交流等方面，大学享有很大的自主权。各大学内部主要的管理机构有理事会、校务委员会、学术评议会和师生委员会等，这种管理体制也为多方参与学校管理提供了可能。近些年，英国的高等教育管理表现出民主化、科学化的新趋势：一方面，在管理机构成员上，吸收了企业界的代表参与其中，扩大了高校与外界的联系，突出了高校服务社会的功能；另一方面，在学校领导人的选举上，简化并规范了选举程序，使管理机制由金字塔管理模式改为民主管理模式，让师生更多地参与到基层的管理当中。同时，从五方面推进高等教育国际化，包括吸引国际学生来英国深造、支持跨境教育、领导世界教育技术的潮流、与新兴教育市场建立崭新的联系、抓住机遇创新英国教育品牌。

（三）法国现代教育管理实践

19 世纪 80 年代，共和党上台执政，重新设计教育改革思路，制定了法国初等学校组织法令，统称《费里法案》。自《费里法案》实施以后，教会对教育管理的控制被逐渐削弱，国家教育管理体制也真正建立起来，教育事业真正成为国家的事业。20 世纪初，激进社会党上台，为清除教会对世俗事务的干预，制定了教会与国家分离的法令，并废除了 1850 年的《法卢法案》，关闭了 3000 多所教会学校，进一步削弱了教会对教育事业的影响。第一次世界大战结束后，一些进步的社会人士和教师组成了"新大学联合会"，提出实施"新教育"、建立"统一学校"、废除双轨制的主张，并把原来不在国家管理范围内的文艺、美术和技术教育都相继划归国家管理，由此，国家管理教育的权力和职责不断扩大。1920 年，法国中央政府将原先的教育部改为公共教育及美术部。1932 年又将其改为国家教育部，这一名称一直沿用到第二次世界大战以后。国家教育部成立后，其职能不断扩大，不仅负责发展中等教育和初等教育，而且对高等教育也加强了控制。法兰西第四共和国成立后，为全面恢复教育和推进教育改革，国家教育部除了对各级各类教育进行管理外，还负责文化、卫生、体育等方面的工作，国家教育部的职权范围达到了最大限度。

1958 年，戴高乐建立了法兰西第五共和国，国家教育部的职权范围才有所缩小。1959 年，原属于国家教育部管辖范围的档案管理、文学艺术和博物馆被划归至当时成立的文化部管理。1964 年，国家教育部的学校卫生司被撤销，相应职能被移交到卫生部。此后，随着教育管理体制改革的推进，国家教育部的组织机构进一步调整，一些职能被转移或取消，如 1966 年，因成立青年及体育运动部，国家教育部的青年及体育运动最高委员会被撤销，根据目标与手段分离的原则，国家教育部各司也逐渐失去了原来的决策权，而成为国家教育部下面的职能部门。

1968年5月至6月，法国爆发了大规模的大学生学潮，抗议国家教育部对教育的严格控制以及大学教育机会的减少，强烈要求大学自治并增加大学就学机会，即"五月风暴"。这次运动直接推动了法国高等教育改革，法国颁布了《高等教育方向指导法》，即《富尔法案》，确定了改革高等教育的自主自治、民主参与和学科相通三项原则，规定大学校长不再由学区总长兼任，而由大学直接选举产生，但国家教育部仍直接领导大学。1974年，法国政府在国家教育部之外成立了专门的大学署，后改为大学部，主管高等教育及学术研究机构。实际上，国家教育权被分配到国家教育部和大学部两个平行的主体，国家教育部和大学部共同管理公共教育的格局形成。

1981年，社会党执政后，对国民教育管理体制进行了重大改革，将国家教育部和大学部进行合并，成立了国民教育部。这样，法国基本上实现了中央政府对整个教育事业的统一管理。随着教育在国民社会生活中的重要性日益凸显，特别是法国政府机构和政策的变化，国民教育部的权力不断扩大，充分体现了中央集权型的教育管理体制特征。

在教育国家化和中央政府教育管理权力扩张的同时，地方教育管理体制也逐渐形成和发展。实际上，早在19世纪初设立帝国大学和大学区总长职务的法令颁布后，法国地方教育行政就初步建立起来了，并实行大学区和省两级教育行政管理制度。其中，大学区的设置跨越了行政区域的划分，较好地保证了教育行政的相对独立性，也很好地促进了区域教育的协调发展。在省以下，市镇也承担了一部分教育管理的职能，构成了地方教育行政的一个层级。地方教育行政的组织机构和职权范围与中央教育行政管理基本一致，并随着中央教育行政职能的变化而变化。

1982—1983年，法国颁布了几个法律，推行分权，把一直由国家把持的一些权力分配给地方当局，教育事宜也被包括在内。除教学和教师之外，学校的建设、维护和运转由地方负责。（见表2-1）

表2-1　法国地方当局的具体分工①

层次	机构	权限
市镇（37000个）	市镇委员会	幼儿学校和小学
省（100个）	省委员会	初中
地区（26个）	地区委员会	高中和大学一部分

---

① ［法］P-L.高蒂埃、邢克超：《九十年代法国教育改革进程述评》，载《比较教育研究》，1999(6)。

20 世纪 80 年代中期，管理教学和非教学人员的权力被下放给了学区长——教育部部长在各个学区的直接代表。为了配合放权工作，明确并加强各级教育行政及督导人员的职能，20 世纪 90 年代初，法国进行了督导制度的改革。（见表 2-2）

表 2-2　法国督导制度

职能	人数	地域	部门	职能
国民教育督学	1925 人	市镇	初等教育	推动、评估、检查、培训
学区督学	126 人	省	初、中等教育	管理、推动、评估、培训
地区教学督学	703 人	地区	中等教育	推动、活跃、检查
总督学	225 人	全国	各级各类教育	教育改革、评估及其他多种职能
学区长	30 人	学区	初、中、高等教育	执行政策，管理、监管大学

1995 年 5 月，连续执政 14 年的法国社会党在总统大选中败北，法国保卫共和国联盟和法国民主联盟等右翼政党联合执政。这次政权更迭对法国教育的影响应该说是比较小的，其主要的教育政策基本保持了连续性，没有发生太大的起伏。① 教育管理领域改革的主旋律仍然是放权，改革长期以来过度集中的教育管理制度，让地方和学校享有更大的自主权，充分调动了教育领域办学的主动性和积极性。

1997 年 6 月，阿莱格尔就任法国国民教育、研究与技术部部长，开始了从小学到高等教育的全方位教育改革，提出了在人事管理上简政放权，使公共服务机构更加灵活的人事制度改革方案。1998 年的法令规定，学区长是各地区教育政策的唯一掌握者，负责制订本地区的教育四年规划。1999 年，各学区又设协调人及互联网服务处，以加强教育系统内外的协调及信息交流。除小学以外的各级各类学校在财政和法律方面的自主权扩大，各方面代表组成的行政委员会使学校能更好地适应周围的环境并主动满足社会的需求。②

2007 年，萨科齐担任总统后，高度重视教育，将教育改革与发展作为国家发展的重要战略，呼吁要重建法国教育，明确提出优质与机会均等的教育发展目标。这也在某种程度上预示着法国教育管理体系会继续沿着分权和放权的道路前行，以改变过于僵化的中央集权管理体制，增强教育管理体系自身的社会适应能力，满足日益多元化的社会需求。其教育改革的成绩主要体现在两个方面：一是借"探索课程"和个性化辅导，教学实践更好地关注了学生的学习需求，反映了以学生学业成功为中心的改革目标；二是新的集体组织模式有利于在时间和空间有限的情况下发展教

---

① 高如峰：《90 年代法国教育改革研究》，载《外国教育研究》，1997(5)。
② ［法］P.-L. 高蒂埃、邢克超：《九十年代法国教育改革进程述评》，载《比较教育研究》，1999(6)。

学的弹性。在教师教育改革上基于教师工资偏低的事实，"重新评价教师的职业，其职能应该回归到社会规划的中心位置"，建议教师"接受新的工作方式，花更多的时间在学校里"，同时强调为"教师职业新定义"而多投入，作为补偿，教师的收入水平"应该得到大幅度提高"。在教育治理改革上，2012年1月6日，政令要求取消省的教育行政权，将过去的学区督学改为国家教育服务学区主任。政令还计划由大区区长根据教育部的指导方针，确定学区的功能和地域组织，并负责分配学区内的工作及其管辖范围内的省一级的教育工作。[1]

法国现行教育管理体制是以中央集权为主，学校自治为辅，纵向分中央、学区、省三个层次，横向分行政、咨询、督导三个系统的教育管理体制。[2]

纵向来看，中央、学区和省三个层次中每一个层次的教育管理在侧重点上都有所不同。最高的教育行政领导机构是法国教育部，全称为法国国民教育和青年部。教育部的根本任务包括确定整个国民教育及其各个部分的结构、文凭、学制、专业、课程和布局，明确国家的教育发展战略，根据国外和教育内外的变化调整政策和制度，组织和检查以上原则的落实情况。此外，高等教育也是教育部管理的重点。学区一级主要负责协调本学区内高等教育与中等教育的关系，代表中央监督本学区内的高等教育。省作为最后一级教育行政机构，主要负责管理初等教育。

横向来看，教育管理体制包括教育行政、咨询与督导三个系统。教育部内设督导系统，督学长归教育部部长领导。在中央和学区层面，督学又分行政督学与教学督学两类。学区的行政督学往往由各省的教育局局长担任，教学督学只是学区长的参谋人员，没有行政职能。在省一级，通常只有一个省督学，由学区督学领导，也没有行政职能。咨询系统分三级，在中央，最重要的是国民教育最高委员会，由教育部与政府各部代表、家长及学生代表、教师代表等组成，主席由教育部部长担任。此外，还有许多其他咨询机构，如普通与技术教育委员会、全国高等教育与科学研究委员会、大学校长联席会等。学区和省与中央相对应，也设有许多咨询机构。

（四）德国现代教育管理实践

1933年到第二次世界大战期间，希特勒领导的德国民族社会主义工人党为加强国家集权，逐步剥夺各邦在文化和教育方面的权力，在国家层面首次设立中央教育部，直接管理全国教育，从而使教育沦为法西斯统治的工具。可以说，纳粹统治时期，德国教育出现了全面倒退，并对德国教育发展产生了严重的破坏作用。

---

[1] ［法］皮埃尔-路易·戈蒂埃：《法国近年来的教育改革——批评的研究》，刘敏译，载《比较教育研究》，2012(10)。

[2] 李春生：《比较教育管理》，242页，南京，江苏教育出版社，2008。

第二次世界大战以后，德国分裂为德意志联邦共和国（即联邦德国）和德意志民主共和国（即民主德国）。由于两国的政权组织形式、自然条件和经济基础不同，两国的教育发展出现了较大的差异。此处主要探讨联邦德国的教育发展实践。

为了重建在战争期间遭受重创的学校和肃清纳粹对教育的影响，联邦德国从办学宗旨到学校设备和课程教材对教育进行了全面改造，其目标是非纳粹化、非军事化和教育民主化。依照《德国联邦基本法》和 1957 年联邦宪法法院的裁决，联邦德国的文化教育由各州自治。除联邦范围内某些共同的教育基本问题，如国家对学校的监督、宗教课在公立学校作为正规学科的开设外，一般文化教育事务均属各州的主权范围，由各州制定的宪法、学校法和其他教育法令加以具体规定。联邦制的教育行政模式使得各州在教育发展过程中能够充分考虑本州的具体特点和需要，鼓励各州提出适合各自需要的改革设想，表现出很大的多样性和灵活性，对战后联邦德国的教育发展发挥了积极的促进作用。但是，过度分权而导致的各邦之间教育发展不平衡、学制多元化的问题，对教育整体发展造成了一定程度的危害。

1955 年 2 月，各州州长在杜塞尔多夫共同签署了一个协定，提出要统一学制，并且对学校的名称和类型、学期长短和修业年限、学业质量评价方式和标准、升学等方面进行了协调和统一。为了履行这个协定，1958 年，联邦德国成立了德国教育委员会，作为联邦德国内务部和各州教育部部长常务会议的咨询机构。该委员会的成员主要由专家学者、教育家、教师代表、企业家以及社会各界人士组成，致力于统一联邦德国的学校教育制度。1964 年 10 月，联邦德国各州州长在汉堡签订了《关于统一学校教育事业的修正协定》（以下简称《汉堡协定》）。《汉堡协定》规定：儿童 6 周岁入学，实施九年义务教育；四年制的基础学校为初等学校，在基础学校之上为两年的促进阶段，之后，儿童根据兴趣与能力分别进入不同类型的中等教育机构。①

为加强管理，联邦德国进一步扩大了联邦政府对教育的管理权限，并于 1969 年 10 月在德国教育委员会的基础上建立了联邦教育及研究部，以协调和规划各州的教育事业。

20 世纪 70 年代，联邦德国教育进入了全面改革时期。1970 年颁布了《教育结构计划》，对德国的整个教育体系进行了重新规划，将教育分为初等教育、中等教育、高等教育和继续教育四个阶段，对各个阶段的修业年限、教学内容与方式以及各个阶段之间的关系做了统一要求。为保障《教育结构计划》的实施，1973 年又颁布了《教育综合计划》，针对教育结构改革规定了具体实施办法和实施细则，同时对各州每年教育发

---

① 张斌贤：《现代国家教育管理体制》，96 页，上海，上海教育出版社，1996。

展的数量指标和教育经费预算做出了明确规定。

20 世纪 80 年代以后，联邦政府更是高度重视教育发展，并在教育管理体制改革上努力协调联邦政府和各州之间的关系，在强化、转变联邦政府教育职能的同时，各州在教育管理范围、内容和形式上也出现了不少新的变化，对完善联邦德国的教育管理体制发挥了不少积极作用。

1990 年，两德统一。统一后的德国，在教育管理上沿袭了联邦德国的管理体制，实行联邦政府协调和指导下的地方分权管理体制。

但是，过度分权造成的各州教育发展的矛盾和冲突依然是困扰德国教育管理的核心问题。早在 1969 年，德国就修改了《德国联邦基本法》，规定联邦和州可以在制订教育计划、促进各地区的科学研究等方面合作，同时，增加联邦政府"制订教育训练补助金规则与促进学术"的共有立法权以及制定高等教育基本原则的立法权，并授予联邦政府若干教育行政权力，如设立联邦教育及研究部，享有一定的奖学金的立法、大学制度的立法及开展学术研究的权限。此后，联邦政府又采用与各州合作及提供补助等方式，健全联邦和州之间的教育行政关系，加强与地方的合作，不断强化联邦政府的干预程度。1994 年，德国再次修改《德国联邦基本法》，承认联邦政府对高等教育的干预。1998 年修改《高等学校总纲法》，进一步确认联邦政府促进全国教育事业发展的职责。这一切均表明联邦政府对教育的干预在不断加强。不过，联邦政府作用的发挥必须以尊重各州教育主权为前提，只能对具有共性的问题进行协调、立法和管理。

进入 21 世纪后，德国的教育政策总体上旨在促进基础教育均衡发展，如实行免费基础教育、合理规划学校布局、尊重父母的择校权、加大教育投入、均衡配置教育资源、扶助弱势群体、确立国家教育标准、统一教师教育标准、实施系统的教育监测等。① 同样，德国高等教育管理体制也在不断改革，以进一步扩大高校的自主权，激发大学的学术创新活力。2004 年，德国政府提出"精英大学计划"，明确指出对大学施行五年一轮的滚动评选制，促使大学不断提升科技研究能力和学术创新水平。

德国最显著的教育管理成就是十分重视国家教育标准的建设，同时实施全面的教育监测。一方面，不断推出基础教育课程标准。比如，2003 年，适用于中等学校毕业水平（10 年级）德语、数学和第一外语（英语/法语）的教育标准问世；2004 年，适用于中等学校毕业水平（10 年级）生物、化学、物理 3 科的教育标准出台。另一方

---

① 孙进：《德国促进基础教育均衡发展的政策分析》，载《教育发展研究》，2012(7)。

面，积极统一教师教育标准。2004 年，《教师教育标准：教育科学》通过，确定了教师教育专业学习和见习阶段、教师继续教育和培训方面的统一标准；2008 年，《各州通用的对教师教育的学科专业和学科教学法的内容要求》通过。为确保各项标准的贯彻落实，2004 年，全国性的独立的教育评估机构——教育质量发展研究所成立。2006年，《教育监测总体战略》通过，内容包括积极参加国际性学业成绩测评、各州根据全国教育标准进行统一测评、开展学业比较测试、定期发布国家教育发展报告等。

此外，德国还积极推动基础教育学制改革，由多轨制转向两轨制，建立和资助全日制学校，并启动"国家融合行动计划"，加强对移民背景学生的教育。德国将教育卓越、教育公平和教育包容作为衡量教育成功的三项标准。

目前，德国的教育管理体制主要分为 4 级，即联邦教育管理机构、各州教育部、地方行政公署及其所辖教育处、县市教育局。虽然联邦政府的教育管理权力在加强，职能和范围都在拓展，但是，实际上州一级教育行政机构仍然是教育管理的主体。各州设有教育部，其内部机构的设置由职能机构、研究机构、咨询机构等组成。各州教育部下设不同的教育行政管理处，并设置专门的教育教学研究机构，对州教育教学的发展状况进行研究，参与州文化教育事业的决策与管理。同时，各州还设有各级各类家长委员会、教师委员会、学生委员会、青少年教育委员会等，为州教育决策提供咨询。作为州的最高教育行政机关和最高教育检查及监督机关的州教育部，代表国家行使对教育的管理和检查职能，全面负责一个州的教育规划、组织、管理、督导工作。①

第三节 中西方教育管理比较及发展脉络反思

中西方教育管理经历了不同的发展阶段，各自形成了一套相对独立的管理模式和实践经验，这些管理模式和实践经验在哲学基础、人性认识和文化源泉等方面都存在较大的差异，很难说清哪一套是最优的。为此，我们需要比较中西方教育管理的发展情况，在厘清历史发展脉络的基础上，对各自的经验、教训及发展方向进行反思，从而更清楚地把握中国教育管理发展的现状和趋势。

一、中西方教育管理的差异分析

由于社会制度、历史条件、文化等方面的不同，中国传统教育管理思想与西方

---

① 李帅军、有轶：《德国教育行政管理体制的考察与分析》，载《河南师范大学学报（哲学社会科学版）》，2009(1)。

教育管理思想表现出一定的差异，其差异主要表现为以下方面。

（一）文化根源不同

在倡导儒学的中国古代社会，儒家思想深深地浸在教育管理活动中。儒家以心性为本体，主张入世伦理，倡导内圣外王的管理者修养，形成了以仁义为核心的价值体系，蕴含着丰富的君子人格，如"天行健，君子以自强不息；地势坤，君子以厚德载物""先天下之忧而忧，后天下之乐而乐"等，这些文化要素使教育管理活动凸显出浓厚的文化味道。例如，书院教育管理中的自由风气与士大夫的社会情结紧密结合于一起；科举制度也正迎合了中国知识分子积极入世的需求；注重管理者修养的领导艺术与"修己安人"的君子人格休戚相关。这些与西方教育管理的文化源泉存在较大的不同。现代西方教育管理的文化源头可追溯到古希腊，其中众多文化要素对整个西方教育的过去和现在都产生着重要影响，如理性成为其教育管理活动在相当长一段时间内的追求，直到有限理性决策理论被提出来。标准化、科学化的管理也与其存在着重要的关系。

（二）哲学基础不同

中国虽然有世界上最早的教育论著《学记》，并且早在春秋战国时期就诞生了一位伟大的教育家孔子，但是，在中国的哲学中，教育从来没有获得本体位置，一直是政治、经济等社会力量的依附体。这也直接造成一个后果，即教育管理的哲学基础并非源于教育自身，而是在很大程度上源于社会秩序的治理。社会治理中的中国式管理与西方式管理有着较大区别，其哲学基础从一开始就是"交互主义"，即我们在处理问题的时候，既不遵循个人主义，也不遵循集体主义，而是相互协商，这充分体现在中国教育管理的方方面面。例如，在教育管理决策上，政策往往不是根据什么价值、原则制定的，往往是多方利益主体相互协商的结果，所以，这不同于西方在权力分配中的集权或分权。西方的教育管理在哲学基础上受二元分化的影响，致使其在教育管理决策、体制建构等方面，总是根据权力的二元分化来应对现实。例如，在西方教育管理的发展历程中，我们非常清晰地看到，自古希腊时期，西方就被一个问题纠缠住，即在个体与城邦、国家之间，教育管理倾向于哪一方更有利；在权力分配上，往往在"由上而下"和"由下而上"之间徘徊。以这种教育管理哲学基础来应对中国的教育管理实际，显然是很难的。

（三）人性认识不同

中国古代的教育界特别重视人性假设，著名的教育家无不在其教育思想中对此进行重点阐述。这是因为，不同的人性假设实际上给教育提供了一些先验性或经验性假设，通过这些假设我们可以确定管理措施。西方教育界在人性假设方面也多有论述。

比如，基督教的人性原罪说，由此而衍生出的教育管理措施就是强调惩罚，认为儿童身上有一股桀骜不驯的本性，只有通过惩罚才能改变这种本性。而后出现的理性人、经济人、社会人和文化人假设，则更多强调"人的认知属性和自然属性，强调人的需求，这就要求教育管理者一方面要引导满足教师的各种需求，注重教师的效益，注重个人奋斗，实现个人价值；另一方面要求以制度来规范教师的行为，使管理制度化、规范化"①。而中国传统文化中则比较强调孟子的性善论，将人性置于伦理道德的基础上，在教育管理中，注重培养有德行的学生，重组织、重群体，维持教育的稳定与发展。

二、中西方教育管理发展的历史脉络反思

（一）从历史发展的共性看教育管理的权力变迁

中西方教育管理活动经历不同历史时空的发展，其处理的核心问题则是有关权力的分配和制约问题。纵观整个教育管理发展历程，我们发现，教育管理中的权力经历了不同阶段的变迁，这些变迁在不同程度上折射出了其时空特点。我们不但可以从中发现当前教育管理中存在的问题，还可以预测教育管理活动的发展动向。从社会的发展历程来看，教育管理活动中的权力演变，经历了从公权向私权、法理权、人权转换的过程。

1. 教育管理发展的公权阶段

在人类的无阶级社会尤其是蒙昧时期，人们共同管理生产和生活，教育随生产和生活进行，管理在教育中以隐形和非正式的形态自然推进，管理与教育一体化。它存在于古代教育发展的前半段，没有专门的管理人员，管理事务多由从事教育工作的人士兼任，并凭借经验进行管理。

2. 教育管理发展的私权阶段

进入阶级社会后，脑力劳动与体力劳动越发分化，教育和管理先后从生产和生活中分离出来，而后教育管理也自然以独立形态呈现于各种社会活动中。它存在于古代教育发展的后半段，其间，教育管理专职人员、专门机构陆续出现，通过管理活动促进教育的发展。这一阶段之所以被称为私权阶段，是因为权力的实施不是为了教育自身的发展，而是为了满足一部分人的政治、经济利益，教育是统治阶级的管理工具。

3. 教育管理发展的法理权阶段

资本主义社会前期和中期属于法理至上的时期。马克斯·韦伯曾把权力划分为

---

① 吕红霞：《中国传统教育管理思想与西方教育管理思想的差异与融合》，载《中国科教创新导刊》，2009(22)。

三种类型。第一种类型是传统型权力，它是以执行这种权力的人的地位和正统性为依据的，具有古老、传统、不可侵犯的特征。第二种类型是神授型权力，这种权力是建立在对领袖人物的崇拜和迷信的基础上的。对这种权力的服从基于的是追随者对领袖人物的信仰，而不是某种强制力量。第三种类型是法理型权力，法理型权力指的是依法任命，并赋予行政命令的权力。第一种类型和第二种类型的权力大多存在于教育管理发展的公权和私权阶段，而法理型权力则是从行政官僚体制建设方面来考虑的，追求权力的客观性、等级链和价值无涉。

4. 教育管理发展的人权阶段

在经历了资本主义的长期发展之后，追求理性化、标准化、价值中立化的管理模式给社会造成了多种弊病，人性需求难以得到满足，管理活动也就失去了根本价值。为此，在资本主义社会发展的后期和社会主义初级阶段，人性关怀、人道主义进入教育管理活动的视野，并逐渐被重视起来。

（二）从权力中心的转移看教育管理发展的趋势

从权力构成和发展来看，不同类型的教育管理模式与其所处的政治、经济和文化体系是紧密融合在一起的，很难讲哪一种是最好的。从中国近现代向西方的学习历程中可以很明显地发现这一点。美国的分权式教育管理模式是与其宗教传统、政治体制紧密联系在一起的，"拿来主义"式借鉴往往给中国的教育管理实际带来一些无法预测的负面后果。因此，从历史的发展历程来看，我们现在需要做的既不是固守传统，也不是盲目崇洋，而是在中西方教育管理融合的基础上，发展具有本土特色的教育管理模式。

1. 以"私权"为中心的传统教育管理的表征

第一，集权式。教育作为具有较强公共属性的社会领域，其管理方式必须体现出相当程度的公共属性，任何教育管理体制都需要将私人利益排除在外。比如，实行"校长负责制"，就教育体制形态的规定而言，若在内、外力量的监督之下，以法定职权来规约校长的学校管理工作，"校长负责制"往往能发挥出理想效果，但由于历史遗留问题的影响，加之监督机制不健全，包括校长在内的学校管理层往往曲解了"校长负责"的意图，只强调其中的领导权力，而忽视相应的责任担当，并且，往往把权力定位在个别人的利益上，造成学校管理陷入个人专断的误区，因此，需要加强组织保障或增强巡察力度，集中维护公共利益，克服集权的局限性。

第二，封闭性。以"私权"为中心的教育管理模式强调管理层面的驾驭和控制，对教师、学生和家长的相应诉求持排斥态度，这就会使教育场所被人为分割为内、外两个世界。由于私人利益在其中作祟，这种内外隔绝的状态往往披着一层所谓为师生着想的外衣——"军事化"管理。从教育的长远发展来看，这种管理方式往往导致学校教育质量下降。耗散结构论认为，组织只有与外界不断进行交流，才能吐故纳新、推陈出新。很显然，以"私权"为中心的教育管理模式是无法满足系统内外流通的需要的。

第三，单向型。教育的目的是使学生心智得到充分自由发展。教育管理的职责不是墨守成规、为上级负责；相反，而是创造一个相对自由宽松的行为和制度环境，尊重相关主体的内在诉求，并给予恰当引导。正如弗莱雷所言："我的伦理职责是表达我对不同思想和立场的尊重。我甚至要尊重反对我观点的立场。"①以私权为中心的管理模式则往往喜欢将教育活动看作一种规训，片面强调管理层面的发展规划，习惯用惩罚、禁止等管理手段，致使教育世界无法触及双向、多元的理想，被管理者得不到必要的尊重，信息也无法实现有效反馈。

第四，制度化。以私权为中心的教育管理活动顺利运行需要一个前提，即权力必须严格制度化，并且需要具备严格的监督机制。制度是教育管理的必要手段之一，但是，唯制度化管理则与教育组织的属性相背离，这是因为学校组织是具有松散性的组织，教师又是专业化人员，因此，制度化的管理容易导致墨守成规，降低创新性和参与管理的积极性。

2. 以"人权"为中心的现代教育管理的取向

第一，民主式。以人权为中心的现代教育管理，其目的不是提升效率，而是充分尊重每一个人的存在，保证组织成员对所处工作环境有一定的影响力。因此，在这一基础之上建立的管理模式具有分权化倾向或民主集中制的特点，也就意味着需要组织成员充分发挥主人翁精神，通过各种方式参与到教育的民主管理中。学校领导层则需要遵循权力在民的观念，转变领导方式，加强沟通交流，提高合作程度，通过各种方式提高师生参与管理的意识和能力，将管理技术转换为引导民主生活方式的载体。

第二，开放性。教育从本性来讲是追求开放的、自由的，也只有以此为内核，教育才能发挥出启人心智的作用。正如弗莱雷所言："如果别人不思考，我也不能思考。我不能替别人思考，但是没有别人，我亦不能思考。"②以人权为中心的现代教育管理将人际沟通放在重要位置，从而可以通过对话使组织具有向内和向外的开放

① Freire，P.，*Pedagogy of Hope：Reliving Pedagogy of the Oppressed*，New York，Continuum Publishing Company，1994，p. 79.

② Freire，P.，*Pedagogy of Hope：Reliving Pedagogy of the Oppressed*，New York，Continuum Publishing Company，1994，p. 116.

性，促使管理者在更宽阔的视域中更富有成效地开展管理工作。

第三，交互型。对话哲学的重要倡导人马丁·布伯强调，"关系是相互的。切不可因漠视此点而使关系之意义的力量亏蚀消损"①。没有交互，就没有所谓关系，也就无法实现沟通和对话。以人权为中心的教育管理模式则恰恰将人际关系放在建构主义的视角之下，提倡人与人之间的交往和沟通，注重教育各组织、各行为主体之间的合作和利益协调，努力达到双赢的效果。

第四，创新化。以人权为中心的教育管理注重集体对话，注重人性关怀，注重对世界秩序的质疑、反思和维护，通过相互碰撞和激发实现对人性认识的不断超越，实现对世界秩序的不断调适和建构，最终实现教育世界的不断创新与和谐共融。

本章精要

1. 中国早在夏、商两代就出现了学校教育制度的萌芽，教育行政管理官员的设置开始明确化。西周的教育行政管理体现出政教合一、官师一体的特点。春秋战国时期是我国私学发展的鼎盛时期。秦朝之后，中国就建立了长达几千年的封建王朝制，儒学得到充分发展，中央官学、地方官学、书院在历朝历代兴衰更迭，至明清时期则实行文化专制的基本政策。伴随着近代社会的到来，中国踏上了向西方学习教育管理模式的道路。新中国成立后，教育行政管理体制经历了1949—1953年的高度集中统一，1958—1963年的以地方分权为主，1963—1966年的统一领导、分级管理。在学校管理制度方面，中小学校长负责制在1978年后被确定下来。进入21世纪以来，我国立体的政策体系和系统的管理格局逐渐形成，港澳台地区也形成了各具特色的教育管理体制。

2. 西方教育管理活动经历早期实践的探索和积累，教育管理体制、权力制衡方式、学制以及高等教育职能在近代社会逐渐发展成熟起来。西方早期的教育管理实践主要是指西方文艺复兴时期以前的教育管理实践活动。斯巴达实行的是一种国家集权式的教育管理制度。在中世纪的教育管理实践活动中，大学的建立和发展成为这一时段的亮点。在西方近代教育管理的领导体制方面，国家对国民教育的干预逐渐增强，宗教对教育的干预力度逐渐降低；人文主义管理日益发展起来；高等教育职能发生巨大变化；学制日趋完善。之后，西方教育管理融合了古典管理理论、人际关系学说和行为科学理论，从而在管理目的、管理职能、管理体制、组织形式和管理手段等方面呈现出一些新的取向，形成了类型各异的现代教育管理实践行动。西方发达国家，特别是美国、英国、法国、德国在教育管理实践方面的经验教训，值得批判性地借鉴。

3. 中西方教育管理模式和实践经验在文化根源、哲学基础、人性认识等方面都存在着较大的差异。从社会的发展历程来看，教育管理活动中的权力演变经历了从公权向私

---

① ［德］马丁·布伯：《我与你》，陈维纲译，23页，北京，生活·读书·新知三联书店，1986。

权、法理权、人权转换的过程。从时代政治、经济和文化背景来看，不同国家的教育管理模式都具有一定的合理性，但也存在着诸多时代难题。当前，我们需要转换以私权为中心的传统教育管理模式，构建以人权为核心的现代教育管理模式，形成本土特色。

思考题

1. 中国古代中央官学经历了怎样的历史变迁？
2. 中国古代私学管理的特点是什么？
3. 中华民国时期，教育管理活动上有哪些创新？
4. 西方近代教育管理有哪些具体表现？
5. 中西方教育管理的差异表现在哪些方面？
6. 以"私权"为中心的传统教育管理有哪些弊端？

案例分析：稷下学宫教育管理的经验

　　稷下学宫始建于齐桓公田午当政时期。据记载，"立稷下之宫，设大夫之号，招致贤人而尊宠之"（《中论·亡国》）。稷下学宫历经桓公、威王、宣王、湣王、襄王、田建六代，历时150多年，是中国历史上第一所由政府举办、私家主持的高等育士学校。

　　稷下学宫的学者被称为稷下先生，门徒则被誉为稷下学士。当时，四方游士、各国学者纷至沓来，"驺衍、淳于髡、田骈、接予、慎到、环渊之徒七十六人，皆赐列第，为上大夫，不治而议论"（《史记·田敬仲完世家》）。儒、道、名、法、墨、阴阳、兵、农等各家学者齐集一堂，围绕天人之际、古今之变、礼法之明、王霸之道、义利之理等话题，展开辩论，相互吸纳，共同发展。稷下学宫实行"不任职而论国事""无官守，无言责"的方针，学术氛围浓厚，思想自由，学派并存。对此，司马光在《稷下赋》中说："致千里之奇士，总百家之伟说。"

　　稷下学宫有很多功能，其成员多是政府的智囊，既善讽言纳谏，又能著书立说，进行学术研究。此外，他们还广收门徒，成功地开展教育工作。稷下学宫可以说是一所非常富有特色的大学。

　　稷下学宫在办学体制、教师管理、制度建设、学术氛围、政策导向等方面具有诸多特色，反映了古代教育管理的历史经验，在一定程度上揭示了办学的部分规律，值得当今教育管理者参考。

　　①官私合营，服务政治。稷下学宫由齐国政府出资举办，直接受齐王掌管。凡稷下学者，都会受到齐王的接见并被授予官职称号。但其基本细胞是私学，

各家各派汇集此地，其教学和学术活动由各家各派自主，政府并不多加干预。 当时到过此地的有儒家、道家、法家、名家、阴阳家等的学者们，他们可以进行学术争鸣，政府从不以自己的好恶独尊一家而压制他家，或以一家为标准统一他家。

②师道受尊，待遇优厚。 稷下先生受到当时社会包括齐王在内的统治者的特别尊崇，"不治而议论"是齐国君主给予学者的很高的政治待遇，对其思想和人格给予充分尊重。 同时，齐王还据稷下先生的名望资历、学术水平授予其不同的官职，按等级给予俸禄。 历代齐王对稷下先生的尊礼传统，是稷下学宫繁荣的一个关键，而学术上的繁荣也反过来促进了齐国国力的昌盛。

③管理规范，来去自主。 各家各派率徒在学宫讲学，年深日久，自然而然就形成了许多规章制度，使学宫逐渐成为一个有领导、有组织的正规化的学术圣地。 稷下先生各有不同的官职称号，表现出一定的等级性；学术活动由公认的学术领袖——祭酒来组织和掌管；对学生也有一套完备的管理制度。 规范管理下也有着绝对的自主权。 稷下先生对学生采取来去自由的态度，来者不拒，去者不止，对复归者更表示欢迎。 这在一定程度上打破了各学派之间的门户之见，加强了交流协作，活跃了学术氛围。

④自由论辩，百家争鸣。 稷下学宫聚集了众多的私家学派，因为齐王对他们采取宽松的学术政策，不施加任何政治压力和限制，所以稷下学宫中出现自由论辩、百家争鸣的局面是必然的。 这种大规模的辩论，使得学术氛围更加富有生气，一些问题也因此而得到解决，甚至开辟了新的研究领域。 这对后世尤其是宋明时期书院的自由讲学产生了积极深远的影响。

⑤兼容并包，趋向融通。 齐统治者出于"争天下者，必先争人"的观点，把兼容并包作为稷下学宫的办学方针，打破了各家各派的门户之见，不分国别、不论派别，只要学者有"治平之术"都加以吸收，使其在稷下学宫享有一席之地。

稷下学宫是我国古代高等教育的一个典范，它融政治服务、学术研究和生徒教育的功能于一体，很好地显现出了学校与政府、与学术、与学者的关系，因而对后世东西方历代的学校教育与管理都有着深刻的影响。

课堂讨论

1. 请总结材料中稷下学宫教育管理的相关经验，说明其对现代教育管理的作用与启示。

2. 请结合本章的学习内容，回顾中外教育管理的历史演进过程，分析并比较其异同点。

第三章　教育管理的理论演进

本章学习目标：

• 了解中外古代和近代教育管理学代表人物的思想和主张；

• 了解 20 世纪管理理论不同流派对教育管理理论发展的影响；

• 了解 20 世纪教育管理理论不同学派的基本主张及对教育活动的影响；

• 掌握当代教育管理理论演进的特点和趋势。

教育管理思想的产生和发展都与教育管理实践的演进密不可分，实践与思想互相促进，相得益彰。在漫长的历史发展进程中，中国和西方都积累了丰富多彩的教育管理思想。这些思想为今后教育管理学的发展奠定了良好的理论基础，为教育实践的开展提供了必要的理论指导。

第一节　中国教育管理思想的演进

在中国，教育管理活动作为管理的一种特殊形式，自产生之日起，便体现了管理模式的三个特点——向心、求同与重人。具体表现为，教育管理者强调应注重教育管理活动的人伦关系，注重人的价值的实现，注重借助于人伦关系实现管理，同时注重管理人员自身的品德修养；不仅如此，早期的教育管理者还提出了关注自我协调、人我协调、物我协调的"和谐"理论。

一、先秦及秦汉时期的教育管理思想

原始社会是教育产生和初步发展的时期，这时的教育十分简单，基本上处于一种自然状态。教育管理也不过是氏族社会管理的一个类别，只是原始社会民主管理的一个方面而已，仅处于萌芽状态，水平低下。与此相应的是，此时只存在一些简单、朴素的教育管理观念，还谈不上教育管理思想的产生。

（一）先秦的教育管理思想

夏、商两代的教育管理，是在原始社会氏族公社的管理的基础上发展而来的，萌发了我国古代官学的管理机制。但此时，教育管理活动表现出政教不分、官师合一、学在官府的性质，并没有出现专门而分化的教育管理活动，也没有出现专门的教育管理思想。

西周是我国奴隶社会高度发达的时期。政治和经济的发展以及统治者对培养统治阶级需要的人才的高度重视，都促使教育进步很大，教育管理发展也相应地比较快速，形成了一套比较完备的管理制度和学校体系。从教育管理思想上来说，西周时期确立了"明德慎罚"的管理宗旨：一方面，要求管理者自谦克己，遇事自省，"有则改之，无则加勉"；另一方面，遇事时先考察其人的主观动机，着重体谅他人，慎用惩罚手段。与此同时，还提出了严格的等级管理原则，表现为教育管理拥有严密的组织和结构以及严格的控制，重视规章制度在教育管理中的效用，强调教育管理过程中的分工与协作等。《易经》便体现了人们丰富的管理辩证法思想，它标志着中国古人联系、变化及发展的观念的形成，这也是西周管理思想的一大成就。

　　春秋战国时期，中国实现了从奴隶社会向封建社会的过渡，文化教育领域相应地发生了深刻的变革，官学衰败，私学兴起，重视人才的观念和养士之风盛行，以崇尚贤能为宗旨的政治理论促进了教育管理思想的发展；同时，百花齐放、百家争鸣的民主局势和学术风气，也促进了诸子各派教育管理思想的发展与成熟。其中，儒家的教育管理思想占据了主导地位，并成为以后诸朝代教育管理思想的基础。

　　孔子是第一个系统总结了中国传统管理文化并给予理论表述的人。他论述了教育在社会生活和政治中的地位，认为教育是与经济措施同样重要的实施社会管理的一个手段。孔子的教育管理主体观的核心是"仁"，其基本内涵就是要求关心人、重视人、爱护人，这种以"仁"为核心的教育管理主体观，与其"施于有政，是亦为政"的教育目的以及"性相近，习相远"的教育作用观一道，促进了春秋时期"自主"人才观的发展。孔子还提出了"治人之道，莫急于礼""己所不欲，勿施于人""使民也义""择乎中庸""学而优则仕"等教育和管理理论，强调以"仁"为准则的管理原则与方法，奠定了儒家管理思想的基础。

　　孟子基于"人性善"的理论提出了自己独到的教育管理思想。他认为，"仁政"应当首先重视教育与管理的作用，教育管理是社会分工的需要，教育管理应当是一种内部管理，不应当假借外部力量。其价值在于高扬了教育管理主体的理性自觉，即道德自觉和认识自觉。在人才培养上，孟子认为培养目标和衡量人才的基本标准是"明人伦"。基于此，孟子提出了自己关于学校设置的构思，并提出了一系列与教育管理有关的原则和方法，诸如严于律己、进贤必慎察、用人须使能胜其任、反对求全之毁等，在管理手段与管理原则的论述上比孔子更深入了一步。

　　与孟子的人性假设理论相对的是荀子。荀子认为人生而性恶，由此，社会管理的两个重要方面为"礼"与"刑"。表现在教育管理上就是，教育管理组织遵循"群"与"分"相结合的原则，对于人才的管理应当是"校之以礼"。简言之，荀子教育管理思想更倾向于依赖外部管理规范的约束，其管理思想与孟子倡导内在自觉的管理思想完全相异。

　　《学记》是儒家经典《礼记》中的一篇，成书于战国末期，对儒家教育与教学活动进行了理论总结，是中国最早专论教育的理论著作。《学记》本着儒家德治精神，强调"建国君民，教学为先"的教育作用，设想了从中央到地方、按行政建制办学的体制，同时设置了学年。在学校具体的管理方式上，注意对学生进行敬业教育，强调开学是学校管理的重要一环，并要求君主每年夏季定期视察学校，体现统治者对教育和学校的重视，这便是"视学"制度的雏形。关于教学管理，《学记》主要讨论的是大学教育中的教学管理问题，它将大学教学分为"正业"与"居学"两部分，即强调课堂授课与课外活动和自习相结合的教学方式。大学的课堂教学要求教师根据学生年龄和学问基础提出不同的教学目标。大学里非常重视考试这一环节，认为考试是完成某一阶段教学任务的必要总结。《学记》十分强调尊重教师，同时对教师提出了较高的素养要求，诸如教师必须了解学生、懂教育，必须教学有方，必须懂得自我总结，必须有进取心等，这也可以算是最早出现在我国的关于教师管理的思想。《学记》的出现，意味着中国古代教育思维的专门化，对后世的学校教学管理具有十分重要的启发意义。

除了占据主导地位并成为后续近两千年的主流教育管理思想的儒家思想以外，春秋战国时期的学术自由气氛浓厚，也促进了墨、道、法、兵诸家的教育管理思想的发展。

墨家以墨翟（墨子）为代表。与儒家倡导道德理性的作用不同的是，墨家崇尚严格的组织管理，强调组织的严密和纪律的严明，强调服从是其教育管理的主流，即"尚同"。在人才管理上，墨家认为，人际交往应当秉着"兼相爱，交相利"的原则，对于人才的使用应当任人唯贤，而不应当任人唯亲，也就是说，墨家的用人原则是"尚贤"。墨家这种朴素的民主型人才管理观仍然是现代社会必需的。

道家管理思想崇尚"自然""无为"，强调"无功""无名"的教育管理主体观，虽然有弱于进取的缺陷，但提醒人们在管理中应当尊重个性、从其自然、不管而管、休养生息等，颇有价值，而道家的认识辩证法对教育管理也极有启发意义。

虽然法家的代表人物是商鞅，但其关于教育管理思想的论述，却在韩非那里达到了高潮。商鞅对人性的基本认识是人都是"好利恶害"的，所以教育管理也应当以此为依据。他强调的是专制主义的领导原则，认为统治者应当实施"壹教"的文教政策，即剥夺私家学说的存在权力，从统一文教入手来统一视听，目的在于稳定统治阶级的政权。韩非是战国末年韩国人，早年曾是荀子的学生，但他脱离了荀子儒家思想的主流，着重继承了荀子重法的思想，同时吸取了商鞅等人的法术思想，成为战国时期法家学派的代表人物。韩非的政治理论以法治为核心，在教育管理上强调"以法为教，以吏为师"，认为一切教育活动都应融合于法治的政务中。他主张禁私学，认为民众的学习内容只能是国家的法令规定的内容。韩非主张进贤而不尚贤，其实质在于把贤才当作工具使用；其考察人才的思想出发点也是"法"，他认为应该制定统一的、客观的法度标准；人才的使用应当遵从"宜其能，胜其官，轻其任"的原则。虽然韩非的观点大都是从维护君主专制的角度而言的，但其中也有不少值得现代管理工作借鉴的有益成分。

兵家推崇军事行动和军事训练在管理中起到的作用，即"以兵为教"，兵家同时还强调要"以教治兵"，教和兵结合。兵家用兵思想中的一些观点，诸如追求全胜、知彼知己和重视领导（"将"）的作用等，对教育管理的启示作用是很大的。

（二）秦朝的教育管理思想

秦统一后，秦始皇继续采用一直实行的法家政策，在巩固中央集权的政治制度方面实施了一系列的重大举措，对教育的管理当然也不例外地依据法家的政策。秦建立了与政治目的相一致的，目的在于巩固国家统一、培养国家需要的法治人才的文化教育管理目标，禁绝私学，禁止民间的教育活动，禁止不符合国家政策法令的一切学术活动，颁布实行"挟书律"，取缔民间收藏流传的各种文献典籍，采用以刑罚为主的文化教育管理手段从而实现专制统治。因循"以法为教，以吏为师"的法家思想，建立了吏师制度，并使之成为秦代培养官吏的主要方式。建立官制，设立博士官，将博士正式固定为政府中的官职，政府鼓励博士从事学术研究，博士可以招收弟子进行学术传授。这种做法为汉代以后博士成为官学教师奠定了基础。

（三）汉代的教育管理思想

汉代是中国封建教育制度形成的关键时期。公元前140年，在董仲舒的倡导下，汉武帝确立了"罢黜百家、独尊儒术"的文教政策，儒家逐步占据了思想意识的统治地位。

董仲舒是汉武帝时期的第一大谋士，他的教育管理思想主要围绕着"罢黜百家、独尊儒术"的文教政策而展开。董仲舒首先论证了对民众实施"教化"是治国治邦的重要手段，"教化"在国家的治国方针中应当居于核心地位，继而从三个方面阐述了他的教育管理思想。①兴学校以广教化、育贤才，这主要体现在太学的管理上。在太学中，应当"置明师"（精选优良的师资）、"养天下之士"（面向全国，尽可能广泛地网罗天下人才加以改造）、"数考问以尽其材"（建立经常性的考察制度）。②行选举以选拔贤才，即建立常规化的选拔贤才的制度。③独尊儒术以统一思想。在人才管理、评价方面，董仲舒提出了"义重于利"的行为评价准则。基于董仲舒的管理思想，汉武帝确立了"独尊儒术"的政策，这标志着封建统治阶级确立了最为适合自身需要的意识形态。从此，儒家学说支配中国教育事业近两千年之久。

王充的教育管理思想主要集中在人才管理上。他认为人才从总体上可以分为四个等第：第一为鸿儒，他们能够精思著文、连结篇章，又具有独创的精神；第二为文人，他们好学而勤勉，博学而强识，掌握了古今知识，而且还能够采掇传书、上书奏记；第三为通人，他们"通书千篇以上，万卷以下，弘畅雅闲，审定文读，而以教授为人师者"；第四为儒生，这些人只能"说一经"，如鹦鹉学舌般地背诵，丝毫没有自己的见解。据此，王充主张应当对培养目标和学习层次进行一定的划分。同时，王充主张不应当将"能通六经"作为区分次第的唯一标准，而应当以德行高尚、知识广泛、通古知今、能够应用和创新为考察贤才的标准。

二、三国两晋南北朝的教育管理思想

魏晋时期，在多元化的政治文化格局之下，玄、儒、佛、道等各家争鸣，其中尤以玄学、清谈对教育思想影响较大。人们开始更多地思考人的自然本质、教育与人的关系以及人才培养的多向性等问题，并随着对这些问题讨论的不断深入而不断深化对教育本质、教育价值等基本理论问题的认识，促进了教育管理思维水平的提高与教育管理观的新发展。

从主要代表人物嵇康来看，嵇康"好言老庄而尚奇任侠"，在教育思想上，嵇康否定经学教育，主张"越名教而任自然"。他认为六经的本质是"以抑引为主"，以六经为内容的教育是一种外在的抑制和引导，是违反人的本性的。"人性以从欲为欢。抑引则违其愿，从欲则得自然"，因而反对六经之学，提倡个人自主、注重自我修养的教育。嵇康进一步强调了自主的人格或人性教育思想。先秦时期孔子的君子之教中包含的自主教育的思想因素，在嵇康的理论中得到了更高层次的发展。

《人物志》是中国古代留存下来的第一部人才教育理论专著，是研究刘劭关于人才教育管理思想最可靠的史料。刘劭吸收汉代察举取士的经验和教训，吸取儒、道、法各家的思想，提出了自己的一系列的人才观。他认为，教育管理的目的在于实现教育的目的，即培养人才，"学所以成材也"。刘劭提出了划分人才类别的12种标准，认为针对不同种类的人才应当使用不同的管理方法。在识别人才方面，刘劭提出了"九征八观七缪"的方法。"九征"就是说应当从9个方面将形体和精神结合起来观察人；同时，还要观察一个人的日常行为表现，即"八观"；"七缪"则是负有用人之责的官员容易出现的7点偏差。在中国教育管理史上，刘劭是第一位用较为系统的人才心理理论作为教育管理科学依据的教育思想家。

三、隋唐五代时期的教育管理思想

隋朝统一全国以后，为了加强中央皇权的地位，重新振兴儒学，出现了汉魏少有的儒雅盛况。隋朝实行的崇儒尊佛政策，是魏晋以来儒佛道三教并立、相互取舍、起伏消长演变的特定后果，也是维系政治统治的需要。这样的格局较儒家一统天下的状况，更有利于学术的活跃。总体说来，隋朝统治时间十分短暂，学校制度也不甚完善，故而教育管理思想也没有什么新的发展。

唐代的文教政策大体包括崇尚儒术，佛道并举；重视学校教育的普及和发展；重视自然科技教育和音乐艺术教育；整理经典，统一教材。正是因为采纳了这样的文教政策，唐代在教育方面取得的成就才超过了以往的任何朝代。唐代是中国封建制度空前完备的时期，学校教育也出现了空前繁荣的局面，形成了比以往更完备健全的管理制度。这时的教育管理思想也是非常系统的。

韩愈是唐代著名的学者，古文运动的开创者。韩愈长期任职于中央官学，深谙学校和教育管理之道，明确提出学校的任务是训练官吏，通过培养合格的官吏去推行德教，治理国家。他分析了当时公卿子孙凭借出身进入仕途而轻视学习、工商子弟则以贿入学厕身仕途的现象，认为从保证官僚队伍的结构以维护统治的长远利益出发，应当改革招生制度，适当放宽入学的等级，尤其强调必须由儒者及其子弟入学参政。韩愈要求严格选拔学官，并亲身致力于建立国子监端正的学风，以形成研讨学问、专心教学的气氛。韩愈看到了世人耻于从师从而导致圣道不明、学校衰败的情况，在其著作《师说》中明确提出尊师重道的主张，对于振兴教育、严格学校教育的管理秩序，起到了重要的作用。

唐末五代群雄割据，社会的动乱导致学校教育的衰落。五代时期，学校不修，教育不兴，历朝学制也不完善。五代的人才选拔大体上沿用历朝旧章，而没有很大的变更。

四、宋元明清的教育管理思想

（一）宋代的教育管理思想

北宋王朝结束了五代的战乱局面，重新建立了统一的封建统治。宋代（包括南宋和北宋）的文化、艺术、科技繁荣而军事上极其懦弱，宋代教育虽然具有一定的规模，但时兴时废，没有持续稳定地发展。

书院是中国古代重要的教育组织形式，最早出现在五代南唐。到了北宋时期，书院开始兴盛。书院以私人讲学为主，兼有藏书和祭祀的功能，弥补了官学的不足，形成了一套独特的体系。书院的管理从根本上体现了教学与行政合一的思想，其负责人多数是理学家。他们以理性思想为指导来制订教学计划，安排教学内容；在教学上实行自由讲学、自由讨论的方式，强调以自学为主，师生共同研习学问，因此活跃了书院的学术气氛，开创了一代新型的学风。但各书院都普遍有严格的学规，规定书院教学的宗旨和培养目标，规定学生言谈举止依据的原则和规范，借此约束学生的行为、塑造学生的思想，进而从根本上限制了学生的自由发展。

王安石是北宋著名的教育家、政治家，其教育管理思想集中体现为他在《上仁宗皇帝言事书》中提出的"教之、养之、取之、任之"，该思想在"熙宁变法"期间得到了贯彻落实。王安石"教养取任"思想的核心是，将人才的培养选拔任用看作改善国家政治的关键，并将教育制度和选士制度的改进同国家的整体改革紧密联系在一起。王安石认为，改革政治，必须首先从教育入手，通过教育培养有用的治世治国人才，形成教养取任的完整配套制度，以带动整个国家法度的变革。王安石在变法期间采取的改革教育制度的措施包括以下内容。①改革人才选拔制度。②改革学校管理制度。其具体措施是：明确教师的职责，建立赏罚制度；加强学生管理，建立严格的学习、生活制度；实行三舍法。③颁布《三经新义》，加强对学生的思想控制。

程颢是宋代著名的教育家、思想家，同时也是理学的创始人之一。在教育的管理权问题上，程颢同历代封建儒士一样，也坚持认为教育管理的最高权力应当掌握在封建皇帝手中，朝廷通过办学校、为学校提供经费等措施，来全面管理并控制学校，教育的实施过程应当是一种自上而下的教化过程。但是，他还意识到人民的重要性，提出"教本于民"的主张，认为"盖礼乐者，虽上所以教民也，然其原则本于民，而成于上尔"①。程颢注意到了管理者和被管理者的相互作用关系，强调管理者在制定教育宗旨时要考虑到受教育者内心的情感和利益，并以此为制定政策的依据。程颢非常重视教师在学校教育中的作用，认为振兴和经营学校教育事业，必须首先从尊师开始，培养、选拔和录用合格的教师是学校管理的中心环节。他提出并实施了自己的教师选拔、培养、任用、考核制度；尊重、提高教师的地位；教师参议国家政治；保障教师有优厚的经济生活待遇；对教师在学识、品质方面都提出了较高的要求；强调建立严格的考核制度等。同时，程颢也非常重视对学生的培养与教育，他参照《周礼》贡选之法，亲自设计了一套培养和录用学生的方案。程颢的主张，在很多方面与王安石改革太学的三舍法有相通之处。

朱熹是南宋理学的集大成者，是南宋最有影响力的教育家。朱熹一生热衷于教育事业，在教育理论和实践方面都有卓著的贡献，在学校教育管理等方面，也提出了自己独到的见解。朱熹在总结古代教育经验的基础上，依据儿童的年龄和心理发展的阶段特征，明确地将学校教育划分为小学与大学两个阶段，规定小学、大学各自的入学年龄、教育目标、教育内容以及修业年限，并且对小学、大学这两个不同阶段之间的联系和区别做了系统的论述，完善了学校教育制度，促使学校教育正规化、科学化，为近代学校的学级制提供了雏形。朱熹强调应当严立课程、循序渐进，改善学校的课程设置，可以设科分年考试，使课程设置和修养年限达到比较标准的水平。他认为应当选择有德之士担任教师，以改善教育管理水平、提高教学质量。在教学方法上，朱熹强调应当将道德思想灌输和道德行为训练相结合，既要对学生进行正面的教育，又要制定严格规章以约束学生的日常行为。朱熹还提出了关于改革考试制度的主张，他认为应当"均诸州之解额""立德行之科""罢去词赋"，考试命

---

① 程颢、程颐：《二程文集》一，22页，上海，商务印书馆，1937。

题以章句为依据。朱熹的这些教育管理理论，对后世数百年的教育产生了极为深远的影响。

（二）元代的教育管理思想

元代是中国历史上第一个由少数民族统治的统一的封建王朝。为了维护和加强政治统治，元代采取了尊孔崇儒和崇尚儒学的文教政策，以推动元代的封建化进程。元代的文教政策中还含有民族歧视和民族压迫的因素。

元代初年，出现了一批像元好问、耶律楚材、忽必烈等有远见的少数民族学者、教育家和政治家，他们继承了辽金时期积淀下来的北方地区的教育及学术遗产，建立了完备的文教政策，并提出了不少有价值的教育管理思想。与此同时，随着元代统一全国，以朱熹为代表的南宋理学思想渐渐北传，与北方的学风交融在一起，形成了新的风格与特点。相对应的是南方许多学者对理学、心学教育思想继承发展的思考，并吸收佛道思想之精华，推动儒学教育更加深入和普及。

（三）明清时期的教育管理思想

明代是朱元璋推翻元朝统治后建立起来的一个封建政权。在"学校以教育之，科目以登进之，荐举以旁招之，铨选以布列之，天下人才尽于是矣"[①]的思想的指导下，明代的教育和科举制度发展得很迅速，管理措施也很详尽，为巩固明代的封建统治发挥了巨大作用。明代的教育管理充分体现了专制性、伦理性、封闭性、经验性、规范性和独立性的特点。

清王朝为了有效地控制各民族地区，政治上采取笼络和压制相结合的政策，这也是其文教政策的基本精神。第一，清代在思想领域中，坚持提倡尊孔读经，推崇程朱理学，以之为统治思想来笼络人心。第二，清政府设科举士，笼络汉族人士为其统治效劳。第三，清王朝广设学校，严订各种管理法规，以约束人们的行为。第四，清初的几个皇帝都大动干戈，整理文化，禁毁异端书籍，同时大兴文字酷狱，以防范、压制具有民族反抗性质的思想意识。清代的教育行政管理体制，大体上与明代相同。

顾炎武提出了"明道救世"的教育目标，对造就治国救世治术人才和改造当代学风有重要意义。基于对学校养士和科举取士的不满，顾炎武从其经世致用思想出发，提出了比较全面的改造学校养士和科举取士的设想，并进一步提出了具体的实践措施。顾炎武的主张，鲜明地把当时八股取士的科举考试和他提倡的经世致用之学对立起来，他企图以所主张的"实学"改造科举考试，在当时只能是一种伟大的空想，

① （清）张廷玉等：《明史》，1675 页，北京，中华书局，1974。

然而却有着极大的进步意义。

黄宗羲在其著作《明夷待访录》中的《学校》《取士》等篇章中，尖锐地批判了当时学校教育和科举取士的弊端，提出了系统的改革意见，带有鲜明的民主色彩，是古代教育管理思想史中值得重视的一页。黄宗羲非常重视教育的目标，明确提出了教育应当培养仁义与事功相统一的人格，即理想的人格应当是既有居仁由义的道德品性，又有经世致用的才能。基于此，黄宗羲认为应当改革教育，建立完整的学校体系。在他的学校教育理念中，学校不仅应承担养士、传递文化、培养治世的人才的职能，而且要有议政的职能，成为国家的议政机构。官学学官的选任应当有严格的标准，也应当给予其较大的职权，不仅负责学校内部学生的考试升降，还应当管理地方上的一些事宜。对于科举制度，黄宗羲毫不留情，认为它限制了学者的思考，因为考试内容只限于"四书"，所以士人数十年攻读"四书"，而不肯博览群书，导致了眼界狭窄；现行科举制度从考试内容、方法到标准、录取都流于烦琐的形式，只能败坏人才，不足以选拔俊秀之才。由此，黄宗羲提出了广开门路、宽于取士的改革科举的措施和方法。

王夫之是我国17世纪一位伟大的唯物主义思想家。王夫之对于教育十分重视，认为它在社会政治生活中起着至关重要的作用。王夫之的教育管理思想包括两个方面，一方面关于教育制度，另一方面关于取士制度。在教育制度方面，王夫之评议了明代太学、地方府州县学等国学制度，建议把传统的两级学制变为三级学制。王夫之认为，国子监不仅是全国最高学府，而且是全国最高行政机关，关于学校和考试的条规也应当由国子监草拟颁行，只有这样，才能统一全国的教化。在取士方法上，王夫之肯定了魏晋时期的"九品中正制"，认为士子可以通过科举考试表现自己的才华。

颜元是明末清初杰出的、进步的思想家和教育家。颜元提出了系统的经世致用、重实学、重习行的教育理论，并付诸实践，兴办书院。沿用儒家传统的教育观点，颜元主张"学所以明伦耳""学者，学为圣人也"，教育应当培养学有所长、各精其一的专业人才。及至其晚年为漳南书院规划的教育计划，颜元的"重实经世"的教育思想更是发展到极点。他强调通过读书、作文、习礼、歌诗、学书计、讨论兵农、辩商今古等教育教学活动，培养实用人才，以实现他的富天下、强天下、安天下的富国强兵、安定社会的理想，这些在教育史上具有极其重要的意义。

（四）清末的教育管理思想

19世纪的后半期是中国历史上著名的洋务运动时期。清政府一改以往的"闭关锁国"的策略，采用"中学为体，西学为用"的崭新的文教政策，改旧学，兴新学，兴办了众多外语学堂、军事学堂和科技实业学堂，同时派遣留学生分赴美国和欧洲留学，师夷长技。

洋务运动和维新运动时期，教育管理呈现出新的特点：①因封建主义教育管理与资本主义教育管理并存而呈现出的双轨性；②中国仁人志士坚贞不屈抵制外强侵略的斗争性；③中学为体、西学为用，在民族性基础上向西方学习；④打上了帝国主义文化侵略烙印的半殖民地性。

张之洞是清末洋务派教育思想的代表。他整顿、改革传统教育，兴办新式学堂，为建立近代学制做出了很大的贡献。张之洞在《劝学篇·变科举》一文中，指出八股取士制度的弊端，并于1903年第一次提出渐废科举。虽然张之洞是从挽救封建统治的危局出发而提出废科举、兴学校的，但他的所作所为对于废除实行了1300年之久的科举制度起到了不可磨灭的促进作用。张之洞在其创办的各类学堂中，都明确地体现出洋务派自强御侮、维护清王朝封建统治的办学目标。并且，张之洞根据各类学堂的具体状况，制定出了一套相对完善、行之有效的教学管理和学生管理措施，对学生的招生、考试、教学、毕业分配以及学生道德品质、日常行为规范均有较严格的规定，保证了办学目标的顺利实现。1903年，张之洞精心厘定了包括20个文件的癸卯学制，明确阐释了中体西用的教育宗旨，确立了学校读经既是教育目的，又是加强思想钳制、进行学校管理的手段的基本信条，并提出了建立中央和地方教育行政组织的设想。由张之洞主持制定的癸卯学制是我国第一个颁布并实行的近代学制，由此，我国近代学校体系和管理制度日趋完善。张之洞在其中起到的作用是有目共睹的。

康有为的教育管理思想主要表现为他在其著作《大同书》中阐发的"变科举，兴学校"。康有为十分重视儿童教育，试图按儿童的年龄特征来划分教育的阶段；他也十分重视女子教育，首次提出并肯定了女子应和男子同样享有接受高等教育的权利；在教师管理上，他认为人不分男女，都可以成为教师，只需要接受对德行和才能的考察即可；关于学校的行政管理，康有为主张应当由大家公推管理者，学舍应当选择建在广阔地带，靠近海洋或沙漠之地最为理想。可见，康有为的教育管理思想主要是关于学校管理的。

梁启超的教育管理思想的最大特点是，强调兴办教育必须确定宗旨，兴办学校必须确定相应的培养目标，注重建立一套教育管理的章程规约。他参与拟就了《女学堂试办略章》(1897年)、《京师大学堂章程》(1898年)等多种有关教育管理的规章制度。因此，他提出了建立新的学校教育制度，即熔中外教育制度于一炉的构想，主张"以政府干涉之力强行小学制度"，整齐学制，使之与"官立之中学高等学相接"。

梁启超借鉴日本学制，拟订了一个包括普通教育制度和专门教育制度在内的且相互衔接的学制系统。该学制系统的特点是：重视普通义务教育，重视师范教育，发展实业学校，提倡女学，创设政治学院等。从根本上说，梁启超是一个改良主义政治家，他极力引进国外的教育思想和制度，糅合中国固有的传统，提出了一些教育管理方面的理论观点，其影响既深且广，对中国近代教育管理的发展起到了促进作用。

这一时期群体教育意识的觉醒表现在一种以研究教育的理论与实践、促进教育发展为主要任务的群众性学术团体——教育会的兴起和发展上。清末的教育会由开始时自发的民间团体转而纳入教育管理系列，成为一种公立的组织，自始至终都不是教育行政机关，也没有被列入教育行政的机构序列，而只是教育行政的辅助组织。其功能与作用也限于评议重大教育问题、引导教育舆论、兴办地方教育事业、推动基础教育的发展。但教育会的出现，标志着对教育的关注已经从单纯的国家意识进化到团体意识，体现了民间群体教育意识的觉醒。从管理的角度看，标志着行政管理与学术研究相互协调、共谋教育发展的崭新格局的出现。

五、中华民国的教育管理思想

（一）中华民国初期的教育管理思想

1912年1月1日，南京临时政府宣告成立，1月9日成立教育部，开始从中央到地方对清末专制主义的教育行政管理体制进行彻底的改革，力求从教育行政管理上为资产阶级教育发展做出制度上的保证。

蔡元培(1868—1940)是近代史上著名的教育家。他实实在在地参加了创设和管理学校、领导教育改革等活动，进行了卓有成效的教育管理实践，他阐发的教育管理的主张至今仍有借鉴的意义。

1912年1月，蔡元培被任用为中华民国教育总长，在不到7个月的任职期内，他领导进行了一系列的教育改革：确定中华民国的教育方针为五育并举、和谐全面发展；组建教育部，创设社会教育司，使社会教育第一次在教育行政上获得了独立地位；构想教育发展的总体规划，提出要划定中央教育行政的权限范围，主张将普通教育的管理权下放给地方政府；主持全国临时教育会议，此次会议历时一个月，讨论了许多重要的教育政策与措施。蔡元培非常注重教育立法。他担任教育总长之后，颁布了《普通教育暂行办法》《普通教育暂行课程标准》等，试图运用立法手段来规范教育行政管理。这种思想对于现在的教育管理仍具有重要的借鉴意义。

蔡元培的学校管理思想主要偏重高等学校，这主要是因为他曾担任北京大学的校长。在短短的五年里，他对北京大学的管理体制进行了根本性的改革，提出了"教授治校"的管理理念，主张学校的校长应由教授公举产生，并实行任期制。同时，他认为应当在评议会和教授会的基础上，增设由教师组成的各种专门委员会，各委员会的主席组成校行政会，校行政会主管学校的各项具体行政事务。蔡元培认为，师资管理要充分体现民主化和法制化的思想，对于学生，不应管得过多、管得过死，应当实施学术自治。他还充分认识到校园文化对于支持大学的进步及生活在其中的教师和学生的发展的重要性，大学应当从三个方面构建理想的校园文化。第一，应该选择风景丽都之区建筑校舍；第二，要树立良好的校风；第三，要重视学校社团的建设和管理。

蔡元培提出"教授治校""学术自治""学术自由"的学校管理思想，实质上是用资产阶级的民主管理思想来取代封建的专制管理思想，充分依靠真正懂得教育和学术的专家、教师民主管理学校，防止少数人的主观专断和任意办事，这种思想在当时无疑是进步的。

（二）中华民国中后期的教育管理思想

1927 年 8 月，《学校施行党化教育办法草案》明确提出了"党化教育"的宗旨。在社会进步人士的强烈反对之下，1929 年，国民党将教育宗旨更改为"根据三民主义，以充实人民生活，扶植社会生存，发展国民生计，延续民族生命为目的：务期民族独立，民权普遍，民生发展，以促进世界大同"。但究其实质，仍然是"党化"了的封建专制主义。为了把学校置于控制之下，国民党统治者在各级各类学校实施了既带有封建性质又包含法西斯性质的训育管理和教学管理。国民党政府的这些倒行逆施，收获的仅仅是进步师生的强烈反对。

共产党领导下的苏区的教育管理，包括教育方针政策、教育行政管理体制、学校管理制度以及教师、学生、教材、教育经费等方面的管理。其最大特点是民主管理，教师、学生和广大群众均参与教育的管理工作。苏区教育管理既借鉴了苏联的教育管理经验，又结合苏区实际进行了改革和创新，形成了一套崭新的教育管理体制。

抗日战争爆发后，中国共产党为了适应全面抗战的需要，提出了以抗日战争为目标的国防教育总纲领。抗日战争胜利后，中国共产党明确地对教育的总方针和文教政策做了适时的调整，将抗战时期以国防教育为主的教育方针修改为适应解放战争、为解放战争服务的新的文教政策。为适应新中国成立后国家建设对于各类专业人才和干部的需要，各解放区除继续贯彻"干部教育第一"的政策外，加速了对学校教育的整顿和改造，建立了相互衔接而又有弹性的学制体系，建立并健全了学校的组织领导，统一了学校教育的课程标准，通过合并整改大专院校、调整专业结构而完成了对于高等教育的整顿工作，从而使解放区的教育制度更加正规化，管理也更加规范化。

陶行知（1891—1946）是我国近代著名的平民教育家，他在积极推进平民教育、乡村教育、普及教育三大运动中，创立了多种多样的、生动活泼的教育组织形式，提出了一整套的民主教育管理主张，并在他创办的学校里施行，从而丰富了他的教育管理思想。他的教育管理思想主要包括三个方面：一是订立规约，要求师生共同遵守；二是组织校董会，民主管理学校；三是提倡学生自治，让学生参与管理。

徐特立（1877—1968）一生致力于党的教育管理方面的领导工作，积累了许多关于教育管理的丰富经验，提出了一些关于教育管理的理论主张。徐特立非常注重发挥教育法规在管理上的作用，在主持教育部工作的时间里，主持制定和颁布了一系列教育法规，通过这些法规指导苏区的教育管理。比如，《小学课程与教则草案》（1933年）、初级和高级等各级师范学校的简章、《教育行政纲要》（1934年）等。徐特立认为，旧教育的组织形式、旧的教育制度、旧的教育体系，阻碍了劳动人民享受平等教育，因此他毕其一生的精力，努力摸索创建了一个适合中国国情的新教育体系，并在根据地得以实施。这个新教育体系既包含不同层次，从低层次的基础教育到中层次的职业教育，一直到高层次的高等专门教育；又包容各类教育，既有文化知识教育，又有科学技术的专门教育，既有专精的科学研究，又有普及性的群众科技活动。

徐特立从民主管理学校的两个条件、三项措施以及队伍建设方面阐述了他的有关学校管理的新的思想主张。在徐特立看来，学校实行民主管理必须具备两个条件：一是学校领导人特别是校长，必须具有良好的思想素质，作风正派；二是应当发挥学生自治组织的巨大作用。民主管理的三项措施是：进行校训教育，着重校风培养；疏通民主渠道，即给予学校师生发表意见的机会和场所；废止强迫性的体罚式的管理方法和管理手段。同时，他还认为，教师是学校进行管理的一支重要队伍，教师的素质、教师的人品以及教师的教育理念，都直接影响着学校管理的风貌。因此，徐特立在担任校长期间，一直都把选聘合格教师作为其学校管理工作的一项重要内容。徐特立的教育管理思想对我国新民主主义和社会主义教育事业的发展产生了重大影响。

六、新中国教育管理观念的变迁

1949年10月，中华人民共和国成立，中国的社会开始书写新的篇章。在新的国家制度、社会体制中，教育的发展也进入了新的阶段，教育管理也发展到现代管理阶段。

（一）教育管理的观念演进

1. 1949—1976年的教育管理观

1949年，《中国人民政治协商会议共同纲领》明确规定了新中国教育的性质和任务，"中华人民共和国的文化教育为新民主主义的，即民族的、科学的、大众的文化教育""应以提高人民文化水平、培养国家建设人才、肃清封建的、买办的、法西斯主义的思想、发展为人民服务的思想为主要任务"。这一规定确定了新中国教育的现代走向。1952 年，教育部颁发的《中学暂行规程（草案）》和《小学暂行规程（草案）》都把"全面发展"作为教育目标。

1957 年，毛泽东提出教育"应该使受教育者在德育、智育、体育几方面都得到发展，成为有社会主义觉悟的有文化的劳动者"。受此影响，1958 年，中共中央、国务院明确提出，"党的教育工作方针，是教育为无产阶级的政治服务，教育与生产劳动相结合"。

"大跃进"和"文化大革命"时期，教育为政治服务被片面地理解为教育为政治运动服务、为阶级斗争服务，教育与生产劳动相结合被片面地理解为生产劳动就是体力劳动。正常的教学秩序被冲击，教育丧失了其应有的育人功能。

2. 1977—1984 年的教育管理观[①]

我国改革开放的历史进程始于 1978 年 12 月党的十一届三中全会。但实际上，教育领域的转折和变革早于党的十一届三中全会，标志性事件是 1977 年 10 月国务院宣布当年立即恢复高考。恢复高考对整个中国教育特别是中小学教育产生了巨大的连带性影响，拉动了大中小学教育秩序的全面恢复。"恢复秩序"成为本阶段教育发展和教育政策的关键词。

在教育观念方面，本阶段要求尊重知识、尊重人才，大大激发了广大青少年的学习积极性，为教育发展奠定了良好的制度基础和舆论环境。强调知识和人才对于经济建设的重要性，强调教育的经济功能，强调教育对于经济发展的重要性。教育服务于经济建设的功能被强化，这与党和国家工作重心的转移直接相关。

3. 1985—1992 年的教育管理观

1985 年颁布的《中共中央关于教育体制改革的决定》拉开了全面改革教育体制的序幕。体制改革成为本阶段教育政策的核心内容与教育改革的关键词。

在教育观念方面，本阶段教育政策更加强调人才和教育对于现代化建设的重要性。《中共中央关于教育体制改革的决定》指出，"教育体制改革的根本目的是提高民族素质，多出人才、出好人才""教育必须为社会主义建设服务，社会主义建设必须依靠教育"。政府重视教育的一个主要表现是增加教育投入，文件中明确提出"两个

---

① 褚宏启：《光荣与梦想：建立公平高效的教育新秩序——中国教育政策 30 年述评（1978—2008）》，载《中国教育学刊》，2008(10)。

增长"，即中央和地方政府的教育拨款的增长要高于财政经常性收入的增长，并使按在校学生人数平均的教育费用逐步增长。此后，政府的教育投入有较大增长，教育也经历了一个快速发展期。

4. 1993—2002 年的教育管理观

针对上一阶段教育改革与发展存在的问题，本阶段的教育改革向纵深发展。1993 年，中共中央、国务院下发了《中国教育改革和发展纲要》，确定了本阶段和其后我国教育政策的基本架构。

在教育观念方面，教育的战略地位被进一步强调。1992 年，党的十四大明确指出必须把教育摆在优先发展的战略地位。1995 年，党中央和国务院决定实施科教兴国战略，其中包括教育优先发展的表述。2000 年，党的十五届五中全会又提出了教育要适度超前发展的重大方针。本阶段充分强调了教育在我国经济社会发展中的全局性、基础性、战略性地位。另一个值得关注的方面是本阶段对于教育质量的重视，教育改革在本阶段深入微观层面，深入课程和教学层面，上一个改革阶段没有被充分重视的问题在本阶段取得了突破性进展。《中国教育改革和发展纲要》明确提出，"不仅教育的规模要有较大发展，而且要把教育质量和办学效益提高到一个新的水平""中小学要由'应试教育'转向全面提高国民素质的轨道"。1999 年，《面向 21 世纪教育振兴行动计划》指出，决定实施"跨世纪素质教育工程"。同年，《中共中央国务院关于深化教育改革全面推进素质教育的决定》，把素质教育的要求拓展到各级各类教育，以求全面提升各级各类教育的质量。2001 年，《基础教育课程改革纲要（试行）》颁行，作为实施素质教育关键环节的新课程改革开始启动，素质教育在普通中小学走向深化。

5. 2003—2012 年的教育管理观

本阶段的时间起点定为 2003 年，是因为 2003 年党的十六届三中全会通过的《中共中央关于完善社会主义市场经济体制若干问题的决定》确立了科学发展观，科学发展观成为 2003 年以来我国教育政策制定、教育改革与发展的根本性指导原则。本阶段教育政策的导向和重点都发生了重要变化，与以人为本、促进人的全面发展的理念相一致，人本主义精神成为教育政策的主导价值观，以往教育政策中的"社会本位论"色彩相对淡化。与此相应，人的发展的公平性、人的发展的质量就成为本阶段新教育政策的两个核心问题，促进教育公平和提高教育质量就成为本阶段教育改革与发展的两个核心目标。教育体系结构的调整，教育管理体制、教育投入体制、办学体制的完善都是为实现这两个核心目标服务的。

在教育观念方面，教育优先发展的战略思想在内涵上发生了微妙但重要的变化，不再仅仅强调为经济建设服务，更加强调适应经济社会发展的全面需要，促进社会公平正义，构建和谐社会；不再仅仅强调教育促进经济社会发展的"工具性价值"，更加强调教育促进人的发展的"本体性价值"，更加强调为人民服务、让人民满意；不再仅仅强调某一类别教育在某一特定时期的重点发展，更加强调全面、协调、可持续的统筹发展，统筹城乡、区域教育，统筹各级各类教育，统筹教育发展的规模、结构、质量、效益。在本阶段，基础教育课程改革作为基础教育阶段实施素质教育的主要载体取得了重要进展，中小学的培养模式发生了深刻变化。为提高高等教育质量，本阶段教育部推出了一系列措施，实施了"高等学校教学质量与教学改革工程"，完善了高等学校教学质量评估与保障机制。2006 年，国务院召开加强和改进高等学校招生管理工作会议，要求适当控制招生增长幅度，把重点放在提高质量上。低水平、低质量的教育是低效能、低效率的，教育质量是教育效能和教育效率的基础。本阶段的教育政策比以往更加关注教育质量问题，在关注教育对社会发展的贡献的同时，尤其关注教育对人的全面发展、协调发展与可持续发展的贡献，充分彰显出以人为本的新发展观、新效能观。本阶段教育政策对于现代教育效能本质的把握更加全面丰富。

《国家中长期教育改革和发展规划纲要(2010—2020 年)》把提高质量作为教育改革发展的核心任务。树立科学的质量观，把促进人的全面发展、适应社会需要作为衡量教育质量的根本标准。树立以提高质量为核心的教育发展观，注重教育内涵发展，鼓励学校办出特色、办出水平，出名师，育英才。建立以提高教育质量为导向的管理制度和工作机制，把教育资源配置和学校工作重点集中到强化教学环节、提高教育质量上来。制定教育质量国家标准，建立健全教育质量保障体系。加强教师队伍建设，提高教师整体素质。这标志着指导我国教育改革与发展的教育观念在科学、理性、人道方面达到了一个崭新的境界。

6.2013 年至今的教育管理观

党的十八大报告指出，要坚持教育优先发展，全面实施素质教育，深化教育领域综合改革，着力提高教育质量，培养学生创新精神。办好学前教育，均衡发展九年义务教育，完善终身教育体系，建设学习型社会。大力促进教育公平，合理配置教育资源，重点向农村、边远、贫困、民族地区倾斜，支持特殊教育，提高家庭经济困难学生资助水平，积极推动农民工子女平等接受教育。

党的十九大报告提出，建设教育强国是中华民族伟大复兴的基础工程，必须把教育事业放在优先位置，深化教育改革，加快教育现代化，办好人民满意的教育。要全面贯彻党的教育方针，落实立德树人根本任务，发展素质教育，推进教育公平，培养德智体美全面发展的社会主义建设者和接班人。

习近平总书记在全国教育大会上强调，在党的坚强领导下，全面贯彻党的教育方针，坚持马克思主义指导地位，坚持中国特色社会主义教育发展道路，坚持社会主义办学方向，立足基本国情，遵循教育规律，坚持改革创新，以凝聚人心、完善人格、开发人力、培育人才、造福人民为工作目标，培养德智体美劳全面发展的社会主义建设者和接班人，加快推进教育现代化、建设教育强国、办好人民满意的教育。

《中国教育现代化 2035》提出，推进教育现代化的总体目标是：到 2020 年，全面实现"十三五"发展目标，教育总体实力和国际影响力显著增强，劳动年龄人口平均受教育年限明显增加，教育现代化取得重要进展，为全面建成小康社会作出重要贡献。在此基础上，再经过 15 年努力，到 2035 年，总体实现教育现代化，迈入教育强国行列，推动我国成为学习大国、人力资源强国和人才强国，为到本世纪中叶建成富强民主文明和谐美丽的社会主义现代化强国奠定坚实基础。2035 年主要发展目标是：建成服务全民终身学习的现代教育体系、普及有质量的学前教育、实现优质均衡的义务教育、全面普及高中阶段教育、职业教育服务能力显著提升、高等教育竞争力明显提升、残疾儿童少年享有适合的教育、形成全社会共同参与的教育治理新格局。

党的十九届四中全会审议通过了《中共中央关于坚持和完善中国特色社会主义制度 推进国家治理体系和治理能力现代化若干重大问题的决定》，提出要提高保障和改善民生水平，加强和创新社会治理，着力构建服务全民终身学习的教育体系。教育作为重要民生福祉，推进教育治理体系和治理能力现代化，具有十分重要的意义。

党的二十大报告指出，从现在起，中国共产党的中心任务就是团结带领全国各族人民全面建成社会主义现代化强国、实现第二个百年奋斗目标，以中国式现代化全面推进中华民族伟大复兴。实施科教兴国战略，强化现代化建设人才支撑。办好人民满意的教育。教育是国之大计、党之大计。培养什么人、怎样培养人、为谁培养人是教育的根本问题。育人的根本在于立德。全面贯彻党的教育方针，落实立德树人根本任务，培养德智体美劳全面发展的社会主义建设者和接班人。坚持以人民为中心发展教育，加快建设高质量教育体系，发展素质教育，促进教育公平。加快义务教育优质均衡发展和城乡一体化，优化区域教育资源配置，强化学前教育、特殊教育普惠发展，坚持高中阶段学校多样化发展，完善覆盖全学段学生资助体系。统筹职业教育、高等教育、继续教育协同创新，推进职普融通、产教融合、科教融汇，优化职业教育类型定位……深化教育领域综合改革，加强教材建设和管理，完善学校管理和教育评价体系，健全学校家庭社会育人机制。加强师德师风建设，培养高素质教师队伍，弘扬尊师重教社会风尚。推进教育数字化，建设全民终身学习的学习型社会、学习型大国。

综上，以教育现代化支撑中国式现代化，建设高质量教育体系，推进教育公平、高质量发展已经成为新时代我国教育治理的主题和主线。

（二）我国现代教育管理的核心价值取向

科学化、民主化、法治化已经成为现代教育管理的核心理念和价值取向。我国教育取得的巨大成就与教育管理的科学化、民主化、法治化是密不可分的。[①] 在教育管理的科学化、民主化、法治化三者中，科学化最重要，民主化、法治化是为科学化提供保障的。甚至可以说，广义的管理科学化即包括民主化、法治化。管理科学化是指管理的理性化，它与管理的主观性、随意性相对立，以科学精神、理性精神开展管理活动，简言之，要实事求是。几十年来，我国在教育管理中，对于为什么管、谁来管、管什么和怎么管几个方面的认识，尽管有时存在失误，但总体看来越来越客观、全面和深刻，相关的决策、政策和制度建设也越来越理性。这些来之不易的经验和认识为今后教育管理的进一步科学化奠定了牢固的历史基础，而近年来科学发展观的确立，为教育管理的科学化奠定了坚实的认识基础。科学管理、科学决策必须以扎实的研究为基础。当前我国教育已经从扩张外延向发展内涵转变，对教育管理、教育决策的科学化提出了更高的要求。教育管理、决策和教育研究之间必须建立良性互动的关系。科学管理、科学决策和科学研究的共同基础是数据基础——全面的、有代表性的、高质量的数据基础。目前我国还没有一个高水平的教育数据库，不同层级的政府对教育管理进行决策时，对于不少情况心中是没"数"的。我们必须在国家和区域建立、健全不同层级的教育管理信息系统。

管理民主化是管理科学化的制度保障。成熟的国家、成熟的教育、成熟的教育管理应该是理性的。尽管我国取得了相当大的教育成就，但教育管理中也出现了一些非科学化问题，除了认识水平和数据基础等方面的原因外，还与民主决策机制不健全甚至遭到破坏有内在的联系。教育管理民主化的首要要求就是民主决策。"大跃进"和"文化大革命"期间教育管理中出现的突出问题与当时政治生活中民主制度被严重破坏有直接关系。1978 年以来，尽管我国政治民主化和行政民主化进展很大，但其间一些非民主做法仍然存在。鉴于此，《2003—2007 年教育振兴行动计划》要求"健

---

① 褚宏启：《漫漫现代路：我国基础教育管理 60 年简评》，载《中小学管理》，2009(10)。

全重大决策的规则和程序，加强预案研究、咨询论证、社会公示、公众听证及民主监督的制度化建设，建立科学民主决策机制"。民主制通过程序的理性化来保障决策的理性化，从本质上看，它是一种被程序化了的纠错机制和权力制约机制。其优点是集纳许多人的主张而不是只服从于一个人的主张，任何人都有表达自己意见的权利，也都有接受其他人审查、批评的义务。①

管理法治化要求依法行政，以规则为依据，尊重程序，避免随意性。教育法治化是教育秩序的基本保证，没有法制和法治，必然产生教育混乱。更重要的，管理法治化是管理科学化和民主化的基石，科学管理的经验和做法、民主管理的规则和程序，必须通过法律化、法规化才具有强制力，才能成为约束管理行为的强制性规范。改革开放以来，教育立法很受重视。1985年，《中共中央关于教育体制改革的决定》要求，"在简政放权的同时，必须加强教育立法工作"。1993年，《中国教育改革和发展纲要》系统地提出了教育法制建设的目标和任务，明确要求"加快教育法制建设""逐步走上依法治教的轨道"。1999年，《中共中央国务院关于深化教育改革全面推进素质教育的决定》进一步指出，"全面推进素质教育，根本上要靠法治、靠制度保障"。教育立法成就斐然，由教育法律、行政法规、部门规章和地方性教育法规及规章组成的教育法律、法规体系基本形成，为教育事业的改革和发展，为学校和师生合法权益的保护，提供了坚实的基础。与教育密切相关的法律有《中华人民共和国义务教育法》《中华人民共和国教师法》《中华人民共和国教育法》《中华人民共和国民办教育促进法》《中华人民共和国未成年人保护法》《中华人民共和国预防未成年人犯罪法》等。教育管理科学化、民主化的许多探索和经验已经被法律化、法规化，2010年国家颁布的《国家中长期教育改革和发展规划纲要（2010—2020年）》，2018年修正的《中华人民共和国义务教育法》，2019年印发的《中国教育现代化2035》等就是把几十年来义务教育管理经验予以法律化、政策化的典型例证。

第二节 西方教育管理理论的发展

////////////////

西方国家与中国一样，教育管理思想有着悠久的历史。从古希腊、古罗马的古代教育管理思想先驱者到近现代教育管理思想学者，他们关于教育管理的许多见解和主张在教育管理思想史研究方面都具有重要的价值。

---

① 褚宏启：《教育现代化的路径》，125～126页，北京，教育科学出版社，2000。

一、西方教育管理的前理论阶段

古希腊、古罗马时期是欧洲古代教育理论发展的伟大时期。

古希腊时期的柏拉图（Plato，约公元前 427—前 347 年）和亚里士多德（Aristotle，约公元前 384—前 322 年）都是著名的教育思想家。柏拉图有关教育管理的思想主要融合于《理想国》中。他认为教育应该由国家来办，国家制定教育方针和政策。为此他设计了一个完整的教育制度体系，使"教育制度化成为西方教育管理的一个逻辑起点"[①]。亚里士多德有关教育管理的思想主要见于《政治学》和《伦理学》中。他很重视国家对教育的管理，把教育置于国家管理的范畴。他还首次提出了按年龄阶段划分教育的阶段，以及各年龄阶段教育的内容和组织管理要求，包括体、德、智、美和谐发展的教育内容和方法等具体管理措施。

昆体良（Quintilianus，约公元 35—95 年）是古罗马时期专门论述教育问题的著名教育家，写有著名的《雄辩术原理》。在教学管理方面，他提出了许多有价值的思想，如最早提出了分班教学及管理的设想，认为各门学科的教学应交替安排，教学与休息应交替进行。在教育史上，他的教育管理思想被认为是西方文艺复兴时期教育管理思想发展的一个重要源头，产生了重要的历史影响。

欧洲文艺复兴时期是西方教育管理思想发展的转折时期，人文主义的世界观和人生观对教育管理思想产生了深远的影响，而人文主义教育理论使教育管理思想在理论与实践两方面发生了历史性转折，使教育管理思想有了新的哲学和科学依据，为欧洲教育管理思想的科学化奠定了基础。[②]

夸美纽斯（Johann Amos Comenius，1592—1670）是 17 世纪捷克著名的教育家。他的《大教学论》是西方近代最早系统论述教育问题的专著，其教育管理思想是他整个教育理论体系的一个部分。他创立的教育理论体系使教育管理思想由无序走向有序、由专制走向自然。在国家管理教育方面，他主张建立全国统一的学校制度，认为政府具有管理国家教育的最高权力和不可推卸的责任。在学校管理方面，他提出要建立前后衔接的统一学校教育体系，加强了学校教育管理的计划性和组织性。在总结前人实践的基础上系统论述了班级授课制度，实现了教学组织形式的革命性变革。在他的著作中，已经有了校长和副校长、主任等职衔。这种划分表明学校已经有了专职管理人员，也就产生了真正意义上的学校行政管理。

[①] 刘兆伟、王雷、马立武等：《中外教育管理史略》，355 页，大连，辽宁师范大学出版社，1999。

[②] 刘兆伟、王雷、马立武等：《中外教育管理史略》，362 页，大连，辽宁师范大学出版社，1999。

近代史上最早用行政学和法学理论研究教育管理问题的人是德国著名学者施泰因（Stein，1815—1890），他被称为现代教育行政学理论的创始人。施泰因建立了具有指导意义的教育行政学理论体系，发表了教育行政论、职业教育论、教育制度论等研究成果，阐述了他的教育管理主张。他研究教育管理是从解决社会不平等现象出发的，并把解决社会不平等现象的希望寄托于政府的法律，寄托于国家教育。他主张国家应在教育领域建立公共教育制度，并明确提出国家应通过立法方式对作为公共事务的教育进行干预，以保障国民享有平等的教育权利。施泰因提出了现代教育行政学的基本结构，认为教育行政学是教育学与行政学的结合，教育行政学的任务是阐明国家干预国民教育的原理、内容、根据和界限等。他还提出，应通过教育公法规定公共教育制度的标尺以及教育活动的统一标准，为现代教育行政学和教育法学的开创做出了巨大的贡献，而教育管理的法治原则也成为以后各国教育管理的基本理念。

杜威（Dewey，1859—1952）是美国20世纪进步主义教育运动的代表，著名的实用主义教育家。杜威的教育管理思想主要来自他的教育管理实践，与他倡导的实用主义教育理论分不开。他非常重视对学校的管理，提出学校工作有三个主题，即教材、方法和行政管理，这三者是三位一体的。在课程设置和管理方面，杜威强调教材的源泉应该是儿童通过自己的活动形成的直接经验，在课程中占中心位置的应是各种形式的活动作业。杜威还批评传统的教学组织形式是一种教师主动、学生被动的旧式教学；要求现代教学组织形式应当是活动教学，课堂要为儿童准备能够充分活动的地方，让儿童在制作的活动中学习。杜威对教育与民主的关系有深刻的论述，他是教育中民主管理的积极倡导者，民主在杜威那里不仅是一种制度，更是一种生活方式。杜威的教育管理思想中有不少合理的见解，他的许多主张都对美国学校管理形式和方法的改革起到了推动作用，对今天的教育管理改革仍有积极的借鉴意义。

二、管理理论和现代西方教育管理理论的发展

现代教育管理理论流派大多数产生于西方国家，这与西方国家政治、经济、社会及文化的发展背景相关。20世纪初，由于西方国家管理学、行政学、社会学等理论的发展，人们将这些理论引进教育管理思想领域，用于对教育管理问题的研究，教育管理学才逐步形成自己的雏形。因此，在学习西方教育管理思想发展史内容时，我们会较多地介绍这些理论发展的影响及一些著名管理学者的思想和观点。

国内外学者对现代西方教育管理理论流派的划分有多种。这里在借鉴他们研究成果的基础上，将西方教育管理理论流派分为四种。

（一）古典管理理论

在 18 世纪欧洲启蒙运动的影响下，理性主义开始在西方国家兴起，科学、民主、自由、博爱、法制成为现代文明的标志。到 20 世纪初，西方古典管理理论在当时资本主义生产力迅速发展的背景下产生。由于现代工业企业规模不断扩大，传统的经验管理已不能适应现代生产管理的要求；资本主义制度建立后，需要以新的民主政治和法制管理替代传统的人治管理方式。在生产力发展和民主政治进步的促进下，注重效率和组织体系科学化的教育管理开始建立，产生了以理性为基础的古典管理理论。

西方古典管理理论主要包括了泰罗（F. W. Taylor）的科学管理理论，法约尔（H. Fayol）、古利克（L. Gulick）等人的行政管理理论，韦伯的科层制理论。虽然各自研究管理的侧重点不同，但他们的思想倾向非常接近，因而都被归入古典管理流派。它可以被概括为一种理性—效率模式，包括两种要素、三项内容。两种要素是理性精神和效率目标；三项内容是理性的管理方法、理性的管理原则和理性的组织制度。[①] 他们的基本主张是：①效率是管理工作的最高目标，原则是衡量任何组织的基础。②分工和专业化是管理活动的最基本手段。③组织应当是一个自上而下、明确的权力等级系统。④工作标准化和标准程序是展开工作的基础。⑤严密的规章制度是实现组织目标的根本保证。⑥经济奖惩制度是调动积极性的手段。

20 世纪初，由于美国义务教育阶段学校的数量不断增加和规模不断扩大，政府和社会的教育投入也大大增加，促使政府和社会开始关注教育的质量和效益问题。要求学校管理切实担负起责任，把管理的重点放在提高效益上来，同时提出以办学效益为评价学校和考核学校管理水平的主要指标。在压力之下，教育管理人员不得不放弃传统的教育管理观念和方式，从自己职业生存的利益出发，开始诉诸泰罗的方法。[②] 学校管理开始转向接受工业企业的管理原则、价值标准和相应的管理方式。这一时期，在教育内部，杜威的进步主义教育运动的兴起，早期"教育科学运动"代表人物心理学家桑代克（F. L. Thorndike）的心理测量和统计技术在教育测验中的应用，也为泰罗的科学管理在教育管理方面的运用创造了条件。

将科学管理思想引进学校管理，影响较大的学者是美国教育家弗兰克·斯波尔丁（F. E. Spaulding）。他提出了教学成本这个概念，认为这是学校管理中需要控制的

---

① 黄崴：《教育管理学：概念与原理》，121 页，广州，广东高等教育出版社，2002。
② 黄崴：《教育管理学：概念与原理》，111 页，广州，广东高等教育出版社，2002。

一个关键因素。学校组织的总效率是直接和教职员工的工作效率联系在一起的，每个教职员工的工作效率又与他完成教学任务的数量有关。学生的入学率、合格率和留级生率都要摊入成本。学校管理人员在安排教师的工作任务时，也应把工作任务与经费分配、教学成本联系起来。斯波尔丁还主张根据每个学校的办学效益分配不同的教育经费，以鼓励办学效益高的学校。还有一位影响较大的学者是芝加哥大学的教育管理学讲师富兰克林·博比特(F. Bobbit)①。他宣称，不管是哪一种组织，其管理、监督的基本任务大致是相同的。关键是学校管理者要确定一套用具体数字来表达的标准。这一时期，强调效率和成本分析成为判断美国学校管理进步的首要标准。20世纪30年代后，科学管理理论因非人性化而受到批评。在学校管理中，其地位逐渐被民主管理思想和人际关系学说取代。但直至今天，它对美国学校管理思想的影响并没有消失，其主要思想和方法已经内化为学校管理的一种基本模式。

就在美国学者将泰罗的科学管理思想引入学校管理的同时，德国人韦伯提出了他的科层制理论，其重心是组织制度的科学化和体系化。科层制又称官僚制。在西方，官僚制是与同僚制相对应的一种体制，并不是贬义的。他提出要在组织中排除人为因素的影响，运用制度来进行管理，建立层次分明、制度严格、责权明确的组织模式。韦伯认为，现代社会各种组织中，最理想、最有效率的组织是所谓科层制组织。这种组织具有以下特征：①实行分工和专业化；②组织运行坚持非个人取向，公事公办，不得滥用权力；③构建自上而下、下级服从上级的权力等级体系；④严格规章制度，规范组织运作；⑤坚持职业导向，即主要依据能力、成就、资历等来提拔、晋升员工，促使员工对组织保持忠诚。

韦伯的科层制理论引起了当时教育管理研究者们的极大兴趣。20世纪40年代到70年代，各种教育管理教科书都开始专门讨论韦伯的思想及其在教育管理中的运用。讨论的内容集中于三个方面：一是学校作为一种组织，算不算韦伯所说的"科层制组织"，如果算，学校的"科层化"到了什么样的程度；二是教育科层制组织具有什么特征，能否被检测；三是按照科层制来组织教育管理机构会有什么效果。②

对这些问题的探讨，促使人们转向对学校组织基本性质的思索。有些人认为，学校组织毫无疑问是一种高度发展了的科层制组织。但另一些人认为，学校不属典型的科层制组织，韦伯的理论应用于学校有其局限性。其中，最引人注目的是韦克

---

① 中央教育科学研究所比较教育研究室：《简明国际教育百科全书 教育管理》，5页，北京，教育科学出版社，1992。
② 黄崴：《教育管理学：概念与原理》，119～120页，广州，广东高等教育出版社，2002。

（K. Weick）等人于 20 世纪 70 年代初提出的"教育组织是松散结合系统"的理论。[①] 这一理论认为，用科层制理论来解释教育组织并不合适，因为后者具有特殊性质，学校组织有科层制的一面，更有教学的专业化的一面，科层化与专业化之间通常会产生很多冲突。韦克等人在一定程度上揭示了学校组织的特殊性质，对指导学校管理工作有极大帮助，故学术界对此给予了很高的评价。

尽管韦伯的科层制理论在学校中的运用受到了质疑与批评，但它的组织体系模式迄今在学校中还是有效的。这是因为教育组织尽管有其特点，但它作为一种组织也同样要完成科学化和体系化这两项任务，同样需要建立系统的、科学的、理性的、制度化的组织系统，运用这一系统合理利用教育资源，促进教育的有效发展。所以，韦伯的科层制是教育管理中一种主要的组织制度模式，因为可以保证教育组织的"秩序、理性、可行和稳定"[②]。

直到今天，人们认为古典管理理论的主要主张仍有其积极意义。古典管理学家倡导的标准化管理方法和操作程序、系统的管理原则、系统的组织制度仍被广泛应用，并被人们看作"管理实践的最好的思想基础"。古典管理理论的启示是：教育管理活动是可以控制的，通过设计一个合理的组织结构，编制一套完善的规章制度，遵循一系列科学的管理原则，再辅之以严格的奖惩手段，学校组织也能像其他一切组织一样，在有限的条件下实现最佳的管理目标。[③]

当然，也有学者针对古典管理理论在学校中的应用和缺陷提出了批评。第一，学校组织有其自身的特殊性，将古典管理理论不加选择地照搬到学校管理之中会有较多局限性，如抹杀了学校组织与工厂组织的区别，忽视了教师劳动的特点等。第二，古典管理理论推崇的那些管理方法，在学校管理中并不能完全适用，如标准化管理问题，如果学校管理过于强调统一和标准化，就会忽视育人的特殊性，抹杀学生的个性发展。第三，古典管理理论过于依赖制度和经济手段的控制，忽视满足人的社会性需要，难以有效调动教师的主观能动性。第四，古典管理理论过于强调行政权力的等级结构，这是学校产生专业化和科层化冲突的原因。

（二）人本主义教育管理理论

20 世纪 30 年代以后，许多关注组织中的人以及组织中的社会关系的研究开始出现。管理理论发展到这一时期，科学管理理论最终被具有人本主义特色的人际

---

① 中央教育科学研究所比较教育研究室：《简明国际教育百科全书　教育管理》，84 页，北京，教育科学出版社，1992。
② 黄崴：《教育管理学：概念与原理》，121 页，广州，广东高等教育出版社，2002。
③ 吴志宏、冯大鸣、周嘉方：《新编教育管理学》，57 页，上海，华东师范大学出版社，2000。

关系学说取代。人际关系学说的主要代表是梅奥（E. Mayo）、罗特利斯伯格（F. J. Roethlisberger），还有勒温（K. Lewin）、莫雷诺（J. Moreno）等。人际关系学说主张把关心人的社会性需要放在首要位置，重视研究组织中的人及组织中的社会关系，从而开辟了管理理论研究的新方向。

20 世纪 30 年代起人际关系学说开始流行，主要代表人物梅奥、罗特利斯伯格在他们进行的长达八年的"霍桑实验"的基础上，提出了一套全新的管理理念。他们的研究发现，经济刺激并非唯一的刺激动因，实际上非经济的社会因素限制了经济动因的效力。他们认为，人是"社会人"，人不仅有物质方面的需求，而且还有社会、心理方面的需求，即追求人与人之间的友情、安全感、归属感和受人尊重。这一时期，还有几股强劲的思潮影响了人际关系运动。勒温的团体动力学研究认为，在民主的团体中，成员能积极地参与决策，在个人需要的满足和团体目标的达成上都比在专制的团体中好得多。莫雷诺也提出，人们与其周围的其他人会产生有选择性的亲密关系，相互之间有融洽关系的小团体可能会比缺乏共同情感取向的群体工作得更出色。总之，人际关系学说的学者都主张，只有充分调动人的工作积极性，改善组织中的人际关系，才能达到有效管理的目的。

人际关系学说的提出，使教育管理学的研究进入一个新的阶段，即由过去单纯重视组织本身和教育工作分析，转变为注意组织成员的心理倾向和价值观念分析。其对学校管理实践的影响主要体现在 20 世纪四五十年代，这些影响反映在以下方面。第一，提倡改善学校人际关系、民主管理学校的著作、论文在当时大量涌现，推动了人际关系学说在教育界的传播；第二，学校行政人员对满足教师心理需要、提高教师士气的意义有了一定认识；第三，有识之士呼吁学校在制订计划时应倾听教师的意见，做到民主参与决策，以求改善学校中的上下级关系；第四，部分教师开始有意识地向学生灌输合作意识，以提高学生的人际交往能力。总体上看，人际关系学说以及相随而来的民主管理思想，对当时的西方国家教育管理理论发展产生了一定的积极影响。正如有学者后来评论的那样，在人际关系学说的影响下，独断专行的学校管理者不见了，师生享有了比以往任何时候都多得多的自由，学校也成为学习和工作的快乐的场所。[1]

到了 20 世纪 50 年代，最能体现人本主义精神的行为科学开始盛行，管理理论研究进入一个新的时期。在管理理论领域，行为科学是一门全新的学科，它运用心理学、社会学、政治学、经济学、人类学等多学科知识，探讨管理过程中的人的行

---

[1] 吴志宏、冯大鸣、周嘉方：《新编教育管理学》，60 页，上海，华东师范大学出版社，2000。

为问题。行为科学认为，管理就是对人的管理，就是对人的行为的管理。人的行为是由动机决定的，动机是由需要引起的，管理就是要解决人的行为、动机和需要三个因素之间的关系。管理的任务是协调人际关系，激发人的积极性，以达成组织的共同目标。行为科学理论研究的领域非常广泛，包括个体行为、激励理论、群体行为理论、组织行为理论、领导行为理论等。到 20 世纪 60 年代，行为科学的重要分支——组织行为学开始出现，着重研究人在组织中的行为问题，诸如行为产生的原因、影响行为的因素等，目的是更好地调动人的工作积极性，提高管理的效率。行为科学理论包括许多分支，对教育管理影响较大的有巴纳德(C. Barnard)的社会系统理论、马斯洛(A. Maslow)的需要层次理论、麦格雷戈(D. McGregor)的 X—Y 理论、赫茨伯格(F. Herzberg)的双因素理论、布莱克(R. Blake)和莫顿(J. Mouton)的管理方格理论、菲德勒(F. Fiedler)的领导权变理论等。

巴纳德是第一位将管理与行为科学加以关联的学者，也是最早运用行为科学方法研究组织问题的人。巴纳德特别强调组织是一个人的内外协作的社会系统，其要素是共同的组织目标、合作的意愿以及流通的信息。因此，在管理理论领域，他也被看作社会系统学派的代表人物。巴纳德认为，领导者要把握的沟通基本要点可归纳为七个方面：①要使每个组织成员明确了解组织沟通的渠道和线路；②明确的正式沟通渠道必须通向每个组织成员；③沟通的渠道应尽可能短而直接；④沟通的线路应经常加以利用；⑤领导者是组织沟通的中心人物，应具备足以胜任这一角色的才能；⑥组织正在运作时，应确保沟通线路不被打断；⑦每项沟通应该被认证，亦即对沟通者是否有权做某项沟通加以确认。

在激励问题研究领域，马斯洛的需要层次论把人的需要分成从低向高发展的 5 个等级——生理需要、安全需要、归属需要、自尊需要和自我实现的需要。管理人员的工作就是为组织成员提供条件满足其需要，而需要的满足自然有助于组织目标的实现。麦格雷戈在马斯洛的需要层次论的基础上提出了"X 理论"和"Y 理论"。麦格雷戈认为古典管理理论观点是建立在"X 理论"关于人性的假设上的，即认为人是经济动物，需要被严格管理。虽然人际关系学说对这种看法有所改变，但对人的需要及其实现的方法方面论述得不够。而"Y 理论"更适合作为管理思想的基础，强调人的主动性、社会性、创造性。赫兹伯格在马斯洛和麦格雷戈理论的基础上提出了"双因素理论"，把防止人的不满意产生的因素称为"保健因素"，把引起人的满意的因素称为"激励因素"。保健因素与人的生理需要、物质需要的满足有关，来自工作之外；而激励因素主要与人的精神需要的满足有关，来自工作本身。保健因素是不能缺少的，但真正能够产生激励作用的则是激励因素。管理者要把这两种因素有效地结合起来，引导组织成员在工作中获得满足。

在领导行为研究领域，布莱克和莫顿设计了"领导方格图"，提出从两个方面来评估管理行为：对工作的关注和对人的关注。这个模型能够帮助领导者认清他们自己的领导风格，理解其下属是如何受他们的领导风格影响的，并寻求采用与其下属的需要相一致的其他类型的管理。菲德勒提出了与前人研究主张不同的领导权变理论。这个理论的基本前提是：在某些情境下受人际关系驱动的领导者干得较好，而在另一些情境下很可能受任务驱动的领导者的工作更有效率。决定情境与有效领导者之间的关系有三个变量：领导者与下属间的关系（领导者感觉被其下属接受的程度）、任务结构（将要完成的工作的明晰程度）和职位权力（领导者能在多大程度上控制其下属所受到的奖惩）。由此，领导者不必追求普遍适用的、一成不变的管理理论和管理方法，实际上那也是不存在的。只有一切从实际出发，根据环境和内外条件的变化，符合实际进行管理，才能达到组织的目标。

行为科学出现以后，对教育管理形成了巨大的冲击。从20世纪50年代中期到80年代，欧美教育管理理论的主导思想就是行为科学。在行为科学的影响和启发之下，教育管理领域进行了大量的理论化工作，如围绕学校组织的性质、作为社会系统的学校的意义、教育领导、教育决策、学校人际沟通、学校组织气氛、教师激励等进行研究。研究者在实证调查的基础上提出了大量的理论，这些理论极大充实了教育管理的理论体系。在研究方法上，行为科学出现以前，教育管理研究的主流属"根据常识的价值判断"，实证研究虽有但不被重视。而行为科学基本的研究手段就是实证研究，包括问卷编制、访谈调查、实地观察、个案分析等。这些研究手段被大量运用到教育管理领域之后，打破了以前的研究模式，使得教育管理的研究更为严谨和科学。

人本主义教育管理理论把目光集中在组织中的"人"身上，是一种将以人为本价值观作为基础的教育组织理论体系。在这一体系中，人的地位是不同于其他管理要素的具有精神文化属性的主体。人是有丰富性、精神性、非理性心理意识的主体存在，理性不过是意志实现目标的工具，人是按愿望、激情、意志行动的。人本主义教育管理认为管理不仅仅是一个物质技术过程或制度安排，而是和社会文化、人的精神特质密切相关的；在思维方式上强调以形象思维代替逻辑思维；在管理方法上，重视对情感、宗旨、信念、价值判断、行为标准等"软"因素的长期培训，通过培养自己组织的组织文化来提高组织成员的凝聚力。

（三）教育管理科学理论

以理性为本的教育管理科学理论兴盛并流行于20世纪50年代初到70年代初，

至今仍然是教育管理领域的主流理论之一。早期代表人物有哈尔品（A. W. Halpin）、格里菲斯（D. E. Griffiths）、坎贝尔（R. Campbell）和哥泽尔（J. W. Getzels）等人。后期代表人物有西弗尔（P. F. Silver）、霍伊（W. K. Hoy）和米斯克尔（C. G. Miskel）等人。

教育管理科学"理论运动"兴起有其历史背景和理论基础。1957 年，苏联人造地球卫星上天引起了美国朝野的震动，也引起了人们对美国教育的广泛批评。批评者认为，人本主义教育管理思想脱离了社会政治发展的实际。对人本主义教育管理理论的主要批评是，学校教育不能脱离社会、政治和文化的发展，如一味地强调个人只能导致教育质量和效率低下。教育管理科学理论虽然和古典管理理论有类似之处，但它把逻辑实证主义和行为科学的基本理论看作教育管理科学理论的理论基础，强调以理性为本。它致力于教育管理理论的科学化和客观性，旨在研究正确的决定和做正确决定的过程。"理论运动"的主要目的是试图为教育管理实践提供两方面的成果：一是为改善教育管理专业基础知识提供严谨的程序；二是提供的知识应该是可以运用的形式。它试图把教育管理理论构建成一门真正科学的，就像物理学、工程学或医学那样的科学理论。

从思想根源上看，"理论运动"将自身奠基在逻辑实证主义之上，坚信逻辑实证主义关于科学理论的三项基本规定：第一，科学理论应是由一套环环相扣的可观察的客观主张构成的有机体系；第二，所有主张都可以通过经验加以检验；第三，所有重要的理论术语都应被赋予经验性定义，要进行可供操作的界定。

教育管理科学"理论运动"的核心观点如下。①假设—演绎体系是最好的理论范例。②事实与价值不仅是分离的，而且教育管理科学只应关注和研究纯粹的教育管理事实。③科学理论的作用是超时空的，是普遍有效的。它在任何时候对于任何人都具有同样重要的指导意义。④科学理论并非来源于教育管理实际，而是来源于先行一步的社会科学，社会科学是教育管理科学理论的理论来源。⑤科学理论能从根本上改造教育管理实践。⑥科学理论应该具有广泛的可应用性和操作性，对理论发展和训练来说，科学理论要便于实际工作者学习、领会和运用，要为改进现实提供切实有效的对策和建议。

教育管理科学理论的主要代表人物哈尔品运用范式的方法把科学研究的规范引入教育管理中，以其独特的经验和技能，把新观念清晰而生动地移植到教育行政领域中。他于 1955 年对行政官员和飞机指挥员在领导行为上做了比较研究，为新研究提供了范例。格里菲斯在教育行政领域里传播有关理论及其新规范的思想，直接把一般科学的观点和管理行为理论运用到教育管理理论中，认为教育管理行为理论是一般的人的行为理论的亚系统。他的《行政理论》一书有助于人们理解该理论及其逻辑实证主义基础。哥泽尔以行为科学理论为背景，把教育管理作为一个社会过程来研究。霍伊和米斯克尔认为，理论是一系列相互联系的解释和说明教育组织行为规则的概念、假设与概括。从他们的基本思想分析，这些研究者都力图使对教育管理问题的研究从"应然性"概括转变为具有解释性和说明性的"必然性"概括。他们的研究为教育管理带来了新的科学探究方法，提出的更多概念性的内容为教育管理理论的教学和培训提供了基础。此外，他们编写了不少教育管理学教材，创办了多种教育管理理论杂志以传播"教育管理科学理论"的研究成果。在他们的影响下，教育管理的新思想、新体系和新方法不断形成，呈现出一片教育管理思想研究蓬勃向上的景象。

"理论运动"代表人物的出发点是希望通过引进实证研究的方法，来使教育管理学科具有科学的色彩。该运动对教育管理的贡献主要体现在两个方面。首先，它使当时的研究方向发生了重要变化，具体体现为对科学概念的界定从松散到精确、从强调定性研究到强调定量研究、从事实取向到理论取向。这就推动了教育管理科学理论的发展，为改善教育管理专业基础知识提供了严谨的程序，使其有了自己的概念和体系，推进了教育管理理论的理论化、系统化和可操作性，使之成为独立的科学研究领域。其次，推动了教育管理研究实践的进程。给教育管理实践带来的影响如下。①重视理论研究，重视测量和数据统计，强调观察、实验的重要性，偏爱用图表和模型说明问题。②在教育宏观管理方面，如制订教育事业发展规划时，开始采用预测、建模、模拟等方法。③运用计算机技术管理非常有效。中央和地方的各级教育行政机构以至学校，都建立起信息情报系统，以便于各级管理人员及时地、全面地把握各方面的情况。④教育管理科学的一些思想对教育管理人员很有启发。比如，强调用系统观管理教育，把教育看成社会大系统中的一个子系统，系统内正式与非正式、内在与外部的各种因素都相互作用。倡导全面实证方法，实施全程决策的民主科学管理思想，致力于使教育管理活动更客观、更合理、更讲求效率。

但教育管理科学理论是有局限性的。首先，从方法论来看，同人际关系学说一样，它着重解释和说明的是学校组织内部的运作情况，而忽略了外部环境对学校的影响。这也导致了20世纪70年代与教育管理相关的理论发展缓慢。其次，"理论运动"追求的是教育管理的科学化和理性化，着重对事实问题的研究，把价值置于教育管理科学之外。这样一来，显然是把教育管理问题简单化了。因为教育活动归根结底是人的活动，对人的组织、管理和领导不可能走价值中立的道路，在很多情况下，事实与价值无法分离。福斯特在《范式与承诺：教育管理学的新视角》一书中指出，教育管理思想必须抵制盛行于教育管理科学理论中的管理主义，教育管理中的人不是被动的、毫无情感的、可以被任意操纵和控制的机器，教育管理必须抛弃那种在教育管理科学理论中广泛接受的纯粹技术性、应用性工具学科的谬见。[1]

（四）后现代教育管理理论

后现代教育管理理论，作为教育管理领域内一场声势浩大、蔚为壮观的理论思潮，对教育管理理论和实践的发展具有重大的意义。虽然后现代教育管理理论并非理论界中的主流，但它通过质疑、挑战传统观念，抨击、批判既有理论，在近几十年的学术争鸣中给教育管理研究带来了不容忽视的影响，也在该领域的发展历史上留下了浓墨重彩的一笔。后现代教育管理理论指出了以往研究中的偏见，揭示了传统理论中的不足，拉开了教育管理研究新范式的大幕，促进了教育管理理论探究的多元化，影响了 21 世纪教育管理研究的取向。其所包含的理论流派较多，观点较为复杂。纵览后现代教育管理中颇具代表性的相关理论流派，本部分试图从价值观、组织观、学科观和方法观四个角度梳理出后现代教育管理理论，进而较为全面地把握其与传统的教育管理理论不同的观念和主张。[2]

关于后现代教育管理的价值观。后现代主义者建议的管理决策方式"是根据情境进行的，并非由纵向线性思维和逻辑来决定，可以用'解决、消解、飞越或忽略'等各种价值观来决定所选择的方式"。他们强调人的主体性的发挥，主张主体间性的确立，追求主体的自由和解放，崇尚正义与平等。随着现代社会的发展，在现代工业和经济大潮的冲击下，人格产生了某种异化现象，这造成了"自我"与"他人"的一系列现代性矛盾。[3] 在这样的情况下，如何解决不同自我主体的统一性问题变成了时代需求，"相互主体性"和"主体间性"的概念便应运而生。此外，从主体间性的视角出发，后现代教育管理理论引入了"交往"的概念，运用哈贝马斯的交往行动理论重建教育管理的交往性，并畅想一种交往式的教育管理的建立。[4] 回顾传统的教育管理理论，实证主义的组织和管理理论关注组织管理的效能和效率的提高，较少真正关注组织中活生生的个体人的发展，很少重视社会的公平与人的自由。故而，人本身被边缘化，道德伦理观念亦缺失，自由和平等只流于形式。后现代教育管理理论

---

[1]　何玉静：《西方教育管理"理论运动"述评》，载《河南教育学院学报(哲学社会科学版)》，2004(1)。

[2]　程晋宽：《西方教育管理理论新视野：一种批判的后现代视角》，262～276 页，北京，教育科学出版社，2012。

[3]　尤西林：《人文科学导论》，138 页，北京，高等教育出版社，2002。

[4]　景晓娜、刘薇、郑天坤：《论教育管理中的主体间性》，载《辽宁师范大学学报(社会科学版)》，2004(3)。

反对传统的二元分立观点，积极主张引入多元互动的视角来审视和解释教育管理生活世界。格林菲尔德曾指出，研究者对于那些紧要的社会问题，应当尽可能避免根据规定性理论和研究，给出解决问题的处方。① 抵制教育管理中唯科学主义的话语霸权、提倡研究范式的多元化和陈述话语的多样化、关注问题的多样化始终是后现代教育管理理论的理论品性的体现。

关于后现代教育管理的组织观。后现代教育管理学家格林菲尔德从现象学的视角切入，提出组织是人们建构的，秉持人类发明的组织观，认为组织无法独立于人的行为、情感和目的。② 与传统的"自然系统"组织理论针锋相对，后现代教育管理理论在组织问题上的观点包括几方面的内容和假设。③ 关于组织的本质，后现代教育管理理论认为组织是个体凭借符号、语言系统、社会现实而给出的定义，是个体意志、目的和价值的表达。此外，传统的组织科学竭力探寻的是独立于人而存在的有关组织的控制机制，凭借这种机制，组织的意志可以强加于人的目的之上。在后现代主义者看来，组织不能脱离价值而单独存在，事实上任何决策都包含价值成分，任何决策者都是一种价值综合体的象征。④ 因而，理解人的思想、意志、目的和意义也是组织研究的基本问题。而语言使我们处于一种情境和意义框架之内，使我们的交谈和行动成为可能。因此，从某种角度上讲，语言维系着个体对组织的定义，决定着组织的现实面貌。

格林菲尔德认为，组织中的人具有天资，具有主动性、创造性，但也必然具有差异性。人们应该对组织内所进行的一切负起责任，因为人们具体在组织中做何种工作、相互关系如何都是人们自己选择的。对组织中的管理者的培训应该是一种思想培训，应从根本上帮助管理者认识他们的行动假设和思想信条：培训该是一种面向生活的培训，应是暂时的"引退"和"沉思"，进而使组织中的管理者以全新的视角、批判的眼光察看重大问题。此外，格林菲尔德提出组织不是凝固不变的，而是体现为一种不断形成的过程。组织是复杂的，改变组织"首先要了解个体对组织现状的看法，其次有赖于他们所接受的通过社会行为能实现什么或应实现什么的种种新观念"。⑤ 在组织

① Thomas Greenfield，Peter Ribbins，*Greenfield on Educational Administration*：*Towards a Humane Science*，London，Routledge，1993，p. 19.

② Thomas Greenfield，Peter Ribbins，*Greenfield on Educational Administration*：*Towards a Humane Science*，London，Routledge，1993，p. 152.

③ 张新平：《教育组织范式论》，268～276 页，南京，江苏教育出版社，2001。

④ ［加］克里斯托弗·霍金森：《领导哲学》，刘林平、万向东、张龙跃译，81 页，昆明，云南人民出版社，1987。

⑤ Thomas Greenfield，Peter Ribbins，*Greenfield on Educational Administration*：*Towards a Humane Science*，London，Routledge，1993，p. 16.

发展的问题上，更多地强调了人的主体性作用，指出了组织变革的复杂性，突出了组织行为选择的道德性倾向。后现代教育管理的组织观揭示了教育管理活动和教育管理组织的复杂性、文化性和社会性，教育管理理论研究的对象是变化的、有价值的和发展的，教育组织被看作一个动态发展的过程。① 不仅如此，后现代教育管理学家还从不同的角度出发提出了改进学校组织的设想，激进的女权主义者还主张创造出一种新的组织形式来抵制科层制。在这种新组织中，成员实施分权；他们依赖于人与人的面对面的关系，而不是正式的组织技巧；他们是平等的，而不是等级森严的；资源是可分享的，而不是私人物品。② 这种观点虽然显得有些脱离现实，但也真切反映了社会组织中存在的诸多弊端。

关于后现代教育管理的学科观。后现代教育管理学淡化了原有的学科边界，而表现出一种"跨学科"与"整合性"的理论指向。事实上，这已然是后现代知识领域中引人注目的共性主题。不仅在科学的诸学科之间，而且在科学与非科学之间，边界均变得模糊。③ 在后现代视域中，教育管理理论是真与善的统一，是事实科学与价值科学、历史科学与伦理科学、理论科学与实践科学的有机结合，是集"求真、向善、臻美"于一身的阐释教育管理思想观念和价值理念的综合体。

20 世纪 90 年代以来，后现代教育管理学宣扬一种全球视野与本土问题相结合的研究思路和理论意旨。教育管理学虽然同很多其他学科一样，是根植于"现代性"土壤中，与"现代化"的过程一道发展起来的学科，但也应在后现代的背景下实现与时俱进，同时，有必要打通全球视野与本土问题的联络管道，力求在两者结合的历史制高点寻找本学科的发展目标。④ 此外，后现代教育管理理论启示我们建立一门"大教育管理学"，来均衡对教育管理现象的实在性、理解性和批判性的研究。⑤ 后现代的教育管理批判理论认为，组织理论是道德科学，是由经验的、诠释的和批判的三个向度所构成的一个整体。由于教育管理现象本身就具有多重属性，因而以后现代的理论胸怀建构的教育管理学应该发展一种科学的、可理解的、批判性的教育管理知识体系，以整体的眼光看待整体性的现象，全面关注教育管理活动的实然世界。

关于后现代教育管理的方法观。传统的、现代主义的教育管理认识论认为，任

① 黄崴：《后现代主义教育管理思想解析》，载《教育理论与实践》，2001(7)。
② Ferguson，K.，E.，*The Feminist Case against Bureaucracy*，Philadelphia，Temple University Press，1984，pp. 189-190.
③ ［美］史蒂文·塞德曼：《后现代转向 社会理论的新视角》，吴世雄、陈维振、王峰等译，3 页，沈阳，辽宁教育出版社，2001。
④ 杨天平：《后现代思境下教育管理学的研究对象》，载《现代教育论丛》，2003(1)。
⑤ 张新平：《教育组织范式论》，397 页，南京，江苏教育出版社，2001。

何认识都有一个标准，这个标准是确定不移的；任何认识都有一个固定的目标，只有自然科学的研究方法才是真正的科学方法论，是"唯一"有意义的研究方法。后现代教育管理理论要求在理论研究中容纳一切规则、方案和标准，向排他的、僵化的、缺乏想象力的理性主义、实证主义研究方法发难，力求促进理论研究和建构的自由蓬勃发展，希望使用崭新的话语来诠释教育管理世界本真的丰富多彩。曾经以"理论运动"为代表的实证主义研究，虽然推动了教育管理理论的发展，但其局限性也是显而易见的。于是，后实证主义各种质的研究方法或者说人种学方法开始受到重视。研究者不再只是发放调查问卷、收集数据，而是以实地研究的方式深入学校中去察看学校中实际发生的事情，从而发现问题并提出见解。研究方法的重大转变，体现出人们摒弃了现代主义的理性主义、确定性等观念，转而接受了后现代主义的非理性、不确定性、多样性以及不一致性等观念，以实现教育管理研究方法的突破。

研究方法的多样化是与他们追求教育管理知识的多元性和发展性相联系的，是与他们抵制以往教育管理知识的单面性、静止性和普遍性分不开的。教育管理批判理论不仅重视批判反思，而且很注重从隐喻的角度研究和解释组织与管理问题。[1]在组织管理的方法上，后现代教育管理理论主张通过民主对话、合理授权、文本解构、意义重建、非线性变革等途径解决教育管理问题。[2] 后现代教育管理在管理方法上的鲜明特点是反对传统管理方法的单一化、标准化趋势。在教育管理中重视的是主体间的理解、对话、交往和沟通，以期达到精神世界共享的目的。这就要求教育管理者转变管理观念，在相互尊重的基础上与被管理者形成平等协作的关系，与组织中的成员开展对话交往、多维沟通并尽力营造一个充满自由、民主和活力的公共领域，使领导者、教师和学生都能在教育组织中实现精神的成长。

后现代教育管理理论对教育管理理论的发展产生了深刻的影响，其自身也不可避免地存在一些缺陷和不足。首先，后现代教育管理理论在价值倾向上有滑向相对主义和虚无主义的势头，且理论自身尚不够完善。研究者威洛厄和福西斯认为，格林菲尔德的立场指向了主观主义的"意义"或唯心主义的价值概念，也指向了对定性研究胜过定量研究的期待，但并没有做过解决伦理问题的实质性的现场研究；后现代主义表现得比其他各种思想观念更为晦涩，并且充满了悲观主义和虚无主义的气息。[3] 其次，无论是批判理论、后现代主义，还是女权主义，都只指出了实证主义研究的缺陷，无助于教育管理实践的有效开展。这样，在教育实践者如何应对学校

---

① 张新平：《教育组织范式论》，322页，南京，江苏教育出版社，2001。
② 黄崴：《西方后现代理论与后现代教育管理思想》，载《比较教育研究》，2000（增刊）。
③ 冯大鸣：《美、英、澳教育管理前沿图景》，28～29页，北京，教育科学出版社，2004。

日常工作上确实显得有些含糊，难以捉摸。正如传统理论与实践脱节一样，后现代教育管理理论也暂时无法为实践提供充足的动力。事实上，实证主义的元叙述方式在西方教育管理理论和实践中还很有市场。有研究者指出，在 20 世纪末和 21 世纪初的一二十年中，西方教育管理理论研究已呈现出如下端倪：研究的实用性和实践性日益凸显；有数据支持的经验研究占据研究文献的中心舞台；微观研究受到更多关注。[①] 因此，虽然后现代教育管理理论的研究视角和思路已渗透在不少研究者的观念之中，但其影响力尚远不及实证主义范式系统内的探究模式更适合于教育管理理论发展的新趋势以及教育管理实践界的新要求。

　　放眼未来，展望后现代教育管理理论的发展动向，应该说其自身还有较大的发展和完善的空间。但同时，一种趋势是，人们更多关注的还是现实问题，研究的视角没有停留在现代与后现代的对立之上，而是彼此借鉴、融合，以一种更具包容性的"接纳"姿态来对教育管理的实际问题做出探究。争论已不再处于风口浪尖之上了，教育管理理论在借鉴现代教育管理研究的成果、采纳后现代教育管理理论的精华后将呈现出整合之势。概览西方教育管理研究在后现代思潮冲击后的新进展，有两种研究倾向凸显了出来：教育管理的价值论和整合论。[②] 价值论与逻辑实证主义针锋相对，主张教育管理的事实与价值的结合，同时价值论也拒斥主观论对意志、选择和道德问题的过分关注以至于难以自拔；整合论秉持将教育管理学科学化的传统，主张建构一门不仅在经验上充足，而且具有一致性、简单性、理解性、丰富性以及可学习性等超验属性的教育管理科学，同时也发扬后实证主义之长，关注人的主观性和道德伦理问题。这两种研究倾向与后现代教育管理理论和传统的教育管理理论联系较紧，显然突破了以往两派观点之间的纷争和对立，而是更为理性地借鉴彼此的可取之处，舍弃不足与缺憾，进而综合为更具"现实合理性、解释有效性和实践指导性"的理论。[③]

　　后现代社会的来临，给教育管理理论的发展带来了巨大的挑战，也孕育着崭新的契机。后现代教育管理研究者所推崇的科学与人文的融合、知识与价值的整合、注重选择的多样性和解释的多重性、强调平等和尊重、质疑稳定和确定、青睐怀疑和创造等观念主张促使我们将科学的逻辑性、人文的想象性、人世的理解性、精神的感悟性和思想的创造性有机结合起来。由此看来，后现代教育管理理论为我们送

---

① 冯大鸣：《美、英、澳教育管理前沿图景》，28～29 页，北京，教育科学出版社，2004。
② 张新平：《价值论与整合论：外国教育管理学理论的新进展》，载《比较教育研究》，2003(1)。
③ 程晋宽：《西方教育管理理论新视野：一种批判的后现代视角》，262～276 页，北京，教育科学出版社，2012。

来全新的视角，以观察和解读教育管理世界的多姿景象、生动画面。在这样的理论观照下，我们对教育管理活动的认识才不至于走向狭隘、陷入偏激，才能在对话和交流中不断丰富各自的认识、开阔彼此的视野，进而全面把握教育管理的现实图景，促进教育管理实践的不断发展。

第三节　当代教育管理理论演进的特点和趋势

20世纪以来教育管理理论的演进历程中，各种理论流派对教育管理理论学说的发展起了重要的作用。分析这些理论演进的基本特点，对教育管理理论的下一步发展有重要意义。

一、教育管理理论演进的特点

（一）不同理论流派相互吸纳，在融合过程中不断发展

教育管理理论发展离不开对管理理论的借鉴和吸纳。教育管理在本质上也是管理，管理的共同规律和基本原理是教育管理理论的研究基础。正是通过不断地吸纳新的管理理论，新旧教育管理理论的融合和发展才得以进行。同时，不同的管理流派的吸纳融合，特别是主要理论流派的积极兼容，才使现代教育管理理论得以形成更全面多样的学术体系。

（二）在层级整合中批判、继承和提升

教育管理理论的演进是在新与旧及多极理论间不断反思和批判中实现的。虽然每一阶段都有占主导性的教育管理理论，但主流教育管理思想与其他教育管理理论之间是批判性的继承关系，其他教育管理流派是对主流教育管理理论的必要补充。所以，教育管理的各种理论彼此之间虽有冲突，但又是相互补充的。依据教育管理实践，需要对各种教育管理理论进行精选、加工、改制，吸收其合理内核，从而使理论之间相互兼容，推进结构性整合以实现管理理论整体性创新。

（三）在服务实践的过程中创新理论

教育管理理论服务教育管理实践。在服务的过程中通过反思，对理论进行修正，推进教育管理理论的结构性整合，实现教育管理理论的创新发展。理论与实践之间相互印证和检讨，能够促使教育管理理论与教育管理实践得到真正的互动和结合，促使教育管理理论持续创新。

（四）吸收、改造和运用一般管理理论

管理科学是教育管理学最基本、最广泛的理论基础，是教育管理理论体系的母

体。这不仅是因为教育管理理论是在管理科学的基础上发展起来的，而且从本质上来说，是因为教育管理活动本来就是一般社会管理的一个分支。事实上，从管理科学和教育管理理论的发展历史来看，管理科学每前进一步，都会相应地促进教育管理理论的新发展。

二、教育管理理论演进的趋势

教育管理理论的未来发展趋向主要表现为以下几方面。

（一）教育管理理论体系会更加成熟

随着教育管理理论研究和实践的深入，以及教育管理研究的领域不断扩大，教育管理理论的概念和学术研究体系会更为完善。同时，也会在吸收其他学科思想和方法的基础上，更加重视对基础理论的研究，不仅研究一般管理理论原理对教育管理的作用，更重要的是强化对教育管理原理的研究，按照新教育管理实践要求进行内在整合，从而建构一个更具普遍意义的理论体系。

（二）教育管理理论和教育管理实践会更紧密结合

首先，教育管理理论研究会围绕实践需要而展开。注重实际、讲求实证的研究传统会继续。从教育管理实际需要出发，探讨教育活动中被社会共同关心的重大问题，对教育管理实践做出明确的指导，是今后理论研究的特征。其次，教育管理理论发展不仅需要吸收各种管理理论与技术，而且会更重视在实践中整合创新，在教育管理实践要求和推动下不断发展与完善。

（三）教育管理理论研究会国际化和本土化并重

随着各国教育管理面临的相同问题越来越多，教育管理理论研究的交流和国际合作会日益增加，教育管理研究也会越来越走向国际化。交流与合作的内容会扩至教育管理的各个领域。教育管理理论研究的方法也会采取超越国界的比较研究和系统分析等。同时，教育管理研究区域化也是重要的趋势，由于国家间教育问题的特殊性，地区间教育发展的不平衡，教育管理研究不能不从实际出发，探求解决自己的问题的途径和办法。

（四）多元性理论仍将呈强势发展趋向

在 21 世纪，教育管理研究涉及的内容会越来越多、越来越广泛。随着时代的进步和教育的发展，新的问题将不断出现。多元社会和教育的多样化发展会不断对教育管理理论提出新的要求，推动建构一个更加开放多样、更加分化灵活又指向服务实践的教育管理理论体系。因此，研究方向多元化，不断推出新的学说和管理方法，将会是未来教育管理学发展的一个主要趋势。教育管理研究还会以更适当的反思和批判方式推进教育管理实践的发展，多元化研究也会更加获得管理实践的青睐，成为提升理论水平、变革教育实践的力量。

三、我国教育管理理论的现状与未来

20世纪80年代以来，我国的教育管理理论研究获得了较快的进展。著作和论文的数量及质量、队伍的规模和结构、学术研究的深度和广度，都已超过以往任何时代。经过40多年的努力，我国的教育管理理论已经初步形成体系。但是，我们也应清醒地看到，我国的教育管理理论研究还远未达到发达国家的水平，研究工作中还存在许多问题和不足。有学者指出："我国的教育管理研究存在几种现象：把党和政府的教育方针作为教育管理理论，对相关政策进行诠释；把个人的思考和感想当做研究，常常有冠以'关于……的思考'之类的文章发表；没有充分的实证性数据和材料，主观臆断地某种现象，然后加以评论的多，等等。在研究主题方面主要表现宏观大问题，如教育体制，现代学校教育制度……在研究方法上，仍然是思辨为主，实证研究和质的研究为辅。"[①]以上分析表明，当前理论与实践脱节，尚不能满足教育管理实践需求。科学的训练和科学的范式还没有真正开展和建立起来，尤其缺乏实证研究和多元研究方法。大量的体悟、文献概括和归纳、哲学式演绎等思辨式研究，使教育管理研究缺乏创新，在许多领域难以取得新的突破。由此，教育管理理论研究需要我们改变思维方式，冲破传统，走向科学。学习外国先进的教育管理思想，继承中国教育管理思想的优良传统，应当是未来中国教育管理理论研究的选择，也是发展的趋势。

（一）理论研究本土化

对西方教育管理理论要在本土化基础上正确地借鉴和利用。研究既要从我国教育管理的现实出发，解决我国的实际问题，又要不断深化教育管理理论，形成我国自己的理论体系。为此，需要重视和解决以下问题：①某西方理论有无借鉴与应用的价值；②借鉴与应用是否正确；③借鉴与应用是断章取义还是深得真谛，是创造与发展还是完全的误解或曲解；④明确借鉴与应用的条件、方法，并预示其结果。[②]

（二）理论研究范式综合化

教育管理研究范式要由过去那种单纯的演绎归纳范式或经验分析范式向综合范式转换。在具体的教育管理研究中，研究者应对那些教育管理的难点问题、热点问题给予更多的关注，并综合运用多种方法和理论给予解决，同时在深层次上进行批判反思，而不是在原有的框架内修补。

---

① 彭虹斌：《教育管理学的文化路向》，189页，北京，教育科学出版社，2009。
② 陈如平：《效率与民主——美国现代教育管理思想研究》，26页，北京，教育科学出版社，2004。

（三）理论研究方法多元化

教育管理理论研究应该综合应用多种方法，既要创新传统方法的使用，又要积极借鉴新的方法，诸如田野研究、质性研究、系统分析等，还应重视实验研究，通过细致严谨的科学实验，分析教育管理活动的内在因果关系，揭示教育管理活动的本质和规律。应使教育管理理论研究在方法论上得到突破，通过严谨的推理、可信的数据、实地的调研，提供准确严密、可信度高、具有说服力的研究成果。

（四）理论研究问题具体化

教育管理研究会更注重以问题研究为前提，探讨和解决我国深化教育管理改革实践中存在的重点、难点和热点问题，增强理论指导实践的实效性。以解决现实问题为研究重心，需要更多地着眼于学校实践过程中的具体问题，在管理模式、方法手段等方面为学校管理者提供指导。比如，学校文化建设、学校知识管理、师生关系构建、校本教师培训、课程资源管理、教师专业发展、校长领导艺术、师生民主参与等。只有对这些具体问题进行深入研究，教育管理理论成果才能受到学校欢迎。

（五）科学精神与人文精神结合

教育管理理论研究既要注重科学精神，又要提倡人文精神。比如，教育管理的社会价值、教育组织行为的非理性化、组织文化期待的影响等。研究必须关注组织文化的多元化，包括组织中人的行为价值，即非理性层面的研究，考察其特有的行为动机、道德、情感等。

本章精要

1. 西周确立了"明德慎罚"的管理宗旨。春秋战国时期，诸子各派教育思想百花齐放、百家争鸣，其中儒家的教育管理思想占据了主导地位。秦以法家思想为指导，采用刑罚为主的文化教育管理手段。汉代董仲舒的教育管理思想围绕"罢黜百家、独尊儒术"展开；王充在人才管理上有独到见解。魏晋时期，玄、儒、佛、道等理论各家争鸣，对人的自然本质、教育与人的关系以及人才培养的多向性等问题有深入探讨，主要代表人物为嵇康和刘劭。隋唐五代时期，教育管理思想比较系统，出现了韩愈等教育家。宋代书院兴盛，书院的管理根本上体现了教学与行政合一的思想，王安石、程颢、朱熹等教育家出现。元代教育管理思想出现民族交融的特点，理学、心学教育思想发展，并吸收佛道思想的精华。明代的教育管理充分体现了专制性、伦理性、封闭性、经验性、规范性和独立性的特点。清代推崇程朱理学，并将其作为统治思想笼络人心，这时期也出现了不少有见地的教育家，如顾炎武、黄宗羲、王夫之和颜元等。清末通过洋务运动、维新运动，涌现了一批具有洋务派教育思想和维新派教育思想的教育家。

2. 中华民国初期，蔡元培提出了"教授治校""学术自治""学术自由"的学校管理思想。 中华民国中后期，出现了陶行知、徐特立等教育实践者，其教育管理思想产生了深远影响。 中华人民共和国成立后，教育管理思想进入重视人才与教育、将教育调整到优先发展的战略地位、追求质量和公平的阶段。

3. 西方教育管理思想有着悠久的历史。 古希腊、古罗马时期，柏拉图、亚里士多德和昆体良提出了许多有价值的教育思想。 夸美纽斯、施泰因和杜威的教育思想对世界教育思想的发展产生了深远影响。

4. 20世纪，西方教育管理理论流派分为四种：古典管理理论、人本主义教育管理理论、教育管理科学理论、后现代教育管理理论。 20世纪30年代前，影响学校管理的主要是古典管理理论，崇制度、讲效率、重权威等是那一时期学校管理的特征。 到30年代后期，人际关系学说兴起，教育管理研究开始重视学校管理过程中的人际关系问题。 50年代以后，行为科学崛起，教育管理研究者转向对领导行为和组织行为的研究，这一时期人本主义教育管理理论占主导地位。 从50年代到70年代，教育管理科学"理论运动"兴起，带来了新的科学探究方法，倡导全面实证方法，主张全程决策的民主科学管理思想。 70年代以后，后现代教育管理理论以其略显复杂的言说方式为人们揭示和描绘了教育管理全景图中那些曾被人忽视的"侧面"，为我们提供了多重"透镜"来审视和把握教育管理世界的全貌。 它通过质疑、挑战传统观念，抨击、批判既有理论，指出了以往研究中的偏见，揭示了传统理论中的不足，拉开了教育管理研究新范式的大幕，促进了教育管理理论探究的多元化，影响了21世纪教育管理研究的取向，应该说具有一定的"纠偏"和"创新"作用，是一次教育管理思想的解放，把人们从现代理性的束缚中解放出来，拓展了人们对教育管理现象和问题的思维视野。

5. 当代教育管理理论的演进具有以下特点：不同理论流派相互吸纳，在融合过程中不断发展；在层级整合中批判、继承和提升；在服务实践的过程中创新理论；吸收、改造和运用一般管理理论。 教育管理理论的未来发展趋向为：教育管理理论体系会更加成熟；教育管理理论和教育管理实践会更紧密结合；教育管理理论研究会国际化和本土化并重；多元性理论仍将呈强势发展趋向。

6. 学习外国先进的教育管理思想，继承中国教育管理思想的优良传统，应当是未来中国教育管理理论研究的选择，也是发展的趋势。 我们应当坚持理论研究本土化、理论研究范式综合化、理论研究方法多元化、理论研究问题具体化、科学精神与人文精神结合。

思考题

1. 我国教育管理思想是如何演进的?

2. 古典管理理论的贡献及缺陷是什么?

3. 人本主义教育管理不同理论学派的主要思想是什么? 你如何评价它们?

4. 教育管理科学理论给教育管理实践带来的影响是什么?

5. 如何评价后现代教育管理理论?

案例分析: 可以用管理企业的方式管理学校吗? ①

G 中学在当地非常有名,为了更深入地推进学校改革和发展,经当地政府批准,学校开始进行办学体制改革。 2002 年,A 公司向该校投资 3000 万元入股,学校改制,成为国有民办学校,在全省范围内招生。 随后,A 公司采用了一系列管理企业的做法运作学校。

首先,A 公司将自己的经营人才注入 G 中学,主要进行学校经营和成本核算,但不干涉具体教育教学过程。

其次,A 公司积极开展学校营销和学校品牌建设活动,并委托 B 公司具体实施。 A 公司认为目前教育竞争越来越激烈,谁先把品牌塑造好,在未来 3～5 年谁就可以坐收其利,成为市场的主导,否则就会被无情地淘汰。 A 公司还认为,从商业的角度来看,学校出卖的是教育服务。 这种服务也可以当作一种商品来营销,企业常规的营销体系完全适用于学校的推广。

B 公司进入学校后,与学生和教师分别进行了座谈,以了解学校的情况。 而后,他们具体做了以下几件事。 ①编写学校故事。 B 公司调查发现该校教师非常敬业,有许多感人的故事,于是就把这些故事汇编成册,对外散发;学校建校 40 多年,有深厚的文化底蕴,许多毕业生在非常好的单位任职,B 公司便把这些较有成就的学生筛选出来,编辑个人事迹,对外宣传。 ②对学校的办学模式和教学模式重新包装。 ③在当地媒体平台投放广告,并进行多渠道宣传,包括举办学生家长见面会等活动。

经过一系列的企业化运作,学校在招生和经营上都取得了很好的成绩。

---

① 程凤春:《学校管理的 50 个典型案例》,35～39 页,上海,华东师范大学出版社,2009。

课堂讨论

1. 结合上述案例，讨论用管理企业的方式来运作学校是否可行。在企业管理模式下，学校管理的效率和学生的利益之间是否会发生冲突？

2. 请结合教育管理理论的相关知识，分析哪些企业管理方式符合学校管理特点，哪些不符合学校管理特点，利与弊分别在哪里。

第四章　教育行政管理体制

本章学习目标：
- 掌握教育行政管理体制的功能、类型以及制约因素；
- 了解我国教育行政管理体制及其改革；
- 了解我国现行义务教育管理体制；
- 了解国外教育行政管理体制改革趋势。

现代国家在向其居民提供各种公共服务的过程中，需要通过公共行政机构对所需资源进行配置，协调这些服务类型与项目涉及的各种利益关系，以满足社会不同群体的需求。教育领域也不例外，需要政府运用公共权力，按照一定的规则，建立教育行政机构，明确其职能与职责，组织社会人力、物力、财力对教育的投入，规划各级各类教育事业的发展，建设多种类型的学校及其他教育机构，并不断推进教育的高质量发展，以尽力满足人民群众日益增长的优质教育需求。当然，伴随着政治体制改革、经济社会发展、信息技术应用，各级教育行政机构的角色、功能、职责及其规划教育事业发展的方式、方法也不断呈现出与时俱进的变革与发展之势。

第一节　教育行政管理体制概述

一、教育行政管理体制的含义

教育行政管理体制是指一个国家的教育行政组织系统，或理解为国家对教育的领导和管理的组织形式与工作制度的总称。它主要涉及国家各级教育管理机构的设置、它们之间的隶属关系及权责划分等要素。教育行政管理体制所要解决的核心问题就是中央政府与地方政府、教育行政部门与学校围绕教育事权方面的权责划分。

关于教育行政管理体制的概念，在国内一些重要的教育管理学著作中，有的称其为教育行政体制或者教育管理体制，也有的将教育行政体制叙述为教育管理体制的宏观领域。如果从广义的角度理解"行政"，那么这几种观点并没有本质的区别，都是要解决国家、地方及各级各类学校领导和管理教育事业的根本制度问题，围绕这一制度必然涉及领导权力分配、机构设置等问题。

二、教育行政管理体制的功能

教育行政管理体制既是国家行政管理体制的重要组成部分，又是国家教育体制的重要部分。从静态层面上看，其主要是一种教育系统内的组织体系，而从动态层面上看，则是一种运行机制，二者构成了一个有机的统一体。受到社会、政治、经济、文化传统等各方面因素的制约，不同的教育行政管理体制在功能上各有侧重，在内容上各有突出；反过来，教育行政管理体制也能对教育的发展乃至社会的变革产生一定的影响。一般来说，教育行政管理体制有以下四个主要功能。

第一，领导与管理功能。教育行政管理体制在整个教育体制中居于主导地位，对办学体制、学校管理体制都有着制约作用。比如，国家行政管理体制中强调地方分权，那么地方就有行政部门招生制度、办学制度的制定和学校自主权的扩大。

第二，权力分配功能。教育行政管理体制要解决的核心问题之一是处理中央与地方的关系、教育行政部门与学校的关系，而这些关系的确定，其实质是划分国家教育行政管理的权力。在国家教育行政管理体制下，应明确国家各级教育行政组织及学校的权力与责任，从而确保教育活动的正常运转。

第三，分工协作的功能。教育行政管理体制不但是各种教育主体力量在教育系统中发挥作用的外在表现形式，也是教育行政系统内部各个组成部门之间分工协作的一种表现。通过各个教育主体权力的行使、职责的履行、义务的承担、利益的享有，实现有效分工与协调合作。

第四，提高教育行政管理效率的功能。教育行政管理体制明确各级教育行政组织的义务、职责与权限，其根本目的就是要在确保教育活动正常运转的基础上，尽最大可能提高教育行政管理的效率。效率原则是衡量任何组织结构的基础，离开了效率原则，教育行政管理体制的存在与改革就变得毫无意义。

三、教育行政管理体制的类型

教育行政管理体制的类型是指教育行政组织的形态，也就是国家干预教育活动的制度安排与组织结构预设的形式。从不同的角度，可以分为中央集权制与地方分权制、从属制与独立制、专家决策制与非专家决策制等多种类型。

（一）中央集权制与地方分权制

根据教育行政管理权责的分配关系，可以把教育行政管理体制分为中央集权制和地方分权制。所谓教育行政管理的中央集权制是指教育行政管理的权力集中于中央政府及其教育行政部门，地方政府及其教育行政部门则以贯彻实施中央制定的教育法律法规、政策、规划和指令为己任，中央和地方的关系明显表现为一种垂直隶属关系。所谓教育行政管理的地方分权制是指国家领导和管理教育的权责由中央政府和地方政府分别执掌，以地方自主管理为主的制度。在这种管理体制下，中央政府和地方政府在教育管理上有各自的角色定位和权责范围。其主要体现着一种相对独立而非领导与被领导的隶属关系，呈现出一种平行的管理体制。法国是实行教育行政管理中央集权制的典型代表。法国从教育事业是国家事业的观念出发，建立了代表国家权力的教育部，统一领导和监督全国的教育，其权力范围不仅包括制定全国教育的大政方针和政策，而且包括统一确定各级各类教育机构的教学大纲、目标、教学方法、考试时间和内容，并管理公立学校的教职员工、制定公立学校发展规划、确定教育经费等。实行教育行政管理地方分权制的典型代表是美国。美国联邦宪法明确规定，教育行政管理的权限保留在各州。美国在"自治办教育"理念的支配下，各州和地方学区及州所规定的其他机关拥有管理教育的权力和责任，其中包括独立的教育立法权和制定教育政策权。中央教育机构即美国联邦教育部对全美教育事务主要起指导、建议和资助作用，其职能是服务性的。

中央集权制和地方分权制这两种教育行政管理体制类型各有特点。中央集权制有利于统一的国家教育方针和政策的制定与贯彻落实；有利于制定统筹全局的教育发展规划；有利于中央调节各区域间教育发展不平衡的状况，加强对落后地区教育事业的扶持和帮助。此外，这一体制促进了教育标准的统一，各地可根据统一的标准评估和检查教育的发展状况。然而，中央集权制的管理体制也有不足之处，主要表现在：容易导致不顾各个地方特点和条件而强求一致的状况，从而对地方因地制宜发展教育造成不利影响；教育行政管理的权责集中于中央，不利于调动地方发展教育的积极性、主动性和责任感；中央集中管理，地方缺少自主权，客观上使得地方教育行政管理工作趋于保守、僵化，缺少能动性和灵活性，降低了教育行政管理的效率。教育行政管理的地方分权制的主要优点是：地方政府及其教育行政部门负有发展教育的权责，有利于地方因地制宜管理教育，使教育适应地方经济和社会发展的特点与需要；地方政府及其教育行政部门执掌有关教育的发展权力，有利于充分调动和发挥其发展教育的积极性、主动性和创造性；地方自主管理教育事业，有利于地方及时处理和决断有关教育问题，可以避免出现事事请示中央的现象，增强教育行政决策的针对性和实效性，提高教育行政管理的效率，同时也能促使中央集中精力更有效地履行其宏观管理或领导的职能。教育行政管理的地方分权制的不足之处主要是：教育行政管理分散，不易在教育领域统一政令、统一标准、统筹规划及统筹兼顾；各地社会经济、文化发展水平不同，对教育事业的认识不同，容易造成区域间教育的不均衡发展；各地自主行政，中央调控能力减弱，不利于组织地方之间的教育沟通与协作。

因此，中央集权制和地方分权制这两种教育行政管理体制类型互有长短、各有利弊。我们应该看到，一个国家教育行政管理体制的形成原因是多方面的，促使一个国家进行教育行政管理体制改革的因素也是异常复杂的，这些因素在不同的国家、不同的时期所起的作用和表现形式也不尽相同。正是由于教育行政管理体制对一个国家或地区的教育发展至关重要，因此历来为各国教育管理学研究者所关注。研究者围绕教育行政管理体制类型问题有不同的见解，展开了不少的争论，但也存有一些共识，这些共识包括以下内容。第一，一个国家的教育行政管理是实行中央集权制还是地方分权制，有其产生、形成与运作的客观基础，与该国的历史和文化有关。正因为如此，教育管理体制的改革，绝非轻而易举的事情。第二，从优缺点两方面来看，两种体制各有利弊，很难断言孰优孰劣。持有不同的价值评价观的人们，对于教育管理领域中的具体问题会产生迥然相异的评判。例如，从中央集权的教育管理体制角度来看，统一各种教育评估标准似乎是天经地义的，这不仅有助于保证教育的质量，也便于教育评估者的具体操作。但从地方分权的教育行政管理体制角度来看，就会发现很多不足：实行统一的标准，全国一刀切，没有照顾到各地千差万别的教育条件与特点。所以，对这两类教育管理体制进行评判时，不可偏执一端，不可因为一定时期某些改革的需要，过度推崇某种类型的体制，而极力贬斥另一种类型的体制。从教育管理体制变革的历程来看，由于一个国家在不同历史时期的政治、经济、文化和社会发展模式的持续变化，很多国家时常表现出集权与分权的周期性改革。第三，教育行政管理体制并不能解决教育领域的所有问题，它更多影响的是国家教育制度、政策及管理层面的事务，对课堂教学的影响则相对较小。

（二）从属制与独立制

依据教育行政机构与政府之间的关系，可以把教育行政管理体制分为从属制和独立制。教育行政管理的从属制又称教育行政管理的完整制，主要指各级教育行政机构是各级政府的一个职能部门，接受政府首长的领导，不是脱离政府的独立组织。比如，我国的各级教育委员会或教育厅（局）都是各级政府的一个行政职能部门，在各级政府的领导下，专司教育行政管理。而教育行政管理的独立制又称教育行政管理的分离制，一般应用于地方教育管理，主要指地方教育行政组织脱离一般行政组织而独立存在。它不属于地方政府的一个职能部门，也不接受地方政府的领导。有些国家的教育管理体制属于这种类型，如美国的地方学区制。

教育行政管理的从属制和独立制也各有优点和不足。教育行政管理的从属制的优点是：教育行政部门是政府的一个组成部分，有利于政府统筹规划，协调教育与国民经济和社会发展之间的关系；教育行政部门在政府的领导下行使管理职权，有利于提高教育管理的权威性。其不足之处主要是：由于教育是周期长、见效慢的社会公共事务，因此容易使政府在工作安排中出现重经济、轻教育的情况，特别是在政府财政困难时期，这些情况会表现得更为突出；容易导致教育管理上热衷于追求短期效果，而忽视教育的特殊性，不按教育规律办事，结果对教育的发展带来损害。教育行政管理的独立制的主要优点是：教育成为独立的社会公共事务，有利于避免同级一般行政对教育的不必要干扰，也有利于避免外行领导内行，提高教育行政管理的效率。其不足之处主要是：教育行政管理独立于一般行政管理之外，不利于发挥政府办教育的积极性，也不利于教育事业与社会其他事业的协调发展。

（三）专家决策制与非专家决策制

依据教育行政管理决策权是否由教育专家掌握，可以把教育行政管理体制分为专家决策制和非专家决策制。所谓教育行政管理的专家决策制是指教育行政机构中的领导者特别是教育行政决策者主要由教育专家担任，这类教育专家不仅从事过教育工作，而且卓有成效。教育行政管理的非专家决策制是指教育行政决策者由非教育专家担任的制度。

教育行政管理的专家决策制和非专家决策制也各有利弊。教育行政管理的专家决策制的主要优点在于：有利于教育行政决策者专业化，有利于对教育事业进行科学管理，重视发展教育事业，按教育规律办教育。它的不足之处在于：容易将注意力局限于教育内部的各种关系中，忽视教育与社会其他方面的联系，结果导致教育行政决策的片面性，出现就教育分析教育的情况。教育行政管理的非专家决策制的优点表现在：有利于密切教育与社会之间的关系，促进全社会关心教育的发展；有利于加强学校与家长及社会各方面的联系，创造良好的社会用人环境。其不足之处主要是：容易出现不顾教育的特点和规律，乱决策、瞎指挥的现象；非专家参与教育行政往往代表一定的社会利益集团或社会群体的利益，使教育决策和政策容易受利益集团的影响，从而影响教育决策和政策的公平性和科学性。

以上从不同的角度分析了几种主要的教育行政管理体制类型。在这几种分类中，教育行政管理的中央集权制和地方分权制的划分是最为基本、最为典型的。后两种分类都在很大程度上受其影响和制约。纵观世界各国的教育行政管理体制，尽管教育行政组织结构不尽相同，但其在本质上都可以归入这两种体制类型或由这两种类型演化的中间类型。当然，任何一个国家的教育行政管理体制都不可能是单一的某种类型，而是体现多种类型的综合体，并且这一综合体总处在动态的变化之中。

四、教育行政管理体制的制约因素

教育行政管理体制并非处于真空状态而独立存在，其建立、改革及完善都受到一个国家的政治体制、社会经济状况、教育和文化传统等诸多因素的制约或影响。

（一）国家政治体制的制约

教育从来都受制于国家政治制度、体制以及具体的行政机制。一般来说，教育行政管理体制与国家政治体制始终保持高度一致。实行中央集权制的政治体制，教育行政管理体制不大可能为完全的地方分权制，如法国是传统的中央集权的单一制国家，地方政府处于中央政府的严格管辖之下，自主权较小。其教育行政管理也凸显出中央集权的特点，在分权改革中，中央政府与地方政府的权责发生了变化，但这只是在中央统一领导之下，地方被赋予了比以往较多的发展教育的权责，有更多的参与具体政策制定的权力和机会。

（二）社会经济状况的制约

社会经济发展水平是社会财富和社会剩余劳动产品的集中体现，它是决定其他社会事业发展水平的基础性因素。随着社会经济发展水平的不断提高，教育发展的规模逐渐扩大、速度不断加快，教育组织形式也不断演进。比如，新中国成立以来，尤其是改革开放以来，我国的社会经济发展水平有了极大的提高，国民收入分配格局发生了巨大的变化，这一切都在整体上促进了我国教育行政管理体制的改革，我国教育行政组织结构、规模、权责分配都在不断地进行局部的调整和优化。

（三）本国教育和文化传统的制约

任何国家都有自己的文化、教育传统，有些国家的传统被强有力地保存了下来，并对教育行政管理体制产生了决定性的影响。以美国为例，作为一个移民国家，其教育的发展有自下而上的特点。早期的移民初到大陆时，由于村落散居，交通不便，各村镇只得自行办学。到了 19 世纪上半叶，由学校逐步发展到了学区，以后又在学区发展的基础上设立了州教育厅，最终建立了联邦教育部。正因为有这一传统，所以美国教育及其管理历来被认为是地方的事情，联邦政府基本上不予干涉，由此形成了地方分权式的教育行政管理体制。

（四）国际教育改革浪潮的影响

在教育国际化时代，世界各国的教育正日益从封闭走向开放、从竞争走向合作，每一个国家的教育改革与实验都受到其他国家关注，国际教育改革浪潮对世界各国的教育影响日益增大。很多国家都借鉴、学习他国教育行政管理体制的改革理念、经验与举措，以调整或变革自身的教育行政管理体制。我们经常可以见到一些国家在进行着由教育集权式管理向分权式管理的改变，或相反，由分权式管理向集权式管理的变革。究其原因，除来自自身政治、经济、教育发展的需要外，往往与受到他国成功经验鼓舞有关，以为其他国家的教育行政管理体制的改革经验也一定对自己国家有效。从实际情况来看，在这种外来的改革动力推动之下所进行的教育行政管理体制的变革，成功、失败皆有之。

（五）管理主体的制约

教育行政管理体制不仅受到各种外部环境的客观因素影响，也受到管理主体自身内在的思想、观念和价值观作用的支配。尽管目前管理主体对教育行政管理体制的影响还没有得到深入研究，但是这一影响是客观存在的。在现实生活中，有什么样的管理者，往往就会形成什么样的管理形态。比如，管理主体可以在体制选择、具体制度制定以及效能发挥等方面产生影响。即使是在同样的社会制度下，面临大致相同的教育行政管理环境和对象，对管理体制的设计、评价的标准和偏好也会有所不同。这说明，教育行政管理体制的确立和改变，同管理者的政治、学识、业务、性格、能力、修养等有着一定的内在关系。

在我国，由于教育政治学、教育生态学的研究还比较薄弱，在哪些因素对教育行政管理体制发生作用，在多大程度上、以什么形式对教育行政管理体制发挥作用上，认识还远远不够。相信随着这些领域研究的深入，人们对制约教育行政管理体制的因素的认识会进一步加深。

第二节　我国教育行政管理体制的演进历程

教育行政管理体制是特定历史时期的政治、经济、文化等多种因素影响的产物。在我国政治体制、经济体制持续不断改革的背景下，我国教育行政管理职能持续调整转变，管理体制也经历了多次变革过程，并在这些持续变革的过程中得到不断优化与完善。

一、我国现行教育行政管理体制及其完善

目前我国基础教育实行的是国务院领导，省、自治区、直辖市人民政府统筹规划，市、县级人民政府具体负责实施的地方负责、分级管理、以县为主的体制。

我国的教育行政组织主要可以分为两大类，即中央教育行政组织和地方教育行政组织。中央教育行政组织即中华人民共和国教育部，它是国家最高行政机构国务院下辖的主管教育工作的一个职能部门，是国家教育行政的最高执行机构。经过几十年的机构改革、部门调整与名称更改，现教育部内设办公厅、政策法规司、发展规划司、综合改革司、人事司、财务司、教材局、基础教育司、校外教育培训监管司、职业教育与成人教育司、高等教育司、教育督导局、民族教育司、教师工作司、体育卫生与艺术教育司、思想政治工作司、社会科学司、科学技术与信息化司、高校学生司、学位管理与研究生教育司（国务院学位委员会办公室）、语言文字应用管理司、语言文字信息管理司、国际合作与交流司（港澳台办公室）、巡视工作办公室、机关党委、离退休干部局、中华人民共和国联合国教科文组织全国委员会秘书处27个机构，每个机构都按照相关职责运行，领导和管理我国的教育事业。

地方教育行政组织主要是指各级地方人民政府主管教育工作的部门。其中，各级地方人民政府包括省（自治区、直辖市）、市（自治州）、县（市、区）、乡（镇）人民政府。设置在各级人民政府内部的教育行政组织依次是省（自治区）教育厅、直辖市教育局或教育委员会，省辖市（自治州、地区）教育局，县（市、区）教育局，乡教育

组（中心校）。我国各级地方政府的教育行政组织的职能是贯彻执行国家的教育法律、法规、方针、政策，以及上级教育行政部门的工作指示；负责本地区教育事业发展规划、基本建设、教育经费、教育行政人员和教师的管理工作；领导本地区各级各类学校的教育和教学工作。当然，与教育部类似，各级教育行政部门根据需要在内部也设有相应的处、室、科、股、组等，体现出各个机构设置的"上下对应"，随着教育行政事务的日益繁杂，其部门也有不断增加的趋势。

在政府机构改革的背景下，为提高教育行政的效率，作为政府重要组成部门，中央和地方各级教育行政组织也进行了一系列的机构改革和调整。在转变职能和精简机构的思想指导下，教育行政组织根据设置的基本原则，对教育行政组织内部进行了必要的重组、调整、撤并，以精简组织内部结构和行政人员。同时，把一些办学的权力下放到学校中去，把教育行政管理的职能转变到服务中来，确立了服务型教育行政组织。

就教育行政组织的变革来说，其必然要受到内外部环境诸多因素的变化的影响。在当前朝着教育数字化转型的时代背景下，信息化、网络化、智能化技术的广泛应用，使得扁平化、小型化、高效率的教育行政组织结构成为可能；同时，在教育行政组织内部，组织资源日益充足和组织成员素质不断提高，也对教育行政组织结构的变革提出了内在的要求。

（一）现行教育行政管理体制的进一步完善

教育行政管理体制改革要根据中央统一领导、分级管理、分工负责的原则，在此基础上着力实现权责明确、统筹有力、职能转变的最终目标。具体来说，主要从以下几个方面着手。

第一，中央政府简政放权，推进教育治理现代化。中央教育行政管理机构简政放权、转变职能仍然是我国教育行政管理体制改革的一个重要任务。这也是我国政府机构大部制改革、建设服务型政府和实现教育治理现代化的大背景下的一个必然要求。2010 年 7 月颁布的《国家中长期教育改革和发展规划纲要（2010—2020 年）》明确提出："以转变政府职能和简政放权为重点，深化教育管理体制改革，提高公共教育服务水平。"2019 年 2 月，《中国教育现代化 2035》指出，十大战略任务之一是"推进教育治理体系和治理能力现代化"，提出要提升政府管理服务水平，提升综合运用法律、标准、信息服务等现代治理手段的能力和水平。推进教育治理方式变革，加快形成现代化的教育管理与监测体系，推进管理精准化和决策科学化。不过，从目前我国教育行政组织权力行使现状来看，还有很大一部分权力集中于中央教育行政部门。因此，对于中央教育行政部门来说，首先就是要精简机构、下放基础教育行政管理权力，努力按照"基础教育由地方负责、分级管理"的原则，加强自己的宏观管理、服务和协调能力。

第二，地方政府扩大权限，统筹管理。在中央教育行政部门下放权力的同时，地方各级教育行政部门也相应地拥有领导和管理各省、市、县的教育行政管理权力。2010年7月颁布的《国家中长期教育改革和发展规划纲要（2010—2020年）》明确指出，"进一步加大省级政府对区域内各级各类教育的统筹。统筹管理义务教育，推进城乡义务教育均衡发展，依法落实发展义务教育的财政责任。促进普通高中和中等职业学校合理分布，加快普及高中阶段教育，重点扶持困难地区高中阶段教育发展"。这充分说明，在当前各区域之间、城乡之间、学校之间差距拉大的情况下，国家明确强调省级政府及教育行政部门的权力和责任，各省、市、县级政府应加强其在各自区域内的统筹能力，采取有效措施，缩小各区域内的城乡教育差距，逐步实现区域内的城乡义务教育均衡发展。

第三，扩大学校办学自主权，提升学校治理能力。学校是教育事业的主要载体，学校的发展和特色的创建，必须有充分的自主发展权力作为支撑。各级地方政府及教育行政部门必须重新审视政府与学校的关系，明晰政府、学校各自的角色和责任，合理分配教育管理权力，使中小学在国家法律法规的指导下享有更多的办学自主权，从而使学校可以根据本校实际情况，正确定位并确定学校发展方向和目标，着力打造学校特色。与之相应，学校也需要提高自主管理能力，制定具有实质性、约束力的学校章程，完善学校治理结构，提升学校治理能力。把学校自主发展必需的权力下放给学校，不仅可以充分发挥权力行使的有效性，也可以激发学校全体成员的内在动力、潜能以及创造活力，当然，政府也需要提高教育法治化水平，构建完备的教育法律法规体系，健全学校办学法律支持体系。

第四，管理、办学、评价权力的分离与联动。长期以来，我国教育的管理、办学、评价主体融为一体，致使我国教育行政管理权责不明，一些问题得不到上级的关注和解决。因此，应实行管理、办学、评价相分离，明确各自的权限与责任。比如，加强政府的宏观管理和政策服务职能；学校有效利用各类资源，独立自主办学；积极利用专业的教育中介组织对学校的评估、咨询等。2015年5月，《教育部关于深入推进教育管办评分离　促进政府职能转变的若干意见》明确指出，"深入推进管办评分离""依法明晰政府、学校、社会权责边界，构建系统完备、科学规范、运行有效的制度体系，形成决策、执行、监督相互协调、相互制约的教育治理结构""形成三者之间良性互动机制，促进政府职能转变"；也提出了坚持权责统一、统筹兼顾、放管结合和有序推进四个基本原则，以努力形成"政事分开、权责明确、统筹协调、规范有序"的教育管理体制。这种管、办、评相分离的教育管理体制，既可以使政府的宏观管理职能得到充分发挥，又可以使学校充分根据实际情况依法自主办学，还可以发挥教育中介组织的专业评估作用，有利于客观反映学校办学存在的问题，并准确地反馈给学校和政府部门，从而得到及时、有效的解决。

（二）重建政府、 教育行政部门和学校三者的关系

有效进行教育行政管理体制改革，首先必须重新审视政府、教育行政部门和学校三者之间的关系，明确各自在教育行政管理体制中的角色和权责，重新构建一种分工明确、规范有序的政府、教育行政部门和学校三者的新型关系。

就目前我国的政府管理体制来说，教育行政与其他一般行政一样都属于政府管理机构的重要组成部分。也就是说，我国教育行政部门与人事部门、财政部门等一般行政部门都是政府机构中的平行职能部门。由于教育事业为国家各个行业、部门培育和提供优秀的人才资源，其具有基础性的特征，同时，受教育权又是为全体公民所共享的权利，其也具有公共性的特征；因此，各个行政职能部门都应该彼此加强沟通、协作，以体现教育的基础性、公共性的内涵。教育行政管理体制改革，首先必须从宏观的角度上，进一步明确教育行政与国家一般行政的关系，在国家教育法律法规和政策的指导下，加强沟通与协作，构建一个良好的支持教育事业快速、稳定和健康发展的外部行政管理系统。

各级教育行政部门是各个区域内的教育行政主管部门，不仅贯彻执行中央制定的各项教育方针、政策，而且还直接领导和管理其辖区内的中小学校的教育教学、人事招聘、职称评定和招生考试等具体事务。因此，教育行政部门便具有了双重角色：对于中央或者上级教育行政部门来说，其担任着教育法规和政策执行者的角色；而对于其区域内的中小学校来说，其又充当着领导者和管理者的角色。然而，无论是教育行政部门还是中小学校，彼此的领导与被领导、管理与被管理的关系思维依然无法退场，导致政府与中小学校的角色职责边界较为模糊，学校自主办学目标的实现尚存在一些困难。因此，教育行政管理体制改革中，应研究教育行政部门和学校的关系，按照《国家中长期教育改革和发展规划纲要（2010—2020年）》和《教育部关于深入推进教育管办评分离 促进政府职能转变的若干意见》提出的要求，推进依法行政、政校分开、管办分离。构建适应中国国情和时代要求的政府与学校的新型关系，建设依法办学、自主管理、民主监督、社会参与的现代学校制度，把学校发展和教育教学的权力还给学校，政府专注于加强教育服务和对学校的监督职能，为学校发展营造良好的外部环境和提供有力的政策与资源支持。

二、教育行政管理职能的转变

（一）探索地方负责、分级管理的教育行政管理体制

1978年，教育部修订并颁布了《全日制小学暂行工作条例（试行草案）》和《全日制中学暂行工作条例（试行草案）》。其中明确规定："全日制小学由县（市属区）教育行政部门统一领导和管理。社队办的小学，可以在县的统一领导下，由社队管理。""全日制中学原则上由县以上教育行政部门领导和管理。社队办的中学，可以在县的统一领导下由社队管理。"很显然，这些规定基本上恢复了1963年实行的以教育管理重心上移为特征的统一领导、分级管理的教育行政管理体制。

进入20世纪80年代中期以后，我国基础教育管理体制进行了一系列重大的变革，其核心是强调地方对发展基础教育事业的权责。1985年，《中共中央关于教育体制改革的决定》明确提出，基础教育管理权属于地方，实行"地方负责、分级管理"的原则。除大政方针和宏观规划由中央决定外，具体政策、制度、计划的制定和实施，以及对学校的领导、管理和检查，责任和权力都交给地方。省、市（地）、县、乡分级管理的职责如何划分，由省、自治区、直辖市决定。1986年，第六届全国人民代表大会第四次会议通过的《中华人民共和国义务教育法》规定，义务教育事业，在国务院领导下，实行地方负责，分级管理。这部法律在义务教育的普及以及整个基础教育的发展中发挥了重要作用。由此，"地方负责、分级管理"成为我国基础教育管理的基本制度。

1993年，由中共中央、国务院印发的《中国教育改革和发展纲要》强调要深化我国教育体制改革，初步建立起与社会主义市场经济体制和政治体制、科技体制改革相适应的教育新体制。该纲要特别指出要深化中等以下教育体制改革，继续完善分级办学、分级管理的体制以及要积极推进城市教育综合改革，探索城市教育管理的新体制。这些规定更加明确了20世纪90年代教育行政管理体制改革的方向和目标，也充分说明在我国经济体制、政治体制改革不断深化的背景下，基础教育地方负责、分级管理的教育行政管理体制得到不断完善，以逐步纠正过去教育行政管理权力过度集中于中央的现象，加大地方政府对于教育管理的权责，增强其办好基础教育的责任感。

随着我国经济的快速发展，教育的外部环境持续发生深刻的变化。进入21世纪以后，不断完善我国现行的教育行政管理体制，成为推进基础教育发展与改革的重要环节，以适应新的经济与社会环境的必然要求。2001年，《国务院关于基础教育改革与发展的决定》指出，农村义务教育实行在国务院领导下，由地方政府负责、分级管理、以县为主的体制。这就改变了我国原来的基础教育由地方负责、分级管理，

省、市、县、乡四级教育行政管理的体制，转变为地方负责、分级管理，省、市、县三级教育行政管理的体制。这是我国认识到县级政府把农村义务教育的管理权限下放到乡镇甚至村，导致的教育经费难筹措、拖欠教师工资和乱收费等一系列问题，而采取的一项有力地解决农村义务教育发展问题的重要措施，也是党中央、国务院实行农村税费改革重大举措的必然结果。

2003年，《国务院关于进一步加强农村教育工作的决定》再次强调落实"以县为主"的农村义务教育管理体制。2006年，重新修订的《中华人民共和国义务教育法》正式实施，其中始终贯穿的一个重要特征是，政府是实施义务教育的重要的和首要的责任者。该法律规定："义务教育实行国务院领导，省、自治区、直辖市人民政府统筹规划实施，县级人民政府为主管理的体制。"新的管理体制强化了中央与省级政府尤其是省级政府管理和实施义务教育的责任，明确了以县为主的体制，以法律形式划分了中央、省和县在义务教育管理中的职责。这部法律在很多方面取得了重大突破，是我国义务教育立法和教育法制建设进程中一个重要的里程碑。

2010年，《国家中长期教育改革和发展规划纲要（2010—2020年）》明确提出："健全统筹有力、权责明确的教育管理体制。以转变政府职能和简政放权为重点，深化教育管理体制改革，提高公共教育服务水平。明确各级政府责任，规范学校办学行为，促进管办评分离，形成政事分开、权责明确、统筹协调、规范有序的教育管理体制。""加强省级政府教育统筹。进一步加大省级政府对区域内各级各类教育的统筹。统筹管理义务教育，推进城乡义务教育均衡发展，依法落实发展义务教育的财政责任。"作为2010—2020年的教育改革与发展的蓝图，这一文件充分明确了国家的教育行政管理体制改革的方向和目标，即转变政府职能、简政放权，加大了省级政府对义务教育的统筹力度，提出了城乡义务教育均衡发展的机制问题。可以说，这是继我国确立"地方政府负责、分级管理、以县为主"教育行政管理体制的又一重大进展。

2013年，党的十八届三中全会提出全面深化改革，完善和发展中国特色社会主义制度，推进国家治理体系和治理能力现代化。这次会议对于包括教育治理在内的各类行政管理体系和治理能力现代化建设都具有重要的导引意义。其对于教育行政改革提出了明确要求：深入推进管办评分离，扩大省级政府教育统筹权和学校办学自主权，完善学校内部治理结构。强化国家教育督导，委托社会组织开展教育评估监测。2019年，中共中央、国务院印发了《中国教育现代化2035》，再次把"推进教育治理体系和治理能力现代化"作为面向教育现代化的十大战略任务之一。《中国教育现代化2035》提出要提高教育法治化水平，构建完备的教育法律法规体系；健全教育法律实施和监管机制；推动社会参与教育治理常态化，建立健全社会参与学校管理和教育评价监管机制。综上可知，从管理走向治理成为我国教育行政管理体制改革的主旋律，并将成为我国各级教育行政机构转变职能、实现区域教育高质量发展的重要指导思想，也在一定程度上决定了我国实现教育治理体系和治理能力现代化的进度与达成度。

改革开放以来的教育行政管理体制的历史演变表明，在基础教育管理体制的改革过程中，必须正确处理中央与地方、条条与块块的关系。从总体上说，教育行政管理体制越来越明晰地呈现出上下之间、条块之间正确协调的权责状态。我国基础教育已建立起在国家宏观指导下，由地方负责、分级管理、以县为主的体制；同时基本建立起基础教育法规体系的框架，使基础教育事业走上了依法治教的轨道。但不可否认，发展中也出现过偏颇和差错，在探索适切的教育行政管理体制的过程中走过弯路，有过曲折。我们目前的基础教育行政管理体制，是在总结教育改革与发展多年实践经验的基础上确立的。实行这一体制，将有助于调动中央和地方各级政府的办学积极性，有助于发挥社会各界兴学助教的热情，有助于实现基础教育"地方化"的要求，做到因地制宜办教育、兴学校，提高全民族的文化科学素质和道德水准。当然，从正确的指导原则和改革方向的确立，到完善的管理体制的形成，还需要长期的实践探索，需要解决一系列认识问题和实际问题。回顾教育行政管理体制沿革的历史，是为了促使我们对教育行政管理体制的类型、结构、职责分工、权限划分等问题做更深入的分析探讨，并在此基础上进一步推进体制改革，并使之趋于完善。

（二）政府对农村义务教育的行政管理职能逐步明确和到位

我国农村义务教育实行"在国务院领导下，由地方政府负责、分级管理、以县为主"的管理体制。这一体制的改革，是针对我国长期以来农村义务教育管理重心偏低、教育投入严重不足和农民负担过重等问题而采取的重大改革举措。"以县为主"的管理体制改革是与税费改革同时进行的。税费改革取消了农村教育费附加和教育集资，加之"一费制"的实行和对教育乱收费的治理，共同减轻了农民的负担，并把农村义务教育投入的主要责任落在了政府的肩上。这从根本上解决了农村中小学教师工资拖欠、危房改造和办公经费短缺等问题，建立起规范的、确保稳定增长的农村义务教育投入保障体制，减轻了农民的负担。"以县为主"管理体制改革从体制和制度上，实现了农村义务教育办学经费主要由农民负担转变为由政府负担，从而实现了政府教育行政管理职能从主要是"管"到"管""办"并举的转变。

经过21世纪前二十余年的努力，全国大多数地区基本完成了"以县为主"的教育管理体制改革，政府教育行政管理职能逐步明确和到位。这主要反映在以下方面：能根据县域经济的发展状况和财政实力，不断加大对农村义务教育的投入，在农村中小学的建设和教师队伍的稳定上取得了比较好的效果。在教育财政制度方面，由县统一管理，教师工资列入工资专户，减少了工资发放的中间环节，确保了教职员工工资的按时足额发放，有效避免了在中间环节上出现的挪用和挤占教师工资的现象；统一县域内教师的工资水平标准，并使其基本上达到国家公务员的薪资标准，减缓了农村中小学教师流失和不合理流动的状况。在师资队伍建设方面，由县教育局统筹管理，并负责教师培训等事宜，为全面提高中小学教师专业化水平奠定了基础；统一了中小学公用经费的开支标准，改变了原来各个学校经费不均的现象；能够集中全县财政力量和动员更大范围的社会投入，进行中小学危房改造和新学校、新校舍的建设；能够以县域为单位，全盘统筹规划现代化教学设施设备的配置，使农村学校办学条件的改善趋于有序、科学、合理。

　　但是，我国地域辽阔，东、中、西部地区经济和社会发展水平不平衡，受政府行政管理层级繁多、教育行政的从属制等因素的影响，实施"以县为主"管理体制过程中还存在着一些具体问题，需要在深化教育行政管理体制改革中逐步解决。首先，规范和完善上级政府财政转移支付制度。在经济欠发达地区，县级经济实力薄弱，本级财政不足以支撑农村义务教育的正常运行，尽管中央和省等各级政府通过财政转移支付予以支持，且这种行为的力度逐年加大，但是在上级政府财政转移支付的总额和使用分配上，还缺少深入的供需调研，较多体现的是临时性和政策性，同时也缺少刚性的监督和对资金使用的全程评估机制，这就为转移支付资金的划拨和使用埋下了很大的隐患。其次，扩大"以县为主"教育管理体制的内涵。现阶段实行的"以县为主"体制，并不是说教育行政部门能够统揽投入教育领域的人力、财力和物力，并根据教育改革和发展的需要，对教育资源进行配置。在县域行政范围内，教育部门的人事权力通常由人事部门、组织部门掌握，财权则由财政部门控制，教育行政部门只有事权和部分人事权力。因此，教育行政部门能否办成事、办好事往往取决于其与这些相关部门的关系，这就制约了教育部门的自主性和独立性。同时，这种行政管理不合理的权力分配，也导致了教师聘任制和校长聘任制无法真正实行，教师的选聘与辞退均不畅通，教师资源难以进行合理配置。因此，实现县域教育领域人权、事权和财权的统一，是深化"以县为主"教育管理体制改革的选择，也是促进农村义务教育进一步发展的关键因素。

三、我国教育行政管理体制的发展趋势

　　从我国教育行政管理体制改革的发展轨迹可以看出，我国的教育行政管理体制

的改革始终在社会经济体制、政治体制改革的影响下不断进行，体现了我国教育行政管理体制改革日益走向科学化和专业化。在我国社会主义市场经济体制、政治体制改革不断深化的背景下，我国教育行政管理体制改革也呈现出一些新的发展趋势。

（一）在国家政治体制改革背景下完善教育行政机构的改革

改革开放以来，我国先后开展了九次政府行政管理体制改革，政府职能不断转变，政府组织不断优化，政企分开、政事分开初步得以实现。尤其是2008年开启的大部制改革、2018年推进的政府治理体系构建，目的在于加强政府行政机构整合力度，探索建设人民满意的服务型政府的有效路径。在此种背景下，作为政府行政组织的有机组成部门，我国教育行政机构也以精简机构和转变职能为重点，对教育行政机构内部的各个职能机构进行重新审视，合理撤并一些多余的、职能重叠的机构，提高机构的行政效率，缩减行政成本。与此同时，合理下放一些教育行政管理权力。尽管我国行政管理体制改革多次强调简政放权，但是对于权力的下放范围和限度问题，却没有明确的认识和清晰的操作准则。从某种意义上来说，权力过度下放给地方政府，而政府对于基础教育的投入和管理不足，加大了我国基础教育的区域差距、城乡差距。因此，今后我国教育行政机构改革，一方面，要在精简机构和转变职能的基础上，着力提高行政效率，树立公共服务意识，在国家建设服务型政府的过程中，强化教育行政管理主体的服务意识与行为；另一方面，在教育行政权力下放上，不仅要清晰地明确权力下放的范围和限度，发挥好权力资源的最大效用，而且要做到权力与责任的对等。因为没有责任约束的权力，一方面容易造成权力的滥用，另一方面也会使权力失去应有的权威，出现失去其合法性基础的危机。总之，当前的教育行政管理体制改革中，必须健全教育行政管理中的责任控制机制和服务机制，强化教育行政管理主体的伦理精神、责任意识和服务精神，最终实现教育行政管理的科学性、有效性。

（二）城乡一体化背景下的教育行政管理体制及其实现机制的改革

由于长期受到我国城乡二元经济结构的影响，我国城乡二元教育结构形态也相当明显。尽管我国确立了"以县为主"的教育行政管理体制，把我国教育的城乡一体化提升到县级层面，但是由于全国大部分县（市）经济发展水平不高，尤其是中西部县（市）统筹能力依然有限并呈现参差不齐的状态，这不仅使我国城乡教育差距的现状没有得到根本的改观，而且导致了新的城乡教育发展不均衡问题的更加凸显。新时代，在国家乡村振兴战略和教育高质量发展背景下，我国县域普通高中的高质量发展备受关注。2021年12月，教育部、国家发展改革委、财政部等九部门联合印发了《"十四五"县域普通高中发展提升行动计划》提出"完善普通高中办学管理体制，加强省级统筹，强化地市和县两级办学主体责任，鼓励各地探索建立以地市为主的办学管理体制，促进市域普通高中教育整体协调发展"。这也标志着普通高中的办学管理体制改革逐渐从以县为主走向以地市为主。在国家城乡经济、社会发展一体化进程中，我国城乡教育一体化发展进程日益加快，并逐步呈现出义务教育的城乡融合、普通高中教育的市域一体之势。那么，我国的基础教育管理体制改革是否需要在更大范围内、由更高一级政府去统筹基础教育发展，以引导城乡教育均衡发展，实现城乡教育一体化，也是未来一个时期我国教育行政管理体制改革所要探究的问题。

同时，城乡一体化背景下的教育行政管理体制改革的顺利完成，必须充分考虑和研究城乡一体化下的教育行政管理体制改革的实现机制问题，也就是说要建立有效的教育行政管理体制改革的激励机制和监督机制。由于改革本质上是要打破利益格局，对利益、资源进行重新配置，教育行政管理体制改革必然涉及诸多利益相关者的直接和间接利益，我们应该建立一种使诸多利益相关者积极参与、拥护和践行改革的激励机制。此外，国家要以制度的形式强化对教育行政机构的监督，保证改革的稳定性和权威性，建立独立于教育行政机构之外的教育督导机构和制度体系，切实有效地履行监督职责。

（三）信息化、 数字化背景下的教育行政管理体制的改革

21 世纪以来，信息技术的飞速发展和广泛应用，对人类的生活、工作产生了重大影响。尤其是近十年来教育信息化、网络化、智能化、数字化的快速发展，极大地转变了教育行政管理的思想和行为，推动着教育行政管理体制改革。2021 年 3 月，《教育部关于加强新时代教育管理信息化工作的通知》提出，"利用新一代信息技术提升教育管理数字化、网络化、智能化水平，推动教育决策由经验驱动向数据驱动转变、教育管理由单向管理向协同治理转变、教育服务由被动响应向主动服务转变，以信息化支撑教育治理体系和治理能力现代化"；同时，加强教育管理信息化组织领导，构建教育管理信息化分工机制，完善教育管理信息化制度体系。2022 年 10 月，党的二十大报告首次对教育、科技、人才进行"三位一体"统筹安排、一体部署，并首次将"推进教育数字化"写入报告，把教育数字化战略行动作为建设教育强国的重要举措。由此可见，随着教育数字化时代的到来，通过信息化、智能化、数字化的手段赋能教育行政管理的转型升级，已经成为国家推进教育治理现代化的重要内容。

作为创新教育治理理念和方式的重要举措，国家教育数字化战略行动是加快转变教育行政部门职能，推动"放管服"改革，落实依法治教、依法办学的重要抓手，

其对我国各级教育行政部门的决策科学化、管理精准化、服务便捷化工作的意义重大。主要表现在：进行教育行政组织结构再造，加速教育行政组织从金字塔式向扁平化、小型化方向转变；教育行政组织权力也会从集权化、高重心走向分权化、低重心、均衡化；教育行政监督、评估手段和方法日益从传统的、单一化、表面化走向现代的、多样化、信息化，问题解决的时效性、精准性得到显著增加。总之，随着教育数字化的深度转型，教育行政管理活动也逐渐从传统的理念、思想域行为走向一种兼具传统与现代、科层与专业、效率与质量的新型样态。

第三节　国外教育行政管理体制改革趋势

受国家政治制度、经济体制、历史传统和主流文化的影响，世界各国形成了中央集权制、地方分权制和中央集权制与地方分权制相结合等不同形态的教育行政管理体制。近些年来，随着各国经济发展水平的迅猛提高和信息技术的日新月异，世界各国教育事业发展速度日益提高，发展规模迅速扩大。伴随而来的是，探索适合本国实际情况的教育行政管理体制也呈现出一些共性的趋势。

一、教育行政管理体制改革趋向均权化

纵观世界各国的教育行政管理体制改革，教育行政管理权力和责任的重新审视与划分，是教育行政管理体制变革的一个至关重要的方面。这或许是由于世界各国在教育领导和管理实践中，充分认识到教育行政管理权力的过度集中或过度分散，都会对教育发展和运行产生阻碍，权力的适度调配对于教育事业发展有重要价值和意义。因此，为了加强中央政府对国家教育事业的统一领导和管理，充分发挥和调动地方政府办教育的积极性和主动性，在世界各国之中，实行教育行政管理中央集权制的国家正采取有效措施，加强地方政府的教育行政管理能力和统筹协调能力，赋予地方政府和学校更多的领导和决策权限，以提高教育行政效率和办学质量；实行教育行政管理地方分权制的国家也在采取措施，将涉及全国利益的教育事业归由中央统一管理，逐步加强中央的权限和领导协调作用。也就是说，无论是实行教育行政管理中央集权制的国家，还是实行地方分权制的国家，都在寻求一种适度的、中间的权力分布状态，即逐渐趋于均权化。在教育行政管理权力均衡化的状态下，中央教育行政组织负责制定全国统一的教育方针、政策、各级教育制度和全国教育发展规划等，地方政府则根据国家政府制定的教育方针、政策和标准，根据地方的现实情况和实际需要，拟订具体计划并付诸实施。

重新审视中央政府在国家的教育领导和管理方面的权力的范围和限度，并合理地下放或集中一些权力和责任，是世界各国教育行政管理体制改革共同关注的内容。尤其是在新公共管理理论的影响下，中央政府在国家公共行政管理上的角色和作用重新引发思考。就教育行政管理领域来说，曾经实行强有力的中央集权制的中央政府开始把基础教育行政管理的权力下放给地方政府，对基础教育管理的宏观政策和教育发展质量进行评价，并为基础教育的发展提供充足的经费和政策支持。而一些实行地方分权制的国家，中央政府也开始集中一些国家教育发展的必要权力，以便能够统筹国家整体的教育发展进程。

法国是典型的实行教育行政管理中央集权制的国家。各级教育行政机构都要受到国家权力的指挥和监督。自 20 世纪 80 年代以来，法国政府进行了以教育行政管理下放为重点的教育行政管理体制改革，并通过颁布《地方分权法》《非集中化法》等法律把教育行政管理权限下放推向深入，从而有力地扩大了学区、省、市等地方的自主权力。进入 20 世纪 90 年代，法国政府明确把"宏观指导，制定政策"作为教育行政机构的基本职能，并监控其贯彻落实情况。1997 年，有关机构调整和人事放权的政令颁布，教育部开始进行机构重新整合，把原来的 16 个司精简为 11 个，加强宏观规划职能和各个职能部门之间的横向联系，在学制、教育大纲、教学内容和师资管理方面逐步下放权力，如中小学教师改为由学区管理，教师在教学方面享有更大的自主权。

美国是一个以地方分权制为特征的国家，奉行"自治办教育"的思想，地方分权和行政运作民主化是美国教育行政管理的重要特点。美国联邦宪法明确规定，联邦政府并无教育行政权力，教育行政权力属于各州。美国联邦教育部的职责和作用是代表国家对整个教育事业实行宏观管理，主要肩负着国家财政援助、教育研究、教育统计等职责，处于指导和资助的地位。但是近年来，美国把教育置于维护国家安全和保持竞争力的重要战略地位，美国政府和联邦教育部采取措施从宏观上对美国教育进行了整体规划。比如，1994 年，克林顿政府提出的《2000 年目标：美国教育法》表明美国在教育改革上决心进一步强化联邦政府的主导作用。2002 年，时任美国总统布什签署了《不让一个孩子掉队法案》的基础教育改革法案。通过这些政府法规和战略规划，联邦政府的教育行政权力正在逐步加强，美国的教育行政管理体制呈现出一定的集权化趋向。

重视地方政府对教育发展的作用和价值，赋予地方政府更多的教育行政管理权力和责任，实现地方政府教育行政管理角色的转型，即改变过去地方政府作为教育政策和法规的执行者的单一角色，转变为发展区域教育的创造者的角色，最大限度地调动和发挥地方政府领导与管理基础教育的积极性和区域教育统筹发展能力，是世界各国教育行政管理体制改革的又一个重要环节。

俄罗斯的教育行政管理沿袭着苏联中央集权的特色。自苏联解体后，由于经济体制的改革，俄罗斯看到本国教育发展面临的重重困境，尤其是地方教育财政方面的不足，使得俄罗斯联邦开始调整教育行政管理权力高度集中的现状，明确联邦中央政府和地方政府及其教育行政部门的各自权责，以达到对中央教育行政权力的重新分配，强化各共和国、地区对其辖区内的教育行政管理权力。

二、教育行政管理体制改革趋向科学化

随着管理科学、领导科学、决策科学、系统科学等理论的发展与成熟，公共管理实践逐步从经验管理走向科学管理，管理的科学化程度得到很大提高。在教育行政管理领域，借鉴先进管理理念和技术提高教育行政管理的科学化水平，是教育行政管理体制改革的一种发展趋势。这一发展趋势主要表现在重视教育的计划性、管理的科学性和教育科学研究等方面。

随着世界经济、科学技术的迅猛发展，世界各国教育事业发展的速度不断提高，规模不断扩大。要想对大规模的教育事业进行有效管理，实现教育发展目标，就必须从整体上制订全局性的教育事业发展计划或规划。因此，为了制订合理的教育计划，许多国家在其教育行政机构中设有专门的机构来研究或制订教育计划。比如，美国联邦教育部设有教育计划和预算司，英国教育和科学部设有师资、计划、国际关系及统计司，法国教育部设有计划委员会，德国教育部设有教育计划司。

就世界各国正在实施的教育计划而言，教育计划的范围和种类也在日益扩大。有的国家单独制订国家的教育计划，有的国家把教育计划作为国家综合计划中的一部分，也有的国家将教育计划纳入国家的经济计划。教育计划有全国性的，也有地方性的；有长期计划，也有短期计划。教育计划还包括各级各类的教育计划，如学前教育计划、初等教育计划、中等教育计划、高等教育计划、职业教育计划、师范教育计划、终身教育计划等。

各类教育的快速发展使教育行政事务倍增，这就需要教育行政人员学习和掌握先进的管理理念、技术和手段，以提高教育行政管理的科学性和有效性。为了实现教育行政管理的科学化，世界各国都努力采取各种措施，加强培养教育行政管理方面的专业人才和对在职教育行政人员进行专业培训，其中包括对先进的管理理论和教育理论的学习，对管理技术和手段等实践方面技能的培训，使教育行政人员能够提高自己的理论素养和实践技能。比如，美国许多大学的教育学院都设有教育行政管理专业，以培养未来教育行政管理的专业人才，同时还设有完善的在职进修制度，

为在职教育行政人员提供学习进修的机会。又如，法国教育部设有行政人员教育科，专门负责教育行政人员的培训工作。

由于现代教育越来越社会化，许多教育问题也日益复杂化，单凭教育行政人员的经验和主观判断，往往不能解决复杂的教育问题。这就需要有专门性的教育科研机构从事对各级各类教育的研究，以解决教育事业发展中遇到的各种问题。为此，许多国家从中央到地方，在教育的机构中设置了教育科学研究机构，大力从事教育的基础研究和实证研究，以科学的理论指导教育行政工作。在中央一级，法国设有国立教育研究所，主要研究课程、教学方法、师资培养等问题。日本设有国立教育研究所，主要研究领域为教育史、教育思潮、教育计划、教育行政、普通教育、比较教育等。英国设有英格兰和威尔士全国教育研究基金会，研究范围涉及整个学校教育的内容、方法与考试。美国原先设有国立教育研究所，在联邦教育部成立后，并入该部的教育研究和发展司。这些研究机构除从事教育研究以外，还有开展教育咨询的重要任务，为教育决策提供各种指导性建议和方案，从而使教育的政策、规划、标准等都能建立在科学与合理的基础之上。

三、教育行政管理体制改革趋向法治化

现代社会进步的一个重要标志就是法治社会的特征日益显现。系统的、完备的法律体系是世界许多国家进行公共行政的主要依据。努力完善教育法律法规体系，做到教育行政管理法治化，是教育行政管理改革的一个必然发展趋势。

长期以来，由于国家的教育法律法规不健全或者对现有教育法律法规的漠视，各级教育行政机构领导者的权威、经验和指令是教育行政人员进行教育行政管理活动的主要标准和依据，这种教育行政管理的人治行为使得教育行政管理权力被不恰当利用。为了扭转教育行政管理的人治行为，逐步走向法治化的道路，近年来，各国教育行政管理体制改革的重点是通过教育立法，把国家的教育方针和政策以法律的形式确定下来，使教育行政管理的各项措施具有稳定性、连续性和权威性，从而保证和促进教育事业的改革和发展。许多国家均在国家宪法中对教育行政管理制度做了原则性规定，并确立了各国教育行政管理的基本结构。美国联邦宪法中虽无教育方面的具体条文，但宪法第十条修正案规定，教育行政管理权为各州的保留权，而联邦政府则没有教育行政管理权。各国在宪法的基础上，还制定了一系列的法律，对教育行政管理方面的问题做出了具体规定。比如，日本的《教育基本法》《学校教育法》、法国的《高等教育指导法》、英国的《巴特勒教育法》、美国的《国防教育法》等，都是各国教育行政管理的重要依据，对各国教育行政管理逐步走向法治化道路起着重要的作用。

四、教育行政管理体制改革趋向民主化

随着社会的不断进步和文明程度的不断提高，世界各国在教育管理活动中日益注重民主参与和民主管理，通过建立健全教育审议制度或建立教育咨询机构，加强教育行政的民主管理，促进教育决策和教育立法的民主化、科学化，从而体现教育的社会性、公共性、公平性特征。

世界各国教育行政机构都设有种类繁多的审议或咨询机构。美国在联邦设有政府间关系教育顾问委员会、联邦职业教育审议会、联邦成人教育审议会等十多个审议机构，各州教育行政机构也设有州职业教育审议会等。英国教育和科学部设有中央教育审议会、师资供应教育审议会、研究委员会审议会、全国地方高等教育审议会等，地方教育行政机构也设有区域性教育审议会等。法国除设有国民教育最高审议会外，还设有全国高等教育及研究审议会、全国学校配置委员会以及各类职业教育审议会等十多个审议机构，大学区教育行政机构也设有地域高等教育及研究审议会、大学区学校配置审议会、区域青年审议会等数个审议机构，地方各省的教育行政机构也设有省初等教育审议会、辅导审议会等。日本文部省设有中央教育审议会、教育课程审议会、教育职员养成审议会、产业教育审议会和学术审议会等，各都道府和市町村教育行政机构也设置了社会教育审议会、地方产业教育审议会和体育活动振兴审议会等审议和咨询机构。

这些审议和咨询机构对教育发展所面临的一些棘手的专业问题、教育行政机构的政策和行为进行研究，并把这些研究成果主动提供给教育行政机构，为其进行决策提供有益的参考。同时，还接受教育行政机构关于某些重大决策问题的咨询，提供一些有建设性的意见和建议。为了充分发扬民主精神和体现民主参与教育决策的广泛性和真实性，达到集思广益的效果，这些教育审议或咨询机构组成人员除了行政官员和专家学者外，也包括教职人员、社会各界人士、专业团体代表等。比如，美国联邦教育部设置的政府间关系教育顾问委员会的成员包括民众代表、民选地方官员代表、公私立中小学代表、公私立大专院校代表和教育部官员代表，英国的中央教育审议会的成员包括中小学、教师协会、企业界、科学界和宗教界的代表，法国的国民教育最高审议会的成员包括公立学校教师代表、私立学校教师代表、教育行政代表、其他各阶层代表（政府各部、家长联合会、雇主联合会、雇员联合会），日本的中央教育审议会的成员包括大学教育人员、中小学教育人员、新闻界和企业界的代表。设置审议会的目的就在于广泛征求和听取社会各方代表的意见，集思广益，防止教育决策出现重大失误，监督和纠正教育行政机构的偏差，提高教育行政管理的科学化水平。

本章精要

1. 教育行政管理体制，是指一个国家的教育行政组织系统，或理解为国家对教育的领导和管理的组织形式与工作制度的总称。它主要涉及国家各级教育管理机构的设置、它们之间的隶属关系及权责划分等要素。教育行政管理体制要解决的核心问题就是中央政府与地方政府、教育行政部门与学校围绕教育事权方面的权责划分。教育行政管理体制有四个主要功能：领导与管理功能；权力分配功能；分工协作的功能；提高教育行政管理效率的功能。教育行政管理体制可分为中央集权制与地方分权制、从属制与独立制、专家决策制与非专家决策制等多种类型，其建立、改革及完善受到一个国家的政治体制、社会经济状况、教育和文化传统等因素的制约或影响。

2. 我国基础教育实行的是国务院领导，省、自治区、直辖市人民政府统筹规划，市、县级人民政府具体负责实施的地方负责、分级管理、以县为主的体制。"以县为主"的管理体制改革，使政府对农村义务教育的行政管理职能逐步明确和到位。通过中央政府的简政放权，扩大地方政府统筹教育管理的权限，扩大学校办学自主权，推行管理、办学、评价权力的分离与联动等方式，现行教育行政管理体制得到进一步完善。我国的教育行政管理职能开始向探索地方负责、分级管理的教育行政管理体制，明确政府对农村义务教育的行政管理职能转变。

3. 在我国社会主义市场经济体制、政治体制改革不断深化的背景下，我国教育行政管理体制改革也呈现出一些新的发展趋势：在国家政治体制改革背景下完善教育行政机构的改革；城乡一体化背景下的教育行政管理体制及其实现机制的改革；信息化、数字化背景下的教育行政管理体制的改革。

4. 国外教育行政管理体制改革趋向均权化、科学化、法治化和民主化。其中比较突出有：明确中央政府教育行政管理的宏观领导、监督和服务作用，着重增强地方政府教育行政管理的权力与责任，重视教育的计划性和管理的科学性与教育科学研究。

思考题

1. 教育行政管理体制的含义是什么？

2. 教育行政管理体制的从属制和独立制各有哪些优点和不足？

3. "以县为主"的教育管理体制改革主要体现在哪些方面？

4. 探索建立县域普通高中以地市为主的办学管理体制的意义有哪些？

5. 我国教育行政管理体制改革的发展趋势主要有哪些？

6. 国外教育行政管理体制逐步走向均权化的表现是什么？

案例分析："地市统筹"的县域普通高中办学管理体制改革之思

2021年12月，教育部等九部门印发了《"十四五"县域普通高中发展提升行动计划》，提出县域普通高中（县、县级市举办的普通高中，以下简称县中）在推进教育高质量发展和乡村振兴战略中承担着重要使命，寄托着广大农村学生对接受更好教育的美好期盼。但是，一些地方县中发展还存在生源和教师流失比较严重、基础条件相对薄弱、教育质量有待提高等突出问题。为整体提升县中办学水平，更好适应高考综合改革和普通高中育人方式改革，现决定实施"十四五"县域普通高中发展提升行动计划。之后，全国各个省（自治区、直辖市）也相继制定了《××省"十四五"县域普通高中发展提升行动计划》实施方案，依据国家政策精神和本省实际，确立了县中振兴的指导思想、工作目标、任务举措、组织保障。其中，规范高中招生管理成为首要工作举措。

G省在规范高中招生管理方面提出：强化招生入学属地管理责任，全面落实国家和省有关公民办普通高中同步招生和属地招生政策要求，完善优质普通高中指标到校招生办法，规范特殊类型招生。地级以上市城区的普通高中学校应在所在区或若干城区内招生，不得违规招录县中生源。完善普通高中考试招生政策，全面清理挖抢县中优质生源的政策，采取有效措施稳定县中优质生源。加强省市级高中阶段学校统一招生录取服务平台建设，进一步规范普通高中招生录取工作，强化招生录取各环节全流程监管，深入开展违规跨区域招生、掐尖招生等行为专项整治，加大对违规招生行为的查处力度。省根据国家统一部署实施重点高校招生专项计划。

A省在规范高中招生管理方面提出：强化招生管理省级统筹、地市主责、县级落实责任，全面落实公民办普通高中同步招生和属地招生政策。地处县域（含县级市）的公民办普通高中应在本县域内招生，地处设区市城区的公民办普通高中应在所在区或若干城区内招生。民办普通高中生源不足的，可由市级教育行政部门在辖区内统筹调剂安排招生计划。继续实施省级示范高中指标到校不低于80%的招生办法，规范特殊类型招生，促进县中多样化有特色发展。建成全省统一的高中阶段学校招生录取网络平台，切实加强招生计划、录取过程和招生录取信息管理和监督，对违规招生行为加大查处力度。继续实施高校招生有关专项计划，对基础教育薄弱地区予以支持。

综上可见，G省和A省都在规范高中招生管理方面做出了明确规定，不同程度地加强了对县中优质生源的保护，为两省县中发展提供了必要的政策支持。

课堂讨论

1. 请结合普通高中的办学管理体制制约因素的相关内容，分析目前县中发展困难的主要原因，并提出解决策略。

2. G、A 两省尝试"地市统筹"的县中办学管理体制改革有何区别？ 其在操作过程中可能面临哪些阻碍？ 这一体制改革是否可以保证县中的高质量发展？ 请谈谈你的看法。

第五章　学校组织结构与管理制度

本章学习目标：

- 了解学校组织结构的基本模式和设计的基本原则；
- 理解制定学校管理规章制度的原则；
- 掌握现代学校制度的价值追求及建设策略；
- 理解党组织领导的校长负责制的基本内涵。

如果将学校的运作比作人体的运行，那么学校的组织结构便如人体的骨骼，而相应的管理制度则是肌肉与韧带。一所卓越的学校需要与之匹配的"骨骼"和强有力的"肌肉"与"韧带"。我国教育改革的不断推进和学校事业的不断发展变化，均对学校的组织结构与管理制度提出了新要求和新挑战。本章将呈现学校组织结构设计的基本知识，分析如何科学设计学校组织结构；介绍学校管理规章制度的种类和制定原则，明确学校组织结构和管理规章制度改革的趋势与方向；重点介绍处于核心地位的党组织领导的校长负责制，分析如何深化学校内部管理制度改革。

第一节　学校组织结构的设计

著名管理学家明茨伯格（H. Mintzberg）曾言："每一项有组织的人类活动——从陶壶的制作到人类登上月球——都提出了两个基本的且相互对立的要求：为完成不同任务而进行的劳动分工，为完成该活动而将这些任务予以统合协调。可以简单地将组织结构定义为针对不同任务而进行的劳动分工方式，以及随后要进行的各种协调工作的总和。"[1]关于学校组织结构的内涵，我们认为可以将其界定为：学校为完成教育教学任务而建立起的组织系统，其核心是人、财、物的组合方式和职、权、责的分配关系。其具体内涵主要包括三个方面：第一，学校纵向的权力等级和职责分布；第二，学校横向的权责划分及职能部门构成；第三，学校内部的决策、执行、沟通、联络、反馈等运转协调机制。要维系学校人员集合体的有效运作，必须建立起目标明确、层次清晰、职责完备、体系健全、运转协调的学校管理组织系统。

一、学校组织结构的基本模式

管理机构的组织结构反映和规定了管理机构之间的相互关系和权力的作用方式。当代管理学把管理实践中的组织结构归纳为如下五种基本模式。[2]

（一）直线型组织结构模式

直线型组织结构模式又称直线式组织结构模式，它是最简单、最原始的一种组织结构模式。其特点是指挥和命令从组织的最高层到最低层，按垂直系统直接排列。

各级主管人员对所属下级拥有直接的职权，组织中每一个职能人员向一个直接上级报告，即"一个人，一个头儿"，不设专门的参谋（职能）机构。一般采取一个人

① ［美］韦恩·K. 霍伊、塞西尔·G. 米斯克尔：《教育管理学：理论·研究·实践（第7版）》，范国睿主译，80页，北京，教育科学出版社，2007。
② 司晓宏：《教育管理学论纲》，160页，北京，高等教育出版社，2009。

管辖数人的形式，层层设置，形成一个等级系列，因其结构形式呈"金字塔"形，所以又称金字塔式组织结构模式。（见图5-1）

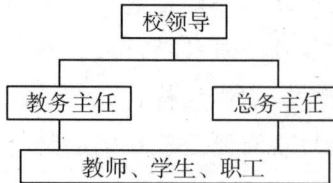

```
            ┌─────────┐
            │  校领导  │
            └─────────┘
         ┌──────────┴──────────┐
    ┌─────────┐          ┌─────────┐
    │ 教务主任 │          │ 总务主任 │
    └─────────┘          └─────────┘
    ┌─────────────────────────────┐
    │    教师、学生、职工          │
    └─────────────────────────────┘
```

图 5-1　直线型组织结构图

直线型组织结构模式的优点在于组织结构简单，上下关系明确，便于统一指挥。就学校而言，一些规模小的学校很适合采用这一模式。在这种模式下，一般校长下面不设教务处和总务处等职能部门，而只设教务主任（或干事）、总务主任（或事务员）两名职能人员，校长直接指挥全体职工。直线型组织结构模式要求上一级机构负责下一级机构的全部管理活动。因此，这一模式在一些规模比较大、管理要素比较多的学校中便不太适宜运用。

（二）职能型组织结构模式

职能型组织结构模式即在单位的领导机构下面根据不同的管理任务、业务和职能，建立起若干职能部门（可以由多人组成），每个职能部门分别承担某一方面的管理任务和职责，这些职能部门接受上级组织的领导和本部门负责人的指挥，并有权向下一级机构下达命令和指示，下一级必须服从。这种模式的优点在于可以使领导机构的主要负责人从各项具体的管理事务中解脱出来，集中精力考虑有关全局的战略性问题，同时能够从各职能部门获得专业化的意见，有助于做出正确的决策。（见图5-2）

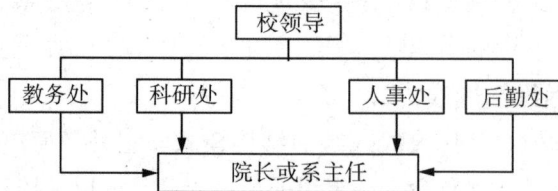

```
                ┌─────────┐
                │  校领导  │
                └─────────┘
      ┌──────┬─────┴────┬──────┐
  ┌──────┐┌──────┐  ┌──────┐┌──────┐
  │教务处││科研处│  │人事处││后勤处│
  └──────┘└──────┘  └──────┘└──────┘
      ┌──────────────────────────┐
      │      院长或系主任          │
      └──────────────────────────┘
```

图 5-2　职能型组织结构图

职能型组织结构模式也存在一些明显的缺点。比如，当高校各职能部门拥有对院系一级的指挥权时（如教务处、科研处、人事处、后勤处等分别向院长或系主任下达指令），便容易使院长或系主任受到多头指挥，而当这些指令出现不一致时，院长和系主任就会无所适从。因此，不宜采用单纯的职能型组织结构模式。

（三）直线—职能型组织结构模式

这一组织结构模式又称"直线参谋制"。这种模式既能保持直线型组织结构模式的指挥链，又能把直线指挥系统和职能系统有机结合起来。其职能部门的管理人员是直线指挥人员的助手，只能对下级进行业务指导，而不能对他们进行直线指挥和命令。职能机构体现的主要是相关职能管理权，而不是全权的直线指挥权。这一组织结构模式既扬弃了职能型组织结构造成的多头领导、指挥不统一的缺点，又保留了职能型组织结构中管理专业化的优点，还吸收了直线型组织结构统一指挥的长处，因而是一种适合在大学和中小学普遍采用的组织结构模式。在其他行业中，这一组织结构模式也应用得比较广泛。高等学校和普通中学中的直线—职能型组织结构见图 5-3、图 5-4。

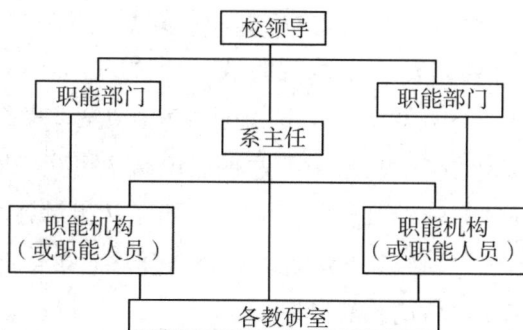

图 5-3　高等学校直线—职能型组织结构图

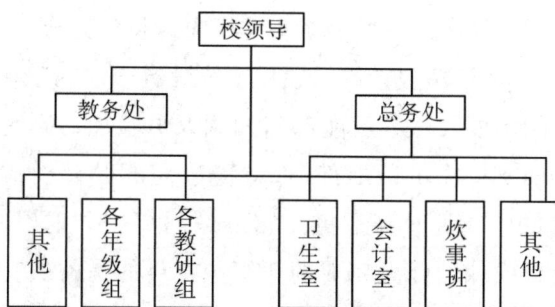

图 5-4　普通中学直线—职能型组织结构图

直线—职能型组织结构模式既要求大学校长对全校各院（系）的具体行政工作进行全面领导，又不至于把过多的具体管理工作都交由校长去处理，因此该模式具有一定的优越性。但是它也存在一定的不足：一是各职能部门之间产生的横向联系较少，并且由于各自处理问题的角度不同，彼此之间容易产生矛盾；二是各职能部门缺乏决策权和指挥权，事事都要向直线管理人员请示报告，容易造成职能人员在管理工作上的被动，也会影响管理的速度和效率。为了弥补这种缺陷，有人创立了加强职能部门联系的委员会会议制度或协作会议制度，以沟通意见，加强配合；还有人建议把直线式管理中的一部分权力适当下放给职能部门，以激发职能人员的积极性和责任感。这些都不失为有效的措施。目前，我国普通中学的组织结构模式更多地反映了这一特点。

（四）事业部制组织结构模式

事业部制组织结构模式首创于20世纪20年代美国通用汽车公司，后为规模较大的企业所普遍采用。其特点是在总公司下面分别按产品种类设立若干事业部，每一个事业部相当于一个分公司，拥有经营管理上的自主权和独立性，即有自己独立的产品和市场，独立进行生产和销售，实行独立核算，自负盈亏。同时，事业部受公司长期计划预算的严格限制，并要完成公司制订的一定额度的利润计划。这种组织结构模式最突出的特点是"集中决策，分散经营"，即总公司集中决策，事业部独立经营。

目前，一些规模较大的高校也采用了这种组织结构模式，即在大学之下设立分校或独立学院，分校或独立学院既受学校总部领导，又相对独立办学。这一组织结构模式的优点是能够把统一领导和分级管理有效结合，把联合化和专业化有效结合。其弊端是，若处理不好，容易把总部架空。

（五）矩阵型组织结构模式

矩阵型组织结构模式又称"规划—目标结构"。这是一种由纵横两套系统交叉形成的复合组织结构模式。纵向的是职能系统，横向的是为完成某项专门任务（如新产品开发或课题研究）而组成的项目系统。项目系统没有固定的工作人员，而是随着任务的进度和实际工作的需要，从各职能部门抽调人员参加，当完成了与自己有关的工作后，这些人员仍回到原来的职能部门。[1] 这一组织结构模式是根据美国公共行政专家古利克所提出的组织原理拓展的。它不是创造一个正规的、永久性的组织，而是发展一个支持项目或课题任务完成的亚组织，目的是解决特别的问题。该结构中既有指挥—职能的领导关系，也有项目—目标的领导关系。每一个项目（或课题）由一个项目负责人负责，全体成员接受双重领导，即在执行日常工作方面接受原单位或原职能部门的领导，而在执行项目任务方面则接受项目负责人的领导。20世纪60年代，美国的阿波罗航天计划运用的就是矩阵型组织结构模式，即在一个正规组

---

① 周三多、陈传明、贾良定：《管理学——原理与方法（第六版）》，321页，上海，复旦大学出版社，2014。

织内同时存在两个"互补组织"——横向的项目组织和纵向的传统直线组织。

矩阵型组织结构模式的优点是打破了传统的"一个下属只接受一个领导者的命令"的指挥原则，使"权力由垂直变成水平"，加强了各职能部门之间的横向联系，使上下左右、集权分权得以最佳结合，特别是有利于促进专业技术人员相互合作，通过协同作战攻克复杂难题。这一组织结构模式比较适用于科研部门和高等院校。目前一些高水平大学建立的跨学科联合体，正是借助了矩阵型组织结构模式的优越性。大学矩阵型组织结构模式如图 5-5 示意。

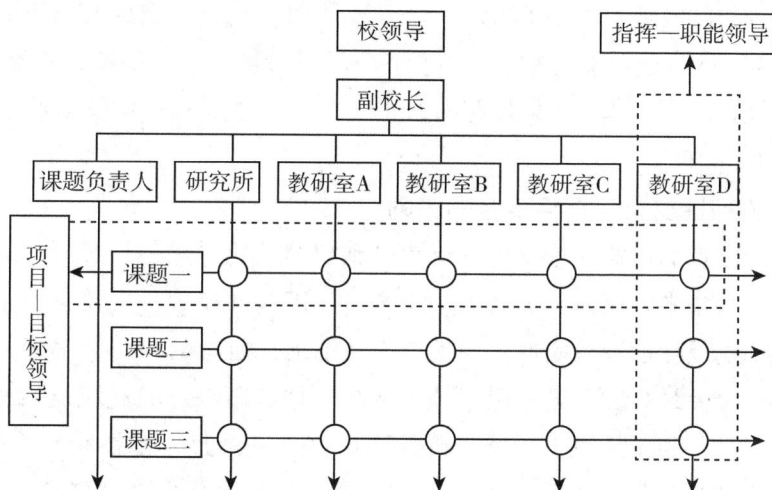

图 5-5　大学矩阵型组织结构图

以上五种组织结构模式没有绝对好坏优劣之分，具体采取哪一种模式，必须根据不同组织管理系统的特性、目标和功能出发。就普通中小学和大学而言，目前中外各国主要采取的是直线—职能型组织结构模式。

二、学校组织结构设计的基本原则

目前，我国学校内部组织结构设置仍处于改革、完善时期。总结以往的历史经验教训，联系目前的实际，我们认为，在学校组织结构的建设上，应注意坚持以下原则。

（一）坚持权责一致的原则

权责一致的原则可表述为：职权和职责必须相符、相等。在进行学校组织结构设计时，既要明确规定每一管理层次和各个部门的职责范围，又要赋予其完成职责所必须具备的管理权限，而且对每一级职能机构的职务、责任和权限，都应制定章程，形成制度，做到任何人负责此项工作都得照章办事。只有做到权责一致，每一个职能人员在其位就要司其职，司其职就要行其权，行其权就要究其责，究其责就要奖其功、惩其误，才能确保学校组织结构设置的合理性和运转的高效性。

（二）坚持精简高效的原则

精简机构，裁减冗员，提高效率，是近年来我国教育管理体制改革的基本方向。各级各类学校内部组织结构改革也应自觉地符合这一时代要求。在机构的设置上，要从学校管理工作的实际需要出发，务必精简，做到可设可不设的不设；在人员的配备上，要务实精悍，做到可配可不配的不配。尤其是对管理干部的提拔配备，一定要做到因事设人，而不要因人设事。这里的"事"，就是指工作任务。目前，造成我国学校管理机构臃肿、人浮于事的一个重要原因就是为了安排人员而专门或刻意地设置机构与岗位。这种状况如果不改变，学校管理的组织效能就无法提高。须知，机构臃肿，冗员堆积，非但不能增强管理的力量和效能，相反会降低管理的力量和效能。

（三）坚持集权和分权相结合的原则

学校组织结构的设置和建设，既要考虑到权力的相对集中，又要考虑到权力的分级和分层。该集中的权力一定要集中上来，该下放的权力一定要分遣下去。这样才能提高组织的灵活性和适应性。如果事无巨细地把所有的权力都集中在最高管理层，那么不仅会使最高层主管淹没于烦琐的事务中，影响对战略问题的思考，而且还会助长"家长制"和文牍主义作风。在分层管理的问题上，就中小学而言，学校中党组织的书记和校长承担着重要的责任和任务。校长要首先处理好自身与副书记、副校长以及中层管理人员的分权和集权关系。哪些权力该自己掌握，哪些权力该下放，下放到哪一级等，对于这些问题，都要有周密的思考和安排。在现实中，有些校长把权攥得很紧，每事必询，事必躬亲，"眉毛胡子一把抓"，不给下属留有一点处理问题的权力和余地，其结果是自己疲倦不堪、焦头烂额，而下属非但不感激，还表示不满；还有一些校长则过于放权，大而化之，习惯做"甩手掌柜"，自己则逐渐被架空，难以控制和驾驭全局。因此，分权和集权一定要把握好度，这里既存在着对管理活动规律的深入领悟与遵循，也存在着对行权艺术合情合理的运用。

（四）坚持分工协作的原则

学校组织结构的设计，既要考虑到明确的分工，又要考虑到彼此的合作；既要明确纵向的上下层关系，又要建立良好的横向协作关系。有分工就有协作。因此，一定要防止部门本位主义。以普通中学为例，党组织与行政之间、行政与工会之间、教务处与总务处之间、教研组与教研组之间、班级与班级之间，既要有明确的分工，又要互相支持和配合；既要做到"铁路警察，各管一段"，又要提倡"众人救火，一齐上手"。

（五）坚持管理跨度合理原则

管理跨度又称管理宽度、管理幅度，是指一个管理人员所能最大限度地管理人、财、物、事、时、信息等对象的范围和程度。任何一个管理机构或管理人员的管理跨度总是有限的。管理跨度过大，难免会出现管不过来的现象，从而造成管理工作低效或失效；管理跨度过小，则容易产生机构臃肿、人浮于事的现象，同时也会造成管理资源浪费、管理成本加大。因此，在设计学校组织结构时，一定要考虑管理跨度问题。前面我们曾提到要精简高效的问题。精简高效并不是说机构越少越小、人员越紧张就越好，这里也有一个对管理跨度的把握问题。机构太少太小、人员太紧张，不仅会影响管理职能和管理效能，而且久而久之会造成管理人员过度疲劳，以至于危害他们的健康。近年来，我国教育行业中教师、干部生理和心理健康问题日益突出，不少人生理上处于亚健康状态，心理上产生焦虑、抑郁。这种状况的出现，无疑与工作压力过大、任务过重、紧张过度密切相关。因此，从以人为本的角度来考量，在设计学校组织结构时，也应充分地考虑管理跨度合理性的问题。

（六）坚持渠道畅通原则

在设计学校组织结构时，一定要确保各职能机构上下之间、左右之间信息渠道的畅通。要使决策层的指令信息能够及时、准确地传达下去，管理层和操作层的执行情况又能够快捷、如实地反映上来，不能出现"肠梗阻"现象。只有确保组织系统内信息渠道的畅通，真正做到上情下达、下情上达、左右通气、前后呼应，才能确保学校工作的整体弹性与张力，进而也才能提高学校管理的质量和效能。

三、我国学校组织的基本结构及职责

我国中小学现行的组织结构，总体上分为党组织直接领导下的基层党组织系统、群团组织系统和校长直接领导下的教学组织系统、行政办公机构，其中党组织是学校各项工作的领导核心。

（一）党组织

在实行校长负责制的体制下，校长是学校各项工作的领导核心；而在实行了党组织领导的校长负责制后，学校中的党支部（党委或党总支）则成了学校各项工作的领导核心。根据 2022 年 1 月中共中央办公厅印发的《关于建立中小学校党组织领导的校长负责制的意见（试行）》，中小学党组织的主要职责是全面领导学校工作，履行把方向、管大局、作决策、抓班子、带队伍、保落实的领导职责。学校工作中重大问题的决策，包括事关学校改革发展稳定及教育教学、行政管理中的"三重一大"问题，事关学校章程等基本管理制度的制定出台，事关干部的教育、培训、选拔、考核和监督，事关教师等人才的培养、招聘、使用、管理、服务和职称评审、奖惩等，均由学校中的党组织决定。中小学党组织的日常工作由党组织书记领导负责。关于普通中小学党组织书记的职数，一般认为，党组织设置为党委、党总支的中小学校，党组织书记、校长一般应当分设，党组织书记一般不兼任行政领导职务，校长是中共党员的应当同时担任党组织副书记；党组织设置为党支部的中小学校，党组织书记、校长一般由一人担任，同时应当设1名专职副书记。

（二）校长

校长不仅是一个管理岗位，而且是学校行政工作的负责人，同时为学校的法定代表人。2022年1月中共中央办公厅印发的《关于建立中小学校党组织领导的校长负责制的意见（试行）》规定，中小学校校长的基本职责如下。①研究拟订和执行学校发展规划、基本管理制度、内部教育教学管理组织机构设置方案。研究拟订和执行具体规章制度、年度工作计划。②组织开展教学活动和教育教学研究，加强教育教学管理，深化教育教学改革，负责招生、就业和学生学籍管理。③加强学生德育、体育、美育、劳动教育和心理健康教育，提高学校思政课教学质量。组织开展学校文化活动和科学普及活动，建设文明校园。④研究拟订和执行学校重大建设项目、重要资产处置、重要办学资源配置方案，管理和保护学校资产。⑤研究拟订和执行学校年度预算、大额度支出，加强财务管理和审计监督。⑥加强教师等各类人才日常教育管理服务工作，依据有关规定与教师以及内部其他工作人员订立、解除或终止聘用合同。⑦做好学校安全稳定和后勤保障工作。⑧组织开展学校对外交流与合作，加强学校与社会、家庭的联系，形成育人合力。⑨向学校党组织报告重大决议执行情况，向教职工大会（教职工代表大会）报告工作，支持群团组织开展工作，依法保障师生员工合法权益。⑩履行法律法规和学校章程规定的其他职权。根据学校规模的不同，中小学可以设副校长，副校长协助校长分管相关工作。关于中小学副校长的职数，目前理论界的普遍看法以及各地的主要做法是：20个班以上的大型学校，可以设1正2副或1正3副；12～18个班的中型学校，可以设正、副校长各1人；12个班以下的小型学校，可以只设校长1人。

（三）学校办公室

学校办公室是直属学校党组织和校长领导的处理日常校务工作的具体办事机构。一般的中小学不应设学校办公室，而只设一名专职秘书或干事，规模较大的学校才设学校办公室。学校办公室的主要职责是收发文件、处理公文、通知会议、协调督办、内外联络、搞好服务。

（四）教务处

教务处是管理学校教育教学工作的核心职能部门。教务处由教务主任具体负责。

教务主任一般应由教学经验丰富的教师担任。教务主任是校长领导教育教学工作的主要助手，教务处是全校教学管理的中枢机构。教务处及教务主任的主要职责是：做好教师和班主任的配套工作，领导教研组和教师制订教学计划，督促和检查教学计划的执行情况；编制校历，制订上课时间表、作息时间表、全校统一活动时间表、每周活动日程表等，以建立正常的教学秩序；参加备课和听课活动，帮助教师总结教学经验，提高教学质量；组织教师进行观摩课教学和业务进修，不断提高教师的教学水平；通过听课、检查作业、抽查试卷等渠道，了解分析学生的学习态度、学习效果，协调和控制学生的作业负担量；抓好学生的课外学习和课外活动，分析学生的智能和兴趣情况，促进学生身心健康发展；组织和检查图书仪器等教学设备的管理和使用，改进教学环境和教学手段；领导班主任制订工作计划，检查班主任工作计划的执行情况；指导学生团队活动和学生会工作；组织学生的社会活动和生产劳动；帮助班主任做好超常学生和后进生的教育工作等。关于教务主任的职数，一般认为，20个班以上的大学校，可设1正2副；12～18个班的中型学校，可设1正1副；12个班以下的小型学校，可只设教务主任1人；在一些规模更小的学校，不设教务处，只设教务主任。

（五）总务处

总务处是管理学校总务后勤工作的中心职能部门。总务处由总务主任具体负责。总务处及其总务主任的主要职责是：了解教学需要，做好教学工作的物质保障和后勤服务工作；建立健全资产管理制度，加强对学校固定资产的维修、保护和管理，提高设备的利用率；按照财务制度管理学校财务工作，做到少花钱、多办事；安排好师生员工的生活，办好伙食，搞好卫生保健工作；配合教务处具体组织安排师生的生产劳动等。关于总务主任的职数，20个班级以上的大型学校可设1正1副；中型学校可设总务主任1人；小型学校不设总务处和总务主任，只设1名事务员。

（六）政教处

改革开放以后，一些地方在规模较大的中小学中设立了政教处，其职能是把原属教务处管理的教职员工思想政治工作和学生德育工作等划归过来，实施统一管理。政教处重点对口管理的是由班主任组成的年级组工作。需要说明的是，教育部颁发的文件中并无这一机构的出处和依据。因此，我们认为规模较大的学校如确实需要，可以设立政教处，但一般情况下应从严控制。

（七）共青团组织

学校的共青团组织接受上级团委和学校党组织的领导，同时也接受以校长为首的行政负责同志的指导，主要职责是通过开展团的组织生活和活动教育引导广大学生树立革命理想，积极上进，勤奋好学，努力做中国特色社会主义事业的建设者和接班人。普通中学一般设专职团委书记1名。

（八）少先队

中国少年先锋队，即少先队，是中国少年儿童的群团组织，是少年儿童学习中国特色社会主义和共产主义的学校，是建设社会主义和共产主义的预备队。少先队的主要任务是团结教育少年儿童，使其努力成长为社会主义现代化建设需要的合格人才，成长为能够担当民族复兴大任的时代新人，做共产主义事业的接班人。

（九）教育工会

教育工会是中华全国总工会领导下的一个产业工会。学校中的工会组织是学校教职工代表大会闭会期间的常设机构，也是工会会员的领导机构，其主要职能是在学校党组织、校长和教职员工之间发挥"桥梁"和"纽带"作用。中小学中的工会组织，既要接受上级教育工会组织的领导，也在学校党组织的领导下和校长的指导下开展各项活动。

（十）学生会

学生会是团结全体学生的群众性组织。它在学校党组织领导下，并在共青团指导下开展活动，其主要任务是团结全体学生，协助校团委开展各项活动，同时协助班主任做好班集体建设和管理工作。

（十一）教研组

教研组也称学科组，它是一级教学研究组织，而不是一级行政组织。教研组一般以学科为单位，如语文教研组、数学教研组等。教师人数过少的几个相邻学科可以合在一起组成教研组，如史地教研组、体音美教研组等。教研组设教研组长负责其工作。教研组长的主要职责是：制订教研组工作计划，协调教学进度；组织教师钻研教材；开展集体备课；安排教师相互听课，组织观摩教学，交流教学经验，切磋教学技艺；深入课堂听取学生对本组教师教学的意见，帮助教师改进教学方法，提高教学水平，增进教学效果；开展教学改革试验，不断提高教学质量。

（十二）年级组

年级组主要由同一年级的班主任教师组成，设年级组长。年级组长的主要职责是：领导班主任工作，研究班主任工作规律，加强改进本年级的班级管理；研究各班学生的思想品德状况，加强和改进学生的德育工作；组织和协调全年级的社会活动、文体活动、家长会活动等大型集体活动。

（十三）班级

班级是学校的基层单位，班主任是班集体的组织者和教育者。班主任的主要职责是对学生进行思想品德教育，组织和指导全班学生的各项学习，抓好班级管理和纪律，指导班级的团队工作，组织学生参与各种社会活动，促进学生德智体美劳全面发展。

第二节　学校管理规章制度的建设

管理学校，不仅要建立合理完善的领导体制和组织机构，而且还必须建立健全一整套系统完备的管理规章制度。"不以规矩，不能成方圆"讲的就是这个道理。夸美纽斯指出，学校里没有纪律便如磨坊里没有水一样。马卡连柯指出，纪律是集体的面貌、集体的声音、集体的活动、集体的姿态和集体的信念。集体中的一切，归总起来，都摆脱不了纪律的形式。杜威也指出，纪律、自然发展、文化修养、社会效率，这些都是道德的特征，都是教育工作所要促进的一个社会优秀成员的标志。

所谓学校管理规章制度，就是指学校全体成员在工作、学习和生活当中必须遵循的行为准则。良好的学校管理规章制度，不仅可以对师生员工起到管理作用，而且可以起到教育作用。从管理意义上来看，规章制度的建立和实施，可以使师生员工的行为有章可循、有法可依，这样就可以达到依法治校的效果。从教育意义上来看，一定的规章制度，是一定社会的道德规范、思想规范和政治规范的具体体现。因此，规章制度在实施和执行的过程中，会对师生的思想和行为产生潜移默化、熏陶感染的教育影响。只要坚持不懈、持之以恒地执行，就会使规章制度中所蕴含的思想内容逐渐内化为师生的个性心理品质和行为习惯，从而使师生对制度的遵循由他律走向自律。诚如达尔文所言："经过长期实践之后，一些合乎道德的行为趋向会成为遗传的品性。"①对此，我国古人也曾揭示："蓬生麻中，不扶而直；白沙在涅，与之俱黑。""入芝兰之室，久而不闻其香……入鲍鱼之肆，久而不闻其臭。"因此，在学校管理活动中建立系统完备的规章制度十分重要，它是保证学校管理活动走上法治化、程序化和科学化的重要途径和手段。

一、学校管理规章制度的种类

学校管理规章制度的范围和内容很广，名目繁多。但是按其性质和作用，总体可分为两大类：一类是党和国家以及各级行政领导部门颁发制定的学校管理规章制度；另一类是各级各类学校内部颁发制定的规章制度。前者具有较为广泛的制约意

---

① 许步曾：《西方思想家论教育》，150 页，北京，人民教育出版社，1985。

义，后者只在某一学校范围内产生制约作用。

新中国成立以后，党和政府曾经颁发过一系列有关学校管理的政策、法规、条例和指示。比如，《全日制小学暂行工作条例（试行草案）》和《全日制中学暂行工作条例（试行草案）》(1978年)，《中共中央关于教育体制改革的决定》(1985年)，《中国教育改革和发展纲要》(1993年)，《中华人民共和国教育法》(1995年，2009年、2015年、2021年修正)，《中华人民共和国高等教育法》(1998年，2015年、2018年修正)，《中共中央国务院关于深化教育改革全面推进素质教育的决定》(1999年)，《中华人民共和国民办教育促进法》(2002年，2013年、2016年、2018年修正)，《中华人民共和国义务教育法》(1986年，2006年、2015年、2018年修正)，《中共中央　国务院关于加强青少年体育增强青少年体质的意见》(2007年)，《国家中长期教育改革和发展规划纲要（2010—2020年）》(2010年)，《教育督导条例》(2012年)，《国务院关于深入推进义务教育均衡发展的意见》(2012年)，《中共中央　国务院关于全面深化新时代教师队伍建设改革的意见》(2018年)，《中共中央　国务院关于学前教育深化改革规范发展的若干意见》(2018年)，《国务院关于印发国家职业教育改革实施方案的通知》(2019年)，《中国教育现代化2035》(2019年)，《中共中央　国务院关于深化教育教学改革全面提高义务教育质量的意见》(2019年)，《中共中央　国务院关于全面加强新时代大中小学劳动教育的意见》(2020年)，《深化新时代教育评价改革总体方案》(2020年)，《关于深化新时代教育督导体制机制改革的意见》(2020年)，《关于全面加强和改进新时代学校体育工作的意见》(2020年)，《关于全面加强和改进新时代学校美育工作的意见》(2020年)，《关于进一步减轻义务教育阶段学生作业负担和校外培训负担的意见》(2021年)，《关于建立中小学校党组织领导的校长负责制的意见（试行）》(2022年)。

上述规章制度是学校管理工作的依据和保障，具有普遍的指导意义。除上述党和国家制定颁布的学校管理规章制度外，各省、市、县、乡等各级党委和人民政府还针对本地区的中小学校制定颁布了一系列管理规章制度。对此，也需要相应地区的学校管理人员认真学习贯彻。

学校内部的管理规章制度包含的内容十分广泛，原则上涵盖学校工作、学习和生活的各个领域、各个方面。从总体上看，学校内部的管理规章制度可以分为全校性的和部门性的两种。

以普通中学为例，全校性的常规管理制度主要有学校章程、学校发展规划、岗位责任制度、考勤制度、绩效工资分配制度、奖惩制度、考核评估制度、作息制度、会议制度等。

部门性的规章制度涉及学校各个管理职能部门。就普通中小学而言，主要有教务处颁布的各项制度和总务处颁布的各项制度。由教务处颁布制定的有教师工作量和岗位责任制度、备课和上课制度、作业批改制度、考试评分制度、学生操行评定制度、学籍管理制度、图书管理制度、卫生保健制度等。由总务处制定的有门卫制度，伙食制度，物资采购、保管和供应制度，财产保护制度，职工劳动纪律等。

一般来说，学校的管理规章制度制定得越细致、越规范，学校各项工作就越能够做到有法可依、有章可循、有条不紊、秩序井然。因此，加强制度建设，完善制度供给是提高学校管理法治水平的一个重要途径。

二、制定学校管理规章制度的原则

各级各类学校在设计和制定本学校的管理规章制度时，应注意遵循以下基本原则。

（一）政策性原则

党的路线方针政策和国家的各项法律法规是各级各类学校制定学校管理规章制度的基本依据。按照系统论"子系统的运行必须符合母系统要求"的原理，学校自身制定的规章制度绝不能在内容上、方向上与党和国家宏观的教育政策与法律法规相抵触、相背离。换言之，下位法必须符合上位法。譬如，学校的办学目标以及使命、职责、愿景、校训等必须与党的教育方针的基本精神保持一致；学校对学生的管理规则必须符合《中华人民共和国未成年人保护法》和《中华人民共和国义务教育法》的规定；学校对教师的管理规则必须符合《中华人民共和国教师法》《中华人民共和国教育法》《中华人民共和国劳动合同法》的规定；学校的各项财务制度也必须符合《中华人民共和国会计法》及国家的各项财经政策与纪律。

（二）教育性原则

学校管理规章制度既是一种管理手段，又是一种教育手段。因此，各级各类学校在设计和制定学校管理规章制度时，不仅要从管理的职能来考量，而且还要从教育寓意的角度来思考。换言之，一项制度的出台，既要能够达到管理与控制的目的，又要能够达到教育和教养的目的。例如，动辄罚款的制度虽然能够在一定程度上起到约束人行为的作用，但会使人形成"金钱万能""有钱就能摆平一切"的错误思想观念。

（三）可行性原则

管理规章制度是指导和约束人们行为实践的准则，因此其条款内容和宽严尺度必须符合特定条件下的社会现实和人性原则。制度设计的过程中存在着两种基本取向：一种是从应然状态即理想状态来考量，另一种是从实然状态即现实状态来考量。如果只从实然状态出发而忽视应然状态，那么所制定生成的规章制度就会缺乏改造现实的超前性，这样也就无法对管理现状的改进与改良产生应有的价值和作用。但是，如果一味地只从应然状态出发，好高骛远，那么就可能使制度的厘定与出笼过分地远离人们的生活实践，进而会在实际执行的过程中遇到过大的阻力，以至于出现"法不治众"的局面。这种状况一旦出现，制度要么会悄无声息地"流产"，要么会成为一纸空文而被高高挂起。因此，在设计学校管理规章制度的过程中，一定要把应然性与实然性、必要性与可行性综合起来考虑。

（四）严肃性原则

规章制度和法律法规一样，其本质是带有强制性的。因此，学校中的管理规章在经过细致缜密的制定后，一旦颁布，就要坚决执行。在这个过程中尤其需要注意的是，一定要以规章制度为准绳，严明纪律，一视同仁，赏罚分明。这里涉及对学校领导成员胆略、意志、毅力和作风的考验。经过长期酝酿而被最终确立下来的学校管理规章制度，必将对学校面貌的改善和学校事业的发展产生巨大的推动作用。为了确保学校管理规章制度的相对稳定性，绝不能朝令夕改、昼立夜废，否则，制度就会丧失其应有的威严和效力。

（五）民主性原则

学校管理规章制度的落实并非领导制定、群众执行。制度最终的确立和颁布无疑需要通过执掌学校最高权力机构正式决策和下达，但是在制度形成的过程中，必须广泛地吸纳广大教职员工的意见，必须履行民主集中制的组织原则。这既是我国社会主义条件下学校管理的基本特色，也是教职员工民主管理权利的体现。教职员工民主参与学校管理规章制度的制定，一方面可以使制度更缜密、更完善、更切合学校实际，另一方面可以使制度本身对教职员工产生更大的约束力，因为经过大家共同商讨制定的制度，自然会唤起大家在思想上认同、在行动上遵循的责任感。

三、现代学校制度建设

建立健全现代学校制度是依法治校、民主管理的客观要求，也是新发展阶段深化学校管理改革的基本趋势。现代学校制度建设重在强调学校制度建设的现代性，即学校适应时代进步和社会发展变化的要求，对管理规章制度进行与时俱进的变革与改进。

（一）现代学校制度的构成

关于"现代学校制度"这一概念，目前学术界尚未形成较为一致的看法。但总体上人们认为，现代学校制度建设是依法治校的基本要求，需要学校依法制定具有自身特色的治理学校的规范；现代学校制度建设应反映学校的本质和特性，无论是从宏观角度还是从微观角度来说，现代学校制度建设都应该是对学校本质和特性的观照。从这两个角度来看，现代学校制度体系应该包括学校章程和一般制度，其中一般制度又可分为核心制度和外围制度两部分。因此，完整的现代学校制度体系应该包括学校章程、核心制度和外围制度三部分。①

学校章程是指为保证学校正常运行，主要就办学宗旨、主要任务、内部管理体制及财务活动等重大的、基本的问题，制定的比较全面、规范的自律性和纲领性文件。② 学校章程是各级各类学校依法治校的基本依据，是学校其他各项规章制度建设的基础。

核心制度关注的是学校的根本问题，即教师如何教、学生如何学，直接为教育教学服务。换言之，现代学校制度中的核心制度指的是对学生的学和教师的教有直接影响的制度，如教学制度、考试制度、学生评价制度、校本教研制度、校本培训制度、教师评价制度等，以及为上述制度提供直接服务的相关制度，如学校的领导体制、教师聘任制度、教职工代表大会制度等。

除上述外，教育资金筹措制度、学校产权制度、学校后勤管理制度、社区参与制度、教育问责制度等，则属于学校制度的外围制度，它们皆是为核心制度服务的。在现代学校制度构成中，核心制度的运行和发展需要外围制度做保障，外围制度则必须服从和服务于学校教育事业发展的内在需要。③

（二）现代学校制度的价值追求

现代学校制度的价值追求是指设计学校制度时应遵循的基本理念或原则。从现代学校制度本身蕴含的"现代性"与学校特质来看，现代学校制度应当体现制度的教育性，并弘扬现代精神，强调科学性、民主性、法制性。

"应该这样思维：现代学校制度是一种理想的制度设计，其目的服从于教育的理想。于是问题就转换为：我们要培养什么样的人？我们需要什么样的教育？我们需要什么样的学校？"④在建设现代学校制度时，不能忽视学校的特质和根本任务，要凸显制度的教育性。这就提出了两个方面的要求：第一，要突出教育的准公共产品属性，特别是义务教育的公益性，不应僵化移植现代企业制度，不应过分强调市场导向；第二，制度建设一定要紧紧围绕学校教育教学中心工作来考量，而不应只关

---

① 褚宏启、刘传沛：《校长管理智慧》，89 页，北京，教育科学出版社，2011。

② 陈立鹏：《学校章程》，7 页，北京，光明日报出版社，1999。

③ 褚宏启：《建设现代学校制度：校长应注意什么？》，载《中小学管理》，2005(6)。

④ 褚宏启：《我们需要什么样的现代学校制度》，载《教育研究》，2004(12)。

注投入、产权等外围制度而忽视了学校有关教育教学等核心制度的改革与创新。

现代学校制度的科学性强调，学校的制度建设应当遵循规律，运用科学的方法，进行科学的分析，实事求是地厘定，而不能凭空臆造，更不能领导专断。具体来讲，在学校制度制定与实施的整个过程中，制度设计者需要遵循教育规律和学校发展规律，注重开展实际调查研究，全面深入地了解广大师生的合理诉求与真实想法，以求实、求真、科学的态度来设计与制定学校内部的相关制度，其目的在于促进学校教育事业健康发展。

现代学校制度的民主性强调，制度建设要以人为本，尊重利益主体攸关方的知情权、参与权和决策权。在制定和颁布学校制度时，学校要加强信息公开工作，保证制度制定过程的透明；要尊重学校中各利益相关者的合理诉求，建立畅通的表达渠道，使学生、教师、家长和其他成员能够表达自己的意见，参与学校的管理。

现代学校制度的法制性强调，学校制度建设要遵守党和国家法律法规，不能与相关法律法规相抵触；要体现以法治取代人治的指导思想，强调依法办学、依法治校，避免长官意志、个人专断。

（三）现代学校制度建设的策略

现代学校制度建设是一项系统工程，需要深化教育行政部门的改革，如教育行政职能的转变、办学经费投入制度的不断改进与完善；需要社会力量的介入，如建立行之有效的教育中介制度，实施管、办、评分离；更需要学校在其中扮演主导角色，做出积极的努力。

第一，依法制定学校章程。学校章程是学校内部管理的"母法"或"根本法"，是学校坚持依法办学、实行自主管理、履行公共职责的基本制度。目前，我国中小学章程建设十分滞后，大部分学校没有系统、成文的学校章程，致使在国家法律法规与学校规章制度之间缺乏有效的制度连接纽带，依法治校的理念难以渗透到学校的基本规章制度之中，这一现象亟待改变。

第二，提高制度建设的质量。当前中小学管理存在的一个普遍问题是，虽然学校制定了诸多规章制度，但是不少只是形式工程，难以真正落实。学校在建设现代学校制度时，要遵循民主公开的程序，在学校内部通过各种形式，广泛征求师生员工的意见，保证其意见得到充分表达，其合理诉求和可行建议体现在制度的内涵之中。对于已有的制度，要根据社会环境的变化和学校发展的新形势及时进行修正，使制度能够与时俱进，符合现实的需要。

第三，建立健全教学制度。尽管大家都明确教学是学校的中心工作，但是有关教学工作的制度建设仍显单薄，许多学校仍未形成如教师培训制度、学校教研制度等规章制度，致使教学管理存在着经验性和随意性。在建立现代学校制度的过程中，核心是建立健全现代教学制度，其主要的内容应当包括学校教学目标、课堂教学制度(如备课制度、教师听评课制度)、学生学习制度(如学生奖惩办法)、教师专业发展制度(如教师教研制度、教师培训制度)等。

第三节　学校领导体制的完善

///////////////////

学校领导体制是关于学校领导机构的设置及管理权限划分的基本制度，它规定了学校由谁来领导和实施领导与管理的基本原则。通俗地说，就是学校确定什么样的领导机构，成立什么样的领导班子，其施行的职、权、责的范围以及活动方式是什么。[1] 在学校管理规章制度中，学校领导体制居于核心地位。学校领导体制设置的合理性、科学性，直接决定着学校领导者的工作积极性、领导职权作用的发挥和责任义务的履行，影响着学校管理效能的发挥和学校整体工作的开展。

一、新中国成立以来我国中小学校领导体制的历史沿革

在新中国成立以来 70 多年的发展历程中，我国中小学校领导体制经历了多次变革，每次变革的背景不同，效果不一。认真地总结其经验与教训，对于我们探索中小学领导体制的内在规律，正确认识和完善新时代中小学领导体制具有重要的意义。[2]

1949—1951 年，为尽快收回教育主权，中小学先实行了一段时间的军管制，即派驻军代表接管学校，此乃新中国成立伊始中小学校领导体制的过渡形式。之后，为了进一步改造旧学校，又在较短时期内实行过校务委员会制，即由思想进步的教职工代表和学生代表组织成校务委员会领导学校工作。这种体制有利于集中多数人的智慧，工作气氛和谐，但容易产生极端民主、工作无人负责的现象。[3]

1952 年 3 月，教育部颁布了《中学暂行规程(草案)》和《小学暂行规程(草案)》，规定中小学采用校长责任制。文件指出："中学由省、市文教厅、局遵照中央和大行政区的规定实行统一的领导。""中学采校长责任制，设校长一人，负责领导全校工

---

[1]　司晓宏：《教育管理学论纲》，140 页，北京，高等教育出版社，2009。

[2]　对新中国成立以来我国学校领导体制的历史沿革的整理，参考了以下书籍中的内容。司晓宏：《教育管理学论纲》，141～143 页，北京，高等教育出版社，2009；萧宗六、余白、张振家：《学校管理学(第四版)》，17～19 页，北京，人民教育出版社，2008。

[3]　萧宗六、余白、张振家：《学校管理学(第四版)》，17 页，北京，人民教育出版社，2008。

作。必要时得设副校长，协助校长处理日常校务。"文件还指出，"中学设教导、总务两处"，分设主任一人。这是新中国成立后，人民政府关于中小学领导体制所做的第一次比较完整的规定。1954年，《中央人民政府政务院关于改进和发展中学教育的指示》对中学的领导体制做了更为明确的规定，"校长对学校工作应全面负责"。这一学校领导体制实行专职专责，不仅工作效率高，能够促进学校教育质量的普遍提高，而且培养了一大批优秀的学校管理工作者。[①] 但是由于这种体制缺少相应的监督机制，容易滋长校长的独断专行之风，学校民主管理进入困境。

1957年，整风运动和反右派斗争开始，"左"的思想严重影响学校工作。1958年，《中共中央　国务院关于教育工作的指示》明确规定"一切中等学校和初等学校，也应该放在党委的领导之下"，并认为"一长制容易脱离党委领导，所以是不妥当的"。不难看出，该指示对先前的校长负责制予以否定，各中小学也据此建立了党支部，实行党支部领导下的校长负责制。这一领导体制使党的领导得到了加强，但出现了党政职能划分不清的情况，学校党支部事无巨细、包揽一切，校长权力没有得到应有的发挥。

20世纪60年代，党中央开始纠正"左"的错误，实行"调整、巩固、充实、提高"的八字方针，总结新中国成立以来的经验教训。1963年，《全日制普通小学暂行工作条例（草案）》（简称"小学四十条"）、《全日制普通中学暂行工作条例（草案）》（简称"中学五十条"）颁布，明确规定"校长是学校行政负责人，在当地党委和主管的教育行政部门领导下，负责领导全校的工作，团结全体教职工完成教学计划"，同时指出"学校党支部对学校行政工作负有保证和监督的责任""建立校长领导下的校务会议"。这一时期直至"文化大革命"前夕，普通中小学普遍实行当地党委和教育行政部门领导下的校长负责制，校长全面领导学校工作，党支部对学校工作起保证和监督作用，学校管理也围绕着教学中心工作展开，中小学的教育教学质量也有了较大幅提高。

1966年"文化大革命"开始，校长负责制受到批评。在这一段时间里，"革委会"成为领导学校行政工作的核心机构。至此，校长负责制被撤销，甚至连校长这一名称也被取消，学校管理体制严重违背教育、教学和管理工作规律，学校工作陷入一片混乱。

1978年，党的十一届三中全会开始拨乱反正。同年，教育部颁发了《全日制普通中学暂行工作条例（试行草案）》和《全日制普通小学暂行工作条例（试行草案）》。文件指出中小学"实行党支部领导下的校长分工负责制。学校的一切重大问题必须经过党

---

① 萧宗六、余白、张振家：《学校管理学（第四版）》，18页，北京，人民教育出版社，2008。

支部讨论决定"。这一学校领导体制结束了"革委会"给学校管理造成的混乱局面，但是以党代政、党政不分的现象重新出现，此外由于对"负责"和"领导"关系上理解的歧义，学校管理人员之间矛盾丛生，内耗极大。

20世纪80年代初，在党支部领导下的校长分工负责制实施不久，少数理论研究者就开始呼吁实施校长负责制，于是，一些省市也开始了校长负责制的试点工作。1985年5月27日公布的《中共中央关于教育体制改革的决定》指出，"学校逐步实行校长负责制，有条件的学校要设立由校长主持的、人数不多的、有威信的校务委员会，作为审议机构。要建立和健全以教师为主体的教职工代表大会制度，加强民主管理和民主监督。学校中的党组织要从过去那种包揽一切的状态中解脱出来，把自己的精力集中到加强党的建设和加强思想政治工作上来；要团结广大师生，大力支持校长履行职权，保证和监督党的各项方针政策的落实和国家教育计划的实现"。至此，中小学的领导体制又向校长负责制转轨。

1993年2月13日，中共中央、国务院印发的《中国教育改革和发展纲要》进一步明确指出："中等及中等以下各类学校实行校长负责制。校长要全面贯彻国家的教育方针和政策，依靠教职员工办好学校。"上述表述把1985年《中共中央关于教育体制改革的决定》中的"逐步实行"改成了"实行"，恢复了学校教育教学工作的正常秩序，促进了教育质量的提高。但是由于这一体制对学校党支部和校长的职责未做出明确具体的划分，在一定程度上又导致了党政职责不分现象重新出现，同时造成学校管理工作中出现了严重的矛盾和内耗。

至此，中小学校长负责制在全国全面施行，而高等学校则实行的是党委领导下的校长负责制。

2022年1月26日，中共中央办公厅印发《关于建立中小学校党组织领导的校长负责制的意见（试行）》（以下简称《意见》），明确指出，"建立中小学校党组织领导的校长负责制"。这意味着"党组织领导的校长负责制"将取代"校长负责制"，并在全国贯彻执行。

二、精准理解党组织领导的校长负责制的基本内涵

认识是行动的先导。目前，要使中小学校党组织领导的校长负责制在实践中得到积极的推进、有效的执行、正确的贯彻，就必须首先深入地理解和准确地领悟这一体制的基本精神与内涵。深入研读《意见》，在理解这一体制时需要把握以下三点。

（一）中小学校党组织是学校各项工作的领导核心

这是这一体制的灵魂或关键所在。在实行校长负责制时，校长是学校各项工作的领导核心，而在实行了党组织领导的校长负责制后，学校中的党组织则成了学校

各项工作的领导核心，这是两种体制的根本区别所在。换言之，在实行校长负责制时，校长是学校的最高领导机构（校长不仅是一个岗位，也是一个机构）和最高领导者。而在实行党组织领导的校长负责制时，学校中的党委、党总支或党支部则成了最高领导机构，主持党组织工作的书记成了最高领导者，并与校长一起共同构成了学校管理工作中的关键人物。《意见》指出："中小学党组织全面领导学校工作，履行把方向、管大局、作决策、抓班子、带队伍、保落实的领导职责。"这就明确昭示，在实行了新体制后，学校中的最高权力机构和决策中心发生了转移，即由校长过渡到了学校党组织，学校工作中重大问题的决策，包括事关学校改革发展稳定及教育教学、行政管理中的"三重一大"问题，事关学校章程等基本管理制度的制定出台，事关干部的教育、培训、选拔、考核和监督，事关教师等人才的培养、招聘、使用、管理、服务和职称评审、奖惩等，均应由党组织决定。这与以往在实行校长负责制体制下形成的校长对学校工作拥有决策权、指挥权、人事权、财政权等传统观念有着本质的区别。

（二）校长依然担负着领导学校教育教学和行政管理工作的重要责任

《意见》指出："校长在学校党组织领导下，依法依规行使职权，按照学校党组织有关决议，全面负责学校的教育教学和行政管理等工作。""实行中小学校党组织领导的校长负责制，必须发挥党组织领导作用，保证校长依法依规行使职权，建立健全党组织统一领导、党政分工合作、协调运行的工作机制。"这就清楚地表明，在新体制下，校长依然是学校管理工作中的关键人物，承担着全面负责学校教育教学和行政管理工作的职责。与以往不同的是，校长过去既是决策方案的提出者、拟定者，也是决策方案的最终决定者、仲裁者，还是决策方案实施的组织者、指挥者；而在新体制下，校长更多的职责是提出或拟定决策方案、参与决策的讨论和确定、组织决策方案的实施与执行。

（三）实行集体领导和个人分工负责相结合是这一体制的重要特色

《意见》指出："学校党组织实行集体领导和个人分工负责相结合的制度。凡属重大问题都要按照集体领导、民主集中、个别酝酿、会议决定的原则，由党组织会议集体讨论作出决定。党组织班子成员根据集体的决定和分工，切实履行职责。"这就清晰地表明，在实行了中小学校党组织领导的校长负责制后，学校领导体制的类型由过去的"一长制"（亦称行政首脑负责制）转变为了"合议制"（亦称委员会制）。所谓"合议制"，即组织中最高的领导机构不能只由一名成员来充当，而必须由若干人组成的一个委员会来充当，并且重大问题的决策须经由委员会成员集体讨论做出，通常坚持少数服从多数的原则。在我国，党的领导体制总体上就属于这一类型，即从中央到地方始终坚持党的集体领导，并且贯彻民主集中制的组织原则。现代管理理论认为，任何一种类型的领导体制都是长短相伴、利弊并存的。在学校管理中实行合议制，最大好处是可以发扬民主，广开言路，有益于集思广益、群策群力，从而做出科学决策。但其潜存的不足和弊端是容易造成权力界限不明、责任边界不清，即谁都理事但又都不管事、人人都有责任但又都不全担责任。为此，《意见》明确规定"实行集体领导和个人分工负责相结合的制度"，意把党组织集体领导与校长个人负责有机结合起来，同时对党组织成员均做到明确分工，让大家各在其位、各司其职、各谋其政、各行其权、各负其责。这样就把"合议制"和"一长制"的长处有效结合了起来，有利于提高学校管理效能。"议事宜广其谋，任事宜专其职"讲的也正是这一道理。

三、在贯彻落实党组织领导的校长负责制过程中应注意处理好的几个问题

自《意见》下达以后，中小学校党组织领导的校长负责制在全国积极稳妥地推行，不少地方已出台了有关的实施细则和操作性文件。在推行这一体制的过程中，备受大家关注的一个问题是"如何正确协调和处理好中小学内部的党政分工和党政关系"。从历史的经验和教训来看，这一问题如果处理不好，将可能导致学校管理矛盾重重、内耗丛生，从而使这一体制的实施效果大打折扣。为此，就如何贯彻落实这一体制，我们提出以下思考与建议。

首先，根据《意见》规定，各地在推行这一体制时，对于那些教职员工和学生人数较少、学校规模较小并以建立党支部为主的中小学，最好实行书记、校长"一肩挑"，这样既可以精简机构和管理队伍、提高管理效能，也可以最大限度地避免党政之间产生矛盾。而对于那些师生人数较多、办学规模较大、管理任务较重，并设立了基层党委或党总支的学校，则应该实行书记、校长分设，同时校长为党员的应当兼任党组织的副书记。

其次，各个中小学应当根据《意见》和地方党委、政府下达的实施细则，明确厘定出学校党组织会议和校长办公会议的基本职责与权限。众多案例表明，党政分歧或党政不和现象的产生，往往由于职责界限不清、权力边界不明所致。虽然《意见》在条例上对中小学校党组织和校长的基本职责、对学校党组织会议和校长办公会议的议题范围和决定权限等做出了比较明确具体的规定；但由于《意见》是指导全国的宏观性文献，毕竟带有一定的概括性和原则性，因此，各个中小学需要根据自身的管理实际把党组织会议和校长办公会议的议事规则以文件的形式明确厘定下来。比如，《意见》规定，涉及学校的"三重一大"事项必须提交党组织会议讨论确定，但在

不同规模和层次的学校中，"三重一大"的具体内涵是不同的。譬如"大额度支出"，这在办学规模和财务总量不同的学校中差异很大。对有些规模较大的学校而言，10万元以上的支出才可能算作大额度支出；而对一些小型学校而言，1 万元甚至 5000元的支出都属于大额度支出。因此，对于多大资金范围的支出属于大额度支出，皆应该有明确的界定和规范。实践证明，学校党组织会议和校长办公会议的职责权限和决策程序厘定得越细致、越清晰，党政之间的矛盾和扯皮现象就越少。

再次，应建立书记和校长的定期沟通交流制度。维护好学校党政团结和整体稳定，关键在于要协调好书记与校长之间的关系。尽管我们强调要廓清党政职责，明确议事规则，努力做到以制度管事管物管人，但就学校管理的实际而言，许多事项很难做到完全分清职责，有些事可以"铁路警察，各管一段"，有些事则必须"众人救火，一齐上手"，何况任何制度的执行都存在着管理主体的自由裁量权问题。在这种状况下，维护党政协调和班子团结，就迫切需建立书记和校长的定期沟通交流制度。譬如，在召开党组织会议或校长办公会议时，书记和校长应事先就重要议题进行沟通，彼此听取对方意见，意见不一致时应当暂缓上会讨论或决策。又譬如，学校每年都要定期召开民主生活会，会前书记和校长应进行充分的思想交流和谈话谈心，以达到认识统一。又譬如，在日常的管理工作中，书记、校长应该就一些具体事项随时交换意见、相互碰头通气。团结既要靠制度约束，也要靠提高党性觉悟和个人修养涵养来巩固。在这一点上，书记、校长应该保持清醒自觉，要像爱护眼睛一样爱护团结。众多经验表明：相互补台，好戏连台；互相拆台，一起垮台。

最后，上级党委和教育行政部门应加强对中小学领导班子建设的监管和指导。我国现行的中小学管理体制实施的是"以县为主"。由于我国人口众多、县域面积较大，因此普遍存在的一个问题是县区一级教育行政部门面临的管理跨度过大、管理任务过重。这种状况导致上级党委和教育行政部门对中小学班子建设的监督、管理、评价、指导不够，客观上存在着管不过来或管得不深、不细、不实等现象。在推进中小学校党组织领导的校长负责制的情况下，这种状况必须予以重视和纠正。管理学原理揭示，组织中平行的两个部门或领导如果产生了矛盾，既要靠他们自身进行协调和平息，也要靠上级部门出面给予干预和调和。因此，上级党委和教育行政部门应加强对所辖地区中小学党政班子运行运转情况的监管和指导，应当建立健全定期考核、民主测评、巡察监督、民主生活会等制度，应完善中小学领导班子定期向上级报告和重要事项请示等制度。

本章精要

1. 管理机构的组织结构反映和规定了管理机构之间的相互关系和权力的作用方式。

当代管理学把管理实践中的组织结构归纳为直线型、职能型、直线—职能型、事业部制、矩阵型五种基本模式。在学校组织结构的建设上，应坚持权责一致、精简高效、集权和分权相结合、分工协作、管理跨度合理、渠道畅通的原则。我国中小学现行的组织结构，总体上包括党组织、校长、学校办公室、教务处、总务处、政教处、共青团组织、少先队、教育工会、学生会、教研组、年级组和班级等，每一级机构或组织都有其特定的基本职责。

2. 学校管理规章制度是指学校全体成员在工作、学习和生活当中必须遵循的行为准则。良好的学校管理规章制度，不仅可以对师生员工起到管理作用，而且也可以起到教育作用。学校管理规章制度按其性质和作用，大体可分为两大类：一类是党和国家以及各级行政领导部门颁发制定的学校管理规章制度；另一类是各级各类学校内部颁发制定的规章制度。制定学校管理规章制度应遵循政策性、教育性、可行性、严肃性、民主性的基本原则。

3. 现代学校制度建设重在强调学校制度建设的现代性，即学校适应时代进步和社会发展变化的要求，对管理规章制度进行与时俱进的变革与改进。完整的现代学校制度体系应该包括学校章程、核心制度和外围制度三部分。现代学校制度在价值追求上应当体现教育性，并弘扬现代精神，强调科学性、民主性和法制性。现代学校制度建设应遵循以下策略：依法制定学校章程，提高制度建设的质量，建立健全教学制度。

4. 在学校管理规章制度中，学校领导体制居于核心地位。党组织领导的校长负责制是现阶段我国中小学积极推进和施行的领导体制。在理解这一体制的基本精神与内涵时，应把握以下三点：中小学校党组织是学校各项工作的领导核心；校长依然担负着领导学校教育教学和行政管理工作的重要责任；实行集体领导和个人分工负责相结合是这一体制的重要特色。为有效地贯彻落实这一体制，需要正确协调和处理好中小学内部的党政分工和党政关系，完善书记、校长的配备方式，尤其要注意厘清学校党组织会议和校长办公会议的职责权限，建立书记和校长定期沟通交流制度，加强上级党委和教育行政部门对中小学领导班子建设的监管和指导。

思考题

1. 中小学应制定哪些基本的校内管理规章制度？
2. 什么是现代学校制度？如何构建现代学校制度？
3. 什么是党组织领导的校长负责制？结合案例分析谈谈新形势下如何健全和完善党组织领导的校长负责制。

案例分析：浙江探索推进中小学党组织领导的校长负责制①

2018 年下半年起，浙江省教育厅党委在全省探索开展中小学校党组织领导的校长负责制试点，2019 年以来，浙江省委连续两年将试点纳入党的建设制度改革专项计划。试点之初，有的地方出现了一些认识和工作上的偏差：有的只是将书记、校长岗位调个过儿，仍然用老办法拍板、做事；有的认为"党组织领导"就是"党组织书记领导"，纠结于书记、校长谁是"一把手"的问题。因此，厘清党组织和校长的职责范围，完善议事决策制度，是试点工作的主攻点。

杭州市文渊小学自从实行党组织领导的校长负责制后，问题迎刃而解。首先，由分管后勤的支委委员、校长助理提出方案，给各支委委员过目。三天后，召开党总支会议，书记主持。各委员依次发言，对工程要不要做、预算合不合理等问题发表意见，党总支书记最后表态。按照民主集中制原则，多数人表示同意，会议通过了这项工程。两天后，学校召开校务工作会议，按照党总支会议的要求一一落实。在这一过程中，有 3 个细节必不可少。第一，书记要最后表态，不能"抢头"定调。第二，全程做好会议记录，每个委员对个人意见要签字、存档。第三，指定纪检委员后续跟进，全程把控风险点。党组织决策的 3 个效果，也是显而易见的。第一，党总支会议充分交流意见，决策的科学性高了。第二，因为是党组织决定的，而非校长个人意志，教师的赞成率高了。第三，凡是"三重一大"事项，都采用这一决策制度，大家依章办事的意识更强了。目前，杭州市拱墅区已推出基层学校党组织议事规则 3 张清单、1 套流程图，每学期进行党建巡察，对存在问题及时整改。

有了决策和执行，监督也必不可少。嘉善县试点以后，迅速在各校成立了"校务监督委员会"，其中有学校工会主席、家长代表、教师代表，书记、校长一律不参加。对于规模较大的学校，教育局还会选派局机关中层以上干部加入委员会。委员会全过程参与学校的"三重一大"事务，听取党组织的阶段性工作介绍，提出相应的意见和建议。浙江其他地方的试点也大胆探索实践，进一步明晰党政管理路径。比如，湖州市南浔区试点学校融入公司法人治理模式，同步建立党群议事会等配套制度，确保群众所盼所忧成为党组织的所思所想。嘉兴、绍兴、舟山等市教育局把试点体制机制变化要求纳入中小学校章程修订之中，提升试点的权威性、法治化。衢州市教育局成立试点工作专班，组织各县

---

① 参见《浙江探索推进中小学党组织领导下的校长负责制——党旗在校园高高飘扬》，载《中国教育报》，2020-11-17。

（市、区）成立互查互学组，组织全市试点学校开展交流学习。 试点工作启动以来，浙江省教育厅党委多次召开座谈会、现场会，建立试点进展情况半年一报制度，加强对试点工作的常态化指导推动。

课堂讨论

1. 如何评价案例中浙江省推进的党组织领导的校长负责制的试点工作？

2. 实施党组织领导的校长负责制将会给中小学的组织决策带来什么影响？ 结合案例学校的做法谈谈你的认识。

3. 请结合中小学校党组织领导的校长负责制的相关知识，讨论应该如何贯彻这一制度，并应注意哪些问题。

第六章　教育领导

本章学习目标：

• 理解教育领导的本质；

• 熟悉教育领导的基本理论；

• 了解教育领导的基本类型；

• 掌握促进教育领导者专业发展与教育领导团队建设的方法。

教育事业发展离不开德才兼备的领导者，领导的质量是决定教育效能的关键因素，这已成为国际教育界的广泛共识。① 提高教育领导者的专业素养与教育领导活动的科学性有助于推动教育的健康发展。

第一节　教育领导的本质

一、领导与教育领导的概念

20 世纪 90 年代，伯纳德·巴斯（Bernard M. Bass）曾经归纳出领导的 12 种定义。② 可见，尽管领导是一种为人们所熟悉的组织活动，但人们对其本质的认识却千差万别。

（一）领导的内涵

学界通常从五个维度认识领导：①角色维度，如将领导视为组织中用来整合其他成员以激发组织活力的关键角色；②能力维度，常见的是将领导界定为个人品质及其产生的效力；③过程维度，认为领导是使大家以一种崭新的热情向既定目标前进，或者以满怀希望与勇气的状态争取新目标的过程；④职能维度，如将领导界定为一种使他人服从的艺术；⑤领导与管理的关系维度，通过区别领导与管理来认识领导的本质。这些观点之间的差异主要在于所考虑的领导的侧重点不同。

理解领导本质需要把握好三个方面。首先，领导是一种群体现象，领导者和追随者相互依存、互为存在是前提。其次，领导以目标为导向，体现为领导者施加影响，进而引导他人完成某种活动以实现特定目标。最后，领导的存在以群体内的等级为前提，等级既可能是规范的、清晰的，也可能是非规范的、灵活易变的。③

基于上述分析，领导可以被界定为：领导者（团队）运用组织或个人手段对组织中的群体或者个人施加影响，使其为实现特定目标而自觉努力工作的现象。领导现象由四个基本要素构成，即领导者、追随者、环境和副产品。领导者是负责指引或者执行的人；追随者即下属，是在领导者的指挥与带领下行事的人；环境是领导者及其追随者所处的情境，包括正式的或者非正式的、社会的或者工作的、动态的或

---

① 张俊华：《教育领导学》，序（二）3 页，上海，华东师范大学出版社，2008。
② ［美］乔恩·L. 皮尔斯、约翰·W. 纽斯特罗姆：《领导者与领导过程（第二版）》，北京华译网翻译公司译，16～18 页，北京，中国人民大学出版社，2003。
③ ［美］安弗莎妮·纳哈雯蒂：《领导学（原书第 4 版）》，王新、陈加丰译，9～12 页，北京，机械工业出版社，2007。

者静态的、紧急的或者常规的、复杂的或者简单的等各类情境；副产品包括了领导者与追随者、领导者与环境之间相互作用产生的一切后果，如产生了对领导者的敬畏、工作目标的实现、顾客满意度的提高、高质量的产品和服务的生成等。领导现象是上述四个要素之间复杂的、动态的相互作用的过程。[①]

（二）领导与管理的区别

领导与管理犹如一对双生子，学术界对二者关系的探讨从未间断过，形成了三种比较典型的观点。一是相同说，认为领导与管理都是通过组织系统指向目标的活动，因而管理就是领导，领导也是管理。二是包含说，又分为两种截然相反的观点：一种认为管理是领导的一部分，是领导职能的延伸；另一种认为领导是管理的一部分，是管理的一项重要职能。三是互补说，认为领导与管理是两种不同的组织活动，领导活动的目标只有通过有效的管理才能实现，而管理也只有在正确的领导之下才能产生效益，二者缺一不可。

我们认为，领导是从管理中分化出来的相对独立的组织现象，二者具有不同的功能和特点。在一个组织中，领导与管理高度统一、密切配合，具有互补性、相容性和复合性，是实现组织目标的重要保证。二者的区别主要表现在以下方面。

第一，工作目标不同。领导的目标是推动组织变革，为组织指引前进方向，因而具有引导、导向、带领、率领和指挥等含义；管理的目标是维持组织秩序，保障组织有效运作，通常具有管辖、处理、约束、运用和安排等含义。

第二，工作对象不同。领导的工作对象主要是组织、组织中的群体和个人；管理的工作对象不仅包括人，而且还包括财、物、空间、时间、信息、程序和规则等管理要素。

第三，工作层次不同。领导工作着眼于长远利益，注重解决系统性、宏观性和外部联系性问题；管理侧重于追求某项特定工作的实效，重视局部范围或某一方面工作，解决非重大、短期、策略性和技术性的具体问题，更重视局部、微观和细节。

第四，工作性质不同。领导侧重于做正确的事，而管理侧重于将事做正确。韦尔奇(Jack. Welch)将这一观点进行了形象的比喻：把梯子正确地靠在墙上是管理的职责，而领导的作用在于保证梯子靠在正确的墙上。[②]

第五，工作内容不同。领导依靠权威发挥引导、影响的作用，更为重视决策、选人用人、沟通协调和激励鼓舞等职能，强调协调性、转化性、灵活性、创新性；

---

① ［美］乔恩·L.皮尔斯、约翰·W.纽斯特罗姆：《领导者与领导过程（第二版）》，北京华译网翻译公司译，14页，北京，中国人民大学出版社，2003。

② 邵雨：《韦尔奇行动指南》，9页，北京，机械工业出版社，2009。

管理则通过对具体资源的安排和配置实现管理目标，将计划、组织、协调、控制作为核心的职能，强调程序性、规范性、条理性和效率性。

第六，工作方式不同。领导侧重于对人施加积极影响，树立一定的态度、情感和价值观，激发人的需求，调动人的积极性；管理则重在制定规章制度和工作规范，安排和配置具体资源，以保障组织的正常运转。

（三）教育领导的含义

教育领导是教育领域中的领导活动，主要指对各种正规教育组织活动的领导，特别是指学校中的领导活动。教育领导可以被界定为：教育组织中的领导者（团队）运用组织或个人手段对组织中的群体或者个人施加影响，使其为实现教育活动目标或者教育组织发展目标而自觉努力工作的现象。教育领导既具有一般领导活动的特征，也体现出一定的独特性。

第一，教育领导以公益性为核心价值追求。教育是一项公益性事业，公益性是教育领导的核心价值追求。当功利性与公益性发生矛盾的时候，教育领导应坚持公益性而减少功利性。[①]

第二，教育领导的目标具有内在一致性。各级各类教育领导的目标都由国家教育事业发展的总任务决定，体现在教育活动、教育组织发展等层面。比如，落实立德树人根本任务，实现学生全面发展；促进教职员工队伍的专业发展，实现教育家办学；推进学校现代化，进一步提高教育质量、促进教育公平，促进教育事业健康与可持续发展。

第三，教育领导具有专业性。教育领导的主要对象是专业化程度较高的教育从业人员群体，教育领导的实施必须建立在专业的基础之上，同时遵循教育规律与领导管理规律。这就要求教育领导者必须具备包括专业知识、专业能力和专业精神在内的完整的专业素质体系。

第四，教育领导体现出深刻的人本性。教育是培养人的社会实践活动，服务于人的发展。教育领导也需要将人置于工作的中心，以尊重和情感为媒介，激发并满足教育活动中人的发展需求，帮助他们摆脱外在的压制和自身的束缚，成为好人、能人和自己的主人。

二、教育领导职能

职能指人、事物或者机构本身应有的职责与功能（作用）。教育领导职能是指教育领导者或团队在运用教育组织赋予的权力，引导、协调和激励组织成员实现既定

---

① 　温恒福：《教育领导学》，15 页，北京，中国人民大学出版社，2011。

目标、完成特定任务的过程中应有的职责与功能。

对于教育领导职能，学者们观点众多、莫衷一是。综合来看，主要集中在以下方面：①预测职能，面对瞬息万变的教育事业发展状况，审时度势、精准判断、提出方案，引领决策方向；②决策职能，提出工作方针、规划工作路线、设定工作目标，在众多预选方案中选择最优方案；③用人职能，遴选合适的人才，正确执行决策；④组织协调职能，协调各方利益、解决矛盾冲突、增进组织团结、形成工作合力；⑤激励职能，激发成员动机，开发成员能力，充分调动成员的工作积极性和创造性，焕发旺盛的工作热情；⑥教育职能，引入、阐述新理念、新工具、新方法，指导成员职业发展，获取、保持、发展教育组织的核心竞争力和创新力；⑦思想政治教育功能，增强政治意识、提供政治保障、凝聚发展共识、增强发展内在推动力。

顺应教育发展新形势与学校办学新样态，学校教育领导职能持续升级与转型，逐渐聚焦于三项核心职能。一是战略引领职能。战略引领是实现未来发展的梦想型领导和维持现有秩序的经营型领导的有机统一体，其核心目标在于提升学校等教育组织的核心竞争力。战略引领是一种高级领导职能，要求领导者以提升学校持续竞争优势的方式思考、决策并实施行动，既实现教育组织发展的灵活性，又保持必要的稳定性，战略性地推动教育组织变革，为教育组织创造可实现的美好未来。

二是专业指导职能。一方面，基于学校已有基础，对教育教学实践和师资队伍进行深度开发与挖掘，不断激发各专业要素的内在潜力，提高学校办学专业化程度。另一方面，积极引入外生性的理论、知识、观念、经验或技术指导学校变革，将其有机转化和融入现有工作，提升学校办学水平。

三是资源赋能职能。面向教育组织已有的各类教育资源，针对集团内部不同来源、不同层次、不同内容的教育资源，进行开发、改造、激活、融合、创新等处置，使其具有更强的能量与价值，不断实现各类资源本身的效用最大化或者孕育新的优质资源。

三、教育领导观的变革

教育领导观是对教育领导基本问题进行深层次思考所形成的理性认识和系统化观点，能够回答包括教育领导的本质与特征、职能与使命、目的与功用，以及教育领导有效性等一系列问题。教育领导观的形成、发展与变革是多种因素共同作用的结果，既包括从哲学层面对教育规律的认识，又包括对教育领导实践工作的深刻反思；既要尊重教育事业发展的实际条件与方向，也要考虑社会经济发展的导向与要求。

教育领导观变革趋势表现在以下方面。

首先，从重视教育领导者向重视教育领导活动转变。教育领导已经从重视教育领导者的角色、能力、素质、权威等领导者特质向重视决策、用人、激励、沟通、协调、组织管理和变革创新等领导活动及其过程转变，如今又从重视领导活动及其过程的规范性向重视领导方式方法的创造性和有效性等方面转变。

其次，从价值中立向关涉价值转变。教育领导逐步摆脱了把目标的实现情况作为评价领导活动有效性唯一标准的局面，转而强调教育领导的伦理、道德、价值观和社会责任，强调教育领导活动必须为社会带来积极的影响和意义。

再次，从注重教育领导形态向注重教育领导生态转变。教育领导形态观强调领导者实际活动与教育组织效能之间的关系，认为可以通过单纯地改善领导行为提升领导效能。教育领导生态观则认为教育领导的有效性由多种因素共同决定，必须由领导者的内隐特征引发，向领导者外显行为推进，要符合教育领导所处环境的需要。这一重要转变深化了教育领导活动的社会属性和文化属性。

最后，从注重教育领导的理性向注重教育领导的理性与感性相融合转变。以理性为基础，崇尚科学的教育领导观逐渐失去了主流位置。新的教育领导观要求在理性之中融入感性，在追求效率与效果的同时，也要关照人内心世界的平衡、人与人之间关系的融合和社会的稳定，力争将教育领导观中理性的求真与感性的求善和谐地统一在一起。

四、有效教育领导的特征

教育领导有效性体现为领导者带领教职员工实现特定领导目标的效果、效率与效应的统一。效果是教育领导者实施领导所产生的结果或成果，是领导者工作业绩的直接体现；效率是指领导者率领教职员工完成一定工作的具体数量、质量与耗费时间之比，反映教育领导者工作的速度、节奏和频率；效应是指教育领导者完成领导活动所产生的客观价值，体现为对教育组织以及社会的影响。[1] 效果与效率体现出教育领导的技术属性，效应则体现出教育领导的社会属性。

有效教育领导的特征可以概括为三方面。

第一，目标成就。体现为教育领导活动预期效果实现情况良好，目标达成度较高，预期外的负面效果较少，针对的问题得到了很好的解决；同时，领导活动对教育组织和社会产生了良好的影响，平等地协调、整合和分配了教育组织资源和利益，均衡地满足了各群体和个人应当享有的利益需求。

第二，工作过程的协调性。体现为教育领导过程中，领导者科学地发挥决策、选人用人、沟通、激励等职能，进行及时、正确、可行的指挥，合理分配组织权利，

---

[1] 刘志华：《学校领导学》，354 页，广州，广东高等教育出版社，2008。

提供充足的资源保障，提高执行的灵活性，并进行及时的工作监督，使教育领导下的各项工作体现出高效率。同时，教职员工对教育领导者及其工作的支持度和评价较高，教育组织内部成员比较团结，具有较高的工作满意度和成就感。

第三，外部适应性。体现为教育领导活动不断提升组织的核心竞争力，适应外部环境变化的能力逐步建立，组织能够应对外界的风险和挑战，不断强化可持续发展的能力。

影响教育领导有效性的因素包括四种：一是教育领导者的个人特质，具有较高的专业素养、较大的个人魅力和较强的个人权威的领导者更容易实施有效领导；二是教育组织中追随者的个人特质，高素质的教育管理干部、专业发展程度较高的教师和较好的生源都是实现教育领导有效性的重要条件；三是教育组织的特质，教育组织的属性、层级、类型，教育组织所处地域的经济、社会与教育事业发展状况都可以影响教育领导的有效性；四是教育组织的目标与任务，教育领导所指向的目标和任务是否科学合理、具有可实现性，目标与任务是否明确并得到追随者的认可，是否围绕目标与任务制订了切实可行的工作计划等因素，都在一定程度上决定着教育领导的有效性。因此，提升教育领导效能是一项系统工程，要不断提高教育领导观的现代化和领导活动的科学化水平，并实现教育领导者、教职员工与学生以及教育组织内外部环境的合理互动。

第二节 教育领导理论

西方的领导理论成果丰富，这些理论既可以直接应用到教育组织之中指导教育、领导实践，也可以作为构建具有教育属性的教育领导理论的基石。

一、领导特质理论

领导特质理论是从领导者的性格、生理、智力及社会因素等方面出发，寻找领导者特有的品质的理论，也被称为领导素质理论。[1] 领导特质理论认为，人的天生品质决定了人的个性与行为，领导者具有不同于非领导者的某些特质，这些特质是决定领导效能的关键因素，而成功的领导者具有某些共同的特质。领导特质理论的发展分为"伟人论"和"特质论"两个阶段。前者主要研究伟人领袖的特质，后者则以

---

[1] 刘志华：《学校领导学》，14～15 页，广州，广东高等教育出版社，2008。

一般优秀领导者的特质为研究对象。①

传统领导特质理论研究成果众多。例如，法约尔认为高级领导者应该具备体力和精力、智慧、道德品质、文化知识、管理才能五项基本素质。吉赛里（Ghiselli）则提出有效领导者的八种个性特征和五种激励特征。其中，八种个性特征包括才智、首创精神、督察能力、自信心、适应性、判断能力、性别、专业成熟程度；五种激励特征包括对工作稳定的需求、对金钱奖励的需求、对指挥别人权力的需求、对自我实现的需求、对事业成就的需求。

对领导特质理论研究最为深入的是斯托格蒂尔（Stogdill）。在 1974 年的一份研究报告中，斯托格蒂尔总结出领导者的十个显著特质：成就欲、坚忍性、洞察力、创新精神、自信心、责任感、合作精神、忍耐力、影响力、社会交往能力。② 值得一提的是，斯托格蒂尔提出，一个人能不能成为领导者并不仅仅取决于是否具备上述特质，还要看他的这些特质是否被当时的情境接受。这种认识在当时是比较先进的。

进入 20 世纪 80 年代，领导特质理论研究走向深入。现代领导特质理论不仅关注领导者个人的特质，还比较周全地考虑了特质、行为和情境之间的交互关系。德鲁克（Drucker）认为，若要成为有效的领导者，必须养成五种思维习惯：正确地统筹时间；把力量用在获取成果上，而不是工作本身；使工作建立在优势上，善于发现和用人之所长；分清主次，集中精力办大事；做最有效的决策，关注战略而不是设计眼花缭乱的战术。③ 库塞基和波斯纳提出的最重要的四项领导特质分别是诚实、有远见卓识、善于鼓舞人心和能力卓著。德克兰构建了领导者素质的"宪法模型"。他认为，尽管环境与形势变化会要求领导者的某些特质随之调整，但是领导者那些基本的优秀品质却可以像宪法精神一样历久弥新。这些核心特质主要包括个性、愿景、行为和信心四大类。④

领导特质理论对组织和社会发展的意义是不言而喻的。首先，领导特质研究形成的大量理论成果揭示出优秀成功的领导者具备的基本品质，增进了人们对于领导者的了解。其次，领导特质理论将焦点置于领导者身上，其结论有利于组织挑选合

① 温恒福：《教育领导学》，34 页，北京，中国人民大学出版社，2011。
② ［美］彼得·诺思豪斯：《领导学：理论与实践（第二版）》，吴荣先等译，11～12 页，南京，江苏教育出版社，2002。
③ ［美］彼得·德鲁克：《卓有成效的管理者（珍藏版）》，许是祥译，10～15 页，北京，机械工业出版社，2009。
④ 冯秋婷、齐先朴：《西方领导理论研究》，84 页，北京，人民出版社，2008。

适的领导者以引领组织更好地发展，同时可以帮助组织更有针对性地挑选有潜质的人员进行专门培训，培养未来可堪大任的领导者。最后，领导特质理论还为后来的领导理论研究奠定了坚实的基础，在领导特质理论的相关成果的基础上，又出现了魅力型领导理论、形象特质理论、生物学特质理论等新的领导理论成果。

当然，领导特质理论也表现出一定程度的局限性：一是忽视了追随者在领导活动中的作用和影响；二是忽略了领导情境对领导及其活动的重要作用；三是没有对领导特质与领导行为之间的关系进行深入研究；四是没有对不同领导特质的重要性及其发挥作用的机理做深入研究；五是造成了领导特质的主观决定论。

二、领导行为理论

领导行为理论将研究重心从领导者的个人品质转向领导者的个人行为，以探索领导有效性的真正根源。领导行为理论认为，领导者并不是天生的，而是后天培养、塑造和形成的；领导工作的绩效主要取决于领导者的行为和风格，而不是领导者的特质。

领导行为研究与领导特质研究相比具有一定的优势：首先，行为能够被直观地观察，因而研究行为比研究特质更具有客观性；其次，行为能够被测量，因而了解行为比了解特质更精确和更正确；最后，行为可以通过学习而获得，但特质是先天或者在早期生活中形成的。

领导行为理论的代表性观点有三种。

（一）勒温的领导行为模式理论

勒温等人发现，不同的领导者通常具有不同的领导行为模式，不同的领导行为模式对下属的工作绩效和工作满意度有着不同的影响。他划分出三种典型的领导行为模式：权威型领导、民主型领导和放任型领导。三种不同的领导行为模式在权力分配、决策、工作安排、影响力、评价与反馈等方面体现出不同的特点。（见表 6-1）

表 6-1　不同领导行为模式的特点

项目	权威型领导	民主型领导	放任型领导
权力分配	权力全部集中在领导者个人手中	权力存在于团体之中	领导者无为而治，权力分散在每一个员工手中
决策	领导者做出所有决策，下属的意见得不到重视	团队参与决策，所有决策由集体讨论决定，领导者加以鼓励、指导与协作	团队成员具有完全的决策自由，领导者不参与

续表

项目	权威型领导	民主型领导	放任型领导
工作安排	领导者参与具体工作，干预任务分工和工作安排，下属无法了解团体工作全过程和最终目标	任务分工由团队决定，下属可以选择合作伙伴，并清楚工作程序与最终的目标	领导者仅提供工作所需的信息和材料，回答员工询问，但不做具体指示
影响力	领导者依靠权力、职位等因素获得影响力	领导者依靠能力、个性和心理品质等因素获得影响力	领导者缺乏影响力
评价与反馈	领导者根据自己的喜好评价下属，常采用惩罚式的反馈方式	领导者根据客观事实评价员工，将反馈作为训练下属的契机	领导者不主动提供工作上的意见，对下属的工作成果也不做任何评价

勒温等人进一步发现，在上述三种领导行为模式中，追随者最喜欢民主型领导；权威型领导和放任型领导相比，追随者更喜欢放任型领导；权威型领导容易导致下属好胜与冷漠；权威型领导的生产率在开始阶段略高于民主型领导，但是经历一段时间之后会急剧下降，放任型领导的生产率最低。[1]

（二）领导二维构面理论

俄亥俄州立大学的研究者采用问卷法收集了 2000 多项关于有效领导行为的描述，然后使用因素分析的统计方法对所获得的数据进行了分析，概括出领导行为的两个基本维度：关怀维度（consideration structure）和结构维度（initiating structure）。关怀维度以人际关系为中心，领导者对下属表现出友好和支持的行为，关怀下属及其个人利益的实现；结构维度以工作为中心，领导者规定自己和追随者在工作中的角色以实现组织目标。两个维度相互独立。依据这种二维结构，复杂的领导行为可以被划分为四种基本类型。研究表明，"双高"类型的领导者通常能够取得更高的工作绩效和下属满意度；"双低"类型的领导者则在工作绩效和下属满意度两方面均难以令人满意；其余两种类型的领导者也可以在一定的情况下取得良好的工作绩效和下属满意度。此外，"双高"类型的领导者并不能在所有的情况下都产生积极的效果。（见图 6-1）

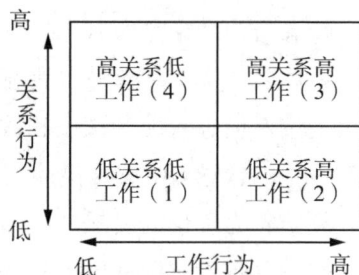

图 6-1　领导行为四分图

---

[1] ［美］伦恩伯格、奥斯坦：《教育管理学——理论与实践》，孙志军、金平、曹淑江等译，110页，北京，中国轻工业出版社，2003。

几乎与俄亥俄州立大学的研究同时，密歇根大学的研究也归纳出领导行为的两个基本维度：任务导向行为（task-orientation behavior）和关系导向行为（relations-orientation behavior）。任务导向行为与结构维度相似，而关系导向行为与关怀维度相似。但是密歇根大学的研究认为任务导向行为与关系导向行为是相互对立的，一个领导者只能取其一，不能同时具有二者的特征。除任务导向行为和关系导向行为之外，有无参与领导行为（participative leadership behavior）也是有效领导和无效领导的重要区别。参与领导行为是指领导者善于利用合理的途径鼓励下属参与到各种决策之中，领导者为下属参与决策提供各种支持、指导，使下属的参与成为促进沟通、合作和解决冲突的重要手段。

（三）领导行为三维模型

进入20世纪90年代，研究者发现将领导二维模型拓展为三维模型更符合实践中对有效领导的需要。领导三维模型包括任务导向的领导行为、关系导向的领导行为和变革导向的领导行为。任务导向的领导行为旨在完成任务，有效使用资源，维持组织的有序性和保持良好运作，其重点任务包括计划工作活动、制定目标、分配角色和监控；关系导向的领导行为的目的是改善关系，帮助员工，促进团结合作，提高下属的工作满意度和对组织的认同感，其重点任务包括支持、培养和认可；变革导向的领导行为的目的是促进战略决策，包括适应环境变化、促进创新、支持流程再造等，其重点任务为引发变革、实施变革以及评价与调整。[①]

领导行为理论是西方领导理论研究重点的一次重要转移，为领导理论研究提供了一系列新的概念和范畴，为领导情境理论的出现和发展奠定了重要的基础。领导行为理论对促进领导者认识和改善领导行为并成为有效领导者有积极作用，并能够为实践中的领导者提供一套卓有成效的领导行为模式。

领导行为理论的局限性体现在：首先，领导行为理论对于领导行为与领导有效性之间的关系没有做出令人信服的解释；其次，领导行为理论仅仅对某一领导行为进行了个别研究，没有综合考虑多种不同领导行为组合后对领导有效性的影响；最后，领导行为理论忽视了情境因素，对于组织类型、下属特征、文化特征等多方面因素对领导有效性的影响没有进行深入思考。

三、领导情境理论

领导情境理论的核心是"权变"，因而又被称为领导权变理论。领导情境理论的

---

① 顾琴轩：《组织行为学——新经济·新环境·新思维（第三版）》，367～368页，上海，格致出版社，2011。

基本观点是：不同的情境需要不同的领导，领导者的行为方式和行为有效性取决于其所处的具体情境。这一观点可以转化为一些具体的理论假设：不存在所谓最好的领导方法，在不同的情境中，每种领导品质、风格、行为都可能是有效的；个人和情境因素均能影响领导的有效性，进行领导研究要同时关注领导者和情境；领导活动对情境具有反作用，能够造成群体和组织效益的差异。

领导情境理论的代表性观点有三种。

（一）菲德勒的领导权变模型

菲德勒认为，任何一种领导类型都可能是有效的，关键是看领导的行为方式是否与其所处的情境相匹配。他概括出了对领导有效性影响最大的三个情境因素。一是领导者与下属的关系，当领导者与下属之间关系融洽，下属充分信任、尊重和支持领导者的时候，领导活动比较有效。二是任务结构，如果任务明确、目标清晰、标准合理，下属也对任务抱有较强的责任心，那么领导环境比较好，领导行为更有效。三是职位权力，领导者职位赋予其的法定权力越大，所控制的权力范围越大，领导环境也就越好。根据三个因素不同程度的强弱组合，菲德勒划分出八种不同的领导情境。

菲德勒利用《最难共事者问卷》（Least Preferred Coworker Questionaire，LPC）来测试领导者本身的类型。LPC得分较高的领导者的领导类型是员工导向型，LPC得分较低的领导者的领导类型是任务导向型。菲德勒指出，当领导者的LPC得分与三个权变因素形成的八种情境类型相匹配时，会达到最佳的领导效果。[1]（见表6-2）

表 6-2　菲德勒领导类型与情境变量之间的关系

LPC 员工导向型 / 任务导向型							
领导者与下属的关系	好	好	好	好	差	差	差	差
任务结构	明确	明确	不明确	不明确	明确	明确	不明确	不明确
职位权力	强	弱	强	弱	强	弱	强	弱
环境	有利			中等			不利	
有效领导方式	任务导向型			员工导向型			任务导向型	

---

[1] ［美］理查德·L.达夫特：《领导学：原理与实践（第3版）》，杨斌译，55~58页，北京，电子工业出版社，2008。

（二）领导的"路径—目标"理论

"路径—目标"理论由埃文斯（Martin G. Evans）首先提出，后经其同事豪斯（Robert J. House）等人加以扩充和发展。"路径—目标"理论主张，领导者的工作是帮助追随者达到他们的目标，并提供必要的指导和支持以确保各自的目标与群体或组织的总体目标相一致。为了达到组织目标，领导者必须采用不同类型的领导行为以适应特殊环境的客观需要。领导者的基本职能在于：阐明对下属工作任务的要求，帮助下属排除实现目标的障碍，并在实现目标的过程中满足下属的需要和提供成长发展的机会。领导者的工作效率是以激励下属达到组织目标并且在工作中得到满足的能力来衡量的。

"路径—目标"理论归纳出四类不同的领导类型。一是指令型，领导者明确告知下属任务目标、完成任务的时间，并提供完成任务的具体工作指导。二是支持型，领导者关怀下属的需要，友好平等对待下属，营造和谐的组织氛围。三是参与型，领导者鼓励下属参与组织决策，征求与采纳下属意见。四是成就型，领导者为下属设定有挑战性的工作目标，激励下属发挥最大潜能达到目标。"路径—目标"理论认为针对不同的环境因素应采用不同类型的领导行为，尤其是考虑下属和工作环境两个随机变化的因素：下属因素主要指下属能力、控制点、需求和动机；而工作环境因素主要指任务结构、组织的权力系统和工作群体。

（三）领导生命周期理论

这一理论是由俄亥俄州立大学的科曼（A. Korman）首先提出，并由郝西（Paul Heresy）与布兰查德（Kenneth Blanchard）予以发展的一种领导情境理论。这一理论划分了命令型领导、说服型领导、参与型领导和授权型领导四种不同的领导方式，同时将下属依据成熟度划分为四个阶段。第一阶段，下属对于执行某任务既无能力又不情愿，他们既不能胜任工作又不能被信任；第二阶段，下属缺乏能力，但愿意执行必要的工作任务，他们有积极性，但目前尚缺乏足够的技能；第三阶段，下属有能力，却不愿意干领导者希望他们做的工作；第四阶段，下属既有能力又愿意干让他们做的工作。在分析领导行为的时候，要综合考虑关怀维度的关系行为、结构维度的工作行为和成熟度。关怀维度、结构维度和成熟度之间存在一种曲线关系。领导者要根据下属不同的年龄、成就感、责任心和能力等条件，采取不同的领导方式。通常当下属成熟度处于第一阶段时，应该选择命令型领导方式；当下属成熟度处于第二阶段时，选择说服型领导方式；当下属成熟度处于第三阶段时，选择参与型领导方式；当下属成熟度处于第四阶段时，选择授权型领导方式。（见图6-2）

领导情境理论对领导基本理论的发展贡献较大。一方面，领导情境理论尊重领导现象的复杂性，比较全面地探讨了领导特质、领导行为与领导情境等要素之间的相互关系，创建了一整套较为完善的领导理论体系；另一方面，领导情境理论拓展了研究领导现象的新途径，提供了提高领导效能的新方法，很大程度上拉近了领导理论与领导实践的距离，满足了实际工作对领导理论的需要。

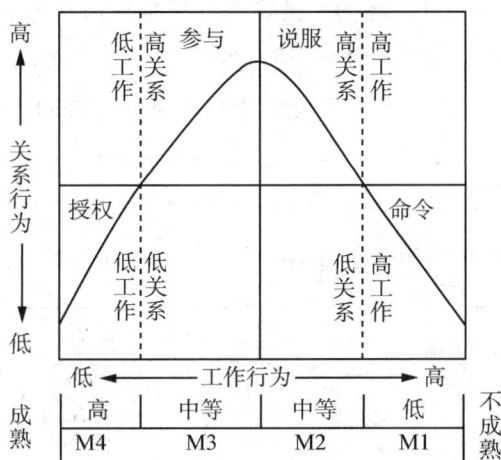

图 6-2　领导方式与下属成熟度关系曲线图

　　领导情境理论也具有一定的局限性，具体体现为：首先，该理论用简单的模型描述多重复杂的领导实践的做法过于简单化，尤其是忽视了"人"这一决定性的因素，未能把"人"作为领导情境理论基础中的能动变数，从而制约了管理理论的发展与创新；其次，领导情境理论的经验主义倾向比较严重，在解释现实的过程中将特殊情况和普遍趋向对立起来，将具体和一般对立起来，强调特殊性、否认普遍性，强调个性、否认共性；最后，对关键概念的解释不够精确和科学，诸如"下属发展水平""能力""承诺"等概念比较模糊，概念之间缺乏统一性，从而使理论与实践缺乏科学统一的解释标准。

四、领导理论丛林

　　随着领导实践的发展与相关理论的深化，领导理论研究呈现出发散的趋势。学者们依据对知识特性认识的不同以及研究焦点的差异，提出了内涵、观点与体系各异的领导理论，形成了繁荣的领导理论丛林。

（一）领导风格理论

　　领导风格是领导者习惯化的领导方式所体现出的特点。领导风格是在长期的经历和实践中逐步形成的，具有较强的个性化色彩，在领导活动中稳定地发挥着作用。领导风格理论认为，每一位领导者都有其与工作环境、经历和个性相联系的，且与其他领导者相区别的风格。领导风格是影响领导有效性的重要因素。

1. 领导行为连续带理论

罗伯特·坦南鲍姆（Robert Tannenbaum）和沃伦·施密特（Warren H. Schmidt）提出了领导行为连续带理论。该理论认为，以领导者为中心的专制式领导和以下属为中心的民主式领导两个极端之间，存在着以不同程度的专制和民主组合而成的多种领导方式，进而形成了一个连续的模型。领导者不是机械地从专制或者民主两种模式中进行选择的，而是需要结合其所处的情境和客观需要把二者以不同的程度结合起来。有效的领导方式就是能在特定的时间和地点条件下选择需要的领导行为。[1]（见图 6-3）

图 6-3 领导行为连续带理论

2. 管理方格理论

美国学者布莱克和莫顿在领导二维构面理论的基础上提出了管理方格理论。管理方格理论将关心人与关心工作两个维度各划分为 9 个等级，进而产生了 81 种不同的领导风格。其中有五种领导风格最为典型。（见图 6-4）

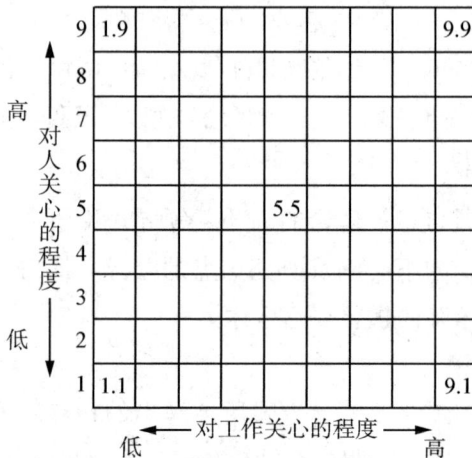

图 6-4 领导方格图

---

[1] 关培兰：《组织行为学》，320～321 页，武汉，武汉大学出版社，2008。

一是贫乏型领导(1.1)：对工作和下属几乎都采用漠不关心、放任自流的态度，基本放弃了领导的职责。二是俱乐部型领导(1.9)：注重下属的需要、情感体验和职业发展，努力创造一种舒适和睦的组织氛围和工作环境，但比较漠视规章制度、指挥监督、任务效率。三是中间型领导(5.5)：在关心人和关心工作两个维度间寻求平衡，平均分配精力，但这种领导方式欠缺进取精神。四是任务型领导(9.1)：高度关心工作和效率，注重计划、指导、控制下属的工作活动；不关心下属，很少关心下属发展，不擅长激发下属的创造性。五是团队型领导(9.9)：领导者对下属和工作都高度关注，注重将下属的需求与组织的目标充分结合起来，使下属认同组织目标、关心工作成果，帮助下属与组织建立起利益相关的命运共同体，共同高效率达成组织目标。

（二）领导替代物理论

斯蒂夫·克尔(Steve Kerr)和约翰·贾米尔(John Jameer)发现，在一些特定的情境下，下属不需要领导者指挥也可以有效地完成工作，领导者有何表现并不十分重要。导致这种情况发生的因素被称为"领导的替代物"。"领导的替代物"包括两个基本类别：替代因素和抵消因素。替代因素指下属、任务或者组织中可能代替领导发挥作用的因素；抵消因素指下属、任务和组织中阻碍领导发挥作用或者使领导行为无效的因素。下属、任务和组织的多种特点都可以成为领导的替代因素或者抵消因素。例如，就下属而言，当下属受过培训、能力和经验突出、专业取向程度较高时，则可以替代或抵消指令型的领导行为；就任务来讲，当工作本身十分明确、规范、结构性较高、挑战性较强并能吸引下属兴趣的时候，则可以替代支持型的领导行为；就组织而言，正式明确的目标、严格的规章和程序、内聚力高的工作群体，都可以替代指令型的领导行为。

（三）领导—成员交换理论

"领导—成员交换理论"(leader-member exchange theory，LMX)将领导视为领导者与下属之间动态的物质、社会利益和心理交换过程，领导者与下属之间的双向互动是领导过程的核心。当领导者与下属中的少部分人建立了高质量的交换关系时，这些下属成为"圈内人士"，他们与领导者之间建立的是一种相互信任、相互尊重、相互支持的交互式关系。而当下属与领导者之间建立的是一种低质量的交换关系的时候，他们被称为"圈外人士"，这是一种以等级关系为基础的契约关系，他们占用领导者的时间较少，获得满意的奖励机会也较少。研究表明，如果领导者与下属的交换关系质量较高，那么下属会被授予更多信任、更大自主权和更多的发展机会；作为回报，下属会在工作中更努力，工作业绩更加出色，工作满意度也更高。相反，如果领导者与下属的交换关系质量较低，那么领导者对下属的影响仅限于正式权威的影响，下属将仅仅完成职责范围内的工作。因此，在领导过程中，应加强领导者、下属之间高质量交换关系的建立。

（四）价值领导理论

价值领导也被称为基于价值观的领导或者以价值为本的领导（value based leadership，VBL），是在领导者与追随者拥有共同的价值观的基础上形成的影响关系。价值领导的实现需要四个环节：一是领导者修炼，培养明确而崇高、有驱动能力的价值观；二是领导者将价值观外化至行为和人际互动；三是通过愿景沟通、企业文化和管理制度三种载体将价值观外化到组织层面，以此作为种子要素孕育组织文化；四是将价值观注入组织的"血液"里，使下属认可并内化组织核心价值观以形成持久的行为动机，实现下属的自我管理。在教育领域，托尼·布什（Tony Bush）认为价值领导是一个理论集群，包含伦理领导、诚信领导、精神领导等不同形态。[1]

（五）社会公正领导理论

社会公正领导聚焦教育领域的平等与公正问题，是当代西方教育领导研究的重要范式之一。[2] 社会公正领导理论注重反思现有不平等的教育结构，采取积极行动创建一个更公正的学校教育环境，消除学校教育中的不公正现象；目标及结果聚焦学生学业成就平等，致力于使每个学生获得学业成功，尤其是处于边缘地位的少数群体[3]；重视多元价值，提倡在关注人类系统本身的同时，兼顾对社会系统和生态系统的关注。总之，社会公正领导以一种关怀性的价值立场看待教育领导领域，致力于创建温暖、安全以及更具包容性的学校氛围。

第三节　教育领导类型

///////////////////////

领导行为有效性、影响领导行为有效性的因素以及提升领导有效性的途径是领导理论研究的核心问题。前述的领导理论试图从领导内在特质、领导活动途径、领导行为模式以及领导活动与情境因素的相互关系等角度解释研究的核心问题，但囿于各自的局限性，无法从根本上解决实践者遇到的现实困惑。随着新型领导理论不断涌现并与实践的充分结合，各具特点的教育领导类型逐步形成。

---

[1] 刘艳茹：《我国中小学校长价值领导研究新进展》，载《中小学管理》，2018(1)。
[2] 孟卫青：《社会公正领导：当代西方教育领导研究的新重心》，载《比较教育研究》，2009(9)。
[3] 杨守恩：《社会公正领导理论研究》，硕士学位论文，南京师范大学，2012。

一、变革型领导

（一）变革型领导的内涵

变革型领导理论（transformational leadership）是建立在对传统的交易型领导（transactional leadership）进行批判的基础之上的。

交易型领导，又叫契约式领导，是指以"以物易物"的交换方式来进行领导。领导者利用掌握的物质和非物质的利益资源交换下属的劳动与服务，下属则以获取这些物质或非物质的利益为目的进行工作，双方在一种"默契契约"的约束下完成彼此需求获得满足的过程，整个过程类似于一场交易。

变革型领导指领导者通过使下属认识到个人与组织的共同愿景和目标，进而明确自己工作的意义和责任，激发和扩展下属高层次的需要，形成领导者与下属相互信任的组织氛围，激励下属付出额外的努力，以组织利益为重，达到高于既定目标的效果。（见表 6-3）

表 6-3　交易型领导与变革型领导对比

交易型领导	变革型领导
人是理性的，受利益激励，趋利性	人属于某一特定群体，并受群体规范影响
个人利益重于群体规范	群体规范重于个人利益
领导与下属交换有价值的东西，通过利益引领下属实现组织目标	领导建立群体规范，通过群体规范引领下属实现组织目标
下属工作消极被动	下属工作积极主动
为奖赏而做，注重外在收获，计算自我得失	为美好而做，注重责任和义务，崇尚道德
功利意义上的领导，附加价值领导	超越自我利益，价值观领导
重在满足低层次的需要	重在提升员工的需要层次
易于实施	实施起来比较复杂
无视领导的道德内涵	注重领导的道德含义

（二）变革型领导的特征

交易型领导的特征是"交换"，具体表现为：一是强调工作目标和工作标准的达成，主要依靠奖励或者惩罚的方法达到影响下属的目的；二是强调角色分工和任务分配，强化领导者对组织过程的掌握与控制；三是注重制定严密完备的规章制度，并严格执行各项制度；四是注重营造高度秩序化的体制结构，保证工作结果的一致性。

变革型领导的特征是"转化"，转化的内容是下属的意识、态度和动机，以及组织的愿景和方向。变革型领导的特征体现为：一是将价值观领导作为核心要务；二是注重将组织的愿景和下属的需求结合起来；三是注重通过领导者授权，建构下属对组织目标的承诺。

（三）变革型领导的行为

交易型领导是领导者与下属之间的一种交易过程，交易型领导行为包括两种方式。①权变式奖励。领导者为取得下属的支持而提供一种有价值的资源。当下属完成领导者分派的工作时，领导者给予下属适当的奖励，以增强下属工作的积极性。这是交易型领导中最活跃的因素。②例外管理。例外管理是指领导者对下属工作中发生的例外问题所持的态度和所采取的管理方式，可分为主动的例外管理和被动的例外管理两种。主动的例外管理指领导者随时观察的行为，并对其工作中的失误和问题进行及时的纠正，确保任务的有效完成；被动的例外管理指只要目前工作情况可以接受，领导者就不会主动干涉，只有当行为不符合规范时才加以干涉，只有在问题变得严重时才介入其中。

变革型领导理论的代表人物巴斯提出了变革型领导的四种行为维度。①

第一，魅力影响（charisma/idealized influence）：领导者具有较大的个人魅力，具有使下属心悦诚服的特质或行为，能够成为下属行为的榜样和典范，进而得到下属的认同、尊重、信任和忠诚追随。

第二，激发动力（inspirational motivation）：领导者对下属抱有较高的期望，善于为下属设定富有挑战性的工作，激发下属强烈的团队精神和归属感，鼓励下属采取积极和乐观的工作态度和方式，创造出远高于为自我利益奋斗时所产生的绩效。

第三，启发才智（intellectual stimulation）：向下属传授新观念，拓展下属视野，积极引导下属变革意识、信念和价值观，鼓励下属打破原有的束缚，用新思路、新方法和新手段解决工作中的问题。

第四，个性关怀（individualized considerations）：针对每个下属的不同需要、能力和愿望，给予他们个性化的关怀。注重听取下属的心声，关注他们的成长和成就需求，创造良好的培养培训契机与平台，赋予他们责任，使其觉得深受重视而更加努力。

（四）变革型领导理论在教育领域的拓展

20世纪90年代后，将变革型领导应用于教育组织的研究日益增多。加拿大学者

---

① Bass，B. M.，Stogdill，R. M.，*Bass & Stogdill's Handbook of Leadership：Theory，Research，and Managerial Applications*（3rd Edition）. New York，The Free Press，1990，pp. 263-278.

赖斯伍德(K. A. Leithwood)等人证实了变革型领导能够有效提升教师对学校的忠诚度，影响教师的目标设定以及教师对学校发展的信心，影响学校组织气候和文化，并最终影响学校组织效能。他还归纳出学校实施变革型领导的七个重要维度：清晰地表达愿景；获得组织成员对学校发展目标的认可与承诺；向教师提供个性化的支持；促进教师反思，激发教师创造性；对教师抱有高期待；构建学校组织成员共享的规范和信仰；建设有助于参与决策的组织结构。①

郑燕祥比较了学校组织中的交易型领导和变革型领导。他认为，交易型领导注重领导者的管理技术和人际关系技能，工作重点在于如何以交易的方式激励下属达到这一目标。而变革型领导主导了一种变革的领导过程，包括积极设定有前瞻性的组织目标和任务，改变组织成员的价值观、态度；发展组织成员对未来的美好愿望，营造积极的组织文化。领导者的一项重要职能是塑造学校发展的愿景和目标，并在情境转化的时候对愿景和目标做出及时的调整，激励教师追求卓越而不是局限于预定目标。②

二、道德领导

（一）道德领导的内涵

道德领导由美国学者托马斯·萨乔万尼(Thomas J. Sergiovanni)提出。萨乔万尼认为，学校道德领导是指领导者以道德权威为基础，甄别并确定学校作为学习共同体的核心价值观，建构学校共同愿景与理念，教师基于责任和义务对共同价值观、愿景和理念做出回应，在团队精神的引领下相互协作，进而发挥领导的效能。③

（二）道德领导视野下的学校领导

1. 领导质量方程

在道德领导框架下，学校领导质量(quality leadership)的高低由十项原则决定。这十项原则可以归为四个维度。

一是领导技术(leadership skills)，它是领导的前提条件，特指维持领导活动必须具备的领导技巧。二是领导的先决条件(leadership antecedents)，包括观点(perspective)、原则(principles)、纲领(platform)和政治(politics)四项原则，这四项原则决定了领导者的态度、认知、信奉的准则、政治敏感性和影响他人的能力等现实状况，是领

---

① K. S. Louis，J. Murphy.，*Handbook of Research on Educational Administration*，San Francisco，Jossey-Bass，1999，pp. 45-49.

② 郑燕祥：《教育领导与改革新范式》，202~205 页，上海，上海教育出版社，2005。

③ ［美］托马斯·J. 萨乔万尼：《道德领导：抵及学校改善的核心》，冯大鸣译，19 页，上海，上海教育出版社，2002。

导者进行决策和实施活动的先决条件。三是领导意义（leadership meaning），包括目标（purposing）、计划（planning）、坚持（persisting）和驭人（peopling）四条原则，领导者通过"目标"解释学校的功效、成败和贡献，经由"计划"把目标解读为具体、长期和可操作的项目，用毅力来"坚持"已有的目标和计划，"驾驭"下属，寻求其配合与服从，使下属的目标和期望与组织的目标和期望相对应。四是领导文化表达（leadership cultural expression），主要指组织忠诚（patriotism）原则，指教师拥有共同效忠的规范、信仰和原则，就行动达成一致意见，对组织忠诚。①

领导质量（QL）来自领导技术（LS）、领导的先决条件（LA）、领导意义（LM）和领导文化表达（LCE）的相互作用，四个方面共同构成了一个相互依赖、互相连接的系统。领导质量方程可以表述为：$QL=LS(LA+LM+LCE)$。②

2. 领导力结构

在道德领导视野下，优良学校领导力框架由五类不同的领导力构成。

一是技术力（technical），来源于良好的管理技巧，对应"技术型领导"，典型角色是"管理工程师"，表现为对学校进行计划、组织、协调，并安排学校的工作进程。

二是人际力（human），来源于可获得的社会和人际资源，对应"人际型领导"，典型角色是"人际工程师"，表现为重视人际关系，运用工具性的人际技巧，为学校的人际组织提供支持和生长的机会。

三是教育力（educational），来源于教育和管理的专家智慧，对应"教育型领导"，典型角色是"临床医生"，表现为诊断教育问题，回答教师的提问，提供督导和评价，促进员工发展和课程开发。

四是象征力（symbolic），来源于使员工将注意力集中到重要事情上，对应"象征型领导"，典型角色是"首领"，表现为走访教室、与学生在一起、主持仪式以及出现在某些重要场合等，这些行为提供了一个整体形象，可以让人们见到管理的着重点。

五是文化力（cultural），来源于建设一种独特的学校文化，对应"文化型领导"，典型角色是"教父"，表现为力求去解释、说明那些持久的价值观、信仰和文化，使学校有独特的形象，致力于创造、润泽和传承组织神话。③

---

① 蔡怡：《萨乔万尼道德领导思想研究》，博士学位论文，华东师范大学，2006。

② Thomas J. Sergiovanni, "Ten Principles of Quality Leadership," *Educational Leadership*，1982 （5），pp. 330-336.

③ Sergiovanni, T. J., "Leadership and Excellence in Schooling," *Educational Leadership*，1984 （5），pp. 4-13.

（三）道德领导实践

1. 领导思路

道德领导的根本理念是通过价值实现领导，这意味着校长要把领导的价值放在首位。以往的领导实践过多地考虑了领导行为的因素，将领导之手（the hand of leadership）、领导之脑（the head of leadership）和领导之心（the heart of leadership）割裂开来，导致领导本质与过程的分离。

"领导之手"是指领导者外显的领导行为；"领导之脑"是指领导者的心智图景以及在实践中积累的知识和经验；"领导之心"是指领导者的内心世界，与领导愿景相关联，表达领导者的理想、价值观和信仰。完整的领导过程应当是由领导之手、领导之脑和领导之心构成的完整体系，即领导之心塑造领导之脑，领导之脑指挥和驱动领导之手，对领导之手执行的决策和行动进行反思又反哺领导之脑和领导之心。要想成为一名成功的领导者，就要达到领导之心的层次，将个人的愿景与内在的价值理念有效融合。（见图 6-5）

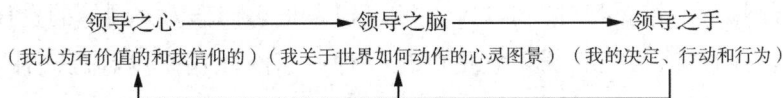

领导之心 ——————→ 领导之脑 ——————→ 领导之手
（我认为有价值的和我信仰的）（我关于世界如何动作的心灵图景）（我的决定、行动和行为）

图 6-5 领导之心、领导之脑和领导之手互动关系图

2. 领导步骤

一是物物交换型领导（leadership by bartering），是指领导者和追随者相互交换需要和服务以达到各自的目的，反映了物质的、安全的、社会的以及自我的需求。二是建设型领导（leadership by building），与变革型领导的初级阶段相对应，焦点集中在提升人们的能力、满足更高层次的需求、获得高水平的业绩和承诺上，反映了自尊、成就、能力、自主以及自我实现的需求。三是契约型领导（leadership by bonding），与变革型领导的高级阶段相对应，领导者唤起人们达成高层次学校目的和目标的意识，使领导者和追随者结成一个拥有道德承诺的盟约，反映了人类对目的、意义、价值的理解。四是储蓄型领导（leadership by banking），即为新的项目和计划保存人力资源，使学校改善运动常规化。当学校实行储蓄型领导时，学校管理者像管家一样为学校的需要服务，促进人们各尽其责。

3. 三种激励规则

学校道德领导应当是教职员工实现自我领导、自主管理的一种境界。在激励教职员工时，应遵守三种激励规则。一是"为能获得的奖赏去做"，组织成员主要依赖领导者和他们的奖赏来激发其行为动机；二是"正在得到的奖赏使人去做"，工作本身成为动机的源泉，那种有成就机会和成就感的、能带来挑战的、有较大发展机会的工作是最具有激励力量的；三是"美好的东西使人去做"，组织成员会因道德承诺而感到有责任去做。在实施道德领导的过程中，要协调好三种激励规则的关系，酌情考虑物质奖赏和教职员工的心理需求，但更重要的是把道德判断传递、融合到教职员工的个人需求之中，使他们因使命感、责任心以及对职业的理想而投入工作。

4. 四种领导替身

为了实现高效领导，领导者不能将注意力过多地集中在直接领导上，应把直接的、控制式的领导转化为间接的、以理念为本的领导。道德领导倡导四种领导替身：一是共同体规范（community norms），指学校价值观的内核及其所阐发的一系列行动原则和信条；二是专业理想（professional ideal），是一种基于关怀伦理的专业德行，包含承诺以身作则、承诺行事考虑社会价值、承诺关心教学工作本身和承诺关怀伦理等方面；三是工作本身（the work itself），指使教师在工作中体验到意义、责任和义务，在充盈的状态下，使人追求卓越的工作表现，体验创造性的乐趣；四是团队精神（collegiality），指履行对教学职业的责任以及把学校作为共同体的责任，团队精神并不只是对同事有恰当行为，它更应是一种恰当的职业态度，是一种职业德行。四种替身加在一起为教师及其他工作人员提供了某种来自内部动机的鼓励，可以促使领导者把精力用到其他更重要的方面。

三、分布式领导

（一）分布式领导的内涵

分布式领导可以理解为组织中的成员依据工作内容、个人特质和技能以及情境的不同而动态地承担领导角色的领导方式。具体到教育组织中，分布式领导强调领导实践是领导者、追随者和学校情境交互作用的结果，领导不仅仅是校长的个人角色，领导角色和职能应动态地分布于学校组织成员当中，依靠学校内部多重领导资源完成不同规模、不同复杂程度和不同范围的教育教学任务。

如果将分布式领导实践确定为中心和基点，那么这一中心和基点源自领导者、追随者和学校情境的交互作用，是三个因素共同作用的结果。如果用一个三角形来代表领导实践，每一个角代表三个基本因素中的一个，每一个三角形代表领导者、追随者和学校情境在一个特定时刻的交互作用；那么可以看出，领导实践的实现在于多个交互活动的进行。在不同的时间点，承担领导角色的领导者构成会不断变化，他们承担的领导职责也会发生变化。[①]（见图6-6）

---

① James Spillane，*Distributed Leadership*，San Francisco，Jossey-Bass，2006，p. 3.

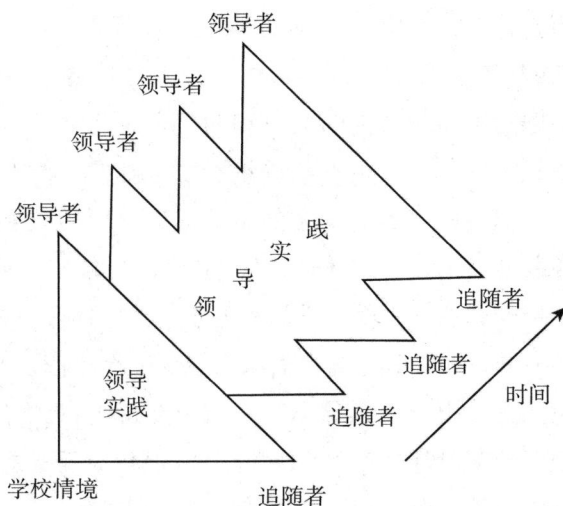

图 6-6　斯皮兰分布式领导要素图

（二）分布式领导的特征

第一，分布式领导具有协同性。分布式领导不是由个人单独拥有或行使的，而是群体的共同行为。分担领导职能的众多领导者拥有各种广泛的知识和技能。分布式领导能够促使群体有效互动、相互协调、相互启迪，激发出彼此潜在的首创精神和专业特长。

第二，分布式领导具有开放性。分布式领导要求领导权力在组织成员间动态地分布。因此，分布式领导的边界是变动的，具有开放性。在不同的情境中，领导者与追随者的角色不是固定不变的，可以进行转换。

第三，分布式领导具有情境性。在分布式领导的框架下，情境不是领导实践的外部变量，而是它的一个内部要素。情境与实践是双向影响的，即情境的各方面可以促进和阻碍实践，而实践也可以改变情境。

（三）分布式领导在教育组织中的运用

实践证明，分布式领导比较适合在学校组织中运用。学校组织是知识型组织的一种，学校组织成员具有较高的专业性，更重视专家权力、情感和精神需求、自我价值实现以及终身学习。在传统组织中，依赖少数金字塔顶端的人才进行领导的模式已不适用于知识型组织。分布式领导倡导的组织成员分担责任和承担领导角色并参与领导与管理的模式可以应对多变、动态的环境。因此，教育要想不断取得进步与成功，就必须在学校组织中建立起分布式领导。①

───────────────

① 　张晓峰：《分布式领导：缘起、概念与实施》，载《比较教育研究》，2011(9)。

研究表明，分布式领导能够激发教师的工作乐观情绪。[1] 当教师认为学校组织目标明确，教师间能够有效互动、共同完成工作任务的时候，乐观情绪就会被激发，进而提升教师的效能感，增加对学生的信任和期望，这些都是影响教育效能的重要因素。此外，分布式领导倡导的教师参与决策、对教师授权能够提升教学士气，进而直接带动学生的学习积极性和提升学生的学业成就。更为重要的是，分布式领导能够提高教师主动承担工作任务的责任意识、主动完善自身专业能力的发展意识，以及对学校领导者的接受和认同程度，进而有助于学校整体改革的推进。

在学校组织中，实施分布式领导需要着眼于以下五个方面。

第一，在学校组织成员中分享领导职能。校长要善于将领导权授予他人。一方面，校长要将领导职能分配给那些有知识和能力承担相应任务的人；另一方面，领导权的分布过程应整体统筹、协调一致，不能杂乱无章或随意而为。

第二，创新学校管理体制。科层制结构与分布式领导倡导的弱化领导的职位权、建立以工作为中心的生成型和流质型领导团队是不协调的。因此需要改革与创新学校管理体制，提高组织结构的弹性，促进组织成员位置的灵活调配，保证领导职能动态地分布于组织成员当中。

第三，规划清晰的发展愿景和明确的工作目标。清晰的愿景和明确的目标能够把组织成员紧密地团结在一起，形成共同的设想、信念和价值观，进而赋予教师强大的动力。此外，分布式领导的实施必须务实地考虑到组织中不同层级的人应担负的责任，将发展愿景、工作目标与绩效责任制联系起来。

第四，营造信任、尊重和合作的学校组织文化。分布式领导离不开组织成员之间的相互信任、支持、尊重和合作。组织文化的营造可通过两种方式：一是向广大教师解释合作的价值以及对合作的期望；二是以工作中的合作为示范和榜样来引领教师。

第五，提升组织成员的领导能力。学校成员必须通过进修、工作经验的积累以及相互间的学习等，形成一定的领导能力，为随时分担学校领导的职责提供保障。

四、教学领导

（一）教学领导的内涵

狭义的教学领导指与教师教学或学生学习有直接关系的领导行为或活动。狭义的教学领导排除并低估了其他相关活动的价值，容易造成校长角色的混淆。[2] 广义

---

[1] 袁慧芳、彭虹斌：《基于分布式领导的教师领导研究述评》，载《外国教育研究》，2011(8)。

[2] David Dwyer，"Understanding the Principal's Contribution to Instruction," *Peabody Journal of Education*，1985(1)，pp. 3-18.

的教学领导不单指与教和学有直接关系的行为，所有能协助教师教学与学生学习的相关活动或做法都属于教学领导范畴，包括促进教师专业发展、创建合作性的学校文化、塑造被广泛认同的学校共同愿景以及提供各种支持性的教学与学习资源等。学术界多赞同这种理解。

教学领导具有三项典型的特征：第一，教学领导以教与学的工作为核心，教学领导行为直接影响教与学的活动，或者通过学校氛围或教学团队间接影响教与学的活动；第二，促进教师专业发展贯穿于教学领导活动之中；第三，教学领导以服务和引导为两大支柱。

教学领导包含三个层次：宏观层面的教学领导，指教育行政机关对学校整体教与学活动的领导；中观层面的教学领导，指学校层面的教学领导主体（包括校长、教导主任、年级组长、教研室主任等）对教师教学活动和学生学习活动的领导；微观层面的教学领导，指教师对学生学习活动的领导。

从广义的角度理解教学领导比较准确，在三个层面的教学领导中，中观层面的校长的教学领导最为重要。以下将围绕校长的教学领导进行集中论述。

（二）教学领导的功能

第一，提升学校效能。芬德利（Findley）指出，如果一所学校是一个有效学校的话，那是因为校长实施了有效的教学领导。[1] 国内外诸多研究确认了教学领导与有效学校之间的正相关关系。教学领导通过确立教学愿景和目标，营造学校文化，整合与利用各类资源，可以促进学校效能的提升。

第二，提升教师业绩。教学领导能够帮助教师明确工作方向，明确教学的目的和价值，形成正确的教学观；帮助教师明确教学工作的质量标准，引导教师对工作进行自我评价，形成持续的专业发展需求；为教学工作提供充足的制度、设备设施、教学团队等教学资源保障。

第三，提高学生的学业成就。德维尔（Dwyer）指出，教学领导能够影响学校的氛围和教学组织活动，进而对学生的学业成就产生极大的影响。[2] 教学领导主要通过改变教师对学生的期望、为学生提供个性化的学习机会、清楚地阐释学习目标来改善学校氛围，通过建设学习型教学团队来变革教学组织，通过建立健全学习制度激励学生的自主学习，达到提升学生学业成就的目标。

---

[1]　赵茜：《校长教学领导力模型及应用》，博士学位论文，北京师范大学，2009。

[2]　David Dwyer, "Understanding the Principal's Contribution to Instruction," *Peabody Journal of Education*, 1985(1), pp. 3-18.

（三）教学领导的工作内容

第一，提出教学发展愿景。教学愿景要遵循国家方针的指引，符合教育政策以及教育的培养目标的要求；教学愿景还要符合教育教学的基本规律，体现按规律办事的原则；教学愿景更要顺应教育教学改革的趋势，体现出一定的前瞻性和先进性。

第二，营造良好的学术氛围和学习环境。校长应以文化建设为手段，营造以自主、开放和积极为特点的学术氛围和学习环境，树立良好的工作和学习风气，引导师生形成正确的价值观，激发师生主动工作和学习的兴趣。

第三，合理配置与使用教学资源。教学资源是指用于教学或者保障教学任务顺利完成的人力、物力和财力资源的总和。教学资源往往是有限的，甚至在一定条件下还是稀缺的。教学领导者需要通过合理的方式，把有限的教学资源合理分配到各个位置，实现资源的最佳利用，发挥资源的最大效用，获得最佳的教学效果。在诸多教学资源中，人力资源是最重要的、最具价值的教学资源。学校人力资源配置效益最大化就是要提高劳动效率，优化学校组织，充分利用学校的人力资源。具体措施包括科学设计组织结构，科学设置学校内部岗位、确定岗位职责，规范学校人力资源管理方式，搭建高层次平台、促进教师专业发展。

第四，教学视导与评价。教学视导与评价应遵循"平衡、诊断、自发与实效"的原则，对教师课前准备、课堂教学和课后反馈进行全面系统的考量与评价，加强有关教师视导与评价的专业对话机制，分享教学经验与促进个人成长，以提升教学品质。[①]

第五，协调沟通校内关系。应在学校体系与外界环境之间，学校体系内各部门、人员之间加强信息传递和交流，增进相互了解和共识。教学领导主要通过目标协调、信息协调、说服教育、规章制度等实现沟通与协调。

（四）影响教学领导有效性的因素

影响教学领导有效性的因素有很多，主要包括文化因素、环境因素以及人的因素等。在诸多因素中，下列因素对教学领导有效性具有直接的影响。

一是学校所处地区的经济与社会发展程度。经济与社会发展程度和校长关注的生源与教学质量等问题密切相关。受到经济与社会发展条件的制约，校长有时候不得不将精力分散在其他方面，这会影响教学领导的实施。二是外部机构的干预。学校任务繁重，对外要接受各级教育行政部门直接和间接的领导，以及各种层次的检查和汇报；对内要全面主持学校工作，要接受教职员工和学生的监督与评价等。所以，校长有时会觉得被束缚而难以施展拳脚。三是学校自身规模与条件。学校规模通

过间接因素对教学领导产生影响，学校条件则对教学领导能否实现既定目标具有直接影响。四是教育行政管理体制。教育行政部门的相关政策如校长评价制度、校长交流制度等都会对学校教学领导的稳定性和连贯性产生影响。五是校长专业自主权。党组织领导的校长负责制必须与校长专业自主权结合，保证权责统一，如此才能更好地推进教学领导。

五、学习领导

（一）学习领导的内涵

进入 21 世纪，社会形态向着以学习和创新能力为核心的知识社会迅速转向，深层知识、创造力和理解力作为重要的核心素养成为学习者成功的关键，教育领导的重心也再度回归到学生的学习效果。英国剑桥大学的研究者首次明确提出了"学习领导"（leadership for learning）的概念。

对于学习领导本质的认识目前尚无定论，但是学界形成了一些共识：学习领导是指以学生学习为中心，通过课程、教学与行政干预强化学习氛围，促进学生有效学习；教师专业性与高效协作是决定学习效果的关键因素；弱化领导层级与量化绩效；随情境和任务的变化实施权力共享与分散，领导实践具有多样性。基于上述分析，学习领导可以表述为：需要整个学习系统的不同层面上的正式领导者和利益相关者共同参与，通过分布式的、相互关联的活动和关系，以营造创新型学习环境为途径，对学生学习效果施加积极正向的影响。

（二）学习领导的特征与模型

杰夫·索斯沃斯（Geoff Southworth）较为系统地提出了学习领导的特征：①将课堂教学的改善作为学校改进的关键因素；②拓展教师的教学技能，发挥教师潜力，使学校中的每一位教师都从中获益；③学校领导对学生学术成就的间接影响力通过教师得到直接体现；④确保各种想法能够迅速传达并且贯彻落实；⑤加强沟通，凡事以促进学生学习为使命；⑥激励教师表达意见，鼓励创新与高效率工作。

范德堡大学的研究者构建了以学习为中心的教育领导模型。[1]（见图 6-7）在这一模型中，领导行为由领导者以往的经历、积累的知识基础、个性特征以及价值观与信念四个条件构成。领导行为概念化为学校层面（如领导团队结构和日常议程）和班级层面（如小组实践活动）的影响因素。该模型认为，以学习为中心的领导包含 6 个核心要素和 6 个关键流程。核心要素为学生学习的高标准、严格的课程、有效教学、

---

[1] ［美］J. 墨菲、E. 戈德林、S. 艾略特等：《范德堡教育领导力评估：以学习为中心的评估方式》，载《华东师范大学学报（教育科学版）》，2011(1)。

与外部团体的联系、系统的绩效问责以及关键流程。关键流程具体包括规划、实施、支持、倡导、沟通和监督。研究者以模型中概述的核心要素和关键流程为依据，开发了以学习为中心的领导力测量工具。该工具由 72 个项目组成，包括 6 个核心要素分量和 6 个程序分量，有两种平行的评估方式。

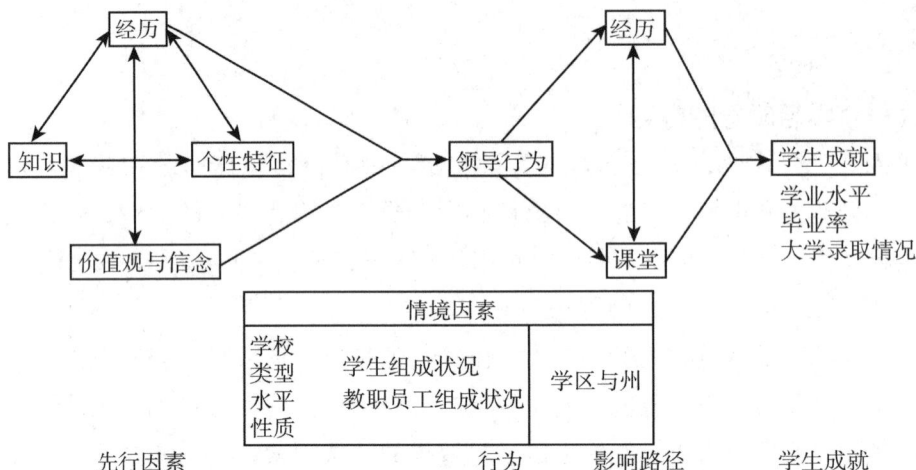

图 6-7　范德堡大学以学习为中心的教育领导模型

（三）学习领导实践

学者们结合不同的学校实践提出了实现学习领导的具体方式。比如，约瑟夫·墨菲（Joseph Murphy）等人概括出八项"以学习为中心的领导"的具体方式，即学习愿景、教学方案、课程方案、评估方案、学习共同体、资源的获得与运用、组织文化以及社会性支持。约翰·麦克贝思（John MacBeath）等人在扎根研究的基础上提炼出五项学习领导方式，包括以学习为焦点、塑造学习环境、学习对话、分享领导和共同承担绩效责任。尼尔·登普斯特（Neil Dempster）等人主张学习领导的有效行为方式是发展共同的道德目标、专业对话、坚实的证据基础、主动参与专业发展、建立支持学生学习的环境、课程和教学的协管与监控、运用分布式领导、家长与社区的支持。我国台湾学者吴清山与林天佑则将学习领导行为归纳为建立伙伴关系、参与分享权力、教师专业发展、提供教学支持及学生有效学习五个方面。

将上述观点进行归纳与整合，实施有效的学习领导应遵循以下原则：构建以"促进学生学习成效"的共同目标为发展方向的学习愿景；聚焦于学生学习能力的提升，培养学生终身学习的能力，让每一个学习者都能发挥自己的优势、取得进步；塑造安全、尊重、创新的学习环境；提供多样化的学习内容、学习资源、学习方式等；注重培育各层面学习活动的领导者，发挥分布式领导、变革型领导等多种领导方式的优势，相互协作；以满足教学需求为目的，策略性地组织资源、利用资源，与校外建立联系，以获取多方面资源的支援。

第四节　教育领导者

////////////////

领导者是构成教育领导现象的核心要素之一，是教育领导活动的主体，是决定教育领导活动效能的决定性因素之一。对教育领导者应该扮演的角色、应该具备的专业素养、应该达到的专业标准、教育领导者的专业发展以及高效教育领导团队的构建等问题进行深入探讨，是教育领导学的重要内容。

一、教育领导者的角色

（一）校长角色

任何一种职业都有其特殊的、区别于其他职业的角色定位。校长工作是多方面的，与这些工作对应的角色也是多样的。斯佩克（M. Speck）对校长角色做了迄今为止最经典的划分。她认为，校长有三个职业角色：管理者、教育者和领导者。[1]

校长作为管理者的主要职责包括筹备与计划学校各项工作；对具体工作进行命令、指挥和协调，组织教职员工实施各项工作；通过循环反馈系统对教育教学工作进行控制；对教职员工和工作效果进行评价，并指导工作改进。

校长作为教育者的主要职责包括审查研究计划和示范性的教育活动方案；督促教育教学计划实施；对教师教学工作进行视导；指导并促进教学研究；建设学习型教师团队，改进对学生的服务质量；监测学生发展情况。

校长最重要的角色是领导者。校长由管理者向领导者转变是教育新使命和新课程改革的必然要求，是教育行政管理改革的必然要求，是现代学校管理的必然要求。[2] 校长作为领导者又可以划分为五个分角色。

第一，发展战略的引领者。作为发展战略的引领者，校长要做好学校长期的发展规划和不同阶段的工作计划，同时要营造有利于发展的学校文化。校长需要准确判断学校自身的优势与劣势，科学论证并制订合理可行的学校发展规划；善于把握教育形势的发展变化，明确各阶段的工作重点，提出适当的工作策略和有力的行动措施；继承发扬学校的优良传统，形成独特的学校文化，建设优雅的校

---

① Speck，M.，*The Principalship*，Upper Saddle Rive，Prentice Hall Inc，1999，p. 33.
② 褚宏启、刘传沛：《校长管理智慧》，9页，北京，教育科学出版社，2011。

园环境。

第二，管理机制的创设者。作为管理机制的创设者，校长应在校内建立以"科学管理、民主管理和依法管理"为特征的管理机制。科学管理要求搭建一个结构合理、素质过硬的领导班子，形成科学的集体决策机制；民主管理要求校长能够充分发挥党支部、工会、教师代表大会等机构的民主监督功能，保证各项决策在教职员工中获得较高的认可度；依法管理要求校长领导学校制定规范的办学章程，不断完善各项规章制度，根据形势变化进行制度创新，严格按照有关规章制度开展具体工作，保证制度执行到位。

第三，人力资源的开发者。作为人力资源的开发者，校长要努力打造两支队伍，即专职教师队伍和行政人员队伍。对于专职教师队伍，校长需要有效引导教师提高师德水平，准确了解教师的专业发展需求，合理指导教师确定职业生涯规划，为教师提供丰富的专业发展机会，科学评价教师工作，建立面向特定教师群体的培养机制；对于行政人员队伍，校长需要根据每名教职员工的特长与优势安排、调整管理岗位，设计合理的学校后备干部培养和选拔机制。

第四，教学活动的引领者。作为教学活动的引领者，校长要积极推进教育改革，指导教师进行教学活动和组织教师进行教学科研。校长要掌握先进的教育教学理念，积极推动课程与教学方法改革；抓住教学管理各个环节的要点，科学指挥教学活动，有效监控教学质量；定期听评课，指导教师的课堂教学实践；积极组织教师申报教研课题，有效指导教师从事教学研究活动。

第五，内外资源的保障者。作为内外资源的保障者，校长应合理统筹和利用校内资源，获取广泛的社会资源。前者要求校长合理安排、使用和监控校内各种资源，最大效度地发挥其效能。后者要求校长注重优化学校的外部环境，密切家校合作关系，争取上级主管部门的支持，促进校际交流，充分挖掘和获取社会办学资源。

（二）教育行政人员角色

教育行政人员主要执行与实施宏观层面的教育领导。当前，我国的教育管理模式正处于从管理型向服务型转变的过程中。教育行政机关势必转向以服务职能为中心，革新领导模式，以更好地对公共事务进行控制和引导。据此，教育行政人员在实施宏观教育领导的过程中应扮演好四个角色。

第一，制度和资源的保障者。重点包括三项职能：提供学校教育所需的经费、设备等物质条件；提供观念导向、政策支持和制度保障；提供适合学校的管理或服务的方式。

第二，推进改革的激励者。应注重阐释与宣传改革愿景和目标；合理设定政校关系与权限，充分尊重学校的权利自主与利益诉求；设计科学合理的改革执行机制，实现教育行政机构和教育实施机构间的激励相容。

第三，工作过程的协调者与监督者。在监督过程中，应注重建设双向沟通机制，使沟通制度化、渠道化、高效化；运用合理的沟通方式，包括研讨、培训、观摩等；对重要的沟通过程和内容进行记录，形成较为完备的政策信息档案。监督的重点职能包括建立健全工作监督评价的体制与机制，对不同层次的监督主体及其权限、监督内容、监督程序以及监督结果处理等加以规定。

第四，工作成效的评价者。需要建立科学的工作评价制度；借助科研机构或者独立的评估组织进行评价；建立评估的信息数据系统；建立相应的领导责任制，结合评价结果进行相应的问责。

二、教育领导者的专业素养与专业标准

（一）教育领导者的专业素养

教育领导者的专业素养是指从事教育领导工作应该具备的身心品质。对教育领导者尤其是校长专业素养的研究较多。有学者提出教育领导者应具备广阔的视野、宽厚的胸襟、阳光的心态、法治的精神、规范的操守、渊博的知识、专业的能力和健康的体魄。[1] 也有学者对美英等国的校长素养要求进行了比较，指出各国普遍重视校长的专业素养，包括职业品质、专业知识、实践经验和教育领导能力。[2] 在这些研究结论的基础上，我们认为教育领导者尤其是校长的专业素养应该由专业知识、专业能力和专业精神构成。

对于教育领导者尤其是校长来说，系统而明确的专业知识体系是专业素养的重要维度之一。衡量校长专业知识是否达标有三个标准：一是效用标准——"有用"，即能为校长工作提供有效的智力支持，有助于校长提高工作效率和效能；二是数量标准——"够用"，即建构起完整、系统、全面的知识体系；三是质量标准——"好用"，即知识体系中的知识在逻辑上具有内在一致性，不能相互矛盾。数量标准和质量标准是效用标准的具体化。[3]

从专业知识的结构来看，应该包括教育理论知识、教学和学科知识以及领导与管理学知识三个方面。具体包括政治理论知识与国情知识、教育政策法规知识、领

---

[1] 张俊华：《教育领导学》，53～60页，上海，华东师范大学出版社，2008。
[2] 应俊峰、王洪斌、胡伶：《名校长素质特征的研究》，载《教育发展研究》，2004(12)。
[3] 褚宏启、杨海燕等：《走向校长专业化》，15～16页，上海，上海教育出版社，2009。

导学知识、管理学知识、学科教学知识、教学论知识、教育学原理知识以及与学校教育有关的自然科学、人文社会科学等基础知识。

从知识的类型来看，校长需要的是实践性知识，而不是学术性知识。前者是以现实为导向，以问题为中心的；后者是以理论为导向，以建构为中心的。校长专业知识应该由实践性知识而不是学术性知识构成。诚然，学术性知识具有重要的理论价值，但必须经过转换成为实践性知识才能成为校长专业知识的构成要素。

专业能力主要是指教育领导者有效开展领导或管理工作所必备的个性心理特征和实际技能。具体来看，教育领导者尤其是校长应该具备四项核心专业能力。一是领导策划的能力。有抱负、使命、计划和价值观，深信所有学生皆有学习能力，能够引领改革及处理变革。二是领导教学工作的能力。能够提高学与教和课程的质量，加强教职员工的持续专业发展和问责精神，善于根据数据做出决策。三是领导组织的能力。重视人际关系、文化建立、分权问责、团队协作、沟通、资源规划和管理。四是协调社区关系的能力。了解学校在社会发挥的作用，与家长和其他社区人士保持紧密联系，善于利用社区资源，培养学生成为具有国际视野的良好公民。

专业知识和专业能力解决教育领导者"会不会"和"能不能"的问题，专业精神强调教育领导者"愿不愿意"的问题。专业精神包括专业道德、专业理想、专业自我。

专业道德是教育领导者为更好地履行职责，维护其专业地位和声誉而制定的自我约束的行为规范，体现为良好的个人品德与修养、事业心、责任感、职业道德与奉献精神。专业理想是使教育领导者成为专业人员的精神支柱，具体包括领导观、管理观、教育观、课程观、教学观、教师观和学生观等职业观念。专业自我是保证校长不断自觉地促进自我专业发展的内在主观动力，包括执着的职业追求、强烈的专业发展意识、不断学习的意识和较强的学习能力。

（二）教育领导者的专业标准

专业标准是衡量职业是否发展成熟并成为一门专业的标志和尺度。校长的专业标准能够明确校长工作的重要领域以及相应的知识、态度和行为等内在结构，为制定校长资格、聘任、培训、考核、晋升、薪酬等校长管理制度提供依据，并为校长专业发展提供目标愿景、行动框架和评价标准。

自 20 世纪 90 年代起，美国、英国、新西兰先后建立起校长专业标准，并随教育实践发展不断修订与更新。这些国家的校长专业标准具有一定的共性：一是各国标准都要求校长成为有力的教学领导者，为学生提供高质量的教育；二是标准涵盖了校长职责、角色、知识、能力四个核心维度；三是标准直接用于指导校长专业发

展活动。① （见表 6-4）

表 6-4　不同国家校长专业标准比较

国别	政策	研制过程	标准的主要内容	所设指标	结果的运用
美国	《美国校长专业标准 2015（PSEL 2015）》	1000 多名学校学区领导参与调研，全美小学校长协会、全美中学校长协会和美国学校管理者协会参与建设	使命、愿景与核心价值观；道德与职业规范；公平与文化响应；课程、教学与评价；关爱支持学生的学校共同体；人事专业能力；教职员工专业共同体；家庭与社区有意义参与；运营和管理；学校改进	内容涵盖价值、知能和业务三大体系，由 10 项一级指标，83 项二级指标构成	改进学校领导者的培训项目、评价等
英国	《中小学校长标准（2020）》	《中小学校长标准（2015）》的升级版。教育部成立评审小组牵头，就宗旨、目标和内容广泛收集各方意见，邀请包括现任校长、教师工会领导人、理事和受托人、地方当局官员、独立学校和宗教学校的代表，以及有特殊教育需求的协会等 26 个涉众团体等主体参与研制	学校文化；教学；课程与评价；行为；有额外、特殊教育需求和残疾的学生；专业发展；组织管理；持续的学校改进；构建伙伴关系开展工作；治理和问责	第一部分概述了校长应具备的道德品质和职业操守；第二部分列出了校长在学校治理中应有的 10 条行为准则，涵盖了校长角色相互关联的各个领域	用来招聘校长并制定绩效管理流程；在全国校长专业资格框架内评估校长的绩效；指导和管理校长专业教育行为

---

① 褚宏启、杨海燕等：《走向校长专业化》，53～55 页，上海，上海教育出版社，2009。

续表

国别	政策	研制过程	标准的主要内容	所设指标	结果的运用
澳大利亚	《全国中小学校长专业标准》	吸引了许多教育专业人士、各州教育行政部门、教育工会、教育专业机构及其他利益相关者参与	3个基准要求：愿景与价值观、知识与理解、个人素质与社会人际交往能力。5个专业领域：领导教与学、发展自我与他人、领导改革与创新、领导学校管理、参与社区合作	2个一级指标，8个二级指标及详尽描述，并阐明了校长专业实践模型	为所有的中小学校长提供一套综合完整的模板，校长可以根据这个模板考量自己的知识、素质、经验和技能的优势和不足之处，确定需要发展的领域
中国	《义务教育学校校长专业标准》	经过了学者课题研究、文本起草、广泛征求意见三个阶段	规划学校发展；营造育人文化；领导课程教学；引领教师成长；优化内部管理；调适外部环境	由5个基本理念、6项专业职责和实施建议构成，6项专业职责细化为60项专业要求	作为义务教育学校校长队伍建设和校长管理的重要依据；作为义务教育学校校长培养培训的主要依据；作为校长自身专业发展的基本准则

三、教育领导者的专业发展

（一）校长专业发展内涵与特征

教育领导者专业化更多指校长专业化。校长专业化同时体现在校长个体与群体两个层面。从群体的角度看，校长专业化就是指校长职业由准专业阶段向专业阶段不断发展的过程；从个体的角度看，校长专业化就是校长专业发展，是校长内在专业结构不断更新、演进和丰富的过程。①

校长专业发展具有五个特征。第一，校长专业发展是终生的，校长专业发展贯穿整个职业生涯，应针对不同的校长专业发展阶段设计不同的专业发展内容，采用不同的引领方式；第二，校长专业发展的阶段性，校长的成长需经历"新手校长—熟练校长—能手校长—教育家"的演化过程；第三，校长专业发展的自主性，校长不仅是校长专业发展的对象，更是自身专业发展的主人，有权决定自身发展的内容、形

---

① 褚宏启、杨海燕等：《走向校长专业化》，7~8页，上海，上海教育出版社，2009。

式、速度和程度；第四，校长专业发展的多样性，校长对本职工作有着不同的认识和理解，在本职工作中形成了各具特色的实践智慧，自然会对自己如何发展进行不同的设计与计划；第五，校长专业发展的全面性，校长专业发展不仅要关注校长专业知识和专业能力的拓展，更要关注校长专业道德、专业情意等专业素养、专业品质方面的发展。

校长专业发展是内、外因共同作用的结果。根据辩证法，外因通过内因起作用，内因是校长专业发展的根本动力。校长专业发展的根本途径是通过外在因素，激发校长专业发展自主意识，从而形成持续的内在专业发展动力。一方面，校长应该学会自我学习，最主要的途径是依据知识理论，优化学习方式；另一方面，注重外在因素对校长专业发展的促进作用，最直接的因素是校长培训和校长管理制度。

（二）优化自身学习方式

根据知识理论，知识可以分为显性知识（explicit knowledge）和隐性知识（tacit knowledge）。显性知识是指以文字、图像、符号形式表述，以印刷或者电子方式记载，可供人们交流的有形的结构化知识。隐性知识是指未用符号编码，高度个人化的知识。隐性知识不仅隐含在个人经验之中，也涉及个人信念、世界观、价值体系等因素。

知识间的转化有四种方式：联合化（combination）、内在化（internalization）、外在化（externalization）和社会化（socialization）。联合化是指将孤立的、零散的显性知识聚合到更复杂和更系统的显性知识系统中的过程；内在化是将显性知识转化为隐性知识的过程，也就是将获得的理论知识内化为自己精神世界的有机组成部分，转变为个人的知识并指导行为和实践；外在化是将隐性知识转化为显性知识的过程，是从直接经验向间接经验转化的过程；社会化是从隐性知识到隐性知识的过程，即通过面对面的直接接触，实现隐性知识在不同主体间的流动和转移。不同的知识转化方式要求与不同的校长学习方式相匹配。因此，在校长专业发展过程中，校长应依据知识转化的方式合理优化自我学习方式。通过联合化的知识转化方式，校长学习书面知识，将零散的显性知识纳入较为系统的显性知识系统中；通过内在化的知识转化方式，校长应用习得的书面知识改进实践，将显性知识转化为隐性知识；通过外在化的知识转化方式，校长反思总结实践经验，将隐性知识转化为显性知识；通过社会化的知识转化方式，校长拜有经验的校长为师，挂职锻炼，将他人的隐性知识转化为自己的隐性知识。同时，根据知识的转化方式，外在的培训方式也可得以丰富。例如，根据知识的外在化转化方式，协助校长将内在的隐性知识转化成系统化的书面知识（发表专著等）；根据知识的社会化转化方式，帮助校长结成"一对一"或者"一对多"的帮扶对子，青年校长可从工作经验丰富、成绩卓著的校长、专家那里汲取经验，从而实现迅速成长。（见表 6-5）

表 6-5　知识转化方式与校长学习方式

知识转化方式	知识变化	校长学习方式
联合化	显性知识到显性知识	习得性：学习书面知识 （读书、听课）
内在化	显性知识到隐性知识	应用性：应用习得的书面知识改进实践
外在化	隐性知识到显性知识	反思性：反思总结实践经验，行动研究
社会化	隐性知识到隐性知识	交流性：拜有经验的校长为师，挂职锻炼

（三）以培训促进校长专业发展

校长培训指以特定的教育理念为指导，通过培训课程和培训手段对受训的中小学校长进行教育，以期提高校长的专业素养以及组织实施素质教育的能力和水平的教育活动。校长培训由培训目标、培训主体（培训机构和培训者）、培训内容、培训模式四个相互关联的核心要素构成。培训目标是指校长培训活动力图实现的结果和目的，是整个校长培训工作的出发点和归宿，对培训活动起着导向、规范和调节作用；培训主体是培训活动中人的因素，主要指组织、统筹、协调、实施、管理培训活动的机构以及具体负责实施培训活动的培训者；培训内容指为了实现校长培训目标而向受训者传达的所有必需的信息，包括知识、技能、观念、理念、技术等；培训模式指传授培训内容所使用的方法、技术和工具。

1. 培训目标设定

首先，应将校长培训纳入终身学习的体系当中，为处于职业生涯不同阶段的校长提供不同层次和水平的培训活动，分别设定有针对性的培训目标。其次，培训目标要依据国家或地区教育改革的整体规划以及校长专业发展需求现状来设定。再次，注重校长培训目标的全面性，注重突出国家或地区、学校和校长个人的特色。最后，概括性与具体性相结合，既要包含便于指导培训工作开展和改进的具体目标，也要包含具有一定抽象性、便于灵活实施的概括性目标。

2. 培训机构建设

注重培训机构的设置和培训者的业务水平。强调培训机构的专业化与多元化，可以设立专门的校长培训机构，也可以与高等教育机构或社会力量联办，将教育行政部门的职能转换到为校长培训机构提供领导、管理和监督支持上来。建立针对培训师资的准入和选任制度、评价制度以及对培训者进行培训的制度。

3. 培训内容设置

要以校长工作结构为培训内容设置的依据，具体可以分解为下列原则：课程门类划分应以对校长工作过程的划分为基本依据；课程排列顺序应反映工作过程的展开顺序；课时分配应以所对应的工作任务的重要程度和难易程度为基本依据；以工作过程的需要为其课程内容的基本选择标准；课程内容的组织应以动态的工作过程中的知识关系为基本依据。①

4. 培训模式创新

要开展形式多样的培训，提高培训的针对性，重点运用案例教学模式、以问题为中心的培训模式、教育会诊培训模式、同伴互助培训模式等；突出受训者的主体地位，赋予校长更多的选择培训的权力；注重培训手段与现代科技紧密结合，采用包括卫星电视教学培训、电脑网络教学培训、程序设计教学培训、微格教学培训等在内的现代教育技术手段来提升培训手段的科技含量，提高培训的效能。

（四）校长专业发展的制度保障

影响校长专业发展的因素很多，但最直接、最重要的制约因素是制度，应该通过加强制度建设促进校长的专业发展。校长是重要的人力资源，应依据人力资源管理理论建立健全校长管理制度。人力资源管理流程一般包括人力资源规划，确定一个组织未来所需要的人员数量和类型；工作分析，确定工作职责、工作要求（知识和能力）、最低资格要求（学历、证书和工作经验等）；招聘和挑选；培训和开发；绩效评估；确定薪金和津贴。此外，人力资源管理还涉及一些法律问题，如工作场所的安全问题、雇员的健康问题、劳动争议和纠纷问题等。② 依据上述流程，应建立的校长管理制度包括校长职责制度、资格制度、聘任制度、培训制度、考核和监督制度、职务晋升制度、薪酬制度以及相关的工作保障制度。人力资源管理流程中的各个环节并不是孤立的，各个环节之间是相互作用、相互影响的。

改革开放以来，我国校长管理制度建设中较为成形的制度包括校长职责制度、校长任职资格制度和校长培训制度，其中最为健全的是校长培训制度，校长培训制度是我国校长管理制度中的一个亮点。这些制度为我国中小学校长整体素质的提高、为中小学校长专业化水平的提高做出了积极的贡献。

但是从校长人事管理制度的体系角度来看，校长人事管理制度建设仍存在一些不足。第一，校长管理制度不完整，处于残缺状态。已经形成的几种制度只代表了

---

① 褚宏启：《中小学校长培训课程的改革路径》，载《教师教育研究》，2009(6)。
② ［美］劳伦斯·S. 克雷曼：《人力资源管理：获取竞争优势的工具》，孙非等译，4～6 页，北京，机械工业出版社，1999。

整体的校长管理制度中的几个方面，不能形成完整、配套、均衡的校长管理制度。第二，已经形成的校长管理制度需要改进和完善。针对以上两个不足之处，我国校长管理制度建设的趋势应是：第一，把应该建立而没有建立的制度建立起来，以科学、先进的人力资源管理理论为指导，根据人力资源管理流程的要求，建立一个良好、完整、均衡的校长管理制度框架，为校长管理制度的全面完善奠定坚实基础；第二，把已经建立起来的校长管理制度完善起来。

校长职级制是近年来校长人事管理制度改革的重要探索成果，是根据校长专业发展程度的差异，对具备不同德识、知识、能力和业绩的校长进行科学分类的制度。它从横向上，将校长与教师、学校内部的行政人员以及行政机关公务员进行区分，形成了独立的职务体系；从纵向上，划分出若干等级，形成了一定结构和跨度的职业阶梯，对不同等级的校长采取不同的管理方式。[1] 校长职级制是以校长分类为核心的综合性校长管理制度。在制度设计过程中，决策者总是将校长职级制与一定的制度结合在一起形成制度体系，发挥制度的整体功能。校长职级制的整个制度体系包括四个核心：一是根据校长的能力、德识、业绩划分校长职级序列；二是设计评价指标体系，规定评价方法和评价程序，对校长职级进行评定；三是依据职级结构制定配套的晋升制度；四是设定与校长职级序列相匹配的校长职级待遇。上述四个工作核心分别对应校长职级分类与标准、校长职级评价制度、校长职级晋升制度和校长职级薪酬制度。其中，校长职级分类与标准、校长职级评价制度是校长职级晋升制度和校长职级薪酬制度的依据，而校长职级晋升制度和校长职级薪酬制度组合成为典型的激励制度。

导向功能与激励功能是决策者赋予校长职级制的使命。校长职级制的导向功能体现为帮助校长明确校长的地位和角色，为校长提供思想与行为模式，使其充分适应校长的场域，为校长的发展提供目标机制，为校长的活动提供方向指引，将校长引向专业发展的道路，同时通过确立校长分类标准，为校长管理制度体系的完善提供依据。校长职级制的激励功能体现为，通过多元激励手段的运用对校长利益进行重新分配，支配校长的行为，规范校长的行为方式选择，通过提倡与奖励促进校长工作积极性的提升与专业发展。

深化我国校长职级制改革的关键在于设计科学完备的职级制制度方案，保证多取向改革目标的实现，进而创设职级能上能下、待遇能高能低、岗位能进能出，有

---

[1] 王刚：《我国中小学校长职级制改革研究——以中山市为例》，博士学位论文，北京师范大学，2010。

利于优秀校长脱颖而出的优胜劣汰的竞争机制，有效激发校长工作积极性、提升校长实施素质教育办学实绩的激励机制，以及深化校长个人认知和职业认知，以评价促专业发展的矫正导向机制。具体措施如下。①

一是合理划分校长职级序列。划分职级序列应以校长职业生涯阶段理论为依据，结合校长成长周期年限研究的相关成果加以确定。道尔顿（Dalton）和汤普森（Paul Thompson）的职业生涯四阶段论以及校长从上岗到成熟需用12～19年的研究结论可作为重要的参考依据。综合理论研究与实践经验的结论，校长职级序列可以划分为四个基本的职级，每个职级分为二至三等较为合适。

二是创设科学的校长职级评价模式。应在全面准确地分析与掌握校长所需的素质结构的基础上，从校长专业素养、校长领导过程与校长工作业绩三个维度评价校长专业发展程度的差异。坚持采用"深入情境式"的校长职级评价模式，以学校为评价的主阵地，对"原生态"的校长进行评价，综合多元评价方法，将客观评价与主观评价、定性测评与定量测评、静态测评与动态测评、要素测评与行为测评、分项测评与综合测评结合起来，还应重视评价反馈，强调职级评价促进发展的价值。

三是设定相匹配的校长职级待遇。应将校长职级纳入专业技术职务体系之中，确认校长职级与教师职称具有同等的法律地位，使校长职级与校长的声望、权力和财富真正地联系起来，鼓励校长终生从事学校领导职业。应确保校长职级制与其他晋升通道的对应与关联，增加职级晋升通道的可容性，建立起本质上的校长晋升的双/多阶梯制度。同时，调整职级晋升的难易程度，设置自然晋升、破格晋升和训勉降级相结合的晋升管理模式。

四是建立以能力和绩效为基础的"双核"薪酬体系。应建立以能力和绩效为基础的"双核"薪酬体系，使代表能力的等级工资与代表办学业绩的绩效工资成为职级薪酬的主体。应将校长职级薪酬纳入绩效工资改革体系之中，逐步提升变动薪酬的比例，强化职级薪酬的激励功能，由高稳定模式向折中模式转变。采用累进级差与等比级差相结合的设计模式，适当拉大等级之间的差距，形成适应校长职业的宽带薪酬体系。如果财力允许，可以单独设定校长职级津贴，由省市财政专项负担。

四、教育领导团队的构建

教育领导团队指由教育组织中相关领导成员组成的起领导作用的团队。教育领导团队由两个或两个以上的学校管理者组成，领导团队成员之间分工合作、相互配

---

① 王刚：《我国中小学校长职级制改革研究——以中山市为例》，博士学位论文，北京师范大学，2010。

合，在共同的工作理念与目标指引下，履行各自特定的任务或职责，共同实现组织领导工作目标的组织形式。高效教育领导团队具有以下特征：一是有强有力且目标明确的领导；二是有精确而细致的目标；三是有高素质的团队成员；四是协作氛围和谐；五是沟通渠道畅通。

构建高效教育领导团队的策略有以下四点。

第一，年龄结构的梯队策略——新老结合。学校管理团队成员的组合必须注重年龄结构的优化。最好的做法是，对老、中、青不同年龄段的人员进行恰当组合，使不同年龄段的人员都能进入学校管理层。这样既可以避免学校管理团队过于"年长化"或太"年轻化"，也不致使学校管理团队成员全部"中年化"，从而有利于学校的长远发展和后备干部的培养。

第二，心理结构的相容策略——刚柔并济。管理团队成员之间性格的相容是团队稳定、和谐的重要因素之一。如果团队成员均属于同一类型的性格，要么总是硬碰硬，谁也不服谁；要么没有一个主心骨，优柔寡断，做不成大事。一个理想的管理团队，成员的性格组合应该是有柔有刚，刚柔相济，从而达到一种感情、志趣、行为相投的性格和心理的合理组合状态。

第三，知识结构的互补策略——文理结合。具体来讲，团队成员中既要有数、理、化等自然科学相应专业的人员，也要有文、史、哲等社会科学相应专业的人员。除此之外，团队成员中还应当有精通教育管理的人才和一些具有相关专业（领域）背景的专家。例如，有人擅长做思想工作，有人擅长做教学管理工作，有人擅长公共关系处理，将这些人合理地加以组合，形成复合的知识结构，便能使管理团队的知识多样化，从而对学校的教育教学工作进行科学有效的管理。

第四，工作结构的配套策略——精兵简政。工作结构的配套，主要指学校管理团队的搭配要做到人员精、人数少、工作配套，符合精干有力的原则。人员精是指学校管理团队中每个成员必须具有胜任现职工作的专业知识和组织能力。对于不符合条件、不胜任者，必须及时调整，决不迁就。人数少是指能一个人做的工作决不用两个人，同时要尽量减少成员的职数，减少交叉兼职，不设虚职和闲职。工作配套主要是指在精干有力的原则下，管理团队内部要有配套的工作结构，既有负责学校全面工作的，又有抓教学、抓学生思想教育、抓后勤工作并能独当一面的能手，学校还可设立负责参谋咨询、监督检查、信息反馈的机构或人员，以保证团队决策的正确制定和贯彻执行。

本章精要

1. 领导是指领导者（团队）运用组织或个人手段对组织中的群体或者个人施加影

响，使其为实现特定目标而自觉努力工作的现象。 领导现象由四个基本要素构成，即领导者、追随者、环境和副产品。 教育领导是指教育组织中的领导者（团队）运用组织或个人手段对组织中的群体或者个人施加影响，使其为实现教育活动目标或者教育组织发展目标而自觉努力工作的现象。 教育领导的特征如下：以公益性为核心价值追求；目标具有内在一致性；专业性；人本性。 教育领导观变革的趋势表现在：从重视教育领导者向重视教育领导活动转变；从价值中立向关涉价值转变；从注重教育领导形态向注重教育领导生态转变；从注重教育领导的理性向注重教育领导的理性与感性相融合转变。 教育领导有效性体现为领导者带领教职员工实现特定领导目标的效果、效率与效应的统一，有效教育领导的特征可概括为目标成就、工作过程的协调性、外部适应性三方面。

2. 传统领导理论发展线索比较清晰，包括领导特质理论、领导行为理论和领导情境理论。 领导特质理论是从领导者的性格、生理、智力及社会因素等方面出发，寻找领导者特有的品质的理论，也被称为领导素质理论。 领导行为理论将研究重心从领导者的个人品质转向领导者的个人行为，以探索领导有效性的真正根源。 领导情境理论认为不同的情境需要不同的领导，领导者的行为方式和行为有效性取决于其所处的具体情境。 随着领导的实践发展与相关理论的深化，领导理论研究呈现出发散的趋势。 学者们提出了内涵、观点与体系各异的领导理论，形成了繁荣的领导理论丛林，包括领导风格理论、领导替代物理论、领导—成员交换理论、价值领导理论、社会公正领导理论等。

3. 教育领导类型包括变革型领导、道德领导、分布式领导、教学领导和学习领导。变革型领导指领导者通过使下属认识到个人与组织的共同愿景和目标，进而明确自己工作的意义和责任，激发和扩展下属高层次的需要，形成领导者与下属相互信任的组织氛围，激励下属付出额外的努力，以组织利益为重，达到高于既定目标的效果。 道德领导是指领导者以道德权威为基础，甄别并确定学校作为学习共同体的核心价值观，建构学校共同愿景与理念，教师基于责任和义务对共同价值观、愿景和理念做出回应，在团队精神的引领下相互协作，进而发挥领导的效能。 分布式领导可以理解为组织中的成员依据工作内容、个人特质和技能以及情境的不同而动态地承担领导角色的领导方式。 教学领导不仅仅指与教和学有直接关系的行为，所有能协助教师教学与学生学习的相关活动或做法都属于教学领导范畴。 学习领导需要多元主体共同参与，通过分布式的、相互关联的活动和关系，以营造创新型学习环境为途径，对学生学习效果施加积极正向的影响。 此外，重点探讨了如何在教育组织中实施这些领导的途径和方法。

4. 领导者是构成教育领导现象的核心要素之一，是教育领导活动的主体。 教育领导者的角色分为校长角色、教育行政人员角色。 教育领导者尤其是校长的专业素养应该由专业知识、专业能力和专业精神构成。 校长专业化，从群体的角度看，就是指校长职业由准专业阶段向专业阶段不断发展的过程；从个体的角度看，就是校长专业发展，是校长内在专业结构不断更新、演进和丰富的过程。 重点探讨了促进教育领导者专业发展的三大途径：优化自身学习方式、以培训促进校长专业发展和校长专业发展的制度保障。构建高效教育领导团队要注意新老结合、刚柔并济、文理结合，同时注意精兵简政。

思考题

1. 教育领导的概念及特征是什么？

2. 领导特质理论、领导行为理论、领导情境理论和领导风格理论各自有哪些优势和局限性？

3. 如何在学校中实践道德领导理论？

4. 教育领导者需要具备哪些专业素养？

5. 如何有效促进校长专业发展？

案例分析：校长对于促进学校发展至关重要

甲校长是一所国家级示范学校的校长。 这所学校的教师队伍学历高、业务素质高，一般环境下行之有效的物质刺激已经很难激发其工作的积极性。 甲校长从凝聚学校精神入手，注重塑造教师高尚的职业信仰，积极推进扁平式的管理模式创新，由校领导、行政人员、年级组长、骨干教师组成年级管理团队负责年级管理，创设多元平台展示教师风采，推行"捆绑评价"打造教师团队精神，帮助教师实现自我管理、自主发展，实现了学校办学效能的持续提升。

乙校长刚刚入职三年，是名副其实的校长新兵，但拥有清晰的办学思路：以思想引领办学，以文化塑造学校，以特色成就品牌。 乙校长提出"厚道笃学，和而不同"的办学思想，强调教学贵在立足课堂，把课堂作为第一观测点，让学生真正学懂会用，积极引导教师潜心做"五个研究"（研究学生、研究文本、研究策略、研究过程、研究评价），指导教师在"三同"（同课同构、同课异构、同班异构）中实施有效教学，打造优质高效的课堂。 在乙校长的带领下，学校办学水平在短短三年里实现了跨越式的发展。

课堂讨论

1. 请结合案例，概括分析一名优秀校长应该具有的特征。

2. 请结合教育领导的相关理论，分析总结甲校长与乙校长在学校领导中取得成功的原因。

第七章　教育计划

本章学习目标：

- 了解教育计划的定义与类别；
- 掌握教育计划的编制过程；
- 了解区域教育发展规划的含义和特点；
- 掌握学校发展规划的含义、主要内容及制订步骤；
- 了解项目管理的过程；
- 掌握目标管理的过程。

　　"凡事预则立，不预则废。""人无远虑，必有近忧。"计划是管理过程的起始环节，对于其他各项管理职能的实现具有重要价值。好的计划是有效管理的必要条件之一。不同类别的计划具有不同的定位，计划形成需要一定的制订方法和技术。

第一节　教育计划的性质

一、计划与教育计划

　　计划是将覆盖了一定时间跨度的目标以书面的形式表达出来为组织成员所共享，同时为达成这一目标而对全过程进行系统、全面、合理的分析，并进一步提出实现这一目标的具体行动方案，即组织管理者明确规定通过什么途径促使组织和组织成员实现其希望达到的目的。①

　　计划解决的是"做什么""谁来做""怎么做""什么时候做""在什么地方做"等问题。

　　在国家教育方针与政策的指导下，教育组织将预定的一定时期内的目标及任务以书面的形式表达出来，并对之进行系统、全面而合理的分析，同时提出实现和完成这一目标及任务的具体行动方案，使组织所有成员共享并为之努力。这种以书面形式制定的目标与行动方案就是教育计划。

二、教育计划的作用

　　计划在管理的几个阶段中处于首位，这不仅因为从管理过程的角度来看，计划工作先于其他管理职能，而且还因为计划工作影响并贯穿于组织、实施与控制过程中。计划对组织的影响表现为，计划的实施可能需要在局部或整体上改变一个组织的结构，设立新的职能部门或改变原有的职权关系。在实施过程中，计划既是组织成员努力的方向，又是他们行为的标准。计划和控制是分不开的：控制就是纠正脱离计划的偏差，计划为控制工作提出标准。此外，控制职能的有效行使，往往需要根据情况的变化拟订新的计划或修订原有计划，而新的计划或修订后的计划又是连续进行控制的基础。

　　计划对于组织或者个体都具有重要作用。

　　首先，计划为组织的管理者和非管理者提供了共同的奋斗目标和努力方向。计划是以书面的形式表达出来为组织成员所共享的目标，这就是组织成员需要为之奋

---

① ［美］斯蒂芬·P. 罗宾斯、玛丽·库尔特：《管理学（第9版）》，孙健敏、黄卫伟、王凤彬等译，178页，北京，中国人民大学出版社，2008。

斗的共同愿景。

其次，计划可以通过迫使管理者具有前瞻性来降低不确定性。计划包括确定使命和目标以及完成使命和目标的行动，这就需要进行决策，需要从各种可供选择的方案中确定行动方案。因此，计划为实现预定目标提供了一种理性方法。

最后，计划预先设定了目标和标准，这些目标和标准可以用于过程的控制以及结果的评价与反馈。

三、教育计划的制订过程

按照传统的计划方法，计划是由位于组织最高层的管理者在正式的计划部门的辅助下制订的，一些专职的计划专家负责制订各种各样的计划。现在，更加提倡的是吸收更多的组织成员参与计划的制订过程。

不论是自上而下的计划制订过程，还是自下而上的计划制订过程，大体上都包括下面 8 个步骤。①

步骤 1：识别问题。计划的制订过程开始于一个存在的问题，或者更具体地说，开始于现状与希望状态之间的差异。管理者必须保持谨慎，还必须理解问题的三个特征——意识到问题、迫于压力采取行动、拥有行动所需的资源，以避免混淆问题和问题的征兆。

步骤 2：确认影响因素。在这一步中，管理者必须决定什么与计划有关。

步骤 3：为影响因素分配权重。在步骤 2 中确认的各种影响因素并不是同等重要的，所以计划制订者必须为每一种因素分配权重，以便正确地规定它们的优先次序。

步骤 4：开发备择方案。步骤 4 要求计划制订者列出可供选择的问题解决方案。在这一步中，希望计划制订者能创造性地提出一些备择方案，只需列出即可，不用对所列出的方案进行评估。

步骤 5：分析备择方案。一旦确认了备择方案，计划制订者必须认真地分析每一种方案，将每一种方案与步骤 2 和步骤 3 中确认的问题影响因素进行比较。

步骤 6：选择备择方案。这一步就需要从所有的备择方案中做出选择，所选择的方案是在第 5 步中具有最高得分的方案。

步骤 7：实施备择方案。计划制订者通过把计划结果传达给有关人员并获得他们的承诺而将计划付诸实施。在计划实施阶段，管理者还需要重新评估环境发生的所有变化，以便随时对计划进行反馈与修正。

① ［美］斯蒂芬·P. 罗宾斯、玛丽·库尔特：《管理学（第 9 版）》，孙健敏、黄卫伟、王凤彬等译，152～156 页，北京，中国人民大学出版社，2008。

步骤 8：评价计划结果。最后一步是评价计划结果，看问题是不是得到了解决、所选择的方案的实施结果是否达到了预期的效果。

如果评价结果表明问题仍然存在，就需要管理者仔细地分析：哪里出了错误？问题是否被错误地定义？在评估各种备择方案时是否出现了偏差？方案的选择是否正确？方案的实施过程中有没有问题？这也许要求管理者重新回到计划制订过程。

第二节　教育计划的类别

一、教育计划的类别

（一）根据计划的主体来划分

根据计划的主体来划分，可以划分为国家计划、组织计划和个体计划。

国家计划，通常叫作规划，由国家的代理人——政府机构制定并保障其实施。例如，《国家中长期教育改革和发展规划纲要（2010—2020 年）》是由教育部组织教育专家及学者经过长时期的研究而制定的，整个教育系统中各级各类教育都要为之付出各自的努力。组织计划，是为了实现组织发展目标而进行系统的、合理的分析，提出的达成这一目标的方法与步骤。组织计划是全体组织成员共同构建的蓝图。例如，区域教育发展规划和学校发展规划都属于组织计划。个人计划的制订主体是个体，实施者也是个体。

（二）根据计划的目标划分

根据计划预期实现的目标，可以划分为战略规划、战术规划、具体计划。战略规划是为实现战略目标而制订的指导资源配置、优先次序和决定性的步骤的规划。[1]战术规划用于实现战术目标，规定如何实施战略规划中的某一部分。具体计划关注如何实施战术规划以完成具体目标，是清楚界定了的计划，它具体而微地陈述了目标，不存在模糊性和理解上的歧义。

（三）根据计划的内容划分

根据计划的内容来划分，可以分为综合性教育计划与单项教育计划。综合性教育计划包括教育发展的多种内容。单项教育计划只是针对某一内容而制订的发展计划。

（四）根据计划的持续时间来划分

根据计划的持续时间来划分，可以划分为长期计划、中期计划和短期计划。长

---

[1]　［美］R. W. 格里芬：《管理学（第 8 版）》，刘伟译，143 页，北京，中国市场出版社，2006。

期计划一般持续时间为 8～10 年，持续 10 年以上长期计划也不鲜见。中期计划的持续时间一般是 3～5 年。短期计划的持续时间是 1～2 年，也可以更短，半年计划也可以叫作短期计划。除以上这些计划类型之外，还有一类计划——应急规划。应急规划是当原定的行动规划被打乱或者无法实施时采用何种替代方案的决定①，与之相关的一个概念是"危机管理"。（见图 7-1）

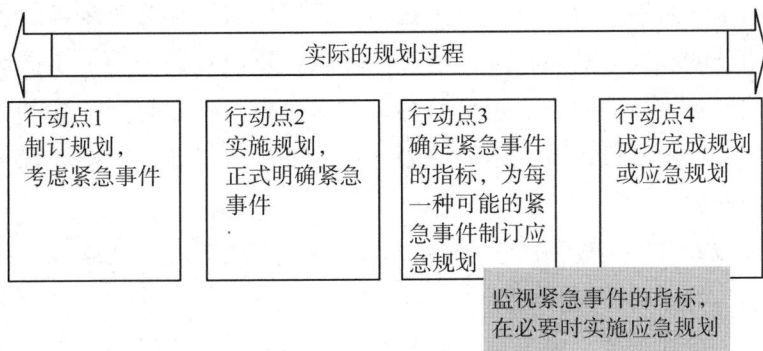

图 7-1　应急规划

二、区域教育发展规划

（一）区域教育发展规划的含义

区域指的是占据一定的地域空间，具有特定的政治因素、自然条件、经济状况以及社会环境，由环境、资源、人口、经济组织、社会组织、基础设施、文化背景等内部诸要素有机联系而构成的一个复合体。②

从地理上讲，区域是组成某个整体的部分。不同的学科专业、不同的科学研究对区域进行划分的原则和标准不尽相同，我们通常见到的有自然区域、行政区域、经济区域、教育区域等。

区域发展规划是与区域紧密相连的一个概念。它指的是特定地域为了自身的发展而制订的包括发展目标、发展内容、发展具体步骤和方法在内的计划。一般来说，区域发展规划是国家规划在特定区域内的细化和具体落实。它通过研究区域发展的历史和现状，揭示区域发展的客观规律，从而对区域的未来发展在指导思想、发展目标和重点、途径和步骤、政策措施等方面进行全局性、中长期的战略谋划。

区域教育发展规划是区域发展规划的重要组成部分，是为了实现区域教育发展

---

① ［美］R. W. 格里芬：《管理学（第 8 版）》，刘伟译，147 页，北京，中国市场出版社，2006。
② 叶平：《区域教育发展规划：意义、特点及实现》，载《中国地质大学学报（社会科学版）》，2005（3）。

的战略目标，以规划区域教育发展的战略重点和战略措施为基本指向而进行的决策谋划。编制区域教育发展规划的目的是适应特定区域的发展需求，为该区域的社会经济发展和教育发展服务。

（二）区域教育发展规划的特点

第一，战略性与战术性（操作性）相结合。区域教育发展规划是对某个区域空间内教育事业的未来发展进行安排的一个过程，其基础和前提是对未来的预测，通常情况下，人口预测和人力资源预测是制订区域教育发展规划的第一步；然后根据预测的结果，确定各级各类教育发展的目标，并对实现这些目标所需要的人、财、物进行统筹安排，从而制订出要实施的计划。从这个角度来看，区域教育发展规划具有战略谋划的性质。

另外，区域教育发展规划属于"区域（战略）规划"的范畴。战略规划是对目标和实现目标所必备的条件做出的进一步分析，考虑这些条件的动态发展和综合平衡，确定若干重大项目和措施，提出可行的解决方案和对策。按照德鲁克的说法，战略规划不过是"为未来做现在的决策"；它不只是规划书，更是行动；它不是预测，而是承担风险和责任。① 因此，区域教育发展规划具有可操作性的特征。

第二，宏观性与微观性（具体性）相结合。区域教育发展规划涉及的是具有同质性的省际区域或者省内区域。无论是跨省（市）区域还是省内的跨县（市）区域，从空间上讲，区域教育发展规划通常涉及的都是中观及以上层面的地域，属于宏观决策研究的范畴。例如，"我国不同地区教育现代化的理论和实践研究""西部部分省（自治区、直辖市）教育事业发展战略构想""少数民族地区教育发展战略构想"等，都较好地体现了这种宏观性特点。

同时，区域教育发展规划是在系统分析区域教育的外部环境、区域教育现状及其发展趋势的基础上，把握区域教育发展的动力因素和制约条件，确立本区域教育发展的区位优势而提出的符合区域实际的、具有超前性和可行性的发展路径和政策建议。因此，区域教育发展规划大都是具体而微的，具有很强的具体性。

第三，现实性与探索性相结合。一般来说，区域教育发展规划是在认真考察了区域内教育发展现状的基础上，为了自身教育的长足发展而制订的计划，历经这种程序之后确定的教育的发展目标、发展内容和发展具体步骤方法都与区域内经济、社会的总体发展方向相一致，因而，区域教育发展规划具有很强的现实性的特点。

区域教育发展规划同样具有探索性的特点。区域教育发展规划的探索性特点首

---

① 那国毅：《战略规划的是与非》，载《IT经理世界》，2001(10)。

先表现在规划方法上。规划方法来源于企业的战略管理，数十年来，企业战略规划的方法已经发生了非常大的改变，教育发展规划也应当顺应这种趋势，以高瞻远瞩的战略思维和灵活机智的判断，引入动态决策、目标管理等新的决策方法，应对变化着的教育现实。其次，区域教育发展规划的探索性特点还表现在制订规划的内容上。从时间上看，不同历史时期必须对区域教育发展规划的内容提出不同的要求。例如，"十二五"期间，区域教育发展规划的重点内容是"义务教育巩固率达到93%，农村义务教育阶段学校标准化率达到50%以上，基本实现远程教育班班通，实现县（市）域内义务教育初步均衡""以义务教育均衡发展为重点，建立区域、城乡和校际差距评价指标体系，促进教育资源向重点领域、关键环节、困难地区和薄弱学校倾斜"。而在"十三五"期间，区域教育发展规划的重点则成了"教育质量全面提升""义务教育实现基本均衡的县（市、区）比例达到95%，城乡、区域、学校之间差距进一步缩小，建成覆盖城乡、更加均衡的基本公共教育服务体系"。最后，区域教育发展规划还需要进一步探索的是如何与区域内外社会经济发展规划、各级教育事业发展规划相互衔接。例如，2015年4月，国务院批复同意《长江中游城市群发展规划》，标志着以武汉城市圈、环长株潭城市群、环鄱阳湖城市群为主体形成的特大型城市群——长江中游城市群的确立。自此，长江中游城市群中各城市的经济、社会、教育等的发展便紧密联系起来；如果要制订武汉市教育发展规划，就必须考虑"长江中游城市群"的经济发展规划，考虑其他城市如长沙、株洲等城市的教育发展目标。

（三）制订区域教育发展规划的意义

第一，提出区域教育发展的愿景与目标，促进区域教育均衡发展。我国社会经济发展呈典型的城乡二元结构，发达地区和欠发达地区之间的经济和社会发展水平往往跨越几个经济发展阶段。区域社会经济发展不平衡的现象，既表现在省际（跨省）区域中，也表现在省内（跨县市）区域中。

区域社会经济发展不平衡的格局和发展模式，必然影响不同区域的教育发展水平，并向教育发展提出不同的要求，带动教育发展也出现了不同的区域格局。这种不平衡，一方面表现在因自然和历史原因造成的教育基础的悬殊，如区域人均教育经费的差距很大；另一方面在于政府的非均衡发展政策，教育投资向一部分学校倾斜，加剧了教育资源配置的不平等和结构性短缺。

由此看来，没有区域教育的均衡发展，区域教育优质发展的目标就不可能实现。弥补区域教育发展的差距，推进教育优质均衡，是今后我国教育改革和发展的必然选择。区域教育发展规划需要认真研究"在不均衡的社会经济条件下如何实现教育优质均衡发展的问题"，推动相应的教育政策与教育法规的制定，从而在宏观调控方面发挥重要作用。

第二，分析区域教育发展状况，及时解决区域教育的实际问题。区域教育发展规划采用不同的发展思路，区分对待中国东、中、西部不同区域的教育发展，既要谋划西部区域农村教育的发展，又要策划中部区域基础教育质量的提高，还要为东部经济发达区域描绘出率先实现教育现代化的战略蓝图，真真正正地解决区域教育发展的实际问题。

第三，弘扬终身学习、终身教育理念，形成区域学习型社会。党的二十大提出了"推进教育数字化，建设全民终身学习的学习型社会、学习型大国"的战略任务。学习型社会是小康社会的文化特征，也必然是区域教育发展规划的目标之一。学习型政府、学习型城市、学习型社区、学习型组织、学习型公民等，都是未来区域社会、经济、教育一体化的基本元素。区域教育发展规划应根据区域社会、经济发展的特点和需求，从整体上谋划，号召并组织区域社会成员持续不断地进行超越自我的学习，不断提升区域内人力资源的总体素质和创新能力；同时，优化整合各种教育资源，综合运用社会的学习资源、文化资源和教育资源，为区域终身教育体系的构建发挥不可忽视的作用。

（四）区域教育发展规划的类型

第一，政府推动型。由国家主导、政府推动制订区域教育发展规划，是来自国家（或省级政府）教育行政部门的行政行为。

从《国家中长期教育改革和发展规划纲要（2010—2020年）》的形成过程中，我们可以看到政府推动型教育发展规划制订的一些特点。

2008年8月，国家科教领导小组召开会议，正式启动研究制订工作。国务院成立了以总理为组长、以国务委员为副组长、国家科教领导小组成员参加的领导小组，并成立了4个部门参加的工作小组。同时，组织了由500多位专家学者参加的11个重大战略专题组和由100多位各领域高层次专家组成的咨询组。在境内外先后召开座谈会、研讨会1800余次，参与人员35000余人次。

研究制订工作大体分四个阶段：一是调查研究阶段；二是起草论证阶段；三是公开征求意见阶段；四是送审完善阶段。经过一年八个月的努力，送审稿形成。这次研究制订的《国家中长期教育改革和发展规划纲要（2010—2020年）》，努力体现把满足人民群众愿望与遵循教育规律相结合、把立足国情与借鉴国外有益经验相结合、把广纳群言与专家咨询相结合、把听取教育系统意见与听取社会各方面建议相结合、把充分讨论与凝聚共识相结合，动员人力之多、覆盖范围之广、社会参与度之高，都是历次制订规划纲要工作所没有的。

在《国家中长期教育改革和发展规划纲要(2010—2020年)》的推动下,各省、自治区、直辖市政府的教育行政部门均根据本区域教育发展的具体情况制订了十年期教育发展规划。这些区域教育发展规划也均属于政府推动型,只不过政府的级别由国家级变为省、自治区、直辖市级教育行政部门。

有由国家主导、政府推动制订的区域教育发展规划,还有由中央(或上级)政府直接出面组织的。比如,在"西部大开发"过程中,党中央、国务院决定在中央对西部地区教育事业继续加大扶持力度的同时,启动实施"东部地区学校对口支援西部贫困地区学校工程"和"西部大中城市学校对口支援本省(自治区、直辖市)贫困地区学校工程",进一步动员东部地区和西部大中城市的各方面力量,大力支援西部地区的教育事业。为了贯彻中央"西部大开发"的战略决策,教育部提出了十项措施,这十项措施便体现出西部区域教育发展规划的一些思路。

第二,区域间合作型。在某些跨省市(或者跨县市)区域内部,以合作互利的方式推动区域教育发展,这也是区域教育发展规划制订的一种形式。

比如,2004年在"泛珠三角区域合作与发展论坛"上,九省(区、市)和香港、澳门特别行政区共同签署了《泛珠三角区域合作框架协议》,合作领域涉及商务与贸易、旅游等十个方面,其中"科教文化"合作的主要内容是,"加强各方高等院校和科研院所科技与教育资源应用的合作,加强文化和人才交流。加快推进科技文献、科技信息、专家库、动植物资源和水文资源等基础性科技教育资源的联网共享"。《泛珠三角区域合作框架协议》开创了"9+2"区域间合作模式,这也是跨省市的区域教育发展规划的一种表现。

(五)区域教育发展规划的主要内容

区域教育发展规划大都包括总体战略、发展任务、体制改革和保障措施四部分内容,而且基本内容也几乎一致,只是在言语表达上稍有不同。

有些区域教育发展规划,除了上述四个部分之外,还增加了"重大项目"的内容。某些区域中长期教育发展规划,从表述形式上看,没有上述部分,但其具体内容,也大致涉及总体战略、发展任务、体制改革和保障措施四个方面。

三、学校发展规划

(一)学校发展规划的基本含义

学校发展规划(School Development Planning,SDP)是英国学者大卫·哈格里夫(D. H. Hargreaves)和霍普金斯(Hopkins)提出的概念。最初,学校发展规划的含义

仅是有目的、有意识地对未来行为进行的计划[①]；后经发展，学校发展规划的含义
是利用学校资源（人、时间、财力等）实现学校使命的过程[②]。时至今日，人们对学
校发展规划的认识更加广泛：学校发展规划不仅仅是学校发展方案，它还是创制发
展方案并确保这一方案产生效果的活动或过程。[③]

根据布伦特·戴维斯（Brent Davies）与琳达·埃里森（Linda Ellison）的观点，学
校发展规划共包含三个层面的交互作用的规划。[④] 最高层面的规划是长期的、全面的
规划，这种规划使用面向未来的思维方式确立学校的发展方向，对学习的本质及学校
的发展均具有巨大作用。第二层面的规划是战略规划，在传统战略规划的基础上，确
立了学校发展的战略意向。最低层面的规划——实际上应当被称为操作性计划——规
定了为实现高层次的发展目标，学校应当具体怎么做。戴维斯与埃里森提出的学校发
展规划模型不是等级式的，也不具有循序性，而是具有同步的性质。学校应当在三个
层面同时运行，学校校长和教职员工应当在三个层面同时展开工作。（见图7-2）

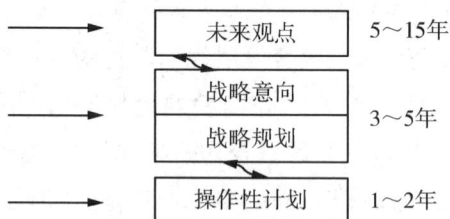

图 7-2　学校发展规划的三个层面

（二）制订学校发展规划的意义

第一，分析学校发展的成绩与问题，明确进一步发展方向。制订学校发展规划，
最基础的工作就是研究学校的内部与外部环境，分析学校的传统和现状，了解学校
已经取得的种种成绩和尚未解决的各种问题，对学校进行准确定位。在此基础上，
确定学校在一定时期内活动的方向和所要达到的水平，即目标。经历了这个过程，

---

① Nigel Bennett, Megan Crawford, Rosalind Levačić, et al., "The Reality of School Development
Planning in the Effective Primary School: Technicist or Guiding Plan?" *School Leadership &
Management*, 2000(3), pp. 333-351.

② Kathleen Collins C., *Getting Started: An Overview of School Development Practices*,
Washington D. C., National Catholic Educational Association, 1997, p. 9.

③ Tony Bush, Marianne Coleman, *Leadership and Strategic Management in Education*,
London, Paul Chapman Publications Company, 2000, pp. 68-78.

④ Brent Davies, Linda Ellison, "Strategic Planning in Schools: An Oxymoron?" *School Leadership &
Management*, 1998(4), pp. 461-473.

学校教职员工就可以在学校发展的愿景与目标的引导下，明白学校的总体发展方向以及未来几年内的工作重点。

第二，提升全校教职员工的整体思维水平。所谓学校发展规划，就是在有关专家的帮助下，学校全体教职员工经反复研究讨论、字斟句酌而达成的统一认识，凝结了所有人的教育理想。此时，大家更为关注的是学校的整体发展而不是个人的蝇头小利，所以，学校发展规划制订的过程，也是全体教职员工团结奋进、众志成城，为了学校的发展、为了学生的发展而献计献策、同心协力的过程，这个过程无疑也提升了教职员工的全面而宏观的思维水平。

第三，促进全校教职员工的主动发展。学校发展规划的制订，帮助学校全体教职员工找到了努力的方向，也让每个人看到了自己存在的价值。学校发展规划构成了学校教职员工主动发展的诱因，促使个体在行动上积极主动。

（三）学校发展规划的内容

一般来说，学校发展规划大致包括四个部分的内容：学校的传统和现状、发展的愿景和目标、发展重点以及保障机制。

学校发展规划的第一部分就是使用简练的语言描述学校的传统和现状，分析学校发展过程中已经取得的成绩以及尚且存在的问题，尤其是发展瓶颈问题。同时，还需要简要地分析学校发展面临的各种机遇与挑战。在这个过程中，通常使用的方法是 SWOT 分析法。（见图 7-3）

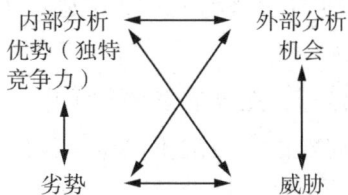

图 7-3　SWOT 分析法

一般情况下，学校发展的愿景是用使命的形式确定下来的，使用学校中所有人都能理解的语言，对学校的发展目标和哲学观进行的概括而简洁的描述。目标则是"组织奋力争取达到所希望的未来状况"，它"为组织的活动提供动力，……提供衡量成功的标准"。[1]

发展重点部分强调的是在规划年限内，学校发展的重点项目和中心任务。

---

[1]　范晓峰：《学校组织生存与发展关系的思考》，载《齐齐哈尔大学学报（哲学社会科学版）》，2008(3)。

为了保证发展重点的正常实施，需要从组织制度、学校文化及规划实施的技术等方面进行保障。保障机制是学校发展规划的一个重要组成部分。

（四）学校发展规划的制订

制订学校发展规划，具体来说，包括三个基本阶段：确定学校发展的基本策略、确定学校发展的目标和确定学校发展的步骤。[①]

第一，确定学校发展的基本策略。在理论界，学者们对于学校发展、学校改革策略的观点并不统一。例如，美国目前存在三种互相竞争的学校改革策略：一是"标准本位的学校改革"，二是"市场本位的学校改革"，三是"全校改革"。

沙思金（Marshall Sashkin）和伊格梅尔（John Egermeier）在分析美国改革时提出了学校发展的四种策略：①着眼于部分的策略，目的是革新学校里的某一部分，如教学大纲的某一部分；②着眼于人的策略，目的是改变人的态度、知识和技能；③着眼于学校的策略，是指变革作为机构的单个学校；④着眼于系统的变革，是指以改变整个学校系统功能的方式进行变革。[②] 而达林（B. Dalin）在总结前人观点和自己研究的基础上提出了学校变革的三类策略，即个体策略、组织策略和系统策略。个人策略是通过影响个人来引起学校变革，以个人为变革的单位；组织策略是以单个的学校组织为单位推进学校改进；系统策略是以学校系统为单位，因此必须动用政府的权力作为变革的动力。[③]

具体到学校发展的实践中，各学校必须根据自己的实际情况，在全面诊断问题、分析学校发展的推动力和阻碍力的基础上，确定适合于学校的发展策略。因此说，学校发展策略的最大特点是独特性。

第二，确定学校发展的目标。在学校发展过程中，学校成员为之奋斗的共同的目标是最为重要的因素。根据规划层面的不同，学校发展目标可以分为长期、中期和短期三种。

学校发展的长期目标，通常表现为学校的愿景。提出愿景的目的在于，确定维持和促进学校正常工作的动力，清晰地描绘学校的潜在哲学观。学校愿景的共享程度、具体程度以及清晰程度是组织成员共同努力、为之奋斗的制约因素。[④]

---

① 江雪梅、褚宏启：《学校发展过程研究》，载《教育理论与实践》，2011(5)。
② 杨小微：《转型与变革——中小学改革与发展的方法论》，109页，武汉，湖北教育出版社，2004。
③ ［挪威］波·达林：《理论与战略：国际视野中的学校发展》，范国睿主译，145页，北京，教育科学出版社，2002。
④ Michael Fullan, "Professional Culture and Educational Change," *School Psychology Review*, 1996(4), pp. 496-500.

　　中期目标指的是学校在 3～5 年需要达成的目标，短期目标指的是学校在 1～2 年立志实现的目标。相对于愿景来说，中期目标和短期目标要具体得多了。一般来说，中长期目标里包含着短期目标，一个个短期目标的实现也促成了中长期目标的达成。例如，英国的詹姆士·卡曼（James Kaman）的学校发展项目（the Comer School Development Program），即"卡曼计划"，其长期目标在于提高少数民族贫困青少年的受教育水平，短期目标是创建令孩子们感到舒适、受尊重及安全的学校环境。在这个环境中，孩子们与学校教职员工及家长之间能够建立积极的情感联系；这种学校环境积极关注学校活动，有助于学生的学习。①

　　第三，确定学校发展的步骤。主要任务是确定学校在未来一段时间内的工作重点、为促进学校发展而需要采取的主要措施。为了做到这些，校长必须按照本学校的工作特点和师生员工的特性将学校发展的总体目标进行分解，确定学校的阶段性工作目标，如将 10～15 年长期目标划分为两三个连续的、5 年期的中期目标，并据此确定年度（或者学年度）发展的短期目标。然后，根据年度目标或学年度目标，设计具体的操作步骤，明确规定这些具体工作的实施要点，确定工作的主要负责人员或团队，设计检测及评价工作完成状况的指标体系。最后，以文本的形式将上述问题明确而清晰地展现出来，付诸全校的教职员工，帮助全校教职员工明确了解并理解学校发展步骤，帮助他们明确自己在接下来的阶段应该做什么、应该怎样做。

　　在确定学校发展步骤中，校长还需要做的事情包括以下方面。①成立学校规划管理团队。该团队的基本功能是确立学校议事日程、塑造学校文化、营造学术气氛。学校规划管理团队一般由校长、教师、职员和学生家长代表组成，在一些学校中，还包括学生代表和社区代表。学校规划管理团队的任务是起草学年度发展计划，并监督该计划的贯彻实施。②确定学校发展的时间表和财政预算，即预先对学校发展过程中各项活动的持续时间、达成目标的时间以及人力、物力和财力上的花费进行具体的规定。

第三节　教育计划制订的技术与工具

一、教育预测

　　计划制订过程大体上都包括八个步骤，其中两个步骤就是识别问题和确定影响

---

① Zimmermann Jacquelyn，*The Comer School Development Program*，*Education Research Consumer Guide*，Washington D. C.，Office of Educational Research and Improvement，1993.

因素。而教育预测是评估环境、确定影响因素的技术之一，是教育计划工作的一个重要组成部分。教育管理者需要教育预测，教育预测使得教育管理者能够有效地预测未来的教育事件。

（一）教育预测的含义

预测是指预先或事先对事物进行推想和估计。教育预测是指人类在教育领域中从事的预测活动，也就是以教育现象为预测对象，对其发展趋势或倾向做出科学的估计。[①]

教育预测的基本特征包括前提性、时间性和描述性。前提性是指教育预测是在一定前提条件下做出来的。时间性是指教育预测具有一定的时间概念，这种时间概念有时笼统地表示为将来、今后、在未来的几十年中，也可以确切地给定，如2025年和2035年。描述性是指教育预测必须描述预测对象的特征，教育预测通过描述对象的特征，如状况、数量、质量等的变化，进行预报或预言。

（二）教育预测在教育计划中的作用

没有对教育发展未来状况的预测和预计，就没有制订教育计划的基础；教育计划必须以教育预测为基础和条件。教育预测在教育计划中的作用表现在以下方面。

第一，为教育发展目标的设定提供科学依据。教育发展目标的设定是教育计划制订过程中的重要一环。教育计划是在预见未来社会发展、经济发展趋势的基础上，确定教育活动的目标、要求和步骤。这就是说，教育发展目标的设定是以对教育的社会需要及个人需要的预测为依据的。另外，教育发展目标虽然是没有实现的未来教育的状况，但它又是根据一定条件经过一定过程应该得以实现的状况。目标不单是一种希望，它还是从现状分析出发，通过一定的推算和调整而被确定下来的。从这个意义上也可以说，教育发展目标的设定首先是一种教育预测活动。只有建立在科学的教育预测基础上的教育发展目标才是可能实现的教育发展目标。

第二，为教育计划中可行方案的选择提供服务。科学的教育预测不但要预测教育发展的各种趋势和各种状况，还要根据可能出现的情况提出不同的对策，形成不同的方案。就是说，科学的教育预测不仅包括教育发展的状况预测，而且还包括针对各种具体情况的方案预测。有了各种不同的实施计划的方案，才可能加以比较和选择，找出实现目标或者说解决主要问题的最佳途径和方法，从而提高教育发展目标实现的效率。

---

① 陈孝彬、高洪源、刘淑兰等：《教育管理学（第三版）》，140页，北京，北京师范大学出版社，2008。

第三，为教育计划实施中的修改、补充提供服务。客观环境不断发展变化，教育计划或实施方案在实行中，也要相应地做这样或那样的修改和补充。这就需要根据教育计划实施过程中出现的新问题、新倾向，预测它们的未来后果，并依此对教育计划进行必要的修正、调整、补充，以避免因盲目性而引发失误。

（三）教育预测的技术

预测技术可以分为定量预测技术与定性预测技术两种类型。[①] 定量预测技术是运用一组数学规则，根据过去的一系列数据来预测未来。定性预测技术是运用判断和根据熟悉情况的人员的意见来预测结果，通常用于只能收集到有限数据的情况。（见表 7-1）

表 7-1 教育预测的技术

类型	技术	描述
定量预测技术	时间序列分析	用数学方程拟合某个趋势曲线，然后根据此方程预测未来
	回归模型	根据已知的或假设的变量预测另一个变量
	经济计量模型	采用一组回归模型模拟经济的某个部分
	经济指标	采用一个或多个经济指标预测经济的未来状态
	替代效应	采用数学公式预测一种新产品或新技术怎样、何时以及在什么情况下将替代原有的产品或技术
定性预测技术	评价小组的意见	综合考虑教育专家的意见
	教育者与管理者的意见	综合教育者和管理者的看法，以确定学生及其家长的教育期望
	学生及其家长的评价	依据现有的学生及其家长的意见和建议所做的估计

（四）教育预测的有效性问题

教育预测是为了向管理者提供信息，以辅助其制订教育计划。所以，教育预测的有效性就非常重要了。那么，如何才能保证教育预测的有效性呢？有以下若干保障措施可供参考。

①当环境基本上保持稳定时，预测技术是很精确的。

②尽量应用简单的预测方法：简单的预测方法比复杂方法的应用效果更好，因为复杂方法时常错误地混淆随机数据与有意义的信息。

---

① ［美］斯蒂芬·P. 罗宾斯、玛丽·库尔特：《管理学（第 9 版）》，孙健敏、黄卫伟、王凤彬等译，231 页，北京，中国人民大学出版社，2008。

③促使更多的人参与到预测过程中来。

④将预测结果与不变的趋势相比较：经验表明，不变的预测通常有 50％ 的准确性。

⑤运用动态预测方法，对接下来 12～18 个月的情况进行预测，不要使用简单的静态预测方法。

⑥不要依靠单一的预测方法，应当采用几种模型来预测，然后将结果进行评价，特别在进行长期预测时更是如此。

⑦不要假定人们能够准确地识别趋势的转折点，通常趋势的转折是由随机的事件引起的。

⑧预测是一种管理技能，是可以通过实践不断改进的。

二、项目管理

今天的世界是纷繁复杂的，管理者必须在时刻变化而且日益复杂的环境中进行计划，这是一个挑战。项目管理作为一种计划技术，非常适合于这种环境。项目管理强调柔性，在组织所处的上述环境中，它对制订更有效的计划来说是非常重要的。

（一）项目管理的含义

项目管理是使项目活动按时间进行，不突破预算和符合规范的一种管理活动。①伴随着社会经济与文化的发展，越来越多的组织开始运用项目管理，因为这种方法更适合柔性并迅速地响应市场机会的要求。

项目管理的适用条件是：项目具有独特性，项目拥有具体的截止日期，项目任务之间包含着复杂的相互关系，项目要求组织成员拥有特殊的技能，项目具有临时性。

（二）项目管理系统

成功的项目管理离不开一个良好的项目管理系统。一个项目管理系统通常包括七个部分：人、文化、工具、组织、计划、信息和控制。（见图 7-4）

其中，人是整个系统的核心，构成了项目管理系统架构的基石。这是因为项目不是软件和项目管理工具的累积，而是靠人运用这些工具做出来的；项目并不会因所采用的工具而无法完成，常常会因人为应用工具的错误或失误而失败。文化和组织是指项目所处的环境、社会认同及人们的世界观与价值观，这是实施项目时需要特别注意的外部环境。工具是指用来管理项目的方法，如工作分解结构、项目进度

---

① ［美］斯蒂芬·P.罗宾斯、玛丽·库尔特：《管理学（第 9 版）》，孙健敏、黄卫伟、王凤彬等译，242 页，北京，中国人民大学出版社，2008。

表和挣得值法等。控制是指当该项目现有状态偏离目标时提供建议、采取措施。计划和信息是实施控制的基础，没有计划就没有控制的依据和参考目标，而没有信息也将无法判断项目当前所处的情况。

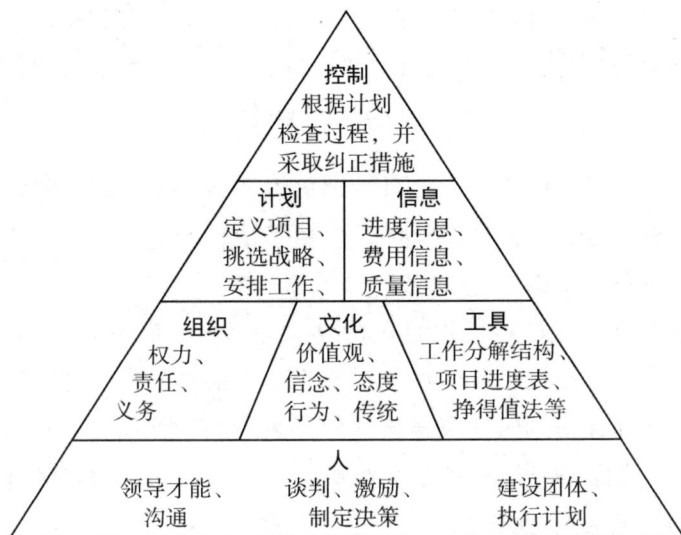

图 7-4　项目管理系统

（三）项目管理的过程

在典型的项目管理中，工作是由项目团队实施的，团队成员来自各自的工作领域，他们向项目经理报告，项目经理协调各个部门参与项目的活动。当项目团队完成了项目目标以后，团队就解散，团队成员又转移到其他项目上，或者返回他们原来的工作领域。

项目计划过程的基本特征反映在图 7-5 中。①

项目过程开始于清晰地定义项目的目标，这一步的必要性在于管理者和团队成员需要清楚组织对他们的期望。然后，需要确定完成项目的活动以及需要哪些材料、人力和其他资源，这一步可能要花费较多的时间，也是比较复杂的，特别是当项目是独特的且没有历史经验可资借鉴时更是如此。一旦活动确定，需要进一步决定活动的完成顺序，哪些活动必须在其他活动之前开始进行，哪些活动可以同时进行。这一步通常可以借助流程图类型的图形，如甘特图、负荷图和 PERT 网络图来辅助进行。下一步是进度安排，即排程，这时需要对每项活动的时间进行估计，并将这

---

① ［美］斯蒂芬・P. 罗宾斯、玛丽・库尔特：《管理学（第 9 版）》，孙健敏、黄卫伟、王凤彬等译，242～243 页，北京，中国人民大学出版社，2008。

些时间参数用于制订整个项目的进度计划和决定完成日期。接下来是将项目进度计划与目标进行比较，做出必要的调整。如果项目完成时间太长，管理者可能需要在关键活动上分派更多的资源，以使它们更快完成。

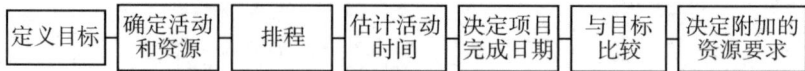

定义目标	确定活动和资源	排程	估计活动时间	决定项目完成日期	与目标比较	决定附加的资源要求

图 7-5　项目计划过程

在科学技术迅猛发展的今天，项目管理可以在线实施，因为有大量基于互联网的项目合作软件包可资利用。这些软件包包括了项目的记账和评估、项目的进度安排、机器故障与缺陷的追踪等各个方面。

即使拥有了复杂的、计算机化的和在线的排程程序以及其他的项目管理工具，项目管理者依然是很重要的，其工作仍然具有一定的挑战性。这是因为，项目管理者所管理的项目团队成员同时还隶属于他们原来所属的部门；而且，团队成员很少只属于一个项目，他们通常属于两个甚至更多的项目，因此项目管理者的一个重要任务就是使项目团队成员把精力集中在他所管理的特定项目上。

三、目标管理

目标管理是 20 世纪 50 年代以后发展起来的一种管理方法，它以组织的总目标为中心，运用系统方法建立分层的目标体系，通过分权调动被管理者的能动性，从而有效地完成组织任务。[①]

（一）目标管理的概念

目标管理（management by objectives，MBO）是一种由下级和上级共同确定具体绩效目标，定期审查目标实现情况，并根据进展分配奖励的系统。目标管理的方法不是将目标仅仅作为一种控制方法，而是要确保团队成员做他们应该做的事情，同时将目标达成与否作为评估团队成员绩效高低的方法。

目标管理包括四个要素：①确定目标，②参与决策，③明确期限，④绩效反馈。其中最为重要的一个要素就是确定目标。

设计良好的目标具有以下特征：是对预期成果的简明陈述；是共同选择的目标，并就如何实现目标达成了一致；有一个具体的完成时间；是对绩效的反馈。

---

① 陈孝彬、高洪源、刘淑兰等：《教育管理学（第三版）》，330 页，北京，北京师范大学出版社，2008。

（二）目标管理的特点①

第一，面向未来。目标具有未来指向性，目标管理是管理者引导被管理者共同努力追求未来新成果的组织行为，因此实施过程中十分注意目标决策的正确性、先进性与可行性。目标管理是具有发展性、创新性的管理，不是保守的管理。

第二，系统性。目标是全部组织活动的中心，管理者根据目标来安排和指导工作、确定工作重点，并以目标的实现程度来衡量组织功能的优劣。同时，目标动员所有组织成员参与管理，各成员都要承担职责范围内的任务，都要明确自己为达成总目标应履行的义务，因此增强了整体观念，保证了整体目标的实现。

第三，重视成果。目标成果是指一个组织设定的目标水平以及这些目标实现的程度，其水平越高、实现程度越大，目标成果就越大。重视成果是指在衡量每个部门与个人的工作时，以为实现目标所做的贡献为标准，而不是以空洞的言辞或无效的劳动为标准。

第四，重视人。目标管理强调人是管理的核心和动力，规定必须引导所有组织成员都参与管理。目标管理的特点之一是使管理原则操作化，制定目标、执行目标和检查目标执行情况等各个环节都规定了一般组织成员参与管理的具体办法，非常有利于调动人们的积极性。

（三）目标管理的过程

目标管理过程指目标管理实行的活动程序。它与一般管理模式一样，也包含了计划、执行、检查和总结几个基本阶段，如图 7-6 所示。

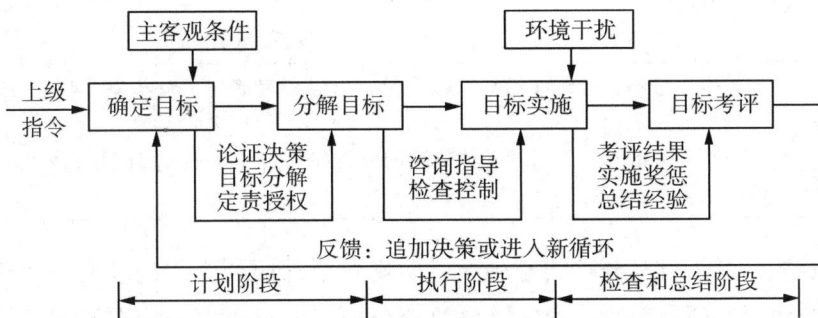

图 7-6 目标管理过程图

计划阶段包括确定目标和分解目标两个环节及论证决策、目标分解和定责授权

---

① 陈孝彬、高洪源、刘淑兰等：《教育管理学（第三版）》，331～332 页，北京，北京师范大学出版社，2008。

三项活动。

论证决策是指选择目标，即设计目标并说明其必要性和可行性的过程，这是目标管理的关键一步。制定学校的总目标时应包括制定总方针、定量目标和保证措施几部分。

目标分解就是将总体目标在纵向、横向或时序上分解到各层次、各部门以至具体人，形成目标体系的过程。目标分解是明确目标责任的前提，是使总体目标得以实现的基础。[1]（见表 7-2）

表 7-2　目标分解的原则、形式与方法

目标分解的原则	• 按整分合原则：将总体目标分解为不同层次、不同部门的分目标，各个分目标的综合又体现总体目标，并保证总体目标的实现 • 目的性原则：分目标要保持与总体目标方向一致，内容上下贯通，保证总体目标的实现 • 量力而行原则：在目标分解过程中，要注意到各分目标所需要的条件及其限制因素，如人力、物力、财力和协作条件、技术保障等 • 一致性原则：各分目标之间在内容与时间上要协调、平衡，并同步发展，不影响总体目标的实现 • 明晰性原则：各分目标的表达也要简明、扼要、明确，有具体的目标值和完成时限要求
目标分解的形式	• 按时间顺序分解，构成目标的时间体系：制定出目标实施进度，以便于实施检查和控制 • 按时间关系分解，构成目标的空间体系 • 按管理层次的纵向分解：将目标逐级分解到每一个管理层次，有些目标还可以一直分解到个人 • 按职能部门的横向分解：将目标项目分解到有关职能部门
目标分解的方法	• 指令式分解：分解前不与下级商量，由领导者确定分解方案，以指令或指示、计划的形式下达 • 协商式分解：上下级对总体目标的分解和层次目标的落实进行充分的商谈或讨论，取得一致意见

定责授权，是在目标分解的基础上，明确各个部门及个人的权利与责任。定责授权中需要注意的问题包括：第一，建立责任制，责任内容一定要明确，要把各项工作的数量、质量和时间要求逐一写清，以形成有约束力的明文规定；第二，明确责任的同时要授权；第三，不能越级授权。

执行阶段的具体工作包括咨询指导和检查控制。

咨询指导是目标管理中有特色的管理行为，因为目标管理强调给下属较多的自

---

[1]　周尤青：《浅析目标管理》，载《商业文化（学术版）》，2008(1)。

主权，所以上级对下属的工作较少直接命令，而是更多地通过出主意、提供信息以供参考等办法实施间接引导。

检查不仅指对下属工作进行检查，而且还要检查管理者向下级所授职权和所应提供的资源是否到位。控制是通过反馈纠正偏差的管理行为。目标管理的控制应注重每个团队成员的自我控制，管理者仅对关键方面实施控制而不要事无巨细都加以干涉。

检查和总结阶段包括三项工作，即考评结果、实施奖惩和总结经验。

本章精要

1. 教育计划是以书面形式表达出来的一定时期内教育组织的目标、任务以及为实现这一目标而制订的具体行动方案。教育计划的制订依据是国家的教育方针与政策，教育计划是量化了的教育政策目标或教育发展目标。教育计划的制订过程大体上包括识别问题、确认影响因素、为影响因素分配权重、开发备择方案、分析备择方案、选择备择方案、实施备择方案、评价计划结果几个步骤。

2. 依据不同的划分标准，可以将教育计划分为不同的类别。根据计划的主体来划分，教育计划可以划分为国家计划、组织计划和个体计划；根据计划预期实现的目标，教育计划可以划分为战略规划、战术规划、具体计划；根据计划的内容来划分，教育计划可以分为综合性教育计划与单项教育计划；根据计划的持续时间来划分，教育计划可以划分为长期计划、中期计划和短期计划。

3. 区域教育发展规划是为了实现区域教育发展的战略目标，以规划区域教育发展的战略重点和战略措施为基本指向而进行的决策谋划。分为政府推动型、区域间合作型。

4. 学校发展规划不仅仅是学校发展方案，它还是创制发展方案并确保这一方案产生效果的活动或过程。学校发展规划大致包括四个部分的内容：学校的传统和现状、发展的愿景和目标、发展重点以及保障机制。制订学校发展规划包括三个基本阶段：确定学校发展的基本策略、确定学校发展目标和确定学校发展步骤。

5. 教育预测、项目管理和目标管理都是制订计划的技术。教育预测是指人类在教育领域中从事的预测活动，也就是以教育现象为预测对象，对其发展趋势或倾向做出科学的估计。项目管理是使项目活动按时间进行，不突破预算和符合规范的一种管理活动。目标管理是组织成员共同确定组织目标并依据这些目标的达成与否来评估员工绩效高低的过程。

思考题

1. 什么是教育计划？包括哪些类别？

2. 教育计划的制订过程是怎样的？

3. 区域教育发展规划具有什么样的特点？

4. 学校发展规划的制订步骤是什么？

5. 项目管理的过程是怎样的？

6. 目标管理的过程是怎样的？

案例分析：某校长工作室运行设计

某校长工作室于 2021 年 12 月授牌成立，工作周期 3 年，自 2022 年 1 月至 2024 年 12 月。

一、工作室目标

工作室的目标有三：

第一，引领工作室成员校长专业发展；

第二，促进工作室成员校长所在学校的改进与发展；

第三，促进区域义务教育优质均衡发展。

二、工作室运行模式

工作室拟采用"项目管理"与"目标管理"的运行模式，以项目为依托展开工作，最终促使工作室目标的实现。

工作室基于现实状况，拟采用"线上＋线下"相结合的工作方式，有效利用现代化信息工具手段，充分利用三年时间，力争最大限度地促进工作室成员校长的专业发展。

工作室的运行平台包括 3 种：①在××中学建立校长工作室，一方面开展线下学习与活动，如读书交流会、专家讲座等；另一方面，工作室档案、工作室成员校长的发展资料等均存于此；②借助"×××校长工作室公众号"进行宣传；③借力网络平台进行常规管理，一方面进行工作室活动的通知，另一方面开展线上研究与交流等活动。

三、工作室活动安排

①提炼办学思想。围绕工作室成员校长所在学校的发展实际，提炼办学思想，或者进行学校文化建设，或者进行学校课程建设，形成逻辑性强、论证严密的文稿。条件成熟的情况下，召开办学思想研讨会。

②课题研究。结合工作室成员校长所在学校的发展实际，开展课题研究，并撰写课题论文。课题研究包括两部分：第一部分，工作室在主持人的带领下，全体成员校长共同开展一项研究；第二部分，工作室成员校长各自独立开展一项课题研究。

③读书交流。 阅读学校管理的相关图书，组织 5 次读书交流活动。

④听评课。 组织听评课活动，即走进工作室成员校长所在学校，听课、评课，交流教学经验，共 6 次。

⑤学术报告。 聘请教育管理领域学术名人，进行 5 次专题报告。

⑥影子培训。 工作室成员校长走进主持人所在学校进行跟岗实践。

⑦名校访学。 联系省内或省外名校，组织工作室成员校长实地访学，共 4 次。

⑧评价与督导。 工作室成员校长专业发展评价及学校发展评价包括诊断性评价 1 次、形成性评价 2 次、终结性评价 1 次。（图 7-7）

图 7-7 某校长工作室运行甘特图

四、阅读书目

围绕"教育管理与学校管理""教育领导力""课程与教学""学习理论""教育评价""课题研究"六个专题，阅读 29 本书。（具体书名略去。）

课堂讨论

1. 本案例中提到"工作室拟采用'项目管理'与'目标管理'的运行模式，以项目为依托展开工作，最终促使工作室目标的实现"。 请结合本章所学知识，分析"项目管理"与"目标管理"在本案例中是否真实存在，"项目管理"与"目标管理"对该校长工作室运行的作用是怎样的。

2. 校长工作室发展应当是一个有计划、有追求的持续过程。 请讨论分析：工作室运行过程中，主持人退居二线、不再担任校长之职，校长工作室如何持续运行？

第八章　教育决策

本章学习目标：

- 了解教育决策的概念、特性和类型；
- 理解决策模式及其具体内容；
- 掌握定性与定量的决策技术；
- 理解我国教育决策的价值标准和改进路径。

教育决策贯穿于整个教育管理过程，特别是对教育政策制定者与学校领导者来说，一个正确的决策往往是教育目标实现的开始。本章将阐述教育决策的类型、模式和技术，并在此基础上探讨我国教育决策的价值标准和实践改进路径。

第一节　教育决策的性质与类型

一、教育决策的概念

教育决策在教育管理中占据着重要的地位，它是教育管理过程中的重要环节，直接影响着教育改革与发展的目标、方向。一个成功的教育决策通常会带来教育的发展，而一个失败的教育决策却往往阻碍教育的进步，甚至会造成严重的教育失误。西蒙（Herbert A. Simon）就认为，管理即决策。他表示，正如行动的任务贯穿于整个组织中一样，决策的任务也贯穿于整个管理组织中，二者紧紧地交织在一起。一般的管理理论必须包括能够确保做出正确决策的组织原则，正如它必须包括确保有效地行动的原则一样。[1]

对教育决策内涵的理解，目前有两种观点：一种观点认为，教育决策是对教育行动方案的最后抉择，是"拍板"的过程；另一种观点则主张，教育决策是为教育未来行动确定目标，并选择一个能实现预期目标的行动方案的过程。[2] 这两种观点既有区别，也有联系。区别在于，前者将教育决策视为一个点，具有即时性；而后者将教育决策视为一个过程，具有持续性。联系在于，二者都共同反映出教育决策的基本内涵，即为了实现一定教育目标对行动方案进行选择的过程。基于此，所谓教育决策就是教育决策者为了实现一定时期的教育目标、完成特定的教育任务而对教育活动、事务进行的方向性的规定与安排。具体如下。

首先，教育决策的主体是指各级教育政策的制订者，其中包括党和国家的各级机关、学校领导者以及参与教育决策的各相关利益群体。

其次，教育决策的内容是教育活动或事务的安排。根据教育决策内容的涉及范围，可以将教育决策分为广义的教育决策与狭义的教育决策。广义的教育决策是指教育决策者对教育组织中的各项事务、活动的规定与安排，强调教育决策内容的全面性、过程性；狭义的教育决策是指教育决策者对教育组织未来发展中的各项事务、

---

[1]　Herbert A. Simon, *Administrative Behavior: A Study of Decision-Making Processes in Administrative Organization* (4th Edition), New York, The Free Press, 1997, p. 1.

[2]　杨颖秀：《教育决策的科学化民主化研究》，3 页，长春，东北师范大学出版社，2001。

活动所做的决定，强调教育决策内容的前瞻性、即时性。

最后，教育决策的目的是实现一定时期的教育目标、完成特定的教育任务。任何的教育决策总是朝向某个预定目标的。现实教育管理实践中几乎找不到没有任何目标的决策活动，实现目标是一切教育决策最根本的任务。

二、教育决策的特性

（一）普遍性

教育决策的普遍性是指教育决策伴随教育管理的整个过程。一般管理理论将管理划分为四种职能，即计划、组织、协调、控制，决策活动贯穿于整个管理活动。虽然教育管理职能不能与一般管理职能一一对应，但无论我们如何划分教育管理职能，教育管理活动各职能的发挥与各职能的衔接都要通过做出正确的教育决策来实现。教育管理活动的启动要做决策，保证教育管理活动的正常运行要做决策，某一阶段管理活动的终止也同样要做决策。因此，教育决策处处有，时时有。

（二）前瞻性

教育决策的前瞻性是指教育决策的超前意识与时代意识。教育决策应符合未来一定时期内经济社会发展的需要，应与教育事业的发展方向紧密相连，这决定了教育决策必须具备前瞻性的特点。判断一个教育决策成功与否的重要标志就是判断其是否具有前瞻性，是否能够适应经济社会发展的需要，是否能够满足人们日益增长的对高质量教育的需求。这就需要教育决策者具有较高的教育觉悟与教育判断力，通过对已有信息的收集与整合、加工与处理做出正确的价值判断，从而做出科学合理的教育决策。

（三）求实性

教育决策的求实性是指教育决策要从实际出发，根据现有的教育资源与教育条件因地制宜地制定教育决策，既不要保守不前也不要好高骛远，做到实事求是。教育决策者要以国家教育的总体发展情况、各地方的实际教育发展情况与学校及其他教育机构的普遍问题情况为根据，做出有效合理的教育决策。

（四）互动性

教育决策的互动性是指教育决策与实践之间会产生双向互动。从图8-1中可以看出，教育决策者的主观判断通过教育决策而体现，教育决策的效果通过政策实施反映于客观教育实践，根据一定的标准对教育实践结果进行评价，其评价的结果又将对下一次的教育决策产生影响。也就是说，教育决策产生教育政策，教育政策作用于实践，教育实践的信息又反馈作用于教育决策者的主观认识，继而为下一次的教育决策提供参考信息与可借鉴的经验。

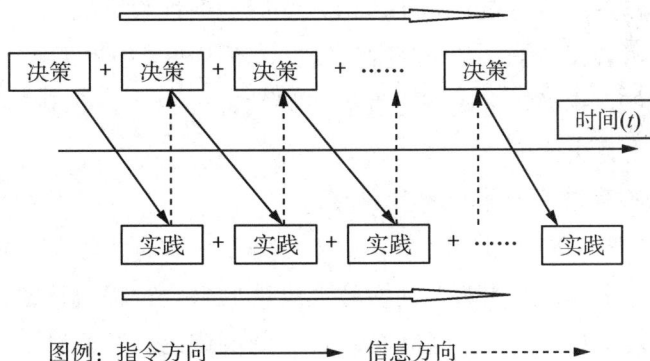

图例：指令方向 ──────▶ 信息方向 ⤍⤍⤍⤍⤍▶

图 8-1 决策与实践的关系图示

三、教育决策的类型

根据不同的划分标准，可以将教育决策划分为不同的类型。

（一）程序性教育决策与非程序性教育决策

根据所要解决的教育问题的性质的不同，可以将教育决策划分为程序性教育决策与非程序性教育决策。程序性教育决策解决的问题具有重复性和例行性，同时也是教育决策者熟悉或经常遇到的教育问题。在解决此类问题时，可以采用确定性、程序性的教育决策。例如，学校对学生退课的处理、学校对贫困学生的资助等。非程序性教育决策解决的问题具有突发性、不确定性，是教育决策者不能预知与掌控的教育问题。当教育决策者遇到此类问题时，没有现成的解决方案，只能根据具体问题做具体决策。例如，学校对突发安全事件的处理。

（二）居中性教育决策、 请求性教育决策与创造性教育决策

根据决策的来源与决策者身份的不同，可以将教育决策划分为居中性教育决策、请求性教育决策与创造性教育决策。居中性教育决策是教育决策者根据上级教育部门的工作方针与指示要求而做出的教育决策，旨在使下级教育部门与各级教育机构顺利贯彻实施决策的内容。请求性教育决策是指教育决策者发现教育组织中存在的问题并要求其改变与修正的教育决策。通常情况下，请求性教育决策越多，则反映出该组织存在的教育问题越多。创造性教育决策是教育决策者将自己的主观判断与时代精神相互结合，创造性提出的能够推动教育发展的教育决策，它是实现教育改革与发展的重要推动力量。

（三）短期教育决策与中长期教育决策

根据决策内容作用时间的长短，可以将教育决策划分为短期教育决策与中长期教育决策。短期教育决策通常是针对一定时期的特定教育事件或特殊教育需要而制

定的教育决策，作用时间一般在一年以内，又叫业务性教育决策。中长期教育决策
又称为战略或战术教育决策，其作用时间较长，不因外界因素干扰而需要长期坚持，
具有持续性。例如，我国教育改革与发展坚持教育公平，缩小城乡、地区间的教育
不均衡等是长期教育决策。

（四）个人教育决策与群体教育决策

根据决策主体的不同，可以将教育决策分为个人教育决策与群体教育决策。个
人教育决策也叫作个体教育决策，是指教育决策的整个过程由特定的某一个人制定
完成，花费的时间、精力较少，且教育决策者的决策思路不容易受外界影响。群体
教育决策又称为集体教育决策，是指决策的整个过程涉及两个以上的参与者，所提
出的决策方案是多人的共同意见与观点。采用个人教育决策还是群体教育决策要视
具体问题而定。通常情况下，对于较为重大的决策，建议采用群体教育决策，可以
避免由个人主观认识所造成的失败决策。

第二节　决策模式

现代决策理论中存在着诸多理论模式，这些理论模式都是从不同的角度对人类
决策行为进行的规律性的理论概括。虽然每一种决策模式都不是完美的，都存在着
片面性，但它们都有其合理之处。研究和介绍这些不同决策模式，对于我们探讨教
育决策的规律性具有重要参考价值。

一、古典决策模式

完全理性是古典决策模式的前提假设。古典决策模式将决策的生成视为由完全
理性的决策者在获得所有对决策可能产生影响的信息后，按照最优化原则做出理性
选择的过程。

根据古典决策模式，决策过程由如下步骤构成。

（一）明确决策问题

决策过程的第一个步骤就是明确决策问题。只有在对问题有了较为清晰的认识
后，才能对症下药，找到解决问题的办法。明确决策问题还要分清问题的重要程度
与紧急程度（见图8-2），哪些问题是必须马上解决的，哪些问题是可以延缓解决的，哪
些问题是可以忽略的，这就需要教育决策者认清问题的性质。图8-2的横坐标表示所遇
到问题的重要程度，纵坐标表示所遇到问题的紧急程度，坐标轴中的任意点即表示所
遇到问题的性质。表8-1是针对所遇到的不同性质的问题采取的不同解决对策方案。

紧急程度
强

弱　————　强　重要程度

弱

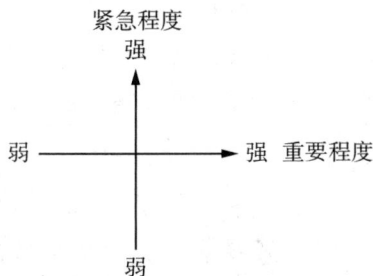

图 8-2　决策问题的紧急程度与重要程度之间的关系图

表 8-1　不同解决对策方案表

维度	第一象限	第二象限	第三象限	第四象限
问题重要程度	强	弱	弱	强
问题紧急程度	强	强	弱	弱
问题解决对策	重点解决	马上解决	可以忽略	延缓解决

（二）确立决策目标

在古典决策模式中，目标应是没有冲突的。教育目标、培养目标、教学目标等都是明确、单一的，决策的作用就是实现这些目标。教育决策者还要明确这些目标的实现与哪些因素有关，教育政策、学校环境、教师素质、学生人数等因素是否影响决策目标的实现。

（三）列举备择方案

列举所有能够想到的备择方案，无论这些方案是好是坏、成熟与否，都应列举出来。此阶段不应包括方案的筛除，若此阶段淘汰某些方案，会降低做出最优选择的可能性。

（四）评价备择方案

教育决策者要对每一个备择方案的结果进行评估。杰塞夫·雷茨（Joseph Reitz）推出了此过程的三个步骤：①决策者必须识别每个备择方案的可能结果，无论是积极的还是消极的；②决策者必须估计每种结果的积极价值与消极价值；③决策者还必须估计每个方案的可能结果。①

（五）选择决策方案

此阶段就是教育决策者从诸多教育备择方案中选择最优决策方案的阶段。该最

---

① ［美］伦恩伯格、奥斯坦：《教育管理学——理论与实践》，孙志军、金平、曹淑江等译，140页，北京，中国轻工业出版社，2003。

优方案应该是能够有效地解决当前教育问题、实现教育目标的方案。在此阶段，教育决策者往往会面临选择的困境。如果最优决策方案是显而易见的，那么选择是容易的。但是，现实情况往往是方案不能达到最好，教育决策者只能选择相对较好的或相对不差的几个方案。

（六）实施决策方案

一旦确定了决策方案，就要实施决策。教育决策者往往不是教育决策实施者，因此，要想使决策方案得到更好的实施，教育决策者就要尽可能地考虑到前几个步骤中可能出现的情况与存在的问题。教育决策实施的成功与否和实施者的积极性、外部环境等有关。

（七）评估决策效果

决策过程的最后一个步骤是评估决策的实施效果，即决策实施的结果是否达到了预期的决策目标。此阶段可以采用定量评价方法与定性评价方法。如果实施结果与预期决策目标存在较大的差距，那么就必须重复决策过程。

二、行为主义决策模式

完全理性的前提假设使古典决策模式在实际运用中显得不切实际。通常情况下，教育决策者不能完全意识到所有存在的教育问题，且所获得的信息也是有限的，在选择决策方案时也常常受到周围其他因素的影响，从而导致教育决策带有一定的片面性。不同于古典决策模式，玛丽·兹（Mary Zey）的行为主义决策模式包括以下内容。①决策在某种程度上总是建立在不完全理性的基础之上，往往与面对的真实问题性质不完全一致。②决策者不可能产生成功解决问题的所有方案。③备择方案由于不能准确预测所有的解决办法，因而也不能被充分评估。④最终决策是建立在一定的标准基础之上的，而不是最优选择。因为不能决定哪一个方案是最优方案。[①]

同样，为了克服古典决策模式的弊端，西蒙提出了一种有限理性的决策模式，即满意决策模式。这种决策模式的目的是寻找一个令人满意的而不是最好的决策。

满意决策模式的基本假设如下。①决策过程是有关事件的循环过程，这些事件包括确定和诊断困难、提出解决困难的计划以及评价组织成效等。②管理过程是组织中的个人和团体执行决策的过程，管理包括决策和行动两大部分，而决策是管理者的首要任务。③管理决策的完全理性是不可能的，因为人们没有能力做出最优决策，只能做出合理的决策。④管理的基本职能是为每一个组织成员提供良好的做决

---

① ［美］伦恩伯格、奥斯坦：《教育管理学——理论与实践》，孙志军、金平、曹淑江等译，142页，北京，中国轻工业出版社，2003。

策的内部环境。⑤决策是行动的一般模式，存在于所有的功能性的和任务领域的管理活动中。⑥所有复杂组织中的决策过程都具有相同的形式。①

　　教育决策者在做出教育决策时同样面对的是有限信息与有限理性，在不可能收集到所有信息的情况下，教育决策者只能根据已有的信息做出令人满意的决策，而非最优的决策。行为主义决策模式的决策过程也被称为决策行为圈（见图 8-3），其具体步骤如下。

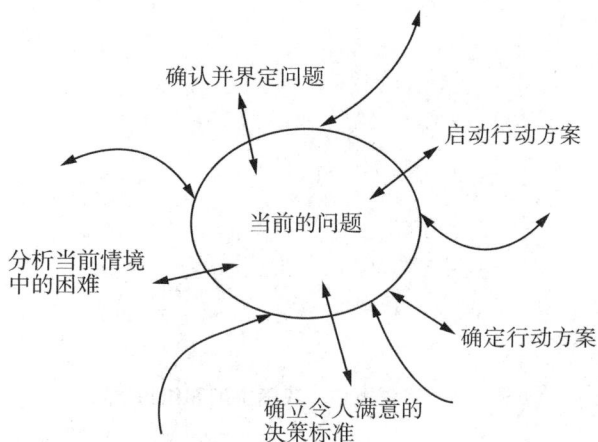

图 8-3　决策行为圈

（一）确定并界定问题

　　确定并界定问题是教育决策的第一步。教育决策者要增强对问题的敏感性，及时发现问题和问题背后隐藏的更深层次的问题。如若教育管理者在面对已经出现的问题时仍认为"我们一切顺利""目前问题不大"，那么教育组织将因教育管理者的迟钝反应而陷入麻烦之中。将所遇到的教育问题进行正确归因也是确定并界定教育问题的重要环节。例如，在面对"择校热"问题时，短期的教育决策可以以地理位置为基础，采用就近入学的原则指定儿童所进入的学校。而从长远来看，隐藏在"择校热"问题背后的深层次问题是学生与家长想要获得优质的教育资源，而现存的学校教育资源水平参差不齐。由此，我们就可以界定出"择校热"的根本问题在于学校教育资源的不均衡。

（二）分析当前情境中的困难

　　决策过程的第二步与第一步紧密相关。更有学者将前两个步骤视为同一个整体，

① Wayne K. Hoy，Cecil G. Miskel，*Educational Administration：theory，research，and practice* (5th Edition)，New York，McGraw-Hill，1996，pp. 268-270.

但决策过程的第二步更加强调对教育问题进行分类，即将其划分为常规式的教育问题或非常规式的教育问题。常规式的教育问题通常可以采用程序性教育决策，其问题的解决有固定的程序与步骤；而非常规式的教育问题通常不能采用程序性教育决策，其问题的解决没有可以依照的程序与步骤，只能靠教育决策者进行实践探索。并且，常规式的教育问题通常由较低层次的教育决策者解决，而非常规式的教育问题通常由较高层次的教育决策者解决。（见图 8-4）

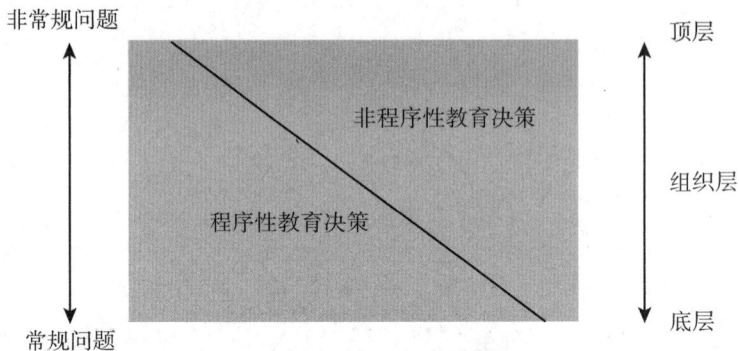

图 8-4 问题类型、决策类型和组织层次

（三）确立令人满意的决策标准

在明确了所存在的问题并且对问题进行分类后，接下来，教育决策者就要确立教育决策所要达成的目标是什么。行为主义决策模式认为决策是没有最优的，只有令人满意的。而一个令人满意的决策的标准是什么？此时教育决策者可以将决策结果按满意度大小进行排列，从长期目标与短期目标等多角度对满意的标准进行考量。

（四）确定行动方案

确定行动方案是决策过程的中心环节。教育决策者根据以上步骤所收集到的信息制定一个系统的、较为成熟的行动方案。在获得成熟的行动方案之前，制定一系列的备择方案是必要的，并且尽可能科学地预测每个备择方案的实施结果，评价对比后确定行动方案。

（五）启动行动方案

启动行动方案是决策过程的最后环节，该阶段包括四个步骤：计划、沟通、监控、评估。计划是将行动方案具体化、使之具有可操作性。计划一旦做出，教育组织中的每一位成员都应明确自己在教育决策实施中的具体任务与责任，并且也要知道其他人的权力范围，这就需要成员之间的及时沟通与交流。监控就是对行动方案进行监督控制的过程，保证行动方案的顺利实施。评估是对一个周期的决策行为圈进行评估，即判断其是否达到预定决策目标的过程。评估阶段预示着上一个决策行为圈的结束，下一个决策行为圈又将从此开始。

三、渐进决策模式

教育管理中的许多问题可以通过运用行为主义决策模式予以解决，但行为主义决策模式在实际的实施中也存在许多弊端。面对复杂多变的教育问题，决策者很难对问题有清晰、准确的认识，同时也难以掌控来自多方面的对教育决策满意程度的评价。为了弥补行为主义决策模式的不足，林德布鲁姆（C. E. Lindblom）、布雷布鲁克（David Braybrooke）等学者提出了渐进决策模式，并对这一模式进行了不断的改进，使之合理化、规范化。渐进决策模式具有以下特征：①设置目标、制定方案与做出决策同时进行；②只考虑与现实情况相似的决策意见；③只分析现实情况与预测结果之间的差异；④对各种具体适用的备择方案进行连续对比。

渐进决策模式认为，教育组织中的人、事、物的复杂性和对事件发生的不确定性，以及因备择方案过多而无法取舍等因素，造成了行为主义决策模式无法实行的问题，因此，渐进决策模式采取试误式的、渐进式的小步子方法去解决面临的教育问题。林德布鲁姆把这种决策方法解释为模糊决策科学，认为在问题比较复杂、不确定和充满冲突的时候，这种决策模式可能是唯一能够系统解决决策问题的方法。渐进决策模式不预先制定目标，不需要殚精竭虑地分析备择方案和结果，也不需要决定哪一种决策比较合适，而是紧密地联系现实情况提出少量的备择方案，将这些方案与结果不断地进行比较，找出适合解决现实问题的方案，然后尝试用这一方案来解决问题，一旦发现不适合会立即采取新的方案。[①]

渐进决策模式采用的尝试、对比与小步子决策方法的最大优点就是大大减少了备择方案的数量，使决策者容易做出决策。但其缺点也显而易见。首先，忽视了对决策目标的设定，容易在不断尝试的过程中偏离最初解决问题的根本；其次，渐进决策模式采取的是探索式的决策方法，没有既定的、现成的程序规律，只能依靠决策者一步步地试误，所存在的风险较大，所花费的成本较高。因此，渐进决策模式不适用于重大决策，一些小的决策可以采用此种模式，可以收到良好的效果。

例如，我国教育改革与发展的方向和教育方针的确定不适于采用渐进决策模式，一旦运用此种决策模式出现偏差，所付出的代价是巨大的。而中小学的日常管理以及教育教学方法的改进可以尝试此种方法，以便灵活地掌握决策的效果，并不断对其进行修正、改进。

四、混合扫描决策模式

基于渐进决策模式自身的局限性，埃米塔伊·埃兹奥尼（Amitai Etzioni）提出了

---

① 黄崴：《教育管理学：概念与原理》，282～283 页，广州，广东高等教育出版社，2002。

旨在解决不确定性与复杂性情境问题的决策模式，即混合扫描决策模式，又称为综合审视决策模式。混合扫描模式源自医学，就像一个高效的内科医生在给病人看病时，经过详细检查之后，医生可以将治疗的目标集中到人体的某一部分，并对其进行治疗，根据治疗的效果不断改进治疗方法和所使用的药物。如果一个疗程后，病情未见好转，医生则可以尝试其他的方法。混合扫描决策模式涉及两个核心问题：组织的使命与政策是什么？什么样的决策将推动组织实现某使命与政策？

埃兹奥尼提出了七个基本原则，韦恩·霍伊和约翰·塔特（Tarter C. J.）将其归纳如下。[1]

①集中尝试和纠错。首先，寻找合理的备择方案；其次，对其加以选择、实施和验证；最后，当结果清晰时，进行调整和修正。集中尝试和纠正假定，即便缺乏重要信息，管理者也必须有所行动。因此，只能依靠部分信息进行决策，再根据新的资料进行仔细的监控和修正。

②谨慎尝试。时刻准备在必要时修改行动方案。管理者要把每项决策看作一项实验，期待着对其进行修改，这一点很重要。

③如不确定，则尽量拖延。等待并不总是一件坏事。当情况模糊不清时，尽可能地等待，以便获取更多信息并对其进行分析，然后再采取行动。复杂性和不确定性经常使拖延合乎常理。

④分步执行决策。分阶段执行决策，评估每一阶段的结果，然后进入下一个阶段。

⑤如果没有把握，则把决策分成几个部分。若犹豫不决，则可以把决策分成几个部分进行试验。不要把你所有的资源都用来执行一个决策，与此相反，充分利用部分资源，直到出现令人满意的结果为止。

⑥两边下注，以避免损失。如果每一个彼此有竞争的备择方案都有令人满意的结果，就逐一付诸实施，然后再以这些结果为基础进行调整。

⑦时刻准备推翻你的决策。努力使决策处于一种试验性、实验性状态。推翻决策可以避免决策者在只能获得部分信息的情况下对行动方案的过度投入。

综上所述，决策模式有很多，但没有一种决策模式能理想化地适用于任何决策情况。这是因为每种决策模式都有其存在的理由，也都有其局限性。可见，任何一种决策模式都并非灵丹妙药，只能视条件选用。

---

[1]　[美]韦恩·K. 霍伊、塞西尔·G. 米斯克尔：《教育管理学：理论·研究·实践（第7版）》，范国睿主译，305页，北京，教育科学出版社，2007。

决策者的决策思维必须是多角度的、全方位的，要综合各种决策模式的优点，尽量避免模式适用过程中的不足和缺陷。表8-2描述的是四种模式在基本原则、目标设定、备择方案选择和理论依赖性几个方面的比较。

表 8-2　四种模式的比较

维度	古典决策模式	行为主义决策模式	渐进决策模式	混合扫描决策模式
基本原则	最优化	令人满意	比较尝试	适应性满意
目标设定	在形成备择方案之前确立明确目标	一般在形成备择方案之前确立目标	确立目标与形成备择方案同时进行	形成备择方案之前确立方向性的目标
备择方案选择	考虑所有备择方案	进行"问题性搜索"，确立一个合理备择方案	只关注与现有情境相似的备择方案	集中关注与问题紧密相关的备择方案
理论依赖性	过度依赖于理论	依赖于理论与经验	持续不断的比较与尝试减弱了对理论依赖的程度	同时运用理论、经验及持续不断的比较分析

第三节　决策技术

决策技术是实现决策目标的工具。根据做出决策的信息的性质，以及处理信息的手段的不同，可以将决策技术划分为定性决策技术与定量决策技术。

一、定性决策技术

定性决策技术是教育决策者根据本人或教育组织中其他成员的共同智慧进行决策的方法。教育决策者根据已有的知识储备以及教育经验，通过逻辑思维与理论思维的加工，在对教育问题进行分析、判断的基础上做出决策。主要有以下几种。

（一）头脑风暴技术

头脑风暴技术（Brain Storming）是由美国心理学家亚历克斯·奥斯本（Alex F. Osborn）提出的一种被广泛应用的决策方法。头脑风暴技术在于创造一种自由、轻松的谈话氛围，鼓励参与者畅所欲言、互相交流，在充分表达看法的情况下激起创造性思维的火花，使参与者的讨论结果不断趋向一致与集中，最终得到解决某一问题的特定方法。

头脑风暴技术的操作程序如下。

①准备阶段。相关负责人应事先对所议问题进行一定的研究，弄清问题的实质，找到问题的关键，设定解决问题所要达到的目标。同时，选定参加会议的人员，一般以5~10人为宜，不宜太多。然后，将会议的时间、地点、所要解决的问题、可供参考的资料和设想、需要达到的目标等事宜一并提前通知参与者，让大家做好充分的准备。

②热身阶段。这个阶段的目的是创造一种自由、宽松、祥和的氛围，使大家得以放松，进入一种无拘无束的状态。主持人宣布开会后，先说明会议的规则，然后随便谈点有趣的话题或问题，让大家的思维处于轻松和活跃的状态。

③明确问题。主持人扼要地介绍有待解决的问题。介绍时须简洁、明确，不可过分周全，否则，过多的信息会限制人的思维，干扰思维创新。

④重新表述问题。经过一段时间的讨论后，大家对问题已经有了较深程度的理解。这时，为了使大家具有新角度、产生新思维，主持人或书记员要记录大家的发言，并对发言记录进行整理。通过整理和归纳，找出富有创意的见解，以及具有启发性的表述，供下一步畅谈时参考。

⑤畅谈阶段。为了使大家能够畅所欲言，需要制定的规则如下。第一，不要私下交谈，以免分散注意力。第二，不妨碍及评论他人发言，每人只谈自己的想法。第三，发表见解时要简单明了，一次发言只谈一种见解。主持人首先要向大家宣布这些规则，随后导引大家自由发言、自由想象、自由发挥，使彼此相互启发、相互补充，真正做到知无不言、言无不尽，然后将会议发言记录进行整理。

⑥筛选阶段。经过多次反复比较和优中择优，最后确定1~3个最佳方案。这些最佳方案往往是多种创意的优势组合，是集体智慧综合作用的结果。

为保证头脑风暴技术的效果，要注意遵守以下基本原则。

①严格限定问题讨论的范围，要明确提出解决问题的具体要求。

②在某一参与者发言结束前，不要批评或讨论其所提意见，同时也不要试图以任何方式影响其谈话思路。

③鼓励并欢迎发表更多的观点。

④发言要简练，观点要鲜明。

⑤拒绝借助发言稿或提前准备好的材料发言，提倡即兴发言。

⑥鼓励参与者对已经结束的发言进行讨论并改进。

（二）名义群体技术

名义群体技术（Nominal Group Technique，NGT）结合了头脑风暴技术的某些原则，其不同之处是参与者不仅要提出解决问题的意见，而且还要对这些意见进行评价、投票选择。

教育决策者在运用名义群体技术时要遵循以下几个步骤。[1]

①观点悄然产生。这个阶段需要 5～10 分钟。在一面墙上张贴写有要解决问题的表格，群体成员被要求将解决问题的方案写在表格里。他们要很谨慎，既不能相互讨论，也不能抄袭其他人的意见。

②转圈记录观点。领导者围着屋子转，让每个群体成员都能发表自己的观点，领导者将其观点记录在表格中。循环往复，直到所有的观点都被尽情地表达出来。这个步骤的主要目的是得到一个清晰的列单，作为对群体观点的总结。

③讨论这些观点。围绕表格中的每个观点，按次序展开讨论。领导者每读完一种方案，就要问大家该观点是否有问题、是否需要修正，以及大家是否同意。

④初步表决。每个参与者都要在一张 7.5 厘米×12.5 厘米的卡片上独立表决，按次序排列各种方案，秘密表决。名义群体决策过程或许在这里就结束了，或许随后再进行进一步的讨论和重新投票表决。

⑤补充讨论。经过分析、检查，决定是否能做出一个更加准确的决策。

⑥最终表决。最终表决与初步表决的形式相同，采用秘密表决的方式进行。这一行动意味着整个决策过程的完成，标志着决策的终结。

研究表明，名义群体技术在提供意见的数量与质量方面均优于头脑风暴技术，同时也优于普通的群体决策技术。运用名义群体技术，教育决策中的各成员可以得到更多表达的机会，同时也获得了更多评价他人意见的机会。尽管如此，许多学校的管理者在实际操作时仍然没有很好地运用这种技术进行教育决策。

（三）德尔菲技术

德尔菲技术（Delphi technique method）是由兰德公司的研究人员在 20 世纪 50 年代创造的。与头脑风暴技术与名义群体技术相比，德尔菲技术的最大特点是参与者不进行面对面的讨论，其决策的产生完全依赖于一个"隐形的群体"。运用德尔菲技术进行决策时，参与者不需要集中于某一特定场所，可以通过发邮件的形式进行投票而产生决策结果，这给许多忙碌的专家提供了便利，可以不因时间与空间的限制而进行决策。同时，这也是收集覆盖较广范围的信息时的有效方法。例如，某省在减轻学生课业负担的改革中可以在学生团体、教师团体、家长团体以及全国教育专

---

① ［美］伦恩伯格、奥斯坦：《教育管理学——理论与实践》，孙志军、金平、曹淑江等译，154 页，北京，中国轻工业出版社，2003。

家中运用德尔菲技术，从而做出最终决策。

其基本步骤如下。

①拟定决策提纲。在确定决策目标的情况下，设计调查问卷，并对调查问卷的内容进行反复修正。参与者的作答要求是：标明事件发生或不发生的概率大小；对问题做出"是"或"不是"的明确回答；对判断的依据和判断的影响程度做出说明；对决策问题熟悉程度做出估计。

②选择参与者范围。所选择的参与者一般是有名望的或从事该工作数十年的有关方面的专家。根据调查内容的不同，还可以适当将教职员工群体、学生群体、家长群体作为参与者，但要控制好其所占的比例。人数一般控制在10～15人；对一些涉及范围较广、影响程度较深的决策，可以选择100人以上。

③独立决策。用发邮件或单独谈话的方式要求每名参与者匿名写下对有关问题的决策意见和依据，并可以提供补充材料。

④整理收集决策资料。决策组织者将所有参与者对问题的反馈信息进行收集整理，使其条理化、清晰化。

⑤修改决策意见。决策组织者将整理好的决策资料分发给每位决策参与者，使每一位决策参与者清楚地了解其他参与者对此问题的意见和解决方法。此外，要求每位参与者对其他参与者的意见和解决方法进行评价，进而对自己原有的解决方法进行改进与修正。

⑥得出决策结果。如果需要的话，可以不断地重复整理收集决策资料、修改决策意见两个步骤，直到使决策参与者达成一致意见。

如今，德尔菲技术被广泛应用于商业领域、政府部门、军队以及各级学校中。就所得出决策的满意度来说，德尔菲技术要远远优于普通的群体决策技术。但德尔菲技术也存在着某些难以克服的缺点，如受参与者的主观影响较大、缺乏严格的论证、反复收集决策资料、修改决策意见花费的时间较长等。

（四）电子会议技术

最新的决策技术是将专家会议与计算机网络技术相结合的电子会议技术（electronic meeting）。决策的参与者围坐在一个大的会议显示屏前，参与者可以通过自己面前的计算机终端设备将对问题的意见与解决方法显示到会议显示屏上，同时投票的结果以及个人对其他参与者意见的评价也将显示在会议显示屏上。电子会议技术有以下优点。一是匿名性。参与者通过匿名的方式将自己的意见输入电脑后，会议显示屏只显示意见的内容，而不显示意见的来源。二是真实性。参与者在不受外界干扰的情况下，凭借自己对该问题的看法直接表达观点，且会议显示屏所显示的内容与参与者敲击进入电脑的内容完全一致。三是高效性。数据显示，采用电子会议技术进行决策比采取传统面对面会议进行决策速度快 55%。由于电子会议技术的诸多优点，各企业单位、行政机构以及教育组织在进行决策时也逐渐开始使用此种决策技术。

综合以上四种定性决策技术，基本的共同点在于改变了以往互动群体法的诸多弊端，使真正的观点得以迸发和交流，提高了决策的科学性与民主性。表 8-3 描述的是这几种技术之间的区别。

表 8-3　四种定性决策技术的比较

维度	头脑风暴技术	名义群体技术	德尔菲技术	电子会议技术
观点的数量	中等	高	高	高
观点的质量	中等	高	高	高
社会压力	低	中等	低	低
成本	低	低	低	高
决策速度	中等	中等	低	高
任务导向	高	高	高	高
潜在的人际冲突	低	中等	低	低
成就感	高	高	中等	高
对决策结果的承诺	不适用	中等	低	中等
群体凝聚力	高	中等	低	低

二、定量决策技术

定量决策技术是建立在数学运算的基础上，结合统计学、运筹学以及电子信息技术等科学手段，将影响决策的程度用数值大小表示，建立数学模型，以期求出方案的损益值，供决策者参考使用的决策方法。定量决策技术相比于定性决策技术的最大优点就是，克服了决策者主观因素的干扰，其决策的结果通常以数据为支持，从而大大加强了进行决策的可信度与说服力。

（一）决策树

决策树（decision tree）是将所要决策的问题通过图形来表达，通过计算得出问题的不同方案的损益值与期望值，选出较好方案的决策方法。决策树由决策节点、方案枝、自然状态点、概率枝等组成，从左向右形成一幅树形网状图。（见图 8-5）

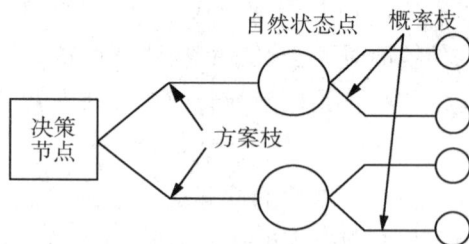

图 8-5 决策树结构图

案例 8.1

　　某高中在进行规范化学校建设时需扩大原有操场的面积。 对学生群体与教师群体的调查结果显示，对扩大操场面积的需求可分为高需求（0.3）、中需求（0.5）和低需求（0.2）。 此外，可采用两种方案进行改造：第一是建设水泥操场，需要投资 30 万元；第二是建设塑胶操场，需要投资 45 万元。 据推算，五年后，两种方案在三种不同需求状态下的预期使用效益如表 8-4 所示。 试问应该采取哪种方案才能获得最大的预期使用效益。

表 8-4　两种方案的具体情况

单位:万元

方案	高需求	中需求	低需求
水泥操场	10	8	4
塑胶操场	16	12	2

根据两种方案的具体情况画出决策树，如图 8-6 所示。

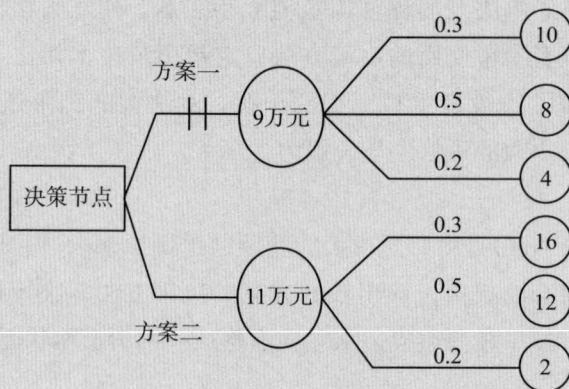

图 8-6　决策树

计算出的预期使用效益如下。

方案一：（10×0.3＋8×0.5＋4×0.2）×5－30＝9（万元）

方案二：（16×0.3＋12×0.5＋2×0.2）×5－45＝11（万元）

比较两个方案的预期使用效益，最终选择塑胶操场建设方案，剔除水泥操场建设方案。

（二）矩阵汇总

矩阵汇总（decision matrix）是把所要考虑的决策因素汇总起来，为各因素赋予一定的权重比例，通过计算得出总分，以方便决策者做出选择的决策方法。

案例8.2

某小学要对教师进行评优工作，现有甲、乙、丙、丁四名教师进入最后评选范围，教师评价分数与学生评价分数如表 8-5 所示，且赋予教师评价分数的重要性权数为 0.4，学生评价分数的重要性权数为 0.6。试问：应如何评选一、二、三等奖？

表 8-5　教师评价分数与学生评价分数表

分数	甲	乙	丙	丁
教师评价分数	92	90	86	93
学生评价分数	88	86	94	89

分别计算教师评价分数的加权值以及学生评价分数的加权值，进行加总后得出总分，如表 8-6 所示。

表 8-6　四位教师的评价矩阵汇总表

教师名字	教师评价分数	教师评价分数加权值（教师评价分数×0.4）	学生评价分数	学生评价分数加权值（学生评价分数×0.6）	总分
甲	92	36.8	88	52.8	89.6
乙	90	36	86	51.6	87.6
丙	86	34.4	94	56.4	90.8
丁	93	37.2	89	53.4	90.6

从表 8-6 中可以看出甲、乙、丙、丁的最后总分。因此，丙获一等奖，丁获二等奖，甲获三等奖。

（三）优选理论

在现实教育决策中，决策者往往并不完全按照决策树或矩阵汇总的方法得出结果并进行决策。比如，某小学的校长正面临两个可供选择的校本课程改革方案。A方案预期所获收益较高（假设为1000单位），但成功概率较小（0.2），且一旦失败将损失重大（假设为100单位）；B方案预期所获收益（假设为100单位）低于A方案，但成功概率较大（0.9），且不成功也没有太大的损失（假设为0单位）。按照决策树或矩阵汇总思路进行选择时，应该选择A方案。但在实际中，教育决策者通常会考虑到一旦A方案失败，学校的损失是巨大的，而且也会影响到自己本人的声誉与前途，再加之A方案的风险性较大，因此，许多教育决策者会选择比较平稳的B方案。

所谓优选理论（Optimality Theory）就是用来分析决策者面对风险时采取的态度，即分析风险爱好者或风险规避者在面对风险时做出决策的理论。

根据优选理论，决策者根据所面对人、事、物的不同会做出不同的决策，而且有些决策者天生就不喜欢冒风险行事，只有当事情会百分之百获得成功时才会做出决策。相反，有些决策者则勇于冒风险，敢于打破旧的思路、尝试新鲜事物。图8-7给出了四种典型的风险曲线，即谨慎者曲线、冒险者曲线、平均曲线和个人偏好曲线，体现了人们对待风险的几种典型态度。

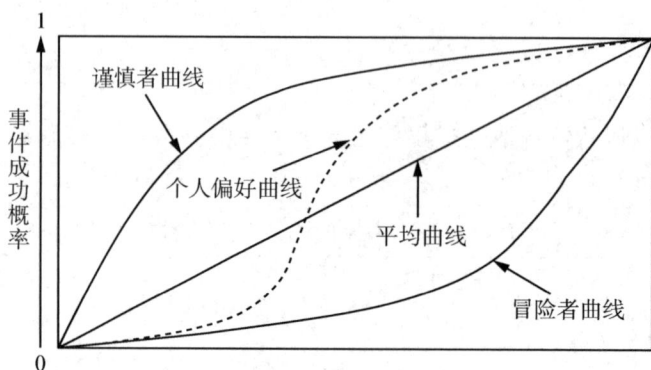

图 8-7　风险曲线

第四节　我国教育决策的价值标准与实践改进

在学习完前面几节有关教育决策的理论知识后，我们来反观一下我国教育发展与改革中的教育管理决策现状，总结当前我国教育管理决策中遇到的问题有哪些，这些问题是由何种原因造成的，并结合理论知识探究如何对其进行改进。在对当前我国教育决策过程中出现的问题进行总结之前，我们首先要明确"问题"成为"问题"的原因是什么。问题之所以成为问题，其必然与一定的价值标准相左，因此我们要对教育决策的基本价值标准进行分析，并提出未来我国教育决策实践改进的路径。

一、教育决策的基本价值标准

什么样的教育决策是好的？对这一问题的追问使得我们需要对教育决策的价值标准问题进行研究。因为，价值是事物以及人类文化和社会活动的内在尺度，教育决策也必然需要在某种价值观的指导下进行。在教育决策的具体实践中，科学化、民主化和法治化是相辅相成、缺一不可的，共同构成了教育决策的基本价值标准。

教育决策的科学化，是指教育决策者将教育规律与科学理论作为思想指导，运用现代科学手段与方法制定教育决策的动态发展过程。其具体体现在以下三个方面。首先，教育决策必须遵循教育规律与科学规律。教育决策的制定不能违背人与社会发展的自然规律，盲目的、不切实际的教育决策往往带来的是对学生身心的伤害与国家教育资源的浪费。其次，教育决策必须运用现代科学手段与方法。以经验知识为制定决策的主要依据明显已不适合现代社会的要求，现代社会处于"信息爆炸"的时代，个体不可能清楚地掌握所有的信息，因而也就不可能做出考虑较为全面的决策。教育决策要防止出现一人独大与以经验知识为决策依据的方式，要更多利用现代决策技术与电子信息技术相结合的方式集中、融合多主体的决策意见。最后，教育决策是一个不断优化的动态过程。教育决策必须满足不同时期人们对教育的需要，这也就决定了教育决策是一个不断发展、创新的过程，因此对教育决策的监督与实施后的意见反馈是其不可缺少的环节。

教育决策的民主化，是指在以人为本的思想指导下，充分吸收与整合各教育主体的利益表达与权力诉求，对来自不同个体与群体的教育意见进行综合分析后做出教育决策。其具体体现在以下两个方面。首先，教育决策必须以人为本，以学生为本。教育决策者要牢记"今天的孩子，明天的栋梁"的深刻意义，教育通过培养人的过程决定着国家未来的发展，因此，教育工作者特别是教育决策者担负着重大的历史责任。任何教育决策的根本出发点都应是为了培养更多、更好的优秀人才，坚决抵制为了"政绩工程""面子工程"的错误观念。其次，教育决策要吸收与整合来自不同教育主体的意见与建议。要吸收受教育决策影响的利益相关者尽可能地广泛地参与到教育决策全过程，允许不同的声音存在，为他们提供利益诉求表达的途径和平台，使之成为教育决策精准性的纠偏机制。在这样的过程中，教育决策过程中各相关主体在同一政策平台上进行充分的意见表达、观点辩论、利益澄清和共享接纳，在实践中提升参与教育决策过程的能力；也只有通过这样的教育决策实践过程，他们才更有可能接受这一决策，并可能鼓励他人也接受它，进而形成认同，增强教育决策的民主性和合法性。

教育决策的法治化，是指教育决策必须根据科学、民主、系统等原则，划分决策权限，制定决策程序等，并用一定的法律和制度的形式加以确认。如果离开了法治，教育决策就很难避免个人的随意性、专断性决策。其具体体现在以下三个方面：首先，要强化教育决策意见采集制度，在继续做好做实教育决策出台前的调研、过程中的听证和出台后的征求意见等常规程序外，还要创新群众意见和诉求的反馈通道，充分借助网络信息技术，将以往未纳入教育决策接受系统的社情民意进行甄别、筛选，力图从多层面、多角度了解教育决策全过程的反馈意见；其次，要完善教育决策进展报告制度，一方面要做好重大教育决策在实施前的公示制度，另一方面要对广大人民群众普遍关注的问题、尚有争议的问题以及有代表性的问题，进行教育决策内容和未来工作安排的重点说明；最后，要健全教育决策评估制度，将教育决策受众纳入评估主体行列，将教育问题解决作为评估教育决策实效的重要内容和指标，以及作为教育决策执行监督和教育决策责任追究的依据。

二、我国教育决策的实践改进

（一）问题的描述

当前，我国教育决策面临的突出问题主要表现在以下四个方面。

1. 教育决策组织系统问题

我国教育决策组织系统存在的问题主要表现在以下方面。一是决策的专业化程度低。某些教育决策部门身兼数职，既是决策的制定者，又是决策的实施者，还是决策效果的评价者。这就使决策效果难以得到真实的表达与评价，造成了教育决策者"既是运动员又是裁判员"的局面，从而失去了决策的监督与反馈的真实性。二是已有的教育决策部门体制不健全，责任分工不明确。如果将一所学校看作一个最小单位的决策组织，那么校长理所当然具有最大的决策权力，也正因为如此，现实情况中很多中小学校长总是反映有做不完的工作，根本没有休息的时间，造成了困扰中小学校长的"忙、盲、茫"的局面，其重要原因就是学校没有建立起良好的教育决策组织系统。所有的教育决策都由校长一人独揽，如果能将校长的决策权力进行分级下放，那么不仅有利于学校中层管理人员能力的培养，而且有利于符合实际需要的教育决策的制定。同样的情况也出现于中央、省、市、县等各级教育决策组织中。

2. 教育决策程序与方法问题

科学的教育决策程序是指在科学的决策技术指导下，按照明确教育问题、确立教育决策目标、列举教育决策备择方案、选择教育决策方案、实施教育决策方案与评价教育决策实施效果六个步骤依次完成。但现实问题是，我国在实现教育决策科学化与民主化的进程中常常遇到来自教育决策程序与方法方面的阻碍，具体表现在以下方面。一是决策程序应有的步骤缺失与所采用的决策技术跟不上时代要求。以中小学管理中的决策为例，大多数中小学校的决策制定者仍然保留着传统的会议决策方式，且决策的程序往往缩减至四个步骤甚至三个步骤，这大大降低了决策的有效性与科学性。二是我国教育决策程序的非制度化与非法制化。现行的法律缺少对教育决策程序与方法的制度性规定，这就使某些不合理的教育决策有机可乘，建立法制化的教育决策程序势在必行。

3. 教育决策主体参与问题

如前所述，根据教育决策主体人数的不同，可将教育决策分为个人教育决策与群体教育决策。个人教育决策与群体教育决策具有不同的特点。（见图 8-8）针对不同的教育决策问题并结合二者的不同特点，我们应该选择不同的决策方式。

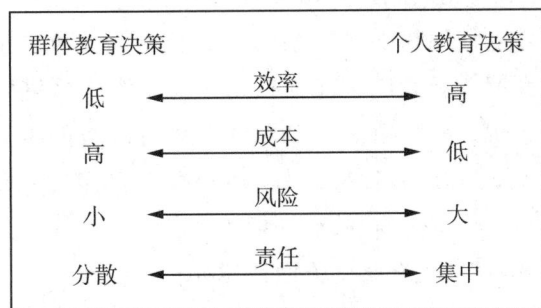

群体教育决策		个人教育决策
低	←—— 效率 ——→	高
高	←—— 成本 ——→	低
小	←—— 风险 ——→	大
分散	←—— 责任 ——→	集中

图 8-8 群体教育决策与个人教育决策的比较

但在现实当中，教育决策常常集中于某一教育机构的领导或中小学校长一人，这极易导致个人主义与主观主义的教育决策的形成。此外，在面对重大教育决策时，若采取个人教育决策，决策者担负的责任较大、面临的风险较高，这无形当中降低了教育决策者创造性思维的发挥，较容易使教育决策者采取保守式的、平稳式的决策方案，不利于教育改革的创新。与此同时，实际的教育决策过程中往往忽视了学生、家长、教师以及特殊弱势群体的教育决策意见，使制定的教育决策的满意度不高，从而造成实施的效果不佳。

4. 教育决策问责问题

由于教育决策的制定者往往同时也是教育决策的执行者，因此，很少有对教育决策实施出现问题后责任追究的明确规定，这在某种程度上导致了教育决策者在制定教育决策过程中的无责任感与草率决策的出现。若制定的一些教育决策带有盲目性与应急性，对教育决策实施的后果也未经细致审慎的思考与求证，则会导致新的社会问题。然而，在这些教育决策面前，人们很少去追问：这些教育决策的制定者是谁？制定这些教育决策有什么科学依据？谁该对受这些教育决策影响的受教育者负责？

（二）原因的解析

面对教育决策中出现的种种问题，深究诸如环境因素、人为因素等诱发因素，有利于我们提出合理的解决对策。

1. 主观认识上的原因

主观认识决定行为方式。通常情况下，正确的主观认识产生正确的行为方式，错误的主观认识产生错误的行为方式。就教育决策者来看，第一，处于高层的教育管理者与组织者受传统管理方式的影响，有可能形成一权独大、大包大揽的教育决策方式，忽视来自中层教育管理者与基层教育实施者的意见；第二，处于中低层的教育管理者与组织者，即使面对的是关系到自身利益的教育决策问题，也可能显得漠不关心，认为那是高层领导者的工作与权力，对组织中所进行的教育决策缺乏参与的积极性；第三，学生、家长以及社会团体对教育决策的主观参与性也不高，传统观念中学生处于被动的受教育地位，对教师的教学内容及采取何种方式教都没有表达的权利，虽然教育工作者一直强调"一切为了孩子，为了孩子的一切，为了一切孩子"，但受教育者话语权缺失在某些方面依然存在。

2. 体制上的原因

从体制方面分析教育决策问题存在的原因有一定的深刻性与复杂性。简单来说，我们可以从教育决策组织系统的内在体制与外在体制两个方面来研究。首先，教育决策组织系统的内在体制不健全，未建立起同时具有独立性与专业性的教育决策机构。从我国教育决策组织系统的现状来看，教育决策参与者的缺失、教育决策方式的单一与教育决策途径的非制度化直接引发了我国教育决策中种种问题的出现。其次，教育决策组织系统的外在体制造成的不良影响。从国家到地方仍然未形成一套健全的利益表达与整合机制，人民参与政治决策的积极性不高，这些教育决策组织系统外部的体制性问题深刻地影响着教育决策组织系统内部的发展。

3. 主体素质上的原因

科学、民主的教育决策的形成首先需要的是具备高专业素质、高实践素质的教育决策主体。而在现实教育决策过程中，因决策主体素质较低而导致教育决策失败的情况也时有发生。首先，教育决策主体缺乏高专业素质。教育行政人员专业化较弱，但在通常情况下，又掌控着大部分教育决策的权力，对于缺乏教育管理基础知识与教育理论知识的教育行政人员来说，这无疑增加了他们制定符合教育规律的教育决策的难度。其次，教育决策主体缺乏高实践素质。教育决策主体即使在具备了足够的专业素质的情况下，通常也不能做出一个较为科学、民主的教育决策，这是因为缺少了对教育实际现状的客观认识。而相对于专业素质而言，实践素质显得更为重要，脱离教育实际的教育决策往往会导致一系列阻碍教育发展与社会发展的恶果。

4. 支撑系统上的原因

教育决策的支撑系统是指以现代信息技术为基础，综合运用统计分析的方法，通过数据提供、数据加工与处理得出可供决策者参考的资料文本。由于教育决策的支撑系统对设备条件以及技术条件的要求较高，很多学校与地区的经济条件有限，不能提供必需的设备仪器与技术人员，因此出现了"巧妇难为无米之炊"的现状。有条件的学校与地区在建设教育决策支撑系统时也常常遇到困惑：教育决策支撑系统的硬件设备与人员技术都已配备齐全，但是所需数据却迟迟传送不上或数据缺乏真实性，从而造成了教育决策的滞后性。

（三）策略的建构

教育决策的科学化与民主化要求教育决策者既要有正确的主观认识与参与决策的积极性，还要与健全的教育决策组织系统、合理规范的教育决策程序以及有力的监督机构共同协作。面对现有教育决策存在的问题，可以从以下几个方面进行改进。

1. 提高认识

现代教育管理中最大失误的就是教育决策的失误，而导致教育决策失误的一个重要原因就是教育组织面对的教育问题的开放性与复杂性日益加深，个体教育决策者依靠现有的智慧与经验远远不能制定符合时代要求的教育决策。要想解决这一问题，首先，教育决策者要提高对教育决策的认识，明确其重要性与严肃性，避免个人主义与经验主义行为方式的产生；其次，教育决策者要提高对教育决策技术与教育决策理论的认识，这有助于教育决策者采用科学的教育决策方法进行教育决策的实践；最后，教育决策者要增强时代感，把握世界教育发展的方向，从而制定出符合时代要求的教育决策。

2. 保证参与

教育决策的民主化要求教育决策过程必须有广泛的决策参与者，以保障教育决策内容的正确与公平。保证教育利益相关者的参与程度关键的一点就是要改变"精英决策"的模式，鼓励多方利益相关者共同参与教育决策的过程。西方一些国家在进行教育决策时就特别注重参与的广泛性，一个教育政策议案一旦进入政府议程，就会立即引起各个利益集团以及社会大众的普遍关注，他们表达自己对教育政策议案的意见并要求决策者采取行动。这样，从小组委员会到委员会、从委员会到院会的过程，就是公众用不同形式不断影响政策议案的过程。整个教育决策过程中都有各种不同意见或不同利益的碰撞，体现了各种社会主体的利益表达与整合。①

3. 健全组织

教育决策的成功与否很大程度上取决于教育决策者掌握的信息是否真实可靠，这就需要一个健全的教育组织承担起有关信息的收集与分析工作。美国的"国家高质量教育委员会"与日本的"临时教育审议会"都是组织较为完备的教育咨询机构，其为教育决策部门制定科学与民主的教育决策提供了非常宝贵的政策建议。它们具有以下几个共同特点。①具有较高的独立性，即使面对政府的更迭也能够正常工作。②具有广泛的代表性。除了有教育领域的专家，也经常有经济、文化等各界的专家，还有教师和学生家长代表参加。③与公众保持密切联系，能够进行广泛深入的调查。④占有比较充分的资料，有助于了解本国与外国教育的历史与现状。⑤定期公布研究成果，向政府提交最终研究报告。⑥其改革建议是咨询性的。这种教育组织的组成得到政府部门的授权，可以独立进行研究和调查工作，可以自主地提出咨询建议，基本上不受行政部门的干预。②

4. 规范程序

如前所述，根据所要解决的教育问题的性质，可以将教育决策划分为程序性教育决策与非程序性教育决策。在大多数情况下，教育决策者面对的是程序性教育决策，即对特定的教育问题做出决策，这就需要结合科学的决策技术与同类事件决策的反馈结果制定出科学的、规范化的固定步骤与程序，当再次遇到同类事件时，不仅可以节约选择决策方案的时间，也大大提高了决策的正确性与科学性。同时，要重视非程序性问题的出现，对可能存在的突发事件，要制定预防机制与应急机制，特别是对关系到学生安全问题、学生心理问题等的敏感工作，要制定明确的工作计划，确定明确的负责人，提高非程序性教育决策的准确性与可行性。

---

① 祁型雨：《论教育决策过程的质量判别与质量保障》，载《上海教育科研》，2006(2)。
② 王晓辉：《关于教育决策的思考》，载《北京大学教育评论》，2003(4)。

5. 强化监督

对教育决策实施效果的反馈与监督是教育决策过程中必不可少的环节，它通过比较教育决策实际达到效果与预期效果的差异，判断教育决策是否正确，以及对教育决策实施过程中的各个环节进行反馈与修正。可以从以下两个方面加强对教育决策的监督力度。一是从国家层面，首先，要制定出对教育决策评价监督的客观标准，并通过国家立法将教育决策的评价监督过程纳入法定程序，其次，建立独立的监督部门，以实现教育决策评价的真实性；二是从社会层面，充分发挥社会舆论与新闻媒体的监督作用，加强群众参与监督的力度，给予群众更多表达与参与监督的机会。

本章精要

1. 对教育决策内涵的理解，目前有两种观点：一种观点认为，教育决策是对教育行动方案的最后抉择，是"拍板"的过程；另一种观点主张，教育决策是为教育未来行动确定目标，并选择一个能实现预期目标的行动方案的过程。教育决策具有普遍性、前瞻性、求实性与互动性四个特有属性。根据不同的划分标准，教育决策分为程序性教育决策与非程序性教育决策，居中性教育决策、请求性教育决策与创造性教育决策，短期教育决策与中长期教育决策，个人教育决策与群体教育决策。

2. 结合现代决策理论，决策模式有以下几种：古典决策模式、行为主义决策模式、渐进决策模式与混合扫描决策模式。

3. 教育决策技术大体上可分为定性决策技术与定量决策技术。定性决策技术有头脑风暴技术、名义群体技术、德尔菲技术与电子会议技术；定量决策技术有决策树、矩阵汇总与优选理论。

4. 针对我国教育的现实情况，本章提出科学化、民主化和法治化是教育决策的基本价值标准的论断。当前我国教育决策面临四个突出问题：教育决策组织系统问题、教育决策程序与方法问题、教育决策主体参与问题和教育决策问责问题。究其原因在于主观认识、体制、主体素质、支持系统上存在问题。对此，需要提高认识、保证参与、健全组织、规范程序、强化监督。

思考题

1. 教育决策的概念和特性各是什么？

2. 教育决策可以分为哪几种类型？

3. 决策模式的种类及其内容是什么？

4. 可以运用哪些决策技术解决教育问题？

5. 我国教育决策的科学化、民主化和法治化的含义是什么？

◆ 案例分析：学生减负政策背景下的校外培训机构治理决策①

随着义务教育均衡发展与就近入学政策的不断推进，人们为追求优质教育资源的择校热问题有所缓解。学生的校内负担在减负政策的干预下得到了一定程度的控制。校外培训市场在资本的趋利性驱使下迅速扩张，不同程度地加重了学生的课业负担。有研究发现，2010—2018年，我国中小学生参加课外补习的规模和支出呈波动上升趋势。校外培训市场的扩张使教育内卷化加剧，严重地破坏了教育的公益性和普惠性，催生了新的教育不公平，"校外减负"的必要性和紧迫性进一步凸显。规范校外培训机构，强化学校育人主阵地成为减轻中小学生过重课外负担的关键。

这一时期，减负政策以规范校外培训机构为抓手，通过校内外共同减负解决学生负担过重问题。在校外减负方面，2013—2017年，尽管校外培训如火如荼，但是主要以线下方式进行。该时期的减负政策主要是通过规范学校办学行为和教师教学行为的方式规范校外培训，规定公办学校和教师不得组织或参与举办"占坑班"及校外文化课补习。随着校外培训市场在资本驱使下的无序扩张，为缓解家长教育焦虑，保障义务教育的公益性和普惠性成为减负政策的重点。2018年2月，《教育部办公厅等四部门关于切实减轻中小学生课外负担开展校外培训机构专项治理行动的通知》发布，标志着"校外减负"的负担治理正式开始。2018年12月，《教育部等九部门关于印发中小学生减负措施的通知》发布，我国开始从规范学校办学行为、严格校外培训机构管理等方面综合发力推进减负。2021年，中共中央办公厅、国务院办公厅印发了《关于进一步减轻义务教育阶段学生作业负担和校外培训负担的意见》，从全面压减作业总量和时长、提升学校课后服务水平、全面规范校外培训行为、大力提升教育教学质量、强化配套治理等方面，减轻义务教育阶段学生过重的作业负担和校外培训负担。

课堂讨论

1. 请了解新中国成立以来我国减负政策的历史演进过程，并讨论校外培训机构治理决策的模式是什么。

2. 在实施校外培训机构治理决策中，应关注哪些相关利益群体的需求？为什么？

---

① 秦玉友、綦文惠：《我国中小学减负政策的基本共识与发展趋势》，载《教育与经济》，2022(1)。

第九章　教育管理中的沟通

≡ 本章学习目标:

- 了解沟通的本质、过程、作用和局限性;
- 认识阻碍有效沟通的因素;
- 掌握提高沟通效果的技巧;
- 掌握沟通的方式及其选择;
- 理解教育管理中的信息公开的意义、原则和内容。

人们用将近70％的清醒时间进行沟通，沟通包括听、说、读、写。① 离开了沟通，人类社会无以存续和发展；离开了沟通，教育将不复存在。教育的核心技术环节——教学，是一种典型的沟通活动。

在所有类型的管理中，沟通都至关重要。研究表明，沟通不良是导致人际冲突的最主要原因，缺乏有效沟通是影响组织工作绩效的最大障碍。管理者在沟通上花费了大量的时间。两项对不同类型的组织和不同层次的管理的研究结果都表明，管理者花在人际沟通上的时间约占总时间的80％。对美国中小学校长和学区教育局局长的研究报告也得出了相似的结果：他们花在人际沟通上的时间占他们总时间的70％～80％。②

本章主要关注教育管理中的沟通问题。教育管理中存在着大量的沟通。沟通连接着个人、群体和组织，沟通是组织输入与输出的中介，沟通的方式决定着组织的结构、广度和深度。教育管理中各种内外部公共关系的处理，如政府与学校、学校与师生、教师与学生、教师与教师、学生与学生、学校与家长、学校与校友、学校与社区、教育组织（教育行政部门和学校）与媒体等关系的处理，在本质上都属于沟通问题。

沟通的方式反映出一个组织系统的科学管理、民主管理、依法管理的水平，反映出管理者的管理素养。改进沟通状况是改善教育管理的重要途径。中共中央办公厅2022年印发的《意见》明确要求，"学校党组织会议和校长办公会议（校务会议）要坚持科学决策、民主决策、依法决策。讨论决定学校重大问题，应当在调查研究基础上提出建议方案，经学校领导班子成员特别是党组织书记与校长充分沟通且无重大分歧后提交会议讨论决定"。文件还要求，"建立学校党组织书记和校长定期沟通制度"，并要求"学校领导班子成员应当经常沟通情况、协调工作"。

第一节　沟通过程与沟通障碍

一、沟通的本质与过程

沟通是信息发送者通过言语符号或者非言语符号来发出信息，并用某些方式将之传输出去，以便信息接收者获得理解的过程。沟通的本质是通过交换符号获得共

---

① ［美］斯蒂芬·P. 罗宾斯、蒂莫西·A. 贾奇：《组织行为学（第12版）》，李原、孙健敏译，309页，北京，中国人民大学出版社，2008。

② Fred C. Lunenburg, Allan C. Ornstein, *Educational Administration*：*Concepts and Practices* (4th Edition)，London，Wadsworth Publishing Company，2004，p. 210.

享意义的交流过程。

沟通的过程包括信息发送者和信息接收者之间的信息交换。沟通是一个包含诸多要素的过程，其关键步骤是：信息编码、信息发送、信息接收、信息解码、信息反馈。

信息（message）是沟通者要传递的言语的或非言语的符号，如书面语言、口头语言、肢体语言等。

发送者（sender）和接收者（receiver）都是沟通者，发送者发出信息，而接收者接收并解读信息。教育管理中，政府、学校、教师、学生、家长等既可以作为信息的发送者，也可以作为信息的接收者，从而进行双向甚至多向的沟通。

信息的编码（encoding）是发送者把蕴含意义的信息转换成符号形式的活动。文字、图形等符号是专门用来传递信息的。信息能否有效传递依赖于编码者能否把要发送的信息予以准确的符号化，如果词不达意就不能有效传递想表达的意义。信息接收者也通过这些符号来理解信息的意思。信息发送者和信息接收者对符号意思理解的一致性越高，那么信息的传递就越有效。沟通者选择双方都能理解的符号对于提高沟通的有效性至关重要。

信息的传输（transmissing）包括发送和接收两个环节，而传输的渠道是指信息传输的载体、媒介或形式，如电话、信函、手机短信、电子邮件等。手势、面部表情、语气声调等这些非言语性暗示也在传递信息。

信息的解码（decoding）是接收者重新解读信息、赋予接收到的信息以意义的活动，亦即把接收到的信息转化成接收者能够理解的意思。沟通障碍，即误读、曲解信息，在解码过程中最容易发生。

信息接收者在接收到信息后，应该给予信息发送者反馈，使后者知道信息已经被收到，以及对于信息的理解情况。反馈能够帮助确认沟通是否成功，能为信息的发送者提供矫正和修正的机会，反馈提高了沟通的准确性和清晰度。

上述步骤组成了一个高度概括的沟通过程模型，实际的沟通过程则是复杂的和动态的。

二、沟通的作用及局限性

管理功能的发挥和实现有赖于沟通。教育管理者，不论是教育行政人员还是学校层面的管理者，其核心任务是履行管理职能，如计划、组织、协调、控制，这些功能的实现，无一不依托于沟通。只有充分沟通，才可能就管理目标达成共识，才可能形成有效的规划与计划，才可能确定合理的分工，才可能形成合理的决策并有效执行决策，才可能进行客观的评价，并在此基础上进行有效的反馈、奖励和惩戒。

沟通的作用主要表现在以下方面。

第一，制订计划和有效决策以充分沟通为基础。计划与决策中的一个主要难题是信息不对称问题，通过充分沟通可以缓解甚至解决信息不充分、信息不对称问题，为个体或者组织制订计划和做出决策提供所需要的信息，使决策者能够确定并评估各种备择方案。

第二，激励有赖于沟通。从目标设置理论和强化理论中，我们可以看到沟通手段对于激励的重要性。具体目标的设置、对实现目标过程的反馈、对一些行为的强化等，都能有效激发员工的动机，而这些过程又都需要沟通。

第三，通过沟通可以实现上级对下级、组织对员工的行为控制。下级政府教育行政部门要落实上级政府的指示，学校要接受政府部门的行政管理和督导评估，教职员工要遵守学校的规章制度，班主任要对所负责班级的学生进行有效管理，这些都体现了教育管理中的控制功能。而这些功能的实现，都离不开沟通。

第四，沟通是个体的一种情绪表达机制。对于很多员工来说，工作群体也是主要的社交场所，员工通过群体内的沟通来表达自己的失落感和满足感，因此，沟通提供了一种情绪表达机制，并满足了员工的社会需要。[1] 非正式沟通在员工情绪表达中发挥着重要作用，管理者可以通过非正式沟通了解真正的民情和民意。

有学者认为，在学校这类社会组织中，沟通有着一系列重要目的，如生产与调节、创新、个体社会化及其维持。生产和调节的目的包括完成组织的基础性工作，如学校的教与学，其中包括设置目标与标准、传递事实与信息、决策、领导和影响他人，以及评价结果。创新的目的是提出新观点和变革学校的规划、结构等。沟通的个体社会化及其维持的目的是影响参与者的自尊、人际关系，以及整合个人需求与组织目标。[2] 学校组织的沟通渠道越畅通，对信息的理解越清晰，管理者、教师和学生对于学校目标就越容易达成共识，学校目标实现的可能性就越大。

需要注意的是，沟通不是万能的，沟通有其局限性，具体表现在以下方面。

第一，良好的沟通不等于良好的管理。良好的沟通只是良好的管理的一个必要条件，而不是充分条件。良好的管理服从于高尚的目标。沟通只是一种手段，它既可以服务于一个高尚的管理目标，也可以服务于一个卑劣的管理目标；它既可以被人用来做好事，也可以被人用来做坏事。希特勒善于演说、沟通，但他却挑起了第

---

① ［美］斯蒂芬·P. 罗宾斯、蒂莫西·A. 贾奇：《组织行为学（第 12 版）》，李原、孙健敏译，309～310 页，北京，中国人民大学出版社，2008。

② ［美］韦恩·K. 霍伊、塞西尔·G. 米斯克尔：《教育管理学：理论·研究·实践（第 7 版）》，范国睿主译，345 页，北京，教育科学出版社，2007。

二次世界大战。

第二，并非所有的不良管理都是由不良沟通导致的，沟通不畅或者沟通失败只是导致管理不良的原因之一。沟通的畅通与否无须为管理的成败承担无限责任。

第三，一般而言，沟通是为了发现问题、共享信息，但有时沟通会起到相反的作用。有时管理者或者被管理者出于自身利益的考量或者出于其他目的，在沟通中不实话实说，而是通过沟通掩饰、回避现存问题。所谓"报喜不报忧""报忧不报喜""欺上瞒下"等都是典型例证。

另外，沟通具有文化和地域差异，在一种文化中或者在某个地域内有效的沟通方式，在另一种文化中或者在另一个地域内效果可能会适得其反。例如，同样的肢体语言在不同文化中其含义可能大相径庭。

三、有效沟通的障碍

（一）信息发送者的信息过滤

信息过滤是指在信息传输过程中，信息发送者没有全面、如实地传输信息，而只是传输了部分信息。各种方向上的沟通中，包括自上而下的沟通和自下而上的沟通中，都可能会发生过滤现象。信息过滤本质上是在信息编码过程中对信息的操纵，信息的发送者出于保护自身利益或者组织利益、出于取悦信息接收者等目的，都会导致信息过滤。

在自上而下的沟通中，管理者不愿意向被管理者提供以下信息。①他们认为对于接收者来说不重要的信息。②负面信息，如惩戒信息，管理者更喜欢传递奖励性的信息。③有事实根据的信息。管理者会担心下属将来利用这些信息与他们作对。在自上而下的沟通中，信息过滤对于组织稳定有时能起到积极作用。例如，管理者有意保留、截留使下属焦躁不安进而影响下属士气的信息，对于组织而言是有积极意义的。

在自下而上的沟通中，由于管理者掌控着奖惩权，下属向上传递的信息更容易被过滤。有强烈提升愿望的下属会隐瞒对自己不利的信息，若下属对上级不信任和缺少安全感，也会过滤信息。

（二）信息接收者的选择性知觉

如果说信息过滤是信息发送者在进行信息编码时发生的，选择性知觉则是信息接收者在进行信息解码时发生的。在沟通中，接收者会根据自己的需要、动机、经验、兴趣、偏好、期望等个性特征，在信息解码时进行选择性解读和解释。另外，不同的情绪状态也会影响对信息的解释。比如，处于极端的情绪状态中时，接收者往往无法保持理性，会对接收到的信息进行情绪化的判断和解读。

（三）沟通者对信息内容的理解差异

不同的人因为年龄、知识水平和文化背景的差异，对同样的信息、同样的词语会有不同的解读。比如，对于"教育质量"一词，不同的管理者的理解并不一样，有人把升学率或者考试成绩等同于教育质量，有人则认为学生的全面发展才是衡量教育质量的标准。人们不会对描述具体事物的词如计算机、复印纸、办公室等产生歧义，但对民主、公平、自由、爱等抽象的词则容易产生不同的理解。而一些专业词语的使用，如校本管理、全面质量管理会使本专业组织成员备感亲切，可以增强归属感和凝聚力，但是外人可能无法理解，进而会造成沟通障碍。

（四）信息超载

教育的外部环境更加错综复杂、教育分工越来越细、教育专业化程度不断提高、教育中信息技术手段的使用等因素，使得教育工作者要经常面对大量的信息数据而无法进行有效的处理。当过量信息超出个体的处理能力时，个体会采用以下几种方式应对：省略（对一些信息不予处理），出错（处理信息失当），等候（推迟处理信息，躲开超载高峰期），过滤（剔除不太相关的信息），粗放处理（将信息分类后，对于同一类信息用"一刀切"的方式回应，而非对每一个信息进行专门回应），使用多种渠道（让信息从其他渠道分流），逃避（躲开信息）。① 不论采用哪种应对方式，最后都会造成信息丢失，使沟通的有效性降低。

（五）沟通焦虑

占总人数5%～20%的人有某种程度的沟通焦虑，有人对于口头沟通感到过分紧张，有人则对于书面沟通感到过分紧张，还有人对于两者都感到过分紧张。相对而言，口头沟通焦虑者比较多，他们很难与他人进行面对面沟通，也很难进行电话沟通，他们会回避口头沟通的情境，会依赖书面信息进行沟通（如手机短信、电子邮件、备忘录、传真等）。

（六）情境干扰

干扰沟通的情境因素被称为噪声，情境噪声分物理噪声、社会噪声和个人噪声三种。学校开会时，会议室外建筑工地的噪声影响了会议交流的效果，这种噪声属于物理噪声。相对于物理噪声，社会噪声和个人噪声对沟通的干扰更大。"封闭的组织氛围、以惩罚为中心的科层结构、文化与性别差异以及独裁型领导等因素都会造成沟通过程中的信息失真"，激进的教师不能容忍独裁的管理者，科层架构中的管理

---

① Fred C. Lunenburg, Allan C. Ornstein, *Educational Administration*: *Concepts and Practices* (4th Edition), London, Wadsworth Publishing Company, 2004, p. 228.

者对家长的需求重视不足。在沟通中，个体在种族、性别、年龄、社会阶层等方面存在的偏见等个人噪声，也会使信息歪曲。①

四、提高沟通效果的若干技巧

个体可以通过改进信息的发送技巧、倾听技巧和反馈技巧，提高沟通的效果。②

信息的发送技巧（sending skills）是指个体使自己被他人理解的能力，具体包括六个方面。①使用简洁、直接的语言，避免使用生僻的专业术语和复杂概念。②提供清晰、完整的信息，这对于信息接收者提高解码的完整性和准确性至关重要。③减少情境因素的干扰，使物理噪声、社会噪声和个人噪声的干扰最小化。④使用多样化的、适当的媒介渠道，弥补单一沟通方式带来的不足。如果运用几种渠道发送相同的信息，那么由于同样的信息被重复和强化，信息的失真和减损就会大大降低。⑤当沟通复杂或信息模棱两可时，要采用面对面的沟通方式。⑥移情即换位思考有助于加强沟通。管理者可以设身处地地站在下属的立场上去分析可能影响下属理解信息的个人及组织的因素。移情是了解别人背景信息的一种方法，信息发送者和接收者在知识、文化和经历方面的差异越大，他们就越需要去创造一个共同的理解背景。

倾听技巧（listening skills）是指个体理解他人的能力，具体包括六个方面。①关注。通过凝视信息发送者、眼神交会、身体前倾、开心微笑等，表明对话题的兴趣与关注。②质疑。在沟通中，一些信息是模糊的，需要通过质疑予以澄清，适时而高明的质疑是认真倾听的自然组成部分。③鼓励。富有情感的鼓励性确认有助于促进沟通，诸如"是""嗯""我明白"等言语性暗示具有鼓励性，尤其是与非言语性暗示（点头、微笑）等结合使用时，效果会更好。鼓励性的短句也能促进沟通，如"多说点""举个例子""再多谈一些"等。④释义。接收者向发送者反馈已经理解了的信息的实质。释义是一种有效的信息矫正机制。⑤回应性情感。接收者应关注发送者的情绪和情感并做出积极回应，一些语句如"我能体会到你的失望""你感到这样，是因为……"等，都反映了接收者的情感倾向并表达了同情。⑥总结。总结与释义相似，但涉及的视角跨度较长、信息内容更多，经常在沟通结束时进行。其目的在于全面概括、整体把握发送者提供的信息。

反馈技巧（feedback skills）涉及对沟通的结果和效果的反馈。反馈包括言语反馈

---

① ［美］韦恩·K. 霍伊、塞西尔·G. 米斯克尔：《教育管理学：理论·研究·实践（第 7 版）》，范国睿主译，343 页，北京，教育科学出版社，2007。

② ［美］韦恩·K. 霍伊、塞西尔·G. 米斯克尔：《教育管理学：理论·研究·实践（第 7 版）》，范国睿主译，335～338 页，北京，教育科学出版社，2007。

和非言语反馈。言语反馈的形式包括提出疑问、描述行为以及对信息发送者的话语进行释义。好的反馈应该具体、直接、及时，这样才有助于改进沟通。在反馈时，中立的反馈或者积极的反馈比消极的反馈更容易做出，人们不愿意发出和接收消极的反馈。但忠言逆耳利于行，反馈时不能只报喜不报忧，回避沟通中存在的严重问题，这样不利于改进沟通的效果。只要阐明反馈的益处、多运用描述性信息而非评价性信息、在适当的时间并运用适当的方式进行反馈，消极的反馈反而更有利于改进工作。

此外，为了更好地适应环境、走向成功，个体应该主动寻求反馈，掌握寻求反馈的技巧。寻求反馈的技巧包括两个方面：一是通过自然地观察他人的反应而间接地寻求反馈；二是通过主动探询他人对你的感知与评价而直接地寻求反馈。主动寻求他人的反馈时，要鼓励他人说实话，同时自己要有闻过则喜的修养、有改过迁善的期待。

第二节　沟通的方式及其选择

////////////////////

沟通有不同的类型和方式。我们应该根据实际需要，选择合适的沟通方式，使沟通效果最大化。

一、单向沟通与双向沟通

根据沟通的方向，可以把沟通分为单向沟通和双向沟通。

单向沟通始于信息的发送者、终于信息的接收者。区域教育规范性文件的发布、学校里专家讲座的进行、校长对新学期工作的布置等都属于单向沟通。

单向沟通的优点有两点。第一，沟通的高效性。单向沟通避免了冗长的漫谈、对枝节问题的讨论、无用信息的"侵袭"等现象的产生，可以围绕目标，直奔主题，在短时间内完成沟通。第二，沟通的全面性。单向沟通给予信息发送者充分的时间，去全面、系统、准确、具体地表达需要传输的信息，避免了信息碎片化现象的出现。

单向沟通的缺陷非常突出。信息的有效表达和发送，不等于完成了有效的沟通。管理中的"一言堂"和教学中的"满堂灌"都是有效沟通的大敌。在沟通中，信息的接收者不是被动的信息处理者，而是信息的重构者和意义的创造者。教育管理的科学化和民主化，只靠单向沟通显然是不能实现的。

双向沟通是互动互惠的交流过程，沟通的参与者既发送也接收信息。谈话、研讨、辩论、交互式教学都是双向沟通的范例。双向沟通可以有效规避单向沟通的弊端，大大改善沟通的效果。在教育管理中，多采用双向沟通有利于了解民情民意，有利于集思广益，可以有效提高决策与管理的科学化、民主化水平。

二、言语沟通与非言语沟通

根据沟通的媒介，可以把沟通分为言语沟通和非言语沟通两种。

言语沟通使用的是言语符号系统，包括口头沟通和书面沟通两种形式。口头沟通是最常用的信息传递方式。常见的口头沟通包括演说、面对面讨论、电话讨论，以及通过广播、电视、网络会议等进行的口头交流。

口头沟通的优点和缺点都很突出。其优点在于信息能够快速传递和快速反馈。快速反馈能够使信息的发送者及时核查发出的信息是否明确，并及时更正存在的错误。其缺点在于，当信息经过多人口耳相传时，每个人都以自己的方式表达和解释信息，信息会越来越失真，到了最后，甚至和原初信息大相径庭。"传话"游戏就很好地说明了口头沟通的问题。因此，在教育管理中，一些重要决策不能通过口头方式向下传达，以免走形失真、以讹传讹。

书面沟通包括通过备忘录、信件、手机短信、传真、电子邮件、工作简讯、布告栏、内部期刊、报纸等，以及其他任何传递书面文字或者符号的手段进行的沟通。书面沟通具有很高的确定性，因为信息的发送者和接收者都拥有同样的书面文稿，书面文字是有形的存在，可以无限期保存，可以查询核实。书面沟通还具有很强的逻辑性。当人们用书面方式而不是口头方式传达信息时，会进行更加细致、周密、深入的思考，因此书面沟通显得更有条理、更加严谨、更富有逻辑性。

书面沟通的主要缺陷有两点。第一，耗费时间。花费 1 小时写出的东西只需 10～15 分钟就能说完。第二，缺乏反馈。口头沟通能使接收者对自己听到的东西做出及时回应，而书面沟通则不具备这种内在的反馈机制，其结果是无法确保发出的信息能够被接收到，即使被接收到，也无法保证接收者按照发送者的本意对信息进行解释。[①] 口头沟通和书面沟通各有利弊，更有效、更准确的沟通方式是书面沟通和口头沟通相结合。

非言语沟通是指使用非言语符号进行的沟通。非言语符号包括身体语言，如面部表情、姿势等；与言语相关的非言语符号，如语音、语调、语速等；非言语的咕哝、笑声、叹息、咳嗽等；身体接触，如抚摸、拥抱等；信息发送者与接收者之间的空间距离；具有象征意义的物品，如服装、珠宝、办公室里的装饰品等。

---

① ［美］斯蒂芬·P. 罗宾斯、蒂莫西·A. 贾奇：《组织行为学（第 12 版）》，李原、孙健敏译，313 页，北京，中国人民大学出版社，2008。

非言语符号传递了以下重要信息：个体喜欢一个人的程度；个体对一个人的看法感兴趣的程度；沟通者之间地位的差距。人们往往会与自己喜欢的人靠得更近，身体接触更为频繁。如果一个人比另一个人的地位更高，其坐姿往往会更加随意和放松；反之，如果一个人比另一个人的地位低，其坐姿往往会严肃拘谨。

人的喜怒哀乐等大部分情感都可以通过面部表情予以表达。而眼睛是心灵的窗口，目光接触是一种直接而有力的非言语沟通方式。在大部分工作场所，短暂的目光接触是适宜的。而长时间的目光接触，往往意味着威胁或者两性间的喜爱。

当人们进行言语沟通时，往往伴随着非言语沟通。非言语符号本身并不具有精准的意义，但当与言语结合起来时，就使得发送者表达的信息更加丰富。这种信息的丰富性有两种不同的方向：当非言语沟通与口头沟通一致时，则使后者得到强化；当非言语沟通与口头沟通不一致时，即传递着矛盾的信息时，会弱化甚至否定言语表达的信息，非言语符号传达的"弦外之音"会给接收者带来困惑。

在管理实践中，当口头沟通、书面沟通、非言语沟通方向一致时，能带来最佳的沟通效果。

三、正式沟通与非正式沟通

根据沟通的渠道，可以把沟通分为正式沟通和非正式沟通。

正式沟通和非正式沟通都是组织沟通的重要渠道。组织沟通是在一个群体内生成和解释信息的互动过程，其目的在于维护组织的生存、促进组织的发展、实现组织的目标。

在正式沟通中，组织结构和权责关系决定了沟通的路径、渠道，因此，组织的机构设置和制度安排决定了正式沟通的网络。组织结构图往往也是沟通网络图。所有组织中都有对于沟通过程的正规的限定，都要明确"谁向谁汇报"，都必须"按指挥链行事"。巴纳德认为，在建立和使用正式沟通网络时必须考虑如下因素：①必须了解沟通渠道；②沟通渠道必须通往组织中的每一位成员；③沟通路径必须尽可能短而直接；④应当有侧重地利用完整的沟通网络；⑤必须证明每一次沟通都是从占据某一职位且拥有相应权威的合适的人那里发出信息的。[①] 包括教育行政部门和学校在内的教育管理系统是一个科层结构，其集权化程度、组织形态、核心技术特性都会对沟通的成效产生影响。

当问题与任务比较简单时，集权化结构对于沟通更有效；而当问题与任务错综

---

① ［美］韦恩·K. 霍伊、塞西尔·G. 米斯克尔：《教育管理学：理论·研究·实践（第7版）》，范国睿主译，348 页，北京，教育科学出版社，2007。

复杂时，分权制结构对于沟通更有效。由于教育问题越来越复杂，教育要完成的任务越来越艰巨，教育中的分权有利于实现有效的沟通，进而有利于实现教育的目标。教育领域要求转变政府教育行政职能，简政放权，调整政府与学校的关系，实施校本管理，给学校下放更多的办学自主权。从沟通的视角看，就是要优化教育管理中的沟通网络。

组织形态指组织的高度(等级层次数)和宽度(规模)。一般而言，管理层级越多，沟通效果越差，因为信息传递经过的层次越多，经过的沟通者就越多，信息被修改、减损、歪曲甚至全部丢失的可能性就越大。在管理层级多的组织中，同层次的水平沟通比较顺畅，但上下级沟通存在障碍。而扁平化的组织结构等级层次较少，上下级沟通相对容易，但其缺点是，由于管理的幅度比较大，上级管理者需要处理的信息可能会超负荷，造成信息超载问题。

组织规模越大，沟通质量越差。随着某个区域的教育规模越来越大，或者某个学校的学生规模越来越大，沟通就会变得越来越正规化、越来越非人格化，沟通的质量就会越来越差。"巨型学校"的内部沟通是一个严峻的问题，学校的规模和班级的班额都应该被适度限制。

教育的技术核心是教学，教学发生的场所是学校，学校中由教师构成的专业结构实质上控制着教学过程。课堂教学也一直被视为教师专业自治的领域，属于教师专业自主权的范围。同时，学校中还存在着由不同等级的管理人员构成的科层结构，代表着自上而下的集权化、非人格化的力量。学校是科层结构(紧密结构)与专业结构(松散结构)的结合体。专业结构负责实际的教与学的技术过程，教师间的沟通，如关于教师的教研活动、教师学习共同体的建设等，其渠道、方式和媒介显然不同于科层结构中的沟通。如果按照科层结构的沟通方式去要求一个专业结构，那么势必会造成严重的沟通障碍。实际上，不论大学还是中小学中，都存在专业结构与科层结构的冲突，引起冲突的一个重要原因就在于其沟通方式的差异。然而，两种结构的冲突的缓和与化解，还要依靠更有效的沟通。这对于学校的校长来说是一个不小的挑战。

教育管理中的正式沟通既有垂直方向的沟通(包括自上而下和自下而上两种)，也有水平方向的沟通，还有对角线方向的沟通。

教育管理中自上而下的沟通大量存在，这种沟通有利于明确组织目标和要完成的任务，有利于使下属了解组织的整体运行状况，有利于给下属提供具体的工作指导。在一个科层等级系统中，自上而下的沟通很容易进行，但未必会带来良好的工作绩效。原因在于：下属未必充分了解管理者的指示；下属在执行指示时会根据自身利益有所偏重；下属不真正执行指示，上有政策下有对策。要改进自上而下的沟通，管理者就要走进员工群体，了解他们的需求，征求他们的意见，共同界定、分析和解决问题。

加强自下而上的沟通可以弥补自上而下的沟通中存在的不足。自下而上的沟通能够为自上而下的沟通提供反馈信息，能够检视管理决策的有效性，能够了解下属的需求，能够获得决策需要的数据信息，能够提高教育管理民主化水平。但是，自下而上的沟通很难实现，因为下属出于自我保护的目的往往不能充分表达自己的真实想法。要改进自下而上的沟通，可以采取以下策略：召开下属会议（如教职工代表大会），倾听和征求建议；制定开明的政策，鼓励下属向上级反映情况、提出意见；设立意见箱，匿名征求意见，使下属无后顾之忧；管理者参加一些非正式的活动，如聚餐、晚会、比赛等，这种情境中上下级之间往往更加容易沟通。

水平方向的沟通是指同一个管理层次上的部门之间、人员之间的沟通，如教育行政机构与其他同级别政府机构之间的沟通、学校间的沟通、大学里不同学院之间的沟通、学校内不同学科教研组之间的沟通、同一个教研组内部教师之间的沟通等。水平方向的沟通能够促进部门间、人员间的合作与交流，能够使员工获得情感上的释放和人际方面的支持，进而促进人的社会化进程。然而，水平方向的沟通在组织中经常被忽视，不像垂直方向的沟通那样受重视。一个组织的规模越大、部门越多，就越需要加强水平方向的沟通。

对角线方向的沟通出现的概率相对较小。在一个学校里，当分管后勤、财务的总务主任需要每个教研组提供本学期的教研专项经费使用报告时，可以直接要求教研组长提交报告，而没有必要先经过教务主任、再由教务主任向教研组长提出要求，这就属于对角线方向的沟通。这种沟通可以缩短沟通的流程，提高沟通的效率。

非正式沟通也称小道消息的沟通，是组织沟通的重要组成部分，在组织中具有强大的生命力。小道消息有三个主要特点：首先，它不受管理层控制；其次，大多数员工认为它比管理层通过正式渠道发布的信息更可信、更可靠；最后，它在很大程度上服务于其内部人员的自我利益，满足员工的意见表达和情感表达需要。小道消息的传播往往通过面对面的沟通，信息的传递灵活而快捷。小道消息具有识别和反馈两种作用，管理者可以通过小道消息释放出来的民情民意，识别和了解员工的需要、诉求、士气等，并对管理决策的合理性、可行性做出判断。

小道消息有其积极意义，但也有不良影响，主要体现为小道消息会传播未经核查证实的谣言，谣言对于组织的健康发展具有破坏性。如果管理者能提供充足的相关信息，谣言就会不攻自破。要弱化小道消息产生的不良影响，需要在管理中注意四点：公布进行重大决策的时间安排；公开解释那些让人觉得不一致或隐秘的决策和行为；对于当前的决策和未来的计划，在强调其积极一面的同时，也指出其不利的一面；公开讨论事情的最坏可能性，这肯定比私下的猜忌引起的焦虑程度更低。[①]

因此，信息公开能够有效弱化小道消息的不良影响。本章下一节将讨论教育管理中的信息公开问题。当然，信息公开对于推进教育管理改革具有重要意义，其价值远远不止于遏制谣言。

第三节　教育管理中的信息公开

教育管理中的信息公开是指政府（包括各级政府、教育行政部门和相关行政部门）或者学校，在实施教育行政管理或者学校管理的过程中，通过一定的形式和程序，将行政机关在履行职责过程中、学校在办学或提供社会公共服务过程中制作或者获取的，以一定形式记录、保存的信息，主动向社会公众或依申请而向特定的个人与组织公开的制度。

沟通是信息的沟通，政府和学校是重要的教育管理主体，在教育管理中往往属于相对强势主体，政府和学校的信息公开对于提高沟通成效、保护弱者权益、实现管理目标具有重要价值。

一、信息公开的意义与背景

在教育管理中，管理方与被管理方在信息占有上是不一样的。由于管理方在这个沟通网络中处于枢纽和桥梁地位，其所掌握的信息相对于被管理方较多，从而形成相对优势，存在着典型的信息不对称现象。在管理中，信息不对称会导致逆向选择和败德行为。逆向选择是指掌握信息较多的一方隐瞒相关信息，获取不当利益的行为。败德行为是指占有信息优势的一方为维护自身利益而故意隐瞒相关信息，对另一方造成损害的行为。逆向选择和败德行为都属于教育管理中的徇私舞弊行为，属于教育腐败现象。

为削弱信息不对称，缩小信息差距，就必须实行信息公开制度。教育管理中的信息公开有重要意义。

第一，有利于管理权力的规范使用与运作，减少教育中的腐败现象。如果权力清单、政府职能、学校权限公开，权力的使用情况公开，权力暴露在阳光下、"被关

---

① ［美］斯蒂芬·P. 罗宾斯、蒂莫西·A. 贾奇：《组织行为学（第 12 版）》，李原、孙健敏译，315～316 页，北京，中国人民大学出版社，2008。

在笼子里"（受已经公开的制度的约束），权力的行使就会更加理性。实际上，信息公开形成了一种倒逼机制：既然做事的信息要公开、要见人，那么管理机构和管理者就会做能见得人的事情，这样，见不得人的事情、谋取个人私利的事情、侵害他人权利的事情就会大大减少。提高权力行使的透明度，可以减少甚至杜绝滥用权力、暗箱操作、权钱交易等腐败现象。

第二，有利于被管理方权利的保护，有利于弱势群体受教育权利的保障，有利于促进教育公平。管理方在管理中处于优势地位，其所拥有的管理权力往往会侵害被管理方的权利，如教育行政机关会侵害学校的权利，学校会侵害师生的权利。而信息公开有助于转变政府教育行政职能，优化政府与学校的关系，有助于解决政府在管理中存在的越位、缺位、错位问题，保障学校的办学自主权，有助于学校规范管理行为，更好地维护和保护师生的合法权益。管理方在分配教育机会和教育资源时，有时锦上添花多于雪中送炭，导致教育机会与教育资源更多地向城市地区、向示范学校等倾斜。信息公开可以曝光教育机会与教育资源分配的真实状况，有利于促进教育公平。

第三，有利于保障和实现相关主体的知情权、参与权、表达权和监督权，促进信息沟通，提高管理效率，实现组织目标，提升教育质量。政府的行政权力属于公共权力，学校承办的教育事业属于公共服务事业，在教育管理过程中，政府和学校持有与保管的信息属于"公共产品"，具有公共性，政府和学校有向社会进行信息公开的义务。与之相应的是，被管理方和社会公众有相应的知情权、参与权、表达权和监督权。通过接收、感知、解码、理解这些信息，相关主体的知情权得以实现，同时，这也为行使监督权奠定了基础。通过反馈环节提出管理工作的改进建议，可以使参与权、表达权和监督权得以落实，使沟通更有成效，进而提高管理效率和教育质量。

教育管理中的信息公开具有重要意义，当前我国教育管理中的信息公开取得了积极进展。

我国关于教育信息公开的规定可以追溯到1999年发布的《全国教育工会关于推进校务公开工作的意见》。2002年，在该意见的基础上，《教育部、中华全国总工会关于全面推进校务公开工作的意见》发布。但这些意见都是针对校务公开的，校务公开不同于学校信息公开，校务公开仅对校内人员公开而不向社会公开，校务公开的信息范围较窄，目的是让师生更好地参与学校管理，而没有社会监督的意图。

与发达国家相比，我国的信息公开制度建立得较晚。2003年5月，国务院颁布了《突发公共卫生事件应急条例》，规定"国家建立突发事件的信息发布制度""信息发布应当及时、准确、全面"。2007 年，《中华人民共和国政府信息公开条例》发布，后又于 2019 年进行了修订。该条例为我国各级政府和教育行政部门公开政府教育信息提供了法规依据。

《中华人民共和国政府信息公开条例》认为政府信息公开是"为了保障公民、法人和其他组织依法获取政府信息，提高政府工作的透明度，建设法治政府，充分发挥政府信息对人民群众生产、生活和经济社会活动的服务作用"。《中华人民共和国政府信息公开条例》除对政府信息公开做出了明确规定外，对公共企事业单位的信息公开也提出了要求："教育、卫生健康、供水、供电、供气、供热、环境保护、公共交通等与人民群众利益密切相关的公共企事业单位，公开在提供社会公共服务过程中制作、获取的信息，依照相关法律、法规和国务院有关主管部门或者机构的规定执行。"

2010 年，《高等学校信息公开办法》和《教育部关于推进中小学信息公开工作的意见》先后出台，为我国高校和中小学的信息公开工作提供了依据。

《高等学校信息公开办法》指出高校信息公开是"为了保障公民、法人和其他组织依法获取高等学校信息，促进高等学校依法治校"。《教育部关于推进中小学信息公开工作的意见》指出："全面推进中小学信息公开，是贯彻落实《条例》、全面推进教育系统公共企事业单位信息公开的必然要求，是深化校务公开、促进依法治校、提高管理水平的重要举措，是接受群众监督、提高教育工作透明度的迫切需要，也是保障师生员工和社会公众的知情权、参与权、表达权和监督权，努力构建和谐校园，办好人民满意教育的重要内容。我国中小学数量众多，地域区域特征明显，其教育教学等工作与人民群众切身利益息息相关。做好中小学的信息公开工作，关系到中小学的教育教学质量和管理水平，关系到人民群众对教育工作的满意度，关系到教育系统信息公开工作的整体成效。"

二、信息公开的原则与方式

教育管理中的信息公开要遵循以下原则。

第一，公正与公平原则。政府与学校在管理过程中制作和获取的教育信息属于公共资源，除涉及国家机密、商业秘密和个人隐私的信息外，应该向本校师生员工、本校学生家长、社会公众以及法人组织开放。管理中的一些重要信息不能只掌握在少数人尤其是少数高层管理者手中。

第二，便民原则。要畅通各种沟通渠道，探索信息公开的有效形式，主动、及时公开信息，便于个人和组织获取信息，发挥所公开信息的服务功能。切实解决信息公开中沟通渠道少、手段落后、信息公开滞后等问题。

第三，全面与准确原则。公开的信息应该全面客观、真实准确，不能出于维护部门利益或者个人利益而进行选择性公开，应既公开正面信息，也公开负面信息，不能只报喜不报忧，把信息公开变成"政绩公开"。要解决信息公开中"形式上公开多，实质上公开少；结果公开多，过程公开少；原则方面公开多，具体内容公开少"等问题。[①]

要想在实践中贯彻上述原则，除建立健全相应的机构、机制和程序外，还要重点解决信息公开的方式问题。政府相关文件已经做出了明确规定。

《中华人民共和国政府信息公开条例》指出，行政机关应当"将主动公开的政府信息通过政府公报、政府网站或者其他互联网政务媒体、新闻发布会以及报刊、广播、电视等途径予以公开""各级人民政府应当在国家档案馆、公共图书馆、政务服务场所设置政府信息查阅场所，并配备相应的设施、设备，为公民、法人和其他组织获取政府信息提供便利。行政机关可以根据需要设立公共查阅室、资料索取点、信息公告栏、电子信息屏等场所、设施，公开政府信息。行政机关应当及时向国家档案馆、公共图书馆提供主动公开的政府信息"。

《高等学校信息公开办法》指出，高等学校对需要公开的信息，"应当根据实际情况，通过学校网站、校报校刊、校内广播等校内媒体和报刊、杂志、广播、电视等校外媒体以及新闻发布会、年鉴、会议纪要或者简报等方式予以公开；并根据需要设置公共查阅室、资料索取点、信息公告栏或者电子屏幕等场所、设施。高等学校应当在学校网站开设信息公开意见箱，设置信息公开专栏、建立有效链接，及时更新信息，并通过信息公开意见箱听取对学校信息公开工作的意见和建议""高等学校应当将学校基本的规章制度汇编成册，置于学校有关内部组织机构的办公地点、档案馆、图书馆等场所，提供免费查阅。高等学校应当将学生管理制度、教师管理制度分别汇编成册，在新生和新聘教师报到时发放"。

《教育部关于推进中小学信息公开工作的意见》指出，"中小学公开信息要优先利用学校网站。尚不具备单独设立学校网站条件的，要通过上级主管部门的网站公开信息。要综合利用校长信箱、公告栏、电子显示屏、校内广播电视等载体，增强公开实效。中小学要将与学生有关的基本制度规定进行汇总，在新生入学报到时发放，或通过召开家长会、发送书面通知、信函等方式将重要信息告知学生家长。对涉及师生员工切身利益的重大事项，要通过校务委员会、教职工代表大会、全体教职工大会、学生家长会等形式听取意见"。

三、信息公开的内容

信息公开主要有两种方式：主动公开和依申请公开。

---

① 吴根平：《建立我国政府信息公开制度探析》，载《南京农业大学学报（社会科学版）》，2002(4)。

主动公开是指政府根据法定程序主动向公众公开某些特定信息。这种公开方式的对象是全体公众，通过多种媒介，公众可以了解到政府公开的各种信息。依申请公开是指政府根据公民、法人或者其他组织的申请，依照法律规定和本机关的职权，向申请人公开政府信息。

（一）行政机关

对涉及公众利益调整、需要公众广泛知晓或者需要公众参与决策的政府信息，行政机关应当主动公开。具体包括下列政府信息：①行政法规、规章和规范性文件；②机关职能、机构设置、办公地址、办公时间、联系方式、负责人姓名；③国民经济和社会发展规划、专项规划、区域规划及相关政策；④国民经济和社会发展统计信息；⑤办理行政许可和其他对外管理服务事项的依据、条件、程序以及办理结果；⑥实施行政处罚、行政强制的依据、条件、程序以及本行政机关认为具有一定社会影响的行政处罚决定；⑦财政预算、决算信息；⑧行政事业性收费项目及其依据、标准；⑨政府集中采购项目的目录、标准及实施情况；⑩重大建设项目的批准和实施情况；⑪扶贫、教育、医疗、社会保障、促进就业等方面的政策、措施及其实施情况；⑫突发公共事件的应急预案、预警信息及应对情况；⑬环境保护、公共卫生、安全生产、食品药品、产品质量的监督检查情况；⑭公务员招考的职位、名额、报考条件等事项以及录用结果；⑮法律、法规、规章和国家有关规定规定应当主动公开的其他政府信息。

除上述政府信息外，设区的市级、县级人民政府及其部门还应当根据本地方的具体情况，主动公开涉及市政建设、公共服务、公益事业、土地征收、房屋征收、治安管理、社会救助等方面的政府信息；乡（镇）人民政府还应当根据本地方的具体情况，主动公开贯彻落实农业农村政策、农田水利工程建设运营、农村土地承包经营权流转、宅基地使用情况审核、土地征收、房屋征收、筹资筹劳、社会救助等方面的政府信息。

除行政机关主动公开的政府信息外，公民、法人或者其他组织可以向地方各级人民政府、对外以自己名义履行行政管理职能的县级以上人民政府部门申请获取相关政府信息。

行政机关应当依照《中华人民共和国保守国家秘密法》以及其他法律、法规和国家有关规定对拟公开的政府信息进行审查。行政机关不能确定政府信息是否可以公开的，应当依照法律、法规和国家有关规定报有关主管部门或者保密行政管理部门确定。依法确定为国家秘密的政府信息，法律、行政法规禁止公开的政府信息，以及公开后可能危及国家安全、公共安全、经济安全、社会稳定的政府信息，不予公开。涉及商业秘密、个人隐私等公开会对第三方合法权益造成损害的政府信息，行政机关不得公开。但是，第三方同意公开或者行政机关认为不公开会对公共利益造成重大影响的，予以公开。

（二）高等学校

高等学校应当主动公开以下信息。

①学校名称、办学地点、办学性质、办学宗旨、办学层次、办学规模，内部管理体制、机构设置、学校领导等基本情况；②学校章程以及学校制定的各项规章制度；③学校发展规划和年度工作计划；④各层次、类型学历教育招生、考试与录取规定，学籍管理、学位评定办法，学生申诉途径与处理程序；毕业生就业指导与服务情况等；⑤学科与专业设置，重点学科建设情况，课程与教学计划，实验室、仪器设备配置与图书藏量，教学与科研成果评选，国家组织的教学评估结果等；⑥学生奖学金、助学金、学费减免、助学贷款与勤工俭学的申请与管理规定等；⑦教师和其他专业技术人员数量、专业技术职务等级，岗位设置管理与聘用办法，教师争议解决办法等；⑧收费的项目、依据、标准与投诉方式；⑨财务、资产与财务管理制度，学校经费来源、年度经费预算决算方案，财政性资金、受捐赠财产的使用与管理情况，仪器设备、图书、药品等物资设备采购和重大基建工程的招投标；⑩自然灾害等突发事件的应急处理预案、处置情况，涉及学校的重大事件的调查和处理情况；⑪对外交流与中外合作办学情况，外籍教师与留学生的管理制度；⑫法律、法规和规章规定需要公开的其他事项。

除高等学校已公开的信息外，公民、法人和其他组织还可以根据自身学习、科研、工作等特殊需要，以书面形式（包括数据电文形式）向学校申请获取相关信息。

高等学校对下列信息不予公开：①涉及国家秘密的；②涉及商业秘密的；③涉及个人隐私的；④法律、法规和规章以及学校规定的不予公开的其他信息。其中第二项、第三项所列的信息，经权利人同意公开或者高校认为不公开可能对公共利益造成重大影响的，可以予以公开。

（三）中小学

中小学要重点主动公开下列信息。

①学校基本情况，包括历史沿革、办学性质、办学地点、办学规模、办学基本条件、机构职能、联系方式等；②学校现行规章制度以及办事流程；③学校发展规划、年度工作计划及其执行情况；④学校招生的计划、范围、对象，学生学籍管理规定和评优奖励办法，非义务教育阶段学校的报考条件、录取办法，奖学金、助学贷款、助学金、勤工俭学和学费减免的申请条件、审批程序和结果；⑤学校收费的

类别、项目、标准、依据、范围、计费单位和批准机关以及监督电话；⑥学校教学科研工作的有关规定，教学与科研成果评选，课程设置方案与教学计划及执行情况；⑦学校教职工招聘、职称评聘、职务晋升、评优的条件、程序、结果及争议解决办法，绩效考核及绩效工资分配办法，教师培训等师资建设情况；⑧学校数量较多的物资采购、基本建设与维修、房产承包与租赁等的招投标结果及实际执行情况；⑨学校经费收支情况，学校资产和受赠物的管理使用情况；⑩学生住宿、用餐、组织活动等服务事项及安全管理情况，自然灾害、传染病等涉及师生安全的突发公共事件应急预案及处置情况；⑪其他应当主动公开的情况。

中小学同时还要建立信息依申请公开的工作机制。本校教职工因自身教学、科研、生活等特殊需要，本校学生家长因行使子女监护权的有关需要，向中小学申请获取相关信息时，中小学要及时予以答复。不能按要求提供信息的，要为他们了解相关情况提供便利。对于社会公众向学校提出的建议、咨询等，中小学要认真予以回复。

我国教育领域的政府信息公开和学校信息公开尽管还处于起步阶段，但已经做到了有法可依，有了一个良好的开端。未来的进展是值得乐观期待的。

本章精要

1. 沟通的本质是通过交换符号获得共享意义的交流过程。沟通的过程包括信息发送者和信息接收者之间的信息交换，其关键步骤是：信息编码、信息发送、信息接收、信息解码、信息反馈。管理功能的发挥和实现有赖于沟通，但是沟通也具有局限性。信息发送者的信息过滤、信息接收者的选择性知觉、沟通者对信息内容的理解差异、信息超载、沟通焦虑、情境干扰等是有效沟通的障碍。个体可以通过改进信息的发送技巧、倾听技巧和反馈技巧，提高沟通的效果。

2. 沟通有不同的类型和方式。根据沟通的方向，可以把沟通分为单向沟通和双向沟通；根据沟通的媒介，可以把沟通分为言语沟通和非言语沟通；根据沟通的渠道，可以把沟通分为正式沟通和非正式沟通。

3. 教育管理中的信息公开是指政府（包括各级政府、教育行政部门和相关行政部门）或者学校，在实施教育行政管理或者学校管理的过程中，通过一定的形式和程序，将行政机关在履行职责过程中、学校在办学或提供社会公共服务过程中制作或者获取的，以一定形式记录、保存的信息，主动向社会公众或依申请而向特定的个人与组织公开的制度。教育管理中的信息公开有重要意义：有利于管理权力的规范使用与运作，减少教育中的腐败现象；有利于被管理方权利的保护，有利于弱势群体受教育权利的保障，有利于促进教育公平；有利于保障和实现相关主体的知情权、参与权、表达权和监督权，促进信息沟通，提高管理效率，实现组织目标，提升教育质量。

4. 教育管理中的信息公开应遵循公正与公平、便民、全面与准确的原则。 信息公开主要有两种方式：主动公开和依申请公开。 教育管理中的不同主体信息公开的内容不同。

思考题

1. 沟通的过程是什么？

2. 有效沟通的障碍有哪些？

3. 如何提高沟通效果？

4. 沟通有哪些不同类型？

5. 教育管理中的信息公开有何意义？

6. 应该如何促进教育管理中的信息公开？

案例分析：学生"导演"的家长会

家长会是促进家校沟通、家校合作的重要形式。 某中学开创了新的家长会模式，由学生来"导演"家长会，提高了沟通的有效性。 具体做法如下。

第一步：会前做好充分准备。

1. 开好班主任、任课教师和学生联合会议，强调家长会的邀请工作，研究、探讨家长会的具体内容和步骤。

2. 由学生向各位家长发邀请函。

3. 由班委会布置任务，请每个学生写一篇800字左右的文章，以"我最想对父母说的话"为题，反映学校、班级、教师的闪光点，也可以写自己在学校的学习、生活情况和今后打算。 若有不愿意当面与家长说的话，也可以写进文章里。

第二步：召开家长会。 家长会由班委会和学生代表主持。 主要内容如下。

1. 邀请四名家长发言。 介绍教育子女的好方法，或向学校、班级、教师提出一些好的建议。

2. 请四个学生代表发言。 向家长汇报自己在学校的学习、生活情况。

3. 请班主任发言。 介绍学校与班级的情况，对学困生提出有针对性的建议，并说明自己的工作打算。

4. 请任课教师发言。 就各学科的特点，有针对性地讲话，尤其是对偏科的学生提出一些指导性的意见。

第三步：召开总结会。 由班主任、任课教师和学生参加，家长不再参加，就家长会的有关情况进行反馈：小结家长会的感受；反馈一些家长提出的建设性的意见；学生谈今后的打算和努力方向。

　　师生对于这种别开生面的家长会都有较高评价，但其中依然存在一些问题。①家长关心的问题有限，大部分家长提出希望了解"孩子的学习成绩如何提高"，而不知道家长会上还可以做什么，很少考虑学校管理和制度问题。②只有几个家长重点发言，大部分家长不积极，会议气氛不热烈，需要班主任加以引导。③家长不敢畅所欲言，即便对教师和学校不满意，由于害怕孩子在校遭到不公平对待，也不敢坦言学校管理和教师教学中存在的问题。

课堂讨论

　　1. 请结合本章所学知识，分析学生"导演"的家长会与原来以班主任为主导的家长会相比，各有哪些优势与不足。

　　2. 如何有效解决学生"导演"的家长会中出现的问题？

第十章　教育管理中的激励

本章学习目标:

- 理解激励的基础理论;
- 掌握激励的基本原则;
- 熟练运用激励的主要方法。

"激励"一词，古已有之。在汉语中，激励有激发、鼓励、磨炼、促进、勉励、训导等意；在英语中，motivation 来源于拉丁语 movere，有诱导驱使、激发动机、鼓励行为、形成动力等意，既指被激励的过程，也指驱动力、诱因或外部奖励，又指受激励的状态或程度。现代管理学中的"激励"概念，是在人际关系学说产生、行为科学成熟以后形成的，本意指人在外部刺激下出现的一种心理紧张状态，有个体激励、群体激励和组织激励等之别，且有广义、狭义之分。

广义的激励，以社会需要和个人需要的有机统一及需要和行为的自觉结合为特征，是一种普遍的、共性的、积极的行为导向，旨在激发人们的内心欲望和主动行为。狭义的激励，以组织为载体，以个体行为的内在动力为基础，以组织和个体的共同目标为指向，既是一种将外来影响转化为内在动机的刺激，也是一种将社会性需要转化为个体性行为的过程。

激励由需要(need)、动机(motivation)、行为(behavior)三要素构成。其中，需要引发动机，动机支配行为，行为指向目标，激励就是不断满足需要、激发动机、实施行为，以实现目标的过程。人的生理或心理需要是行为产生的原动力，人的主导或辅助动机是需要和行为的联结点，人的行为是在动机支配下产生的指向一定目标的自主活动。(见图 10-1)

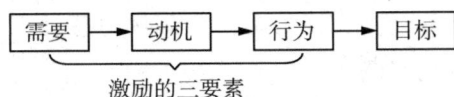

图 10-1　激励过程示意图

第一节　激励的基础理论

人类一直在探索有效激励的原则和方法。激励理论发展至今，其内容十分丰富，扼要归纳为以下几类。

一、内容型激励理论

内容型激励理论着重研究"需要"理论，即对起激励作用的原因或因素展开研究，主要包括马斯洛的需要层次论、奥尔德弗(Clayton P. Alderfer)的 ERG 理论、赫茨伯格的双因素理论、麦格雷戈的 X—Y 理论和戴维·麦克利兰(David C. McClelland)

的成就需要理论等。①

（一）马斯洛的需要层次理论

需要层次理论是由美国心理学家马斯洛于 1943 年在《人的动机理论》一书中提出的。他认为，人类有五种基本需要。

生理需要：保障生存最基本的物质的需要，如衣、食、住、行等。只有这些需要被满足到维持生命所必需的程度后，其余的需要才能成为新的激励因素，而这些已相对满足的需要也就不再是激励因素。

安全需要：保障人身、劳动、职业、财产等方面的安全的需要。生理需要相对满足后，安全需要就会凸显。这种需要一旦被满足，也就不再是激励因素。

归属需要：社会交往、归属与友爱的需要。人们都愿意与他人交往、归于某一群体，渴望得到支持，离群索居会感到痛苦。职业岗位和地点既是工作场所，也为社交活动、建立友谊和实现归属提供了机会。

尊重需要：自尊和被人尊重的需要。一方面，人们有自尊心、自信心以及寻求独立和自由的需要；另一方面，又希望受到别人尊重、获得名誉或威望、取得成绩和被承认等。

自我实现需要：胜任本职工作、充分发挥潜能、完成自我实现等最高层次的需要。音乐家演奏音乐、画家绘画、诗人写诗等，从中感到极大的快乐，自身潜能与价值得以发挥，这就是自我实现。

马斯洛认为，人类的需要有相对优势的层次结构，上述五个层次的需要由低到高逐级递升。当某一层次的需要得到相对满足时，追求高一级的需要就成为新的动力。对于不同国家、民族、地区的人民来说，需要层次结构因生产生活水平的差异而不同。

（二）奥尔德弗的 ERG 理论

1969 年，美国耶鲁大学的奥尔德弗在马斯洛需要层次理论的基础上，进行了更接近实际经验的研究，提出了一种新的人本主义需要理论。他认为，人类有三种核心需要，即生存（existence）的需要、相互关系（relatedness）的需要和成长发展（growth）的需要，简称 ERG 理论。

生存的需要：全部的生理和物质需要，类似于马斯洛需要层次理论中的生理需要和某些安全需要，如衣、食、住、行、用及对工作条件、工资报酬的需要等。

相互关系的需要：人与人之间相互关系或交往的需要，类似于马斯洛需要层次

---

① 颜震华、王绍海：《教育激励的理论与实践》，5～7 页，长春，吉林大学出版社，1992。

理论中的部分归属需要、部分安全需要以及部分尊重需要等。

成长发展的需要：充分发挥个人的能力和开发新的能力进而取得成就的需要，与马斯洛需要层次理论中的自我实现需要相对应。

此外，ERG 理论还提出了一种"受挫－回归"思想。个体某一高层次的需要的满足受挫，作为替代，某一较低层次的需要可能会有所增加。例如，某人的社会交往需要得不到满足，其对得到更多金钱或拥有更好工作条件的期望可能会增强。

（三）赫茨伯格的双因素理论

20 世纪 50 年代后期，美国行为科学家赫茨伯格选择了匹兹堡地区多家工商企业的 200 多名工程师、会计师进行调查研究。他设计了许多问题，请受访者回答：什么时候你对工作感到特别满意或特别不满意？原因是什么？调查发现，让受访者感到不满意和满意的因素是不同的，不满意往往由外界工作环境引起，满意通常因工作本身而产生。

1959 年，赫茨伯格出版了《工作的激励》一书，提出了双因素理论，又称激励保健理论。赫茨伯格提出，激发人的动机的因素有两类：一类是保健因素，就像良好的卫生条件能保证人不生病那样，起着防止产生不满情绪的作用；另一类是激励因素，能激发人做出积极努力。

传统的管理思维总是在"满意"与"不满意"这一对矛盾体中选择，非此即彼，双因素理论打破了这种思维定式。赫茨伯格认为，"满意"的对立面应该是"没有满意"，"不满意"的对立面应该是"没有不满意"，"没有不满意"与"没有满意"之间有一个过渡。

（四）麦格雷戈的 X－Y 理论

1957 年，美国社会心理学家麦格雷戈出版了《企业中人的方面》一书，提出了 X－Y 理论。他将传统的管理叫作 X 理论：人生来就是懒惰的，如果情况允许，谁都不愿工作；人们害怕惩罚和革职、需要指挥和控制、习惯于权威与服从、希望受命而为，应该利用这些人性特征开展激励。麦格雷戈认为，X 理论是错误的，应予坚决反对。

麦格雷戈将个人目标与组织目标的结合称为 Y 理论：多数人把体力劳动和脑力劳动看得如同游戏和休息一样，进行起来毫无困难，人们能够从工作中获得满足感；为了自己心中的目标工作，人们知道自我控制；在适当的条件下，普通人不但知道负责任，而且会争取负更大的责任；一般人都有想象、发明和创造的能力。麦格雷戈认为，应以 Y 理论为管理的指导思想，建设组织员工民主参与管理的制度。

麦格雷戈认为，与 X 理论的假设相比，Y 理论更实际有效，关键是让员工参与决策，为员工提供富有挑战性和责任感的工作，建立良好的群体关系，以极大地调动员工的积极性，并在实践中获得巨大的成功。他还认为，X 理论是静止地看人，Y 理论则是动态地看人，管理的成功之道在于从 X 理论走向 Y 理论。

（五）麦克利兰的成就需要理论

20 世纪 50 年代，美国社会心理学家麦克利兰在对既往研究不足进行总结分析的基础上，主张在研究高层次需要与社会性动机时应采用系统、客观、有效的方法。他发表了系列文章，阐述了成就需要理论，即个体在工作情境中的社交需要（need for social interaction）、权力需要（need for authority and power）和成就需要（need for achievement）理论。

社交需要是指寻求人与人之间交往、支持、尊重和密切关系的愿望。社交需要者渴望交友，倾向于与他人愉快和谐地交往，为他人着想，对人际关系很敏感，喜欢合作而不是竞争的工作环境，希望彼此之间进行沟通与得到理解。有时，表现为对失去某些亲密关系的恐惧和对人际冲突的回避。

权力需要是指对他人施加影响、进行控制的需要。不同的人对权力的渴望程度有所不同，权力需要高的人喜欢支配影响他人，对别人发号施令，注重争取地位和影响力，喜欢具有竞争性和能体现较高地位的场合或情境，追求出色的成绩，以获得相称的地位和权力。

成就需要是指个人完成自己所设置目标的需要。高成就需要者事业心强，敢冒一定风险，尚实际，善进取，渴望将事情做得完美，提高工作效率，获得更大成功，不追求成功带来的物质奖励，而看重争取成功过程中克服困难、解决难题的乐趣及成就感。

二、过程型激励理论

过程型激励理论侧重于通过揭示需要与行为结果之间的心理过程来研究激励问题，试图弄清员工面对奖酬怎样决定其付出努力的程度，涉及员工如何对奖酬进行评估、如何选择自己的行为、如何决定行为的方向等内容，包括威克特·弗鲁姆（V. H. Vroom）的期望理论、斯塔西·亚当斯（J. S. Adams）的公平理论、埃德温·洛克（Edwin Locke）的目标理论和伯纳德·韦纳（Bernard Weiner）的归因理论等。

（一）弗鲁姆的期望理论

1964 年，美国心理学家威克特·弗鲁姆出版了《工作和激励》一书，提出了期望理论。弗鲁姆认为，人总是渴求满足一定的需要并设法达到一定的目标。目标未实现之前，表现为一种期望，对个人的动机形成一种激发力量。激发力量取决于目标价值和期望概率的乘积。

期望理论公式：$M = V \times E$。

　　M 表示激发力量（motivation），指调动人的积极性、激发人的内部潜力的强度。V 表示目标价值（valence，效价），指达到目标对于满足需要的价值。同一目标，由于各人需要和所处环境不同，其价值也就不同，可能有正、零、负三种效价。目标价值的大小反映动机的强弱，也就是说，效价越高，激发力量就越大。E 表示期望概率（expectancy，期望值），指人们根据过去经验判断自己达成某种目标的可能性是大还是小，即能够达到目标的概率。期望概率的大小反映实现目标和满足需要的信心的强弱。如果个体相信通过努力能取得优异成绩，那么期望值就高。

　　上述公式表明，如果个体把某种目标的价值看得很大，估计实现的概率很大，那么，该目标激发动机的力量也就越强烈，其公式就发展为：动机＝效价×期望值×工具性。其中，工具性是指能帮助个体实现目标的非个人因素，如环境、快捷方式、任务、工具等。

（二）亚当斯的公平理论

　　1965 年，美国心理学家斯塔西·亚当斯出版了《社会交换中的不公平》一书，提出了公平理论，又称社会比较理论。亚当斯认为，人能否受到激励，不但取决于他们得到了什么，而且取决于他们所得与别人所得比较之公平感。

　　公平理论的心理学依据是，人的知觉对于动机的影响很大，人们不仅关心自己所得所失，而且看重与别人所得所失的关系，以相对付出和相对报酬全面衡量自己的得失。如果得失比例与他人比较大致相当，就会认为公平合理，心情舒畅；如果所得比别人高，则会兴奋、产生积极情感，但有时过高则会感到心虚，乃至产生不安全感；如果低于别人，则会产生不安全感，心中不平静，甚至满腹怨气，工作不努力，甚至消极怠工。因此，分配的公平与合理是组织激励的重要因素。

　　公平理论揭示了这样一个现实：对于组织中的大多数人而言，他们既受到绝对报酬多少的影响，也受到对相对报酬关注的影响，报酬过高对员工的激励作用不大，人们倾向于使报酬过高合理化。公平理论为理解组织中的工作行为提供了很好的理论视点。员工的普遍心态是不患寡而患不均。管理者应该关注员工对于公平与不公平的社会比较过程，不断改变激励模式，并保证其有效性。

（三）洛克的目标理论

　　20 世纪 70 年代，美国马里兰大学管理心理学教授埃德温·洛克以系列性调查和实验为基础，提出了目标理论。洛克认为，外来的刺激（如奖励、工作反馈、监督的压力等）通过目标影响人的动机和行为，目标本身具有激励作用，能将需要转变为动机，引导活动指向有关行为，促使行为朝着一定的方向，将行为结果与既定目标相对照，及时调整和修正行为，直至实现目标。这种使需要转化为动机、再由动机支配行动以达成目标的过程就是目标激励。

目标激励的效果受目标本身的性质和周围变量的影响。无论采取何种激励手段，都离不开目标设置，各种激励因素多半是一定的目标，应尽可能地设置合适的目标。洛克指出，可以从三方面检验目标是否合适：一是目标的具体性，即目标能够精确观察和测量的程度；二是目标的难度，即目标实现的难易程度；三是目标的可接受性，即目标被员工认可的程度。

目标理论表明，只有有专一的目标，才会有专注的行动；要想获得成功，就得有恰当的奋斗目标。每个人都有别人无法模仿的优势或特点，只有充分利用这些优势和特点，制定既指向未来又富有挑战性的高目标及其实施步骤，才有望取得成功。

（四）韦纳的归因理论

1972年，美国心理学家韦纳从认知心理学的角度，把成功和失败的原因分为三个维度、四个因素（行为责任），并组合成"三维度模式"，提出了归因理论（attribution theory）。

韦纳认为，三个维度是指内归因和外归因、稳定的归因和非稳定的归因、可控制归因和不可控制归因，四个因素是指努力程度、能力、运气和任务难度。韦纳指出，成功和失败的归因是成就活动过程中的核心要素。归因理论有三个特征：一是人的个性差异和成败经验等影响着各自的归因，二是个人的期望、情绪和努力程度对成就行为有很大的影响，三是个体对前次成就的归因会影响其对下次成就行为的期望、情绪和努力程度等。

归因理论表明，成就需要高的人会把成就归因于自己的努力，把失败归因于努力不够，不甘于失败，坚信再努力一下，便会取得成功，相信自己有能力应对，只要尽力而为，就没有办不成的事。相反，成就需要不高的人则认为努力与成就没有多大关系，他们把失败归因于其他因素，特别是归因于能力不足。成功则被看作外界因素作用的结果，如任务难度不大、碰上好运气等。

三、行为改造型激励理论

行为改造型激励理论是在研究需要、目的性行为的同时，对外部环境与人的积极性关系进行探讨的理论，包括伯尔霍斯·弗雷德里克·斯金纳（B. F. Skinner）的强化理论和阿尔伯特·班杜拉（Albert Bandura）的自我强化理论等。

（一）斯金纳的强化理论

美国心理学家和行为科学家斯金纳等人在对动物行为条件反射实验进行分析的基础上，结合心理学研究，提出了强化理论，也称行为修正理论或行为矫正理论。强化就是通过强化物增强某种行为的过程，强化物就是增加反应可能性的任何刺激。

斯金纳不仅用强化解释操作学习的发生，也用强化解释动机的引起。人类从事的众多有意义的行为都是操作性强化的结果，如步行上学、读书写字、回答问题等。

强化理论认为，在操作条件的作用下，如果一种反应之后伴随一种强化，那么，在类似环境里发生这种反应的概率就会增加。强化与实施强化的环境共同构成某种刺激，可用来控制反应。可以通过强化手段，营造有利于组织目标实现的环境和氛围，促使成员的行为符合组织的目标。斯金纳用强化列联这一术语来表示反应与强化之间的关系。强化列联由三个变量组成：刺激辨别、行为或反应、强化刺激。刺激辨别发生在被强化的反应之前，它使某种行为得以建立并在当时得到强化，学到的行为得到强化就是刺激辨别的过程。在一个列联中，一个操作反应过程发生后就出现一个强化刺激，这个操作再发生的强度就会增加。斯金纳认为，教学成功的关键在于精确地分析强化效果并设计特定的强化列联。

斯金纳等人根据强化的性质和目的，提出了四种强化类型：一是正强化（positive reinforcement），即奖励那些符合组织目标的行为，使这些行为得到进一步加强并重复出现；二是惩罚（punishment），即当员工出现一些不符合组织目标的行为时，采取惩罚的办法，可以使这些行为少发生或不再发生；三是负强化（negative reinforcement），即强调事前规避，使职员深刻意识到组织规定的存在，从而加强对自己行为的约束；四是消退（extinction），即对已出现的不符合要求的行为进行"冷处理"，达到"无为而治"的效果。

强化理论有助于对人们行为的理解和引导，有行为就有效（后）果，而这些效（后）果在一定程度上会决定该行为在将来是否重复发生。与其对此类行为和效（后）果的关系采取碰运气的态度，还不如加以分析和控制，使人们明白应该取得什么样的效（后）果才是最好的，进而在各种明确规定的备择方案中进行选择。目前，强化理论已被广泛地应用于人的行为激励和改造上。

（二）班杜拉的自我强化理论

阿尔伯特·班杜拉是美国著名的心理学家，在斯金纳强化理论的基础上提出了自我强化理论。

班杜拉认为，人的行为主要是后天习得的。除了基本的反射之外，人并不具备很多先天获得的行为，但必须学会习得行为。班杜拉关心的是行为习得的两种不同过程：一是通过直接经验获得行为反应模式的过程，称为"通过反应的结果进行的学习"，即直接经验的学习；二是通过观察示范者的行为而习得行为的过程，称为"通过示范进行的学习"，即间接经验的学习。班杜拉关心并研究的是后一种行为习得过程。按照班杜拉的观点，人的行为特别是复杂行为都是后天习得的。行为的习得既受遗传因素和生理因素的制约，又受后天经验和环境的影响。在研究行为习得的过程中，不能将二者分而论之，这种观点已成为很多人的共识。

四、综合型激励理论

综合型激励理论是对内容型激励理论和过程型激励理论的综合，主要有勒温的场动力论、莱曼·W. 波特（Lyman W. Porter）和爱德华·E. 劳勒（Edward E. Lawler）的综合激励理论。

（一）勒温的场动力论

美国心理学家勒温提出的场动力论是最早的综合型激励理论。勒温的场动力论可用以下函数关系来表述：$B=f(P\times E)$。其中，B 为个人行为（behavior）的方向和向量，P 为个人的内部动力（personality），E 为环境刺激（environment）。这个公式表明，个人行为的方向和向量取决于个人内部动力和环境刺激的乘积。

勒温把外界环境比喻为一种导火线，是情境的力场之一，而人的需要是一种内部驱动力，人的行为方向决定于内部需要的张力与外界引线之间的关系。内部需要不强烈，再强的引线也没有多大意义，内部需要才是行为的根本动力。

（二）波特和劳勒的综合激励论

1968 年，波特和劳勒以期望理论为基础，在《管理态度和成绩》一书中提出了综合激励理论。综合激励是一种本质上更为完善的激励模式，主要用于对人员的管理。一个人在做出了成绩以后，往往会得到两种报酬：一种是外在报酬，包括工资、地位、安全感等；另一种是内在报酬，如对社会的贡献、自我肯定等。一个人的努力程度又取决于报酬的价值，以及他个人认为须付出的努力和获得报酬的概率，而这两者又受到实际工作业绩的影响。显然，如果人们知道能够做或者曾经做过这样的工作，那么他们便可更好地判断所需的努力并知道获得报酬的概率。[1]

波特和劳勒的综合激励理论，虽然比其他一些激励理论要复杂些，但是几乎可以肯定，它更适当地描述了激励的系统。对于从事实际工作的管理人员来说，该理论意味着动机、行为、结果、报酬之间不是简单的因果关系，而应谨慎地评估报酬结构，并通过周密的计划、目标管理及由良好的组织结构清楚规定的职务和责任，将努力—业绩—报酬—满意的激励体系融入整个管理工作。

五、挫折型激励理论

挫折，在心理学上，是一种情绪状态，指个体在从事有目的的活动过程中，遇

---

① ［美］哈罗德·孔茨、海因茨·韦里克：《管理学（第 10 版）》，张晓君、陶新权、马继华等编译，307 页，北京，经济科学出版社，1998。

到障碍或干扰时目标不能实现、需要不能满足的情绪状态。① 挫折型激励理论主要包括挫折理论、挫折—侵犯理论、攻击线索理论、ABC 理论等。

（一）挫折理论

精神分析学派的创始人弗洛伊德（S. Freud）及其学生阿德勒（A. Adler）、荣格（C. G. Jung）等人，在创立精神分析理论的过程中多次涉及挫折问题，形成了有价值的挫折理论。弗洛伊德认为，人的一切行为都是以心理性欲（Libido，又译"力比多"）为动力的，如果人的心理性欲得不到满足，那就意味着遭受挫折，表现为人格结构和意识结构的冲突。弗洛伊德把人的意识分为无意识、前意识和意识三个部分，人格也分为本我、自我、超我三个层次。本我和超我在无意识领域中的冲突、矛盾、不可调和即挫折。遭受挫折后，依靠自发的心理防卫机制与调节机能，人能缓和内心矛盾和冲突。防卫机制由多种防卫方式组成，最主要的是压抑，使本我与超我的矛盾冲突几乎完全隐蔽起来，不让人知晓。

阿德勒不赞成弗洛伊德过分强调"性"和情绪的作用的观点。他认为，人的一切动机都是指向追求征服、追求优越的。如果这种驱力受阻，就会形成挫折。挫折使人产生自卑感。自卑感包括两方面：一方面愧不如人；另一方面为掩饰自己的缺陷而装腔作势，企图高出于人。个体对挫折的反抗叫作补偿作用，补偿作用是推动追求优越目标的基本动力，既能产生积极作用，也能产生消极作用。荣格也不同意弗洛伊德的观点。他认为，当自我实现不能满足时，就会产生挫折感。自我实现是指人们为实现未来的目标奋斗不息直至人格方面的完善。弗洛伊德的挫折防卫机制、阿德勒的补偿作用、荣格的自我实现和挫折感都给人以重要的启示。

（二）挫折—侵犯理论

挫折—侵犯理论是由美国心理学家道拉德（J. Dollard）及其同事于 1939 年创立的。该理论的主要观点是，侵犯（或攻击）行为是挫折的一种后果，包含两方面含义：一是侵犯行为的发生总以挫折的存在为先决条件；二是挫折的产生必然导致某种形式的侵犯。后来，因这个理论存在很多争论，道拉德进一步提出了影响侵犯行为产生的四个因素：遭受挫折的驱力的强弱，遭受挫折的驱力的范围，以前遭受挫折的频率，侵犯行为可能遭到惩罚的程度。此外，侵犯的形式是由挫折引起的攻击，主要指向三个方面：直接制造挫折的人、与挫折的形成没有直接关系的人、受挫折者本人。②

---

① 黄爱玲：《现代管理心理学理论与实践》，281 页，福州，海风出版社，2003。
② 黄爱玲：《现代管理心理学理论与实践》，285 页，福州，海风出版社，2003。

心理学家伍切尔（Worchel）指出，个体存在三种类型的挫折：随机挫折、期望落空挫折、行为自由受限制挫折。三种挫折都伴有攻击行为，其中，经受第三种挫折的被试的攻击行为表现得更明显。挫折—侵犯的假说有很大的片面性，虽然在其理论后期不断得到修正，其观点也逐步趋于合理，但仍存在简单化、绝对化的弱点。多数心理学家指出，挫折与攻击之间没有必然的因果关系。攻击只是遇到挫折时的表现之一，而不是唯一的表现形式，因为人对挫折的反应是复杂的，不仅受到挫折本身强度的影响，而且还受到受挫折者本人个性特征等条件的制约。

（三）攻击线索理论

美国心理学家伯科威茨（L. Berkowitz）认为，攻击的前提有二：一是攻击行为的准备；二是激发攻击的外部线索。

影响攻击行为的准备因素有挫折、来自他人的攻击和已获得的攻击习惯等。不过，在有些情况下，受挫者即使有了准备也不一定进行攻击，只有当环境中存在适当的引起攻击的情况时，攻击才会发生。其可能性取决于：攻击线索的价值，即现实的刺激同以前的攻击联系的强度；攻击准备的程度，程度很高时，即使没有攻击线索，有时也会出现攻击行为。如图10-2所示。[①]

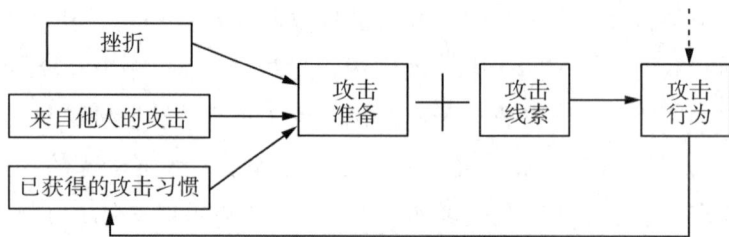

图10-2 伯科威茨攻击线索理论示意图

伯科威茨为了验证自己的假设，设计了一些以武器和其他材料如球拍等为"攻击线索"的实验，证实了他的理论。有人曾戏称，其假设的必然结果之一是产生"武器效应"，即"扣扳机的是人的手指，但引诱手指的是扳机"。伯科威茨的理论实际上强调了认知在侵犯行为发生过程中的作用，因为攻击线索对人的侵犯情绪有认知唤醒作用，如果人们不认识并无法确认攻击线索的价值，攻击行为就难以发生。

（四）ABC理论

ABC理论是由美国心理学家艾里斯（A. Ellis）创立的。该理论认为，挫折引起人的情绪恶化的原因不在于其本身，而在于人对挫折的不合理认识。这种理论中的

---

① 黄爱玲：《现代管理心理学理论与实践》，286页，福州，海风出版社，2003。

"A"，指诱发性事件（activating event），即挫折本身；"B"指人对挫折产生的认识或信念（belief），即对这一事件的看法、解释和评价；"C"指在特定情境中个体的情绪反应及行为（consequence）。

通常认为，情绪反应及行为是由诱发性事件直接引起的，即 A 引起 C，但 ABC 理论认为，诱发性事件（A）只是引起情绪反应及行为（C）的间接原因，人们对诱发性事件的看法、解释等（B）才是引起情绪反应及行为（C）的更直接原因。艾里斯认为，人既是理性的，又是非理性的，人对挫折不适当的反应来源于自身不合逻辑或不合理性的思考，即不合理的信念。如果坚持某些不合理的信念，长期处于不良情绪状态中，最终会导致情绪障碍的发生。如果学会理性思考、增强合理的信念，那么就可以减少或消除不当的挫折反应。[1]

六、同步激励理论、 公平差别阈理论和激励与去激励因素的连续带模式理论

改革开放以来，中国学者在激励理论的研究方面卓有建树。比如，俞文钊提出了同步激励理论、公平差别阈理论、激励与去激励因素的连续带模式理论[2]，冬青提出了 C 型激励理论[3]，熊川武提出了全面激励理论[4]，苏东水提出了"人为为人"理论[5]等。下面扼要介绍俞文钊提出的同步激励理论、公平差别阈理论和激励与去激励因素的连续带模式理论。

（一）同步激励理论

同步激励理论是现阶段主要的宏观激励理论，简称 S 理论，用关系式表示为：激励力量 $= \sum f$（物质激励·精神激励）。这一理论不主张单纯使用一种管理理论，如 X 理论或 Y 理论，认为单一使用某种管理理论的做法不会有什么效果，因而它强调物质激励与精神激励相结合，认为人的自然需要与社会需要是统一的，互为前提与条件，不能对立、孤立地运用，应该统一、综合、同步地运用。

（二）公平差别阈理论

俞文钊沿用美国心理学家亚当斯有关公平理论的合理部分，但又补充、发展、修正、重建了这一理论的某些方面。亚当斯的公平理论强调条件相等（投入与贡献）时的公平感，而公平差别阈理论强调条件不相等时的公平感。公平差别阈是一个可

---

① 黄爱玲：《现代管理心理学理论与实践》，286～287 页，福州，海风出版社，2003。

② 俞文钊：《管理心理学(第三版)》，136 页，大连，东北财经大学出版社，2008。

③ 转引自熊川武：《学校管理心理学》，48 页，上海，华东师范大学出版社，1996。

④ 熊川武：《论教育管理的"全面激励"策略》，载《高等师范教育研究》，1995(4)。

⑤ 转引自颜世富：《心理管理》，333 页，北京，机械工业出版社，2008。

测量的值，这一概念与量值适用于分配领域的各个方面（工资、奖励等）。其定义为，使两个条件不相同的人刚能产生公平感时的适宜差别的比值。正确应用该理论，可克服与消弭无差距分配（"大锅饭"）和悬殊差距分配所带来的社会分配的不公正感。

（三）激励与去激励因素的连续带模式理论

激励与去激励因素的连续带模式理论又称三因素（激励、保健、去激励）理论。该理论认为，激励与去激励因素是连续体的两个端点，其间还存在着许多强弱不等的激励形式，它们共同构成一个连续带，保健因素位于激励、去激励连续带的中间和过渡地带。这一理论阐明了激励、保健、去激励因素三者的相互联系、区别与转化。在实践中，该理论指导管理人员学会正确诊断组织中激励、保健、去激励因素的类别，并采取措施实现由去激励因素向激励因素的转化。

第二节　激励的基本原则

教育是由学校教育、家庭教育、社会教育（包括职业组织教育、文化组织教育和社区组织教育）等不同层次和类别构成的复杂系统，总体上，可以分为宏观和微观两大系统。宏观教育系统指各级教育行政组织、机构或部门，微观教育系统即各级各类学校教育组织、机构或办学管理单位。教育组织中的激励，涉及一切与教育活动有关的人员，既包括各级各类教育者、受教育者群体与个体，也包括各级各类教育领导者和管理者群体与个体。由于各自教育需要的多样性及其参与教育活动的目的和动机的差异性，教育组织的激励具有极大的包容性和丰富性，既指教育行政组织对学校组织的激励，也指各自内部上级对下级的激励，更包括互为主客体的双向激励与多重激励。和其他激励一样，教育组织激励的逻辑起点是了解需要，本质特征是满足需要，基本原则是按需激励、积极引导、合情合理、及时有效。下面以学校管理为基础，扼要阐述教育组织激励的基本原则。

一、全员性与全程性相结合

全员激励和全程激励相结合，是教育组织激励的基础性原则。教育工作的育人性决定了每一位组织成员既是激励主体又是激励客体，他们构成了一个他励、自励、互励的共同体。在教育行政管理与学校管理实践中，应着力建构教育行政组织与学校教育组织、教育组织领导与教育组织成员、领导与教师、教师与学生、领导与领导、教师与教师、学生与学生等之间多元、交叉、重叠、联动、立体式的激励体系。在学校管理中，首先，逐级以学校领导为主体、教师为客体，以教师为主体、学生为客体，进行他励；其次，学校领导、教师和学生又分别以自身为主体，对自身客体进行自励；最后，学校领导、教师、学生相互之间及各自内部互为主、客体，进行互励。同时，将他励的导向和竞合性、自励的主体和主动性、互励的参与和促进性等融为一体，努力建设生动活泼、积极向上的学校文化。

研究表明，人之所以向着目标行动，是因为其自身有需要，即未被满足的欲望、要求或由已拥有的利益被剥夺而引致的心理不平衡等因素。相对完整的激励周期始于引起需要，止于需要被满足：需要—动机—行为—目标—满足。需要引发动机，动机积累到一定强度产生行动，一旦目标实现，新的心理平衡出现，激励抵达终点。在教育管理中，既应注重每一工作阶段起点和终点的激励，更应强化各工作过程中的激励，应将常规性的激励措施和创造性的激励策略结合起来，将工作本身具有的趣味性与挑战性等结合起来，综合运用多种激励理论，谋求采用多种激励方法，引导组织成员将潜在需要转化为现实需要，不断形成新的需要，保持向上的动力，好好学习，努力工作。

二、有效性与公平性相结合

有效性是激励的前置性要求，公平性是激励的内核性要则，两者的有机统一是教育组织激励的根本性原则。其中，有效性是指，激励制度的设计和手段的运用指向实际的操作与成效，有利于提振士气、鼓舞人心、增强信心；激励政策的制定与行为的实施符合国家的法律和政策，有利于引发并满足组织成员的需要。在学校管理中，一方面，应加强对教师的激励，激发其教书育人的热情，增强其工作的责任心和使命感，并将个人价值实现和学校目标达成融为一体，不断改进教学、提高教育质量；另一方面，须加强对学生的激励，焕发其追求进步的欲望，增强其学习的主动性和积极性，并将实现自我发展与达成教育目的结合起来，不断探索新知、提高学习能力。

公平性是指激励制度的设计和激励政策的推行注重相对价值和绝对价值的统一，坚持客观公正、合情合理，有利于营造公平和谐的组织环境与组织文化。研究表明，人们不仅看重自己所得奖酬的绝对量，更看重社会比较的相对值，进而产生公平与不公平感，并辗转影响激励效果。在学校管理中，一方面，对于教师的考评激励、工作激励、薪酬激励、晋升激励等指标设置，应统筹兼顾各类群体、个体的需要和诉求，公开透明，一视同仁，鼓励良性竞争与合作；另一方面，对学生的激励同样应起到鼓励先进、激励后进、共同前进的效果。比如，学习成绩优异者、学习获得进步者，都希望得到奖励，都希望奖有所值。学校的激励政策应该面向全体学生，健全科学的考核评价制度，按照不同系列，前后明确一致，创造教育起点、过程、结果和机会公平的竞争条件，给每个学生提供合适的教育。

三、物质性与精神性相结合

人既有物质需要，也有精神需要。物质需要是人生存的本能，物质激励体现在对物质需要满足的基础上，是调动员工积极性的基本因素。古典管理理论将员工假设为完全理性的经济人，特别注重物质激励。精神激励体现在对精神需要满足的基础上，是激发员工创造性的基本因素。行为科学理论将员工假设为有精神追求的社会人，特别注重精神激励。不同类型的激励可以满足人们不同的需要及不同人的需要。在学校管理中，管理者应该对教师需要的类型、层次与性质等进行深入了解和分析，哪些属于合理并可以尽快满足的，哪些属于合理但一时难以满足的，哪些属于不合理应加以劝导纾解的等。管理者应准确掌握，逐个分析，将物质激励与精神激励结合起来，以精神激励为主，根据具体情况，运用不同的激励措施，帮助教师排难解忧，或做好解释疏导工作，尽量给他们创造良好的工作、学习、生活条件和自尊自爱、自我成就、自我实现的优质环境。

在学校组织中，学生是激励的客体，是激励的主要对象，是所有工作的出发点和归属。如果说激励教师是为了最大程度地实现学校的管理目标，那么激励学生则是为了最大程度地实现学校的教育目标。对学生的激励，也应将物质性与精神性统一起来，坚持以精神激励为主，以刺激学习欲望、唤起目标向往、激发上进心、提升自我价值认知为宗旨，立足于激发主观能动性，致力于形成共同的学习愿景，着眼于培养思想品德情操，充分发挥激励的榜样、示范、带动效应，强化并创造条件满足学生自我提高、自我成就、自我实现的动机与需要，促进学生全面发展。例如，奖学金、助学金的发放，兼有物质激励与精神激励的双重性，既要注重奖励优秀、激励先进，又要适度向贫困生倾斜，在实践中不断丰富和完善激励机制。

四、正向性与负向性相结合

激励通常是指激励主体对客体的肯定、承认、赞扬、奖励、赏识、信任等具有正面意义的刺激性活动，又称正激励或正向激励，主要采取正强化手段，鼓励员工做出符合组织目标的行为并鼓励其持续发生。在正激励的同时，有时也要进行负向的约束，即当员工的行为不符合组织目标或社会需要时，进行负激励，通过批评教育、行政处分或经济处罚等形式，给予一定的惩戒。例如，通过警告、记过、降级、降薪、辞退、开除等惩处手段的运用，以减弱或消除这种行为。现代教育管理应坚持奖惩并举、正负强化并用，既满足合理需要、促进积极行为，又限制不合理需要、抑制消极行为，弘扬正气，致力于形成朝气蓬勃的激励氛围。

单纯的正激励或负激励，无所谓好差优劣，应视具体情况灵活而综合地运用。

尤应着力完善激励与约束机制，科学把握激励的时机、频率、程度和方向，正负并施，赏罚分明，协同配合，用正激励强化或鼓励正确的行为，用负激励中止或避免错误的行为。一般情况下，现代教育管理应以赏为主，以罚为辅，尽量使用正激励，减少使用负激励，防止给组织成员造成挫败心理，挫伤其自尊心和积极性。此外，正激励与负激励之间还存在着一种零激励，即取消对某种行为的正激励或负激励，以减少该行为发生的频率。

五、外在性与内在性相结合

古典管理理论关注外部激励，行为科学理论重视内部激励。马斯洛的需要层次理论、赫茨伯格的双因素理论，包括了内在和外在两种激励内容。内在激励是由内酬引发的、来源于工作本身的、发自于激励对象内心的激励。内酬是工作任务本身的刺激，即在工作进行过程中所获得的知识和技能及认同感、义务感、责任感等激励力量，它与工作进程是同步的，有助于员工开发自己，并保持"一种良好的舞台激情"。外在激励是由外酬引起的激励，是在工作任务完成后给予诸如赞许、奖赏、表彰或提高工资、增加奖金、提升职务、晋升职称等奖酬所获得的满足感，它掌握在管理者手中，是一种外附的激励，虽然与工作过程不完全同步，具有一定的滞后性，但是有紧密的联系，同样有助于激发动力、促成工作目标的实现。在教育管理活动中，这两种激励常交织在一起，但内在激励与外在激励有着本质的区别。

研究表明，人们为某一事情而专心或努力，会得到更多满足感。如果员工喜欢某种工作，该工作与其兴趣爱好吻合，能让其发挥所长、获得发展与成就，进而实现自身价值，那么，工作本身就是一种激励，能较持久地维持员工的动机水平。外在激励虽然也十分重要和常用，在教育管理中必不可少，但它缺乏内在激励的优势与功能，一旦外酬消失，其激励作用也会随之减弱或消失，很难持久。教育组织是典型的学习型组织，是知识密集之所，管理者应根据组织成员的特点，既注重激发其积极的动机和行为，又要不断给予强化，使之持续下去，既要善于将内在、外在激励结合起来，又要坚持以内在激励为主，充分发挥工作本身的激励功能，力求取得事半功倍的激励效果。

六、规范性与教育性相结合

规范是指激励主客体各方必须共同遵守的行为准则及保证激励行为合法性和可接受性的政策制度[1]，教育是指通过知识信息的传递和思想意识的教化以引导促进激励对象身心健康和谐发展的活动过程。规范性不仅是激励有效的基础，而且是激

---

① 李祖超：《教育激励论》，193 页，北京，中国社会科学出版社，2008。

励公平的保证。教育性是教育管理激励的基本特征和特殊功能，体现于激励前、激励中和激励后等不同阶段。由于学校是专门的教育场所，其一切活动包括制度本身均具有教育性。人的需要是无限的，且具有多样性、层次性和差异性，教育需要尤其如此。学校管理中的激励就是为了满足教育需要而创设各种条件、激发行为动机、实现教育目标，即引发教师的教学热情，促使其专注于教育、提高工作质量，激发学生的求学热情，促使其专心于学习、提高学业水平。

规范与教育是分不开的，规范的约束过程也是教育的引导过程，教育的方式方法又须遵循一定的政策规范。科学而合理的规章制度，既是一套赏罚分明的激励政策体系，更是一种教育激励手段。依法办学、按章治教，是现代教育管理的常规要求，具有显性和刚性特质。长期而权威的制度规约，不仅能将教育组织员工的行为控制在合乎规则的范围内，有利于形成良好的风气和文化，而且能逐步演化为大家共同遵守的道德规范、内化为成员的品行素质。但更为重要的是，规范教育的本旨在于激励，而不是束缚。研究表明，一个人在报酬引诱及规范压力下工作，其能力仅能发挥 60%，其余 40% 有赖于领导者激发。因此，应该将规范教育与奖励激发统一起来，强化规范教育的激励性。

七、个体性与整体性相结合

在激励过程中，个体目标与组织目标的关系复杂，呈现出多种形态。图 10-3 中的 A、B、C、D，分别表示四种不同的激励效果：A、B 表示激励较为成功，组织目标与个人目标的契合度与达成度都比较高；C 表示只调动了实现个人或小团体目标的积极性，对实现组织目标无帮助；D 表示个体目标与组织目标相悖。①

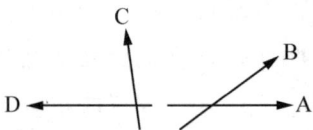

图 10-3　激励的个体目标与组织目标达成示意图

科学社会主义的基本原理指出，个体全面发展是人类全面发展的前提。同样，在教育领域，个体发展也是组织发展的前提，员工个体的目标与组织总体的目标是一致性和差异性的统一，当二者发生冲突时，个体目标往往会干扰组织目标的实现。因此，教育组织的激励活动，要努力寻找各层次利益和目标的结合点，以实现个体目标与组织目标的融合。换言之，教育组织的目标既须体现整体发展的要求，又应

①　颜世富：《心理管理》，342 页，北京，机械工业出版社，2008。

考虑各群体及个体发展的需求，既要充分调动全体员工实现组织目标的积极性，又应有利于促成员工个体目标的实现，进而促进师生员工个体目标与教育组织总体目标的共同实现。

八、针对性与多样性相结合

教育组织激励是一个多层面、多方位的系统工程，涉及激励主体与客体的共同努力和有效沟通。其激励的主体是人、客体也是人，同时又有个体、团体之分，其需要是不同的，不仅个体与团体的需要不同，而且每个个体和每个团体的需要也千差万别，且因人、因事、因时、因地而发生变化。按照马斯洛的需要层次理论，获得满足的需要不再是激励力量，某一层次的需要满足后，更高层次的需要就成为驱使行为的动力。激励的前提是了解对象的需要及特点，针对性地引发并满足其需要，即针对不同对象、不同层次、不同类型的需要和动机，采取恰当而适合的方式，有效地实施激励。激励对象的多样性及其需求的多样性又决定了激励措施的多样性。

激励者首先要识别和掌握激励对象的需要，包括其当下的需要与长远的需要、主要的需要与次要的需要、强势的需要与弱势的需要等，进而确定满足其什么样的需要、给予多大程度的满足、采取什么样的途径与方法满足等，从激励的最佳效果出发，以较小的激励成本取得较大的激励成果。也就是说，应针对不同个体或群体的不同需要，采用不同的激励方法。即使对同一个对象，也不要拘泥于一种形式，而应根据其需要的特点，实施弹性激励机制，运用多种激励方式，或使激励方式多样化。人的工作与学习热情具有明显的周期性，有高峰、有低谷。当组织成员的热情处于低谷时，管理者应运用适当的激励手段使其尽快跳出低谷，重新激发热情，以期达到最佳激励效果；当组织成员的热情处于高峰时，管理者应张弛有度、呵护有加，采取切实举措，使激励效果维系在高水平上。

九、适时性与适度性相结合

激励有很强的目的性，既须有明确统一的目标，又要兼顾不同层次的诉求，坚持适时、适度、适用原则，以充分发挥人的主导作用，挖掘人的无限潜能。根据激励的时间点，可将其分为及时激励与滞后激励。教育组织激励的适时性与适度性相结合原则是指，选择并抓住有利时机进行恰到好处的激励，以保证激励的最佳效果。研究表明，及时激励的有效率为80%，滞后激励的有效率仅为7%。一般情况下，激励及时易取得良好效果。组织成员取得成绩后，渴望得到组织或他人的肯定，如不失时机地给予适度奖励，将他人激励转化为自我激励，会促使其加倍努力、争取更大的成就，并产生效仿连带效应，形成竞争、上进氛围。

对学生的教育激励比一般激励更强调时机，其及时程度与学生的年龄成反比例关系，即受教育者年龄越小，激励越要及时。对中学生、大学生和对教师的激励，也应及时而有度。比如，某同学在课堂上问题回答得好，老师应当场赞扬；某同学做了好事，老师应及时鼓励；某同学某科的学业表现一直不理想，这次测试进步明显，老师应马上表扬。① 某老师的表现出色，学校领导要给予正面的评价或褒奖；某老师在工作上取得了重要成绩，学校领导要给予及时的肯定或奖励。若错过最佳的激励时间点，或者激励不到位或过度，不仅激励效果会大打折扣甚至效果相反，而且以后的激励也不灵验。同理，负激励也应及时有度。

十、可持续与发展性相结合

教育组织要想保持强大的生命力和发展力，关键在于激励的长期有效运作，使广大员工始终保持旺盛持久的积极性。激励者应统筹协调公平与效率、当下与长远的关系，不断寻找新的刺激源，采取新的激励措施，强化激励的规范教育性，确保激励的可持续发展性。假如一味加大激励力度和强度，弦绷得太紧会断，激励则不能持续。如果设立虚高的激励目标，却不付诸行动，那么虽可以奏一时之效，但可能难以为继。调查表明，平均奖励与工作态度的相关性只有 20%，差别奖励与工作态度的相关性可达 80%。② 现代教育激励既要有章可循，坚持制度面前人人平等，注重公平性，又要灵活变通、有别有度，讲究艺术性，以求持久的效果。

教育管理激励的根本目的在于促进人的发展。对于教师而言，无论个人还是群体，我们都要给予关心并甄别其不同需要，不断变换激励手段，变化激励方式，创设条件给予满足，以激发其完成工作任务的内驱力，促使其教学专业的持续成长、进步和发展。对于学生而言，无论个人还是集体，我们都要用发展的眼光看待其进步，用辩证的观点分析其差异，将教育激励当作一个运动和发展的连续过程，有效地实施奖励和惩罚，着眼于其未来的变化和发展，满足其进取向上的需要，调动其刻苦学习的积极性，促使其不断进行自我转化、自我发展。在教师激励中，有两种现象需特别注意：一是有些教师因"满意"而安于现状，在工作、生活等方面没有更高需求，保持着一种持久的心理平衡；二是有些教师由于"不满意"而以消极应付为补偿，求得心理平衡。对于这些教师，学校应甄别不同情况，施予针对性的刺激，促使其产生新的需要、动机和行为，以保持组织旺盛的活力与生机。

---

① 李祖超：《教育激励论》，190 页，北京，中国社会科学出版社，2008。
② 颜世富：《心理管理》，341 页，北京，机械工业出版社，2008。

第三节 激励的主要方法

伴随着现代管理的人本化、人性化、人道化、人文化趋势，激励已逐步成为其主要活动，激励方法更是攸关激励的成效。激励是一个十分复杂的问题，实践中没有唯一的具有普遍适用性的激励方法。教育管理者应从实际出发，恰当选择激励方式、方法、手段和措施，充分发掘组织员工的潜能，调动其积极性，以维持教育组织的向心力和凝聚力，实现教育的发展目标。

一、目标激励

目标激励是指通过设立合适的目标，使被激励者产生向目标靠拢的动力和愿望，以实现其满足需要的预期结果。对于教师而言，就是以目标为诱因，刺激其需要，激发其实现目标的欲望；对于学生而言，就是利用目标的吸引力激发其内在的学习动机，形成目标导向行为。

目标是行动要得到的预期结果，是满足人的需要的对象。目标和现实的差距，使人产生方向感、使命感和探索性与创造性张力。目标与需要一起，共同调节着人的行为，把行为纳入一定的方向，目标本身是行为的一种诱因，具有诱发、导向和激励行为朝着目标前进的功能。根据弗鲁姆 20 世纪 60 年代提出的期望理论，人总是渴求满足一定的需要并达到一定的目标，这个目标又反过来激发人的动机，其激发力量的大小取决于目标价值（效价）和期望概率（期望值）的乘积。其公式为：$M = V \times E$。M 代表激发力量，R 代表效价，E 代表期望值，即被激励者对实现目标可能性的估价。公式"激发力量＝效价×期望值"表明，达到目标对满足个人需要的效价越高，目标的激发作用就越大，激励对象的积极性也就越高。换言之，如果某一个体把某种目标的价值看得越大，预测实现的概率越高，那么该目标的激发动机就越强烈，唤起的内部力量也就越大；反之，如果期望概率低或目标价值小，则目标的激发力量也小。

目标激励包括目标的设定、实施与实现三个步骤。目标的形式多种多样，但目标的设定应该是明确性和具体性的统一，既有可量化的指标表征，又有可操作的时限设定、行动计划、评价系统；应该是挑战性和可行性的统一，既具有一定难度，又是通过努力能实现的，难易度适中，能最大程度地发挥目标价值，使目标效价与投入程度成正比；应该是组织目标与个人目标的统一，既体现组织发展的要求，又满足员工个人的需要，通过实现组织目标，满足个体种种不同的需要。目标的实施，应该将总目标分解为若干个子目标或阶段目标，形成连续和累加的目标激励过程，同时应注意对实施过程的反馈，纠偏目标行为或矫正修订目标，保持激励导向的科学性。目标的实现，既是前一轮激励的终点，又是后一轮激励的起点，应通过不断设置新的更高目标，开始一轮又一轮的目标激励，形成目标激励的良性循环。

二、利益激励

利益激励是指，通过对预期行为的利益报酬或奖赏，激发受激励者的行为动机，调动其积极性、主动性和创造性，使其获得需求满足。利益激励的出发点是关心员工的切身利益，满足其不断增长的物质、文化和生活需要，为其工作、学习创造良好的环境。

激励方法中所说的利益，主要指物质利益，既具有社会属性，是人类社会永恒的主题，又具有管理属性，是组织管理有效的资源。它关涉价值判断，离不开主、客体之间某种价值关系的形成，更体现主体对客体的价值判断。[①] 人们需要获得某种利益，是因为薪酬、资金、奖品等实际利益对其有价值，能使之幸福，诚如霍尔巴赫所说，利益被每个人看作"对自己的幸福所不可少的东西"[②]。人们为了获得或避免失去某种利益，往往会自觉遵守法律、纪律和道德规范，约束自己的言行，符合组织的规制，从而实现管理的目的。广义的利益是多面性的，物质、权力、名誉、精神等都含在内；狭义的利益主要是指能直接带来经济价值的东西。教育组织中的利益主要包括组织的公共利益和成员的个人利益，两者是统一的。公共利益绝不是什么独立于个人利益的特殊利益，共同体是由其成员构成的，其利益是各成员利益的总和，"不理解什么是个人利益，谈论共同体的利益便毫无意义"[③]。

在学校管理中，必须正视、肯定和满足师生合理的利益需要，既尊重其个人所关切和渴望得到的利益，又促进其个体利益与学校整体利益的结合，形成利益的共同体。同时，应积极引导师生正确对待和追求利益，并充分利用所得利益更好地生活和发展。对于教师而言，薪酬激励是基本的利益激励，即通过薪酬体系的合理设计对员工实施有效激励，虽不是最好的，但是十分重要的常规方法，既是对员工所做贡献的承认，也是对其劳动的回报和答谢，以奖励其为学校发展所付出的努力、时间、学识、技能等。狭义的薪酬包括工资、津贴、补贴、奖金等经济报酬，广义的薪酬分为基本工资、固定津贴、社会福利、学校福利等保健性因素和奖金、奖品、

① 陈新民：《德国公法学基础理论》上册，182页，济南，山东人民出版社，2001。
② ［法］霍尔巴赫：《自然的体系或论物理世界和精神世界的法则》上卷，管士滨译，260页，北京，商务印书馆，1999。
③ ［英］边沁：《道德与立法原理导论》，时殷弘译，58页，北京，商务印书馆，2000。

培训等激励性因素。学校的薪酬激励既要关注保健性因素的激励作用，更要发挥激励性因素的最佳效能，尤应体现按劳分配和效率效益原则，以成果多少和贡献大小实施差异化激励。对于学生而言，利益激励主要包括奖学金、奖品及其他荣誉奖励，应防止学生只关注物质奖励本身，并遏制其可能产生的负面效应，着力将学生的兴奋点引导到积极进取、争获优胜、全面提高自己素质的本旨上来，以增扩利益激励的时效、强度、广度和深度。

三、情感激励

情感激励是指通过沟通、理解、尊重、信任、关怀等途径，影响受激励者的情绪，满足其情感需求，激发其对组织目标的认同感、义务感及其个人事业发展的成就感、自我实现感和危机感等，使其保持良好的工作、学习、生活热情与心态。情感激励是无形的，但其激励效应比有形的激励还要持久。

人是感情动物，有着各种情感需要和欲望。情感是人对客观事物是否满足自己的需要而产生的态度体验，既是激励主客体之间沟通的桥梁，也是直接影响行为的核心要素。其中，沟通是了解和理解的前提，理解是尊重和信任的基础，尊重是关心和关怀的要领。在学校管理中，领导首先应加强与师生员工的心灵沟通，设身处地站在他们的角度想问题，走进他们的工作、学习和生活，了解他们的辛苦和困惑，倾听他们的意见和呼声，理解他们的需求和行为，不断加深感情，使其在情感上接纳领导、接受激励，不断提高其自身的情绪控制力和心理调节力，进而形成互敬互爱、团结融洽的校园氛围，建设积极向上的学校文化。同时，应该热情、平等、谦和地对待师生员工，尊重个性，善待差异，充分承认、理解、体谅和支持他们的工作和学习，鼓励成功，宽容失败，使一切有利于学校发展的创造愿望得到尊重、创造活动得到实施、创造才能得到发挥、创造成果得到肯定，构建有利于人才成长的和谐环境。

其次，领导应该对师生员工给予足够的关心和信任，关注他们的思想、工作、学习和生活，关切他们的精神生活和心理健康，关怀他们的身体健康和家庭幸福，帮助他们排忧解难，使他们深切感受和体会到学校的温暖和关爱，并认识到自我存在的价值，尽量创造机会让他们各展其长、各显其能、各有所为，不断获得进步和提高，团结和依靠他们办好学校、搞好教学、育好人才。同时，应根据每一个个体的情况，给予恰如其分的信任并敢于托付任务，以委任重要工作、合理授权放权、增进友谊以及肯定其能力水平、欣赏其品行操守等手段，表达对他们的关注、认可、信赖，进而增强其责任感和使命感，激活其丰富、柔软和易感的内心世界，使其产生强烈的情感共鸣，进而从心灵深处迸发出工作学习的热情和创造力。

情感沟通也是师生之间很重要的交流渠道，教师积极或消极的情感都会对学生产生一定的感染作用，既可能是正面的，也可能是负面的。良好的情感会形成良好的情绪共振和心理共鸣，进而对学生的学业和品行产生巨大的激励作用，反之也一样。研究表明，教师有意或无意地给予学生肯定、赞扬、认可或信任，往往会对学生的学业、品行产生潜移默化甚至意想不到的作用，并会以同样积极的方式反作用于教师。因此，教师应该以丰富的教育情感与智慧，使每一个学生都感受到教师对自己的重视和期待，从而产生期待效应①。当学生在学习和生活中遇到困难或挫折时，教师应该以热情、友好、支持、信任的方式指导和帮助他们，引导他们克服挫折感、消除畏难情绪，增强攻坚克难的决心、信心和恒心。当学生在学习和生活中取得进步和成绩时，教师应该给予热情的鼓励、赏识、赞许和褒扬，使他们深受鼓舞，进而以同样的热情、友好和奋发有为回馈与报答教师，从而形成情感激励的联动效应与良性循环。

四、工作激励

工作激励是指通过工作再设计、改变分配任务或职责，既按照一般的管理过程、遵循基本的教育规律，又跳出常规的激励思维，激发员工的工作动机，以增强其工作满意度和自我实现感。教育组织成员既包括领导和管理人员，也包括教师和学生。学生的学习虽也是一种"工作"或劳动，但这里的"工作激励"主要针对教师和职工而言，尤侧重于教师激励。

教师工作具有典型的专业特征，须经过专业的资格训练才能胜任。但过分强调专业化，易使教师工作变得单调、重复、机械，成为其谋生的手段，并日趋"教书匠化"，导致其对工作产生倦怠感和厌烦情绪。因此，应运用工作扩大化、多样化、丰富化及工作变换等手段，使工作本身成为激励因素，使教师对本职工作感兴趣，从自己所从事的工作中获得享受、快感和愉悦。教育工作十分复杂，并不是每一位教师都能胜任每一项工作，也不是每项工作都适合每位教师。应综合考虑教师的教学教育能力、学历职称、年龄教龄、学科专业背景、兴趣爱好、个人擅长、个性特点乃至所教年级、班级的学生情况，恰当分配或适时调整其工作，提出相应的工作任务、目标和要求，适才适用、人尽其才、才尽其用，让工作成为持久而富有成效的激励因素。

首先，应根据教师个体或群体的不同需要，不断改进工作组织、扩大工作范围、增加工作种类、加大工作强度和丰富工作内容，让他们承担更多的责任，迎接更多

---

① 姜桂春：《教育激励模式探析》，载《广西高教研究》，1998(4)。

的挑战，使他们有更多的工作可做，有更多的机会展示才能，进而以满腔热情投入工作。其次，应参照赫茨伯格的双因素理论，最大限度地发挥工作本身的激励效能。应以工作扩大化为基础，赋予其更大的责任，委以更重要、更受重视、更富挑战性的工作，特别是能给他们的发展和提升带来更多机会的工作，从而提高或增强工作的趣味性和吸引力，进而促使教师发挥聪明才智、干劲和热情。最后，应根据学校工作的周期性，对教师工作适时进行轮换或调换，并做出系列性安排，有计划地提供各种流动机会，让他们在不同岗位任职，以避免长期从事同一工作所引致的单调乏味，从而有利于教师挖掘潜能、施展才干、砥砺品性、提升素质，保持最佳的工作状态。

五、参与激励

参与激励是指通过建设完善的民主管理机制，让组织成员积极主动参与教育发展目标的制定、重大决策的讨论以及规划、组织、实施、协调、控制、评价、反馈等过程管理，并对领导者的行为进行监督，对涉及自身利益的问题提出建议，从而激发其主人翁意识和内在工作动机，以提振士气、提高自觉性。

参与激励集中体现了自主办学、民主治教、科学管理的理念，兼顾了组织效率和员工需要两者的利益关系，既有利于管理主体与客体的换位思考，为实现教育目标提供组织保证，更有益于管理客体认识自己在组织中所处的地位和作用，积极投身工作和学习，发挥聪明才智，为实现个人价值提供机制保障。在学校管理中，应充分尊重并满足师生员工参与学校事务、分享学校决策的权利和要求，发动并鼓励他们认真审议学校工作、积极监督学校活动，并逐步使之规范化、制度化，形成长效激励机制。应创造一切可能的条件，让参与过程成为强化师生主人公心态和责任意识的激励过程，使他们感受到领导对自己的信任，体验到组织对自己的期望，自觉将个人利益与组织利益结合起来，将个人奋斗目标与组织发展目标统一起来，将个人发展前途与学校发展规划有机融合起来，为实现个人与学校的和谐发展而努力。

同时，应认真倾听教师和学生的呼声，尊重并支持他们的首创精神，引导他们对学校工作进行质疑和批评。应宽容待人、客观对事、尊重差异、鼓励多元，善于接受不同意见，尽量采纳师生科学化、合理化、建设性的建议，及时肯定、表扬或奖励在实践中行之有效、对学校发展有益的创新性建议，让他们感受到那是来自"我"的选择、是自主性的抉择，而不是来自"上面"的命令或指示性的决策，从而获得心理上的满足和精神上的愉悦，进而产生进一步参与管理、贡献心智的冲动与欲望。应通过建立科学合理的对话与建议制度，在领导与员工、教师与学生之间架起沟通交流的桥梁，营造相互支持、信任的氛围，形成共同的价值观和目标指向，使学校的每一个成员既独立自主、成为自己的主人，又当家作主、成为学校的主人，想主人事、说主人话、行主人权、干主人活。

六、榜样激励

榜样激励也称典型激励或示范激励，是指通过树立典型、先进示范，用他人的高尚思想、模范行为和卓越成就刺激员工的上进心，引导他们见贤思齐，以榜样为旗帜调整努力的方向，以榜样为参照修正自己的行为，以榜样为标尺衡量行为的结果，进而向组织期望的目标发展。

榜样，简单地说，就是教育组织与社会中的先进人物或事迹，有"共生榜样""情势榜样"等类型之分。共生榜样是指教育组织的缔造者和贡献者，他们以榜样的身份体现教育的价值观念和理想信念，抱负水平高，执着追求，百折不挠，个人目标与组织目标一致，为教育事业的发展呕心沥血、殚精竭虑，有着强烈的使命感和责任感，面临困难时勇往直前，不达目的不罢休。情势榜样是指在特定环境中精心塑造出来的各式各类榜样，如领袖式榜样、开拓式榜样、实干式榜样、坚强式榜样、智慧式榜样、育人式榜样、师表式榜样和科研式榜样等。[①] 在学校管理中，领导应加强自我修炼，以身作则，发挥模范带头作用，以对教育事业的无限忠诚影响师生员工，以良好的行为素养带动师生员工，以对师生员工的深切关怀感化他们，发挥榜样激励效能。特别是校长，应不断增强个人魅力、提高自身素质、树立良好形象，以高度的事业心、责任感和奉献精神为典范，以公正、廉洁、吃苦耐劳、一视同仁的品质当好楷模，以实事求是、锐意进取的思想作风和校风学风，促使师生员工积极进取、努力向上、奋发有为。

除了发挥自身的榜样作用以外，学校领导还应善于发现并实事求是地宣传师生员工身边先进的人和事。学校组织中的好人好事很多，具有鲜明的特点。就教师而言，有的富于崇高的精神境界和理想追求，有的勇于革新、锐意进取，有的埋头苦干、朴实无闻，有的一身正气、两袖清风，有的坚毅刚强、百折不挠，有的知识渊博、诲人不倦，有的乐于奉献、教书育人等。就学生而言，有的勤奋刻苦、学业表现优秀，有的学思结合、善于探索创新，有的志向远大、抱负水平高，有的严于律己、注重提高修养。这些看得见、摸得着、真实可信的典型，从不同方面体现了学校的价值观、代表了学校的形象，既是大家努力赶超的目标，也是有吸引力、感染力、说服力、影响力的标兵，应充分发挥其榜样示范作用，及时加以介绍，激励大家向他们学习。

---

① 陶然：《学校文化管理新思维》，112页，北京，中国人事出版社，2005。

七、成就激励

成就激励是指，通过让员工完成工作任务而产生能力得到发挥、抱负和价值得到实现、成就需要得到满足的成就感、自豪感、成熟感及对组织和社会的贡献感，进而产生努力工作、获得成就的欲望，形成成就动机和行为。概言之，成就激励就是满足员工内在性需要的激励。

期望理论表明，行为倾向的强度取决于个人对于可能带来的结果的期望及其对行为者的吸引力。在教育活动中，员工总是希望获得成功，尽量避免失败。具有高成就动机的人更看重活动本身及对活动结果的肯定，从而产生效能感与成就感。他们往往不喜欢从事过难或过易的工作，而总是愿意选择成功率为50%左右的活动，即既具有一定的难度和挑战性，又具有成功可能性的工作。力求避免失败者刚好相反，他们喜欢成功率高的活动或制定不可能实现的目标，因为无论成功还是失败，都可以避免消极评价或免遭挫折与打击。在学校管理中，要创设促进教师专业发展和支持学生学业成功的条件，指导师生规划个人发展的愿景，搭建让教师和学生展示能力、取得成就的平台，提供使优秀人才脱颖而出的机会，提供充足的发展空间，增强其成就感，满足成就需要，使他们的工作热情、创新能力、奉献精神处于最佳状态。

学校的根本任务是培养人才，各项规章制度、各类管理举措都指向育人目标。师生的个人抱负与学校的总体目标在本质上是一致的，应该创建有利于他们施展抱负的良好环境与氛围，让他们发挥自己的潜力、表现自己的才能，并将学校的成功转换为其个体的成功，始终保持积极的工作热情，不断增强自我发展、自我提高、自我实现的信心。同时，在日常生活中，教师和同学们常常会问：如果我付出了努力，绩效评价中能否体现出来？如果我获得了好成绩，能否得到组织的奖励？应采取切实措施，打消他们的疑问和顾虑，及时认可他们的才能，肯定他们的成绩，给予其恰如其分的表扬，尤应注重对失败者和受挫者的肯定和鼓励。教育工作与学习活动的成功不可能是一蹴而就的。教师在教学工作中难免会遇到各类困扰、挫折和失败，学生在学习过程中也会面对诸多失意和困难。学校应施以援手，给予针对性的激励，及时帮助他们摆脱困境，鼓励他们不气馁、不轻易放弃，继续努力，不懈奋斗。

八、文化激励

文化激励是指，通过建设优秀的教育组织文化，引导组织成员形成共同的思想意识、价值观念、职业道德、行为作风、规范准则等无形的精神力量，以约束自己，进行自我控制，加强自我修养，增强奉献意识，改善人际关系，使组织充满生机与活力，使自身得到发展与提高。

文化是一个十分丰富的概念，可以进行多维度的诠释。教育组织文化通常包括物质、制度、精神三个层面。每个层面的文化都有激励功能，但其时效、强度和范围各不相同。物质层面文化激励的时效短、强度弱、范围小，属于浅层次的激励；精神层面文化激励的时效长、强度大、范围广，属于深层次的激励；制度层面文化激励的作用介于两者之间。在学校管理中，良好的校名、声誉、形象、环境、社会地位与影响等物质层面文化激励，有助于增强师生的成就感、自豪感及其对学校的忠诚度和归属感。健全的规章制度规定了师生必须遵循的行为方式、程序及处理各种关系的规则，具有强制性，起着约束作用，通常是一种负激励，既可为物质与精神激励提供基础性保障，也有助于为师生和学校的发展创造公平的机会。学校的文化激励，首先应抓好物质文明与制度文明建设，发挥其积极的激励功能，以弘扬学校的主流文化。

但是，学校组织的教育性决定了其文化激励主要集中在精神层面，因而应重点关注精神层面文化建设。精神激励是对精神世界的内化性激励，包括价值观激励、危机激励、竞争激励等。价值观是指组织和个体的基本信念和价值追求，价值观激励就是以顺应价值取向多元化和个性化的趋势为基础，明确组织和个人共同的价值认知，培养师生对学校目标的认同感、义务感及实现目标的内在驱力和奋发向上的自觉精神。危机激励就是从反面激励，其实质是强化师生的忧患和危机意识，使其始终保持积极进取之心。竞争激励是指，通过创造公平合理的竞争环境、公开明确具体的竞争目标、设置富有挑战性的工作任务，刺激与调动组织成员的积极性。无论何种精神激励，都须妥善处理好个体性和整体性、稳定性和动态性、继承性和创新性三对关系，运用柔性调节手段，将学校的整体发展和师生的个性发展统一起来，建设和谐的校园文化激励体系。

激励的问题十分复杂，激励的方法多种多样。上述方法只是举要，实践中还有很多方法，应综合考虑实际情况，灵活掌握与运用。

本章精要

1. 激励由需要、动机、行为三要素构成。激励理论蕴含丰富，包含内容型激励理论、过程型激励理论、行为改造型激励理论、综合型激励理论、挫折型激励理论、同步激励理论、公平差别阈理论和激励与去激励因素的连续带模式理论等较为成熟的激励理论。

2. 教育组织应遵循全员性与全程性相结合、有效性与公平性相结合、物质性与精神性相结合、正向性与负向性相结合、外在性与内在性相结合、规范性与教育性相结合、个体性与整体性相结合、针对性与多样性相结合、适时性与适度性相结合以及可持续与发展性相结合十项激励原则。

3. 教育管理者应从实际出发，恰当选择激励方式、方法、手段和措施，充分发掘组织员工的潜能，调动其积极性，以维持教育组织的向心力和凝聚力，实现教育的发展目标。教育管理者应该熟练运用目标激励、利益激励、情感激励、工作激励、参与激励、榜样激励、成就激励和文化激励八种激励方法。

思考题

1. 什么是激励？

2. 激励理论包括哪些内容？

3. 在现代教育管理中，激励应遵循哪些基本原则？

4. 在现代教育管理中，主要有哪些行之有效的激励方法？应如何运用？

🔵 案例分析：为什么骨干教师纷纷请求调走①

6 月初，我又接到了某位骨干教师请求调动的报告，这再次触到我内心的痛处。自去年当上校长后，我最怕的就是骨干教师调离，因为近 10 年来，我校已有 33 位教师调走，各学科的骨干教师几乎走光了。这对于仅有 60 名教职员工的农村中学来说，实在是元气大伤。骨干教师们为什么纷纷要求调离？为了弄明白原因，我找到了已经调走的李老师。

首先，我向她说明了意图，想听听她对学校的看法。她告诉我，自己从一名大学生成长为骨干教师，学校给予了极大的帮助。一方面，她一直心存感激，以踏实的工作回报学校；另一方面，她对自己今后的发展感到很茫然。我问她为什么感到茫然。她说自己时不时会有"井底之蛙"的感觉："开始时我觉得自己挺出色，可是，每次到外校听课，与人家一比，我明显感到自己的落后，感觉本校的发展空间太小，我应当走出去，以求进一步发展。"

"这就是你调走的原因吗？"我问她。"当然不是唯一的原因，我觉得学校在师资队伍的整体建设和教学质量上都须提高。以我之前所教的班级为例，虽然学生在英语上表现很出色，但是在其他学科上表现不佳。我希望学生各方面的表现都出色，可我又没有能力从多方面引导他们，我感到很无奈，觉得对不起学生，也对不起学校。"我鼓励她继续说下去。她说："时常也有议论传到我耳朵

---

① 改写自《学校文化自我诊断》课题组、徐晓华、季苹等：《〈学校管理自我诊断〉案例之三 为什么骨干教师纷纷调走？》，载《中小学管理》，2003(11)。

里，说我不谦虚、不合群，看不起老教师，等等。 其实，我只是把主要精力用在了学生身上，和别人的沟通比较少而已。 不过，这些议论我并不十分在意。 特别让我失望的是，学校的年度考核标准模糊，个别老师的工作态度、教学能力和业务水平很差，但考核得分却很高，真是太不公平了！" 听得出，她仍沉浸在气愤之中。 我希望她针对学校的教师队伍建设提提建议。 她诚恳地说："学校应建立一套公正、公平、科学的激励机制，给每位教师提供持续发展的空间，给每个同学提供合适的成长环境。"

谈话结束后，我陷入了沉思。 当初李老师调走时，我曾一度认为，学校地处乡镇，办学条件差，生源不好，教师工资待遇差，很难留得住好老师。 但现在看来，骨干教师调走的原因，并不完全如我想象的那样。

课堂讨论

1. 请结合激励相关知识，分析案例中骨干教师纷纷调走的原因是什么。

2. 如果你是一所农村薄弱学校的校长，面临优秀教师的大量流失，你会怎么办？

第十一章　课程与教学管理

本章学习目标:

- 理解课程与教学、课程管理与教学管理的含义;
- 了解教学管理的组织结构;
- 了解课程改革的进程,探讨新课程改革背景下教学管理的应对策略;
- 掌握课程研制与实施的步骤与方法;
- 探索教学过程的管理;
- 了解教学评价。

教学包括教与学，教与学是教育的核心，教育管理不是目的，只是手段，教育管理是为教与学服务的。教什么、学什么、怎么教、怎么学，所涉及的是课程内容与教学模式问题，以及对课程与教学的管理问题。

第一节　课程与教学管理的性质

一、课程与教学的含义

（一）课程

对于学校领导者和教师来说，看待课程的视角以及对课程内涵的界定在很大程度上体现了其所秉持的价值观和采取的教学方法。从行为理论或教育管理理论的角度，国外学者认为，"课程可以说是一个行动计划或曰书面文件，包括了实现想要达到的目标或目的所需的策略"[①]。国内学者认为，在教育行政中，教育课程一般被理解为是为实现各级各类学校培养目标而规定的教育内容及其目的、范围和进程的总和。[②]

到目前为止，对课程的界定或对其内涵的理解还难以达成共识，但人们对教育课程内容的理解趋于接近。课程是学校教育过程的核心，它规定了以什么样的教育内容来培养学生，关系到学生的知识结构、能力结构和个性结构。

课程已成为当代教育事业及教育改革的主要焦点。课程管理属于中观层面的管理，既是学校的责任，也是各级教育行政部门的职能，这使得教育主管机构及人员对课程事务的管理日趋明显，课程管理的好坏也成为有关课程改革能否落实的关键。

（二）教学

教学是为了实现一定的教育目的，以课程内容为中介而进行的教与学有机统一的活动。在这一活动中，学生掌握一定的知识和技能，同时，获得一定的身心发展，形成一定的思想品德。

我们可以从四个方面理解教学的内涵。首先，教学具有一定的目的性，其根本目的指向学生的发展；其次，教学是教与学相统一的活动；再次，教学是以课程为中介的活动；最后，教学是科学性与艺术性相统一的活动。

[①] ［美］伦恩伯格、奥恩斯坦：《教育管理学：概念与实践（第五版）》，朱志勇、郑磊译，479～480页，北京，中国轻工业出版社，2013。

[②] 陈孝彬、高洪源、刘淑兰等：《教育管理学（第三版）》，214～215页，北京，北京师范大学出版社，2008。

　　教学在学校活动中处于核心地位，是学校教育目的的直接体现，也是实现学校教育目的的主要途径。[①] 教学的地位如此重要，教育行政工作者、学校管理者要重视对教学各方面的组织管理，教育管理研究者也要重视对教学管理的探索与钻研。

（三）课程与教学的关系

　　课程和教学作为教育活动最基本的两个方面，关系密切又复杂。课程与教育理论家们对于课程与教学关系的探讨可谓仁者见仁。以下是关于课程与教学关系的几种理解。[②]

　　第一，独立说。课程与教学相互独立，没有交集，二者都有各自的研究领域。这类观点从实质上说，是把课程看作内容或教材，把教学看作过程与方法。内容与过程、教材与方法相互分离，在各自的领域里发生变化，互不交叉。

　　第二，包含说。这种观点分为两种情形：一种是"大课程论说"，即课程包含教学，课程是上位概念；另一种是"大教学论说"，教学包含课程，教学是上位概念。也有人把这两种情形称为"同心圆说"，如图 11-1 所示。[③]

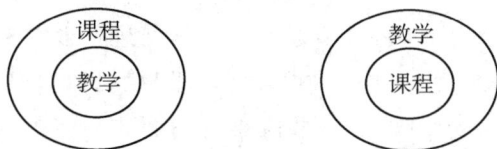

图 11-1　课程与教学的包含模式

　　苏联和我国一些专家学者认同把课程看作教学的组成部分的"大教学论说"，主张把课程看成教学内容。自凯洛夫（N. A. Kaiipob）主编《教育学》以来，直到 20 世纪 80 年代，苏联学者在论述教育问题时，几乎一直是把课程视为教学内容来探讨的。这种对课程关注不足的情况，在一定程度上限制了课程研究的发展。

　　英美国家以及我国的另一部分学者则支持把教学看作课程组成部分的"大课程论说"。持这种观点的学者把教学视作课程的一个环节。例如，在《课程与教学的基本原理》中，泰勒（R. W. Tyler）是把教学看作课程的组成部分来分析问题的。

　　第三，循环说。这一观点强调课程与教学相互影响、相互反馈，具有延续性的循环关系（见图 11-2）。虽然课程与教学是相互分离的实体，但是彼此之间相互影响、相互决定的关系永远存在。教学决定在课程决定之后，接着在教学决定付诸实施与

---

① 李朝辉、王志彦、谢翌：《教学论》，4～5 页，北京，清华大学出版社，2010。

② 钟启泉、汪霞、王文静：《课程与教学论》，23～26 页，上海，华东师范大学出版社，2008。

③ 钟启泉、汪霞、王文静：《课程与教学论》，23 页，上海，华东师范大学出版社，2008。

评价后，根据成效来修正课程决定。课程对教学有持续的影响，课程通过教学得以实现；反之亦然，教学对课程存在影响，通过教学反馈，发现课程存在的问题，从而不断改进课程。[①]

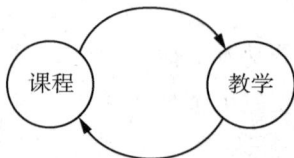

图 11-2　课程与教学的循环模式

第四，有机整体说。这种观点认为课程与教学具有内在的连续性、统一性与整体性，二者不可割裂。美国教育家杜威以及学者韦迪（R. Weade）等人认同这种观点。我国的一些课程论专家学者如张华也支持这种理念。

①"连续性整体观"。杜威认为课程与教学具有内在的统一性与连续性，这是在其实用主义认识论的"连续性"原则的基础上做出的判断。杜威主张课程即经验，这既产生于当下的教学过程中，又引领着教学过程前进，教学指向经验的生成，又孕育着经验的生长。课程与教学的统一在"主动作业"中具体实现。

②高度整合的"课程教学理念"。美国学者韦迪认为课程与教学融合在一起，二者是一件事，没有什么界限，并使用了一个新的术语"课程教学"来概括。[②] 我国学者张华持相同的观点，认为现在应该对课程与教学进行整合，走向"课程教学"这一理念，它包括三方面内涵：变革是课程与教学过程的本质，教学作为课程开发过程，课程作为教学事件。

二、课程管理

（一）课程管理的内涵

对"课程管理"的理解见仁见智。

顾明远编著的《教育大辞典》中对"课程管理"的定义是：对课程编订、实施、评价的组织、领导、监督。

钟启泉在《现代课程论》一书中提出，课程管理虽然是学校管理的一部分，但是与学校的其他经营活动不同，它作为直接规定了教学活动的管理活动，是学校管理中具有重要意义的工作。课程编制是课程管理的核心部分，是一种注重编制技巧且

---

① 丁念金：《课程论》，32～33 页，福州，福建教育出版社，2007。

② Regina Weade, "Curriculum'n'Instruction: the Construction of Meaning," *Theory into Practice*, 1987(1), pp. 15-25.

富于独特性的活动。课程管理是系统地处理编制技法与人、物条件的相互关系，并以教育目标为准绳，组织起来的一连串活动的总称。

廖哲勋在《课程学》一书中认为，课程管理的实质是关系协调与课程相关资源配置。"课程管理是在一定社会条件下，有领导、有组织地协调人、物与课程的关系，指挥课程建设与课程实施，使之达到预定目标的过程。"[①]

我们要想明确课程管理的定义，就需要厘清三个方面的问题。首先，要确定课程管理的主体；其次，要把握课程管理的内容与范围；最后，要界说课程管理的功能与目标。

课程管理是多主体的，其主体既包括教育行政部门，又包括学校领导者、普通教师，甚至包括家长、学生；课程管理的范围深广，包括整个课程运转过程，即课程编制、课程实施、课程评价与改革等；课程管理的直接目标是更好地完成课程目标、激发课程潜能，间接目标则是促进学生积极而全面地发展。

（二）课程管理体制

课程管理体制主要是指课程管理机构的设置、隶属关系及管理权限划分等方面的领导制度。[②]

从世界范围来看，课程管理体制大致可分为中央集权制和地方分权制两种。世界各国教育发展的经验教训证明，课程管理体制必须在集权和分权之间寻找一种结合，在统一性与多样性之间达到动态平衡，探索哪些权力应该由地方政府执行、哪些权力应该由中央政府执行。所以，20 世纪 80 年代以来，各国依据自身的教育传统和国情，在集权和分权之间寻找或调整更合适的立足点，行政主体多元化的分权成为许多国家课程管理体制改革的取向。进入 21 世纪之后，美国、英国、澳大利亚等教育发达国家总体上实行的是地方分权制的课程管理体制，在国家或联邦层面成立专门的课程管理机构，通过发布国家共同课程、制定课程标准、建立国家评价体系等，加大国家在课程研制和实施上的影响；注重课程管理中的治理，在参与国家课程项目之外，地方和学校的自主权利仍然得到保留，包括选用教材、开发课程及开展课程统整等。[③] 总体而言，在课程管理上力求达到国家、地方和学校三方权利的相对平衡。这也是我国国家、地方与学校三位一体的三级课程管理体制建立的背景及发展方向。

新中国成立初期，我国沿用了苏联的集权制的教育管理模式，课程管理权归属

① 廖哲勋：《课程学》，328 页，武汉，华中师范大学出版社，1991。
② 闫守轩：《国际课程管理改革研究》，24 页，沈阳，沈阳出版社，2007。
③ 何秋玥、杨燕燕：《英美澳三国课程管理变革的趋势及启示》，载《教育观察》，2018(14)。

于中央教育行政机构。在国际课程管理体制改革的大背景下，我国也逐步建立和形成了国家、地方与学校三位一体的三级课程管理体制。

国家课程管理是指制定国家基础教育各个阶段的培养目标、课程计划框架、课程标准以及实施和评价的要求等宏观课程政策，由教育部负责实施。

地方课程管理是指由省、市、县各级教育行政部门执行上级教育行政部门颁布的课程政策，监督下级对课程政策的执行，结合本地的实际情况，制定相应的指导性文件。

学校课程管理是指学校在"三级课程管理"的总体框架下，根据学校特点，制定学校发展的指导思想和规划，对学校所有课程进行计划、协调、开发、实施、评价、控制等一系列活动，以提高课程的适应性和有效性，使其更好地服务于学校培养目标，促进学生全面而主动地发展。

应该指出的是，三级课程是一个管理的概念，并不是一种课程形态上的区分，不存在高级、低级，重要、次要的划分。它们都是我国基础教育课程体系的有机组成部分，各自承担着不可替代的责任，在总体目标中具有一致性和互补性。在课程计划总体框架中按三个组成部分进行划分，其目的是更好地明确三级课程主体的权利和责任。

在当前我国基础教育课程改革的背景下，课程管理体制的焦点集中在如何均衡国家、地方、学校三级课程管理主体的职责权限上。如何让每一层级的管理主体都具有适当的管理权力，并承担相应的管理责任？如何帮助学校赋权增能，对自身发展进行合理定位与分析，从而积极、主动地适应环境的变化，创造性地实施国家与地方课程，合理开发校本课程？这些都需要对三级课程管理主体各自的主要权责进行明确，如表11-1所示。[①]

表11-1　国家、地方、学校三级课程管理主体权责分配框架

层级	权力范围	职责
国家	1. 制订课程计划和国家课程标准 2. 制定教材编写、审查与选用的政策，并组织审定基于课程标准编写的教材 3. 制定地方和学校的课程管理指南	1. 负责审议地方课程的开发方案 2. 确定基础教育课程的评价制度 3. 监督国家有关课程政策的执行情况，并组织全国性水平测验 4. 根据教育改革和发展需要，修订课程文件

①　教育部基础教育司、教育部师范教育司：《新课程的领导、组织与推进》，27页，北京，高等教育出版社，2004。

续表

层级	权力范围	职责
地方	1. 制订本地课程计划实施方案 2. 组织审议学校课程实施方案，指导学校具体实施国家/地方课程、选用教材以及开发校本课程	1. 开发地方课程 2. 为学校课程开发与实施提供服务，帮助学校解决教育中的问题 3. 对本地课程实施、评价与考试等情况进行监控 4. 整合社会的课程资源，引导各种社会力量参与课程开发与管理，加强教材、教辅用书及其他教学材料的使用管理 5. 组织教师培训
学校	1. 制定学校课程实施方案 2. 选用经审查通过的教材 3. 开发校本课程 4. 对课程计划实施、教学、评价与考试、课程资源开发与利用等方面进行自我监控	1. 建立教师、学生、家长及社区代表参与学校课程管理的机制 2. 组织校本培训，建立以校为本的教研制度 3. 为教师教学、学生学习等提供服务

由表 11-1 可以看出，国家课程管理的职责在于从宏观上进行统一的课程规划，而不是事无巨细地"过问"学校的课程实施；为地方和学校的课程管理提供决策上的指引和咨询服务，同时对地方和学校的课程管理执行情况进行监督。地方课程管理的职责在于服务，为学校的课程发展服务，通过地方的管理，保证国家课程在学校有效和高质量的实施及开发，为开发校本课程提供各种扶持、指导等服务。学校课程管理的核心职责在于保证国家课程和地方课程的有效实施，保证校本课程的合理开发，并在具体的课程管理工作中协调、优化和整合国家、地方、校本三类课程。

（三）课程管理的意义

首先，课程管理能够有效保证课程目标的实现。课程管理是直接指向课程目标的。课程目标的实现需要课程管理主体从全局把握、合理调配、统筹布局，以促进课程编制、课程实施到课程评价与改革整个过程的良性发展。在这个过程中，课程管理的目标始终与课程目标保持一致，最大限度地促进课程目标的实现。

其次，课程管理是整个课程发展过程和谐运行的保证。要保证课程编制、实施、评价与改革这一过程的和谐运行，既要从全局把握，又要对各个环节进行合理的组织、计划与安排，也就是对这一过程进行课程管理。多元的课程管理主体能够从各个层面对课程管理进行实际操作，从而促进了课程整体的良性运行以及在具体环节上的优化发展。

最后，课程管理作为一种"管理"，能够统筹资源、合理配置，提高整个课程运转过程的质量与效益，从而促进课程改革的深入。"管理"对质量与效益的作用已深入人心。在教育领域，人们对教育管理与学校管理的关注也日益加深。在课程管理过程中，对课程目标、课程计划、课程内容的合理规划，对经费、物资设备、师资的合理配置，是课程系统良性运行的保障。

三、教学管理

（一）教学管理的含义

从宏观层面来看，教学管理是教育行政机构对各级各类学校及其他教育机构教学的组织、管理和指导。[①]

从微观层面来看，教学管理指的是学校内部的教学管理。学校教学管理是学校管理者根据各自的培养目标，以国家法定颁行的课程标准和教学内容为基础，通过一定的组织机构，运用科学的管理方法和手段，对教学的各个方面、各个要素、各个环节进行合理组合，以推动教学工作正常、高效运转。

（二）教学管理的组织结构

教学管理是一个完整的系统，教学工作并非依赖各科教师的分担、配合就能完成，如果不对教学工作进行系统的组织化的管理，就会产生教学的无序和低效，从而影响教学质量。只有建立健全教学管理组织结构，把各种教学职能机构、组织、人员组成一个有机整体，使每个与教学相关的人员都能积极负责、协调一致地为提高教学质量充分发挥作用，才能组织好教学的全过程。

现代教学管理系统作为现代教学管理的重要工具和手段，能有效推动教学过程的运行，在提高教学质量、培养合格人才方面发挥着重要作用。

从管理形式上看，教学管理系统可分为教学行政部门对教学的管理和学校对教学的管理两种。前者主要包括三个方面的机构，即教学行政管理机构（如教育局的中教科和小教科）、教学业务管理机构（如区县教育局中的教研室）、教学督导机构；后者主要包括教学行政管理机构（如学校的教务处）和教学业务管理机构（如学校的教研室），有的学校也增加了教学咨询、审议、监督机构。教学管理基本上已经构成了一个较完整的系统，如图11-3所示。

随着新课程改革的不断深入，教学管理的基本组织结构正在发生改变。有的为了加强校领导对教学一线的直接领导，减少了组织结构的层次；有的为了便于学校教科研的开展，改组或调整某一层级的组织机构，使其负责全校的教学研究和教学任务的贯彻，既是研究机构，又是执行机构。

[①] 吴志宏、冯大鸣、周嘉方：《新编教育管理学》，255页，上海，华东师范大学出版社，2000。

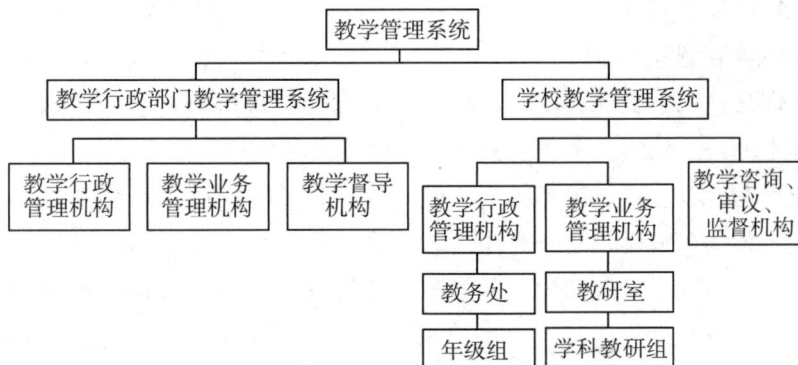

图 11-3　教学管理的组织结构

在学校教学管理系统中，不能忽略以下两种基本的组织机构的职能及其发挥的作用。

①教务处或者教导处。这是学校教学管理的职能机构，是学校教学管理的中枢。主要工作职能有：行政职能，教务处对校长负责，根据国家有关方针政策的要求和教学大纲、教学计划、教科书的要求，制订本校的教务计划，并组织实行；参谋职能，对教务方面的重大改革提出方案，进行论证；研究职能，对教务工作的重要课题进行研究与实验；服务职能，在教育教学方面为教师、学生服务；督导职能，为教务工作的各个方面制定质量、数量标准，对教学工作进展情况和工作质量进行了解、分析与评估，根据评估情况进行调整指导。这五项职能是互相联系且相互补充的，如果把教务管理看作一个过程，那么它是由计划、执行、检查、总结四个环节组成的。

教务管理工作的主要内容包括学生的思想品德教育管理（不少学校将这一项单独划出去另设德育处、学生处或政教处，专管学生的德育工作），教学业务管理（备课工作管理、课堂教学管理、课外作业与课外辅导管理、学业评价管理、技能学科教学与课外活动管理、教学研究管理、教学辅助工作管理等），教务组织管理（教务常规管理、教师业务管理）等。

②教研组。这是教师开展学科教学活动的基本组织形式，是学校培养教师的主要阵地。教研组通常是教学管理组织结构中的基层组织。

教研组的主要任务是研究本学科教学、教材和教法，对本学科教学工作进行组织管理，提高本学科教学质量。教研组工作的重点是开展教研，引导教师从教学实践中发现问题，确定研究课题，结合实际进行研究、调查、实验来探索解决问题的规律，既重视"教"的安排——统一教学进度、教学要求、作业和测验，又重视"研"

的开展——探讨教法的改进、进行教育改革实验、学习和探讨教学理论。

（三）教学管理的任务

教学管理是一项系统性的工作，无论是教育行政部门还是学校，其承担的教学管理任务基本上是一致的，主要包括以下方面的内容。[①]

首先，贯彻教育方针，提高教学效能。这是教学管理的中心任务。无论是教育行政部门制定各项政策还是学校具体组织教学过程，都必须围绕这个中心。

其次，建立和维护以教学为主的学校工作秩序。教育行政部门要通过建立必要的保障机制，如合理设置课程、协调组织教材内容、供给教学资源、排除外部对学校正常教学秩序的干扰等，保证学校教学过程的顺利进行。学校教学管理工作要建立备课制度、上课制度、作业批改制度等方面的学校教学工作制度，完成课程标准和教学大纲规定的教学内容；建立和健全各项教学及管理制度，使得正常的教学秩序得以维持。

再次，建立科学的教学管理工作体系。从宏观的教育改革到微观的课堂教学，要想建立科学的教学管理工作体系，就要宣传先进的教学思想和教学改革模式，在课程方案、教材内容、招生考试制度等方面进行探索和创新，引导和帮助教师树立科学的教学质量观、学生观，促进教师专业化发展，建立科学的教学质量评价体系，形成良性的教学激励机制等。

最后，开展教学科研工作，促进教学的科学化。在学校教学管理中，要引导教师根据自身教育教学工作的实际，开展教育科学研究，进行教育教学实验，鼓励和支持教师进行教学反思、更新教学内容、改进教学方法，在教学过程中合理使用信息技术手段提高教学成效。同时，教师从"新手型"教师发展成为"专家型"教师，也必须建立在教学科研的基础上。

四、新课程改革对教学管理的挑战

教育的改革一定会涉及教育课程内容的改革，课程内容总会随着时代、社会的发展而不断得到变易和改进。课程改革是以一定理论为基础，按照某种观点对课程进行的集中一段时间的有目的、有计划的改造。[②]

课程改革是对课程系统中理论与实践进行的有计划的复杂改革，是一项系统的工程，它包括界定目标、制订计划、设计条件、组织评价等各个方面；课程改革需要遵循教育科学规律，进行科学的规划、实验等研究工作；课程改革要重新认识课

---

① 吴志宏、冯大鸣、周嘉方：《新编教育管理学》，258～259页，上海，华东师范大学出版社，2000。

② 汪霞：《课程理论与课程改革》，259页，合肥，安徽教育出版社，2007。

程目标、课程内容、教育对象等各个方面；课程改革不是简单的课程内容的增删，而是形成具有新理念的新课程，产生质的飞跃。

（一）国际课程改革的特征

20 世纪 80 年代以来，随着高科技的迅猛发展，信息化社会和学习型社会的来临对人才培养提出了更高的要求，世界上许多国家都开展了新一轮的基础教育课程改革。虽然一些国家的国内改革背景、改革目标、改革内容、改革措施、改革进程各有不同，但还是表现出了一些共同特点和发展趋势。

从课程改革的理念来看，各国课程改革主要有两个趋势：一是全面关注学生的发展，二是关注学习方式的转变。联合国教科文组织发布的报告《一起重新构想我们的未来：为教育打造新的社会契约》指出，要锻炼学生的能力，使他们成为自主的、有道德的思想者和实干家。[①] 为了使教育能与这一雄心勃勃的愿景相匹配，我们有必要寻找组织学习的各种新方法，包括协作、跨学科、提出问题的教学法，释放青少年潜力的个性化教学法等。

从课程改革的目标来看，各国都强调基础知识的掌握、基本技能的培养、价值观和态度的形成。各国都把基础教育课程改革作为增强综合国力的战略措施，为适应学习化社会的需要，提高儿童的基础学习能力是各国课程改革的首要关注点。

从课程的设置来看，强调课程内容的综合性和现实性，注重课程结构的均衡性和整合性。科学素养课程、环境教育课程、信息技术课程、跨文化理解课程等构成了课程现代化的主要内容。世界科技发展越来越体现为学科的分化与综合，大量综合化基础上发展起来的边缘学科成为推动科技和学术发展的主要"生长点"。在这样的情形下，很多国家的课程设置了一些综合性的新学科。

在课程的实施及教学内容方面，强调有合理结构的基础知识的传授，加强外语教学的力度，提倡信息技术在基础教育中的运用。

在课程的管理方面，各国根据本国的教育传统和国情，管理权限在集权和分权之间进行调整，课程管理的行政主体呈多元化发展趋势，积极寻求国家、地方、学校三级对课程管理的整合。

（二）我国新一轮基础教育课程改革

2022 年 4 月，教育部发布了新修订的义务教育课程方案和 16 个义务教育课程标准。从 2022 年秋季学期开始，在全国推行新的义务教育课程体系。本次课程改革应

---

① 联合国教科文组织：《一起重新构想我们的未来：为教育打造新的社会契约》，49 页，北京，教育科学出版社，2022。

运而生，体现了一系列新特点。重点主要体现在以下三个方面。

第一，强调素养导向。注重培育学生终身发展和适应社会发展所需要的核心素养，特别是在真实情境中解决问题的能力，基于核心素养确立课程目标，遴选课程内容，研制学业质量标准，推进考试评价改革。

第二，优化课程内容组织形式。跳出罗列学科知识的窠臼，按照学生学习逻辑组织呈现课程内容，加强与学生经验、现实生活、社会实践的联系，通过主题、项目、任务等形式整合课程内容，突出主干，去除冗余。

第三，突出实践育人。强化课程与生产劳动、社会实践的结合，强调知行合一，倡导做中学、用中学、创中学，注重引导学生参与学科探究活动，开展跨学科实践，经历发现问题、解决问题、建构知识、运用知识的过程，让认识基于实践、通过实践得到提升，克服认识与实践"两张皮"现象。

课程是教育目标和教育内容的主要载体，是学校教育教学活动的基本依据，直接影响学生培养质量。可以说，2022年新修订的义务教育课程方案和课程标准，充分吸收了近十年来教育政策文件的精神与精华，以及学术界关于核心素养的研究成果，尤其是把核心素养的目标要求深化细化落实到每一门课程的内容结构、教学方法、学习方式、考试评价方式中去，是当前培育学生核心素养、提升义务教育质量的最佳工具和最好抓手。[1]

（三）新课程改革对教学管理的新要求

新课程改革的深入对原来的教育与管理模式带来了较大的冲击，要求学校不断提升课程管理的科学性和系统性，通过统筹规划、学段衔接、整体实施，促进育人方式变革，提升学校的发展活力。[2]

1. 更新理念，构建高质量教育体系

学校要反思定位自身的育人功能，践行立德树人的时代使命，确立全面发展的教育教学价值观、素养立意的大课程观和尊重包容的学生观，以发展学生的综合素养为核心，培养有理想、有本领、有担当的新时代学生，促进学生全面而有个性地发展。在课程内容统整和教学方式变革上，为学生创造真实的学习环境，强调跨学科学习和应用，帮助学生掌握整体认知世界的方法，实现学生社会化发展，培养学生的创新思维与能力。建立能够满足学生成长和个性化发展需求的支持体系，呵护每个学生健康成长。

---

[1] 褚宏启：《核心素养十年路：持续引领基础教育质量提升》，载《中小学管理》，2022(7)。
[2] 刘可钦：《提升学校实施新课标新课程的实践转化力》，载《中小学管理》，2022(6)。

2. 课程优化，推进学校育人方式变革

新课程方案强调课程的综合化与实践性，要求学校和教师重新组织教学内容和学习方式，重新组合学校的人力、资源、时空等课程相关要素。在教学设计上，重视大单元重组教学、跨学科的综合学习，以结构化的内容设计改变学生学习方式，以真实问题驱动教与学的具体实施，走向自主建构、整体认知、系统掌握的学习形态。在教学过程管理上，需要创新教研形式，开展教师共同备课、协商上课，引领教师开发出主题鲜明、问题真实的跨学科课程，共同助力核心素养培育。创新评价方式，保持教学评的一致性，建立多样化、多元化的评价系统，为师生创设鼓励实践、鼓励创新、容忍错误的氛围，把教师的关注点引至促进学生有意义的深度学习、批判性思考、创新性自主应用上来。

3. 专业支持，开辟教师队伍建设新路径

专业的教师是课程改革成功的基础，建立专业化教师队伍是国家课程有效实践转化的关键。学校要建立起有利于教师专业发展和实施新课程的教学管理组织形态，优化内部资源配置，整体提升教师队伍专业素养与能力水平。在教师研修方面，以真实教学场景问题为导向，开展基于"学生学习方式变革"的专题教研，采取小组合作、团队探究、项目学习等方式，提高教师研修的针对性、参与性和有效性。在教学管理文化建设上，强调营造宽松积极的氛围，尊重教师的专业主张，强调知识与信息的分享，激发教师的主观能动性，为教师实施新课程提供个性化专业支持。

第二节　课程研制与课程实施

一、课程研制

（一）课程研制的步骤

课程研制（curriculum development）是一个探讨课程内容、编订课程方案的动态过程，包括从提出变革课程的理念、确立理论原则、制订课程文件到实施课程与评价课程的一系列环节。也有人认为，课程研制是将预期的教育结果结构化、序列化和现实化的过程。"课程研制"表明课程客观上处于随社会经济和文化发展而不断变化和改革的过程，需要不断去探索、设计和编制。

课程通常被看作学校教育过程的核心，研制出一项有效的课程计划非常必要。从动态地研制课程的角度，国外一般认为课程研制过程涉及三个基本步骤：课程规划过程、课程实施过程、课程评价过程。国内学者一般将课程研制视为对课程规划方案、课程组织方案、课程实施方案、课程评价方案的研制。课程规划和课程组织主要涉及"教什么"的问题，具体包括课程设置依据的选择、课程目标与标准的确定、课程内容的选择与组织等；课程实施主要解决"怎样教"的问题，这是课程研制的核心内容，具体包括课程实施程序的设计和课程实施方式、方法的选择等；课程评价主要是对课程规划方案及课程实施方案的善后优化，这一程序的实施是在教学过程结束后进行的。

（二）课程研制的主要方法

对于如何研制课程以达成所确定的教育目标存在多种路径，也就是说存在多种课程研制的方法。这里主要介绍四种方法。[①]

第一，行为主义方法。行为主义方法基于泰勒的"手段—目标模式"，是应用得最为普遍的方法，依赖于一定的技术性和科学性的原则，包含许多模式、原则以及采取一步一步做的策略。泰勒在1949年出版的《课程与教学的基本原理》中，从学科专家和教师的视角，提出了课程研制的四个基本问题：学校应该追求哪些教育目标？提供哪些经验能实现这些教育目标？怎样才能有效组织这些经验？如何确定这些目标正在得以实现？泰勒模式建立起经典的课程研制活动的四个基本环节：组成委员会做出课程规划，确定教学目标；对知识的重要性排序，选择学习经验；组织学习经验，实施课程；评价学习结果。这种方法把行为主义（强调目标）和过程主义（强调学习者的需要）整合在一起，首先研制课程计划，然后设定目的与目标并选择与目标相一致的内容和经验，最后根据目的和目标对学习结果进行评估。

第二，行政管理方法。这种方法从行政管理者的视角，把学校看作一个系统，在这个系统中，学生、教师、课程专家和行政管理者之间遵照一定的行为标准相互作用，管理者依据学校的教学大纲、日程表、空间、资源与器材、人员与部门等情况研制课程计划。强调对研制课程有关人员的选拔、组织、管理，关注人际关系、领导的风格、方法及决策。在课程设计中需要审视五个不同的方面：学科问题、能力发展、学习者特征、社会要求、个体需求与兴趣激励。

第三，系统理论方法。这种方法从更宏观宽广的理论角度看待课程问题，关注的焦点是一般性课程系统。这种方法认为课程以行动计划的方式规定了师生行为模式；教学过程是对课程规划的具体执行；"教"是教师的主要活动，包括教师的行为、采取的策略及教学法；而"学"则体现为预期的学生反应或变化过程。其他一些相关

[①] ［美］伦恩伯格、奥恩斯坦：《教育管理学：概念与实践（第五版）》，朱志勇、郑磊译，487～500页，北京，中国轻工业出版社，2013。

的领域如监督、教学、指导和评估等是课程的子系统，辅助课程的实施。系统理论方法关注课程的一些基本问题：课程计划的研制，主题的设置与功能，学科的类型，辅助教学的方法和材料，课程专家、督学以及教师的作用，学区或学校如何组织才能有效地实现课程的功能等。

第四，人本主义方法。这是一种站在学生视角来研制课程的方法。在课程研制过程中，首先要从学生特征与实际需求出发，洞悉学生的兴趣爱好、自我概念和自我形象，确定学生关切的事情；围绕学生关切的事情而不是学科问题来选择教学主题或研讨话题；从学习者生活经验、情感态度和所处的社会环境出发来组织课程内容及实施教学。这种方法允许教师参与更多课程方面的决策，课程委员会的组成以自下而上的方式代替由上而下的方式，在研制课程教学计划时，学生和教师共同承担责任，学生可以就课程开发的相关经验和内容发表他们的观点。

（三）三级课程开发

课程开发如果从主体来看，可以分为三大层次，即国家课程开发、地方课程开发以及校本课程开发。①

国家课程开发是指以国家为主体，由国家教育行政部门组织的课程开发活动。其主要内容包括制定国家课程政策，对重大课程改革进行决策；制订指导性课程计划；制定国家课程标准以及必修科目；审查并向全国推荐学科教材；指导、检查地方课程管理工作；审批地方重大课程改革试验；制定升学考试制度，指导升学考试的实施；确定某些课程管理权限的下放等工作。

地方课程开发在不同的国家又具有不同的性质和表现形态，是一种介于国家课程开发和校本课程开发之间的中间型课程开发机制。它既可能朝着集权方向发展，也可能朝着分权方向发展。以国家课程标准为基础，以具有地方特色的教育思想和课程观念为指导，以地方经济和文化发展实际以及地域特点为根据，以地方教育行政部门为课程开发的主体，反映地方或社区发展的实际对学生素质发展的基本要求。在这种机制下开发出来的课程，既是对国家课程的补充，又是学校课程开发的依据，对该地方或该社区的中小学课程实施具有重要的指导作用。

校本课程开发就是以学校为基地进行的课程规划、编制、实施和评价的一整套活动。满足学生差异性、独特性的需要是校本课程开发的根本出发点，学校及教师是校本课程开发的主体。当代校本课程开发的特征是：在国家课程框架规定的限度内，授予学校高度的自由来进行课程革新。

---

① 王而治：《课程体系三级管理的意义、功能及其运作规范》，载《课程·教材·教法》，2000(5)。

单一的课程开发模式不可能解决学校遇到的所有课程问题，每种课程对学校教育都有特定的作用。因此，不能认为国家或地方能单独进行所有的课程决策，也不能用校本课程开发模式完全代替国家课程开发模式。国家、地方、学校应共享课程决策权，共同承担责任。课程开发能否成功，与中央教育部门、教师教育机构和学校是否共同努力有很大关系。

二、课程实施

课程实施是预期的课程方案实际的运行过程，它不是简单地执行课程方案，而是一个动态的过程。它不仅仅包括课程方案的落实，也涉及具体课程的实施程度，而且需要考虑课程实施的影响因素以及它们如何影响实施进程，还涉及课程设计者、课程执行者在实际情境中对课程的调适等。

课程专家富兰（Michael Fullan）指出，课程实施是任何课程革新的实际使用状态，或者说是革新在实际运作中包括的一切。随着课程改革的深入，人们关心课程改革方案达到的预期效果，这就使得课程实施的问题日益受到重视。

（一）课程实施的基本阶段

课程实施通常包括三个阶段。

第一阶段是课程采用阶段，做出使用课程方案的决定。在这一起始阶段，要围绕教育目标，决定采用某一课程方案，制订实施计划，并在实施学校发起并动员大家参与。

第二阶段是实践阶段（或最初使用阶段），这一阶段是将纸上的方案变为实际行动，是课程实施的中心环节。需要组织好实施的管理机构，对学校的人力、物力、财力做合理安排，安排实践工作的进程，交代清楚实践环节的要求，提出具体的实践措施和步骤，协调各方面的影响因素等。

第三阶段是常规化阶段（或制度化阶段）。在经过前两个阶段的运作后，有了一定的课程实施实践经验，经课程评价后，将有用的、证明有效的做法，用制度条文的形式进行规范和固定，以为新课程的实施提供制度支持和参考范例。[①]

（二）课程实施的五个层面

课程实施的过程不是一个新课程方案的实施或一套新教材的使用的简单过程，实施的状况表现为不同层面上要素的改变，是一个复杂递进的过程。根据国外学者的研究，至少经历五个层面的改变。

---

① Fullan，M.，Pomfret，A，"Research on Curriculum and Instruction Implementation，"*Review of Educational Research*，1977(2)，pp. 335-397.

第一，教材的改变。教材的改变是课程实施的开始，包括与新课程方案相适应的内容、编排顺序、呈现方法等方面的改变。第二，组织方式的改变。组织方式的改变包括对学生的分组、分班的安排，对人员的分配重组，对课程计划实施的空间和时间的安排等，以形式的改变带动课程改革深层的根本性变化。第三，角色或行为的转变。只有与课程实施有关的人员转变角色或行为，才能使课程理念与目标真正落实，这一方面的转变是课程实施取得实质性效果的重要标志。第四，知识与理解的转变。这里强调的是课程实施者对与课程相关的理论及知识的自觉理解和把握。要认识课程各要素的意义及关系，了解新课程的理念依据和作用，将新课程的理念与方法转化为自觉的行动，而不是外在的、强加给自己的东西。第五，价值的内化。对于课程实施者来说，对新课程提倡的价值理念需要一个认识与理解的过程，需要在实践中不断体验和内化，逐步去执行课程的各个组成要素。

从课程改革的角度讲，这五个层面的改变缺一不可，它们组合在一起才能实现一个或一组特定的教育目标。只有这五个层面都产生了与课程方案一致的变化，课程实施才能算是有效的，才能算是真正地走入了实践的变革。

（三）课程实施的策略

课程实施策略的不同往往会导致课程改革效果的不同。美国课程专家麦克尼尔（John D. McNeil）认为，课程改革可以发生在国家水平、地区水平、学校水平乃至课堂水平上。课程改革发生的水平不同，决定了课程实施的策略不同。根据课程改革发生的不同水平，一般有三种主要的课程实施策略。

1. 从上至下策略

这种策略以国家和地区为中心，由国家或地方一级教育机构发起，通过行政命令自上而下地推行改革，改革的指导机构主要由行政人员和专家、学者组成。这一策略往往带来课程改革的标准化和形式化，但难以触及教师实际教学层面。推行这种策略存在的主要问题是专家或学者的主张未必符合实际，未必能得到教师的理解和接受。

2. 从下至上策略

这种策略以教师为主体发起，通过探询学校中存在的问题并寻求解决来进行改革。寻求问题解决的过程包括向课程专家、学校及其他改革机构寻求协助，这是一种整合发展的策略。这种策略着眼于地区及教师的需要，有利于消除教师对课程变革的疑虑，减少课程实施的阻力，由地区或教师的课程变革开始，发展为整体的课程改革。

3. 从中间向上策略

这种策略以学校为主体发起，通过学校向内外拓展来进行课程改革。学校是课程改革实施的主体，一方面着眼于学校的整体发展，另一方面推动和协助教师参与变革。

（四）课程实施的取向

辛德（Snyder）等人对课程实施取向问题做了研究，将课程实施取向分为三种：忠实取向、相互调适取向以及创生取向。这一观点得到了课程学者与专家的普遍认可。[①]

第一，课程实施的忠实取向。持这一观点者认为设计好的课程不能改变，课程实施者应该忠实执行课程计划。这一观点适用于某些特定的情境。例如，当实施内容极为复杂、师生不易准确理解课程计划时，教师可以忠实于原有设计者的意图。就总体而言，这种观点不利于课程真正意义上的实施，教师在实施过程中显得僵化、呆板，缺乏创造性，不适应新课程改革的要求。

第二，课程实施的相互调适取向。持这种观点者认为设计好的课程不是固定不变的，课程实施是一个动态的过程。在实施过程中，教师要根据特定的教学情境和学生特点适当地调整课程计划，充分发挥自己的主观能动性，创造性地实施课程。这一观点适应我国的新课程改革，是新课程改革支持的一种课程实施取向。

第三，课程实施的创生取向。持这种观点者认为课程并没有在实施前就被固定下来，课程是情境化、经验化的，课程实施的过程是课程设计与编制的过程，是在具体情境中由师生联合创造教育经验的过程。教师在实施课程时，要引导学生依据自身经验与理解不断生成与建构知识。这种课程实施取向对教师的创造才能提出了极高的要求，要求教师不仅仅是课程的实施者，也是课程的研发者。

（五）影响课程实施的因素

20 世纪 80 年代，富兰列举了影响课程实施的一些主要因素，构建了众多课程工作者参考的分析框架。这些因素包括改革本身的特征、区域层面的特点、学校层面的特点以及地方学校系统的一些外部因素。我国对于课程实施影响因素的研究基本处于借鉴国外相关研究的水平。在此综合国外有关研究成果，将课程实施的影响因素归为四个方面，如表 11-2 所示。

表 11-2　课程实施影响因素

影响因素	内容
课程改革本身的特征	1. 改革的必要性 2. 改革方案的清晰程度 3. 改革内容的复杂性 4. 改革方案的质量和实用性

---

① 李朝辉、王志彦、谢翌：《教学论》，123～126 页，北京，清华大学出版社，2010。

续表

影响因素	内容
区域层面的特点	1. 对改革需要的程度 2. 对改革方案的了解和采纳程度 3. 主要行政部门的支持和参与情况 4. 教职队伍的培养与参与情况 5. 各部门之间的信息交流、沟通情况 6. 时限安排
学校层面的特点	1. 校长的作用 2. 学校文化影响下的教师关系 3. 教师个人特征及对改革持有的价值取向
系统外部因素	1. 社区与家长的影响 2. 政府部门的影响 3. 社会团体的支持

第三节 教学过程管理

一、教学过程的常规性管理

教学管理的直接目的是使教学工作规范化、程序化、制度化，教学工作是学校的中心工作，教学管理首先体现在对教学过程的常规性管理上。教学过程的常规性管理体现在教学过程的基本环节上，包括备课管理、上课管理、作业管理、学业表现评价管理等内容。

（一）备课管理

对教师来讲，备好课是上好课的前提，备好课是加强教学的预见性和计划性，充分发挥教师主导作用的重要保证。

备课管理的主要内容有：对教师钻研教材、了解学生、选择和确定教学方法、设计教案、布置作业、进行教学总结等方面提出要求；监督检查教师对这些要求的执行情况，加强对备课的过程管理。

（二）上课管理

课堂教学具有导向性，教书育人的主要途径就是课堂教学。因此，必须抓好课堂教学管理，即上课管理。

如何管理好课堂教学？听课和对上课情况进行分析是学校领导者进行课堂教学管理的重要职责。听课是校领导了解教师、了解学生、了解教学进展情况的最直接、最具体、最有效的方法，是帮助教师、指导教师改进教学的有效途径，也是校领导管理教学的基本功。

教学管理者需要明确一节好课的标准，以此来评价教学效果。评价一节课的教学效果，一是看教师为这节课花费的时间和精力，二是看学生在知识上、思想上的长进和提高。不仅要看教师教得怎样，还要看学生学得怎样。

（三）作业管理

作业管理涉及的问题很多。比如，如何设计作业、如何掌握作业的难易程度、如何使作业最优化，如何有效减轻学生负担、如何指导学生做作业、如何批改作业等，都是作业管理需要关注和解决的问题。

作业设计的意图应该明确清晰；作业的陈述需要准确恰当；作业的选材应该贴近学生生活；前后作业应有一定的联系性、系统性与渐进性；作业的形式要灵活；作业还需要有一定的开放性，让学生有自我发挥的余地。如图 11-4 所示。[①]

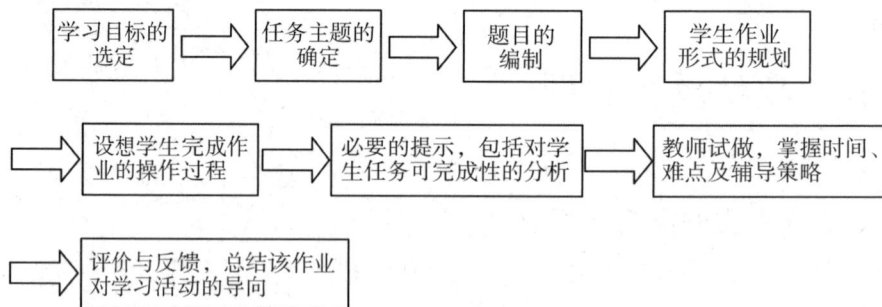

图 11-4 作业设计过程

作业管理不仅仅要重视作业的形式，更要关注作业的功能。作业不仅应满足巩固知识的需要，更应反映学生的学习过程。"把作业活动与研究解决情境中的实际问题结合在一起。学习机制上要强调学生'自主、合作、探究'的'学'的过程。作业取材要强调学科间的综合，更加接近学生知识应用的实际。作业过程要强调中长性作业和专题学习作业，使学生的学习活动更具连续性。要让不同的学生都能找到自己喜欢的切合实际的作业。"[②]

（四）学业表现评价管理

对学生学业表现进行检查和评定主要有两种形式：考查和考试。

考查是在平时的课堂教学、课外作业辅导以及课外学习小组活动中对学生的学

---

① 张志伟、张丰、陈天伟等：《以学习者为中心的作业改革》，载《基础教育课程》，2011(Z1)。
② 张志伟、张丰、陈天伟等：《以学习者为中心的作业改革》，载《基础教育课程》，2011(Z1)。

业表现进行检查。考查必须及时和经常。通常使用的考查方法有：课堂提问、书面测验、作业检查、日常观察、实验操作等。考查的目的是使教学做到有的放矢；根据教学反馈，采取有力措施，纠正学生的学习偏差；促使学生天天复习功课，养成良好的学习习惯。

这里的考试主要指集中考试或正规考试，是检查与评定学生学业表现以及教师教育教学效果的一种带有总结性的手段，是调节学生学习、改革教学、提高教学质量的依据，也是实现各级各类学校的培养目标、贯彻全面发展的教育方针的必要措施。就考试的形式而言，主要有闭卷考试、开卷考试、口试和实际操作四种。

二、提升教师教学能力

教师的提问类型、对学生的反应方式、对学生的期望和态度、课堂管理技巧、教学方法等因素都会对学生的学习和成长产生积极或消极的影响。对于教学管理者来说，提升教师的教学能力是教学管理工作的关键。

（一）明确有效教学的教师的特征

教学管理的一大重任就是必须明确恰当的教学行为，把好的或效率高的教师与差的或效率低的教师区分开来。有研究指出，有效教学的教师的特征有：具备良好的学科知识；对课程内容有清晰诠释的能力；具有知识整合能力；能够很好地组织课程；能够理解与调控学生的学习过程；能够引导学生聚焦于教学过程；对学生有高期望并能够明确学生的定位；能够激发并保持学生的学习动机；能够对学习成效及时反馈，提高学生学业水平；教学策略与方法具有多样性；掌握语言艺术，并善于运用辅助语言教学；有教学感染力，具有情感代入能力。[①]

（二）转变传统的有效教学观念

富有成效的教师并非仅仅以可测量的结果（考试、分数、排名等）来衡量自己的教学和学生的学业，并非传统意义上那种有条不紊、有计划或有步骤地开展教学而忽视教学乐趣和对课堂的情感投入的人。

这种传统意义上的有效教学将教师的教学活动拆分为可以进行操作性定义和量化的各个方面，容易忽视一些难以测量的方面，如教师教学中的艺术性、戏剧性、格调、情趣等。同时，这种仅仅以量化结果为取向的有效教学模式还会忽略学生有关道德和伦理的学习成果；忽略与学习和生活有关的社会的、个人的自我实现因素，即学习的情感领域和心理领域；忽略学生的想象力和直觉思维，以及他们的梦想、

① 于春艳、解书：《有效教师及其养成——西方有效教师研究》，载《广西师范大学学报（哲学社会科学版）》，2013(6)。

希望、抱负。

科学有效的教学应包括价值观、经验、洞见、想象力、欣赏等因素在教学过程中的植入——这些内容是不容易被观察或测量的。

（三）为教师的专业化发展提供支持和制度保障

一是为教师的专业化发展提供人力、智力支持。可以聘请退休的高级教师、特级教师参与到对在职教师的听课、评课中来，对教材、教法进行分析，对班级的课堂管理进行分析；邀请校外的教育专家参与听课、评课。同时，尽量为教师争取或提供进修、学习的机会，加强教育教学理论对其实际教学工作的指导和帮助。二是建立科学合理的绩效考评制度和激励机制，促进教师专业化水平的提升。

（四）提升新教师的教学素养

要提升教师整体的教学能力，对于教学管理工作而言，不能忽视对新教师的培养。因此，要提高新教师对教学实际工作的认识，促使他们实现从理论到实践、从认识到能力的转化。

以往学校只是以一般性的教育教学常规要求新教师，使新教师在入职时往往感到迷茫、孤立和不适应。因此，新教师校本培训的功能应定位于帮助新教师尽快适应教师角色，使他们的心理与行为符合相应的教师角色要求。

一是帮助新教师适应教师的职业角色。学校要帮助新教师正确认识自身的职业价值，使新教师具备良好的师德情感、高尚的师德情操。新教师只有具有了强烈的事业心和荣誉感，才会认同自己的职业。

二是帮助新教师尽快适应教学工作。对缺乏教学实践经验的新教师，学校可以为他们安排有丰富教学经验的优秀教师进行指导，促使其快速熟悉教学工作的各个环节，熟练掌握相关技巧。

三是帮助新教师适应校内人际关系。学校要使新教师认识到与指导教师、与学生、与同事、与领导以及与学生家长之间的关系，引导其学会与别人团结协作，逐步建立起相互信任、真诚互助、和谐合作的人际关系。

新教师应善于总结从实践中取得的成果和出现的问题，不断调整自己的知识结构、实践方式。一个不懂得反思自己成败的新教师，是得不到真正意义上的成长的。

从教学管理者的角度而言，需要对新教师的自我反思进行合理引导：一是帮助新教师对自己的实际教学进行细节分析，看到教师或学生行为背后的原因；二是从多重角度全面分析；三是积极开展小组或论坛性质的反思性实践，使新教师之间进行经验交流与分享。

三、提升学生学习能力

国家基础教育课程改革的重点之一就是转变学生的学习方式，转变学生的学习方式最直接的目的是提升学生的学习能力。从学生的长远发展来看，"如果学生在学校教育阶段里没有能够培养起对知识的渴求、不断探索和创新的欲望，没有形成一种科学思维的习惯和能力，那么，他的这一欠缺在今后的生活和工作中将是难以补偿的"①。

在课程改革实施比较积极、成功的地区，学生的学习能力有了不同程度的改观。但由于长期受传统教学方式的影响，学生学习方式单一、被动，缺少自主探索、合作学习、独立获取知识的能力，学生的创新精神和实践能力较差等问题依然存在。

在知识经济时代，信息技术日新月异，学习型社会的发展成为大势所趋，时代越来越需要学校培养出能够自主学习、具备创造性思维、善于解决问题和善于合作、会与人相处的人才。这就需要我们转变传统的人才培养模式，从注重传承转变到突出人才创新能力的培养，从培养形式的刚性划一转向弹性多元，从注重灌输转向注重启发。②

首先，夯实知识，为学生学习能力的提升奠定基础。知识和能力是辩证统一的，只有掌握了基础知识，学习能力的提升才有可能，对学生创新能力的培养才不会成为"无本之木"。

其次，改进教师的教学方式和方法。教师需要有意识地培养学生的自主学习能力，为学生提供独立完成学习任务的条件，根据不同学科的学习内容，指导学生选择合适的学习方法。在教学方法上，注重学生创新思维的培养，激发学生的创新动机和创新热情。

再次，积极开展学生的实践活动。学生的学习能力不仅要在解题技巧上体现出来，还要在运用知识的实践活动中体现出来。学生创造性的发挥更多地体现在实践活动中，学生实践活动的开展应注重形式的多层次化和多样化。

最后，构建学生学习能力的科学评价体系。构建科学的学生学习能力评价体系，需要注意评价的综合性、发展性、激励性和开放性。综合性，即评价的内容除了关注学生的学业成就之外，还要关注创新精神、分析与解决问题的能力、学习态度、价值观等多元化的评价指标。发展性，即评价应关注学生的发展变化、优势和不足。激励性，强调评价方法要有利于学生学习积极性和主动性的发挥，尊重学生个体差异，保护学生的上进心和自信心等，挖掘每一个学生的潜能和优势。开放性，是指不仅仅以考试为唯一评价手段，需要重视采用开放式的质性评价，如行为观察、情境测验、成

① 任长松：《新课程学习方式的变革》，3 页，北京，人民教育出版社，2003。
② 魏所康：《培养模式论——学生创新精神培养与人才培养模式改革》，139～154 页，南京，东南大学出版社，2004。

长记录等。

四、减轻学生学业负担

中小学生学业负担过重，会影响学生的身心健康发展，压抑学生的个性和创造性。造成学生学业负担过重的主要原因有：第一，教学方式和学习方式相对单一、陈旧，教师"满堂灌""一刀切"，学生"死读书""读死书"；学生学习往往是被动学习，不利于学生自主学习和合作学习以及探究能力的提升，不利于培养学生的创新精神和实践能力；教学效率低，严重影响学生的全面发展、个性发展、主动发展与可持续发展。[①] 第二，升学竞争的影响，在升学考试制度没有发生根本性转变以前，社会对学校工作的评价主要还是以升学率为标准，在升学指挥棒的压力下学校偏离全面育人目标。第三，家长对市场经济带来的社会分化的担忧，转嫁到孩子身上，给予孩子高投入、高期望，使得孩子产生很大的精神负担和生理负担。第四，校外教育培训机构、教辅图书出版机构的利益机制驱动，制造教育焦虑，形成了一批补习班、家教、教辅读物市场，加重了子女养育压力和家庭经济负担。学生过重的学业负担相应导致家长经济和精力负担过重，严重对冲了一个时期以来教育改革发展成果。

为了减轻学生过重的学业负担，保障学生健康成长，提高学校内生性发展质量，整治非理性过热的校外教育培训，解决教育领域的短视化、急功近利性问题，2021年上半年国家密集出台了一系列政策文件，主要包括：中央全面深化改革委员会第十九次会议审议通过的《关于进一步减轻义务教育阶段学生作业负担和校外培训负担的意见》（以下简称"双减"政策）；《教育部办公厅关于加强中小学生手机管理工作的通知》《教育部办公厅关于进一步加强中小学生睡眠管理工作的通知》《中小学生课外读物进校园管理办法》《教育部办公厅关于加强义务教育学校作业管理的通知》《教育部办公厅关于进一步加强中小学生体质健康管理工作的通知》（以下简称"五项管理"政策）。"双减"政策和"五项管理"政策针对长期困扰教育良性发展和学生健康成长的老大难问题提出了一系列针对性治理措施，在聚焦作业和校外培训治理的同时，在加强课后服务、减轻考试压力、完善教育治理评价、营造良好生态等方面也做出了政策规范。

（一）树立科学的教育质量观

"双减"政策和"五项管理"政策要求教育应当以学生为本，遵循学生身心成长规

---

① 褚宏启：《中国教育发展方式的转变：路径选择与内生发展》，载《华东师范大学学报（教育科学版）》，2018(1)。

律和教育规律，着眼于学生身心健康发展和未来可持续发展，树立科学的教育质量观和人才发展观。对于中小学教育来说，在重视基础知识与基本技能学习掌握的同时，要从发展兴趣、培养学生综合素质和健康人格的角度来开展教育、教学和学校管理工作，投入资源、设置课程对学生进行劳动能力、职业技能和生涯规划教育。同时，强调要转变教育教学方式，在教学过程中要采取启发式、项目式、体验式、参与式、探索发现式的教学方法，培养学生的科学思维和创新能力，帮助学生掌握学习方法、学会学习，使学生适应未来社会对创新型人才的需求。

（二）全面压减作业总量和时长

政策要求学校健全作业管理机制，完善作业管理办法，加强校内学科组、年级组作业统筹协调，建立作业管理细则校内公示制度，确保作业难度不超过国家课程标准要求。在作业总量上，学校要确保小学一、二年级不布置书面家庭作业，可在校内适当安排巩固练习；小学三至六年级每天书面作业完成时间平均不超过 60 分钟；初中每天书面作业完成时间平均不超过 90 分钟。提高作业设计质量，鼓励布置分层作业、弹性作业和个性化作业，避免机械、无效训练。要求教师指导小学生基本在校内完成书面作业，初中生在校内完成大部分书面作业。小学生每天睡眠时间应达到 10 小时，初中生应达到 9 小时，高中生应达到 8 小时。学校和家长要督促学生回家后主动完成学校布置的作业，从事一些力所能及的家务劳动，开展适宜的体育锻炼、社会实践。引导学生合理使用电子产品，原则上要求学生不得将个人手机带入校园，学校不得用手机布置作业或要求学生利用手机完成作业；学生在家要控制使用时长，保护视力健康，防止网络沉迷。

（三）提升学校课后服务水平

针对义务教育学校特别是小学"三点半"放学家长无法及时接送孩子、把孩子送到校外培训机构导致经济负担过重的问题，"双减"政策要求学校开展课后服务，解决家长接送难题，并通过提供丰富多彩的活动为学生提供个性化学习与发展空间。在时间方面，要求课后服务结束时间原则上不早于当地正常下班时间，为有特殊需要的学生提供延时托管服务。在满足个性化需求方面，学校可以利用课后服务时间指导学生认真完成作业，进行补习辅导与答疑，还可以开展科普、文体、艺术、兴趣小组及社团活动等，为学生个性化发展提供服务。同时，鼓励学校多方拓展课后服务的社区资源，并加大对课后服务教师和人员的激励。

（四）从严规范校外培训行为

对于校外培训机构的审批来说，要求各地不再审批新增学科类校外培训机构，现有学科类培训机构统一登记为非营利性机构，严禁学科类培训机构资本化运作。

"双减"政策对校外机构的培训服务行为提出了严格的监管限制，建立培训内容备案与监督制度，严禁超标超前培训，不得占用国家法定节假日、休息日及寒暑假期组织学科类培训。对于线上校外培训，要注重保护学生视力，每课时不超过30分钟，课程间隔不少于10分钟。同时要求校外培训机构不得以课前预习、课后巩固、作业练习、微信群打卡等任何形式布置作业。

（五）确保学生在校内学足学好

"双减"政策的核心是"减负提质"，既强调减轻学生过重的课内外学习及作业负担，又强调学校要致力于提高教育教学质量，确保学生在校内就能学足、学好。提高教学质量是一项系统工程，对于政府来说，要加大资源投入，整体提升学校办学水平，扩大优质教育资源，加快缩小城乡、区域、学校间的办学水平差距。对于学校来说，要优化教学方式，强化教学管理，提升学生在校学习效率。学校要引导教师以全面提升学生核心素养为基础，不随意提高教学难度、加快进度，加强教育教学校本研究，科学设计教学，采用有利于学生参与、主动探索发现的教学方式，全面提高学生培养质量。教师要提高自主设计作业能力，针对学生不同情况，精准设计作业，根据实际学情，精选作业内容，合理确定作业数量。改变单一的学生评价方式，实施对学生的多元评价，促进学生发展。高中招生改革要与"双减"政策配套，积极探索基于初中学业水平考试成绩、结合综合素质评价的学校招生录取模式，坚持以学定考，提升中考命题质量。

（六）积极开展家校合作，转变家长观念

有些家长认为考试成绩是评价孩子的比较客观公正的标准，也有一些家长缺乏教育孩子的科学知识，以为给孩子加大重复作业量、多补课就能提高孩子的学习成绩，这些认知都存在偏颇或误导。可以通过开展家校合作，采取多种形式向家长宣传，帮助家长形成正确的人才评价观，不能唯学历论，不能只重孩子的知识、技能、成绩，忽视对道德品质的培养与评价。在与孩子沟通及教育方式方面，引导家长了解孩子、尊重孩子，建立民主平等的家庭关系，倾听孩子心声，为孩子排忧解难。同时，家长要指导学生合理利用好在家时间，保障充足睡眠，加强体育锻炼，开展适宜的家务劳动等，为孩子健康快乐成长创设良性氛围。

第四节　教学评价

一、教学评价的含义与内容

教学评价是指依据教育方针和学校培养目标，在系统、科学和全面地收集、整

理和分析教学内容、教学过程和教学成效等方面信息的基础上，通过数量测量和质量描述的方法，判断教学过程是否达到了预定的目标，进而评价学校教学工作的整体质量。

教学评价是教学管理的一项重要工作，也是教学视导的基本环节。教学评价是政府及其教育行政部门与视导机构督导评估学校教学工作，监控学校教学过程，保证和提高学校教学工作质量的有效手段。教学评价的意义在于，一方面可以评价学校和教师的教学工作成效，将评价结果作为视导、评估和考核的依据；另一方面，可以通过评价，发现存在的教学问题，提出改进的对策。

教学评价一般包括对教学内容、教学方法手段、教学环境、学生学习情况和教学管理等方面的评价。其中，对学生学习效果的评价和对教师教学工作的评价是两个最为基本的方面。对学生学习效果的评价，也叫学业表现评价，主要是通过考试或测验的方式，评价学生在知识学习、能力掌握等方面的学业成就；对教师教学工作的评价主要包括评价教学设计、课堂教学的组织实施过程、作业布置与批改、课外辅导等方面。

教学评价指标体系是指教学评价各项指标所构成的总体或集合，其主体框架是各级各类教学评价的具体指标和标准。设计出一个有效、简明、科学的指标体系，将直接影响教学评价结果的科学性和可信度。

教学评价指标体系可以分三个层次建立：学校教学评价指标体系、教师教学行为评价指标体系、课堂教学评价指标体系。当然，不同时代、不同地域可以有不同的指标体系和标准，可以有不同的表述方式。但无论哪个层次的教学评价，其指标体系的开发都应遵循如下步骤和方法。

首先，确定指标体系和标准。学校教学评价可从学校教学管理、教师教学过程、学生学业成就、教学研究工作四个基本的方面去评价。教师教学行为评价可从备课、上课、作业、辅导等方面去评价。课堂教学评价可从教学目标、教学过程、教学效果、教学基本功等方面去评价。以上所列的各层次的几个方面构成了教学评价的一级指标。一级指标又可以再次细分为二级指标、三级指标……一般来说，一级指标具有较高的抽象程度，指标层级越往下，指标就越具体，越具有可操作性。从理论上来说，指标层级越多，评价越细致，精确度就会越高；但是，如果评价指标超过 5 个层级，一般人就很难掌握，反而不利于教学评价的有效实施。一般来说，评价指标体系以 1~3 级指标为宜。指标确定之后，确立每个指标的标准，为教学评价决断提供依据。

其次，设置评价指标的权重。指标权重是指在其他因素保持不变的情况下，某项教育评价指标的变化对教学评价结果的影响程度。在实际的学校教学中，教学管理、教师教学、学业成就、教研工作等的变化对教学评价结果的影响情况是不同的。但是，这个"不同"到底有多大，需要对评价指标体系实施预评价和试测，通过统计分析预评价和试测结果，运用回归分析、德尔菲法、关键特征调查法、层次分析法等多种方法来计量不同的指标变化对教学评价结果的影响程度。在此基础上，设置教学评价的一级指标、二级指标、三级指标等具体指标的权重。只有给各级指标都设置了具体的权重，各级各类评价指标形成一个体系，才能保证评价的科学性。

需要指出的是，教学评价指标体系中各指标权重的设置，是客观统计分析的结果，体现了国家和社会对学校教育的价值追求。在素质教育和课程改革的背景下，学生的综合素质是教学评价的核心，教学评价目标的设置要体现发展性。因此，在评价指标的权重设置方面，会为那些能够促进学生综合素质全面发展的指标赋予更大的权重。

最后，教学评价指标的检验与修正。只有经过评价实践检验的指标体系才是有效的，才能被接受。因此，需要将所涉及的教学评价指标体系在一定范围的学校教学评价实践中进行检验。检验的主要内容包括评估收集评价信息的可行性、标准的全面性与互斥性等方面。根据检验的结果对教学评价指标体系进行修正和完善。在得到验证和修改完善之后，指标体系才能够正式投入使用。在以后的使用中，还要根据学校教学的实际情况以及教育事业的改革与发展不断修订完善。

二、学校课堂教学评价

（一）课堂教学评价的含义

课堂教学评价是与课堂教学有关的测量与评价的总称，它是指为促进学生学习、改善教师教学而实施的，对学生的学习过程与结果、教师的教学进行的测量与评价。[1]

课堂教学是学校教学管理的主要内容之一，课堂教学评价主要体现为对教学过程和教学结果进行评价，是促进学生成长、教师专业化发展和提高课堂教学质量的重要手段。

（二）建构课堂教学评价指标体系

在课堂教学评价的方法中，量表法应用得最为广泛。量表法使用的关键是量表中评价项目的制定。一般而言，通常侧重于对课堂教学的过程、教学技能和师生之间的互动进行评价。有时，不同的理念下评价项目会有不同的侧重点。评价项目的制定在于建构科学的评价指标体系。

评价目的不同，构建的评价指标体系也会不同。评价目的体现了课堂教学评价

---

[1]　余林：《课堂教学评价》，6 页，北京，人民教育出版社，2007。

的导向功能，通过评价把教学活动引入某个方面，或在教学评价中体现某种新的理念。如果评价目的是了解课堂教学的基本环节是否完整，那么评价指标体系的重点应放在课堂教学的基本环节上；如果评价的目的是了解师生互动的情况，那么评价指标体系应更多关注互动环节。

课堂教学评价指标体系是进行课堂教学评价的基础和实际依据。课堂教学评价的标准实质上反映了一定的教学理念和教学思想，在不同的教学理念和思想下，评价的指标体系不同。指标是具体的、行为化的、可测量或可观察的评价内容，即根据可测或可观察的要求而确定的评价内容。指标体系主要有三类。[①]

一是依据课堂教学的各个要素进行分析，如教学目的、教学方法、教学过程等，在此基础上进一步细分。这种体系的特点是结构清晰、脉络分明，如表 11-3 所示。

表 11-3　中小学课堂教学评价指标和评价标准

	一级指标	二级指标	评价结果		
			A	B	C
课堂教学评价指标和评价标准	教学目标	(1)科学性			
		(2)透彻性			
	教学过程	(3)张弛有度			
		(4)学生参与			
		(5)有效有序			
		(6)关注差异			
	教学氛围	(7)师生关系			
		(8)课堂气氛			
	教学结果	(9)知识技能达到要求			
		(10)探究问题积极			
		(11)问题解决有效			

二是依据非固定问题来建立标准，如教学目标明确、教学重难点突出、教材处理恰当、联系实际密切、教学结构合理、教学方法灵活、教态自然、教师素养良好、教学效果明显等。

三是依据课堂教学中的具体行为，将课堂教学分为教师行为、学生行为、师生互动行为、生生互动行为四种。根据不同的教学理念和对理想的教学状态的理解，规定教学双方应有的一些行为。

---

① 余林：《课堂教学评价》，358～360 页，北京，人民教育出版社，2007。

从某种角度来说，上述几种指标体系都有一定程度的交叉，教学评价要素中涉及师生互动或教学效果，而教学行为的标准中也可能涉及教学过程的要素。

（三）课堂教学评价的实施

课堂教学评价的实施是运用各种评价方法和技术收集各种评价信息，并在整理评价信息的基础上做出价值判断，同时对评价者和被评价者的心理进行调控，以保证评价工作的顺利进行。

第一，收集评价信息。根据先前制定的评价方案，利用相应的评价方法、手段、工具（评价表、量表、问卷等）、仪器等收集需要的评价信息。

第二，整理评价信息。对收集到的评价信息，通常需要进行审核和归类。

第三，分析处理评价信息。首先，要掌握评价的标准及具体要求；其次，评价者应该使用事先规定的计量或其他方法来处理评价信息，在评估结果中要给出明确的相应的分数、等级或定性描述等评价意见；最后，在条件许可的情况下，应该对评价者的测量或观察结果进行认定、复核。

第四，做出综合评价。将分项评价的结果汇总成综合评价结果，它要求评价者根据汇总的评价结果，对评价对象做出准确、客观的定量评价或定性评价，形成评价意见。

第五，评价结果的处理与反馈阶段。通常包括以下几个方面的内容：检验评价结果、分析诊断问题、撰写评价报告、反馈评价结果。

三、区域教育教学质量的督导评价

（一）区域教育教学质量督导评价的内涵

区域教育教学质量督导评价旨在建立统整区域性的科学合理的学校督导评估体系，是根据一定的评价目标，运用可行的科学手段，对区域内所有学校的办学过程及效果统一进行价值判断的过程，侧重于定性分析，带有诊断、导向、估计和预测性质。[1]

（二）区域教育教学质量督导评价的功能

要建立更加有利于促进学校标准化办学、促进义务教育均衡发展、促进素质教育实施的学校教育督导评价机制，教育行政部门、教育督导部门等相关教育管理者需要明确这一督导评价机制应该具备的基本功能。

一是调研诊断功能。通过搜集学校办学信息，调查学校实际情况，对资料进行整理分析，发现学校在办学条件、队伍建设、管理水平、素质教育和办学业绩等方面存在的问题，分析问题产生的根源。

二是调整改进功能。一方面，在评估之前，学校根据检查验收的要求，进行针

---

[1]　刘永和：《地区性学校评估的现状及其对策》，载《南京社会科学》，2007(8)。

对性改进，力争达标；另一方面，在评估之后，对学校各项工作的优点和不足给出鉴定，学校再根据评估的要求进行针对性改革。

三是分等鉴定功能。通过学校评估，人们可以区别和鉴定学校办学条件、内部管理、队伍建设和教育质量，可以鉴定各部门职能的实施水平和优良程度，从而为教育管理决策科学化奠定基础。

四是激励制约功能。学校评估的结果影响评估对象的形象、荣誉和利益等，因而学校评估常能激发被评估者的成就动机。对学校工作进行有计划、有步骤的检查和督促，有利于提高办学效率和育人质量，促进学校发展。

五是目标导向功能。学校的督导评价是根据一定的价值标准进行的价值判断活动。设计一套符合当前教育目标的评估指标，制定切实可行的评估方案，就成为学校办学的努力方向。

（三）区域教育教学质量督导评价指标体系构建的原则

一是依据国家有关教育法律法规、方针政策和教育行政部门对学校的基本要求来制定，是学校必须达到的规范管理行为和基本质量标准。

二是指标内容具有针对性，反映地方实际情况和特色；根据地方或学校办学实际需要适当调整指标内容，使之更具针对性。

三是调整指标权重，突出指标体系的导向性。在保持指标体系总体框架相对稳定的前提下，通过调整具体指标设置体现当前最新的要求，重点是突出素质教育的要求。

四是体现发展性的原则。不仅注重评估结果，更注重评估的发展和变化过程。依据学校自身发展规律、现有办学水准和学校发展目标，对学校发展现状和潜能进行评估，体现校际的差异性和学校的自主选择性；根据教育改革和社会发展对学校教育的要求，提出学校不同发展领域应努力的方向。

（四）区域教育教学质量督导评价的实施策略

区域教育教学质量督导评价是一项技术性很强的系统工作。从过程上来看，区域教育教学质量督导评价主要包括制定评价方案、实施评价、撰写评价报告和反馈评价结果四个基本环节。[1]

第一，制定评价方案。制定评价方案是实施区域教育教学质量督导评价的第一步。区域教育教学质量督导评价方案的主要内容包括评价目的、评价对象、评价标准、组织实施、评价方法、实施期限、评价报告完成时间、评价报告接收的单位或个人、预算等方面。

第二，实施评价。根据区域教育教学质量督导评价方案具体开展区域教育教学

[1]　吴钢：《现代教育评价教程》，44～65页，北京，北京大学出版社，2008。

质量督导评价工作，即收集评价信息、分析和处理评价信息，最终得出区域教育教学质量督导评价结果。

第三，撰写评价报告。主要包括以下内容：描述区域教育教学质量督导评价方案的实施过程；分析区域教育教学质量督导评价结果；结论与建议。在组织评价人员讨论的基础上，将区域教育教学质量督导评价结果汇总，形成区域教育教学质量督导评价的最终结论，并提出改进的意见或建议。

第四，反馈评价结果。要把区域教育教学质量督导评价报告传递给报告的接收者，促使其采取行动来做出改进教学工作的决策并具体实施教学改进。报告反馈一般有三种形式：一是将区域教育教学质量督导评价报告反馈给学校或教师，促使其改进教学工作，并听取其对区域教育教学质量督导评价报告的看法或意见；二是将评价报告反馈给教育行政部门或督导评估部门，为提高和改进教学工作奠定支持性的信息基础；三是通过媒体公布于众，这样既能够促进教育部门内部和学校之间的相互学习和借鉴，还能够获得公众对于教育工作的理解和支持，形成舆论监督的氛围，督促被评价者改进工作。

本章精要

1. 课程与教学是教育活动的核心要素，也是教育研究者探讨的核心和基本。 理解课程与教学的内涵与关系是探讨课程管理与教学管理的基础。

2. 课程通常被看作学校教育过程的核心，研制出一项有效的课程计划非常必要。 课程研制的主要方法有行为主义方法、行政管理方法、系统理论方法、人本主义方法。 课程实施是预期的课程方案实际的运行过程，它不是简单地执行课程方案，而是一个动态的过程。 课程实施通常包括课程采用阶段、实践阶段和常规化阶段三个阶段。 课程实施经历教材的改变、组织方式的改变、角色或行为的转变、知识与理解的转变以及价值的内化五个层面的改变。 课程实施策略一般分为从上至下策略、从下至上策略、从中间向上策略。

3. 教学管理是一个完整的系统，教学工作并非依赖各科教师的分工、配合就能完成，如果不对教学工作进行系统的组织化的管理，就会产生教学的无序和低效，从而影响教学质量。 从管理形式上看，教学管理系统可分为教学行政部门对教学的管理和学校对教学的管理两种。 教学过程管理要注重对教学过程的常规性管理、提升教师教学能力、提升学生学习能力、减轻学生学习负担这四个方面。 教学管理的直接目的是使教学工作规范化、程序化、制度化，教学工作是学校的中心工作，教学管理首先体现在对教学过程的常规性管理上。 教学过程的常规性管理体现在教学过程的基本环节上，包括备课管理、上课管理、作业管理、学业表现评价管理等内容。

4. 教学评价是教学管理的一项重要工作，也是教学视导的基本环节。 教学评价一般包括对教学内容、教学方法手段、教学环境、学生学习情况和教学管理等方面的评价。

课堂教学是学校教学管理的主要内容之一，课堂教学评价主要体现为对教学过程和教学结果进行评价，是促进学生成长、教师专业化发展和提高课堂教学质量的重要手段。

思考题

1. 结合国内外对课程与教学关系的研究，简单阐述几种主要的观点。
2. 我国建立起的课程管理体制是怎样的？
3. 课程研制与实施的步骤与方法有哪些？
4. 教学管理应该怎样应对课程改革提出的新要求？
5. 你对课堂教学评价有怎样的理解？

案例分析：东北师范大学附属中学课堂教学改革十年行动

东北师范大学附属中学（以下简称"东北师大附中"）紧紧抓住我国教育转向高质量发展阶段的历史机遇，立足于学校的教研文化，对标国家教育政策的基本要求，用十年时间积极推动学校课堂教学改革。

一、缘起：教育发展方向转变为课堂教学改革带来机遇

（一）梳理国家十年基础教育改革轨迹，明晰改革方向

2012—2022 年这十年间的中国基础教育改革，都是紧紧围绕落实"立德树人根本任务"这一主旋律展开的。2012 年 11 月，党的十八大报告中明确提出"把立德树人作为教育的根本任务"。这一论述对课堂教学改革提出了两方面要求。

第一，将立德树人融入课堂教学各个环节，着力解决"为谁培养人、培养什么人"的问题。这一方向与后来的《国务院办公厅关于新时代推进普通高中育人方式改革的指导意见》《关于深化新时代学校思想政治理论课改革创新的若干意见》《新时代爱国主义教育实施纲要》《全面推进"大思政课"建设的工作方案》等政策文件相呼应。

第二，稳步提升课堂教学效率和质量，着力解决"怎样培养人"的问题。这一方向与后来的《中共中央 国务院关于深化教育教学改革全面提高义务教育质量的意见》《深化新时代教育评价改革总体方案》《关于进一步减轻义务教育阶段学生作业负担和校外培训负担的意见》《关于深化新时代教育督导体制机制改革的意见》等政策文件相呼应。

（二）对标国家教育改革要求，明确"四位一体"的课堂育人理念

党的十八大以来，中国教育一直处于变化大、创新多、发展快的成长过程中。在这一过程中，课堂教学改革也在不断生成新的进步。课堂教学改革的每一次进步，都带来了教学目标、教学方法、学习方式和教学评价的全方位改进。而在这些改变中，新教学价值的生成最具引领意义和奠基作用。十年来，我国

基础教育的课堂教学价值逐步完成了从知识、能力本位向整体育人本位的转变，也就是在强调知识、能力的同时又强调"立德树人"的重要价值。

在充分理解国家教育改革理念与方向的基础上，东北师大附中结合自身发展路径，在课堂教学实践中提炼出"四位一体"课堂育人理念，即学校的每一节课都具备"正确价值观塑造、必备品格养成、关键能力形成和基础知识获得"四方面的教学价值。这一课堂育人理念的确立，奠定了该校2012—2022年十年的课堂改革基本思路。一方面，在课堂教学的育人功能上，全面推动课程思政、学科育人，实现"正确价值观塑造、必备品格养成"的教学价值；另一方面，在课堂教学的育才功能上，全面推动"以人为本、以学定教"，实现"关键能力形成和基础知识获得"的教学价值。"四位一体"课堂育人理念，让课堂回归到立德和树人，致力于培养有理想、有本领、有担当的时代新人。

二、解构：学校十年课堂教学改革的逻辑与方法

在确立了以学校课堂育人理念为起点、以国家教育改革要求为目标的课堂教学改革的基本逻辑后，东北师大附中以"实现全面扩大课程育人功能和稳步提升教学质量内在统一"为目标，有计划、有步骤地推动长时程主题教研，旨在用行动研究消解教育改革要求与教学实践之间的落差。长时程主题教研是东北师大附中用行动研究推动课堂教学改革的主要方法，即以海纳百川的胸襟、针锋相对的率真、别开生面的勇气，在学校课堂教学改革实践中，每年一个主题、每次一点改变，最终积累成课堂教学行为改进策略，以塑造出全新的课堂教学文化，推动教育改革的深入发展，促进学校高质量发展。

（一）路径回顾：两阶段系统推进教改内涵发展

东北师大附中近十年的课堂教学改革历程可以归纳为2012年至2017年、2017年至2022年两个阶段。

第一阶段主要围绕"学科核心素养"进行探索研究，以21世纪初学校开展的"优效教学模式"为基础，进行了大量关于教学方式方法、教学策略、学生学习行为、教学内容的理解和加工等主题的课堂教学改革研究。这一时期改革的现实效应就是确立了"学校教育的主阵地是课堂，学校文化的核心价值在课堂"的价值导向，同时教师开始重新审视课堂教学，不断进行课堂教学价值观、过程观、方法观的反思与重建。"语文教育民族化""数学情景化教学""英语项目式教学""化学大概念统领教学""有生命的历史教学""主体性心理健康教育"等多个比较成熟的个性化学科教学思想均出自这一时期。

第二阶段主要围绕在课堂教学中落实"立德树人根本任务""核心素养""以学定教"，进行了关于课程思政、课堂育人理念、课堂教学指导思想等主题的行动研究。 重视在原有课改经验的基础上进行理论和实践创新是这一时期的典型特点。 这一特点的现实效应就是学校原创出三项校本课堂教学改革理论与实践体系，即幼小初高大一体化课程思政课堂教学改革、"四位一体"课堂育人理念和新时代"五以"教学指导思想。

（二）实践聚焦：多维度探索育人方式持续变革

1. 幼小初高大一体化课程思政课堂教学改革实践

幼小初高大一体化课程思政课堂教学改革是该校在直属于东北师范大学、各学段齐全的办学体制优势下开展的一项教学改革试验活动，是该校落实提升课程育人功能改革目标的重要举措。 这一课堂教学改革实践包含学段一体化改革和课程思政改革两项内容。 学段一体化改革重点在于立体施策，即"一体化育人空间为原点（发展基础）、一体化教师成长为长度（持续发展）、一体化区域联动为宽度（协调发展）、一体化教学改革为高度（特色发展）"，实现幼小初高大课程思政的梯度衔接和系统推进。 课程思政改革关键在于选择合适的思政内容，找准契合点，在不破坏知识教学结构和逻辑的前提下，在适当的时机，将思政元素有机融入课堂教学之中。 在横向上，从课堂环境、教学内容、教学资源、教学方法、教学评价等方面加强课程思政落实；在纵向上，从备课、导课、新课教授、小结反馈、作业等方面加强课程思政落实。

通过思政教育与课堂教学的融合提升学科课堂教学的育人功能，是该校在课堂教学上落实"立德树人根本任务"，回应"为谁培养人"的重要教学改革举措。

2. 新时代"五以"教学指导思想的创新提炼

新时代"五以"教学指导思想是在该校持续数十年的课堂教学改革经验的基础上凝练而成的，是该校落实"稳步提升教学质量"改革任务的根本举措。 新时代"五以"教学指导思想主要包括以下几方面内容：坚持立德树人根本任务，以学科核心素养落地为中心，实现学生在学科基本知识、基本技能、基本方法以及学科思维品质和思想上的综合发展；以基于情境、问题导向的教学为前提，构建互动式、启发式、探究式、体验式课堂；以自组织、探究式学习为基础，突出项目学习、研究性学习、验证性实验、探究性实验在学生能力培养中的作用；以师生"双主体"为原则，实现学生自主发展、全面发展和教师自觉发展、专业发展的统一；以信息技术与学科教学的深度融合为过程，建立数字化的学习支持系统、教学支持系统、教学管理系统和资源管理系统。 新时代"五以"教学指导思想的提出，奠定了东北师大附中课堂教学改革的观念逻辑、话语逻辑和实践逻辑基础，并入选 2021 年普通高中新课程新教材实施国家级示范校建设工作经验成果，成为引领全国课堂教学改革发展的典型经验。

三、蜕变：学校在课堂教学改革路上的华丽变身

十年来，东北师大附中的课堂教学改革由相对独立的课堂教学展示活动，转变为系统性的课堂教学改革活动。学校通过大量的行动研究，在不断丰富课堂教学内涵的同时，逐渐促成了教师对课堂教学改革认识的转变，持续性地为学校品质提升和高质量发展注入新的动力。

（一）个性化、内涵式的课堂教学改革理念深入人心

2012年前，学校教育的关注点仍然是通过积累阶段性课改经验，促成学校课堂教学细节的优化与完善，如促使教学准备、教学过程、教学材料、教学评价、教学管理等环节逐步走向完备。随着课堂教学改革的深入推进，学校的课堂教学改革也开始向超越模式和技术层面的新型教育观、特色教学形态及特色教学理念发展。例如，学生观由个人成长本位转变为个人与社会协调成长，课堂观由已成型课堂转变为生成型课堂，教学观由学生主体向强调良好主体间性的师生双主体转变。东北师大附中个性化、内涵式的课堂教学改革理念也对学校的发展定位产生了影响。2017年以后，学校的发展定位由原来的"一流中学、知名中学"转变为"现代化、国际化的学术型中学"，体现出从抽象走向具体、从外延走向内涵的方向转变，标志着学校发展逻辑的质的变化。

（二）适应未来教育发展需要的教师培养策略逐渐成熟

东北师大附中的课堂教学改革，本质上是一种自下而上、由内及外推进的教学改革。由于教师是课堂教学的组织者和设计者，因此，教师天然地成为课堂教学改革的主体。教师在课堂教学改革中角色的转变，一方面直接推动了教师个体的专业成长，另一方面间接促进了教师整体育人理念的转变。在课堂教学改革活动中，教师通过精心备课、反复磨课、精心授课、深度反思，规范了自身的教学行为，提升了对课程开发与设计、实施与评价的认识，专业水平得到了快速提升；通过在课堂教学改革活动中收获的经验与能力，教师的职业认可度得到了较大程度的提升，他们更深刻地感受到自己存在的价值，体悟到职业幸福感和成就感。教师个性化、内涵式的发展模式也间接推动了学校教师培养理念的转变。2012年以前，学校教师的发展重点在于教学技术熟练型教师的培养；2012年以后，学校逐渐将教师的发展重点转向教师的反思能力、研究能力、学术能力的培养上，旨在助力教师突破技术熟练的职业瓶颈，成长为师德高尚、理念先进、教学高效、学术优长的教育家型教师。

课堂讨论

　　1. 如何理解东北师大附中"四位一体"课堂育人理念提出的时代背景?

　　2. 学校持续深入推进课堂教学改革的内在动力是什么?

　　3. 东北师大附中的课堂教学改革对学校创新教学与凝练教学理念、将新理念落实到具体的教学过程之中有哪些启示?

第十二章　学生管理

本章学习目标：
- 了解学生管理的概念；
- 理解学生管理的特点与价值追求；
- 了解学生常规管理的基本内容；
- 掌握不同发展阶段学生管理的特点与措施；
- 掌握不同群体类型学生管理的特点与措施。

学生是学校管理工作的主要对象，学生管理是学校管理的有机组成部分，各级各类学校都配备了专门人员从事学生管理工作。学生管理是否得法、是否符合学生身心发展特点，将直接影响到教育教学质量的高低，影响到人才培养质量的高低。

第一节　学生管理的性质

一、学生管理的概念

目前关于学生管理的概念，理论上尚难以达成共识。如果不对这一基础性概念进行准确的界定，那么无疑会影响到人们对于学生管理理论研究和实践活动的深入认识。

在美国，学生管理主要指"学生事务"（student affairs），是与"学术事务"（academic affairs）相对应的概念。其中，学术事务通常涉及学生的"学习""课程""教室""认知发展"等，而学生事务则涉及"课外""学生活动""住宿生活""感情或个人问题"等。[①] 在我国，人们通常将学生管理理解为学校对学生在校内外的学习和活动进行计划、组织、协调、控制的总称。

相较而言，上述概念基本上反映出了学生管理的本质，两种概念既有相同之处，也有不同之处。不同之处在于：前者主要指课堂教学以外的，作用于学生生活和成长的手段和方式方法的总和，是对学生实施课外教育的途径和载体；后者则不仅涵盖校内外学生学习和活动的全部内容，而且强调学生管理是教务管理的组成部分。相同之处在于：两者都反映出了学生管理的基本内涵，即学生管理主要是指学校通过专门的组织和人员对学生施加教育影响，以规范、指导和服务学生，丰富学生校园生活，促进学生成长成才的组织活动。

为了进一步理解这一概念，这里需要对此定义做如下解释。

第一，学生管理是学校管理的一个重要组成部分，它需要有相对稳定的组织系统、明确的指导思想和组织目标、一定数量的专职人员、一定的物质条件和资源保证。由于学生管理涉及的部门和人员很多，既包括上级教育行政部门和学校、教师，也包括家长和社区以及学生自身等，因此，要想实现预期的学生管理目标，就必须协调好校内外学生管理系统横向和纵向、上下各方的关系。

---

① 蔡国春：《高校学生事务管理概念的界定——中美两国高校学生工作术语之比较》，载《扬州大学学报（高教研究版）》，2000（2）。

第二，学生管理的主体是学校，这里包括专门机构、专职人员和特定条件下由管理者授权或聘任的参与学校管理的学生或其他人员（如心理咨询指导者）。学生管理的客体既指人也指事，既指学生又指与学生有关的活动和事务。

第三，学生管理对学生成长、成才具有保障和支持作用，是学校实现教育目的的重要途径。当然，这种作用和目的是通过规范学生、指导学生和服务学生得以实现的。与教学和课程等学术影响有别，学生管理侧重于为学生的成长和成才创设良好的氛围，促进学生在职业、情感、道德、精神等方面的发展，从而直接服务于学校培养人才的使命。

第四，学生管理是学校实施德育的一个重要途径，但是它不只单纯服务于学校的德育工作，它同时对智育、体育等诸方面都有相应的影响。因此，学生管理与德育工作既有联系又有区别，二者不能完全等同。

二、学生管理的价值追求

学生管理是一种为促进学生发展所必需的学生事务的组织活动过程。随着社会的发展尤其是各级各类教育发展水平的不断提升，学生管理在学校工作中的地位日益凸显，已经从学校工作中的边缘或辅助逐渐演化为学校人才培养和学校教育的有机组成部分。

从学生的本质属性来讲，学生既是受教育的对象，也是学校组织和现实社会的成员之一。因此，学生管理的状况不仅影响到学生个体的成长，更关乎学校乃至整个社会的发展。从这个意义上讲，学生管理既具有个体性价值，也具有工具性价值和社会性价值。

（一）学生管理对学生发展的价值：促进学生个体的健康成长

学生的成长需要"沃土"的滋润。科学有效的学生管理有助于为学生提供一个既强调责任又能充分享受自由的成长环境，帮助他们成长、成熟，从而促进他们在学业领域和个人生活方面的进步和发展。同时，学生是一个个正处于发展中的未成年人，他们的身体和心理都在成长之中，处于可塑性极大的时期，他们的品德、观念和行为习惯都在形成中，容易接受正面教育，也易于受到不良影响。教育行政部门和学校出台的相关规章制度等明确规定了学生享有的基本权利和义务，对学生该做什么、不该做什么以及应该如何做等做出了相关的规定，这些规定对于引导广大处于成长发育中的学生养成良好的行为规范和形成良好的个性品质无疑具有正确的导向作用。可见，有效的学生管理有助于促进学生个体的健康成长和成才。

（二）学生管理对学校发展的价值：促进学校使命和育人目标的实现

学生管理是学校管理的重要组成部分。而学校内部的一切管理活动都是为达成学校的使命这一中心任务服务的，学生管理活动也不例外。一般来讲，学校使命是概括性的，指向学校长远的未来，代表学校永恒的追求，贯穿于学校发展的全过程，指导学校各方面工作的计划和活动，并对各方面的治校行为产生直接的影响。在学校内部，教学是学校的中心工作。科学有效的学生管理有助于维护正常的学校教育教学秩序和学生生活秩序，保证教育教学活动的有序开展。可见，有效的学生管理不仅能够促使学校使命的达成，更能够提高学校教育教学的效能，为实现各级各类教育的人才培养目标提供了相应的保障和支持。

（三）学生管理对社会的价值：促进学校社会服务职能的深化

服务社会是现代教育的基本职能之一。今天的学生就是明天的社会的主人和建设者。在教育改革与发展逐渐走向纵深的今天，学生管理的使命已由辅助学生学业发展转变为促进全体学生发展与成功，并成为促进学生发展、培育社会优质公民使命的具体组成部分。在各级各类教育中，高等教育的社会服务职能表现得尤为突出。随着高等教育的发展，高校为社会服务的内容和形式逐步走向多样化。高校除了通过科研和教育活动来更好地为社会做贡献之外，还作为社区成员直接地服务于社会，如提供公共教育、医疗、社会服务等，通过这些服务性活动间接地培养学生的社会责任心。可见，高校学生管理能够促进高校社会服务职能的深化与拓展。另外，加强学生管理也会在杜绝青少年犯罪、校园暴力方面大有助益。总之，学生管理工作在搭建学校与社会的联系桥梁方面越来越发挥着重要的作用，有力地推动和促进了学校社会服务职能的发挥与深化。

三、学生管理的特点

学生管理是学校管理的有机组成部分，也是衡量一所学校办学质量的重要指标之一。在实践中，各级各类学校学生管理活动之间既具有一定的相似性，同时，由于学生所处的年龄阶段和身心特点的不同，各级各类学校的学生管理往往也表现出不同的特点，具有不同的侧重点和要求。一般而言，学生管理具有以下几方面的共同特点。

（一）教育性与管理性兼具

学生管理的教育属性主要体现在一系列的管理过程中。在从事指导性和管理性的学生事务时，学生管理实际上是帮助学生探索和澄清价值理念，正确处理好个人与集体的关系，约束自己的行为，明确未来发展的目标等。即使是处罚违纪的学生，也往往以教育学生为出发点。而大量服务性事务管理则是根据学生的需要和不同成长阶段的要求，为学生提供专业的服务及设施，以帮助学生成长。因此，在学生管理的过程中，不仅传承、发展了学校文化，从而对学生起到了潜移默化的教育作用，也实现了教育属性与管理属性的融合。

（二）科学性与艺术性兼顾

学生管理的科学性主要体现为在合乎各级各类教育目标的前提下，利用学生管理的规律，把握学生的特点，明确科学的指导思想，在具体的组织活动过程中制订科学的管理制度和工作计划，对学生实施正确、有效的教育、管理和服务，促进全体学生的全面发展。这是因为，学生管理的客体是学生，要通过学生的发展体现管理活动的价值。科学性通常强调在学生管理中行为的严谨性、系统性和完整性。然而，不容忽视的现实是，每个学生都是富有个性特征的个体，因此，不可能存在适用于每一个学生的绝对科学的管理模式和行为方式。学生管理活动必须结合管理的艺术性。学生管理的艺术性主要指将人的情感、态度、友谊等非理性需要纳入学生管理中，并具有处理非常规、突发事件的随机应变的能力和面对不同特质学生的灵活发挥的技巧。艺术性强调的是学生管理自身具有的变化、创新的特质，强调学生管理一定是一种富有个性化的管理。

（三）全面性与全员性并重

学生管理的全员性是指所有与学生管理活动密切相关的利益者共同参与的学生管理活动，不仅需要学校校长、教师（尤其是班主任）、学生的全力参与和配合，更需要家长和社区等社会力量的介入。只有上述各方通力合作，才能为学生的全面健康成长保驾护航。同时，学生管理也不能仅仅关注部分学生的发展或学生发展的某一方面，而应该关注全体学生的全面发展，力争通过学生管理活动实现全体学生在德、智、体、美、劳诸方面的整体发展和全面提高。

四、学生管理应遵循的基本原则

概括地讲，学生管理在具体的运行过程中应遵循以下几条基本原则。

（一）学生管理与教学管理并重的原则

如果没有学生或没有教学活动，那么学校都难以成为学校，正如我们常说的，"学校一切以教学为中心，一切以学生为中心"。因此，学生管理与教学管理是密不可分的，两者都涉及为学生提供涵盖从招生到毕业、从课堂到课外的完整服务。两者的有机结合既是丰富学生完满学习历程的基础，也是构建和谐校园的催化剂，可以有效地促进学生学习与全面发展，有助于教育目标的达成与效能的提升。

（二）学生管理与思想政治教育协调统一的原则

学生管理与思想政治教育共同构成了我国各级各类学校的学生工作系统。社会主义核心价值观等是我国各级各类学校学生管理的理论基石。学生应拥护中国共产党领导，认真学习马克思列宁主义、毛泽东思想、邓小平理论、"三个代表"重要思想、科学发展观、习近平新时代中国特色社会主义思想，深入学习习近平总书记系列重要讲话精神和治国理政新理念新思想新战略，坚定中国特色社会主义道路自信、理论自信、制度自信、文化自信，树立中国特色社会主义共同理想。因此，在学生管理过程中，一定要有效地渗透思想教育、政治教育、道德教育、心理健康教育等内容，促进学生的全面发展，把思想政治教育和学生管理有机地结合起来，从而真正实现以教育为主、管理为辅的学生管理工作的目的。

（三）学生发展的全面性、自主性与个性化并举的原则

学生管理乃至整个学校管理活动的最终目的都是促进学生的全面发展、自主发展和个性化发展。因此，在教育变革的背景下，学生管理者应该树立起新的学生观——"以学生为本"。在学校里，教师和学生都是教育的主体，教师是教的主体，学生是学的主体。在教育教学过程中，学生是主体，教师发挥着主导作用。

所谓"以学生为本""以学生发展为本"，是指注重每一个学生全面发展与个性差异相统一的需求，把学生的健康成长作为教育教学的着眼点和目标。"以学生为本"的理论来源是"以人为本"。坚持以人为本、全面实施素质教育是教育改革发展的战略主题，是贯彻党的教育方针的时代要求，其核心是解决好培养什么人、怎样培养人的重大问题，重点是面向全体学生、促进学生全面发展，着力提高学生服务国家与人民的社会责任感、勇于探索的创新精神和善于解决问题的实践能力。

"以学生为本"要求教师和学生之间的关系是平等的，要重视学生的主体地位，尊重学生的人格，在师生之间建立起平等而宽松的和谐关系。同时，"以学生为本"也要求学生管理者公平地对待每一个学生，不应该歧视学业表现有待提高的学生和家庭贫困的学生，而应该通过更多的努力保证他们更好地接受教育，这才是教育公平的体现。总之，"以学生为本"就是指教育要从学生的实际出发，注重发挥教师的主导作用，重视教育的社会功能，着眼于学生的发展，使每一个学生获得全面、主动、有个性的可持续发展。

（四）具体问题具体分析的原则

不同学校具有不同的历史传统和不同的需要，学生管理的方式与关注的重点都会有所差异，这也会影响到各级各类学校学生管理工作的任务与目标以及为学生提供的服务与管理。对一所学校适用的管理方式方法，对另一所学校未必会是合适的。因此，一定要具体问题具体分析，各级各类学校之间尤其是同级同类学校之间需要相互学习与借鉴，取长补短。

第二节　学生常规管理

////////////////////

尽管因学校的类别、层次、发展水平以及发展历史等方面的客观原因，各级各类学校学生管理的内容必然会存在一定的差别，也难以面面俱到；但是，总的来看，下列几方面应该是多数学校中都会涉及的学生管理的基本内容。

一、学生安全管理

随着我国教育规模迅速扩大、学生层次日益多样化，新的不安全因素不断增多，危害越来越隐蔽，校园安全事故偶有发生，学生安全管理的意义不言而喻。

学生安全管理是通过管理的手段，以保护学生安全为目的，进行相关的计划、组织、协调和控制等方面的工作，以控制事故、消除隐患、减少损失，使整个学校达到最佳的安全水平，为学生创造一个安全的学习、生活环境。总的来看，当前各级各类学校学生安全管理的主要措施包括以下内容。

（一）构建学校安全工作保障体系

许多学校成立了由校长、书记、教务主任或骨干教师等组成的领导小组，贯彻实施安全管理的各项制度与措施，具体负责突发事件发生时、发生后的紧急救援工作。除此之外，还应建立紧急救援小组、医疗救援小组、后勤保障组等。治安、消防安全管理办公室应设在保卫处，设施安全管理办公室应设在后勤处，活动安全管理办公室应设在学生处。

针对学生安全管理工作的长期性特点，学校在配备组织机构的过程中，应在各部门的职责中加入安全管理责任内容，明确由专门人员负责。按照"谁主管、谁负责"的原则，签订学生安全管理责任书，以使学生安全管理工作"时时有人管、处处有人抓"。

在落实责任的过程中，不仅应明确安全管理的主要责任部门和责任人，而且还应明确规定协管部门与协管责任人，建立重大事故和安全隐患报告制度，使各单位间形成健全的信息网络体系，及时排查和发现安全稳定方面存在的问题，对于能解决的问题采取措施及时解决，对于不能解决的问题及时向学校或上级部门报告，以免贻误处理时机。

（二）建立健全危机预防机制

"安全第一，预防为主"，这是我国安全工作的指导方针。建立全面细致和切实有效的预防机制是防止安全事故发生的根本。实践证明，有些校园危机不仅可以预测，而且可以在潜伏状态下就被完全消除掉。危机预防是学生安全工作的重点，是主动、积极地应对事故或者灾难发生的有效策略。

预防是解决危机的最好方法，建立了有效的危机预防机制，就标志着学校危机管理工作有了一个良好的开端。学校应在对校内外环境进行分析的基础上，发现潜在的危机诱发因素，及时捕捉危机爆发前的各种预警信号，加以分析处理，将所有可能的突发危机事件列举出来，并逐一分析其发生的概率，研究其发生机理，预测可能产生的后果。特别是针对校园安全的薄弱环节和事故易发部位，认真组织相关专家进行论证、评估。在辨别危害校园公共安全的因素的基础上，面对可能发生的危机事件，学校要尽快制定相应的危机预案，进行危机管理的模拟训练，并在经费、人力、物力上做好预算和安排。危机预案不是一个简单的文本，至少要包括综合预案、专项预案和现场预案等几类。

综合预案，从总体上阐述学校的应急方针和政策、应急组织结构及相应的职责、应急行动的总体思路等，可以清晰地呈现学校的应急体系及预案的文件体系，更重要的是可以作为学校应急处置工作的基础和"底线"，即使对那些没有预料到的紧急情况，也能起到一般的应急指导作用。

专项预案，是针对某种具体的、特定类型的紧急情况，如火灾、群体性不明原因疾病、重大食物中毒等而制定的。在综合预案的基础上，应充分考虑某种特定危险的特点，对应急形势、应急组织机构、应急活动等进行更具体的阐述，以使预案更富有针对性。

现场预案，是针对特定的具体场所，通常是针对该类型事故发生风险较大的场所或重要防护区域制定的预案。针对某一具体现场的特殊危险及其周边环境情况，在详细分析的基础上，对应急处置中的各个方面做出具体、周密、细致的安排。因而现场预案具有更强的针对性和对现场具体处置活动的指导性。

学校不仅要制定危机预案，而且要加强预案演练。演练能增强组织指挥人员与安全管理人员对预案的启动、运作流程的感性认识，使其在遇到紧急情况时，能做到不慌不乱、从容应对、冷静处理、果断处置。学校应力争使全体师生都接受主要的危机预案演练训练，掌握必要的逃生和自救技能。

一般来讲，常见的预案演练主要包括火灾事故的处置和逃生演练、集体活动与大型活动安全防范演练、学生集中上下楼梯演练特别是停电情况下的演练、应对传染病和食物中毒演练、学生意外伤害处置演练、学生走失处置演练、防校园暴力恐怖事件演练、重要情况报警和120求救演练、信息上报演练等。

（三）建立校园周边环境整治与信息多向沟通机制

校园周边环境的管理，并不是学校一家的事情，涉及公安、文化、工商、税务、城管等许多政府的职能部门。因此，学校应积极配合城管、公安部门依法清理整顿校园周围的非法网吧、歌舞厅、饮食摊点等，严厉打击扰乱正常教学秩序和危害师生安全的行为，对校园周边的道路安全设施和交通秩序进行综合整治，为学校安全创造良好的外部环境。

同时，学校、家庭、社会和政府间应建立一种信息传输和反馈机制，使各方形成合力，齐抓共管，严厉打击危害学校及学生安全的不法行为，切实改善校园周边环境，营造安全文明的校园环境。一旦有危机事件发生，学校要全面如实地向上级政府主管部门报告并与之保持紧密联系，取得支持、指导，并使之随时掌握危机事件的发展。对于基础教育阶段，可通过印发告家长书、家访、电访、召开家长会等形式，及时向家长通报学生在校表现以及学校对学生在遵守安全规章制度等方面的要求，积极争取家长的支持与配合；同时，要告知家长应当了解孩子的家庭和社会交往情况，并及时与学校沟通联系，一旦产生不良倾向，应及时报告学校，共同研究教育方案，预防严重事件的发生。

（四）加强安全教育

安全教育是指通过形式多样、切实有效的方式，向全校师生传输安全知识，教授安全技能，使其强化安全意识，提高自我防范能力，调动大家重视安全的积极性，把"安全放在第一位"的观念变成每一个人的自觉行动。对师生进行安全教育的主要内容一般包括宣传贯彻有关安全的法律法规和规章制度，对安全事故案例的警示教育，对重大危险部位的提醒标识的认识，对危险操作规程的专业培训以及对安全科学理论的掌握了解等。

学校应根据环境、季节及有关规律进行防火、防盗、防病、防事故等方面的教育，并使之经常化、制度化。同时，学校对学生进行安全教育必须注重心理疏导，加强思想政治工作，教育学生注意保持健康的心理状态，帮助学生克服各种原因造成的心理障碍，把事故、案件消灭在萌芽状态，不断提高师生员工的安全价值观，形成有利于安全的思维模式、精神风貌、职业行为规范、安全舆论和习惯，进而形成稳定持久的校园安全文化。

（五）建立良好的恢复机制

学校的危机管理是一种产生于灾难应对过程中的智慧的体现。因此，危机解除后的恢复机制，也是危机管理体系中的重要组成部分。如果处理危机的措施得当的话，那么不仅能够制止危机的蔓延和进一步扩展，降低危机造成的损失和不利影响，而且还有可能为学校的发展提供新的机遇。

教育行政部门和学校都应建立安全事故应急处置预案。校园危机事件一旦发生，学生管理者应当冷静下来，迅速、准确地确认危机的类型和性质，以最快的速度启动危机应急处置预案，并由相关人员组成一个指挥中心，在确定危机性质、估量危机的发展趋势及后果的基础上，协调校内各部门和相关社会职能机构解决应对危机所需的物资和设备问题。同时，学校还要采取有效的措施，隔离危机，不让事态继续蔓延，力求在危机损害扩大之前控制住危机。①（见表 12-1）

表 12-1　不同级别安全事故应对方案

级别	事故类型	应对方案
一级	大面积的灾害。比如，6 级以上地震、重大气象灾害、大火、战争、瘟疫等，造成整个校园几乎不能正常使用。或凶杀命案、投毒	组成以学校主要领导为首的领导机构；由于事故多会产生重大社会影响，需要学校与政府之间进行协作才能解决，需要启动整个学校甚至社会的应急救助与重建计划，预案涉及面最广
二级	校园局部的灾害。比如，建（构）筑物倒塌、局部流行病、传染病等，造成校园存在局部的危险区	以分管校领导为首、校内相关部门参与，预案主要涉及相关主管领导与相应部门。产生的社会影响较大，涉及学校相关部门之间的沟通与联系，需要进行部分相关部门之间的协调
三级	校园内局部的冲突、争吵闹事等	以部门领导为主、相关事件涉及部门参与。事故具备经常性的特点，影响面相对较小，需要及早制止争端，进行校园自身的安全检查等

已发生的危机事件除了会给师生员工及学生家长带来人员伤亡或财产损失之外，还会给相关人员造成心理上的创伤。在处理校园危机事件时，除了给予受害者及家属物质上的相应赔偿外，更重要的是及时进行心理干预，即采取心理干预的手段，对危机相关人员进行心理活动的方向、性质、强度和表现形态的控制和调整，从而使人的心理状态和行为方式归于正常。在校园危机管理体系中，加强心理干预，能得到师生员工及学生家长的支持与理解，使在校园危机中受到极大冲击的师生员工的心理得到较好的抚慰，避免事态进一步扩展，尽快恢复学校教育教学秩序。

当灾害告一段落后，就会进入恢复阶段。恢复的工作依所需时间的长短可以分为两类：一是修复性的恢复，是指在事故早期就着手进行的恢复工作，迅速重建至灾害前的状态；二是转型性的恢复，指经过灾害检讨学习后，针对缺失重新做结构性、长期性的改变再造。

---

① 叶燎原、刘本玉、缪升等：《校园安全管理体系的探讨》，载《工程抗震与加固改造》，2005(S1)。

二、学生学习管理

总的来看，目前各级各类学校对于学生学习管理采取的措施主要包括以下几种。

（一）招生与学籍管理

取得学籍是学生跨入学校的一个门槛。一般来讲，学生学籍管理主要涉及对取得学籍资格的学生进行学籍的登记、建档和异动管理，包括学生入学注册、学生基础信息登记、学习纪律与考勤记录、学业信息记录（成绩、课外活动、奖励与处分）、学籍变更审核与登记、颁发毕业证书、学生信息归档、毕业文凭的电子注册与补办等方面。

（二）学生入学辅导

学生入学辅导是指借助不断推出的服务和帮助，使学生完成向校园生活的过渡，为学生揭示学校广阔的受教育机会，促使学生和学校融为一体，从而为他们在以后的学习中取得成功奠定基础。一般可利用团体项目和活动、个人咨询、定向课程等手段来向学生介绍如何利用图书馆、如何学习、如何参与校园活动等。有的学校还通过军训来完成这一任务。

（三）学习指导

对学生的学习习惯的养成、学习课程的选定、课外实践活动的参与的指导是各级各类学校学生管理的主要内容。

（四）就业指导与管理

许多学校的学生都面临着就业与升学的双重选择，其中，职业院校和高等院校的学生对就业指导的需求更为强烈。为了帮助学生获得满意的工作机会和提高学生的职业规划能力，目前，许多学校都设立了就业指导中心或其他相应的机构负责学生的职业生涯规划和就业管理工作，其任务是指导学生进行自我评价和职业定向、提供就业信息、开设就业指导课、传授求职择业技巧、推荐介绍毕业生参加就业与职业交流洽谈会、组织校园招聘与面试活动等。

三、学生生活管理

众所周知，学生是学校的主人，学校是学生学习和生活的"家园"。近年来，随着"以人为本"的理念逐渐深入人心，生活管理已经成为各级各类学校学生管理的重要组成部分。总体而论，目前各级各类学校学生管理中与学生生活相关的内容主要包括以下几个方面。

（一）宿舍管理

在西方发达国家，学生宿舍管理是学生管理中最主要的工作。相当一部分学校都会涉及学生宿舍管理问题。长期以来，我国的学生宿舍功能仅限于提供学生住宿环境，学生宿舍的管理主要是提供房间、家具、水电，即侧重对物的保障，管理工作主要由后勤部门负责。20 世纪 80 年代以后，部分学校设立的专门机构开始参与学生宿舍管理，管理的内容也由物扩大到人。学生宿舍管理部门的主要任务是保持学生宿舍的文明整洁和维持一定的生活秩序。进入 90 年代，随着学校对学生教育管理力度的加强，为了满足整顿校园秩序、创建良好校风的需要，学生宿舍的育人功能得到重视，学生宿舍的"管理育人"和"服务育人"的功能进一步受到重视。

（二）日常行为规范和奖惩管理

在世界上任何一个国家，各级各类学校对学生的行为规范和纪律管理由来已久，各级各类学校都无一例外地将学生日常规范和奖惩管理作为学生生活管理的一项重要内容。一般认为，制定和执行校园行为规范的目的在于引导、约束和修正学生的行为。对表现突出的学生和集体，实行物质奖励和精神奖励相结合的原则；对违规的学生的处罚一般有警告、记过、留校察看、退学和开除学籍等。对违规学生做出处罚应具有严格的程序，一般流程为：原告申诉和举报、学生管理部门调查、专门（申诉）委员会听证并做出处罚决定、被告申诉、校务会决定、实施处罚。在具体实践中，各级各类学校还应结合不同学生群体的特征，制定相应的学生日常行为规范和奖惩管理制度。

（三）学生资助管理

经济资助作为学生生活管理的一项重要内容，主要涉及奖学金、助学金、贷款和勤工助学等方面。

党中央、国务院高度重视家庭经济困难学生的就学问题。2007 年，《国务院关于建立健全普通本科高校高等职业学校和中等职业学校家庭经济困难学生资助政策体系的意见》指出，"国家采取一系列措施，对农村义务教育阶段学生全部免除学杂费，并为家庭经济困难学生免费提供教科书、寄宿生补助生活费；对普通高等学校家庭经济困难学生设立国家助学奖学金，实施国家助学贷款政策；对中等职业学校家庭经济困难学生设立国家助学金等，取得了良好成效"。近年来，我国各级各类学校资助政策体系逐渐完善。

（四）学生组织的指导与管理

学生组织是主要由学生自我管理的组织，如学生会、班委会和各种社团组织等。在高校，校园里存在着众多的学生组织，经常举办各种学生活动。各种学生组织和活动对于丰富校园生活、培养学生的兴趣爱好、培养学生良好的公民素养、提高学生的人际交往能力等有着重要的作用。一般来讲，对学生组织的指导与管理主要体现在为其干部提供培训，提供场地、安全保障及经费，指导其开展课外活动等方面。

（五）心理咨询

20世纪80年代以后，心理咨询开始在各级各类学校中扮演日益重要的角色，因为人们坚信，咨询是有效地为学生服务的关键所在。目前，许多学校都设有学生心理咨询中心或心理咨询室，并配有专业的心理咨询教师，为学生提供诸如感情支持、危机干预等方面的服务。

第三节　学生发展阶段与学生管理

////////////////

在学生管理活动中，处于不同发展阶段的学生在身心发展方面会表现出不同的特点。因此，研究不同发展阶段学生的身心特点，对于提高学生管理的实效性具有较强的理论价值和现实指导意义。

一、学生发展阶段理论

学生的身心发展与一定的社会和教育环境密切相关。在不同的社会条件或教育条件下，学生的身心发展水平是不同的。例如，古代社会与现代社会、教育条件较好与教育条件较差的同年龄学生，其身心发展水平存在差异性。但是，我们也应该注意，不同发展阶段的学生的身心发展并不是截然分开的，而是具有一定的连续性。具体来说，前一阶段的身心发展是后一阶段身心发展的前提和基础，而后一阶段的身心发展又是前一阶段身心发展的必然结果。

在心理学领域，有关学生身心发展阶段的理论有很多。在这里，主要介绍得到广泛认可的埃里克森（Erik H. Erikson）的人格发展八阶段理论。[1]

埃里克森是美国著名精神病医师，新精神分析派的代表人物。他接受了弗洛伊德的人格结构理论，但他并不主张把一切活动和人格发展的动力都归结为生物学方面的原因，而是强调社会文化背景的作用，认为人格发展会受特定文化背景的影响和制约。他认为，人的自我意识发展持续一生。他把自我意识的形成和发展过程划分为八个阶段，这八个阶段的顺序是由遗传决定的，但是每个阶段能否顺利度过却是由环境决定的。具体来讲，与学生身心发展阶段有关的内容如下。

（一）婴儿期（0～1.5岁）：　基本信任和不信任的冲突

所谓基本信任，就是婴儿的需要与外界对他需要的满足保持一致。在这一阶段，婴儿对母亲或其他代理人表示信任，婴儿感到所处的环境是个安全的地方，周围的

---

[1]　姚本先：《心理学：〈心理学新论〉修订版》，243～245页，北京，高等教育出版社，2005。

人们是可以信任的，由此就会扩展为对一般人的信任。这样，婴儿人格中会产生一种品质，就是希望。具有希望品质的婴儿对人有一种基本的信任感，敢于希望、富于理想，具有较强的未来定向。婴儿如果得不到周围人们的关心和照顾，就会对外界特别是对周围的人产生害怕与怀疑的心理，进而影响下一阶段的顺利发展。

（二）儿童期（1.5～3 岁）： 自主与害羞和怀疑的冲突

这一时期，儿童开始有了独立自主的要求，如想要自己穿衣、吃饭、走路、拿玩具等，他们开始探索周围的世界。这时候，如果父母及其他照顾他们的成人允许他们独立去干一些力所能及的事情，并且表扬他们完成了工作，就能培养他们的意志力，使他们能够面对怀疑与害羞的境地，表现出自我抑制和自由选择的不可动摇的决心。相反，如果成人过分爱护他们，事事包办，或者过分严厉地管教，惩罚不当，就会使儿童对自己产生怀疑，且有害羞心理。

（三）学龄初期（3～5 岁）： 主动和内疚的冲突

儿童在这一阶段肌肉运动与言语能力发展得很快，能参加跑、跳、骑小车等运动，能说一些连贯的话，还能把自己的活动扩展到超出家庭的范围。除了模仿行为外，儿童对周围的环境（也包括自己的机体）充满好奇心。这时候，如果成人对儿童的好奇心和探索行为不横加阻挠，让他们有更多机会去参加各种活动，耐心地解答他们提出的各种问题，而不是嘲笑、指责，那么，儿童的主动性就会得到进一步发展，表现出很大的积极性与进取心。反之，如果父母对儿童采取否定与压制的态度，就会使儿童认为自己的游戏是不好的，提出的问题是笨拙的，自己在父母面前是讨厌的，致使儿童产生内疚感与失败感，使他们更倾向于生活在别人为他们安排好的狭窄的圈子里，缺乏自己开创幸福生活的主动性。

（四）学龄期（6～12 岁）： 勤奋和自卑的冲突

这一阶段的儿童都应在学校接受教育，学习是儿童的主要活动。儿童可以在努力学习的过程中收获乐趣与勤奋感，如果能得到成人的支持、帮助与赞扬，就能进一步增强他们的勤奋感。由此，埃里克森提出，不要把儿童的勤奋行为看作捣乱，否则儿童会形成自卑感，认为自己不如别人。应该鼓励儿童努力获得成功，努力完成任务，激发他们的勤奋感，使他们获得学习的成就感。此外，还要鼓励他们尽自己最大的努力与周围人们发生关系，进行社会交往，使他们相信自己是有能力的、聪明的。

（五）青春期（12～18 岁）： 自我同一性和角色混乱的冲突

同一性既可以理解为社会与个人的统一，个体的主我与客我的统一；也可以理解为在过去、现在和将来，即在任何情况下都能够全面认识到意识与行动的主体是自己，是"真正的自我"。青少年对周围世界有着新的观察与新的思考方法，他们经常会思考自己到底是怎样的一个人，会从别人的态度中、从自己扮演的各种社会角色中逐渐认清自己。此时，他们疏远自己的父母，从对父母的依赖关系中解脱出来，与同伴建立了亲密的友谊，从而进一步认识了自己，对自己的过去、现在、将来产生一种内在的连续之感，也认识到自己与他人在外表与性格上的相同与差别，认识到现在与将来自己在社会生活中的关系，这就是同一性。这种同一性可以帮助青少年了解自己以及了解自己与各种人、事、物的关系，以便能顺利地进入成年期。若缺乏，就会产生同一性的混乱。例如，怀疑自我认识与他人对自己认识之间的一致性；做事情马虎，看不到努力工作与获得成就之间的关系；看不清领导与被领导之间的共同点与差异，要么持对立情绪，要么盲目顺从；认识不到两性之间的共同点与差异。

埃里克森认为，在每一个发展阶段中，解决了核心问题之后所产生的人格特质，都包括积极与消极两方面的品质。各个阶段只有保持向积极品质发展，才算完成了这个阶段的任务，逐渐实现了健全的人格，否则就会产生心理社会危机，出现情绪障碍，形成不健全的人格。总之，埃里克森的人格发展八阶段理论，为不同年龄段的教育提供了理论依据和教育内容，任何年龄段的教育失误，都会给一个人的终身发展造成障碍。

二、不同发展阶段的学生管理

参照上述埃里克森的人格发展八阶段理论，结合我国教育的现状，下面主要介绍义务教育阶段至高等教育阶段学生的身心发展特征与应采取的学生管理主要措施。

（一）小学生的身心发展特征与学生管理

6～12 岁的儿童大部分时间是在小学里度过的。儿童如何融入集体生活，如何养成良好的学习习惯，如何形成对教师的尊重，都是小学阶段要解决的问题。

按照小学生的生理、心理发展特点，一年级到六年级大致分为三个明显不同的阶段，即小学低年级段（一、二年级），小学中年级段（三、四年级），小学高年级段（五、六年级）。这三个阶段的小学生身心发展各有其阶段性特征。

1. 小学低年级学生的身心发展特征

小学低年级的学生在身体发育上处在平稳发展的时期，其身高平均每年增长 4～5 厘米，体重平均每年增加 2～3 千克，心率、血压、肺活量及其他生理指标都不稳定，且与成年人的指标有较大差距，骨骼易弯曲，肌肉力量较小，虽然大肌肉动作的协调性相比于幼儿期有很大的发展，但小肌肉动作的协调性还较差。例如，一年级的学生在写字时，不仅速度慢，而且不工整。这一阶段的儿童不宜做强度太大、时间太久的体育运动，在训练写字、弹琴等这些小肌肉动作时，要注意动作的规范性。

刚入学的儿童虽然已经步入学校，但不可避免地延续着幼儿期的一些心理发展特征。小学低年级学生的脑功能发育处于"飞跃"发展的阶段，他们的大脑神经活动的兴奋性水平提高，表现为既爱说又爱动。他们的注意力不持久，一般只有约 20 分钟。他们的形象思维仍占主导地位，逻辑思维很不发达，很难理解抽象的概念。他们依然很喜欢游戏，同伴交往能力、社会性都在游戏中继续发展着。此时的儿童对是非、善恶的判断还处在以成人标准为标准的阶段，对成人的依赖开始从对父母的同一转向对教师的同一，明显地表现为对教师权威的服从，最典型的特色就是"打小报告"，特别爱说"老师说……"。因此，在这一阶段，学生管理者要充分关注低年级教师的示范作用，要指导教师利用权威和学生建立亲密关系。

另外，这一阶段的儿童还没有脱离幼儿期的"自我中心"的特点，喜欢自言自语，一般只能认识到自己的优点，而对别人的认识也都停留在成人尤其是教师的评价上。他们喜欢表达而不太会倾听，并且，刚入学的儿童正经历着由口头语言向书面语言的转化时期，最初在进行书写训练时常费劲而又没有把握，因此，学龄之初的儿童会有一段"橡皮时代"。这些特点都是学生管理者需要了解的。

2. 小学中年级学生的身心发展特征

除大脑外，三、四年级学生的各项生理指标只在量上比一、二年级的学生有所提高，基本没有质的飞跃，仍处于平稳发展之中。但是，他们的大脑却处于迅速发展时期。9 岁儿童的平均脑重量为 1350 克，大脑神经的机能得到进一步加强，心理活动更趋稳定，明显的表现是，他们比一、二年级的学生更容易集中注意力听课。他们的语言能力有一定的提高，但因正处在由第一系统向第二系统转换的过渡阶段，常常出现"有话说不清"的情况。同时，他们的逻辑思维开始迅速发展，他们在接触"好与坏""正确与错误""主要与次要"等概念时，尽管还有些模糊，但已有了初步的认识。

这一阶段的儿童基本已经脱离了幼儿期的一些特点，全身心地投入集体活动中来。他们一方面继续服从着教师的权威，另一方面开始重视伙伴之间的真诚与法则，"伙伴规则时代"悄然而至。他们的自我意识开始增强，对外界的事物有自己的认识标准，开始尝试自己做出判断，对父母和老师不再唯命是从，开始不听话，甚至总是能编一套自己的道理来和老师、家长"抬杠"。这一阶段是儿童的"见解形成期"，这种"见解"并不像青春期那样完全独立，而主要是情感方面的独立。学生管理者要注意尊重学生的情感，不能简单地滥用权威，同样要矫正他们的一些认识，避免学生不合理的见解肆意扩张。

3. 小学高年级学生的身心发展特征

五、六年级的学生，身体发育再次进入一个高速发展期，这个发展期被称为第二发展期。此时，他们不仅身高、体重明显增长，而且肌肉骨骼的力量也迅速增强。他们虽然从总体上看还处于儿童期，但是其中一些年龄偏高的儿童已处于儿童向少年的过渡期。这一时期的儿童有了进行更高层次学习的认识基础，有些儿童的生理发育开始趋于成熟，尤其是性成熟，他们开始关注男女之间的差异，社会化发展进入了快速发展的状态。他们的智力有了很大发展，逻辑思维开始在思维中占主要优势，而创造性思维也有了很大发展。

高年级的学生对各种事物都怀有极强的好奇心和求知欲，带着开放、探究的心态显示出他们广泛的爱好。在这种求知的心理状态下，他们的判断力开始理智地发展，对成人尤其是教师的批判精神开始萌生。与中年级学生提出充满反抗、逆反情绪的"见解"不同的是，他们相对显示出一些稳定与成熟的特点，批判的目的更多是想弄清是非或表明他们是公正的。

此时，学生管理者要指导教师在理解学生的基础上，利用学生要求独立的心理特点，给他们为班级做事的机会，让他们觉得能展示自己的独立性和能力，以此调动他们关心班级、为班级做贡献的主动性和积极性。

其实早在中年级，学生就已经步入了快速的发展时期，对性别角色差异的认识也在发展。到了高年级，由于青春期的开始，男女生对各自所属的性别意识逐渐强化，有些学生会出现疏远异性的现象，他们开始关注自己的内心世界，心理发展产生了一个崭新的质的飞跃。这些情况会一直延续到青年初期。

（二）初中生身心发展特征与学生管理

12～15岁的初中生处于少年发育期，亦叫作青春早期。这个阶段他们的身体形态及功能的发育特点有：身高、体重迅速增加；肌肉发育显著，体力增强；心脏和肺脏加重，功能增强；脑和神经系统发育基本成熟；第二性征开始出现，性发育基本成熟。

12岁前后，少年的身高每年可增长6厘米，体重每年可增加5～8千克。女生9岁就开始迅速长高了；男生11～12岁才开始迅速长高，14～15岁时超过女生。12岁以后，他们的肌肉在机体中的比例增加，而且肌肉组织也变得更为密实，使其体力随之增强，尤其是男生的力量明显增大。女生的肌肉相对发育较慢，但脂肪却逐渐积累，使她们的身体开始丰满起来。12岁左右的孩子心脏的重量达到出生时的12倍；10岁时肺活量只有1800毫升左右，到15岁就有3000毫升以上了，基本同成人一样。12～15岁初中生的第二性征出现，如男生喉头突出、肩宽骨盆窄，女生乳房增大、骨盆变宽等。性的成熟表现为12～13岁的女生出现月经初潮、14～15岁的男生首次遗精。

这一阶段的孩子生长发育速度很快。12岁时孩子的脑重、脑容积与成人基本相同，脑中沟回增多、加深，机能趋于成熟，第二信号系统占据优势地位。神经系统的结构和功能趋于成人化，为逻辑思维逐渐占主导地位和整个心理机能的大发展奠定了基础。初中生的抽象逻辑思维已经占据主导地位，而且带有批判性的色彩。在时间上可以超越个人的现实生活，考虑自己的理想和未来——当然是浪漫而不切实际的；在空间上可以超越个人的生活范围，关心社会、关心国家以及关心世界上的各种事件。在思维的内容上，他们不仅能够考虑到事物的表面，而且能够考虑到原因和结果，并且愿意提出解决问题的办法——当然往往是简单而极端的。

在情绪方面，由于初中生自我意识的增强，他们变得十分敏感，而且容易受外界影响，情绪容易大起大落。刚开始情绪很容易外露，到了高年级以后，开始随着内心感触的复杂而变得封闭一些，有很多不愿意告诉成人甚至同伴的小秘密，情绪转变为内隐。初中生自我意识的发展表现为逐渐自觉、逐渐强化，开始从比较单纯地接受他人评价转向能够自觉地进行自我评价，并且特别关心自己的形象，渴望被尊重、被理解，也很容易夸大自己的挫折感。初中生还特别渴望独立，强烈地要求思想和行动的自主权。

在人际交往方面，初中生表现出极大的热情。他们愿意进行广泛的人际交往，渴望与他人沟通思想感情，渴望得到他人的接受和尊重，渴望在人际交往方面得到成功，热切地希望自己具有比较强的人际交往能力。但是由于敏感与情绪波动，他们在交友过程中也很容易有强烈的挫折感，一旦感觉自己不受尊重，甚至能对好友说出"绝交"。

在这一阶段，学生管理者要引导教师学会充分尊重和理解学生，千万不能嘲笑或者遏制学生的想象力。当学生主动寻求和教师的心理沟通时，教师要充分站在学生的立场上，慎之又慎，给出中肯的意见，千万不能把学生青春期的小秘密当作玩笑甚至在办公室里当作谈资，这会让学生感觉到自尊心受了伤害，进而会对其成长造成负面的影响。

（三）高中生身心发展特征与学生管理

高中阶段大致是学生15～18岁的阶段，这一阶段的学生处于青年初期阶段，身高经过初中阶段的快速增长后进入缓慢增长期。一般男生16岁、女生15岁开始，身高每年增长不到1厘米，到18岁时基本稳定。体重从16岁开始，每年增长1千克左右，男生到20岁左右时体重基本稳定，而女生到18岁时就基本稳定。男生的肌肉增长较快，肌纤维明显增粗，肌力显著加强。而女生的脂肪则相对增长较多。

高中阶段的学生情感丰富，兴趣更加广泛和稳定，学习兴趣更强烈，理想、世界观开始形成，行为的自觉性更高，这一切都给认知发展以强大的推动力。同时，高中生思维的成熟、自我意识的发展，对情感、个性等心理因素的发展也起到很大的作用。因此，高中生的认知结构和能力、情感、个性等心理因素形成协同发展的新局面，使心理发展的整体水平得以提高。

在这一阶段，学生的智力基本发展到接近成人的阶段，注意力可以集中而持久，思考问题也比较理智，但是仍然需要直观事物的支持。思维的独立性和自我意识进一步发展，其感情具有文饰性，内心世界活跃，而且情感的外部表现常与内心体验不一致。在处事的信心度、果断性、自制性方面有发展，调节力较初中阶段有提高。兴趣范围进一步扩大，并具有一定的稳定性，性格特征趋向稳定、成熟，外向与内向类型明显。性格的可塑性仍较大，旧的不良性格特征可能被改造，新的不良性格特征可能还会产生。自我评价比初中阶段充实、客观，有自我发展、自我实现的要求。但也会出现自我与社会的冲突，有的学生自尊心过强，自我中心突出，一遇挫折就会转化为自卑。在这个阶段，学生的自理能力和独立生活能力都有提高，升学和就业的压力促使他们的社会化进程加速。在这个阶段，学生的情感需求很丰富，乐于交朋友，并且对异性产生强烈兴趣，很可能出现"早恋"现象。

高中三年学生的心理状况不尽相同，此处我们仅做简单分析。

高一阶段，学生因考取高中而产生不同的想法。考上理想高中的学生兴奋，考得不理想的学生沮丧。但不论是兴奋还是沮丧，学生都会对新环境产生诸多的不适应，出现焦虑、抑郁等问题。由于初、高中教育内容与教育方法不同，一些学生有可能失去应有的进取心，造成内在动力状态失衡，出现了理想与现实的矛盾、个人要求与实际可能的矛盾、社会现实与理想的矛盾、家长期望与自身愿望的矛盾等。因此，这是高中阶段问题最多的时期，也是学生管理工作尤其是班主任工作最关键的时期。

高二阶段，学生已基本掌握了高中学习、生活的规律，也交了一些朋友，思维方法逐步成熟，处于多梦的青春期阶段。随着年龄的增长、身体也逐渐达到成人标准。这个阶段无论在生理上还是心理上都发生了较大的变化，他们的兴奋和抑制已趋向平衡，性器官即将完全成熟。随着生理的变化，对异性产生了爱慕心理。自我意识日益增强，开始注意到别人怎样看自己，有较强的自尊心，情感丰富、内涵深刻。

高三阶段，面临人生重大选择，受到高考和择业的困扰，有相当一部分高三学生处于心理的高度紧张状态。这些学生有一种莫名的"冲动"和烦恼，考试得失心理极强，落后的失落、沮丧，领先的也深感不如意。他们的眼光往往只盯在学科分数上，而忽视对如何有效调整学习过程的研究，因此常不能正常发挥自己的水平。考试焦虑是最重要的问题。教师应注意创造和谐适度的学习氛围，调整期待水平，不给学生造成更大的压力，加强考前指导，使其努力提高考试技能，做好考前的知识、生理、心理等准备。

因此，高中阶段学生管理工作应主要集中在以下方面：一是引导学生继续努力学好科学文化知识，全面提高各方面的素养，为将来继续深造或就业打好坚实的基础；二是教育和引导学生摆正自己的位置，用现实生活中的实例教育学生，帮助学生处理好升学与就业的关系；三是教育学生正确处理好自我与社会的关系，引导和组织学生多参加社会实践活动，在实践中加深对社会的认识，调整原有的价值观念，把个人发展与社会进步结合起来；四是帮助学生处理好学习与恋爱的关系，教育学生珍惜学习的大好时光，珍惜学生时代同学之间的友谊，不要过早地恋爱，把主要精力放在学习上。

（四）大学生身心发展特征与学生管理

大学生是处于 18～24 岁年龄阶段的学生，这一阶段处于刚成年的阶段。身高已经基本不变，维持稳定状态。有研究表明，从大学生入校到毕业，身体方面变化不大，心理方面有明显变化。遗传因素对大学生的身心发展影响不大，主要是环境因素对大学生的身心发展影响较大。有学者将大学生人格发展分为四个阶段，分别是生活适应期、学习焦虑期、情感困惑期、择业彷徨期。[①]

1. 生活适应期

大学生由于刚经历过高考奋斗，才踏入大学，面对轻松、看似无任务的大学生活，一般都会充满喜悦和憧憬。但是，由于生活环境的突然改变，可能是饮食习惯、气候、老师同学等各个方面的变化，新生在日常生活中可能会感到不适应，由此产生一些心理问题，主要表现有焦虑、抑郁等。

学生管理者需要多关注出现这些表现的学生，给予他们关心，了解其想法，积极开导，为学生解开心结。鼓励学生多参与人际交往活动，多与同学和老师沟通交流，在群体中找到自己的位置，参与相关集体活动，积极融入群体之中。

① 黄沁茗：《大学生人格发展阶段特征及心理问题》，载《当代青年研究》，2006(10)。

2. 学习焦虑期

这一阶段主要出现在大二两个学期。经过一到两个学期的锻炼和磨合，大二学生已经基本上适应了大学生活，这时，他们开始把注意力转移到大学生的主要任务即学习上来，一些相关心理问题也随之凸显出来。一项对23所高校的抽样调查显示，大学二年级学生心理问题最为突出，而这些问题又主要集中在学习方面。

学生管理者在面对这一时期的学生时应该更加关注其学习问题。考虑到这一阶段学生的课业也是最为繁重的，教师应该注重适当布置作业，同时给学生分享相关就业动态、工作岗位所需技能等，让学生为未来工作打好基础，拥有一个端正的学习态度。在教学方面，教师应当注重学生的学习方式，为学生有效率、有效果地学习提供恰当的方法指引。对于学习方面出现焦虑情况的同学，也要多加注意，并为其提供恰当指导。

3. 情感困惑期

对于大三学生来说，准备英语四六级考试的紧张期已过，考研与否目标既定，而就业压力尚远，随着年龄的增长，他们渴望与他人、与异性深入交往，建立比较稳固的友谊与爱情关系，这也是大学生的身心发展逐渐成熟的必然要求。因此，情感发展往往成为大三学生关注的焦点，而一些新的心理问题也会随之而来。①

在情感困惑期，学生可能因恋爱失败而受到打击，由此萎靡不振，心情低落。学校应当积极开展心理健康咨询，为心理健康发展存在问题的学生提供相应的服务，积极引导其接受心理咨询与开导。同时，心理健康课程的开设也是非常有必要且紧迫的，能够让学生了解到健康恋爱和心理健康的重要性。

4. 择业彷徨期

对于大四学生而言，虽然学业、恋爱、个人发展等问题依然不同程度地存在着，但择业求职带来的心理压力最为普遍、最为突出。

在择业困惑期，学生往往对未来感到迷茫，不清楚自己的职业规划，对未来没有过多的打算。学生管理者应该多为学生提供一些有关就业动向、职业发展方面的信息和辅导。同时，鼓励学生积极参加相关招聘活动，积极获取就业信息，了解自己感兴趣的职业，衡量专业能力，有针对性地寻找合适的工作。学生管理者还应当引导学生树立良好的择业观和就业观，这样才能减少学生因择业而产生的心理压力。

---

① 黄沁著：《大学生人格发展阶段特征及心理问题》，载《当代青年研究》，2006(10)。

第四节　学生群体特征与学生管理

////////////////////

每一所学校里都存在着各种各样不同的学生。首先，学生管理者要承认学生之间的差异。学生管理者眼中的学生不应该是抽象的，而应该是具体的、独具个性的、活生生的个体。其次，学生管理者要了解学生。除了要宏观地把握学生整体的生存与发展状况之外，还要微观而具体地了解个性迥异的学生，把握特殊学生群体的生理和心理特点，如此才可能因材施教地为每一个学生制定最近发展目标，采取不同的教育教学策略，帮助学生走向成功。

下面主要介绍各级各类学校的学生管理活动中经常遇到的几种学生群体的管理问题。

一、单亲家庭学生的管理

家庭是儿童最初的且最重要的受教育场所。很多调查显示，儿童早期接受的家庭教育对其未来的成长具有至关重要的作用。儿童的成长是家庭和学校合力的结果，二者要多沟通，共同为了儿童的未来着想，才能让儿童更加健康快乐地成长。

单亲家庭学生的成长环境和其他学生不同，在教育教学过程中，学生管理者在与他们交流的时候，要在了解单亲家庭学生特点的基础上做出有针对性的指导。通常，根据这些学生的行为表现，可以将他们划分为四种不同的类型。

第一，自强自立型。这些学生比较敏感，在同单亲父（母）亲相依为命的生活中，深知父（母）亲抚育自己的艰辛，能够更多地感受到家长的苦楚，因此暗自努力，表现出较强的自尊与自强。面对自强自立型的学生，学生管理者要多肯定、表扬他们的行为，让他们觉得自己的付出没有白费，他们会因此而更加努力。对待这样的学生，千万不要随意伤害其自尊心。

第二，忧郁自闭型。这些学生感情脆弱、性格内向、适应环境的能力比较弱，无法面对家庭结构的变化而心理失衡、无所适从，只好自我封闭、躲避，从而变得忧郁自闭。面对忧郁自闭型的学生，学生管理者应当多引导他们参加集体活动，营造班集体温暖的气氛，让他们感受到周边环境的温暖，增强他们适应环境的能力。

第三，散漫任性型。这些学生往往是被宠坏了的"小皇帝"，在家庭分裂后，由于脱离了一方父母的管束，因单亲父（母）亲"爱的补偿"而变得贪玩任性、自由散漫。面对散漫任性型的学生，学生管理者可以多和学生家长联系，进行综合细致的分段目标式培养，从而更好地约束他们。

第四，偏执易怒型。这些学生通常将父母离异、家庭解体的原因归结于社会及他人，因此，他们的防范意识特别强，对老师和同学怀有一种莫名的抵触情绪。面对偏执易怒型的学生，学生管理者可以用自己的爱心、耐心和细心来感动和温暖他们"冰冷的心"，帮助他们感受到集体的温暖，早日消除抵触情绪。只有这样，才能有的放矢，真正让单亲家庭学生在学校得到最好的照顾和发展。

二、农村留守学生的管理

由于父母亲情与教育的缺失、农村各种条件的限制，留守学生在性格发展、行为习惯、学业表现、生活习惯等方面或多或少表现出落后的状况。面对留守学生，学校应该承担更多的教育责任。学生管理者可以根据这一特殊学生群体的实际需求，将他们最需要解决的问题放在首位，遵循儿童的认知规律，多形式、多元化地为留守学生提供全方位服务；还可以根据学校的实际情况，以"留守小队""爱心小队""坚强小队"等为载体，用他们愿意接受的方式和内容教育他们、感染他们，让他们感受到学校的温暖、感受到老师的关心。

目前留守学生的教育问题已得到社会各界的重视。我国各地已经探索出一些有效的留守学生教育模式，值得借鉴。概括地讲，主要有以下几种。

第一，寄宿教育模式。这种模式仅限于一些有条件的寄宿制学校。寄宿能够相对改善学生无人看管的情况，由学校对其生活进行全方位的关注指导。

第二，代理家长教育模式。学校倡议和发动机关事业单位干部职工、村社干部、有帮扶能力的共产党员和爱心人士，在自愿原则下做留守学生的代理家长。代理家长主动履行家长义务，正确引导孩子成长，定期与留守学生父母、托管人、老师联系沟通；每周与留守学生联系交流，每学期初制订一份帮扶计划书。

第三，留守小队教育模式。这是一种注重引导农村留守学生进行自我教育、自我服务、自我管理的解决措施。其主要做法是组建少先队校外留守小队，为每个留守小队聘请1名少先队辅导员或志愿辅导员，组织开展丰富多彩的留守小队活动。留守小队教育模式是一种值得提倡和推广的模式。

第四，隔代家庭教育模式。充分发挥农村隔代家长的主导作用，每学期至少对隔代家长培训两次，并请优秀的隔代家长介绍经验；利用"家长开放日"让隔代家长学习教育经验；通过开展"农民道德评议"活动促进隔代家长改掉不良习惯，为留守学生创造良好的家庭教育环境。同时，聚合各方力量构成教育网络。

第五，留守学生之家模式。由教职员工担任代理家长，成立"家务委员会"来负责管理，委员会设立"大家庭"和"小家庭"。"大家庭"按家务性质划分管理线，设总代理家长管理下的住宿、生活、学习、活动、物质等分项代理家长，分项代理家长组织人员对需要代理的相应事项进行管理和研究；"小家庭"以学段划分管理线，由总代理家长管理学段代理家长，再由学段代理家长组织人员代理留守学生各方面的事务。

三、学困生的管理

学生是活生生的个体，学生之间的学习能力存在着很大的差异。一般而言，在一个常态班级中，学生的学习能力和学业水平呈正态分布。因此，学生管理者应当针对不同学生的学习能力和知识基础因材施教。

学生的智力水平正常且没有感官障碍，但其学业水平明显低于同年级学生，不能达到预期学习目的的学生就属于"学困生"。学困生的形成原因不在于这些学生的智力发展问题，他们只是在学习上暂时落后。

学生管理者只有认真地把学困生的转化问题落到实处，针对学困生的不同情况制订促进学生学习进步的工作计划，才能保证全体学生都得到全面发展。具体来讲，学生管理者应当有系统、有计划、有目的地帮助学困生提高学业水平，养成良好的学习习惯；最为重要的是，不要轻易放弃每一个学生。每个学生都应该公平地享有受教育权。当然，每个学校都有自己的学困生转化的经验与方法。

四、英才儿童的管理

党的十九届五中全会第一次明确提出"建设高质量教育体系"，提升创新人才自主培养能力是高质量教育体系的重要标志。我国拔尖创新人才培养进行了四十余年的探索，从 1978 年中国科技大学设立"少年班"，到 2009 年启动"基础学科拔尖学生培养试验计划"（又称"珠峰计划"）、2018 年发布"珠峰计划"2.0，再到 2020 年实施"强基计划"，培养创新人才成为新发展阶段教育的重大使命。拔尖创新人才的培养要从基础教育阶段开始做长远规划。英才儿童是拔尖创新人才的重要后备力量，他们具有先天优势，发展潜力巨大，是国家的战略性稀缺资源，重视英才儿童早期培养是世界上许多国家的国家战略。[1] 各个国家和地区在不同时期对英才儿童的称谓不尽一致，如神童、天赋儿童、天才儿童、超常儿童、资优儿童等。英才儿童并不是我们通常所理解的学习成绩特别好的学生。英才儿童至少具有以下两个特征之一。第一，先天禀赋优异。先天禀赋更多地强调其遗传特征、心理测试意义上的优异。在不同的国家中，对其占人口总数的比例的认定不一致，从 1% 至 5% 不等。第二，在某一方面已经表现出比同龄人、同样文化背景和生活环境中的人优秀的能力。例如，英才儿童在智力、学术能力、创造力、领导力上和艺术或其他领域中的一个或

---

① 杜玲玲：《超常儿童早期培养的师资保障制度研究》，载《中国特殊教育》，2022(7)。

多个领域中具有卓越表现或发展潜力。① 这一点，更多强调后天环境的作用，为对其实施特别教育提供了原因与可能。

英国牛津大学英才儿童研究中心前讲师贝纳德特·泰南认为，许多英才儿童可能在学校或考试中表现并不优异，但他们在其他方面的表现能够说明他们拥有高于同龄儿童的才能。

目前对于英才儿童的管理问题已经受到世界各国的广泛关注。具体来讲，首先，学生管理者要善于发现英才儿童，对于一些儿童表现出来的异常行为要给予特殊关注。其次，学生管理者要意识到英才儿童教育的重要性，根据这些儿童的具体特质和身心发展状况，因人制宜，确定适合于他们的教育策略。再次，使用"加速"或"丰富"的策略，满足英才儿童的学习进度和学习需求。可以对儿童提出高标准、严要求，但不应表现出专制，应容忍儿童的差错，允许儿童犯错误，并给儿童提供改正错误的机会，帮助儿童在改正错误中成长。最后，在常规课堂中，学生管理者要针对英才儿童提出不同的学习要求，对其进行特殊的评价。

五、残疾学生的管理

所有残疾学生都享有平等的受教育权，都应该享受与普通学生同等的教育。虽然《中华人民共和国教育法》规定，国家、社会、学校及其他教育机构应当根据残疾人身心特性和需要实施教育，并为其提供帮助和便利，而且，大中城市里也的的确确存在着特殊教育学校；但是，在一些经济不够发达的地区，特殊学校的数量稀少，种类也不齐全，不能满足所有残疾学生的入学需求。此外，很多轻度残疾的学生也有能力跟上普通学校的教学进度，所以，在一定情况下，普通学校仍然担负有接收轻度残疾的学生入学的责任。

首先，学生管理者应该在校园文化的建设上体现出对残疾学生的重视，学校应当为有视力障碍的学生修建无障碍通道，有条件的话，学校还可以修建残疾学生专用的厕所、休息室等设施。其次，学生管理者应该鼓励身体健全的学生多多帮助身体不便的残疾学生，鼓励残疾学生参加一些力所能及的体育活动和其他集体活动，让残疾学生感觉到自己也是班级的一分子、学校的一分子。最后，同时也是最重要的，是要有平等的目光，学生管理者应该要求所有教职员工和学生都以平和的态度来对待并接纳残疾学生，不让残疾学生有异样感，让他们觉得"大家都是一样的"。

本章精要

1. 学生管理的状况将直接影响到学校教育教学的质量和人才培养的质量。 学生管

---

① 付艳萍：《美国高中资优教育发展研究》，博士学位论文，华东师范大学，2016。

理主要是指学校通过专门的组织和人员对学生施加教育影响，以规范、指导和服务学生，丰富学生校园生活，促进学生成长成才的组织活动。学生管理具有个体性价值、工具性价值和社会性价值三方面的价值追求。从个体性价值来看，学生管理有助于促进学生个体的健康成长；从工具性价值来看，学生管理有助于促进学校使命和育人目标的实现；从社会性价值来看，学生管理有助于促进学校社会服务职能的深化。学生管理具有教育性与管理性兼具、科学性与艺术性兼顾、全面性与全员性并重等特点。在学生管理活动中，应遵循学生管理与教学管理并重，学生管理与思想政治教育协调统一，学生发展的全面性、自主性与个性化并举，具体问题具体分析等基本原则。

2. 学生常规管理的基本内容包括学生安全管理、学生学习管理和学生生活管理三个方面。具体来讲，学生安全管理主要包括构建学校安全工作保障体系、建立健全危机预防机制、建立校园周边环境整治与信息多向沟通机制、加强安全教育、建立良好的恢复机制等内容；学生学习管理主要包括招生与学籍管理、学生入学辅导、学习指导、就业指导与管理等内容；学生生活管理主要包括宿舍管理、日常行为规范和奖惩管理、学生资助管理、学生组织的指导与管理、心理咨询等内容。

3. 学生发展往往具有不同的阶段性特征和群体特征。对处于不同发展阶段的学生和具有不同群体特征的学生的管理活动也必须具有一定的针对性。只有这样，才能切实提高学生管理活动的实效性，真正做到促进全体学生的全面发展、自主发展和个性化发展。

思考题

1. 学生管理的概念是什么？
2. 学生管理的特点有哪些？
3. 学生管理应遵循的基本原则包括哪些？
4. 学生常规管理的基本内容包括哪些？
5. 针对不同发展阶段的学生应采取何种管理措施？
6. 针对不同特征的学生群体应采取何种管理措施？

案例分析：北京市第十四中学课代表联盟①

学生是学习的真正主体，在落实"双减"政策的过程中，为破解教学工作提质增效的难题，北京市第十四中学（以下简称"十四中"）秉持"做有温度的教育"的办学理念，以组建课代表联盟为突破口，通过深挖优秀学生群体潜力，发挥其带领作用，为全体学生的主动学习和成长赋能，保证其在学校学足学好，从而有效践行"从学生出发，再回到学生中去"的工作理念和目标。

---

① 张琳、于晓欧：《互助共生·学术引领："课代表联盟"赋能学生自主成长》，载《中小学管理》，2022(6)。

课代表的主要职责是帮助教师收发作业、维持纪律等。十四中的课代表除了要承担上述责任外，还要肩负促进师生深度沟通、引领学科快速发展的重任。十四中的课代表联盟是由各年级、各学科课代表共同构成的学生组织，具有三方面的功能与价值：一是优秀学生群体组织，在学校的学风建设中发挥关键作用；二是促进学生间的互助交流，在组织引导同伴互帮互助中发挥重要作用；三是推动师生间教学相长，以研促教、以研带学，在联通"教"与"学"过程中发挥纽带作用。基于课代表联盟对学生的自我管理与自我成长的重要性，十四中十分注重加强对课代表联盟的规范性管理。

在十四中，课代表联盟具有重要的学术作用，因此各学科课代表的选拔和组织管理具有严格清晰而又规范的过程。

一是严格规范课代表选拔机制与流程。目前在十四中，课代表主要是通过学生自荐、同学推荐、教师提议，然后进行全班决议的方式产生的，选拔结果会在各年级归档，并报送校学生会下属的学习部备案。一般在起始年级，任课老师就会根据学生自荐选取临时课代表，在经过一个月左右的磨合期后，再在热爱本学科、工作能力强的学生中，通过学生自荐、同学推荐、教师提议等方式确定候选人，随后进行班级投票选举产生课代表。

二是加强课代表联盟的日常组织与管理。在日常工作中，十四中对课代表联盟的管理、指导、评价通过以下方式进行。学习部负责对课代表联盟的日常管理，教学处与教研组负责学术指导，德育处与年级组负责行政指导，数据与评价中心负责评价考核工作。同时，德育处与校务会为课代表联盟组织活动提供人、财、物的支持。在具体工作中，学习部则负责对全校的课代表进行注册和管理，包括以综合素质评价的方式为他们建立成长档案袋，对他们提出的各种创新性活动建议和实施过程进行记录，定期组织开展学习论坛，支持课代表联盟组织各种比赛并进行总结表彰等。在对课代表的评价中，学习部会在每学期组织设计调查问卷征求师生建议。如果某个课代表的师生满意度两次均低于75.0%，那么就要重新推荐和选举产生新的课代表。

课堂讨论

1. 根据本章所学知识，说说课代表联盟管理属于学生管理的哪部分内容。

2. 分析案例，说说课代表联盟对学生成长有何作用。

第十三章　教育人力资源管理

本章学习目标：

• 理解人事管理与人力资源管理的异同和教育人力资源管理的内涵；

• 了解教师招聘的作用和程序；

• 了解教师培训的内涵，掌握教师培训的基本方法与模式；

• 了解教师工作评价的内涵、类型，掌握教师评价的方法；

• 了解教师薪酬的内涵、形式，以及我国教师工资制度的演进与发展。

人力资源管理是当前管理学界较为关注的一门新兴学科，它与传统人事管理既有着一定的联系，又有着本质的区别。可以说，现代人力资源开发与管理是传统人事管理的发展和演进，但现代人力资源管理在传统人事管理的研究基础上，又进行了突破和创新。

第一节　教育人力资源管理的内涵

本节在阐述传统人事管理向现代人力资源开发与管理演进的过程的基础上，分析了两者的异同，并阐明了教育人力资源管理的定义和内容。

一、人事管理与人力资源管理的联系

（一）现代人力资源管理是传统人事管理的演进

1954年，当代著名管理学家德鲁克在其《管理的实践》一书中首次提出了"人力资源"的概念。他认为，"和其他所有资源相比较而言，唯一的区别就是它是人"，并且是经理们必须考虑的具有"特殊资产"的资源。德鲁克认为人力资源拥有当前其他资源所没有的素质，即协调能力、融合能力、判断力和想象力。[①] 1958年，怀特·巴克(E. Wight Bakke)在《人力资源功能》一书中，详细阐述了有关人力资源管理的问题。

"彼得·德鲁克和巴克的人力资源理论都非常强调管理活动，这种管理活动是建立在企业中的每一个个体都是有价值的资源这一理念基础之上的，而且还必须对他们进行全面的管理。"[②]可见，早期的人力资源理论与人事管理在一个核心问题上有着共同之处，即认为人是一种资源，可以通过更好的管理使之发挥更大的作用。同时，较之于人事管理，早期的人力资源理论进一步认识到人力资源和一般资源相比的特殊性，即人力资源具有进一步增值的内在潜力。

1964年，皮格尔斯(Pigors)、迈尔斯(Myers)和马姆(Malm)等人在出版的《人力资源管理：人事行政管理读本》一书中，强调管理人是管理的中心，是第一位的。他们把"人力资源的管理"看成比人事管理更广泛和更全面的一个概念。

但到了20世纪70年代中期，许多学者却把人力资源管理和人事管理等同起来。比如，罗宾斯在《人事/人力资源管理》一书中就这样描述道：今天，人事管理就是研

---

① Peter F. Drucker, *The Practice of Management*, New York, Harper & Brothers, 1954, pp. 264-265.

② 曾建权：《人力资源管理理论与实务研究》，博士学位论文，天津大学，2003。

究组织的人力资源以及如何使他们能更有效地为实现组织目标服务。海勒曼（Henneman）、施瓦伯（Schwab）、弗塞姆（Fossum）和戴尔（Dyer）等人则在论文中使用人事/人力资源管理这一名称，把人力资源管理等同于人事管理。[①]

20 世纪 80 年代，对人力资源及其管理的研究取得了丰硕的成果。许多学者提出把人力资源管理和组织的战略计划作为一个整体来加以考虑，提出"战略人力资源管理和人事管理的根本区别在于人力资源管理活动计划的制定必须和组织的总体战略计划相联系"[②]。"战略人力资源管理"概念的提出使人事管理从人事/人力资源管理发展到了人力资源管理阶段。

综上所述，早期的人力资源理论，即萌芽阶段的人力资源管理是由人事管理发展而来的，是传统人事管理的深化。20 世纪 50 年代至 60 年代初，人事管理开始向人力资源管理转变。

（二）现代人力资源管理与传统人事管理的对象都是组织中的人

传统人事管理和现代的人力资源管理的对象都是组织中的人，它们代表了人的管理方面不同的历史阶段。从组织行为学发展的过程看，组织中对"人"的管理大致经历了雇佣管理、人事管理和人力资源管理三个阶段。传统人事管理是有关人事方面的计划、组织、协调、控制等一系列管理工作的总称，指通过科学的方法、正确的用人原则和合理的管理制度，调整人与人、人与事、人与组织的关系，谋求对工作人员体力、心力和智力的最适当的利用，使之得到最高程度的发挥，并保护其合法的利益。这种管理理念把人视为一种工具成本，注重的是对人的投入、使用和控制。而现代人力资源管理是在智力资本竞争时代，为了适应技术更新对组织人力资源提出的新要求的基础上，基于传统人事管理的基本职能，吸收了新的理念和思想，重新审视"人"的价值的管理活动。人力资源管理以"人"为核心，视人为管理的"资本"，管理者需要小心保护、开发人的潜力，达到人与事的系统优化，是一种动态、可持续发展的管理机制，是对人事管理局限性的跨越性突破。

二、人事管理与人力资源管理的差异

（一）组织战略：从业务性、技术性到战略性、整体性、未来性

在人事管理中，人事部门主要负责的是招聘、选拔、考核等具体的事务性工作，人事部门作为某一独立的职能部门而存在，似乎与其他部门关系不大，注重的是其

---

① 曾建权：《人力资源管理理论与实务研究》，博士学位论文，天津大学，2003。

② 曾建权：《人力资源管理理论与实务研究》，博士学位论文，天津大学，2003。

业务性和技术性功能。而现代人力资源管理，从被看作一种单纯的业务管理、技术性管理活动的框架中脱离出来，既有技术性的管理职能，如选拔、考核、薪酬管理等，又有战略性的管理职能，如规划、控制、预测、长期开发、绩效管理和培训等；人力资源部门的主管出现在组织的高层领导中，并有人出任最高领导；人力资源部门直接参与组织战略决策。现代人力资源管理的战略性、整体性和未来性，是其与传统人事管理的最根本区别。

（二）人力认识： 从视人力为成本到视人力为资源

传统人事管理把人等同于物质成本，视之为组织生产中必须付出的成本。节省人力资本、降低人力成本是人事管理的重要目标之一。因此，人事管理非常强调对人力投入、使用的控制，人和组织之间更多地成为一种交换关系。而现代人力资源管理则把人看作组织的一种宝贵资源，强调最大限度地挖掘、利用和发展这一资源，并通过这一过程从人力资源管理中获得最大的附加值，为组织带来长期的发展利益，因此人和组织之间更多的是一种合作共赢的关系。将人力视为组织的第一资源，将人力资本视为一种可以增值的动态资本，并注重其开发，是现代人力资源管理与传统人事管理的第二个重要区别。

（三）人才战略： 从被动操作式管理到主动开发式策略

传统的人事管理通常是相对孤立和静止的，强调的是自己的功能性作用，没有融入组织的整体战略中。组织中的人作为管理的对象和客体也往往处于被动操作式的位置，只是发挥适应不同岗位需求的工具性作用。而现代人力资源管理中，人是组织服务的对象和客体，管理过程中非常重视"以人为本"的管理思想，强调人的主动性和创造性的发挥，强调通过人与岗位的动态适应使员工在为组织做出最大贡献的同时也实现其自身的价值；制定人力资源的规划与战略，成为组织战略与策略管理的具有决定性意义的内容。

（四）管理重心： 从以事为中心到以人为中心

传统的人事管理主要是对与人力相关的事务的静态控制与管理，包括人员招聘、录用、调配、任免、考核、定编、工资发放、档案管理等日常事务，仅被定义为一项有益于提高组织绩效的管理工作，因此强调组织中的人应该服从工作的需要。但是随着舒尔茨提出的"人力资本的积累是社会经济增长的源泉"等观点被人们普遍认同，人力资源管理被推向了一个新的层次。人们开始把人力资源管理与企业的长远发展联系起来，以人为核心，以人为根本，尊重人的价值，开发人的资源，注重最大限度地挖掘人的潜能，调动人的积极性，积极追求"人"与"工作"相互适应的契合点，是一种动态的双赢管理方案。

三、教育人力资源管理的定义和内容

有关人力资源管理的具体定义繁多，各种定义虽然表述不同，但都会表明两个中心意思：一是人力资源管理的对象是组织的人力资源或成员；二是人力资源管理的目的是实现组织目标。最简明直白地表达上述两层意思的定义，当属 R. 韦恩·蒙迪（R. Wayne Mondy）、罗伯特·M. 诺埃（Robert M. Noe）、沙恩·R. 普雷梅克斯（Shane R. Premeaux）合著的《人力资源管理》一书中的定义："人力资源管理（HRM）就是利用所有的个人去实现组织的目标。"①也有研究者对如何实现对组织的人力资源或成员的管理，以及怎样通过这种管理实现组织目标进行了细化。例如，人力资源管理指的是在一个组织内，形成、培养、配置、使用、周转、保护整个组织成员，建立组织与其成员之间的劳动关系，挖掘组织成员的劳动潜能，调动其积极性、自觉性、创造性，以实现组织目标的过程和活动②。

教育人力资源管理是人力资源管理的一个子概念，也是人力资源管理的一个子领域、子学科，它研究的是教育这个特殊领域的人力资源管理问题。与一般的人力资源管理相比，教育人力资源管理在管理宗旨、使命、目标、组织结构、活动内容等方面都具有其独特的性质。但是二者对组织目标的追求是一致的，以人为本的现代管理理念也是相同的。因此，我们把教育人力资源管理定义为：教育人力资源管理是指教育组织对其人力资源进行获取、维护、激励、运用与发展等，以实现达成教育组织目标和促进其成员发展的双赢目标的过程。

从教育人力资源管理的对象来看，"我国大学目前普遍将学校在编工作人员划分为学校专业技术人员和非专业技术人员二大类……非专业技术人员包括大学管理人员或教育职员和工勤人员二类；专业技术人员中确定主系列和非主系列两大类岗位。其中，非主系列岗位包括实验技术、图书、档案、出版、卫生、会计、审计、统计、工程等职务系列。主系列岗位包括高校教师职务系列和科学研究系列岗位"③。虽然名目较多，但在大学，教师是主要人力资源，是学校人力资源的主体部分。在中小学，人力资源主要包括教师、管理人员和教学辅助人员三类，其中教师是主体，管理人员是关键，教学辅助人员是补充。因此，教育人力资源管理是以教师为主要作用对象的一种社会活动。本章所述内容以教师为对象。

---

① ［美］R. 韦恩·蒙迪、罗伯特·M. 诺埃、沙恩·R. 普雷梅克斯：《人力资源管理（第 8 版）》，葛新权、郑兆红、王斌等译，5 页，北京，经济科学出版社，2003。
② 朱良保：《人力资源管理思想的哲学解读》，博士学位论文，苏州大学，2006。
③ 赵敏：《教师制度：自由秩序的生成路径》，载《教育研究与实验》，2009(6)。

从教育人力资源管理目标的实现过程来看，通常涉及人力资源管理的以下职能：人力资源规划、雇员招募、雇员甄选、雇员安置和入职、雇员发展、绩效评价、报酬和集体谈判。[①] 伦恩伯格、奥斯坦在其所著的《教育管理学——理论与实践》一书中也认为，人力资源管理过程包含六个步骤：人力资源计划、招募、甄选、培训和开发、绩效评价、薪酬支付。[②] 限于篇幅，本章从以下几个方面来论述教育人力资源管理的内容：教师招聘、教师培训、教师评价与教师薪酬。

第二节　教师招聘

教师招聘是学校人力资源的重要"入口"，能否招聘到优秀的教师直接关系到学校教学质量的好坏。由于教师退休、离职、调动等原因，加上学校内外环境的变化，学校人力资源的供需可能处于失衡状态。教师招聘是学校维持人力资源平衡的一项经常性活动，也是学校拥有优质人力资源的最基本和重要途径。本节阐述了教师招聘的作用、程序等问题。

一、教师招聘的作用和程序

招聘（recruitment）是以公告的方式聘请、招募、募集人才。教师招聘指的是教育组织为了满足生存和发展的需要，根据其人力资源规划和工作分析提出人员需求数量、人员素质要求以及相关资格标准，按照一定的规则和程序，寻找和吸引符合岗位要求的教育教学工作者的活动。作为学校人力资源的"入口"，教师招聘与学校其他人力资源管理工作之间存在着密切关系。严格、合理、规范的教师招聘过程有利于降低学校的管理成本，提高任用的成功率。

（一）教师招聘的作用

1. 教师招聘能够满足学校师资队伍的数量要求并提高其质量

招聘优秀教师，建设多元化的教师队伍是教师人力资源管理的核心目标与任务。公开、公平的教师招聘有利于教育系统通过各种渠道吸收符合要求的优秀人才，获得学校高效发展所需要的师资，在学校形成任人唯贤、优胜劣汰的竞争机制，促进

---

① ［美］罗纳德·W.瑞布：《教育人力资源管理：一种管理的趋向（第6版）》，褚宏启、李轶、林天伦等主译，8页，重庆，重庆大学出版社，2003。

② ［美］伦恩伯格、奥斯坦：《教育管理学——理论与实践》，孙志军、金平、曹淑江等译，454～455页，北京，中国轻工业出版社，2003。

人才的合理流动和我国教育质量的改善。

2. 教师招聘是宣传和推广学校形象的一种公关活动

教师招聘，特别是外部招聘，是学校进行自我宣传和推广的一个重要机会。因为在招聘的过程中，学校需要与政府机构、高等院校、中介组织、新闻媒介等建立关系。学校需要发布关于本校的基本情况、战略发展方向、组织文化等各项信息。在与应聘者交流的过程中，把学校的形象和价值观传达给每个应聘者，这有助于学校自我风貌的展现，使社会各界更加了解学校，为学校营造良好的外部环境，从而有利于学校的长远发展。

3. 教师招聘能优化教师人力资源结构配置

中小学教师的人力资源结构主要包括职称结构、学历结构、年龄结构、个性气质结构等。学校在进行教师招聘前，需要对学校的人力资源配置现状进行系统的了解，并根据目前人力资源配置中存在的问题，结合学校未来的发展趋势，确定教师招聘需要的人才数量和质量。一次成功的教师招聘不仅能够为学校补充"新鲜血液"，而且能够帮助学校重新审视人力资源结构，对人力资源结构进行调整和优化，为教师质量的提高和学校的可持续发展奠定基础。

（二）教师招聘的程序

从建立中国近代师范教育制度至今，我国的教师招聘程序和方式随时代的变迁发生了很大的变化。洋务运动时期主要依靠聘任外国教员来解决师资问题；清末"新政"时期是由地方教育行政部门分配师范学堂毕业生到学校任教；中华民国初期则实施的是检定制和聘任制，由学校校长负责任用教师；南京国民政府时期则实行了聘任制，规定了新任教师初聘和续聘的任期；在新中国成立后的很长一段时间内，我国实行的是任命制或派任制；改革开放后，随着计划经济向市场经济的转轨，我国的教师获取也开始由计划分配转向了市场竞争，开始了对教师聘任制的探索，教师的招聘逐渐走上了科学化、规范化和法制化的轨道。

根据人事部 2002 年 7 月 3 日发布的《关于在事业单位试行人员聘用制度的意见》，人员的聘用、考核、续聘、解聘等事项由聘用工作组织提出意见，报本单位负责人集体决定。人员聘用的基本程序是：①公布空缺岗位及其职责、聘用条件、工资待遇等事项；②应聘人员申请应聘；③聘用工作组织对应聘人员的资格、条件进行初审；④聘用工作组织对通过初审的应聘人员进行考试或者考核，根据结果择优提出拟聘人员名单；⑤聘用单位负责人员集体讨论决定受聘人员；⑥聘用单位法定代表人或者其委托的人与受聘人员签订聘用合同。

教师招聘应该遵循上述相应的工作流程，其中主要包括教师工作分析、招聘计划的制订与审批、招聘信息的公布、教师的选拔、最终录用。这种公开、公平的招聘制度改革指向了服务和效率的"小政府、大服务"的理念，真正做到了让权、放权，在招聘的过程中秉持因事择人、公开透明、公平竞争、程序化、规范化等基本原则，不仅减少了招聘过程的主观随意性，使招聘工作更加科学合理，也有利于教育干部队伍的廉洁，减少腐败行为的产生，突出考察应聘者的能力，能够激励有志于从事教师职业的学生更加认真地学习。

　　具体说来，教师招聘的程序主要分为教师的招募、教师的测评与选拔、教师的录用和教师招聘工作的评估四个环节。教师招聘的流程如图 13-1 所示。

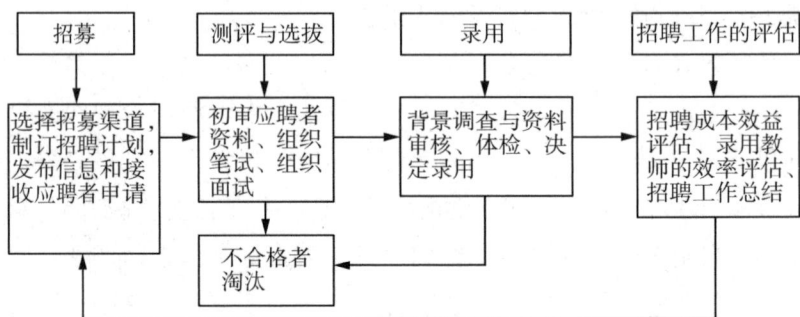

图 13-1　教师招聘流程图

二、教师的招募

　　招募是招聘的一个重要环节，其目的在于吸引更多的人来应聘，使学校有更大的选择余地。有效的招募可以提高招聘质量。教师招募的程序如下。

（一）选择招募渠道

　　一般来说，学校的招募主要分内部招募和外部招募。学校应该根据招募岗位的要求以及内部的实际情况和外部环境的变化来选择合适的招募渠道。内部招募的方式，一是熟人推荐，也就是通过朋友、同学等关系，根据学校的岗位空缺，把应聘者的资料递交至学校；二是在学校内部人员中举荐。这种招募方式的推举者往往对双方的情况都比较了解，对应聘者的教学能力、期望薪水、能否适应新的学校环境等有充分了解，应聘者一旦应聘，成功率较高。当学校需要临时招募少量教师时，这种方式有利于降低招募成本，提升招募效率。但是这样的招募方式也容易形成学校中隐形的人际关系网络，如果没有严格的管理制度，那么很难保证招募到的教师的素质。因此这种招募方式需要谨慎使用。外部招募主要指的是通过校园招聘、广告招聘等方式把学校的空缺职位、应聘条件、应聘方法、联系方式等做出相关说明，外部招募在一定程度上标志着我国的教师任用走向科学化和规范化的轨道。校园招募和广告招募既是承载学校用人信息的载体，也是承载学校对外形象与办学理念、办学特色的载体。因此，在招募中突出学校的办学特色和办学理念，对吸引符合要求的应聘者非常重要。

（二）制订招聘计划

选择了招募渠道后，就要在对教师工作进行分析的基础上制订招聘计划，成立教师聘用组织。现阶段，我国公立学校的教师一般需经上级教育行政部门统一招聘录取，因此，学校要结合本校不同学科组教师的工作强度、教学水平、专业技术职称、外语水平、学历水平和年龄等制订计划并上报给教育局，由教育局来统筹安排本地区教师招聘的对象和人数。教育局应成立专门的招聘小组，招聘小组应由公正、正直、思想品德良好和威信高的人员组成，其中应包括学校领导代表、教育行政部门代表以及教师代表等，其成员须能代表广大群众。

一般来说，招聘计划包括招聘工作的时间和地点、对招聘人员的选择和预算。由于招聘工作本来就会耗费一定的时间，而且选拔、录用和岗位培训也需要一个过程，因此填补招聘空缺往往需要一个相当长的过程。为了避免学校中的正常教学由于教师人员的缺少而无法正常运行，学校要合理确定自己的招聘时间，以保证空缺职位及时得到填补。在选择招聘小组人员时，既要选学校的教学管理人员，也要选学校的骨干教师。这对于骨干教师而言不仅是一种激励，而且以专业教师的标准来衡量，也更有利于招聘到合适的新任教师。另外，在招聘之前应该对这些参与招聘的人员进行一定的培训，因为他们的言谈举止也代表了学校的形象，应注意提醒他们避免受首因效应、晕轮效应、光环效应等造成的影响，确保招聘过程的科学性。在确定了招聘时间和地点后，要对招聘的预算进行评估。招聘的预算包括人工费用（招聘人员的工资、福利、补助等），业务费用（通信费、广告费、办公用品费等）和其他费用（折旧费、水电费）。

（三）发布信息和接收应聘者申请

在确定了招聘方式、招聘的时间地点后，就可以发布学校要招聘的信息了。通常学校可以通过多种渠道发布招聘信息，如报纸、杂志、电视、网络、招聘现场等。招聘信息的发布范围要广，发布应及时，并注意层次性和效益性的原则。职位信息公告中应该包括职位的责任、义务、任职资格、所需人数、工资水平以及公告日期、截止日期、申请程序、联系电话等。在发布了信息后，学校要指定专人负责接收、整理应聘者的应聘资料，淘汰不符合学校要求的应聘者，及时通知进入下一轮的成员。

三、教师的测评与选拔

这一阶段主要由初审应聘者资料、组织笔试、组织面试三个环节构成，是获取、搜集和评估应聘者个人信息的过程。

（一）初审应聘者资料

应聘者资料的初步审核是对应聘者是否符合职位基本要求的一种审查。这一阶段的任务是从应聘者提交的个人资料中选出参加笔试的人员。由于个人资料和应聘申请表反映的信息不够全面，而且大多数应聘者在所提供的资料中往往"报喜不报忧"，决策人员很难进行抉择。因此，决策人员在费用和时间允许的情况下，应该尽量向应聘者所在的学校或者原单位了解更全面的信息，这样可以减少初审工作的盲目性和主观臆断性。

初审阶段非常重要，因为履历中内容与事实的偏差与否将直接关系到整个招聘的成败。假如等到录取阶段才发现应聘者的申请资料有问题，不仅会给整个组织造成显著的成本浪费，而且也会给当事人造成不良的心理影响。①

（二）组织笔试

经过初步筛选，合格的应聘者接下来要应付诸多测试，这些测试大多与应聘者今后的工作相关联。其中，笔试是使用频率非常高的一种测试方法，它省时、成本低、效率高，对求职者专业知识、能力的考察信度和效度较高。由于教师工作的特殊性，教师招聘笔试的内容可包括四大模块：一是心理学、教育学、教育心理学等必备的教育理论知识，因为这些知识能够在今后的教学工作中发挥重要的指导作用；二是专业知识，这也是笔试中非常重要的组成部分；三是一些时事政治方面的内容；四是心理测试的内容，因为教师的心理健康不仅影响教师的教学质量，而且直接影响学生的身心健康。大多数学校把笔试作为进入面试阶段的第一道关口。根据笔试的成绩，按照分数高低进行排列，通常以1∶3或1∶5的比例通知应聘者进入下一环节。

（三）组织面试

面试主要分为试讲和答辩两个环节。试讲是考察教师教学能力最有效的方法。在试讲中，学校往往会让教师提早半小时至一小时抽签，在指定的地点备课，半小时至一小时后进行15～20分钟的试讲。试讲过程中，要考察应聘者板书是否主次分明、井井有条，声音是否洪亮，语调是否抑扬顿挫，语言是否流畅、富有节奏感，是否面带微笑并伴随一定的肢体语言。答辩是评委对应聘者的试讲进行提问，也可借此机会对其专业知识、综合能力等各方面进行全面的考察。而应聘者在回答评委问题的时候也应该秉持落落大方、实事求是的原则，积极和评委沟通，尽量给评委

---

① 程凤春：《学校管理的50个典型案例》，123页，上海，华东师范大学出版社，2009。

留下更好的印象。

四、教师的录用

（一）背景调查与资料审核

通过选拔阶段的一系列程序后，经过教师招聘小组的讨论，确定预录用的人员，并进行资格复审和体检工作。背景调查与资料审核是为了再次考察胜出的应聘者的个人简历中教育背景、身份证明、各种证书、先前表现等的真实性。主要目的是确保能甄选出符合要求的、更优秀的应聘者。

（二）体检

体检一般是在求职者所有的测试都通过以后，在正式颁发录用通知之前进行的。目的是确定求职者的身体状况是否符合职位及环境的需求。关于体检工作，中华人民共和国教育部发布的《〈教师资格条例〉实施办法》第十三条规定，"体检项目由省级人民政府教育行政部门规定，其中必须包含'传染病'、'精神病史'项目"。

（三）决定录用

经过上述一系列的程序，对于通过学校资格复审和体检的教师，学校就可以发出正式录用通知，并与被录用的教师签订劳动合同，明确双方的责、权、利。

需要说明的是，即便是签订了劳动合同，也不能最终确保求职者成为组织的成员。由于人才流动的影响，求职者对学校组织也有一个选择的问题。因此，学校人力资源管理者应该做好应对措施。

五、教师招聘工作的评估

教师招聘工作的评估是指在完成招聘各个阶段工作的基础上，对整个招聘活动的过程与结果进行总结和评价，撰写评估报告，检查是否达到预期的招聘目的。其作用在于，通过成本和效益的核算，使招聘人员掌握与分析招聘费用的开支情况；通过录用教师的效率的评估，分析在数量和质量上满足或不满足需求的原因，改进招聘方法，并为新入职教师的培训提供依据。教师招聘工作的评估包括招聘成本效益评估、录用教师的效率评估和招聘工作总结等内容。

（一）招聘成本效益评估

招聘成本效益评估是对招聘成本产生的效果进行的分析。招聘总成本是招募、选拔、体检、录用等所有成本的总和，由两部分组成：一是教师招聘人员的福利及加班费等，二是各环节的其他费用。具体包括，招募期间的费用，如广告费、电话费、差旅费等；选拔期间的费用；体检费；录用期间的费用，包括录用人员的工资奖金、录用人员的培训费用、倘若录用人员不合格产生的二次招聘费用等。招聘总成本常常与录用人数成正比。招聘成本效益评估可以通过如下指标来分析衡量：总成本效用＝录用人数/招聘总成本；招募成本效用＝应聘人数/招募期间的费用；选拔成本效用＝被选中的人数/选拔期间的费用；人员录用效用＝正式录用的人数/录用期间的费用。

（二）录用教师的效率评估

录用教师的效率评估则是根据招聘计划对被录用教师的质量和数量进行评价的过程。可参考的具体评价指标有以下内容。第一，录用比。录用比＝（录用人数/应聘人数）×100％。录用比可以在一定程度上反映录用者素质的高低。录用比越小，说明录用教师是从更多应聘者中选取的。第二，招聘完成比。招聘完成比＝（录用人数/计划招聘人数）×100％。如果该值等于或大于1，则说明在这次招聘中完成或超额完成了招聘计划。第三，应聘比。应聘比＝（应聘人数/计划招聘人数）×100％。应聘比反映了招聘信息发布效果的好坏。应聘比越大，说明招聘信息发布的效果越好，录用教师的选择面越广。

（三）招聘工作总结

招聘工作总结一般指的是整个招聘活动结束以后，对招聘工作的回顾性记录及相应工作的分析总结。主要通过撰写总结报告来对招聘工作的全过程进行记录和经验总结，并对招聘活动的结果、经费支出等进行评定。主要内容有：招聘计划、招聘进程、招聘结果、招聘经费、招聘评定。招聘工作总结应该秉持真实客观的原则由招聘主要负责人亲自撰写，明确指出招聘中的成功之处和不足之处，为今后招聘工作的改进提供依据。

第三节　教师培训

教师培训是教育人力资源管理的一个重要内容，是促使教师专业快速成长的有力措施。从教师个人来看，培训可以帮助教师充分发挥和利用其潜能，更好地实现其自身价值，提高工作满意度，增强对学校的归属感和责任感。对政府和学校来说，高效的教师培训能提高教师的素质，从而提高育人质量。一所学校的发展离不开一流的师资队伍。支持教师的培训和发展是政府和学校应尽的职责之一。1993年2月，中共中央、国务院印发的《中国教育改革和发展纲要》明确指出：振兴民族的希望在教育，振兴教育的希望在教师。建立一支具有良好政治业务素质、结构合理、相对稳定的教师队伍，是教育改革和发展的根本大计。为了着力推动教师教育振兴发展，为加快实现基础教育现代化提供强有力的师资保障，2022年4月，教育部等八部门联合印发了《新时代基础教育强师计划》(以下简称"强师计划")。基础教育教师是学生的引路人,是基础的基础、先导的先导。强师计划从五大方面进行改革部署:强培养,健全中国特色教师教育体系;重引领,完善高层次教师人才培养机制;促均衡,强化欠发达地区乡村教师队伍建设;抓改革,提升教师队伍治理水平;赋动能,推进教师队伍数字化建设。可见,教师培训工作是一项全局性、战略性的系统工程。本节在阐明教师培训的内涵的基础上,重点讨论了教师培训的模式和方法。

一、教师培训的内涵

教师的培训是指国家或学校通过培训和开发项目改进教师能力水平和组织业绩的一种"有计划、有组织的活动"①。教师培训的目的是提高教师的基本素质和专业水平,使其获得目前工作及未来工作所需的知识和能力。"在任何一个培训计划中都包含三个基本步骤,那就是估计组织的培训需求、实施培训和对培训计划的效果进行评价。"②

第一步,估计培训需求。在设计和实施一个培训计划之前要进行需求分析,需求分析通常有三个层次:组织分析、操作分析和个人分析。③ 组织分析是分析某个区域、某所学校目前和将来的培训需求。组织分析要有预见性,以发展的眼光诊断和预测区域及学校未来的变化,了解现有教师的能力并估算哪些教师需要接受针对哪些方面的培训,预见要有根据,必须对学校过去的绩效的统计数据进行分析。组织分析还要注意调查,不仅要调查教学技能、纪律等技术方面的"硬"的问题,而且还要调查投诉、建议等思想方面的"软"的问题。操作分析是分析特定的教师工作组或特定岗位的培训需求。操作分析研究教师们是如何"具体完成他们各自所承担的职责即工作的"④。个人分析是分析某个教师的培训需求,培训的重点是促成教师的个人行为发生期望的转变。

第二步,实施培训。实施培训是教师培训实现的过程,包括培训目标的设置、培训计划的拟订以及具体的组织实施等环节。培训的实施与培训方法和模式的选择有着密切关系,后面将做专门论述,这里主要谈谈教师培训目标的设置和培训计划的拟订。

---

① [美]R.韦恩·蒙迪、罗伯特·M.诺埃、沙恩·R.普雷梅克斯:《人力资源管理(第8版)》,葛新权、郑兆红、王斌等译,231页,北京,经济科学出版社,2003。
② [美]伦恩伯格、奥斯坦:《教育管理学——理论与实践》,孙志军、金平、曹淑江等译,475页,北京,中国轻工业出版社,2003。
③ [美]伦恩伯格、奥斯坦:《教育管理学——理论与实践》,孙志军、金平、曹淑江等译,475页,北京,中国轻工业出版社,2003。
④ 余凯成、程文文、陈维政:《人力资源管理》,288页,大连,大连理工大学出版社,1999。

　　"设置培训目标将为培训计划提供明确方向和依循的构架。"①培训目标主要可分为三大类：一是技能的培养；二是知识的传授；三是态度的转变。② 当前，在教师培训目标怎样设置的问题上，我国理论和实践界存在着"补充还是转型"之争。"当前对中小学教师的培训，应该是着眼于对他们的知识、技能和观念的进一步补充，还是应该更加强调对他们作为教师在整体素质上的转型？"③事实上，教师培训目标选择上述三类中的哪一类与教师本人所处的职业生命周期、教师的职业生涯规划、学校对教师的需要等多种因素有关。以选择技能的培养还是态度的转变为例，对于新入职的教师来说，涉及具体的教学技能的操作训练是不可避免的；而对于教学经验丰富的骨干教师来说，认识和态度的转变则是培训的主要目标，虽然也会涉及具体的技巧训练。

　　培训计划"就是培训目标的具体化与操作化，即根据既定目标，具体确定培训项目的形式、学制、课程设置方案、课程大纲、教科书与参考教材、任课教师、教学方法、考核方式、辅助培训器材与设施等"④。

　　第三步，对培训计划的效果进行评价。对教师培训计划的效果进行评价通常在下面四个时间段进行："培训和开发活动进行之前，培训和开发活动期间，培训和开发活动刚刚结束之后，以及工作一段时间以后。"⑤传统的评估方法是根据受训者的反映进行，如对受训者进行问卷调查等。"但统计研究表明，受训者对培训的感知与认识与真正的培训效果并无系统的、可靠的关系。就是利用受训前后测试所获分数的差异，也难准确说明其效果。"⑥评价培训计划效果的理想方法是进行受控对照实验，即实验组接受培训，受控组不接受任何培训。"搜集实验组和受控组在接受培训前后的相关数据，然后比较两个组的工作表现，以确定相关变量的任何变化对培训的结果造成何种程度的影响。"⑦也有研究发现，培训活动"结束三年之后"，受训者"能力才发生了变化"。⑧

① 余凯成、程文文、陈维政：《人力资源管理》，289 页，大连，大连理工大学出版社，1999。
② 余凯成、程文文、陈维政：《人力资源管理》，289 页，大连，大连理工大学出版社，1999。
③ 谢维和：《教师培训：补充还是转型》，载《高等师范教育研究》，2002(1)。
④ 余凯成、程文文、陈维政：《人力资源管理》，290 页，大连，大连理工大学出版社，1999。
⑤ ［美］伦恩伯格、奥斯坦：《教育管理学——理论与实践》，孙志军、金平、曹淑江等译，476 页，北京，中国轻工业出版社，2003。
⑥ 余凯成、程文文、陈维政：《人力资源管理》，291 页，大连，大连理工大学出版社，1999。
⑦ ［美］伦恩伯格、奥斯坦：《教育管理学——理论与实践》，孙志军、金平、曹淑江等译，476 页，北京，中国轻工业出版社，2003。
⑧ ［美］伦恩伯格、奥斯坦：《教育管理学——理论与实践》，孙志军、金平、曹淑江等译，476 页，北京，中国轻工业出版社，2003。

二、教师培训的基本方法

教师培训可分为校外培训和校内培训。校外培训是指学校组织和选派教师到其他学校和地方接受一定时间的培训，时间短则几天，长则几年。校外培训的地点可在国内，也可在国外。国内的培训是指到国内的学校，通常是大专院校或其他培训机构接受培训；国外的培训是指到国外的学校及培训机构接受培训，或去国外进行教育考察等活动。校外培训较为正式，规格较高，学到的内容较为新颖、系统。缺陷是人数会受到限制，教师外出时要花费一笔相当高的费用，其在学校的教学任务常常也要由别人来承担，因而代价较高。但是考虑到校外培训的效果通常较好，政府和学校在力所能及的范围内愿意付出相应代价。校内培训通常经济、方便、实用，针对性强，惠及面广，而且易于操作，有较强的自主性。总之，不管是校外培训还是校内培训，教师培训的方法多种多样，实施过程中要根据实际需要进行选择和优化组合。下面介绍一些具体的培训方法。

（一）专家指导法

专家指导法是请专家到培训现场进行指导的方法。具体来说有下列形式。

1. 专题讲座

根据需要选择某一专题，聘请专家或其他人员举办专题讲座，使教师对这一专题有比较清晰的理解。在此基础上还可组织讨论，使教师结合实际进一步理解和掌握，明确如何应用。参加专题讲座的人数可多可少。

2. 临床诊断

专家、科研人员、培训者与任课教师合作，有目的地对课堂教学过程进行严谨的、理性的观察，课后面对面地进行分析讨论，向教师提出改进教学的策略和方法。它一般包括课前准备、现场观察、课后分析、反思讨论、形成报告五个步骤。培训者对教师开列的诊断"处方"一般针对性很强，能有效地促进教师专业能力的快速发展。专家和培训者还可深入教师中间，对教师教育教学实践中遇到的问题和困难进行收集、分类、整理，然后组织教师对各个问题逐一进行讨论，并形成解决问题的方法。其一般步骤是：提出问题、讨论交流、专家点拨、反思总结。

3. 案例分析

把教育教学中某一有意义的问题情境作为案例进行分析，找出其中的得与失并分析其原因，提出改进与发展的对策，从而达到提高教师素质的目的。案例分析具体流程如下：第一步，描述教育教学中有意义的事件，写成案例；第二步，在小组中对案例进行讨论分析；第三步，小组成员提供解决问题的多种对策；第四步，主持人概括、总结，最终形成一种或几种解决问题的方案。

4. 视听法

视听法即利用录音、录像等多媒体技术对教师进行培训。受条件限制，当难以请专家到学校或培训点举办讲座或进行现场指导时，可以把专家的观点录制下来带回学校供教师学习。这些视听材料可以反复播放，教师能根据自己的需要来决定学习的速度。而且，播放的材料通常都经过挑选，内容一般都很精彩、重要。

（二）同伴互助法

同伴互助是一种机动灵活而又非常有效的培训形式。它可以实时、灵活选择培训对象，培训内容针对性强，培训时间和培训方式可灵活处理，培训者与受训者之间距离容易贴近，信息沟通简捷，培训过程易于调控。同伴互助也可通过专家指导来完成，有下列具体形式。

1. 师徒结对

师徒结对又称"青蓝工程"，是指采用师父带徒弟、一帮一的方法来培训师资的方法。通常由新教师拜老教师或骨干教师为指导教师，由师父具体负责传授经验、指点迷津。对经验不足的年轻教师，这种方法尤其适合。在实践中，师徒俩的经验常常是互补的，他们相互启发、相互学习、共同进步。

2. 榜样示范

榜样示范是指通过发挥先进模范人物的榜样示范作用带动教师队伍整体素质的提高。培训者可以邀请学校中的骨干教师与受训者对话，让骨干教师现身说法，展示他们的教育思考和实践历程。学校也可以采取设立标兵榜、激励台，举办优秀教师报告会等形式，大力宣传榜样人物的先进事迹。

3. 课题研究

从学校和教师的实际需要出发，通过组织教师参与教研教改活动，来提高教师的教育科研能力。在课题研究过程中，学校应组织教师学习新理论、接受新理念、实践新方法、摸索新经验、创造新成果，在教学实践中不断提高教师的研究水平，引导教师成为主动、自觉的研究者，努力使教师发展成为"学者型""研究型"教师。课题研究要坚持理论联系实际、教学与科研相互促进的原则。

4. 教学竞赛

学校可以通过举行各种竞赛，开展各种评优活动来促进教师综合素质的提高，如教学设计竞赛、优质课竞赛、教育理论知识竞赛、现代教育技术应用竞赛、科研论文评比、自制教具评优等。这种以赛促训的培训方式能引起教师的充分重视，参与面广、竞争激烈、影响力大，教师投入的精力一般都较充足。不论竞赛具体结果如何，教师在准备和参赛的过程中的努力都有利于教师专业发展，提高自身素质。

5. 校际资源共享

学校与其他学校之间通过互相开放、互通有无，可以实现学校间师资、设备、经验、信息等各方面资源的交流与共享。学校可以通过互相观摩评课、举行教育教学经验交流报告会、互相送教、随优秀教师跟班听课等，采取"走出去，请进来"的方式，有效利用不同学校之间的优秀资源。现代信息网络的建成、网上资源的流通为校与校之间的交流和合作创造了更为方便、快捷的条件。

（三）自我提升法

自我提升是指教师对自己的教学工作实践进行多视角、多层次的回顾分析和反思，对自己的教育教学效果进行理性思考，从而在经验中学习、在反思中成长，促进自己教学能力的提高。自我提升主要通过教师的个人反思和行动研究两种途径来完成。

1. 个人反思

教师个人反思是教师根据自己的需求，在培训者的指导下进行自主学习、自主实践、自主评价、自主完善。教师个人反思可以借助下列技术来进行。第一，头脑反思。在自己的脑海里凭借记忆力进行回顾和反思。第二，录像反思。观看自己教学全过程的录像，从旁观者的角度对自己进行剖析，从而改善教学行为。第三，对话反思。通过与其他教师进行对话交流，了解其他教师的想法，从而反思自己未曾意识到的教学不足点。第四，关键事件记录反思。教师记录教育教学实践中感触特别深刻、对自己专业发展影响较大的事件，以此作为自己不断反思的素材和长远发展的促进剂。

教师个人反思一般包括下列步骤：第一，教师自查，找出自己在知识、能力、观念等方面存在的缺陷或不足；第二，确定一个阶段的发展目标；第三，实施学习计划，调整充实自己的知识结构；第四，把所学知识运用于实践，使其转化成教育教学能力；第五，进行自我总结评价，并进行修正、改进。

2. 行动研究

行动研究是近年来国内外教育研究采用的一种新模式。行动研究旨在提高实践者的自我反思意识和调节行动能力，并以解决问题、取得成效为最终目标。行动研究的主要特点是：在行动中研究，在研究中行动，为改善行动而研究。行动研究的最大优势是使教师真正成为研究的主体，教师即研究者，从经验中学习，在反思中成长，通过行动研究实现理论与实践的完美结合，从而完成自身素质的提高与飞跃。具体有下列方式。

第一，教学模仿。通过示范课、公开课、优质课、比武课、说课等形式，让教师观摩别人的教育教学活动，学习模仿别人的成功经验，并将经验应用到自己的教育教学实践中去，以此提高教师个人的教育教学能力。

第二，情境体验。在培训活动中创设一种让受训者身临其境的环境，使受训者的情感和认知能力得到深切的感染和深化，使他们在轻松愉快的氛围中获得知识及情感体验，亲身感受到某种教学效果的深刻性和有效性。这种人性化的培训方式非常受欢迎。

第三，角色扮演。培训者提供一种情境，让部分学员担任不同角色并出场表演，通过表演去体验他人的感受。其余的学员观看表演，仔细观察在特定的环境中人会有什么反应和行为。表演结束后举办情况汇报会，扮演者、观察者、培训者共同讨论表演中的行为表现和情感体验，从而深刻理解教育规律和心理规律。

三、教师培训的几种典型模式

上面从专家指导、同伴互助、自我提升三个大类介绍了教师培训的方法。在实践中，培训机构或学校常常组合多种具体方法来完成一次教师培训活动，从而形成了多种颇具特色的培训模式。这里，笔者以国家示范性县区级教师培训机构——深圳市宝安区教育科学研究培训中心探索的教师培训模式为例进行介绍。

（一）"五段互动式"培训模式

"五段互动式"培训模式是深圳市宝安区教育科学研究培训中心为解决以往教师培训中，主要是专家讲、教师听，专家讲理论、教师管实践，理论与实践脱节，教师参与度不高的问题而设计的增加受训教师参与程度的培训模式。"五段"是指有五个程序，即专家讲座、课例实践、辩课互动、点评提升、研修反思；"互动"是指培训过程中，通过培训者与受训教师、受训教师与受训教师之间的多向交流与互动，提高课堂教学的有效性。具体内容如下。[1]

第一，专家讲座。聘请教育专家和学科专家讲授该轮培训需要的新课程改革理论或国际教育教学改革理论，帮助受训教师开阔视野，提升理论水平。

第二，课例实践。根据专家专题讲座的主要思想和核心理论，组织课程培训团队进行课堂教学设计，并选拔一位全区优秀的青年教师现场授课，是原生态的、本真的教学。通过授课，把专家的专题讲座内化为实际操作层面的课堂教学。

第三，辩课互动。受训教师围绕专家的专题讲座，结合青年教师的课例，正反双方各选四位辩手，展开针锋相对的辩论。正反双方从不同角度探讨有效的教学策

---

① 潘世祥：《"五段互动式"培训：让更多的教师动起来——深圳市宝安区小学教师培训模式实践探索》，载《语文教学通讯》，2010（27）。

略，寻找课堂教学的真谛，使教师对专家专题讲座的理念，以及怎样围绕主题构建高效的课堂教学模式有清晰的理解和深刻的把握。

第四，点评提升。请名师对课堂教学行为与辩课情况进行现场归纳、评价提升，进行适时的专业引领，提出方向性的意见和看法，形成正确的评价导向，使教师更好地领会理论的精髓，掌握课堂教学的艺术。

第五，研修反思。受训教师结合上述四个步骤的学习，反思自己日常教学中需要改进的地方，总结收获和体会；将培训中获得的知识和技能在自己的课堂教学中实践，提高自己的教学能力，提高课堂教学效果。

"五段互动式"培训模式聚合了专家指导、同伴互助和自我提升三大类方法，将专家讲座、临床诊断、案例分析、榜样示范、教学模仿、个人反思等多种培训方法有机地组合在恰当的时空和情境下，从而使教师培训活动真正实现了从教育理念到教育行为的转换和内化。

（二）明师工作坊

明师工作坊，又称名师工作坊，其指导思想是以课题研究为引领，以国际通用的工作坊为平台，培养一批具有明德、明智、明术、明达素养的"明白之师"，并以此提升优秀骨干教师的专业化水平、教育教学能力和对青年教师的指导能力，开发和形成一系列骨干教师研修的优质课程和案例资源。明师工作坊的优势为专家牵头、团队合作、资源共享。[1]

明师工作坊的组建过程是：第一，由教育科学研究培训中心制定明师的评审标准；第二，由各个学校按照标准和比例自主评选出明师工作坊主持人；第三，由教育科学研究培训中心审核、批准。运作前期，主持人需完成四项工作：提供本工作坊的建设方案、明确课题的研究方向、组建3~7人的学习团队、建立本工作坊的博客或网页。在具体运作时，课题研究、教学技能研究、课例研究三个工作坊应互相协作，其中，课题研究是引领，教学技能研究和课例研究是双翼，三个工作坊相辅相成。

明师工作坊模式是在师徒结对校本教师研修方法的基础上反思、提升而成的，它在综合吸取了前面提到的专家指导、同伴互助和自我提升三大类方法的许多精华的基础上，将课题研究、案例分析、榜样示范、个人反思与行动研究等具体方法有效糅合在一起，并取长补短，在教师培训效果上出奇制胜。

---

[1] 潘世祥：《明白之师的进化之路——深圳市宝安区"明师工作坊"实践研究》，载《师资建设》，2012(3)。

（三）远程培训模式

远程培训模式是基于网络平台技术和资源，突破时空限制的网络培训模式。远程培训具有科学性、开放性、灵活性、可选性等特点，是方兴未艾的教师培训方式。例如，深圳市宝安区教育科学研究培训中心积极为全区中小学开展校本培训提供优良的平台和资源，建成了"宝安教师继续教育网""宝安教育教学资源网""宝安特色资源库""新课标优质课例资源库"。

网络课程建设是远程培训模式建设的一项重要内容。网络课程建设是指通过网络表现学科教学内容及实施教学活动的总称，它包括网络教学资源的建设和网络教学过程的实施两个部分。[①] 网络教学资源是网络课程中相对静态的内容，是指课程教学各章节的文本和相关媒体资源，包括课程信息、课程学习、课程资源库、案例库、试题库和课程管理等功能模块；网络教学过程的实施是指网络课程除展示课程知识外，还可以通过网站组织学习活动，进行网上协商讨论、教师问题解答、自我测试练习、学生作品发表、教学评价组织等活动。

第四节　教师评价与薪酬

//////////////////////

教师评价是指对教师工作现实或潜在的价值做出判断的活动，其目的是促进教师的专业发展和生命成长，提高教学能力和工作绩效，并最终促进学校组织的发展。教师评价是学校进行有效教学与教师管理的需要，也是教师个人专业发展的需要。作为教育人力资源管理的重要环节之一，科学、公正、客观、准确、权威地评价教师个体和整体的能力与水平是学校科学管理工作的重要内容。由于教师工作具备创造性、迟效性、隐蔽性和多维性等特点，进行科学有效的教师评价工作是学校管理者和教育研究者最棘手的问题之一。

一、教师评价的内涵

教师评价，从教育人力资源管理的角度来理解，就是对教师工作绩效进行评价，是"定期考察和评价个人或小组工作业绩的一种正式制度"[②]。对学校组织来说，绩效就是学校的任务和目标在数量、质量及效率等方面的完成情况；对教师而言，工

---

① 赵敏：《高师学校管理学网络课程建设的研究与实践》，载《课程·教材·教法》，2006(8)。
② ［美］R.韦恩·蒙迪、罗伯特·M.诺埃、沙恩·R.普雷梅克斯：《人力资源管理（第8版）》，葛新权、郑兆红、王斌等译，296页，北京，经济科学出版社，2003。

作绩效是教师在教育教学活动中教育教学任务的完成情况和教育教学目标的达成情况，以及在此过程中所表现出来的行为态度的总和。教师的工作绩效可以通过学生的成绩和素质的提高与否、工作量的多少和质量的优劣、科研成果的数量和质量等显性因素，以及教师人格和行为对学生潜移默化的影响、对学校文化的塑造与改变、教师的工作态度与工作能力等非显性因素来衡量。

从学校管理的角度来理解，教师评价是按照教师的职责和岗位要求，运用定性和定量相结合的方法，对教师的工作进行考核和评定。其初衷是"促进、改善、提高"，即通过对教师的评价使教师对自身有全面的认识，以便发扬优点，改正缺点，总结经验，提高教育、教学质量和效益；使领导对教师的政治、业务素质状况有全面的了解，以便在教师的安排使用、职务升迁、工资待遇、职称评定、奖励惩罚、培养进修等问题上做到心中有数；使学校规划、定编、调配、使用等工作的成效得到检验，为教师培养、奖惩、晋升、聘任、流动等后续工作提供基础和依据。

教师评价是教育人力资源管理的难点。20 世纪五六十年代，日本围绕着要不要对教师采取评价制度和如何对教师进行评价，引发了一场波及全国的斗争。1956 年，日本爱媛县由于地方财政十分困难，无法提供正常的财源保证所有教师的正常增薪，因此决定按教师的工作成绩评价排队，只给 70% 的教师增薪。"当时要求校长对本校教师按五档评价，对被评为 4 档(约占 20%)和 5 档(约占 10%)的教师，不予增薪。此事引起了当地教育工会的反对，一些校长也拒不提出评定书。教育工会认为，对教师进行评价考核是对教育的'非正常的干预'，是分裂教师队伍，限制工会活动，是保守势力的政治策略。"[①]虽然，日本教育工会的斗争失败了，但其影响是巨大的。这也说明教师考核和评价的艰巨性。

教师评价之所以如此困难，原因有四。一是教师劳动的特殊性。教师的工作是育人，是对"人格"的树立和发展，而对育人工作成效的衡量是繁杂的。二是教师劳动成果的集体性。教师的劳动成果主要表现为学生知识的进步、思想品德的提升、身体的健康发展，而这些成果是教师集体智慧和个人努力相结合的结果，因此，教师团队的努力是至关重要的，团队的业绩必须被考虑到。三是教师评价的长期性。由于教师劳动成果显现的滞后性，对学校领导管理层来说，必须意识到评价应该是全面、公正的，是一个连续的过程而不是每一年只发生一次的事件。第四，和其他行业类似，教师的积极性不仅受绝对报酬的影响，还受相对报酬的影响。

---

① 　教育部外事司综合处：《日本教师的评价考核制度》，载《世界教育信息》，1998(11)。

二、教师评价的类型与内容

（一）教师评价的类型

第一，对结果的评价。这类评价着眼于"干出了什么"而不是"干什么"，重点在于教师的产出和贡献。一般通过教师所教授的学生的学习成就、行为改进，教师科研成果的数量与质量等方面的情况对教师进行评价和考核。目前，对结果的评价是学校决定教师职务晋升、绩效工资等的主要依据。该类方法参照的对象直接、直观，常用量化指标来表达。不足在于：第一，学生发展的长期性和滞后性使得教师的教育结果难以及时显现；第二，学生的综合素质，尤其是思想道德的变化难以以显性、量化的方式呈现；第三，学生的学业成就与思想等的变化发展，还受到家庭、社会等多方面的影响。

第二，对行为的评价。对行为的评价主要是针对教师在日常工作中的教学行为进行考核评价，进而改进教师的教学行为。在实践中，这类方法若运用和操作得当，会对教学质量的提高有很大的帮助。但寻找对行为的测度工具是较为困难的，主要表现为要找到一套适用于多种情境的理想教学行为模式非常困难，而针对每个个体的教学行为的评价，其成本又过于昂贵。

第三，对素质的评价。对素质的评价是对教师的思想素质、心理素质、教学能力进行综合考察，这在教师的招聘过程中运用较为广泛。在操作上，它比对结果的评价和对行为的评价更加困难。一方面，对人的综合素质的甄选需要较强的技术性和判断力；另一方面，即使招聘进来综合素质较好的教师，该教师能否成为优秀教师，还取决于他的主观努力和客观条件等。

（二）教师评价的内容

教师评价的内容分为教师胜任力评价、教师绩效评价和教师效能评价。[1] 教师胜任力评价要回答的是教师能做什么而不是知道什么，核心要素是教师基本素质；教师绩效评价要回答的是教师能做到什么，核心要素是教师在职责上的表现；教师效能评价要回答的是教师做到的是否有效，即对学生、对教师自己、对教育是否有促进作用的问题，核心要素是教师的教育结果。这三种评价已经基本涵盖了金字塔模型所强调的核心问题，即教师的基本素质、职责与表现。

三、教师评价的方法

（一）依据主体划分的评价方法

按照评价主体来划分，教师评价的方法主要有教师自评、领导评价、社会评价、

---

[1] 申继亮、孙炳海：《教师评价内容体系之重建》，载《华东师范大学学报（教育科学版）》，2008(2)。

同行评价、学生评价五种。

①教师自评。教师自评是被评价教师根据一定的考评指标体系，通过自我分析、自我评价，提供考评信息的一种方法。重视教师自评是对被评价教师的尊重和信任，可以消除一些不必要的疑虑和对立情绪，保护被评价教师的自尊心和自信心，调动教师参与考评的积极性，使之相对自觉、主动地接受评估。通过教师自评，教师的素质能够得以提升。教师自评的不足在于，由于教师知识、思想觉悟和技能技巧的良莠不齐，自评结果容易出现误差，如教师对考评标准掌握程度的不同，会使自评结果难以进行横向的分析比较；另外，由于这种评价是被评价教师自己对自己的评估，主观成分较大，比较容易出现偏高或偏低的现象，有时，被评价教师还可能出于自我保护心理，有意抬高评价结果，从而造成实际评价结果的失衡。

②领导评价。领导评价是指由学校领导、教务处、年级组负责人等组成评价小组对教师的教学、科研和管理情况进行的考察与评估。这种方法是教师评价的一种常用方法。评价小组成员通常熟悉评价业务，比较客观，能对教师工作做出比较公正的评判。运用这种方法时要注意的是：参加评价的人员要认真听取评价对象的自评报告；查阅有关资料，广泛听取其他教师、学生、家长的评议；深入观察和调查教师的教学、科研和管理工作的开展情况。评价信息收集得越多，评价工作的信度和效率就越高，评价的准确、客观程度也就越高。

③社会评价。社会评价是指由学校所在地的政府、教育行政领导部门、学生家长对教师的工作进行评价的一种方法。这种评价一般只对优秀的教师进行，目的是全面总结、推广先进经验。

④同行评价。同行评价是指同一年级或其他年级班主任或任课教师，甚至校外教师对被评价教师工作的考核与评估。这些人熟悉班级管理工作，评价时往往能切中肯綮。要想进行这种评价，参与评价的教师需要有良好的职业道德，做到热情负责、公正、不抱偏见，有分析、判断能力。

⑤学生评价。学生评价是指由教师教授的学生对教师的教学态度和教学技能等方面进行评价。相对于其他评价主体而言，学生作为教师的直接作用对象，对教师的教学有更加深刻的体会，因此这种评价有利于提高教师评价结果的准确性。但是在中小学，考虑到中小学生思想成熟度，评价结果也难免存在偏颇，因此需要与其他评价方法配合使用。

（二）其他辅助方法

在采用多种方法进行评价后，通常采用加权求和的方法计算综合总分。一些新开发的评价方法，为更加准确、全面、综合地评价教师的工作创造了条件。下面列举几种方法说明之。

①360 度考核。360 度考核是指全方位的考绩，是由教师自身、上级领导、同事、学生和家长对教师进行多主体、多层次和多维度的考核评价。360 度考核扩大了评价主体的人数与类型，易使各类评价主体优势互补、结论公正且全面。这符合评价要具体而忌一般、要以表扬与鼓励为主的原则。若新型的 360 度考核研究和运用得当，它将不仅是一种评价工具，而且能够"成为一种改善沟通、提高绩效和推动自我开发的综合性制度"[①]。

②档案袋评价法。档案袋评价是以档案袋为依据而对教师进行的客观的综合性的评价，分为过程性教师档案袋评价、结果性教师档案袋评价和展示性教师档案袋评价三种类型。以过程性教师档案袋评价为例，主要通过收集教师某一阶段的教案、反思心得、研究成果等资料提供评价的依据。通过这些资料，不但能记录教师的专业发展历程，也体现了不同教师个体的差异性，有利于教师自身的反思。不足之处在于，由于这些资料经过教师本人的主观处理，在客观性、真实性方面还需要进一步考证。

③微格教学评价法。微格教学评价由微格教学演变而来。一般来说，它要求对教师教学现场进行拍摄录像，展示他们的教学行为和教学技能，然后重新播放录像，开展自我、同事、专家等不同主体的评价。由于录像具有回放、放慢、定格等功能，因此可以形象、生动地反复观察某一教学片段或者某一教学技能，为评价提供事实依据。该评价方法具有针对性强、反馈及时、直观等优势。但是同时，这种评价方法由于成本昂贵，难以大面积推广。

四、教师薪酬

教师薪酬制度的设计与管理是否科学合理，给予教师的报酬是否让教师满意，直接关系到教师队伍的稳定与否和专业发展好坏，关系到人才培养的质量、教学与科研的水平高低和学校目标能否实现。

（一）教师薪酬的内涵与形式

薪酬是一个综合的范畴。从狭义上说，教师薪酬通常由三部分构成：工资、福利和社会保险。从广义上说，教师薪酬是学校对教师的贡献，包括教师的工作态度、行为和业绩所给予的合理回报，包括外在薪酬和内在薪酬两种类型。外在薪酬主要是指物质激励，包括工资、奖金、补贴、福利以及各类社会保险的激励等；内在薪酬是教师对工作本身在心理上的一种感受，如工作乐趣、发展机会、承担更大的责任等。另外，教师薪酬有不同的表现形式，如精神的与物质的、有形的与无形的、

---

① 余凯成、程文文、陈维政：《人力资源管理》，160 页，大连，大连理工大学出版社，1999。

货币的与非货币的等。（见图 13-2）

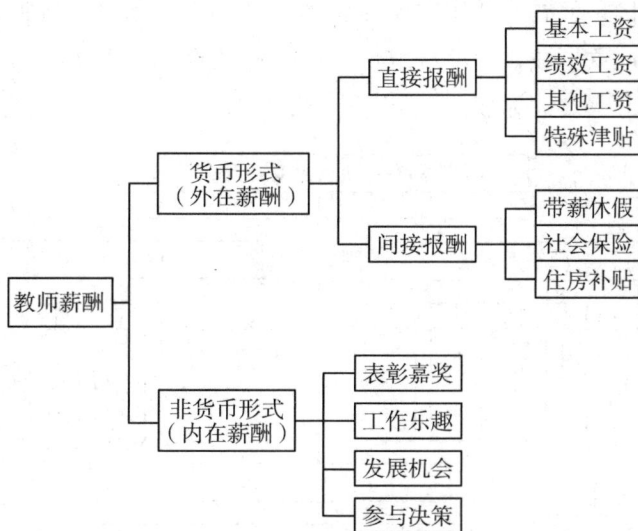

图 13-2　教师薪酬的形式

（二）教师薪酬的影响因素

教师的薪酬水平受到内外多种因素的影响，如绩效、努力、资历、技能和工作要求。① 一般来说，影响教师薪酬水平的主要因素有三类：教师个人因素、学校内部因素和社会外部因素。每类因素又包含了多个影响要素，如图 13-3 所示。

教师薪酬的来源主要依靠教育经费，而学校的教育经费主要来源于国家财政拨款以及学费收入、社会捐赠等。不同类型的学校，国家投资的额度有所不同。大学的经费来源是多渠道的，除了国家和地方的投入外，还有学生的学费、社会的捐赠、学校的创收等，但国家的拨款则是最重要的来源。公立中小学校的经费基本上来源于国家财政和地方财政。民办学校的经费主要来源于学生所交的学费。②

（三）教师薪酬管理的基本流程

学校的薪酬制度与管理系统是否能够正常运行，发挥正常功能，在很大程度上取决于学校薪酬管理的流程是否科学、有效。从图 13-4③ 中我们可以看出，学校的薪酬管理立足于学校的发展战略和人力资源战略，以教师人力资源市场为依据，在

---

① ［美］罗纳德·W. 瑞布：《教育人力资源管理：一种管理的趋向（第 6 版）》，褚宏启、李轶、林天伦等主译，213～217 页，重庆，重庆大学出版社，2003。

② 黄崴：《教育管理学：概念与原理》，262 页，广州，广东高等教育出版社，2002。

③ 刘昕：《薪酬管理》，25 页，北京，中国人民大学出版社，2002。

考虑到教师所从事的教育教学工作及所具备的资格条件的基础上，再加上团队对教师个人的绩效评价，最后才形成学校的薪酬制度与管理系统。这种薪酬制度与管理系统必须达到外部竞争性、内部一致性、成本有效性以及合理认可教师的贡献、遵守相关法律规定等有效性标准。

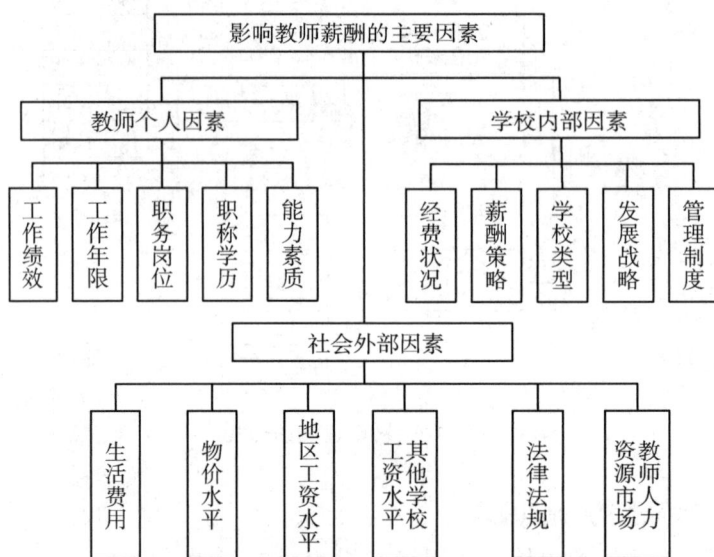

图 13-3　教师薪酬水平的主要影响因素

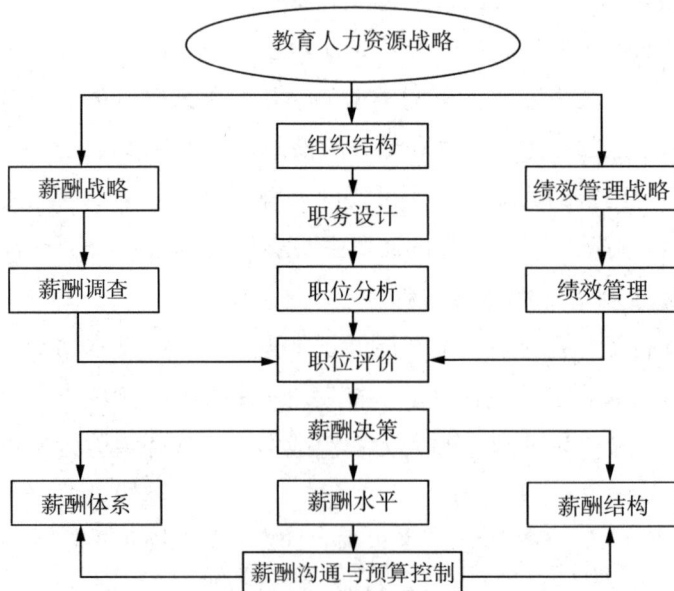

图 13-4　薪酬管理流程

（四）教师绩效工资改革

新中国成立以来，我国教师的工资制度经历了供给制（1949—1952 年）、工分制向工资制的过渡（1953—1955 年）、职务等级工资制（1956—1984 年）、以职务工资为主的结构工资制（1985—1992 年）、引入津贴制度的专业技术职务等级工资制（1993—1998 年）、以岗位津贴与业绩津贴为主的工资制（1999—2005 年）、岗位绩效工资制（2006 年至今）等基本形式。[①] 教师工资制度的形成与当时的政治、经济、文化条件密切相关，是具体时代的产物。目前我国正在实施的教师绩效工资改革也正是为了适应时代的变化而兴起的新一轮教师工资制度的调整和变革。

2006 年，人事部、财政部、教育部印发《高等学校、中小学、中等职业学校贯彻〈事业单位工作人员收入分配制度改革方案〉三个实施意见》，要求高等学校、中小学、中等职业学校实行岗位绩效工资制度。岗位绩效工资由岗位工资、薪级工资、绩效工资和津贴补贴四部分组成，其中岗位工资和薪级工资为基本工资，执行国家统一的政策和标准。2008 年年底，国务院常务会议审议并原则通过了《关于义务教育学校实施绩效工资的指导意见》，决定从 2009 年 1 月 1 日起在全国义务教育学校实施绩效工资，确保义务教育教师平均工资水平不低于当地公务员平均工资水平。2010 年 7 月发布的《国家中长期教育改革和发展规划纲要（2010—2020 年）》，也明确指出落实教师绩效工资，提高教师地位待遇，吸引优秀人才长期从教、终身从教。新的工资体系由基本工资和绩效工资两部分构成，而绩效工资又分为基础性绩效工资和奖励性绩效工资。基础性绩效工资突出体现工资的"保健"作用，奖励性绩效工资则重点发挥绩效的"激励"功能。

另外，1998 年至今，随着市场化改革进程的推进，我国逐步建立、健全教师医疗、养老、住房公积金等社会保障制度，尤其是农村地区建立学校教师周转宿舍，实现教师住房优惠政策，更好地吸引优秀人才从事教育工作。2009 年，人力资源和社会保障部下发《事业单位养老保险制度改革方案》，提出"事业单位养老保险与企业基本一致"，要求广东、上海、浙江、山西、重庆试行改革。而医疗保险中，教师与公务员参加基本医疗保险，执行统一的基本医疗保险政策和待遇标准，并在此基础上享受不同层次的医疗补助。目前教师的社会保障既未形成符合教师这一特殊事业单位职员的体系，也未纳入国企职工的保障体系，仍参照公务员执行。与教师人事制度改革相匹配的社会保障制度仍在试点探索中。

---

① 赵敏：《教师制度伦理研究》，136～139 页，北京，社会科学文献出版社，2016。

本章精要

1. 现代人力资源开发与管理是传统人事管理的演进，二者的管理对象都是组织中的人。 人事管理与人力资源管理的差异体现在组织战略、人力认识、人才战略和管理重心上。 教育人力资源管理是指教育组织对其人力资源进行获取、维护、激励、运用与发展等，以实现达成教育组织目标和促进其成员发展的双赢目标的过程。

2. 教师招聘是学校人力资源的重要"入口"，能否招聘到优秀的教师直接关系到学校教学质量的好坏。 教师招聘可以满足学校师资队伍的数量要求并提高其质量，是宣传和推广学校形象的一种公关活动，并能优化教师人力资源结构配置。 教师招聘的主要程序包括教师的招募、教师的测评与选拔、教师的录用、教师招聘工作的评估。

3. 教师的培训是指国家或学校通过培训和开发项目改进教师能力水平和组织业绩的一种"有计划、有组织的活动"。 教师培训可分为校外培训和校内培训。 培训的具体方法包括专家指导法、同伴互助法、自我提升法。

4. 教师评价是指对教师工作现实或潜在的价值做出判断的活动，其目的是促进教师的专业发展和生命成长，提高教学能力和工作绩效，并最终促进学校组织的发展。 教师评价的类型包括对结果、行为、素质的评价。 教师评价的内容分为教师胜任力评价、教师绩效评价和教师效能评价。 按照评价主体来划分，教师评价的方法主要有教师自评、领导评价、社会评价、同行评价、学生评价五种。 新开发的评价方法包括360度考核、档案袋评价法和微格教学评价法。

5. 狭义上，教师薪酬通常由三部分构成：工资、福利和社会保险。 广义上，教师薪酬是学校对教师的贡献，包括教师的工作态度、行为和业绩所给予的合理回报。 影响教师薪酬水平的主要因素有三类：教师个人因素、学校内部因素和社会外部因素。 我国教师的工资制度经历了不同分配阶段。 教师工资制度的形成与当时的政治、经济、文化条件密切相关，是具体时代的产物。

思考题

1. 人事管理与人力资源管理的异同是什么？
2. 教师招聘的程序是怎样的？ 教师招募的渠道有哪些？
3. 由不同评价主体进行的教师评价的优、缺点是什么？
4. 我国教师工资制度的发展经历了哪几个阶段？
5. 简要介绍几种典型的教师培训方法，以及各自的优、缺点。

■ 案例分析：这项人事聘用工作如何处理①

　　某中学为了提高学生心理健康水平和学校政治思想辅导工作水平，在引进心理健康辅导教师时有两个硬性规定：必须是硕士研究生及以上学历；必须是中共党员。该中学在众多的求职简历中筛选了几名符合要求的硕士研究生，在几轮面试中，一个教育学专业的女生表现得不错，且她对学校也很满意。她出示了盖有所在学校研究生院公章的推荐信，推荐信上明确写着她的政治面貌为预备党员，基本符合学校的接收条件。最后，该中学与这个女生签订了三方就业协议。在离正式报到不足一个月的时候，该生突然给该中学打来电话，态度非常诚恳地向学校说明了一件事：她并不是预备党员。原来该生所在的学校每年五月份都会发展一批党员，老师也承诺在她毕业之前发展她为预备党员，并为她写了推荐信。但由于一些客观原因，那年学校取消了发展计划。

　　该中学主管人事的领导就是否录用该生有不同意见。其中一位领导认为，该生从教育背景和社会工作经历来看很适合这个岗位，没有必要要求心理健康辅导教师必须是中共党员。另外，当时已是六月中旬，如果拒绝，该生重新求职已十分困难。而且该生承认错误的态度十分诚恳，即便不能做学生辅导工作，也可以把她安排到其他岗位。另外一位领导则认为，一个合格的心理健康辅导教师为人必须诚实、正直。如果在求职初期，她便将自己的情况如实说出，学校也会考虑留用她。但现实是，她一开始并没有说明真相。如果照常接收该生就等于放纵这种不负责任的行为，同时也反映出学校接收毕业生的随意性。

　　经过认真讨论，该校领导将该生推荐到了另外一所中学。经过考核，那所学校最终录用了她。

课堂讨论

　　1. 对于是否录用该生的问题，学校领导有不同意见，你同意哪位领导的看法？为什么？

　　2. 你认为该校的人事聘用工作是否存在漏洞？如果有，该如何进行完善？

　　3. 请你对该校人事聘用工作的处理结果做简单的评析。

---

① 程凤春：《学校管理的 50 个典型案例》，121～122 页，上海，华东师范大学出版社，2009。

第十四章　教育资源配置与管理

本章学习目标:

- 理解教育资源的概念、特点及类型;
- 探索教育资源配置的原则、方式选择以及机制;
- 了解教育经费的筹措、拨款方式、投入指标等;
- 认识教育设施与设备管理的重要性,了解教育设施与设备的采购、使用和维护。

促进公平、提高质量是各国教育改革与发展的核心目标。优质的教育和公平的教育都需要相对充沛的教育资源做保障。发展教育既需要吸纳更多的教育资源，扩大增量；也需要最优配置与合理管理已有的教育资源，盘活存量。

第一节　教育资源及其类型

一、什么是教育资源

（一）教育资源概念的界定

关于教育资源概念的界定众说纷纭。有的研究者将教育资源划分为广义和狭义之说，指出："广义的教育资源系指与教育活动密切相关联的各种教学设备、图书资料、土地、建筑物、教职工数量、专业（业务）能力以及各项管理活动等一切人、财、物的总和。狭义的教育资源仅指教学设备、教育经费等。"①有的研究者将教育资源定义为教育的自然资源和社会资源的总和。② 还有的研究者认为，教育资源是具有教育意义或能够保证教育实践进行的各种条件。它包括人、财、物等物质因素，以及保证这些因素发挥作用的政策、制度、环境（物质环境、人文环境）等条件。③ 此外还有一些比较有代表性的观点如下。

第一，教育资源，即可供教育利用的资源，它包括以下几方面。①人力资源。既包括求学者，这是社会向教育提供的一种人力资源，其人数的多少，既和一个国家人口的发展速度和人口的构成有关，也和经济发展的水平有关；又包括一支有相应数量和一定质量保证的教职员工队伍，如果没有，教育就难以发展，质量也无法保证。②相应的物质保证，即校舍、实验仪器、各种教具和教学设备、图书资料、体育器材和其他日常用品等。③财力资源，它是人力、物力的货币表现。④

第二，教育资源是指整个社会用于教育领域中从事教育活动（培养不同熟练程度的后备劳动者和专门人才）的人力和物力的总和。⑤ 这种观点也被称为"二要素说"。

第三，教育资源是投入教育过程中的人力、物力和财力的总和。教育的人力保证包括两方面的内容：教育部门教职员工队伍的来源以及学生来源。办教育要有一

---

① 许成钦：《浅析教育资源的开发与投入》，载《教育与经济》，1996(3)。
② 王惠青、杨新援：《论教育资源的可持续发展》，载《教育评论》，2000(6)。
③ 王嵘：《贫困地区教育资源的开发利用》，载《教育研究》，2001(9)。
④ 李冀：《教育管理辞典》，12 页，海口，海南人民出版社，1989。
⑤ 袁振国：《当代教育学（试用本）》，391 页，北京，教育科学出版社，1998。

定的教职员工从事教育活动，其数量也取决于求学者的多少。这些都和一个国家的人口结构密切相关。财力、物力的保证取决于国民经济的实力，经济发展是教育发展的基本条件。这种观点可以被称为"三要素说"。由于人力、物力和财力的可量化性，目前大多数学者将教育资源如此定义。

第四，教育资源亦称"教育经济条件"，是指教育过程所占用、使用和消耗的人力、物力和财力资源的总和。人力资源包括教育者和受教育者的人力资源。物力资源指用于教育领域的各种物质资料的总称，体现为教育过程中物化劳动的占用和消耗。财力资源是用于教育领域的人力和物力的货币表现，包括一切物资的货币形态和支付劳动的报酬。这种观点可以被称为"四要素说"。

第五，"在人力资源、物力资源、财力资源的基础上，再加上信息资源、时间资源，共五种资源，这是广义的民族教育资源概念"[1]。此观点从民族教育学的角度提出了教育资源的概念，我们可以称之为"五要素说"。

第六，康宁在研究我国高等教育资源配置问题时提出，教育资源是指维持、组成、参与并服务于教育系统的泛资源，包括人力、物力、财力、信息、时空和制度力（事权）。这种观点我们可以称之为"六要素说"。[2]

上述所列观点从不同角度阐释了对教育资源概念的认识，也代表着近年来我们对教育资源认识发展的不同阶段。可以看出，教育资源的内涵随着资源概念的不断丰富和教育实践的不断深入而得以不断地丰富与发展。需要指出的是，本章谈及的教育资源主要是教育管理视角下的教育资源，具体指人们在教育方面掌握、支配和利用的人力、物力和财力等资源。

（二）教育资源的特点

教育资源具有以下特点。

第一，多样性。教育资源存在的形式可以是指定教材，也可以是辅助资料；可以是课堂教学，也可以是函授、自学；有书本作业，也有动手试验，还有语音听力及网络多媒体。随着现代科学技术的发展，教育资源的形式更趋向多元化。

第二，复杂性。教育资源的构成包括直接资源，如师资、校舍、教育设施、教学研究成果等直接为教育所用的资源；教育支撑资源，如能源（电力、燃料）、社会化服务（后勤、配套的第三产业）、安全保障（保安、交通）等；环境资源，如教育场所周边环境是否有噪声、空气污染，社会治安状况如何，是否有青少年不宜的娱乐

---

[1] 王锡宏、王文长：《民族教育经济学》，63页，北京，知识出版社，1990。

[2] 康宁：《中国高等教育资源配置转型程度指标体系研究》，8页，北京，教育科学出版社，2010。

场所等。这些都赋予教育资源以复杂性。

第三，结构性。教育资源的结构性是指教育资源各要素之间所构成的关系。教学主体、教学对象、教学内容、教学环境、教学秩序等要素只有通过一定的规律合理地组织在一起，才能发挥和产生其应有的作用和效益。

第四，层次性与共享性。教育资源本身和利用过程中都有层次性。人所受的教育是从低级向高级发展的，在利用教育资源时，不可能拿大学的教材去教授中小学的学生。教育资源具有共享性，同一教育资源可以被不同地利用，如学校操场可以进行体育活动，也可以作为举行升旗仪式的场所。

第五，互动性。利用教育资源的方式是教学，教学是教与学配合的活动，这种活动具有鲜明的互动性，特别是要实现以生为本、培养自主创新人才的目标，这种互动性就显得尤为重要。

二、教育资源的类型

（一）根据资源性质的不同，可分为能动资源与非能动资源

财力、物力资源属于非能动资源，人力资源属于能动资源。与非能动资源相比，能动资源具有更显著的灵活性、可塑性和能动性。在教育活动中，尤其应重视能动资源的开发利用，充分发挥其主观能动性。

人力资源是教育活动中必不可少的资源，既包括教育者人力资源，又包括受教育者人力资源，如在校生、毕业生、行政人员、教学人员、生产人员等。教育的人力资源是教育资源的主要部分，这是因为人力是教育活动过程中的主要劳动生产力，其中一部分又承担了生产成果，成为未来发挥作用的连续性主体。

物力资源是用于教育领域的各种物质资料的总称，如建筑物、活动场地、电教器材、实验设备、读书资料、模型、家具、文具等都属于物力资源。物力资源是保障学校顺利进行教学的必要条件，也是提高教育质量的重要资源。

财力资源是用于教育领域的人力和物力的货币表现。财力资源通常以国家财政性教育经费为主，以民办学校中举办者投入、捐赠收入、事业收入和其他教育经费为辅。

（二）根据资源存在形态的不同，可分为有形资源和无形资源

有形资源是指客观存在的物质资源，泛指"硬资源"，包括教学设备、图书资料、建筑物等，这些资源是教育活动赖以存在的物质基础。有形资源就其价值来说是可度量的，价值量的大小说明了教育拥有物质资源的多少、规模的大小；有形资源的质量也是可评估的，质量的高低体现为设备是否先进。教育活动总是从某一环节开始，到另一环节结束，这一过程周而复始地进行，就使得有形资源的价值随着周转

过程被一次性或多次性地消耗。

无形资源，又称"软资源"，如教育管理活动、教师的专业素质和思想素质等。无形资源是一种依附于管理者和教师自身的、看不见的智力（或人力）资源。无形资源是一种"再生性"资源，这种资源在教育活动中不存在磨损消耗，其能量可以不断释放与再生。例如，教师在教学过程中不断地向学生传授知识（是一种资源能量释放），但教师的知识并没有被消耗，而是在传授知识的过程中，不断地充实、完善和更新，使其知识水平与传授能力这类无形资源得以再生。它相对于有形资源来说，价值是不可度量的，能动性和可塑性很大。

教育资源的有形与无形从不同的侧面反映了资源的两种形态，它们构成了教育资源的有机整体。首先，有形资源在教育过程中起决定作用，没有一定的物质基础，无形资源就不能得以充分地发挥作用；有形资源的量与质决定了教育的规模及水平，为无形资源能量的充分释放创造了条件。无形资源对有形资源具有巨大的反作用。因此，这两种资源之间是相互依存、相互转化的，有形资源可促进无形资源的发展，无形资源则可创造新的有形资源。正是这种辩证关系，才使得教育的稳定、持续发展有了可靠的资源保障。

第二节　教育资源配置

教育资源配置是指社会对教育产业的人、财、物的投入在各种不同使用方向上的分配。具体地说，就是将有限的教育资源在各级各类学校之间、地区之间、学校内部各部门之间进行分配。新时代，我国社会的主要矛盾转化为人民日益增长的美好生活需要和不平衡不充分的发展之间的矛盾。"不平衡不充分"不仅存在于社会发展的各个领域，也存在于教育资源配置方面。具体表现为我国各地区间教育资源配置的不均衡；个人及社会对教育的需求日益增长，而用于发展的教育资源却又十分有限。教育资源配置不均衡的现状以及需求的广泛性与教育资源的局限性的矛盾决定了教育资源的合理配置对教育高质量发展至关重要。

一、教育资源配置的原则

（一）高效配置教育资源

本书所说的效率特指经济效率，即资源配置的帕累托最优状态，即资源配置已经达到一种理想状态，若改变这种配置状态，至少会减少一个人的经济利益。经济效率亦指经济主体的利益最大化。按照上述定义，教育资源配置效率即教育资源配置的帕累托最优状态。它不仅使所有学校的利益都达到了最大化，而且使每个受教育者实现了利益最大化。具体来说，教育资源配置效率是指教育财政资源的最优分配，即政府在对教育资源的不同分配方案中进行选择，以杜绝资源闲置和浪费的现象，使投入的资源既符合社会的利益，又符合教育单位和受教育者的利益，使既定的教育财政资源获得最大的教育产出。

如果把教育资源配置效率完全当成一种结果或收入，那么教育资源配置的效率越高，则教育资源配置越优化，教育资源配置的收益率也就越高；反之，教育资源配置的效率越低，教育资源配置的收益率也就越低。按照经济学家的观点，只有竞争市场决定的分配才能使各种经济资源达到最优的配置，才可能使经济效率达到最大化。所以，在教育资源的配置过程中，我们必须充分发挥市场机制的作用，以实现教育资源配置效率的不断提高。

（二）公平配置教育资源

教育资源配置公平是指教育财政资源的公平分配。关于公平，从不同的研究领域和层次出发有不同的视角，但无论哪个视角都必须从起点、过程和结果三个方面进行评判。从经济学的视角来讨论教育资源配置公平，从起点来看，施教者和受教者在教育资源使用上机会均等；从过程来看，主要指教育资源分配的程序一视同仁，没有特殊化和例外的受体；从结果来看是分配的公平，分配的公平不是绝对平均主义，究竟如何分配才能保证公平性，恰恰是理论界争论不休的问题。如果教育资源的分配在上述三个方面都满足公平的基本要求，我们就说实现了教育资源配置的公平。

为了真正做到教育资源配置中的公平，必须做好以下几方面的工作。第一，完善教育资源配置过程中公平竞争的规则是实现教育资源配置公平的内在要求。第二，确定公平合理的教育资源配置政策是实现教育资源配置公平的现实选择。第三，建立完备的教育资源配置法规是实现教育资源配置公平的有力保障。

（三）公平与效率相统一

教育资源配置的公平与效率是统一的，二者统一于教育实践。教育资源配置公平本身就隐含有教育资源配置效率的意义，而教育资源配置效率又体现着教育资源公平的价值。二者互为因果，互相促进，相辅相成。一方面，教育公平促进教育效率的提高。人类社会发展的历史表明，任何社会制度的建立与社会的有序发展，都必须拥有与之相适应的公平机制。公平是制度合法性的依据，是社会效率提高的源泉。同样，实现教育资源配置公平也必然促进教育资源配置效率的提高。另一方面，教育资源配置效率的提高反过来促进教育资源配置公平的建设与完善。教育效率的提高为追求进一步的教育公平奠定了物质和精神基础。教育的社会经济效率的提高为教育公平准备了物质条件，教育的社会精神效率的提高为教育公平营造了良好的精神氛围和舆论环境。

二、教育资源配置的方式

（一）教育成本分担

教育成本不仅关系到家庭、政府、社会各界对教育的投资决策，政府财政的拨款及学费标准的制定，而且关系到教育资源实际消耗的测算和教育资源的优化配置与学校办学效益的度量。教育成本分担解决的是教育成本如何在政府、个人（家庭）、企业和社会团体等各方之间合理分担并最终实现的问题。美国教育经济学家约翰斯通（D. B. Johnstone）于1986年提出了"成本分担"概念并阐明了"成本分担"理论，他认为教育成本应由纳税人、学生、家长以及社会人士（捐赠）共同来分担。政府和个人（受教育者）应当在其受益范围内支付教育经费。除此以外，凡直接或间接受益的社会大众，都应当为教育成本分担一定的部分。

教育成本在社会各方之间合理的分担需要依据一定的原则，这包括利益获得原则、能力原则、公平原则和成本—收入平衡原则。利益获得原则是教育成本分担的基本原则，它充分体现了"谁受益，谁支付；多受益，多支付"的经济原则。[①] 教育中的私人产品要素和公共产品要素，使教育资源的投入不仅对接受教育的个人（家庭）具有直接利益，其中的外部效益也为整个社会带来了利益。因此，社会各成员应当根据其获得的利益分担教育成本。能力原则，也称为经济承担能力原则，是依据利益获得者的经济实力决定负担程度的原则，教育成本的分担应当充分考虑各个主体的实际支付能力，能力强者应多负担成本。公平原则指实施教育成本分担应尽可能不影响教育机会均等，要保障大多数有学习能力的学生获得受教育的机会。成本—收入平衡原则是指国家或学校在确定教育成本分担比例时，应该综合考虑培养成本和毕业生的年度工资性收入水平，不能超越教育收益而确定教育成本。以上教育成本分担原则具有统一性，不可孤立地运用某个原则来要求特定的个人或人群。

（二）教育资源配置方式的选择

教育资源配置是指以一定的方式从社会资源中筹集教育活动所需的资源和在教育系统内部各组成部分之间进行资源分配的经济活动，主要包括谁配置教育资源、教育资源配置给谁、按什么标准和原则进行配置以及教育资源的配置方式和获取方式是什么等问题，这些问题决定了教育资源配置的基本格局。如何合理地配置教育资源，为教育提供充足的资源是教育资源配置研究的根本性问题。

---

① 张学敏、叶忠：《教育经济学》，135页，北京，高等教育出版社，2009。

与一般资源配置方式基本相似，教育资源配置也存在计划配置、市场配置、计划与市场相结合配置三种主要的方式。计划配置就是指政府完全拥有教育资源的配置权，决定着教育经费及分配给各个学校的教育资源。新中国在成立初期到20世纪70年代基本上采取的就是这种配置方式，市场参与度较低。我国经济学家林毅夫强调"有为政府"，认为政府应当承担教育资源配置的主要责任。市场配置则是依据市场的供求规律对教育资源进行合理配置，政府在资源配置过程中只起监督和调节作用，扮演"守夜人"的角色。美国经济学家弗里德曼（Milton Friedman）反对政府垄断教育资源配置，并提出了"教育券"的思想。① 无独有偶，英国经济学家哈耶克（Friedrich August Hayek）倡导教育资源应由市场配置，他反对政府完全控制教育，赞同弗里德曼"教育券"的观点，强调教育的多元与自由，倡导教育市场化运作。② 计划与市场相结合配置，亦即以政府为主导、与市场调节并存的混合型教育资源配置。这种配置方式兼顾了政府与市场在资源配置中的优势，发挥了政府的监督和调节作用，也使得市场的激励与推动作用得以展现。目前，多数国家包括我国在内采取的就是这种配置方式。

教育资源配置是选择一种或多种方式为教育提供资源的过程。选择的关键在于各级教育的产品属性，如义务教育作为公共产品大多采用计划配置的方式，高等教育作为准公共产品大多采用计划与市场相结合配置的方式。教育资源配置应有利于教育公平和教育价值的实现。这是一个动态的过程，一个渐进的、分步实现的过程。但不管怎么说，教育资源配置方式的选择是必要的，任何选择产生的代价也是难免的，所以，要在促进教育的发展和满足广大人民群众的教育需求的前提下，因时、因地、因具体情况选择教育资源配置方式。我国的教育资源配置方式，特别是改革开放以来的配置方式的发展变化，表现为从完全的计划配置向计划与市场相结合配置的转变。

三、教育资源配置的机制

（一）政府的教育财政责任

第一，政府应承担义务教育完全的财政责任。

所谓公共财政，是指在市场经济下，为满足社会公共需要而进行的政府收支活动。政府通过财政为社会提供公共服务，维持其正常秩序，促进社会协调发展。公共财政框架的构建要求规范政府财政支出，改变财政供给越位和缺位现象，减少甚至

---

① ［美］米尔顿·弗里德曼：《资本主义与自由》，83～95页，张瑞玉译，北京，商务印书馆，1988。

② ［英］弗里德利希·冯·哈耶克：《自由秩序原理》下册，163～166页，邓正来译，北京，生活·读书·新知三联书店，1997。

取消财政对一般竞争性领域的投资，重点保证公共事业的发展，尤其是保证对公共产品的支出。政府公共财政对义务教育承担的责任，是由义务教育的产品属性决定的。

世界各国的义务教育从教育的阶段来看都属于初、中等教育，义务教育的年限长短不一。小学、初中教育就其本身而论，很难归入纯公共产品之列，在某些历史阶段，它们甚至具有浓重的私人产品的色彩。而义务教育的出现本身就是一种国家行为，法律赋予小学、初中教育以普及性、强迫性，才使其成了义务教育。义务教育本身应具有免费性。2006年修订的《中华人民共和国义务教育法》规定："实施义务教育，不收学费、杂费。"这进一步完善了义务教育。法律在规定适龄儿童有接受义务教育权利的同时也规定了国家有向每一个儿童提供免费义务教育的义务，正是这种法定的制度安排使义务教育成为真正的公共产品。正如一些专家表述的那样，对于某种产品，由于消费的非排他性和非竞争性，必然意味着政府要免费提供，而政府的免费提供也不可避免地使之具有了消费上的非排他性和非竞争性。这样，一项产品的属性就可以直接依据其被提供的方式而做出判断。①

义务教育作为公共产品，应由政府承担完全的财政责任。政府应承担义务教育完全的财政责任，其含义不仅仅在于不收学费、杂费。如果财政提供的经费不足或不公平，则会使义务教育或优质的义务教育成为拥挤的公共产品，并可能导致部分儿童难以接受到义务教育或因拥挤而出现各种名目的有偿消费。因此，完全的财政责任具有充分、公平提供的含义。

第二，义务教育财政责任在不同层级政府间的分工不同。

地方公共产品理论和财政联邦主义的分权理论为政府的责任分工提供了分析的依据。阿特金森（Anthony B. Atkinson）和斯蒂格里茨（Joseph E. Stiglitz）这样描述地方公共产品："某些公共物品可能并不带有空间的限制（例如从研究和开发获得的收益）；但对于其他公共物品来说，尽管新来的居民无需耗费更多的成本便可获得其收益，然而这种收益却局限在一个社区中（可能会溢出某些利益到邻近社区）。"②地方公共产品具有以下几个典型特征：一是受益上的地方性；二是存在着溢出效应和拥挤效应；三是提供的层次性。③ 公共经济理论认为，地方公共产品应当主要由地方

---

① 王一涛、安民：《"教育是公共产品"吗？——对一个流行观点的质疑》，载《复旦教育论坛》，2004(5)。

② ［英］安东尼·B. 阿特金森，［美］约瑟夫·E. 斯蒂格里茨：《公共经济学》，蔡江南、许斌、邹华明译，665页，上海，生活·读书·新知三联书店，1994。

③ 王磊：《公共教育支出分析——基本框架与我国的实证研究》，35～37页，北京，北京师范大学出版社，2004。

政府提供，这样才更有效率。财政联邦主义探讨了中央政府和地方政府存在的经济理由，其主要目标是决定各种财政职能在各级政府间的适当分工。斯蒂格勒认为，地方政府存在的理由首先是它比中央政府更加接近民众，更加了解民众的需求和效用；其次是不同地区的人有权对公共服务进行不同的选择，而地方政府就是实现不同地区不同选择的机制。① 财政分权理论认为，由地方政府提供公共产品，社会福利有可能达到最大；而由中央政府提供则可能产生偏差，导致供应不足或过量的问题。当地方之间出现公共产品供给上的不均衡时，有必要通过中央政府在地方之间进行再分配。

根据以上理论，由地方政府承担义务教育责任会更有利于义务教育的发展。但由地方政府负责可能会致使教育财政格局完全取决于地方财政格局，导致教育服务供应高度不均等。因此出于公平性的考虑，现实中有些中央政府会决定保留提供地方公共服务的权力，以保证在所有的地方管辖区至少提供最低水平的公共服务。同时，虽然基础教育在很多国家是地方政府的责任，但地方提供服务的资金来源于中央政府的专项拨款。另外，义务教育的利益并不完全是地区性的，义务教育对经济发展、贫困消除和知识创造的奠基功能，对国家、民族统一和团结的维系，对民主制度的支持等均有极大助益，其利益遍及整个国家和社会。因此，中央政府也必须承担一定的责任。

可见，义务教育财政责任在政府间的分工，理想的制度安排是一种混合模式，既不是完全集权，也不是完全分权。理想的政府教育责任分工制度安排是公平与效率之间的均衡，是多样性和统一性之间的均衡。在中央政府干预的情况下，地方政府需要有足够的自主性来决定应提供多少服务以及怎样提供服务，从而使蒂伯特（Tiebout）理论意义上的效率机制发挥作用。② 在义务教育分权的情况下，中央政府需要有充分的制度保障以使所有地区的居民都能得到最低水平的服务，并确保义务教育的全国性利益、超出服务区域的外部效益得到实现。

（二）教育财政支出的使用与分配

广义的教育财政泛指教育机构对教育经费的筹集、分配和使用，不仅包括政府

---

① George J. Stigler, "The Tenable Range of Functions of Local Government," in *Federal Expenditure Policy for Economic Growth and Stability*, Washington D. C., Joint Economic Committee, 1957, pp. 213-219.

② Charles Tiebout, "A Pure Theory of Local Expenditure," Journal of Political Economy, 1956 (64), pp. 416-424.

的教育经费支出，而且还包括个人、企业和社会的教育经费支出。[①] 狭义的教育财政则是指政府通过收支活动对教育经费进行合理筹措、分配和使用，以完成国家既定教育发展目标。[②] 本书以狭义的教育财政（即支出教育领域中的人力、物力和财力总和的货币表现）展开讨论。

根据公共财政的有关理论，由于不同层次、不同类型的教育分别表现为不同属性的产品，教育财政的支出范围和支出重点也应有所限制、有所选择。在公共财政框架下，教育财政支出首先应用于提供教育中的公共产品，也就是说，教育中的公共产品应由政府财政无偿地向受教育者提供，教育中的准公共产品则应采取政府财政补贴和向受教育者收费的混合方式提供。

1. 教育层次结构差异

教育财政支出总量只能反映国家教育支出的一个方面，片面地强调总量并不能准确反映一个国家教育支出的真实情况。因为在不同级次上的教育资源所产生的效益是不同的。世界银行和联合国教科文组织的有关资料表明，各国政府教育财政支出在各教育层次中的比例因经济发展水平的不同而变化。在经济发展的初级阶段，国家财力有限，财政支出重点应该放在初等教育上；随着国家财力不断加强，政府财政对中等和高等教育的支出比例逐渐上升。一个国家教育投资结构的比例变化应与本国教育、经济的发展变化相适应。

从图 14-1 中不难发现，2018—2020 年我国学前教育经费支出呈现大幅上涨趋势。究其原因，为应对老龄化危机，我国陆续实施"全面二孩""全面三孩"政策。李玲、黄宸、李汉东预测，我国学前教育所需教育经费将于 2035 年达到峰值 11929.59 亿元。[③] 要满足大量适龄幼儿上学的需求，就需要投入足够多的教育经费来维持供需平衡。我国职业教育经费支出呈现稳步上涨趋势，这是统筹推进职业教育与普通教育协调发展的必然要求。可以预见的是，随着 2022 年 5 月 1 日我国正式施行修订后的《中华人民共和国职业教育法》，职业教育经费支出将稳中求进。由于高等教育在一定程度上推向市场，可以依靠民间投资和其他收入来源，故而高等教育经费支出一直保持较为稳定的趋势。改革开放以来，我国注重义务教育发展，制定了《中华人民共和国义务教育法》，免除义务教育学费。到了新时代，我国将学前教育与职业教育置于优先发展的地位。这充分说明一个国家教育投资结构的比例应随着本国教

---

① 闵维方、马莉萍：《教育经济学》，408 页，北京，北京大学出版社，2020。
② 廖楚晖：《教育财政学》，3 页，北京，北京大学出版社，2006。
③ 李玲、黄宸、李汉东：《"全面二孩"政策下城乡学前教育资源需求分析》，载《教育研究》，2018(4)。

育、经济的发展而变化。

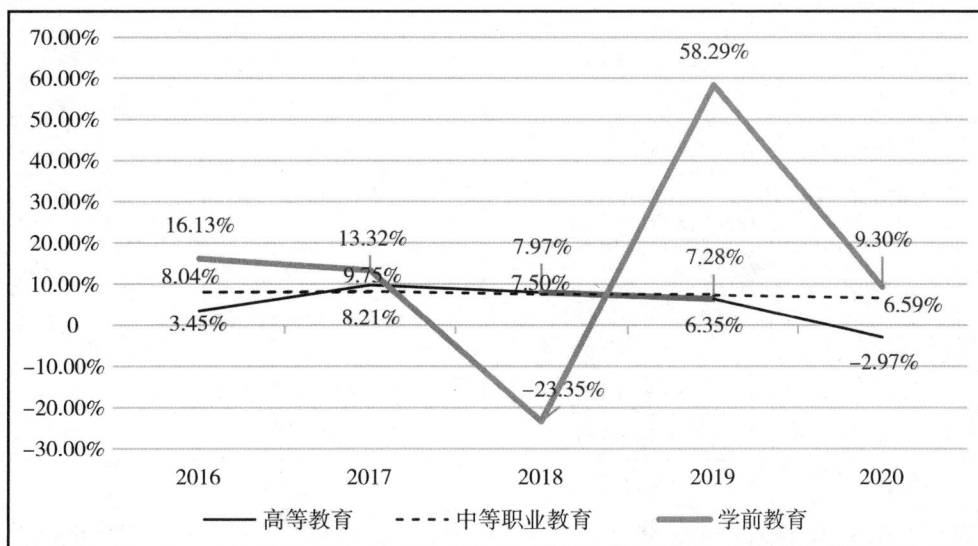

图 14-1 我国 2016—2020 年高等教育、中等职业教育和学前教育生均教育经费支出幅度变化情况①

2. 区域差异

教育财政支出除了不同时期在教育层次结构上有所侧重以外，其在我国三大地区②间也存在着差异。

表 14-1 我国东中西部国家财政性教育经费占比③

年份	东部	中部	西部
2000 年	53.08％	24.26％	22.66％
2001 年	52.04％	24.25％	23.71％
2002 年	52.09％	24.27％	23.64％
2003 年	53.32％	23.70％	22.98％
2004 年	53.63％	23.50％	22.87％
2005 年	53.53％	23.61％	22.86％
2006 年	52.70％	23.63％	23.67％

① 数据根据 2017—2021 年《中国教育经费统计年鉴》计算所得。
② 东部地区包括北京、天津、辽宁、河北、山东、浙江、江苏、上海、福建、广东、海南；中部地区包括黑龙江、吉林、山西、河南、安徽、江西、湖北、湖南；西部地区包括内蒙古、广西、重庆、四川、云南、贵州、陕西、宁夏、甘肃、青海、新疆、西藏。
③ 数据根据 2001—2021 年《中国教育经费统计年鉴》计算所得。

年份	东部	中部	西部
2007 年	50.83％	24.88％	24.29％
2008 年	49.27％	24.84％	25.89％
2009 年	47.80％	24.86％	27.34％
2010 年	48.86％	23.97％	27.17％
2011 年	48.48％	24.91％	26.61％
2012 年	46.82％	25.87％	27.31％
2013 年	47.61％	25.31％	27.08％
2014 年	47.91％	24.85％	27.24％
2015 年	46.91％	25.06％	28.03％
2016 年	46.77％	25.10％	28.13％
2017 年	46.98％	25.03％	27.99％
2018 年	47.24％	24.87％	27.89％
2019 年	47.87％	24.58％	27.55％
2020 年	47.75％	24.36％	27.89％

从表 14-1 我们可以清楚地看到，2000—2007 年东部地区的国家财政性教育经费占到总额的超 50％，而中部地区和西部地区的占比加起来不到 50％。这足以看出我国由于经济发展、劳动力数量差异产生了教育财力资源配置不均衡问题。2006 年开始，西部地区国家财政性教育经费占比有所提升，并超过中部地区。这得益于 2006 年 12 月 8 日国务院审议通过的《西部大开发"十一五"规划》（以下简称《规划》）。《规划》强调："努力实现西部地区经济又好又快发展……教育、卫生等基本公共服务均等化取得新成效。"从 2007 年到 2020 年，东部地区国家财政性教育经费占比呈现逐步降低的趋势，中部地区基本稳定，西部地区逐步增高。显而易见，国家意识到教育发展的不平衡，努力平衡区域间的差异，推动教育公平，正从以充足为导向逐步转向以公平和效率为价值导向来推动教育资源的新平衡。

值得注意的是，教育资源的配置在特殊的地区还应对应特殊的实施策略。例如，我国西藏自治区是高寒高海拔地区，莘莘学子在求学时面临交通不便、气候寒冷等困难，教师也承受着额外的由于高寒、高压环境带来的身心负担。基于此，我国在西藏自治区实行了因地制宜的包吃、包住、包学费的"三包"政策和教师提前退休政策，划拨了特殊的供暖经费用于西藏自治区学校的基础建设。

第三节　教育经费

///////////////////////

教育经费(education expenditure)是指中央和地方政府部门的财政预算中实际用于教育事业的经费以及社会各种力量用于教育的经费，是发展教育事业的物质保证。教育经费是教育事业发展的物质基础，同时也是影响我国教育规模和质量的重要因素。教育经费投入是支撑国家长远发展的基础性、战略性投资，是教育事业的物质基础，是公共财政的重要职能。本节将对教育经费的筹措、投入指标、拨款方式进行阐释，以便读者更好地理解教育经费与中国教育发展的密切关系。

一、教育经费的筹措

（一）以国家财政性教育经费为主

国家对教育经费投入的数量反映了国家对教育投资的规模，教育经费投入在国家财政性支出或国内生产总值中支出的比例反映了教育投入与国民经济的关系以及教育投入的水平。国家教育经费投入的数量和比例受该国历史文化传统、政治、经济、人口等多方面因素的制约。我国教育经费来源于多渠道，主要包括国家财政拨款、社会投资和受教育者家庭或个人投资，其中国家财政拨款是教育经费的主要来源。

一般公共预算安排的教育经费，是指中央、地方各级财政或上级主管部门在本年度内划拨到教育部门和各级各类学校、教育事业单位，并列入国家预算支出科目的教育经费，主要包括教育事业费、教育基本建设费、教育费附加和科研经费及其他教育经费。

1. 教育事业费

教育事业费指国家从中央财政预算中直接划拨给教育部门的用以维持和发展教育事业的经费，是教育经费的重要组成部分。教育事业费主要包括经国家批准设立的中央和省、自治区、直辖市各部门所属的全日制普通高等院校(包括研究生)经费；经国家批准，由教育部门统一归口的出国和来华留学生的经费，以及为出国留学生和来华留学生举办专门学校等经费；教育部门举办的中等师范、初等师范、幼儿师范，教育部门和计划、财政、统计部门举办的各种中、初级专业学校经费；教育部门举办的职业中学、农业中学(含普通高中改制的)、半工(农)半读中学的经费或补助费；教育部门举办的普通中学经费；教育部门举办的小学经费；教育部门举办的幼儿教育经费；教育部门举办的和全日制普通高等院校附设的函授、夜大学经费；

农民专科学校经费；高等教育自学考试经费；普通业余教育经费，包括农民中等技术（专业）学校补助费；教育部门举办的教育行政学校（干校）、教师进修学校（院）、师资培训班以及附设的函授和利用假期集中举办的师资培训班等经费；国家对乡村和城市街道等民办教师的补助费；教育部门举办的盲童学校、聋哑学校、智力落后儿童学校、其他生理缺陷儿童学校和工读学校经费；教育部门举办的广播电视学校经费；教育主管部门直接开支的教学业务指导费、招生经费、教材编审费、业务资料印刷费等。其预算每年由财政部门核定，由教育行政部门统一掌握使用，不得挪作他用。在执行中，由各级财政、审计部门监督检查。[①]

2. 教育基本建设费

教育基本建设费包括教育基建和部门基建中用于学校和教育事业单位的经费。在教育基建方面，是指列入各级计划部门基建计划，并由建设银行限额拨款的教育部门所属各级各类学校和教学仪器厂等企事业单位的基建财务拨款（不含单位自筹基建部分）；在部门基建方面，是指列入各级计划部门基建计划，并由建设银行限额拨款的其他各部门举办的高等学校、中专、技校的基建财务拨款数（不含单位自筹基建部分）。

3. 教育费附加

教育费附加是对缴纳增值税、消费税、营业税的单位和个人征收的一种附加费，其主要作用是发展地方性教育事业，扩大地方教育经费的资金来源。2005年，《国务院关于修改〈征收教育费附加的暂行规定〉的决定》指出："教育费附加，以各单位和个人实际缴纳的增值税、营业税、消费税的税额为计征依据，教育费附加率为3%，分别与增值税、营业税、消费税同时缴纳。除国务院另有规定者外，任何地区、部门不得擅自提高或者降低教育费附加率。"2010年，《国家中长期教育改革和发展规划纲要（2010—2020年）》规定："按增值税、营业税、消费税的3%足额征收教育费附加，专项用于教育事业。"

4. 科研经费

科研经费是指高等学校从中央和地方取得的科学研究经费，一般包括教育部（地方教育行政部门）、国家（地方）发展和改革委员会、科技部（地方科技部门）和各行业主管部门（如纺织集团公司等）下达的科学事业费和科技三项费用等。属于财政教育事业费安排的科研经费拨款，应在教育事业费拨款中填列。

5. 其他教育经费

其他教育经费指除教育经费拨款、科研经费拨款、城市教育费附加以外的其他

---

① 李冀：《教育管理辞典》，145页，海口，海南人民出版社，1989。

属于财政性的经费拨款，包括专项拨款和非专项拨款，如公费医疗经费、住房改革经费等。

（二）以征收用于教育的税费为辅

①社会税收。用于教育的税收主要包括两部分。第一，社会开征的各种直接用于教育的税收。比如，个人收入调节税所征的税款，全部或部分用于教育；社会计征鞭炮税、筵席税、印花税等税款，全部或部分用于教育。第二，国家和社会对教育单位的各种减免税。这是教育投资的社会间接来源，如依据国家规定对学校办的企业实行减税和免税，依据国家规定减免学校的城市建设费、能源交通重点建设基金、国家预算调节基金等各种税收。

②政府性基金预算安排的教育经费。政府性基金预算安排的教育经费是指政府通过向社会征收基金、收费以及出让土地、发行彩票等方式取得的收入，专项用于支持教育事业发展的收支预算。2011年，《国务院关于进一步加大财政教育投入的意见》规定，各地区要从当年以招标、拍卖、挂牌或者协议方式出让国家土地使用权取得的土地出让收入中，按照扣除征地和拆迁补偿、土地开发等支出后余额10%的比例，计提教育资金。

③企业拨款。即中央和地方所属企业在企业营业外资金列支或企业自有资金列支，而拨给所属各级各类学校的经费投入。

④校办产业、勤工俭学和社会服务收入用于教育的经费投入。包括校办产业、勤工俭学、社会服务收入中用于补充教育经费的部分，以及在教学、科研及其辅助活动之外，开展独立核算经营活动取得的收益用于补充教育经费的部分，即经营收入的结余、附属单位交款和其他收入中对校办产业投资收益之和。包括用于教职员工个人的福利、集体福利以及改善办学条件等方面的经费投入。

（三）多渠道筹措并举

①民办学校中举办者投入。民办学校中举办者投入是指民办学校举办者投入给民办学校的办学经费。我国的相关政策鼓励非政府机构的团体和个人举办学校。《国家中长期教育改革和发展规划纲要（2010—2020年）》提出，"各级政府要把发展民办教育作为重要工作职责，鼓励出资、捐资办学，促进社会力量以独立举办、共同举办等多种形式兴办教育。完善独立学院管理和运行机制。支持民办学校创新体制机制和育人模式，提高质量，办出特色，办好一批高水平民办学校。依法落实民办学校、学生、教师与公办学校、学生、教师平等的法律地位，保障民办学校办学自主权。清理并纠正对民办学校的各类歧视政策。制定完善促进民办教育发展的优惠政策""健全公共财政对民办教育的扶持政策"。

民办学校的教育经费由举办者筹集，除学费以外，主要来自非政府的企事业单位、社会团体和个人的投入。这是教育投资体制的一个组成部分，也是我国教育经费的一个重要补充。2016年，我国有民办学校17.1万所，举办者投入达203亿元，占全国教育总经费的2.7%。中国私人资本的成长为民办教育发展提供了物质前提。民办教育通过多种投融资模式，创造性地运用了私人资本。"教育储备金制""股份制办学""教育集团""教育投资公司""校银结合"等，都是民办教育在投资办学过程中运用的融资模式。此外，我国还在探索通过教育银行、教育储蓄、教育基金等手段为教育融资，利用世界银行教育贷款等外来资金发展我国教育。

②捐赠收入。捐赠收入是指境内外社会各界及个人对教育的资助和捐赠。《中华人民共和国教育法》第六十条规定："国家鼓励境内、境外社会组织和个人捐资助学。"《国家中长期教育改革和发展规划纲要（2010—2020年）》第五十六条指出："社会投入是教育投入的重要组成部分。充分调动全社会办教育积极性，扩大社会资源进入教育途径，多渠道增加教育投入。完善财政、税收、金融和土地等优惠政策，鼓励和引导社会力量捐资、出资办学。""完善捐赠教育激励机制，落实个人教育公益性捐赠支出在所得税税前扣除规定。"

③事业收入。事业收入是指学校和教育事业单位开展教学、科研及其辅助活动依法取得的，经财政部门核准不需上缴财政专户管理的预算外资金，以及经财政专户核拨回的预算外资金，包括教学收入和科研收入、非义务教育阶段学生缴纳的学费、借读学生缴纳的借读费、住宿学生缴纳的住宿费以及按照有关规定向学生收取的其他费用等。

④其他收入。其他收入是指除上述各项收入以外的其他各项收入，即附属单位缴款和其他收入中扣除对校办产业投资收益之和。

二、教育经费投入指标

教育经费投入指标是反映教育经费投入的数量、各级教育发展状况、教育经费投入与国民经济发展水平的比例关系及其变动趋势的指数标准，包括数量指标和结构指标。

（一）教育经费投入数量指标

衡量教育经费投入数量的指标可以分为绝对量指标和相对量指标两类。前者为某个国家某时期内（一般为一年内）的公共教育支出绝对数额，后者指与同期国民经济发展水平相比较的相对比例。

1. 绝对量指标

首先是年度（财政性）教育经费投入总额。年度（财政性）教育经费投入总额是指年度各种来源直接投入教育的资金总数。年度（财政性）教育经费投入总额可以用来评价教育经费投入增长速度是否达到法律和政策性规定。数值越大，表明年度（财政性）教育经费投入越充足，越能显示国家对教育发展的重视程度。其次是年度人均教育经费投入。年度人均教育经费投入是指按全国（或地区）人口平均的教育经费投入数，这是衡量某个国家（或地区）按人口平均的教育资源投入量大小的指标。数值越大，表明全国人均教育经费投入越多，越有利于国民受教育程度的提高。年度生均教育公用经费是指为保证学校正常运转，在教学活动和后勤服务等方面用于在校生的平均费用。具体的开支范围包括教学业务与管理、师资培训、实验实习、文体活动、办公、水电、取暖、交通差旅、邮电等费用；仪器设备及图书资料的购置；学校房屋、建筑物及仪器设备的日常维修维护等费用；其他用于学校正常运转所需的费用等。数值越大，表明维持学校正常运转的公用经费越充足。

教育经费投入的绝对量指标反映了一定时期内教育资源的总投入水平，人均与生均指标可判断教育经费投入是否充足等状况。

2. 相对量指标

教育经费投入的相对量指标，指一定时期教育经费投入数量与同期国民经济发展水平相比较的指标。它主要包括财政性教育经费支出占国内生产总值（Gross Domestic Product，GDP）的比例、预算内教育经费占财政支出的比例以及教育经费弹性系数等，可以在一定程度上体现教育在国家发展战略中的优先地位。

首先是财政性教育经费支出占 GDP 的比例。这是将教育经费投入与经济实力进行比较，用以评价政府教育经费投入的进步程度。比值越大，表明政府在教育经费投入上越努力。其次是预算内教育经费占财政支出的比例。这是将政府教育支出水平与财政支出水平进行比较，用以评价政府教育经费投入是否达到法律与政策规定的要求及努力程度。比值越大，表明政府财政支出中用于教育经费投入的比例越大，政府在教育经费投入上越努力。最后是教育经费弹性系数。教育经费弹性系数主要指年教育经费增长率与年 GDP 增长率之比。比值越大，表明教育发展在国家经济社会发展中越受重视。

财政性教育经费支出占 GDP 的比例，是国际通用的衡量教育水平和地位的指标。早在 1993 年，我国便首次提出要使国家财政性教育经费支出占 GDP 的比例达到 4% 的目标，并一直为之努力。我国于 2012 年首次实现该目标。此后一直维持在 4% 以上的水平。这充分展现了我国为实现教育高质量发展，推进教育现代化，到 2035 年建成教育强国的目标所下定的决心与做出的努力。

（二）教育经费投入结构指标

1. 三级教育经费投入结构指标

衡量教育经费投入在三级教育中的分配结构，目的在于把握各级教育在教育发展中受到的重视程度，其合理性通常采用国际比较的方式来予以判断。三级教育经费投入结构指标主要采用以下三种指标。

第一，总量结构指标。总量结构指标是指各级公共教育经费投入占公共教育经费总投入的比例。比值越大，表明该级教育在三级教育发展中越受重视。其计算方法是：

各级公共教育经费投入占公共教育经费总投入的比重＝某级教育经费投入÷公共教育经费总投入×100%。

第二，生均公共教育经费投入比值指标。生均公共教育经费投入比值指标是指三级教育按在校生人数平均计算的生均教育经费投入比值。具体计算方法是，以初等教育(或小学生)的生均公共教育经费投入为1，分别计算中等教育和高等教育生均公共教育经费投入为初等教育的倍数。比值越大，表明该级教育相对于初等教育来说越受重视，初等教育也就意味着越受忽视。

第三，生均公共教育经费投入指数。生均公共教育经费投入指数是指三级教育生均公共教育经费投入占人均 GDP(或 GNP)的比值。数值越大，表明该级教育在教育发展中越受重视。其计算方法是：

生均公共教育经费投入指数＝生均公共教育经费投入÷人均 GDP（或 GNP）×100%。

以上三种指标各有优劣。总量结构指标从宏观的角度体现了教育经费投入在三级教育之间的分配，缺陷在于总量结构不能体现各级教育的规模，不能充分体现三级教育经费投入分配的合理与否；生均公共教育经费投入比值指标和生均公共教育经费投入指数都以生均公共教育经费投入为基础，分别体现了生均投入的绝对量和相对量关系，在体现公共教育经费投入分配的合理性方面相对准确。

2. 区域教育经费投入结构指标

区域教育经费投入结构指标，是反映不同地区之间公共教育经费投入差异状况的指标，亦是衡量公共教育经费投入在地区间配置公平性的指标。

首先是区域间生均预算内教育经费(公用经费)标准差。标准差是各数据偏离平均数的距离的平均数。这里用来反映不同区域间生均预算内教育经费(公用经费)的离散程度，反映的是不同区域间教育经费投入的绝对差异。标准差越大，意味着区域间的生均预算内教育经费(公用经费)差异程度越大，教育经费投入就越不均衡。

标准差用 S 表示，计算公式为：

$$S = \sqrt{\frac{\sum\limits_{i=1}^{n}(Y_i - \overline{Y})^2}{n-1}}。$$

其中，Y_i 为一地区某级教育生均教育经费，$\overline{Y}$ 为该项指标的平均值，n 为地区个数。

其次是区域间生均预算内教育经费（公用经费）极差率。极差率是最高值与最低值的比率。这里是不同区域间生均预算内教育经费（公用经费）投入最高值与最低值的比较，反映不同区域间教育经费投入差异的极端程度。极差率越大，意味着不同区域间的差异越大。极差率用 I 来表示：

$$I = Y_{max}/Y_{min}。$$

其中，Y_{max} 为不同地区生均教育经费（公用经费）投入的最高值，Y_{min} 为不同地区生均教育经费（公用经费）投入的最低值。

最后是区域间生均预算内教育经费（公用经费）变异系数。变异系数是指变量的标准差和平均值的比值。这里用来衡量不同区域间教育经费（公用经费）投入不均衡程度。变异系数用 V 表示，它是不同区域间教育经费（公用经费）投入标准差与均值的比值。如果变异系数大于 0.15，说明该组数据之间存在差异；大于 0.5，说明差异显著；大于 1，则差异十分显著。

上述三个指标可以分别用来衡量不同省份之间或城乡地区之间的公共教育投入差异。标准差反映各地生均教育经费偏离均值的程度，但它容易受到基数的影响，只能用于衡量地区间教育发展的绝对差异。极差率可以全面地反映地区间教育发展差异的极端情况。变异系数表明数据分布的不平衡程度，由于剔除了基数的影响，因此它能够很好地反映各地生均教育经费的相对差异。

三、教育经费拨款方式

教育经费拨款方式是政府对教育资源投入的具体财政手段，可分为投入拨款和产出拨款两大类别。投入拨款不考虑学校使用资源的效率和产出，拨款依据主要是学生人数；产出拨款是以学校数量、教育质量和办学效益的综合指标为拨款依据的。当前我国采用的拨款方式主要是投入拨款。

投入拨款一般可以分为直接拨款与间接拨款两种方式。直接拨款是指政府直接将教育经费（或通过一个缓冲机构）拨付给学校；间接拨款是指政府将经费以学生资助的形式支付给学生，然后学生缴费上学。

（一）国外几种教育经费拨款方式

1. 增量拨款法

美国教育经费拨款的内容主要有三项：教育经常费拨款、资本性拨款和专项拨款。教育经常费拨款与我国的"综合定额拨款"相似，资本性拨款和专项拨款大致与我国的"专项补助"相当。增量拨款法在 20 世纪 60 年代被美国广泛采用。增量拨款法假定学校上一年度的开支是合理且有价值的，政府考虑财政状况并结合学校发展的需要，制定一个拨款增长系数。增加的拨款主要用于补偿学校规模扩大的部分，如扩大招生人数、增设新专业或上马新的项目等。

2. 公式拨款法

这是目前美国公立学校最常用的拨款方式。各州根据其公立学校的具体情况及财政状况制定不同的公式，公式的变量及复杂程度各不相同。比如，得克萨斯州的拨款公式较为复杂，按功能把经费分成了 14 项，每一项经费都有对应的计算公式。公式拨款法的优点在于拨款透明度较高，能减少政府和学校的分歧；简化了决策过程，增加了拨款的确定性；政府可以通过改变公式参数，来对高等教育的发展规模及方向进行宏观调控。但其也存在明显的缺点：首先是公式拨款法中用到的数据都是历史数据，由历史数据来决定对高校的拨款，没有考虑到高校的发展计划；其次，公式拨款法也仅根据学校的人数、生均培养成本等指标来确定拨款额，并不能起到激励学校提高效率的作用，不利于资源在学校间的优化配置。

3. 协商拨款法

协商拨款法是较为灵活的拨款方式。通常由学校根据自身发展需要向政府提出申请，政府再根据财政状况和其他学校的经费需求，拟定一个初步分配方案。政府与各学校就初步方案进行进一步磋商，最终决定各学校将获得的拨款数。该方法的优点是给予学校充分的自主权，让其结合自身发展规划申请经费，并且可以自由决定经费在学校内部的分配。但这种方法的透明度不高，决策过程过于复杂，不适于大范围应用。

4. 合同拨款法

20 世纪 70 年代以后，各国政府财政紧张的局面出现，合同拨款法作为一种财政机制，成为学校获得政府财政投入的主要途径。合同拨款法现在不仅应用于科研经费拨款，学校专项经费的分配也往往采用合同拨款法。合同拨款法具有评价性机制，有助于保证学校的办学质量和科研质量，同时也较好地体现了学校财务管理的自治与自主，因而得到普遍认可和发展。在实践中，由于对教育产出与科研产出的评价在技术上尚不成熟，因此合同拨款法不利于高校的基础学科和基础研究。

5. 绩效拨款法

绩效拨款法就是将产出或绩效因素纳入拨款公式。目前，世界上还没有完全采用绩效拨款法的国家，但有很多国家在拨款时引入了绩效因素。20 世纪 60 年代，美国就开始了对教育绩效的探索，但是由于考核标准难以制定，绩效拨款法的考评改革进展缓慢。绩效拨款问题需要确定必要的考评前提，如教育产出的确定性、可衡量性以及将考核对象独立出来的研究方法，在绩效指标的确定上，各州选取的具体指标也不同，缺乏可比性。虽然对绩效拨款法的争议仍然存在，但总体上绩效拨款法实施的结果比最初人们预想的要好，在解决州政府的财政问题和促进学校发展方面取得了一定成绩。

（二）我国教育经费拨款方式

1. 基础教育经费拨款方式

我国中小学教育事业经费拨款基本上采用的是"定员定额"方法。所谓定员定额，就是按事业机构规模的大小或事业的需要，合理地确定其各种编制、房屋和设备标准、行政和业务费用开支额度、器材的储备量。其公式为：

$$某校应得经费总额 = \sum 各项定额标准 \times 学校相应定员数目。$$

定额标准的制定按人员经费和公用经费分类核算。人员经费包括教职员工经费和学生经费，分别用教职员工经费标准定额乘教职员工人数、学生经费标准定额乘学生数，二者再加总；公用经费则用公用经费各项开支标准定额乘在校生数总数再加总。

中小学基建经费拨款采取的是基建预算加基建补助的方式。基建预算的方法是首先根据学生人数和每生应占有的校舍面积定额，计算应有的校舍规模；其次，将应有校舍规模减现有校舍面积，计算出校舍面积缺口，即需新建的校舍面积；最后，计算新建校舍所需各种建筑材料和设备费以及购置配套教学仪器、设备的费用，构成新建校舍预算，再加上危房翻建费和设备费，三项合计就构成了地方中小学基建预算。基建预算再加上国家每年安排的一定数量的基建补助拨款，就是该校所得基建资金。

中小学教育经费拨款主要以学生人数为依据，因此各学校经费拨款的差异也主要由学校的规模所致。

2. 高等教育经费拨款方式

1949 年至 1985 年，高等教育经费拨款的依据是"基数加发展"，政府按各高校的规模大小及日常开支需求核定一个拨款基数，以后各年度便在上年基数上，按财政状况增减本年度的经费数。自 1985 年以来，拨款机制由"基数加发展"改为"综合定额加专项补助"。

"综合定额"是指政府有关部门制定的每生教育经费的定额标准，不同层次、不同种类的学生其定额不同，内容包括教职员工人员经费、学生奖贷学金、行政公务费、教学业务费、小型设备费和其他费用等各个项目。"综合定额"是根据上年度生均成本费和本年度在校生规模核定的，其计算方法是：

某类学生的年度综合定额＝年度平均在校生数×每生定额标准。

"专项补助"则依据各高校发展的特殊需要，经学校申请，由教育主管部门批准后拨给，是对综合定额的补充，它是由政府部门在考虑了学校的各种特殊需要后单独拨付的。"专项补助"的计算方法如下。专业人员经费：离休人员经费＝离休人员工资＋生活补贴＋特需经费，退休人员经费＝退休金＋退休人员生活补助等，长期在校外籍专家经费＝计划批准的长期外籍专家人数×专家经费补助标准，教师国内（外）长期培训经费＝计划批准的国内（外）培训人数×国内（外）培训经费标准。专项事业补助费：通常采用定额管理和定项管理两种办法。定额管理指由政府有关部门根据历史资料和实际情况每年核定一定数额的专项经费，拨付给学校自行管理；定项管理则由政府有关部门根据情况确定投资重点，按项目下达专项经费。

对比我国和国外的教育经费拨款方式，不难看出，我国当前主要采用的拨款方式很难适应社会发展对教育质量的要求。因此，应适当借鉴国外的拨款方式，采用投入和产出相结合的方式，促使学校追求办学效率和质量的统一。

第四节　教育设施和设备管理

教育设施和设备是指开展教育工作必需的物质资料，主要包括开展教育工作需要的空间、环境，以及有关教育教学的设施与设备。教育设施和设备管理，是根据学校的规模和教学需要，有计划地提供、购买必需的设施和设备，并对原有的设备逐步改造、更新，提高设备利用率和使用寿命，使其充分发挥作用，以提高办学效益和办学质量，保证学校各项工作的顺利开展和进行。

一、教育设施和设备概述

（一）教育设施和设备的概念

教育设施和设备包括教育基建、学校设备和社会教育设施。[1]

---

[1] 吴志宏、冯大鸣、周嘉方：《新编教育管理学》，358 页，上海，华东师范大学出版社，2000。

教育基建是指学校的基本物质环境建设。它主要包括两个方面：一是以教学楼和校舍为主的建筑物建设；二是学校用地建设，即校舍用地、绿化用地等。

学校设备是开展学校教育和进行日常管理工作必需的物质条件。它主要由以下几部分构成：教学设备、实验室设备、图书阅览设备、体育运动设备、后勤服务设备等。

社会教育设施包括校外教育设施及成人文化教育设施。这部分设施主要有青少年活动中心、少年宫、图书馆、博物馆、革命历史展览馆等。

（二）学校教育设施和设备的配置与管理

1. 学校教学设备的配置与管理

学校教学设备主要有教室设备、实验室（小学自然实验室）设备、史地教室设备、美术教室设备、书法教室设备、音乐教室设备、语言教室设备、微型电子计算机教室设备、体育运动设备、劳动技术设备、图书阅览室设备等。近些年，各校教学设备随时代的发展不断更新。例如，为进一步弘扬中华优秀传统文化和铸牢中华民族共同体意识，书法教室设备不仅包括教师示范桌椅、学生桌椅、推拉黑板、文具柜和各种书法教具（如书法教材、毛笔、墨汁、笔架等），还包括多媒体教学系统、实物投影仪和书法课堂教学资源软件等硬件设施。在使用书法教室时应严格遵循使用制度。例如，应保持安静，爱护仪器设备；书法教室不得随意挪作他用；服从教师指导；教学活动结束后将教学器材按要求整理完毕方可离开等。

学校教学设备管理必须贯彻统一领导、分工负责、管用结合、物尽其用的原则。与此同时，还必须建立健全管理制度，充分发挥教学设备的教育和经济效益。学校教学设备管理可以分为固定资产管理和易耗品管理，在管理体制上应当采取分工负责的制度。其中，固定资产分为四种类型：第一类，建筑物，主要包括学校的教学、生活、生产、办公用房等；第二类，专用设备，主要包括教学仪器、仪表、教具、模型、图书资料、电教设备、文体设备、交通运输工具等；第三类，一般设备，主要包括课桌椅、黑板、办公用具、消防设备、炊事用具等；第四类，其他各种固定资产。学校要建立相应的财产管理制度，设置固定资产明细账，将在用、在库的固定资产登记清册，做到账物相符、账账相符、账册记录齐全，以便定期核对、规范管理。

2. 学生宿舍的设备配置与管理

目前，随着我国办学模式的日益多元化，越来越多的寄宿制中小学出现。这样一来，学生宿舍的设备配置与管理，对这些寄宿制学校来说就显得非常重要。学校宿舍要配备的基本设施包括床、桌椅、书架、鞋柜、脸盆架、衣帽钩、晾衣架等。近几年来，部分学校配置了壁挂吊床，其优点是增加了室内的空间，改善了室内采光、通风效果，而且还极大地减少了床与床之间的干扰。缺点是该床的改造价较高，拆装不易，不灵活。书架配置一般采用连桌书架、床头书架、墙壁书橱三种形式，以方便学生学习。学生宿舍内的壁橱、鞋柜、脸盆架、晾衣架等基本生活设施的配置力求统一，使宿舍做到整洁卫生、秩序井然，使学生获得良好的休息环境。

3. 学校食堂的设备配置与管理

民以食为天。办好学校食堂，改善师生伙食，对于增进师生员工的身体健康、稳定教学秩序和学习情绪有着更重要的意义。为办好学校食堂，在规划校舍时，要把学校食堂列入校舍整体规划，在建设风格、立体造型、结构功能等方面都要有整体设计。食堂内部应该配有锅炉、冰箱、电烤箱、蒸饭箱等食品加工设备。教师食堂和学生食堂要保证每个人都有座位。

学校食堂管理的主要措施包括三个方面。一是加强成本核算，努力减少成本支出。这就要求食堂采购员了解市场行情，合理组织进货。食堂要完善验收、保管、领用制度，严防食品腐烂变质。此外，在实行食堂承包制时，要对食堂经营的利润率进行限制，以减轻师生的经济负担。二是加强营养管理，增加饭菜品种，保证师生的营养均衡，尽量满足师生的营养需要。三是加强卫生管理，保持食堂整洁。学校总务部门要严格执行《中华人民共和国食品卫生法》的规定，做到餐具干净、餐厅卫生、炊事人员定期体检、食堂卫生监督员定期检查和监测食品卫生等。

4. 学校后勤管理的社会化和专业化

随着我国社会主义市场经济体制的建立和日益完善，学校后勤管理的社会化、专门化成为趋势。在相当一部分城市的学校，后勤管理工作已逐渐走向社会化、专业化的轨道，这表现为学校的教学设备通过招标的方式直接向市场购买、学校食堂交给校外部门经营、学校学生宿舍让校外物业公司参与管理等。

即使在没有完全实现后勤管理社会化的学校中，部分服务机构如食堂等，也逐渐成为独立或半独立的经济实体，实行校内独立经营、自负盈亏、自我约束、自我发展的机制。除此以外，像教师住房的商品化、教职员工公费医疗制度的改革、学生贷款制度的推行等，都可以说是学校后勤管理的不同表现形式。学校后勤管理的社会化、专业化，给原先一向由国家统一调配学校设备、学校包办一切后勤工作的做法带来了冲击，它同时也意味着长期沿袭下来的学校后勤管理制度有了新的发展和突破。与此同时，这一现象的出现也向教育管理提出了新的挑战，促使我们以一种全新的视角去更深入地探索教育设施管理的问题。

5. 校园环境的设施配置与管理

随着校园面积的扩大，各学校希望通过"环境育人"更好地促进学生发展，广大师生也对校园环境的设施配置和管理提出了更高的要求。校园环境既包括学校的教学设施，也包括其他辅助环境，如校园的花圃、树木、道路等。① 营造良好的校园环境应配备的基础设施主要有校门、围墙、门厅、走廊、楼梯、厕所、绿化用地等。除此之外，为落实立德树人根本任务，各学校不断开展校园周边环境整治和净化文化环境等工作，旨在进一步营造良好的校园文化氛围，促进学生身心健康发展。校园文化环境在铸牢中华民族共同体意识方面具有潜移默化的作用。管理校园环境和文化，如利用校园文化墙和宣传栏广布"铸牢中华民族共同体意识"宣传标语，凸显其理论宣教的作用。② 这可以让学生浸润在铸牢中华民族共同体意识的环境之中，促进他们了解中华民族共同体意识并时刻践行。

校园环境的设施配置和管理需要遵循教育性、艺术性、整体性和情境性等原则，以促进校园文化建设的更好进行。2006 年，为深入贯彻落实《中共中央国务院关于进一步加强和改进未成年人思想道德建设的若干意见》，《教育部关于大力加强中小学校园文化建设的通知》发布，指出应重视校园绿化、美化和人文环境建设。充分利用校园的每一个角落，营造德育的良好环境和氛围，使校园内的一草一木、一砖一石都体现教育的引导和熏陶。要从本地自然环境和条件出发，有条件的学校应在校园内栽花种草，绿化、美化校园，还可以开辟小种植园、小养殖园，不具备绿化条件的学校也要加强校园环境建设，使整个校园干净、整洁、美观、有序。要对校园人文环境进行精心设计，充分发挥学生的主体性，鼓励学生积极参与校园环境的设计、维护和创造。

6. 图书馆的设备配置与管理

书籍是人类进步的阶梯，图书馆则是传播先进人类文化的载体。图书馆所要配备的基础设施包括会议室、资料阅览室、计算机等电子设施、展厅等。

图书馆管理的主要措施包括以下三个方面。一是明确入馆须知。例如，凭卡入馆；读者入馆应保持安静；读者入馆后应保持馆内卫生、整洁；严禁携带食物和易燃易爆物品入馆；爱护馆内的书刊、设备及其他设施等。二是制定图书馆借阅制度。包括借阅地点，借阅数量，借阅期限，借阅逾期、损毁、遗失处理等。三是制定资料阅览室管理制度。例如，资料阅览室应保持安静、整洁；制定偷窃、污损图书处

---

① 吴志宏、冯大鸣、周嘉方：《新编教育管理学》，362 页，上海，华东师范大学出版社，2000。
② 苏德、张良：《民族院校课程体系对学生中华民族共同体意识知行状况的影响研究》，载《民族教育研究》，2021(4)。

罚规则；管理员应经常检查安全制度、措施落实情况等。[1]

7. 教师办公室的设备配置与管理

教师办公室的主要基础设施包括办公电子设备，如电脑、打印机、复印机等；办公家具设备，如办公桌、办公椅、文件收纳柜等。

教师办公室管理的主要措施包括以下四个方面。一是物品摆放。例如，物品摆放应整齐、美观；办公室不能长期存放个人物品；卫生用具应摆放到位等。二是室内布置。例如，墙上可张贴名言画作，宣传标语应整齐、美观；窗台可摆放花卉，不可摆放杂物等。三是安全防范。例如，注意安全用电、办公室内无人应锁门关灯、办公室内不允许吸烟等。四是精神风貌。例如，办公室内应纪律严明、气氛和谐；教师要严格遵守办公制度等。

二、教育设施和设备的采购和分配

（一）教育设施和设备的采购

1. 学校设施与设备的政府采购

政府采购也称公共采购，是指各级政府机关为开展日常公务活动，在财政部门的监督下，以法定的方式、方法和程序，利用国家财政性资金和政府借款，从市场上为政府部门或所属公共部门购买商品、工程及服务的行为。政府采购不仅是指具体的采购过程，也包括采购政策、程序、过程及采购管理。一般来说，中小学的教育设施与设备的采购属于政府采购的范围。[2]

政府采购可以分为公开招标、邀请招标、竞争性谈判、单一来源采购、询价等方式。

2. 学校进行政府采购的过程

学校进行政府采购前的必备条件包括以下内容。

首先，资金要到位。这是学校进行政府采购的前提条件。资金不到位或者不足是不能进行政府采购的。如果属于财政拨款，则要求年初就有预算。

其次，教育设施与设备的数量、质量、参数、价格要了解准确。学校进行政府采购，对采购的设施与设备的数量、质量、价格等都要了解清楚。要根据采购的预算编制来确定采购内容和数量。根据实际需要确定采购设施与设备的参数，然后进行市场调研，得到比较准确的价格，在预算范围内制订政府采购计划，并报学校领

① 王绪池、管凤兰、任平生：《现代学校总务管理制度》，66～67页，重庆，重庆大学出版社，2012。

② 王绪池：《学校总务管理》，159页，重庆，重庆大学出版社，2008。

导批准。

最后，根据学校仪器、设备的特点提出必要的培训、维护、维修意见。学校采购好了仪器、设备，厂商要根据仪器、设备的特点进行必要的培训，要有维护、维修的保证。

办理政府采购的手续包括以下步骤。

第一，学校责成某个部门具体办理政府采购的各种手续。具体负责的部门要写好采购计划，并报学校领导批准。采购计划包括采购设备的数量、质量、参数、价格和总预算。

第二，填好各种申报表格。一般来说，需要填写"资金来源说明""政府采购申报表"。如果采购资金比较少，那么可以办理分散采购。

第三，报上级主管部门批准。首先将"采购计划""资金来源说明""政府采购申报表"等报教育局（教育委员会）领导和财务部门批准（盖章）。接着将上述材料报区财政局相关部门批准（盖章）。最后将上述材料报区采购办公室（采购中心）。

第四，采购中心根据上报的材料进行政府采购厂商的确定。具体的内容和程序大致如下：制定招标文件，并征求学校的意见，进行修改；通过媒体公开招标信息，进而召开招标答疑会；召开唱标会；组织专家评标，公布结果，公示，公示期间，学校可以到厂商那里进行实地考察；最后，在公示无异议后，按照程序进行各种采购活动。

第五，学校与厂商签立合同。学校与政府采购中心评定出的厂商见面，就采购的各个环节进行沟通、协商，签立合同。合同内容应与招标文件和投标文件相一致。一旦和厂商签立合同，双方都要按照合同约定的内容办事并负法律责任。

第六，进入采购供货阶段，学校要组织人进行验收。根据合同规定的时间、内容、要求，厂商进入供货、工程施工、安装等阶段，学校要组织人进行接收、检查（可以外请专家、学者、监理等）。货物、工程或服务采购应限期办理部分验收或全部验收。验收时应成立验收小组，小组成员由财政部门、国有资产管理部门、采购实体、厂商代表以及相关方面的技术专家组成，总人数至少为五人。采购经办人员不得进入验收小组。验收结果应与合同、图样规定相符。验收完毕后，小组成员应分别在验收证明和结算验收证明书上签字。合格后，方可依据合同向厂商付款。

政府采购是一项十分严肃的工作，容不得半点儿的马虎，否则会给学校和国家财产带来损失。如果采购到不合格的设备，严重的还会出现各种事故。因此，学校一定要提高认识，认真学习《中华人民共和国政府采购法》（以下简称《政府采购法》），掌握政府采购的各种知识，行使法律赋予我们的各种权利，履行各种义务，把学校的经费使用好。当然，上面谈到的只是政府采购的一般常识性知识，不一定全部适用于所有地区和学校。请遵照当地政府的规定，依据《政府采购法》和其他法律文件，完成好学校的采购任务，为教育教学服务。

（二）教育设施与设备的分配

近年来，随着优质教育资源的增加、学校教育设施和设备的更新，学校师生享受到了现代教育技术的高效、便捷。国家和教育局花巨资投入教育设施与设备，我们应本着勤俭节约的原则，明确一定要提高现代教育技术的管理水平，做到合理分配，发挥这些设施设备的最大功效，努力实现设备使用效益的最优化、最大化，避免浪费。

加强资源组合，合理配置设备。大多数价值较高的设施与设备，除内含的消耗品外，与其他设施与设备相比，具备使用寿命远大于技术寿命的显著特点。通常情况下，3～5年后，其技术性能就会落后于要求，单就其技术寿命而言已经面临更新换代。与此相对应的是它们的使用寿命却远未终止，在正常使用并维护良好的情况下，一般其使用寿命都可以达到多年。因此在现实中，学校只要科学分析学校各项工作对资源的需求，以各项工作对设施与设备的不同需求为导向，结合需求的不同层次，优化设备的配置，就可以尽量延长设施与设备的技术寿命，增加在役时间，达到物尽其用、资源配置最优化的效果。

以学生为本，优化资源的二次分配。以学生为本，把服务好学生作为设施和设备配置的出发点，以学生的需求来确定设备配置需求的优先级。设备从教育局下拨以后，要进行科学的二次分配。坚持最好的设备向学生倾斜、向教学第一线倾斜的管理思想。例如，在多媒体制作和网络服务方面，由于它们对于设备的技术性能的要求高，需求列为最高级；在教室多媒体播放方面，由于它们对于设备性能的要求较高，需求列为次高级；在一般办公应用及信息科技教学方面，需求列为中等级；在文印和其他信息管理方面，需求列为低级。在每学年第一学期，按级别高低统一筹划、重新分配已有的和新调拨的设备，级别高的优先配置新调拨的技术性能先进的设备，然后按需求级别依次重新分配剩余设备，淘汰最低级别、不适用的设备。各设备在从最高级至最低级直至淘汰的过程中，其技术寿命由于不同级别对于技术需求的不同而得以延长，也就增加了设备的在役时间，节约了教育成本。

三、教育设施和设备的使用和维护

为了让设施与设备处于良好的状态，延长设施与设备的使用寿命，提高设施与设备的利用率，在使用的过程中必须对学校的教育设施与设备及时地进行保养和维修，这样才能提高设施设备的完好率。也只有这样，才能保证学校各项工作的顺利进行。

（一）教育设施与设备的使用

1. 使用前强化培训

学校购入新的教学设备后，必须对该设备的有关操作人员进行使用培训，使他们了解设备的基本构成、工作原理、性能和指标，掌握正确的使用方法和操作程序，特别要掌握保证设备安全的措施以及有关注意事项。有必要的话应在明显的地方标明操作程序，并让操作人员进行操作实习，掌握设备日常保养、维护的技能，做好相关管理工作，掌握检测设备的安全性和有效性的方法，保证使用的设备能安全、稳定地运转，发挥出应有的效益。

2. 使用教育设施与设备

学校教学设备仪器等资产由总务处或各系统根据校长意见统一调配给有关部门使用，记入有关部门的固定财产账。根据谁使用谁负责的原则，由使用人负责保管好物品，爱护使用，丢失赔偿。如果使用人在使用的过程中发现自然损坏，应当及时通知总务处维修或者更换。若是因失误而造成损坏的，应当酌情赔偿。使用人发生变更时，应当通知财产保管员及时地调整账目。

3. 借用教育设施与设备

学校固定资产一般不借给其他外单位或者个人私用，在特殊情况下，要经主管校长或者校长的批准，同时应当在借条上注明归还日期。借出 1 个月以内的由主管校长签字批准，借出超过 1 个月的必须由校长签字批准，最长借用时间不得超过 3 个月。校内单位或个人因为工作需要借用小型贵重物品时，必须在借条上说明用途、使用时间、归还时间，还必须由主管校长签字批准，由财产保管员办理借用手续，安全保卫部门开具出门条，方可借出校园。常用设备一般不得借出校园，校内人员借用小型设备时须经原使用人同意、主管主任批准。凡是借用公物必须有书面借条，借条上必须注明借用时间、归还时间，由有关领导签字批准。凡是借出的公物，到期统一由批准人和经手人负责追回，如果发现损坏或者丢失要照价赔偿。凡借用公物逾期不归还，经手人、批准人多次催促依然不归还，超过归还日期半年的，学校按丢失赔偿办理，按价从其工资中扣除。

4. 领用教育设施与设备

教职员工在学校办公所需要的教学、办公等用品，按照学校的有关规定，由个人登记领用。教师教育教学所用的教科书、参考书，教职员工个人办公所需的一次性消耗物品领用后不再交回；教职员工办公、教学所用的其他器材、用品领用后可长期使用，退休、调出或更换工作岗位时应当如数归还；还有一些物品如录音机等，每学期开学初领用，学期末交回。

（二）教育设施与设备的保养和维护

学校的实验室、电教室等必须由专人管理，与此同时，还必须建立专用设备的日常维护和保养的责任制度。要根据设备的不同性能要求采取不同的保护措施。此外，对于非专用的教育设备，也应当制定比较具体的管理办法，并由专人负责管理。

做好日常保养工作。在学校设备的管理过程中，要特别重视设备的日常保养。要经常检查仪器的零部件是否松动，做好仪器的防尘、防潮等工作，保持设备的清洁完好。

定期地对设备进行检查。相关部门要定期对设备的运行情况进行检查，以消除隐患。保证设备的安全使用。当教育设备出现故障时，要及时地对其进行维修，排除故障，以免造成不良的后果。相关的管理人员要根据设备的损坏情况，有计划地对设备进行维修。修理时还应当坚持勤俭节约的原则，能自己修理的尽量自己修理，确实不能修理的则应当请校外专业人员进行修理。对于那些使用年限较长、修理多次、陈旧落后的设备，可以申请改造或报废。

本章精要

1. 教育资源主要是教育管理视角下的教育资源，具体指人们在教育方面掌握、支配和利用的人力、物力和财力等资源。教育资源具有多样性、复杂性、结构性、层次性、共享性和互动性的特点。根据资源性质的不同，教育资源可分为能动资源与非能动资源；根据存在形态的不同，可分为有形资源和无形资源。

2. 教育资源配置的原则是公平与效率相统一。在教育资源配置的机制上，由于不同层次、不同类型的教育分别表现为不同属性的产品，教育财政的支出范围和支出重点也应有所限制、有所选择。在公共财政框架下，教育财政支出首先应用于提供教育中的公共产品，教育中的准公共产品则应采取政府财政补贴和向受教育者收费的混合方式提供。

3. 教育经费的筹措以国家财政性教育经费为主、以征收用于教育的税费为辅、多渠道筹措并举。教育经费投入的数量指标可分为绝对量指标和相对量指标，结构指标可以分为三级教育经费投入结构指标和区域教育经费投入结构指标。国外教育经费拨款方式有：增量拨款法、公式拨款法、协商拨款法、合同拨款法、绩效拨款法。我国基础教育和高等教育存在不同的拨款方式。

4. 教育设施和设备是指开展教育工作必需的物质资料，在教育设施与设备管理的过程中，必须根据学校的规模和教学需要，有计划地提供、购买教育设施与设备，并对原有的设备进行维护，提高设备利用率和使用寿命，使其充分发挥作用，以提高办学效益和办学质量，保证学校各项工作的顺利开展和进行。

思考题

1. 教育资源的特点和类型是什么？
2. 结合我国的具体国情，分析义务教育的财政责任应当由谁来承担。
3. 什么是教育经费？ 其投入的指标是什么？
4. 教育经费拨款有哪几种方式？ 我国高等教育经费拨款方式有哪些？
5. 阐述教育设施与设备的采购过程。

案例分析：教育高质量发展——成都市成华区"优质教育倍增工程"①

2017 年，四川省成都市成华区公布了《成华区"优质教育倍增工程"五年行动方案（2017—2021 年）》，以期推进成华区教育"优质倍增、全面提升"。 为了深化教育供给侧结构性改革，不断优化教育资源配置，提升教育治理管理水平，为全区人民提供更好的公共服务，为经济发展和战略转型助力，该方案提出了以下具体措施。

1. 优化布局，增量优质学位

①实施配套品质提升行动，促进优质教育扩容。 大力推进"中小学配套建设五年计划""中小学改扩建工程""校园文化建设工程"等行动。 新建 77 所配套学校。 加快推进"高中课程改革工程""高中创新实验室建设工程""高中结构优化工程"，大力推进"示范性高中""领航高中""特色高中"的建造。 ②实施品牌学校倍增行动，提升教育整体实力和品质。 坚持实施"升级，建设，引进"的多重措施，大力推进"品牌学校倍增"，丰富学校品牌内涵，提升品牌实力，提高办学质量；实施"新兴品牌打造计划"，配置高标准硬件设施，建设高品质校园文化，打造高素质师资队伍；制定构建优质学校策略，辐射带动全区中小学优质发展，培育一批市级新优质学校；针对高效实施优质倍增策略的先进学校展开宣传，激发明确典范的影响力；依托本区域的大学，探索和推动打造教育品牌的进程；实施"民办学校办学水平提升计划"，加强民办学校管理，提升民办中小学的办学质量水平，促进民办教育高质量提升；实施"教育品牌推广计划"，依托国家教育专业平台和载体，开展成果发布、人物宣讲等活动，彰显区域教育改革发展成果。

---

① 刘蔚：《成都市成华区"优质教育倍增工程"案例研究》，硕士学位论文，电子科技大学，2021。引用时略有删减。

2. 打造高素质、专业化队伍

①深化名优队伍建设，增加名优骨干教师总量。 健全分级分类分层的教师培训培养体系，大力实施"教育名家（名师）涵育计划""名优干部教师后备梯队建设计划""名师名校长领航工程""青年才俊锻造工程""教育高层次拔尖人才引进计划"等人才激励机制的构建及优化策略。 ②强化教师专业提升，提升队伍整体素质和能力。 实施"中小学校党建工作提升计划"，从行为方式、职业技能、政治、思想、道德等方面提升教师专业能力和综合素养；针对教师队伍展开"职业技能全员提升计划"，创新研培机制，搭建开放、高效的师训平台，提升全区中小学教师专业能力和水平；实施"教师课程领导力与执行力专项提升计划"，与知名教育机构合作，采用"试点开展、分层推进"等方式，加强学科教师教学能力专项培训研习，主动适应新的课程改革发展需求。

3. 培育特色优质教育项目

①实施三大行动，提升教育教学整体质量。 实施"中小学教育质量提升计划"，顺应国家新课程改革和高考制度改革，深化课程课堂教学改革，抓实抓好教育科研，创新质量监测评估；实施"特殊教育提升计划"，持续提高特殊教育资源分中心和特殊教育资源教室的专业引领和服务水平；实施"中小学优质课程建设项目"，推出一批独具特色的校本课程，构建区域优质课程资源库。 ②实施七大行动，构建大德育生态圈。 实施《成华区中小学德育工作二十条》，加强社会主义核心价值观教育和优秀传统文化教育，全面落实立德树人根本任务；深入实施"生命绿岛·心灵港湾"建设项目，提升中小学心理健康教育水平；实施"家校共育"项目，探索建立家校共育生态圈，提升现代家庭教育水平；推进"全国青少年校园足球试点区"建设，深化校园足球改革，促进校园足球蓬勃发展；实施"学生体质健康水平提升计划"，加强学校体育工作，做强阳光体育品牌，积极推进"全国校园篮球试点校"建设，努力构建"民族传统体育项目＋现代体育特色项目"的体育特色模式；推进"四川省学校艺术教育整体推进试点区"建设项目，加强学校美育，建立完善艺术教育考核评估机制；推进"中国青少年创客奥林匹克实验区"建设项目，开展拔尖创新人才早期培养试验。

方案的主要成效如下。

第一，品牌学校倍增。 新增加中小学校和幼儿园的优质学位共72600个，公立和公益性的幼儿园的学位涵盖率为95％以上。

　　第二，优秀名师倍增。　新增省市特级教师和市区学科带头人120名，累计达500名；新增名师名校长工作室13个，累计达40个；引进的省市学科带头人和副高及以上职称等高层次教育人才达40名；全成华区的基础教育阶段范围内，具有硕士学位的教师近300名；还有70％左右的优秀教师，且具有超60％的骨干教师。

　　第三，特色项目倍增。　新增加了8所国内青少年校园足球特色学校，其总量达到了23所；新增加了5所四川省阳光体育示范学校，其总量达到了43所；新增加了8所四川省艺术科创特色学校，总量达45所；新增加了3所市级以上国学经典诵读示范校，总量达8所；新增加了7所市级及以上依法治校示范学校，其总量达到了14所；有7个科研课题达到了国家或者是四川省成都市的领先水平。

课堂讨论

　　结合上述材料，分析成都市成华区是如何使用教育资源配置与管理机制来推动教育高质量发展的。

第十五章　教育评价

本章学习目标:

- 理解教育评价的目的与功能;
- 了解教育评价的分类;
- 了解教育评价的基本要求;
- 了解教育评价的内容;
- 了解教育评价的程序与技术;
- 了解新时代教育评价改革的基本情况。

教育评价起源于我国古老的考试制度，与人才选拔机制紧密联系。随着学校和教育的发展，教育评价的外延逐渐扩大，影响到学校管理的方方面面。

第一节　教育评价的性质

一、教育评价的含义

评价是评定价值的意思。从本质上来讲，评价是一种价值判断的活动，是主体按照一定的标准对客体的价值进行判断的过程。主体可以是个人或社会组织；客体是指主体以外以及在一定条件下包括主体在内的一切客观事物；价值反映的是客体及其属性与主体需要之间的满足关系，对这种特定关系的不同认识，形成了人们不同的价值观；标准则是主体根据自己的价值观以及事物发展的规律形成的对客体发展变化的一种期望，是判断客体的属性及发展变化达到主体期望的尺度，是主体对客体进行价值判断的依据。

教育评价是对教育管理活动满足社会与个体需要的程度做出判断的活动，是对教育管理活动的价值做出判断以达到其价值增值的过程。根据教育管理的类别，我们把教育评价分为广义和狭义两种。广义的教育评价是从宏观上对国家和各级各类教育行政机构对教育事业的管理活动做出价值判断的活动，评价的主体是教育质量监控机构。狭义的教育评价从微观的角度专门研究学校教育管理活动的价值判断问题。

二、教育评价的目的

由于教育管理对象的多样化，评价的目的也呈现多元化的趋势。对不同对象的评价是为了达到不同的目的，但总的来说都是通过客观反映评价对象的实际状况来提高教育管理的效率和水平。

第一，为后续教育管理决策提供重要的参考依据。评价能够比较客观地反映评价对象的实际水平和状况，准确地指出评价对象的优缺点和存在的问题。管理者可以充分运用这些收集到的信息，对管理工作进行查漏补缺，为以后的管理工作提供经验和借鉴。也就是说，评价活动在制定教育管理决策和提高教育管理水平方面起到了重要的推动作用。

第二，为学校发展提供重要支持。教育评价由于采用了科学的方法对评价对象进行定量和定性的分析，能够比较客观地反映出评价对象的实际状况和水平。它既能为管理决策提供依据，又能反映决策执行情况和效果，是提高学校教育管理水平的重要手段，也是学校发展的重要推动力。

第三，为教育管理成员提供一面有益的"镜子"。教育评价具有一系列的评价标准，它对每一个评价对象的素质，包括态度、能力、水平以及心理品质等方面都有具体的、稳定的要求。人们在评价过程中，对照评价标准可以确定自己当前所处的位置，找到与评价目标之间的差距，进一步明确自己的努力方向，并采取相应的补救措施。

第四，为教育管理活动中人的成长发展提供动力。教育管理活动是以人为中心开展的，教育的目的是培养人，教育管理的根本目的也是更好地培养人、促进人的发展。因此，作为教育管理重要一环的教育评价，其最终目的要落在促进人的成长发展上。科学运用教育评价的标准和结果，可以为评价对象的成长发展提供方向和动力。

三、教育评价的功能

评价的功能，指的是评价体系所能发挥的特殊的功效或积极的作用。教育评价的功能主要有诊断功能、导向功能、激励功能、监督控制功能和育人功能。

第一，诊断功能。教育评价通过了解教育管理活动的实际状态、影响教育管理活动发展方向的各种因素以及教育管理活动对参与者的影响，发现教育管理活动的有利之处以及不利之处，在为教育管理活动改进什么、如何改进提供意见等方面发挥作用。评价主体要根据价值主体的需要，判断价值客体是否满足了价值主体的需要以及在多大程度上满足了价值主体的需要，更重要的是，评价主体要对结果进行诊断处理并反馈给相关价值客体，以提高其满足价值主体需要的能力。具体而言，通过对收集到的信息资料进行整理分析，管理者可以发现问题、修正计划、改进教育管理工作；教师通过评价反馈能了解学生已经达到了什么样的水平，可以帮助自身完善教学策略、提高教学水平；学生在评价的作用下能更好地形成正确的自我认识。

第二，导向功能。教育评价以教育管理目标为其价值判断的基本标准，制定评价内容，设置评价指标体系。评价内容和评价指标体系是教育管理工作的基本依据和标准，是师生员工行动的指南针。通过评价，各评价客体可以明确提高的方向，使学校教育管理工作始终按管理目标的方向有效开展。评价指标体系能引导评价对象趋向理想的目标。

评价的导向功能要求教育管理者把握好国家的教育方针，把握好教育管理的价值取向，通过评价过程与评价结果有意识地引导教育管理活动向正确的方向发展。在具体的评价活动中，评价者应当通过对评价方案、评价过程的反思以及再评价，不断调整改进评价方案与评价过程，把握好评价方向，给予教育管理活动正确导向。

第三，激励功能。评价的结果通常会分高低等级，对评价对象产生直接影响，激发评价对象的成就动机和工作积极性。一般被激发的动机越强烈，激励水平越高，激励的作用越明显，评价对象努力工作的程度就越高，取得的绩效也就越大，反之同理。从激励的作用来看，教育评价引发的心理效应有两种：一是正效应，即积极作用；二是负效应，即消极作用。要想有效发挥评价的激励功能，就要尽可能强化正效应，同时尽量促使负效应向正效应转化。

第四，监督控制功能。监督控制功能指评价可以作为教育管理的一种手段对评价对象的工作实施监督与控制。评价会对人的心理产生影响，从而形成活动的动机。据此，管理者可以通过评价，监督评价对象尽量按标准做好工作，达到管理目的。从宏观上来讲，教育评价已经成为各级各类教育行政部门加强对教育事业、各级学校的宏观管理和学校自身的微观管理的重要手段。通过教育评价的各过程，管理部门能有效地对教育管理的各环节要素进行监视、督促和管理，使教育管理活动处在其影响、制约之下，保证教育管理预定目标的实现。各级教育行政部门颁布了对各级各类学校管理的评价要求，切实加强了对教育管理的宏观调控，体现了教育评价的监督控制功能。

第五，育人功能。在教育管理过程中，教育评价既是育人的环节也是育人的过程，教育评价过程和结果的反馈对评价对象的影响重大。比如，激励性评价将会采取各种方式激发评价对象内在的需要和动机，使个体的态度、情感、人格处于并保持积极、活跃、协调状态，增强成功的愿望，从而调动评价对象的积极性，促进评价对象的进一步发展。又如形成性评价，它注重及时反馈，在了解评价对象当下表现及状态的情况下，给予其内容翔实、理由具体并持续丰富的反馈。评价对象根据评价反馈，不断进行自我调整，以达到促进自身发展及目标达成的目的。

第二节　教育评价的分类与内容

///////////////////

一、教育评价的分类

教育评价的分类因其分类标准不同而有一定的区别。目前学术界没有统一的标准，本书主要介绍几种常见的分类。

（一）以评价的目的和时间来分类

教育评价就其目的和时间的不同，可以分为形成性评价和终结性评价。

"形成性评价"和"终结性评价"这两个概念最初是由斯克里文（G. F. Scriven）在1967年所著的《评价方法论》中提出来的。形成性评价是指，通过诊断教育管理方案与计划、教育管理过程和活动中出现的问题，为正在进行的教育管理活动提供反馈信息，为使教育管理活动朝着既定的目标开展而不断修正其轨道所进行的评价。形成性评价注重发现教育管理活动中存在的问题并及时指出与修正，而不以区分评价对象的良莠高低等级为目的。

终结性评价与此不同，它是在教育管理活动发生后对其效果的判断与鉴定。终结性评价又称事后评价，它发生在教育管理活动完成以后，着重对活动的影响和效果进行价值判断，并对评价对象进行分等排序。学生的学业考试、教师的年终考核以及教育主管部门对学校的考察都属于终结性评价。

由此可见，这两种评价活动最大的区别在于评价的目的和时间不同。布卢姆（Bloom B. S.）等人曾指出，形成性评价的主要目的是决定给定的学习任务被掌握的程度、未被掌握的部分。它的目的不是对学习者进行分等或鉴定，而是帮助学生和教师把注意力集中在为进一步提高所必需的特殊的学习上。① 这段话主要是对学生学习成就的评价而言的，也同样适用于教育评价领域。

（二）以评价参照的标准来分类

教育评价就其参照的标准不同，可以分为相对评价、绝对评价和个体内差异评价。

相对评价是在教育评价对象的团体内对各个成员进行逐一比较，以确定其在团体内的相对位置。比如，在校内根据一定的标准评选优秀教师。相对评价比较公平，易于操作，能客观反映出评价对象在团体中的相对水平，但评价结果不能反映评价对象的实际水平。

绝对评价是以预先制定好的评价标准为依据，将评价对象当前达到的程度与评价标准进行对照评定，以确定评价对象的实际水平。绝对评价是独立于团体以外的客观的标准和尺度，其目的是客观判定评价对象的实际水平。

个体内差异评价是在个体内部就其自身的状态如智力、兴趣、态度、意志、努力程度等进行比较评定。个体内差异评价既可以横向考察评价对象当前各方面的能力状态以查漏补缺、全面发展，也可以纵向了解评价对象的发展变化和努力程度。个体内差异评价符合教育应尊重个性、全面发展个性的要求。评价的标准因人而异，

---

① Benjamin S. Bloom, J. Thomas Hastings, George F. Madaus, *Handbook on Formative and Summative Evaluation of Student Learning*, New York, McGraw-Hill, 1971, pp. 117-140.

是教育评价的发展方向。

由此可见，根据不同标准进行的评价各有优劣，在实际的教育评价中应有效结合起来，扬长避短，充分发挥各种评价的积极作用。

（三）以评价的主体来分类

教育评价就其评价主体的不同，可以分为自我评价和他人评价。

自我评价是评价对象根据一定的标准对自身做出的评价。他人评价是由评价对象以外的人员或组织对评价对象进行的价值判断。比如，学生的年度自我鉴定属于自我评价，而班主任教师在每个学期末对学生做的品德鉴定则属于他人评价。自我评价能促使评价对象进行自我总结反思，提高评价对象的自我认识，但由于缺乏客观的评价标准和外界参考体系，难以进行横向比较，因而主观色彩较浓重，不能真实地反映评价对象的情况。而他人评价较自我评价更客观全面，更容易指出评价对象的问题和不足，有利于其改进和提高，但进行他人评价更费时费力。

（四）以评价的技术来分类

教育评价就其采用的评价技术的不同，可以分为定性评价和定量评价。

定性评价也称质的评价，是指在评价过程中，对某些难以定量或不能定量的评价对象或内容进行"质"的分析，使用归纳法分析资料，在此基础上对其行为和意义进行解释性理解，是一种描述性的价值判断。比如，教师的年度自我鉴定和定期工作汇报。

定量评价是运用调查、实验、测量、统计等量化手段来收集和分析资料信息，并在此基础上对评价对象做出的价值判断。定量评价在教育管理实践活动中运用比较广泛。比如，在教师赛课中，将比赛内容细分为几个方面并赋予其相应的分值，最后按得分高低进行分等排名就属于定量评价。相对于定量评价，定性评价应用的范围并不广泛，但它能有效地弥补定量评价的不足，能对评价对象进行细致、动态的描述和分析，是一种可取的评价理念，应和定量评价结合使用。

（五）以评价对象来分类

教育评价就其评价对象的不同，可以分为方案评价、活动评价和人员评价。

教育管理是一项复杂的活动，分为领导、计划、决策、激励、评价等。任何一项活动都是有目的的，都需要提前计划，以保证活动朝着既定的目标顺利开展。当然，前提是活动方案是合理的，符合教育管理的宏观目标和教育管理的科学规律，所以对教育管理的活动方案进行评价鉴定是非常必要的。另外，教育管理活动内容丰富多样，涉及学校人、财、物等各个方面，对这些活动的状态和成效进行评价就是活动评价。与方案评价不同的是，活动评价发生在活动结束以后，而方案评价发生在活动方案制定之后、活动开展之前。此外，教育管理是由许多人员进行的，有学校各层管理人员、教师、学生等，对这些活动人员进行的评价就是人员评价。

（六）以其他标准来分类

2020年，中共中央、国务院印发的《深化新时代教育评价改革总体方案》明确要改进结果评价，强化过程评价，探索增值评价，健全综合评价。

结果评价，以预设的目标为基准，在教育活动实施一段时间后，对评价对象达到预设目标的程度和要求进行价值判断，强调用客观、具体的数据对评价对象最后的成果进行定量描述。在功利主义背景下，过于强调结果会导致如"见分不见人"等弊端。因此，在肯定结果评价本身的价值和作用的同时，需要扭转不良倾向。

过程评价，将评价嵌入整个教育过程，了解教育过程中的实然状态以便及时发现问题，具有两个重要特征：一为关注教育学习过程，过程评价不仅关注教育学习的结果，也注意到教育学习的过程以及参与者的态度；二为重视非预期的结果。过程评价并不是要区分评价对象之间的态度和行为表现，而是要将评价对象过去与现在的表现进行比较。

增值评价是一种纵向评价，注重进步程度和努力程度，对评价对象的发展、进步程度进行评价。美国教育评价专家布卢姆说，衡量学校质量的唯一标准是学生在原有基础上进步的幅度。这正体现了增值评价的基本特征——尊重差异、重视起点、关注过程及强调发展。增值评价符合教育评价促进个体发展的要求，是当前国际上最为前沿的教育评价方式。

综合评价是指通过多方评价主体的参与、主客观相结合的方式，基于多重指标，对评价对象进行全方位的评定，同时综合评价也意味着拓展评价内容，从多重维度（如知识、能力、素养、价值观等）对评价对象进行全面的评定。① 比如，义务教育学校实施综合素质评价，其目的在于促进学生各方面的成长发展，不再单纯以学习成绩评价学生，采取学生自评、学生互评、教师评价、家长评价相结合的方式，大部分学校以学生成长记录袋为工具对学生成长过程进行记录跟踪。学校实施综合素质评价，有利于提升学生各方面素质、改进教师教学、为选拔提供重要依据、引导家长形成科学的成长观。

此外，在不断提倡核心素养的时代背景下，教育评价也亟须超越传统纸笔测试，不断推进表现性评价。表现性评价是指学生在真实或模拟的生活情境中，运用先前

---

① 关丹丹、韩宁、章建石：《立足"四个评价"、服务"五类主体"进一步深化高考评价改革》，载《中国考试》，2021(3)。

所获得的知识解决某个新问题或创造某种东西，以考查学生知识与技能的掌握程度，以及实践、问题解决、交流合作和批判性思考等多种复杂能力的发展状况。[①] 表现性评价直接针对学生能"做什么"的行为表现进行评价，它不仅能作为检测素质的方式，而且还能促进素养的养成。表现性评价为学生创造了在真实情境中运用所学解决问题的机会，让学生自行主动投入建构，这是传统纸笔测试难以达到的。

不管是《深化新时代教育评价改革总体方案》中所提及的四种评价，还是表现性评价，抑或是前述各种教育评价，其本身并无优劣之分。评价者需要根据评价实际进行科学选择。

二、教育评价的基本要求

要求是明示的、通常隐含的或必须履行的需要或期望，是主体向客体提出的具体愿望或条件，是人们主观上的约定，一般情况下也是客观规律的反映。教育评价的基本要求就是人们基于对教育评价规律的认识，对教育评价工作提出的期望。要做好教育评价工作，就必须严格遵守教育评价的基本要求。

（一）客观性

客观性要求在进行教育评价时，必须采取客观、实事求是的态度，不能主观臆断和掺杂个人感情。教育评价是一项科学性很强的工作，评价工作是否客观、实事求是，关系到评价结果是否有效，也关系到评价目的最终能否实现。因此，从某种程度上来说，客观性要求是做好评价工作的基本保证。要在评价过程中始终坚持客观性的要求，评价主体应始终做到客观公正，在制定评价指标体系和收集整理资料的过程中，不能融入评价者个人的主观因素，而应一切以事实为据。在进行价值判断时，也应时刻以事实为基础，不能带着某些定势去评价，更不能以主观臆造代替客观的评价结果。

（二）科学性

教育评价必须以科学的态度和方法进行。评价的客观性只要求尊重客观事实，科学性要求在评价过程中运用科学的理论和技术去评价客观事实。要贯彻科学性要求，就需要建立一个科学合理的评价指标体系。只有这样，才能在评价过程中有一个科学的依据。在制定评价指标体系时，首先，要注意评价指标的全面性，明确各因素的地位和作用；其次，要考虑评价对象的不同情况，做到统一性与灵活性相结合。总之，科学的评价指标体系应具有全面性、统一性和灵活性。科学性要求还表

---

① ［澳］科林·马什：《初任教师手册（第 2 版）》，吴刚平、何立群译，277 页，北京，教育科学出版社，2005。

现在评价方式和方法的选择上。要进行科学的评价，就要使定量评价与定性评价相结合。这两类不同的评价方法分别适用于不同的对象和领域，但评价是一项复杂的工作，单凭一类方法是难以把问题妥善解决的，应使两者结合起来。

（三）发展性

学校教育活动是专门培养人的活动，承担着把人类积累的丰富知识转化为教育对象认识、改造世界的能力的任务。教育要培养具有终身学习能力的人，教育要促进师生双方的共同发展。在教育评价中，要通过系统地搜集评价信息和进行分析，对评价者和评价对象双方的活动进行价值判断，推进评价者和评价对象共同商定发展目标的过程。在评价中，发展性要求基于发展者自身现实状态与过去情况进行比较，从而对发展者的发展水平、发展潜力做出综合判断，自己与自己比，通过纵向比较分析明确主体发展的优势与不足，从而能够估计信息、明确重点，以追求更快、更好地发展。发展性要求以评价者的素质全面发展为目标，强调对评价对象发展特征的描述和发展水平的认定，注重过程评价，关注个体差异，强调评价主体的多元化。

（四）教育性

教育性要求在评价工作中必须促使评价对象积极上进，从而发扬优点、改正缺点。教育性要求是随着评价功能的演变而来的。早期的教育评价的目的是看学生是否达到了某种标准或达到某种标准的程度；随着评价观念的改变，教育评价的指导思想也从"考察学校教育教学管理水平"转变为"创造适合学生学习的教育教学管理环境"。这样，教育评价就从过去的评定等级、鉴定优劣的功能，发展到现在的强调导向、改进和激励的教育性功能。要充分贯彻教育性要求，应充分尊重和信任评价对象，将自评与他评结合起来；在评价结果出来后，应给予评价对象充分的肯定，对存在的问题认真进行分析，设身处地为评价对象想对策、出主意，并及时提出改进的建议，不应过多斥责和批评。

（五）专业性

从教育评价主体来看，专业性要求培养教育评价专门人才，将教育评价交予合适的角色进行，明确各主体的关系，使各评价主体发挥其本职能力，同时充分发挥专业评价机构和社会组织的积极作用。从教育评价内容来看，专业性要求确定科学适切的评价内容和标准，同时严格控制教育评价活动数量和频次，减少多头评价、重复评价。从教育评价工具来看，专业性要求创新评价工具，有效利用人工智能、大数据等现代信息技术，充分发挥专业评价工具和技术的作用。

三、教育评价的内容

由于教育评价对象不同、教育评价目的不同，因此教育评价内容也不一。我国教育评价对象主要有党委和政府、学校、教师及学生。教育评价内容既包括对政府部门教育行政管理工作的评价，也包括对学校、教师和学生的评价。

其中学校评价，可细分为学校教学工作评价、学校德育工作评价及学校管理工作评价。学校评价是根据学校教育活动的目标要求，利用科学可行的评价方法和手段，对学校教育活动及预期效果进行价值判断，以提高学校教育质量。

教师是教育活动中施加影响的重要主体，教师素质和专业能力直接关系到教育活动的开展。教师评价是根据教育方针、政策、法规以及学校的相关政策、要求，利用科学公正的评价方法对教师的素质、专业能力、工作过程和绩效进行客观的价值判断。

学生评价作为教育评价的重要内容，是指在一定教育价值观的引导下，采取科学合适的评价方法和手段，对学生的思想品德、学业表现、身体素质、劳动能力等素质的发展过程和状况进行多方位、全面的描述和判断。其目的在于促进学生德智体美劳全面良性发展。

2021年3月，为深入贯彻习近平总书记在全国教育大会上重要讲话精神，切实扭转不科学的教育评价导向，全面深化义务教育教学改革，促进义务教育内涵发展和质量提升，推进教育治理体系和治理能力现代化，教育部等六部门印发了《义务教育质量评价指南》。义务教育质量评价包括县域、学校、学生三个层面。县域义务教育质量评价主要包括价值导向、组织领导、教学条件、教师队伍、均衡发展五个方面重点内容，旨在促进地方党委政府坚持社会主义办学方向，加强对义务教育工作的领导，履行举办义务教育职责，促进县域义务教育优质均衡发展；学校办学质量评价主要包括办学方向、课程教学、教师发展、学校管理、学生发展五个方面重点内容，旨在促进学校落实德智体美劳全面培养要求，深入实施素质教育，充分激发办学活力，不断提高办学水平和育人质量；学生发展质量评价主要包括学生品德发展、学业发展、身心发展、审美素养、劳动与社会实践五个方面重点内容，旨在促进学生德智体美劳全面发展，培养适应终身发展和社会发展需要的正确价值观、必备品格和关键能力。

本节将以《义务教育质量评价指南》中"学校办学质量评价"为例说明教育评价中学校办学质量评价的内容。

义务教育质量评价指标主要分为五个一级指标，分别是办学方向、课程教学、教师发展、学校管理以及学生发展。

（一）办学方向

办学方向一级指标下设加强党建工作和坚持立德树人两大二级指标。

加强党建工作的考察要点包括以下内容。健全党对学校工作领导的制度机制，以政治建设为统领，加强学校领导班子建设，推进党的工作与教育教学工作紧密融合，把思想政治工作贯穿学校教育教学全过程。落实学校党的组织和党的工作全覆盖，落实党风廉政建设责任制和意识形态工作责任制；坚持党建带团建、队建，充分发挥学校工会、共青团、少先队等群团组织作用。

坚持立德树人的考察要点包括以下内容。全面贯彻党的教育方针，坚持科学教育质量观，落实德智体美劳全面培养要求，坚持全员、全过程、全方位育人，深入实施素质教育，促进学生全面发展、健康成长。把立德作为育人首要任务，制定并有效实施落实《中小学德育工作指南》的具体工作方案，将培育和践行社会主义核心价值观融入教育教学全过程，教育引导学生爱党爱国爱人民爱社会主义。

（二）课程教学

课程教学一级指标下设落实课程方案、规范教学实施和优化教学方式三大二级指标。

落实课程方案的考察要点包括以下内容。开齐开足开好国家规定课程；规范使用审定教材，不得引进境外课程、使用境外教材。加强课程建设，特别是德育、体育、美育、劳动教育等课程建设，重视法治教育、安全教育和心理健康教育，有效开发和实施地方课程、校本课程。

规范教学实施的考察要点包括以下内容。健全学校教学管理规程，统筹制定教学计划；按照课程标准实施教学，不存在随意增减课时、改变难度、调整进度等问题。完善教师集体备课制度，健全教学评价制度，注重教学诊断与改进；校长深入课堂听课、参与教研、指导教学。健全作业管理办法，统筹调控作业量和作业时间；严控考试次数，不公布考试成绩和排名；实现课后服务全覆盖，提高课后服务质量。防止学业负担过重。

优化教学方式的考察要点包括以下内容。积极学习应用优秀教学成果和信息化教学资源，鼓励教师改进和创新教育教学方法，注重启发式、互动式、探究式教学，推进信息技术与教育教学深度融合。坚持因材施教、教好每名学生，精准分析学情，重视差异化教学和个别化指导，培养学生自主学习能力，帮扶学习困难学生。强化实践育人，积极开展劳动教育和综合实践活动，培养学生的社会责任感、创新精神和实践能力。

（三）教师发展

教师发展一级指标下设三大二级指标，即加强师德师风建设、重视教师专业成长、健全教师激励机制。

加强师德师风建设的考察要点包括以下内容。按照"四有"好老师标准，健全师德师风建设长效机制，积极选树先进典型，严肃查处师德失范行为。关心教师思想状况，加强思想政治工作和人文关怀，帮助解决教师思想问题与实际困难，促进教师身心健康。

重视教师专业成长的考察要点包括以下内容。实施教师专业发展规划，优化教师队伍结构，注重青年教师培养；健全校本教研制度，支持教师参加专业培训、凝练教学经验。教师达到专业标准要求，具备较强的育德、课堂教学、作业与考试命题设计、实验操作和家庭教育指导等能力，以及必备的信息化素养和信息技术应用能力；校长注重不断提高学校管理与教育教学领导力。重视加强班主任队伍建设，班主任认真履行岗位职责。

健全教师激励机制的考察要点包括以下内容。完善校内教师激励体系，坚持公开公平公正，注重精神荣誉激励、专业发展激励、岗位晋升激励、绩效工资激励、关心爱护激励。树立正确激励导向，突出全面育人和教育教学实绩，克服唯分数、唯升学的评价倾向，充分激发教师教书育人的积极性、创造性。

（四）学校管理

学校管理一级指标下设完善学校内部治理、保障学生平等权益、加强校园文化建设三大二级指标。

完善学校内部治理的考察要点包括以下内容。建设现代学校制度，健全并落实学校各项管理制度，加强作业、睡眠、手机、读物、体质等管理。定期召开教职工代表大会，发挥社区、家长委员会等参与学校管理的积极作用。制定符合实际的学校发展规划，推进学校内涵发展、特色建设，增强学校办学活力。

保障学生平等权益的考察要点包括以下内容。落实免试就近入学政策，实行均衡编班，不分重点班、快慢班；落实控辍保学登记、报告和劝返等责任；不存在违规招生、迫使学生转学退学等问题。落实进城务工人员随迁子女入学、残疾儿童随班就读、家庭经济困难学生资助等政策，加强对留守儿童、困境儿童及其他需要特别照顾学生的关爱帮扶和心理辅导。

加强校园文化建设的考察要点包括以下内容。建设体现学校办学理念和特色的校园文化，加强校风教风学风建设，增进师生相互关爱，增强学校凝聚力；密切家校协同育人，强化家庭教育指导。优化校园空间环境，建设健康校园、平安校园、书香校园、温馨校园、文明校园，营造和谐育人环境。

（五）学生发展

学生发展一级指标下设学生发展质量状况一项二级指标。考察要点包括加强学生综合素质档案建设和使用，客观反映学生德智体美劳全面发展整体水平及变化情况；师生、家长、社会等方面对学校办学质量的满意度。

义务教育质量评价指标体现了四项基本原则：一是坚持正确方向，践行为党育人、为国育才使命；二是坚持育人为本，注重综合素质评价；三是坚持问题导向，着力克服"唯分数、唯升学"倾向；四是坚持以评促建，强化过程性评价和发展性评价，有效发挥引导、诊断、改进、激励功能，促进义务教育优质均衡发展。此外，评价内容更是将"双减"、重视师德师风建设等任务和目标要求落在实处。

第三节　教育评价的程序、 方法与技术

评价是一项技术性很强的复杂的工程。只有科学严格地按照一定的程序与要求操作实施，才能保证评价结果的准确性和有效性。评价主体要想充分发挥评价的功能，就必须深入研究教育评价实施的程序与技术。

一、教育评价的程序

教育评价程序化，是教育评价科学化的重要标志。程序是指事物发展或活动的先后次序。教育评价是一个系统的、连续的活动过程，就其过程而言，有着一定的运行程序。

将教育评价活动的各项内容，按照其相互联系、活动顺序，有机组合在一起，成为一个具有特定功能的整体，这个整体就是教育评价的程序。它不是某一个或某几个要素的单独活动，而是所有活动内容的整体活动。教育评价程序主要分为以下五个阶段：建立评价组织机构、分析评价背景、设计评价方案、收集整理评价信息和处理评价结果。

（一）建立评价组织机构

建立评价组织机构就是成立相关的评价组织，如建立教育评价领导小组或评价委员会。这是组织评价工作的权力机构，其主要任务是：聘请有关专家组成专家组，设计评价方案，解决评价实施过程中遇到的实际问题，公布评价结果，以及有效处理利用评价结果。评价领导小组应通过民主办法产生，成员既有学校领导班子成员，又有普通教职员工。在评价领导小组下，可根据需要设立一个精干的办事机构，负责日常事务工作的处理，如传达文件、收发问卷、统计数据等。

（二）分析评价背景

背景分析是评价工作的一项重要内容。它的主要任务是确定评价活动要解决的

主要问题。明确教育评价需要解决的问题是加强评价活动的针对性，使评价取得实效的关键。背景分析包括社会背景分析、教育发展阶段重要问题分析、评价委托人需要分析以及评价对象心理分析。

社会背景分析主要是确定近一段时间以来社会政治、经济、文化、科学的发展与变化对学校教育和管理提出了哪些重大要求。对于特定的学校管理评价，社会背景分析还应包括小区环境分析、学生家长基本需求分析等。教育教学与管理活动适应社会发展的要求是教育评价应重点把握的方向。

教育活动在其自身发展的过程中，每一阶段都会有社会期望的发展方向，也会出现社会不期望的倾向性问题。倾向性问题是指同类学校普遍存在的问题，这些问题会在不知不觉中阻碍学校教育向社会期望的方向发展。分析当前教育发展阶段的重要问题有助于把握评价问题的共性与特性。

评价委托人，是指授意对教育管理活动进行评价并听取评价结果的组织、机构与个人。评价委托人需要了解什么情况、解决什么问题是确定评价内容与重点的依据，也是一切评价活动的出发点和立足点。

评价对象心理分析是决定选用何种评价策略的依据。评价对象心理分析包括评价对象对评价活动有无心理准备（如果有，是何种心理准备），评价对象对评价有何种期望等。分析评价对象的心理对确定何时、以何种方式进行评价活动，选择何种方法有重要参考作用。

（三）设计评价方案

在整个评价过程中，最具有实践性的工作就是设计评价方案，它是开展教育评价工作的前提，直接关系到评价工作的成败和效果。在设计评价方案之前，首先要确定评价的目的和评价依据的目标。只有把评价目的和评价依据的目标搞清楚，才能制定出合理的评价方案。教育评价方案的内容主要包括评价的对象和目的要求，评价的组织和领导，评价指标体系，评价方法、程序，评价的时间安排，评价的注意事项。这里着重论述评价指标体系的制定。

评价指标体系是指由各级各项评价指标及其相应的指标权重和评价标准构成的集合体，是一个有机整体。

评价指标是评价目标的具体化，是构成目标的具体因素。没有指标的目标是无法细化分解的目标，是难以实现的目标。尽管评价指标与评价目标联系十分紧密，但两者之间还是有区别的。目标反映宏观全貌，指标将目标细化分解，指标比目标更具体、更具有可操作性。

在教育评价指标体系中，不同的评价指标在判断评价对象达到预定目标的程度上，所起的作用是不相同的。为了使每项指标都能发挥其应有的作用，就必须赋予不同的评价指标以不同的权重。所谓指标权重，就是表示每项评价指标在指标体系中的比重，这个数值就叫作对应指标的权重。

评价标准是衡量评价对象是否达到评价指标要求的尺度。确定评价标准就是要分解教育评价指标体系中最低层次指标所包含的主要内容，以此确定标度，把达到的程度用等级或量化的分数表示出来。

（四）收集整理评价信息

收集评价信息是进行教育评价的基础性工作。评价信息是进行评价的客观依据，是获得评价结果的必要条件。对评价的相关信息占有得越多，评价结果就越准确合理；否则，教育评价就容易限于主观性、随意性，评价活动易流于形式。收集信息时要确保评价信息的全面性、准确性和充分性。

整理评价信息，主要是指在全面、准确地收集评价信息的基础上，认真对评价信息进行检查、分析和整理，以便于获得评价结果。整理评价信息主要包括归类、审核和建档三个步骤。在整理分析评价信息的基础上，根据评价标准并充分听取、综合所有参与评价人员的分析与建议，对整理后的信息做出判断，获得最终结果。获得评价结果不是评价的唯一目的，评价是为了激励评价对象更有效地开展工作，因而除做出综合判断之外，还应指出评价对象的优缺点以帮助其改进提高。

（五）处理评价结果

教育评价程序的最后一个阶段，就是对评价结果进行分析处理。这一阶段工作质量的高低，直接关系到教育评价作用能否发挥，关系到教育评价的目的最终能否实现，也关系到教育评价工作能否不断深入发展和提高。处理评价结果主要包括五项工作：向评价对象回馈评价结果或建议；对评价活动本身的质量进行评价，为总结评价的经验教训、改进评价方案提供依据；撰写评价报告；向有关部门与人员回馈评价结果；建立评价档案，将评价数据分类归档。在处理评价结果的过程中，最重要也是最容易被忽视的就是向评价对象回馈评价结果或建议。评价工作结束后，应第一时间将评价结果告知评价对象，并对其进行定期回访与跟踪调查，以将评价的最终目的落到实处。

二、教育评价的基本方法

由于人们思考问题的角度不同，对教育评价方法与技术的认识也不同。在实际的教育评价工作中，不同层次或同一层次的不同方法技术是交织在一起的。教育评价的基本方法包括主管部门评价、同行评价、自我评价和社会评价。

（一）主管部门评价

主管部门评价是学校上级管理部门和教育监控机构在主管教育行政部门授权之下，对学校教育教学管理工作进行整体评价和指导，并向政府及其教育行政部门回馈有关信息，为领导的科学决策提供依据，并督促学校加强和优化管理的评价方法。主管部门评价集中在学校层面，关注学校层面在某一时间段的状态和水平，突出评价的鉴定作用，强调评估的外部导向性；但在一定程度上忽视了校长、教师和学生个体层面在学校全面工作、整体工作中的地位和作用，不重视学校运行中各类教育主体的努力过程及各类教育主体的相互协调和配合，没有对学校内部自主发展运行机制进行评价，在一定程度上忽视了学校内部的共同导向和工作合力的形成。

（二）同行评价

同行评价是指教育评价的同类客体之间互为主体，根据评价指标体系对同行的工作业绩进行客观的价值判断，是他人评价的一种方式。同行评价集中在同一层面，评价者以主体的身份对客体从事的自己熟知领域的工作进行整体的评价和判断，和其他类型的评价结果一同为改进评价对象的工作服务。同行评价主体比任何类型的评价主体都了解评价的指标体系和方法，更能设身处地地从评价对象的角度思考问题、发现纰漏，弥补自我评价和主管部门评价的不足。同行评价不仅包括教师、同学之间的互评，同一层次的学校之间也可进行同行评价。

（三）自我评价

自我评价是学校自己组织力量，依照上级教育监控机构制定的评价方案，定期进行自我评价。自我评价的标准与同行评价的标准不同，评价结果也不同。心理学研究表明，活动水平低者的自我评价结果相比于同行评价的结果，更倾向于高评价。自我评价影响学校对活动的态度、期望等。为使学校管理者能从客观的角度认识活动的得与失，自我评价常在同行评价之前进行，利用评价的指标体系先进行自我评价。自我评价可使学校加深领会并内化社会要求或客观的评价标准，并以此规范自身的行为与工作。进行自我评价有利于找出自身的不足以及与他人的差距，从而产生前进的动力，并有利于克服主管部门评价和同行评价产生的逆反心理。

（四）社会评价

社会评价是指学校在自评和上级主管部门评价的过程中，广泛听取社会各界相关人士对于学校教育教学管理和评价本身的意见和建议，据此有针对性地改进教育评价指标体系和学校工作。教育是社会生活的一个方面，学校是教育活动的基本单位，是一个相对封闭的人造系统，但教育总是受一定时期的社会政治、经济、文化、科学的发展制约，学校的发展也受社会环境的影响。社会评价为学校了解社会发展与需要提供了一个窗口。通过社会评价，学校能更及时、全面地了解社会发展动态，并以此确定自身作为社会一个细胞单位的职责和使命。

三、教育评价的技术

教育评价技术，就是在教育评价过程中确定评价指标权重和收集、整理、分析与解释评价信息的办法和手段。教育评价的技术可以从五个方面来把握。

（一）多元聚焦法

"第四代教育评价"倡导评价的发展性和建构性，认为评价是一种心理建构的过程，由此引申出自然主义和理性主义两种范式。自然主义推崇人文的质性研究，理性主义强调逻辑严密的实证方法，但任何一种方法都利弊参半，无法解决所有的问题，因此理论界逐渐倡导多视角、多元化的思想，强调自然主义与理性主义的结合——多元聚焦法。"多元聚焦是指在分析所要评价的事物或现象之评价特性的基础上，分解出主要的测评要素，依据测评要素的性质选取两种教育评价方法论中派生的多种评价方法和技术，从评价情境的不同成员（包括评价对象和其他的评价相关人员）中收集评价对象在某一测评要素上的相关信息，然后综合各种价值主体的评价结果，剖析各个测评要素的评价信息汇聚情况，最后作出整体的评价结论。"①多元聚焦法的核心是多种评价思想的综合与渗透，以期能更加客观、真实地反映评价内容；在具体的操作中，要求评价方案的设计者能透彻掌握各种评价方法与技术，并且能合理匹配不同评价方法与评价要素，充分发挥多元视角的优势。当然，多元聚焦法并非唯一选择，在评价内涵和指标内容都比较单一时，可以考虑采用单一的方法。

（二）确定评价指标权重的方法

权重是指标体系中各指标在完成、实现整体目标中的重要程度。只有确定了各指标的权重之后，才能合理地进行分析和判定。确定权重的方法主要有专家意见平均法、德尔菲法、层次分析法等。专家意见平均法就是让若干长期从事教育工作、懂得教育科学和教育管理科学、掌握教育规律、具有丰富的实践经验、掌握指标体系设计原则的专家，先分别给评价指标体系中的各个指标分配权数，然后求出每个指标所得权数的算术平均数，以这一平均数为该指标的真正权数。德尔菲法就是以分发问题表的形式向有关专家咨询，这些专家以"背靠背"的形式接受咨询，尽可能地减少权威、资历、人数优势等对被咨询者回答问题的影响；第一批咨询表收回后进行统计处理，立即将总体应答情况反馈给专家；然后各专家考虑这一情况，自由决定自己是修改还是继续坚持自己的观点。层次分析法是一种多目标、多标准的系统分析方法，主要是通过对评价指标分层次进行两两对偶比较，排列出各项指标的重要程度的优先顺序，然后计算判断矩阵的最大特征值所对应的特征向量，从而决定各指标的权重数值。

（三）评价信息的收集方法

教育评价要想获得对教育评价对象客观、公正的价值判断，最主要的是获得及

---

① 严芳：《教育评价多元聚焦方法及其应用》，载《教育发展研究》，2003(10)。

时、可靠、全面、清晰的评价信息，评价信息的收集方法主要有测验法、问卷法、观察法、访谈法、个案研究法和文献研究法。①测验法就是通过编制一定的试题或设置某种情境，向测验对象获取信息的方法。在教育评价中，常用它获取量化的信息。测验法按照试题的形式来分，一般分为论文式测验、客观性测验、投射测验和情境测验。②问卷法是评价者根据评价指标体系的要求，提出一些问题，拟好题目和表格，以问卷的形式发放给评价对象，从而收集评价信息的方法。它适用于对某些问题进行大面积调查的情况，具有简单易行、针对性强、效率高的特点。③观察法是教育评价获取信息的基本方法，在使用这一方法时，评价者应尽可能地对评价对象进行直接观察，以便获取直接的信息。④访谈法是评价者通过与评价对象或其知情者的面对面谈话，直接收集信息的一种方法。它不受文字理解能力的限制，对任何文化程度的人都可访谈，并且可以深入交谈，也可以进行追问。⑤个案研究法是评价者根据评价指标体系的要求，为了解教育活动中某一个方面的情况，通过对某人的发展变化进行研究，以获取有关信息的方法。只有广泛收集这些信息，并加以整理、分析，才能针对此人得出客观公正的结果。⑥文献研究法是评价者通过查阅有关评价对象的文献，以获取评价信息的方法。这种方法在教育评价实践中使用最普遍，也最有效，如通过查阅教师的教案、查阅学生的课后作业来评价学校的教育质量。

（四）评价信息的分析方法

评价信息的分析方法主要是统计分析法和模糊综合评判法。统计分析法就是通过数学的方法去分析和比较教育评价信息的方法。教育评价中应用较多的是描述统计中的平均数、标准差、标准分数、T分数以及推断统计中的参数估计和统计检验。模糊综合评判法是把模糊数学应用于教育评价而形成的一种方法，利用数学对现实世界中不易明确界定的事物进行综合评判。近年来，模糊综合评判法在教育评价中越来越受到重视，这是由教育管理现象的模糊性、教育评价的任务和模糊综合评判的特点共同决定的。

（五）价值判断的方法

教育评价是依据特定的教育管理目标和评价标准，通过系统地收集、整理和分析信息，对评价对象做出价值判断的过程。所以，评价的关键是价值判断。教育管理现象的价值判断是以一定的价值标准为准绳，将评价对象的表现与价值标准进行比较，从而获得评价结果。根据选取的价值标准不同，教育评价可分为绝对评价、相对评价和个体内差异评价三种。这三种方法各有利弊。一般说来，在一个具体的教育评价中，绝对评价、相对评价和个体内差异评价是交织在一起混合使用的，但三者的适用范围和使用的时机是有区别的。就适用范围来说，对各科学习效果的评价和道德、行为、性格等方面的评价，应以绝对评价为宜；对个别学生的学习指导，应以相对评价和个体内差异评价为宜。在教育评价过程中，应将三者结合起来使用。

第四节　新时代教育评价改革

　　教育评价是教育管理活动中的关键一环，"有什么样的评价指挥棒，就有什么样的办学导向"。教育评价因其自身所具有的诊断、导向、激励等多重功能而作用于教育的发展和改革，在推进治理现代化过程中，教育评价是教育治理现代化的重要内容之一，需与其主旨相契合，"未来的评价需要适应未来的教育"。2020 年 6 月 30日，习近平总书记主持召开了中央全面深化改革委员会第十四次会议，会议审议通过了《深化新时代教育评价改革总体方案》（以下简称《总体方案》）。《总体方案》于 10 月由中共中央、国务院印发，这是新中国第一个关于教育评价系统性改革的文件。

一、改革背景

　　"改革"即改掉旧的、不合理的部分，使其更加合理。"教育评价改革"意味着原有的教育评价中存在不适用于新时代发展的部分和不符合治理现代化的部分。新中国成立以来，教育评价在党和政府的大力推动下形成了涵盖各学段、各层次、各类型教育的制度体系，取得了诸多成绩。但随着时代的不断推进，在功利主义、管理主义和工具主义的背景下，教育评价功能出现了错位，教育评价在实践中出现了评价目标缺乏价值追求、多元评价主体参与不均衡、评价标准绝对化、评价过程形式化、评价方法单一化、评价结果使用功利化等倾向。

　　教育评价关乎教育发展方向。2018 年 9 月，习近平总书记在全国教育大会上明确提出健全立德树人落实机制，扭转不科学的教育评价导向，坚决克服唯分数、唯升学、唯文凭、唯论文、唯帽子的顽瘴痼疾等重要论述，为深化新时代教育评价改革指明了大方向。教育部在深入学习中央精神、全面系统调研及广泛征求各方意见的基础上，认真研究论证完善《总体方案》。2020 年 6 月，中央全面深化改革委员会第十四次会议审议通过了《总体方案》。2020 年 9 月，习近平总书记在教育文化卫生体育领域专家代表座谈会上强调要抓好总体方案出台和落实落地。

二、改革主线与导向

　　改革需要遵循一以贯之的主线，最终朝着所引导的方向发展。新时代教育评价改革提出以立德树人为主线，以"破五唯"为导向。

（一）以立德树人为主线

教育是培养人的社会实践活动，其本质为促进人的发展，培养社会所需要的人才，它区别于社会政治、经济等其他活动。因此，教育评价也区别于政治评价、经济评价等。最根本的区别在于教育评价不仅着眼于教育活动，更加关注参与教育活动的人，通过评价促进人本身的发展。立德树人是教育评价改革的根本任务，此次教育评价改革以立德树人为主线，即让教育评价回归教育本身。

"德若水之源，才若水之波。""立德"需立传统美德、社会公德、职业道德、个人品德及社会主义核心价值观，这是育人的关键，也是教育的根本方向，更是"树人"之根本。"树人"反映了一定时期社会的具体要求，在新时代下，要树德智体美劳全面发展的社会主义建设者和接班人，树担当民族复兴大任的时代新人。"立德树人"不仅回应了新时代教育为谁培养人、培养什么样人和怎样培养人的根本问题，也回应了新时代教育评价为什么评、评什么和怎么评的问题。

（二）以"破五唯"为导向

教育评价改革从党中央关心、群众关切、社会关注的问题入手，紧扣克服"唯分数、唯升学、唯文凭、唯论文、唯帽子"的顽瘴痼疾，立足基本国情，坚持积极、稳慎、务实，改进结果评价、强化过程评价、探索增值评价、健全综合评价，既大力破除不科学、不合理的教育评价做法和导向，又着力建立科学的、符合时代要求的教育评价制度和机制。

"五唯"的本质是教育评价标准的过度单一化，教育评价方式的形式化。分数、升学、文凭、论文或帽子，都能在一定程度上反映教育评价对象现状，但教育评价不仅是对评价对象外部表征进行描述和分析，更应反映教育评价对象的本质。在这五个向度前加上"唯"字，折射出教育评价标准的狭隘和绝对，以及教育评价标准合理性、科学性的缺失。

以"破五唯"为导向是教育评价进入新时代的重要前提。不破不立，只有破除各种旧思想及旧观念、各种制度障碍及各种不当方式方法，才能树立新思想、制定新制度、贯彻新方法，才能促进教育评价进入新时代。

以"破五唯"为导向是教育评价高质量发展的需要。科学的发展模式是高质量发展的前提，"破五唯"意味着打破落后的发展模式并重构。学生评价回归德智体美劳全面发展和素质教育的精神要求，学校评价回归整体办学水平的内涵式提升，人才评价重拾人才的品德、实际知识能力水平等全方位因素，教师评价用师德、教书育人的能力、职业态度等多维尺度衡量。

以"破五唯"为导向是推进教育治理体系现代化的需要。推进教育治理体系现代化关键在于构建科学规范、系统完备、公平合理、务实高效的教育发展机制、规章制度、方式方法等。"五唯"作为教育评价体制中的痼疾，只有将其破除才能推动教育评价体制改革，建立更为科学高效的评价机制。但"破五唯"并不意味着完全废除"分数、升学、文凭、论文和帽子"五个向度，废除的是"唯"字，五个向度均可以作为教育评价的指标。

三、改革重点任务

《总体方案》以五类主体为抓手，围绕党委和政府、学校、教师、学生、社会五类主体，坚持破立结合，设计了五个方面二十二项改革任务。

改革党委和政府教育工作评价。"破"短视行为和功利化倾向，"立"科学履行职责的体制机制。相应提出完善党对教育工作全面领导的体制机制、完善政府履行教育职责评价、坚决纠正片面追求升学率倾向三项任务。其中，在完善党对教育工作全面领导的体制机制中，强调履行好把方向、管大局、作决策、保落实的职责以及抓紧思想政治工作的重要性，同时提出要坚决克服短视行为、功利化倾向。在完善政府履行教育职责评价中，强调既评估最终结果，也考核努力程度及进步发展，意味着不仅要采取结果评价，也要强化和探索过程评价及增值评价。在坚决纠正片面追求升学率倾向这项任务中，明确提出"三不得一禁止"的要求：不得下达升学指标或以中高考升学率考核下一级党委和政府、教育部门、学校和教师；不得将升学率与学校工程项目、经费分配、评优评先等挂钩；不得通过任何形式以中高考成绩为标准奖励教师和学生；严禁公布、宣传、炒作中高考"状元"和升学率。

改革学校评价。"破"重分数轻素质等片面办学行为，"立"立德树人落实机制。相应提出坚持把立德树人成效作为根本标准、完善幼儿园评价、改进中小学校评价、健全职业学校评价、改进高等学校评价五项任务。立德树人成效是检验学校一切工作的根本标准，各级各类学校均要落实立德树人的根本任务，要坚决克服重智育轻德育、重分数轻素质等片面办学行为。具体到各级各类学校而言，对于幼儿园，提出重点评价幼儿园科学保教、规范办园、安全卫生、队伍建设、克服小学化倾向等情况；对于中小学，提出重点评价促进学生全面发展、保障学生平等权益、引领教师专业发展、提升教育教学水平、营造和谐育人环境、建设现代学校制度以及学业负担、社会满意度等情况；对于普通高中而言，主要评价学生全面发展的培养情况，突出实施学生综合素质评价、开展学生发展指导、优化教学资源配置、有序推进选课走班、规范招生办学行为等内容；对于职业学校，提出重点评价职业学校德技并修、产教融合、校企合作、育训结合、学生获取职业资格或职业技能等级证书、毕业生就业质量、"双师型"教师队伍建设等情况；对于高等学校，要推进高校分类评价，引导不同类型高校科学定位，改进本科教育教学评估，突出思想政治教育、教授为本科生上课、生师比、生均课程门数、优势特色专业、学位论文（毕业设计）指导、学生管理与服务、学生参加社会实践、毕业生发展、用人单位满意度等，改进学科评估，强化人才培养中心地位，淡化论文收录数、引用率、奖项数等数量指标，纠正片面以学术头衔评价学术水平的做法，教师成果严格按署名单位认定、不随人走，改进师范院校评价，将培养合格教师作为主要考核指标，改进高校经费使用绩效评价，改进高校国际交流合作评价等。

改革教师评价。"破"重科研轻教学、重教书轻育人等行为，"立"潜心教学、全心育人的制度要求。相应提出坚持把师德师风作为第一标准，突出教育教学实绩，强化一线学生工作，改进高校教师科研评价，推进人才称号回归学术性、荣誉性五项任务。在改进高校教师科研评价中，强调突出质量导向，坚持分类评价。在推进人才称号回归学术性、荣誉性中，强调切实精简人才"帽子"。

改革学生评价。"破"以分数给学生贴标签的不科学做法，"立"德智体美劳全面发展的育人要求。相应提出树立科学成才观念、完善德育评价、强化体育评价、改进美育评价、加强劳动教育评价、严格学业标准、深化考试招生制度改革七项任务。学生是接受教育的主体，学生评价是教育评价的基础环节。首先树立科学成才观念，在理念上提出"两个坚持"，即坚持以德为先、能力为重、全面发展，坚持面向人人、因材施教、知行合一。后针对"德智体美劳"全面发展的任务，提出完善德育评价、强化体育评价、改进美育评价、加强劳动教育评价、严格学业标准。最后在制度上提出深化考试招生制度改革，稳步推进中高考改革，加快完善初、高中学生综合素质档案建设和使用办法，完善高等职业教育"文化素质＋职业技能"考试招生办法，深化研究生考试招生改革，提出各级各类学校不得通过设置奖金等方式违规争抢生源，探索建立学分银行制度。

改革用人评价。"破"文凭学历至上等不合理用人观，"立"以品德和能力为导向的人才使用机制。相应提出树立正确用人导向、促进人岗相适两项任务。社会选人用人对于引导学生多样化成长成才具有重要牵引作用。党政机关、事业单位、国有企业要带头扭转"唯名校""唯学历"的用人导向，改变人才"高消费"状况。在招聘公告和实际操作中不得将毕业院校、国（境）外学习经历、学习方式作为限制性条件。职业学校毕业生在落户、就业、参加机关企事业单位招聘、职称评聘、职务职级晋升等方面，与普通学校毕业生同等对待。

四、组织实施

深化教育评价改革是一项复杂的系统工程，需要各方面的通力配合、协同推进。

为确保改革得以落实、取得实效，《总体方案》对组织实施、贯彻落实工作提出了明确要求。

第一，要落实改革责任。《总体方案》重点提出了如下 6 条举措。一是各级党委和政府要加强组织领导，把深化教育评价改革列入重要议事日程，根据《总体方案》要求，结合实际明确落实举措。二是各级党委教育工作领导小组要加强统筹协调、宣传引导和督促落实。三是中央和国家机关有关部门要结合职责，及时制定配套制度。四是各级各类学校要狠抓落实，切实破除"五唯"顽瘴痼疾。五是国家和各省（自治区、直辖市）选择有条件的地方、学校和单位进行试点，发挥示范带动作用。六是教育督导要将推进教育评价改革情况作为重要内容，对违反相关规定的予以督促纠正，依规依法对相关责任人员严肃处理。

第二，要加强专业化建设。《总体方案》重点提出了如下 8 条举措。一是构建政府、学校、社会等多元参与的评价体系，建立健全教育督导部门统一负责的教育评估监测机制，发挥专业机构和社会组织作用。二是严格控制教育评价活动数量和频次，减少多头评价、重复评价，切实减轻基层和学校负担。三是各地要创新基础教育教研工作指导方式，严格控制以考试方式抽检评测学校和学生。四是创新评价工具，利用人工智能、大数据等现代信息技术，探索开展学生各年级学习情况全过程纵向评价、德智体美劳全要素横向评价。五是完善评价结果运用，综合发挥导向、鉴定、诊断、调控和改进作用。六是加强教师教育评价能力建设，支持有条件的高校设立教育评价、教育测量等相关学科专业，培养教育评价专门人才。七是加强国家教育考试工作队伍建设，完善教师参与命题和考务工作的激励机制。八是积极开展教育评价国际合作，参与联合国 2030 年可持续发展议程教育目标实施监测评估，彰显中国理念，贡献中国方案。

第三，要营造良好氛围。《总体方案》主要提出了如下 4 个方面的要求。一是党政机关、事业单位、国有企业要履职尽责，带动全社会形成科学的选人用人理念。二是新闻媒体要加大对科学教育理念和改革政策的宣传解读力度。三是广大家长要树立正确的教育观和成才观。四是各地要在深化改革过程中及时总结、宣传、推广成功经验，扩大辐射面。

本章精要

1. 教育评价是对教育管理活动满足社会与个体需要的程度做出判断的活动，是对教育管理活动的价值做出判断以达到其价值增值的过程。其目的在于为后续教育管理决策提供重要的参考依据，为学校发展提供重要支持，为教育管理成员提供一面有益的"镜子"，为教育管理活动中人的成长发展提供动力。教育评价的功能主要有诊断功能、导向功能、激励功能、监督控制功能和育人功能。

2. 教育评价根据不同的分类标准分为：形成性评价和终结性评价，相对评价、绝对评价和个体内差异评价，自我评价和他人评价，定性评价和定量评价，方案评价、活动评价和人员评价等。 教育评价的基本要求包括客观性、科学性、发展性、教育性、专业性。 教育评价内容既包括对政府部门教育行政管理工作的评价，也包括对学校、教师和学生的评价。

3. 教育评价的程序主要包括建立评价组织机构、分析评价背景、设计评价方案、收集整理评价信息和处理评价结果。

4. 教育评价的基本方法包括主管部门评价、同行评价、自我评价和社会评价。 教育评价的技术包括多元聚焦法、确定评价指标权重的方法、评价信息的收集方法、评价信息的分析方法、价值判断的方法。

5. 新时代教育评价改革以立德树人为主线，以"破五唯"为导向。 以五类主体为抓手，围绕党委和政府、学校、教师、学生、社会五类主体，坚持破立结合，设立了五个方面二十二项改革任务。

思考题

1. 教育评价的概念是什么？

2. 教育评价如何提高学校的教育水平？

3. 形成性评价与终结性评价有何区别？

4. 教育评价具体包括哪些内容？

5. 教育评价的程序是什么？

6. 教育评价的技术有哪些？

7. 新时代教育评价改革的原因是什么？

◆ 案例分析：Y 中学教师年度考核方案

Y 中学是一所城郊中学。 学年末时，Y 中学迎来了一年一度的教师考核，具体考核方案如下。

一、德（5 分）

指政治思想和师德表现，主要考察贯彻执行党的路线方针政策的态度和表现，以及思想品德、职业道德等。 参加政治学习会议计 1 分（缺一次扣 0.5 分）；职业道德良好计 3 分，如有体罚或变相体罚学生，扣 3 分。

二、能（85 分）

（一）教学常规（15 分）

指业务知识水平和工作能力，包括专业技术水平、管理能力等。考察所承担工作任务完成的质量和效率、总结提炼工作经验等能力。制订教学计划、撰写工作总结计 2 分，缺一项扣 1 分；备课计 5 分，缺一节扣 1 分，使用旧教案记 0 分；批改作业计 5 分，少一次扣 1 分；参加教学教研活动计 3 分，每缺一次扣 1 分。

（二）教育教学（70 分）

指工作的数量、质量、效益和贡献，主要考察履行岗位职责的情况，完成工作的数量、质量、效益，取得成果的水平以及社会效益。

1. 教育工作（本项满分 25 分）

①本年度内，担任学校行政班子成员，按每学期 2 分计分；担任班主任及学校中层干部，按每学期 1.5 分计分；担任党小组长、教学组长、教研组长，按照每学期 1 分计分（可重复计分）。音、体、美等学科教师，如果代表学校参加比赛，可参照上述担任组长计分。（本项满分 5 分）

②本年度内，班主任所带的班级评为市、区级"优秀班集体"，每一次分别计 5 分、3 分。在主题班会活动中，辅导老师获区一等奖计 4 分、二等奖计 3 分、三等奖计 2 分。在争优创先工作中，相关责任人为学校获得集体荣誉，为负责本项工作的关键人员计分。一个荣誉一般只认定 1～2 个人的加分，分别按区级、市级、省级，分别计 4 分、6 分、8 分，单位部门负责人则减半计分。获得不同荣誉可累计加分。（本项满分 10 分）

③本年度内，教师个人荣获教育部门和政府部门授予的如"先进教育/教研工作者""优秀团支书、少先队辅导员""优秀教练员""优秀裁判员""优秀教师""先进个人""优秀共产党员""优秀班主任""骨干教师""名教师""学科带头人""卓越教师"等荣誉（不包括"优秀学员"，辅导学生取得成绩的指导老师奖），校级计 1 分、区级计 3 分、市级计 6 分、省级计 8 分、国家级计 10 分，可累计加分。同一学年同一荣誉以最高级别计分 1 次。（本项满分 10 分）

2. 教学工作（本项满分 35 分）

①本年度内，认真负责地开展常规教学工作，"优秀"类计 10 分、"良好"类计 8 分、"合格"类计 6 分（由学校教学检查组评定）。（本项满分 10 分）

②本年度内，在各级各类公开课、研究课、示范课、业务辅导讲座中获奖。校级、区级、市级分别计 2 分、6 分、8 分（同项获奖按最高级别计分）。（本项满分 8 分）

③本年度内，在质量调研中，获区级 1~10 名、11~20 名、20 名以后，分别计 10 分、8 分、6 分。可累计加分。非文化科目老师没有出现教学事故的计 2 分。（本项满分 12 分）

④本年度内，辅导学生参加申报学科的竞赛，每获一个国家级、省级、市级、区级、校级的荣誉，分别计 5、4、3、2、1 分。同一荣誉只按最高级别计分 1 次。（本项满分 5 分）

3. 教研及教辅工作（本项满分 10 分）

①本年度内，主持或参与了申报学科的课题研究，区级课题主持者计 2 分，参与者计 1 分；市级课题主持者计 3 分，参与者计 2 分；省级课题主持者计 4 分，参与者计 3 分。过期未结题都不予计分；已立项但未结题，减半计分。所有课题必须以教师发展中心盖章为准（可累计加分）。（本项满分 4 分）

②本年度内，辅导青年教师参加各级教学竞赛获区级、市级荣誉，分别按 1、2 分计分。（本项满分 2 分）

③本年度内，论文获奖、发表，或参与编写校本教材、撰写教育专著等，按国家级、省级、市级、区级，每篇分别计 4、3、2、1 分。获得学会颁发的荣誉，减半计分。（本项满分 4 分）

三、勤（5 分）

指工作态度和敬业奉献的表现，主要考察事业心和责任感以及工作勤勉程度。缺堂或旷课一节扣 2 分；迟到或早退一次扣 1 分；事假一天扣 1 分；病假、婚假、产假、丧假不扣分（其界定范围，参照《Y 校请休假制度》）。

四、廉（5 分）

履行《Y 学校师德师风承诺书》，遵守《中国共产党廉洁自律准则》。

年度考核程序由组织领导（由学校考核领导小组部署和组织实施考核工作），个人述职（全体教职员工按照职能职责和有关要求进行个人总结，要求全面系统、客观真实，并形成文字材料交至考核领导小组），民主测评（在学校范围内对教职员工进行民主测评，并听取家长和学生的意见），综合评价（考核领导小组汇总考核材料，开始进行考核，在绩效考核的基础上，按相关要求进行评定），确定等次（按照在编人数的 15% 的标准评定优秀人选，根据考核评分细则，按总分从高到低进行评定），考核公示（考核领导小组将优秀人选公示，充分听取教师、学生的意见），结果申报七个环节构成。

课堂讨论

1. 结合《总体方案》及本章所学，评价 Y 中学的教师年度考核方案和程序。

2. 思考并讨论，若现需对该考核方案进行修订，应从哪些方面进行。

参考文献

1. 霍尔巴赫. 自然的体系或论物理世界和精神世界的法则：上卷[M]. 管士滨，译. 北京：商务印书馆，1999.

2. 克里斯托弗·霍金森. 领导哲学[M]. 刘林平，万向东，张龙跃，译. 昆明：云南人民出版社，1987.

3. 科林·马什. 初任教师手册[M]. 吴刚平，何立群，译. 2版. 北京：教育科学出版社，2005.

4. 罗纳德·W. 瑞布. 教育人力资源管理：一种管理的趋向[M]. 褚宏启，李轶，林天伦，等主译. 6版. 重庆：重庆大学出版社，2003.

5. 斯蒂芬·P. 罗宾斯，蒂莫西·A. 贾奇. 组织行为学[M]. 李原，孙健敏，译. 12版. 北京：中国人民大学出版社，2008.

6. R. 韦恩·蒙迪，罗伯特·M. 诺埃，沙恩·R. 普雷梅克斯. 人力资源管理[M]. 葛新权，郑兆红，王斌，等译. 8版. 北京：经济科学出版社，2003.

7. 艾萨克·康德尔. 教育的新时代——比较研究[M]. 王承绪，等译. 北京：人民教育出版社，2001.

8. 哈罗德·孔茨，海因茨·韦里克. 管理学[M]. 张晓君，陶新权，马继华，等编译. 10版. 北京：经济科学出版社，1998.

9. 劳伦斯·S. 克雷曼. 人力资源管理：获取竞争优势的工具[M]. 孙非，等译. 北京：机械工业出版社，1999.

10. R. W. 格里芬. 管理学[M]. 刘伟，译. 8版. 北京：中国市场出版社，2006.

11. 理查德·L. 达夫特. 领导学：原理与实践[M]. 杨斌，译. 3版. 北京：电子工业出版社，2008.

12. 伦恩伯格，奥斯坦. 教育管理学——理论与实践[M]. 孙志军，金平，曹淑江，等译. 北京：中国轻工业出版社，2003.

13. 彼得·诺思豪斯. 领导学：理论与实践[M]. 吴荣先，等译. 2版. 南京：江苏教育出版社，2002.

14.乔恩·L.皮尔斯,约翰·W.纽斯特罗姆.领导者与领导过程[M].北京华译网翻译公司,译.2版.北京：中国人民大学出版社,2003.

15.蔡怡,申沁.萨乔万尼道德领导思想研究[M].武汉：湖北教育出版社,2009.

16.韦恩·K.霍伊,塞西尔·G.米斯克尔.教育管理学:理论·研究·实践[M].范国瑞,主译.7版.北京：教育科学出版社,2007.

17.罗伯特·史雷特.向杰克·韦尔奇学管理[M].吴溪,译.北京：机械工业出版社,2011.

18.波·达林.理论与战略:国际视野中的学校发展[M].范国睿,主译.北京：教育科学出版社,2002.

19.奥尔德里奇.简明英国教育史[M].诸惠芳,李洪绪,尹斌茵,译.北京：人民教育出版社,1987.

20.熊川武.学校管理心理学[M].上海：华东师范大学出版社,1996.

21.陈如平.效率与民主——美国现代教育管理思想研究[M].北京：教育科学出版社,2004.

22.陈孝彬,高洪源,刘淑兰,等.教育管理学[M].3版.北京：北京师范大学出版社,2008.

23.陈孝彬.教育管理学[M].修订版.北京：北京师范大学出版社,1999.

24.陈新民.德国公法学基础理论:上册[M].济南：山东人民出版社,2001.

25.程凤春.学校管理的50个典型案例[M].上海：华东师范大学出版社,2009.

26.程晋宽.西方教育管理理论新视野:一种批判的后现代视角[M].北京：教育科学出版社,2012.

27.褚宏启,刘传沛.校长管理智慧[M].北京：教育科学出版社,2011.

28.褚宏启,杨海燕,等.走向校长专业化[M].上海：上海教育出版社,2009.

29.褚宏启.教育现代化的路径[M].北京：教育科学出版社,2000.

30.丁念金.课程论[M].福州：福建教育出版社,2007.

31.郭秉文.学校管理法[M].上海：商务印书馆,1916.

32.冯大鸣.美、英、澳教育管理前沿图景[M].北京：教育科学出版社,2004.

33.冯秋婷,齐先朴.西方领导理论研究[M].北京：人民出版社,2008.

34.顾明远.教育大辞典:简编本[M].上海：上海教育出版社,1999.

35.顾琴轩.组织行为学——新经济·新环境·新思维[M].3版.上海：格致出版社,2011.

36.黄崴.教育管理学:概念与原理[M].广州：广东高等教育出版社,2002.

37.江泽民.全面建设小康社会 开创中国特色社会主义事业新局面——在中国共产党第十六次全国代表大会上的报告[M].北京：人民出版社，2002.

38.姜圣阶，曲格平，张顺江，等.决策学基础[M].北京：中国社会科学出版社，1986.

39.李朝辉，王志彦，谢翌.教学论[M].北京：清华大学出版社，2010.

40.李春生.比较教育管理[M].南京：江苏教育出版社，2008.

41.李桂林.中国现代教育史教学参考资料[M].北京：人民教育出版社，1987.

42.李冀.教育管理辞典[M].海口：海南人民出版社，1989.

43.李祖超.教育激励论[M].北京：中国社会科学出版社，2008.

44.廖楚晖.教育财政学[M].北京：北京大学出版社，2006.

45.刘昕.薪酬管理[M].北京：中国人民大学出版社，2002.

46.刘兆伟，王雷，马立武，等.中外教育管理史略[M].大连：辽宁师范大学出版社，1999.

47.刘志华.学校领导学[M].广州：广东高等教育出版社，2008.

48.罗廷光.教育行政[M].福州：福建教育出版社，2008.

49.毛礼锐，沈灌群.中国教育通史：第六卷[M].济南：山东教育出版社，1989.

50.闵维方，马莉萍.教育经济学[M].北京：北京大学出版社，2020.

51.彭虹斌.教育管理学的文化路向[M].北京：教育科学出版社，2009.

52.任长松.新课程学习方式的变革[M].北京：人民教育出版社，2003.

53.舒新城.中国近代教育史资料：下册[M].北京：人民教育出版社，1981.

54.司晓宏.教育管理学论纲[M].北京：高等教育出版社，2009.

55.陶然.学校文化管理新思维[M].北京：中国人事出版社，2005.

56.王汉澜.教育评价学[M].开封：河南大学出版社，1995.

57.王磊.公共教育支出分析——基本框架与我国的实证研究[M].北京：北京师范大学出版社，2004.

58.王天一，夏之莲，朱美玉.外国教育史：上册：修订本[M].北京：北京师范大学出版社，1993.

59.王晓辉.比较教育政策[M].南京：江苏教育出版社，2009.

60.王绪池.学校总务管理[M].重庆：重庆大学出版社，2008.

61.吴式颖，褚宏启.外国教育现代化进程研究[M].太原：山西教育出版社，2006.

62.魏所康.培养模式论——学生创新精神培养与人才培养模式改革[M].南京：东南大学出版社，2004.

63. 温恒福. 教育领导学[M]. 北京：中国人民大学出版社，2011.

64. 吴钢. 现代教育评价教程[M]. 北京：北京大学出版社，2008.

65. 吴志宏，冯大鸣，周嘉方. 新编教育管理学[M]. 上海：华东师范大学出版社，2000.

66. 萧宗六，余白，张振家. 学校管理学[M]. 4版. 北京：人民教育出版社，2008.

67. 许步曾. 西方思想家论教育[M]. 北京：人民教育出版社，1985.

68. 闫守轩. 国际课程管理改革研究[M]. 沈阳：沈阳出版社，2007.

69. 颜震华，王绍海. 教育激励的理论与实践[M]. 长春：吉林大学出版社，1992.

70. 杨小微. 转型与变革——中小学改革与发展的方法论[M]. 武汉：湖北教育出版社，2004.

71. 姚本先. 心理学:《心理学新论》修订版[M]. 北京：高等教育出版社，2005.

72. 尤西林. 人文科学导论[M]. 北京：高等教育出版社，2002.

73. 余凯成，程文文，陈维政. 人力资源管理[M]. 2版. 大连：大连理工大学出版社，1999.

74. 余林. 课堂教学评价[M]. 北京：人民教育出版社，2007.

75. 袁振国. 当代教育学(试用本)[M]. 北京：教育科学出版社，1998.

76. 张斌贤. 现代国家教育管理体制[M]. 上海：上海教育出版社，1996.

77. 张俊华. 教育领导学[M]. 上海：华东师范大学出版社，2008.

78. 张念宏，徐仁声，贾岩，等. 教育百科辞典[M]. 北京：中国农业科技出版社，1988.

79. 张新平. 教育组织范式论[M]. 南京：江苏教育出版社，2001.

80. 张学敏，叶忠. 教育经济学[M]. 北京：高等教育出版社，2009.

81. 赵敏，江月孙. 学校管理学新编[M]. 广州：广东高等教育出版社，2008.

82. 赵敏. 教师制度伦理研究[M]. 北京：社会科学文献出版社，2016.

83. 郑雪. 人格心理学[M]. 2版. 广州：暨南大学出版社，2017.

84. 钟启泉，崔允漷. 新课程的理念与创新——师范生读本[M]. 北京：高等教育出版社，2003.

85. 钟启泉，汪霞，王文静. 课程与教学论[M]. 上海：华东师范大学出版社，2008.

86. 朱有瓛. 中国近代学制史料：第三辑上册[M]. 上海：华东师范大学出版社，1990.

87. Ferguson, K. E. The Feminist Case against Bureaucracy[M]. Philadelphia：Temple University Press，1984.

88. Freire, P. Pedagogy of Hope: Reliving Pedagogy of the Oppressed[M]. New York: Continuum Publishing Company, 1994.

89. Kathleen Collins C. Getting Started: An Overview of School Development Practices[R]. Washington D. C. : National Catholic Educational Association, 1997.

90. Tony Bush, Marianne Coleman. Leadership and Strategic Management in Education[M]. London: Paul Chapman Publications Company, 2000.